8° Lk 7 21849

Marseille
1880

Albanès, chanoine J.-H.

Le couvent royal de Saint-Maximin en Provence

*avec un ca*R*tulaire de 85 documents inédits*

LE
COUVENT ROYAL
DE
SAINT-MAXIMIN
EN PROVENCE

DE L'ORDRE DES FRÈRES PRÊCHEURS

SES PRIEURS, SES ANNALES, SES ÉCRIVAINS

AVEC UN CARTULAIRE DE 85 DOCUMENTS INÉDITS

PAR

L'ABBÉ J. H. ALBANÉS,

DOCTEUR EN THÉOLOGIE ET EN DROIT CANONIQUE.

A MARSEILLE,

E. CAMOIN, LIBRAIRE,　　　V. BOY, LIBRAIRE,
RUE CANNEBIÈRE 1　　　　RUE PARADIS 79 A.

1880.

LE COUVENT ROYAL

DE SAINT-MAXIMIN.

LE
COUVENT ROYAL
DE
SAINT-MAXIMIN
EN PROVENCE

DE L'ORDRE DES FRÈRES PRÊCHEURS

SES PRIEURS, SES ANNALES, SES ÉCRIVAINS

AVEC UN CARTULAIRE DE 85 DOCUMENTS INÉDITS

PAR

L'ABBÉ J. H. ALBANÉS,
DOCTEUR EN THÉOLOGIE ET EN DROIT CANONIQUE

A MARSEILLE,

E. CAMOIN, LIBRAIRE, V. BOY, LIBRAIRE,
RUE CANEBIÈRE 1.   RUE PARADIS 79 A

1880.

Tiré à 100 exemplaires. — 10 sur papier de Hollande.

Extrait du Bulletin de la *Société d'Études scientifiques et archéologiques de la ville de Draguignan.*

Draguignan, imprimerie de C. et A. Latil, Esplanade de la ville, 4.

PRÉFACE.

Nous apportons la solution d'un problème intéressant, posé depuis des siècles, et qui jusqu'à ce jour avait paru insoluble; et nous espérons que la découverte inattendue que nous consignons en tête de cette préface vaudra à l'œuvre livrée aujourd'hui par nous à la publicité un accueil bienveillant et sympathique.

Tous les écrivains qui, incidemment ou ex-professo, ont eu à s'occuper de l'église de Saint-Maximin, et se sont demandé quel était l'architecte qui avait bâti ce temple, le premier parmi les monuments religieux de la Provence, ont été contraints de s'avouer impuissants à satisfaire sur ce point la légitime curiosité de leurs lecteurs, et ont dû laisser la question sans réponse. Aucun d'eux n'a pu, de près ni de loin, donner le plus petit renseignement sur ce sujet. Nous-même, lorsque nous avons fait imprimer les pages qui, dans ce livre, traitent de cette matière, nous en avons été réduit, comme les autres, à confesser notre ignorance, et nous avions perdu l'espoir de soulever le voile qui nous cachait l'artiste que nous désirions vivement de connaître, tant nos longues recherches avaient été infructueuses! L'avant-dernière feuille de ce travail s'imprimait, et déjà nous voyions poindre le jour où le livre devrait affronter les sévérités de la critique, lorsque tout-à-coup le nuage s'est dissipé, et le nom ignoré de tous est venu à la lumière.

Le maître de l'œuvre qui a fait la basilique de Saint-Maximin est désormais connu, et ce n'est pas pour nous une mince satisfaction de pouvoir le signaler au monde des lettres et des arts, aussi bien qu'à la reconnaissance des cœurs chrétiens. JEAN BAUDICI *est l'homme qui a élevé sur le tombeau de sainte Madeleine ce merveilleux reliquaire de pierre et de verre qui sert de châsse extérieure au corps de la sainte pénitente. A lui appartient la gloire, que personne ne saurait lui refuser, d'avoir construit la plus belle église de nos contrées. Pour surcroît d'honneur, la même pièce qui nous révèle son nom, et que nous publions à la fin de nos documents, nous fait savoir encore qu'il venait de bâtir à Aix le nouveau palais de nos comtes. Il est donc l'auteur incontestable des deux plus importants édifices de la Provence au moyen-âge, dans l'ordre civil et dans l'ordre religieux.*

Qui nous dira ce que c'était que Jean Baudici? Nous avions espéré un moment que les historiens de la ville d'Aix avaient pu parler de lui à propos de la construction du palais; mais notre espoir a été complètement déçu, car ils ne paraissent pas même s'être doutés que ce monument avait été refait à neuf sous le règne de Charles II. Comme d'ailleurs cette œuvre grandiose a été démolie à la fin du siècle dernier, et qu'on en a à peine conservé quelque dessin, il ne reste, pour louer le grand artiste et pour attester son génie, que l'église de Saint-Maximin à laquelle son nom demeurera toujours attaché. C'en est assez pour lui assurer le rang auquel il a droit, et la réputation qu'il a méritée par ses ouvrages.

*On trouvera également, dans notre travail, les noms déjà connus en partie des architectes qui, au XV*me *et au XVI*me *siècle, continuèrent et achevèrent le monument commencé par Jean Baudici;*

de manière que, sous ce rapport, la lumière s'est faite suffisamment, et il ne reste rien à désirer. Nous faisons aussi connaître les maîtres-verriers qui remplirent de vitraux aux brillantes couleurs les innombrables ouvertures de la basilique; et le principal objet d'art qui y ait été conservé, le grand rétable de l'autel du Crucifix, demeuré jusqu'ici anonyme, est enfin rendu au peintre qui l'a fait. Dès ce jour, on n'en sera plus réduit à dire que l'auteur de ces curieuses peintures est un inconnu, et à disserter sur l'école à laquelle il a appartenu. Néanmoins, par une singulière rencontre, les deux documents certains qui nous ont livré son nom, dont l'un l'appelle Antoine le Vénitien, et l'autre Antoine Ronzen, laissent le champ ouvert à de nouvelles recherches sur la personne de ce maître, qui, par les noms divers qu'il porte, semble tenir à la fois et de l'école vénitienne et de l'école flamande.

Tous ces noms d'artistes nous ont été fournis par les archives départementales des Bouches-du-Rhône dont les inépuisables richesses ne seront jamais assez connues. Confiées à l'intelligente direction d'un des plus savants élèves de l'école des chartes, devenu un maître renommé, et ouvertes avec la plus bienveillante facilité, par l'administration du département, à tout travailleur studieux, elles ne demandent qu'un plus grand nombre de chercheurs pour produire des résultats inespérés. Nous venons de montrer un échantillon de ce qu'elles renferment sous le rapport des arts, et sur un même sujet. Ce n'était là qu'un point de vue secondaire pour nos études historiques; mais il n'est pas possible, lorsque l'on est dans une mine abondante, de n'y point rencontrer sous ses pas des choses précieuses : il n'y a, pour ainsi dire, qu'à se baisser. N'avons-nous pas trouvé naguère, sans le vouloir, le nom de l'auleur du célèbre tableau du Buisson ardent, attribué par tant de monde et pendant si long-temps au roi René? Et s'il n'est plus permis d'ignorer que cette toile est de Nicolas Froment, peintre d'Avignon, ne le doit-on pas à un registre de nos archives départementales, auquel personne n'avait pris garde? C'est dans ces mêmes archives que nous avons puisé le plus grand nombre des pièces qui nous ont permis d'écrire ce livre, comme on le verra par nos citations.

Il ne faudrait pas croire que l'histoire du couvent de Saint-Maximin fût extrêmement facile à faire. Malgré son importance, cet établissement n'a point trouvé place dans le Gallia Christiana qui, on le sait assez, en dehors des évêchés, n'a admis à peu près que les abbayes, et quelques prieurés bénédictins en petit nombre. Cependant, on ne saurait nier que, sous bien des rapports, Saint-Maximin l'emporte considérablement sur la moitié au moins des maisons monastiques qui ont leur article dans le grand ouvrage consacré à la prélature française. Il nous a semblé qu'il y avait là une lacune à combler, et, les circonstances aidant, nous nous sommes laissé engager, peut être un peu imprudemment, à nous charger de cette lourde tâche. A nos lecteurs de décider si nous n'avons pas trop présumé de nos forces.

Nous avons étudié notre sujet sur le plan des nomenclatures du Gallia Christiana, en classant les évènements sous les noms des personnages qui se sont succédé dans le gouvernement de la maison dont nous faisons l'histoire. De là la forme d'Annales sous laquelle se présente ce livre; de là aussi les difficultés nombreuses que nous avons eues pour unir ensemble les récits un peu trop fragmentés qui le composent, et la nécessité qui s'est imposée à nous de compléter, avant tout, la liste des prieurs qui devait nous servir de cadre.

Cette liste n'existe nulle part complète ; nous avons dû la faire à l'aide de documents manuscrits, au moyen desquels nous avons pu, non seulement y introduire les noms nouveaux qui n'y figuraient point encore, mais contrôler tous les autres, fixer, prolonger ou restreindre le temps de l'administration de chacun, et au besoin éliminer ceux qui n'avaient pas de titre légitime pour s'y trouver. Nous sommes ainsi arrivé à pouvoir présenter cette série de 90 prieurs, — non compris une dizaine de priorats doubles, — se succédant authentiquement à des dates presque toujours certaines, et dont les commencements et les fins sont le plus souvent marqués avec une rigoureuse précision. Nous n'avons rien épargné pour que la liste que nous produisons soit définitive.

Notre devoir est maintenant de dire ce qui avait été fait avant nous sur ce sujet. Les deux gros volumes in-4° publiés en 1848 par M. Faillon, sous le titre de Monuments inédits, ne sont point une histoire du couvent de Saint-Maximin, quoiqu'ils contiennent un grand nombre de documents pouvant servir à la faire. Nous en avons profité ; mais, toutes les fois que nous l'avons pu, nous avons recouru aux originaux ou à des copies authentiques, parce que les textes qu'il a donnés sont souvent très-défectueux. On trouve dans cet ouvrage (to. II, col. 1607) une chronologie des prieurs du couvent de Saint-Maximin, depuis sa fondation jusqu'à sa suppression. Pendant quelque temps, ç'a été la plus étendue que nous connussions ; mais elle est bien peu satisfaisante, tant pour ce qu'elle dit que pour ce qu'elle ne dit pas. D'ailleurs, elle est tirée presque textuellement d'un travail fait au siècle passé par le P. Lombard, et s'arrête, comme celui-ci, en 1720.

Le P. André Lombard fut prieur de Saint-Maximin en 1720, puis encore en 1730. Il a écrit une chronique manuscrite des prieurs de son couvent, dont nous avons retrouvé l'original, et nous en avons pris copie. Il y a en tête la liste des prieurs jusqu'en 1720, au nombre de 69, avec l'année de leur entrée en fonctions. La chronique vient ensuite, assez développée d'abord, mais n'ayant rien d'original, car presque tout ce qui s'y trouve est pris d'Échard, de l'Année dominicaine*, et de quelques autres livres imprimés. Bientôt, elle devient extrêmement concise, et elle cesse au moment même où l'auteur aurait pu être plus abondant et mieux renseigné, c'est-à-dire, au commencement du XVII*me *siècle. Il n'a pas dit un seul mot de ses trente derniers prédécesseurs, sur le compte desquels il aurait pu nous donner tant de renseignements précieux.*

L'infatigable Pierre-Joseph de Haitze, qui a touché presque à toutes les parties de l'histoire provençale, nous a aussi laissé une liste des prieurs de Saint-Maximin jusqu'au P. d'Albert en 1724, que l'on peut voir dans le Recueil de ses manuscrits à la bibliothèque de la ville de Marseille; mais ce n'est guère plus qu'une simple liste qui ne pourrait nous rendre de grands services, ou que, trop fréquemment, les noms des prieurs n'y sont accompagnés d'aucune note, d'aucun fait. Alors même que, sous les noms de certains prieurs, l'auteur a relaté quelques faits particuliers, c'est toujours fort peu de chose. Il a cité parfois des actes pris chez les notaires de Marseille, et avec peu de bonheur; car il s'est autorisé, entre autres, des registres du notaire Barbani pour nous donner comme prieur de Saint-Maximin, en 1426, Gilles Escot qui était prieur de Marseille. En somme, il nous a été fort peu utile.

Antérieurement aux auteurs dont nous venons de parler, un tra-

vail bien plus considérable avait été fait à Saint-Maximin sur le même sujet. Le P. Vincent Reboul avait consacré les dernières années de sa vie à rechercher dans les archives de la maison les éléments de son histoire, et, après avoir ramassé un grand nombre d'actes et de faits, il écrivit une Chronique de son couvent dont nous avons encore le manuscrit original. Ce sont des Annales très-développées, qui prennent l'établissement à sa fondation et le conduisent jusque vers la fin du XVIIme siècle, l'auteur les ayant continuées à mesure que sa vie se prolongeait, et jusqu'au jour de sa mort. C'est une œuvre sérieuse et importante, où sont insérés textuellement beaucoup de bulles et de diplômes, et contenant une prodigieuse quantité de renseignements, surtout pour les dernières époques.

Reboul a relevé avec soin les noms des prieurs de Saint-Maximin, et, à la fin ou au commencement de chaque siècle, il a donné les listes de ceux qui l'ont gouverné, avec le nombre d'années de leur administration. Il s'en faut qu'il les ait tous connus, et bien souvent, comme on le verra par les rectifications que nous aurons à faire, sa chronologie est d'une inexactitude remarquable. Il lui a manqué d'avoir une critique un peu plus sévère, et nous croyons aussi qu'il ne devait pas être très-exercé dans la lecture des vieux titres. Comment expliquer autrement le désaccord qui existe entre ses récits et les documents qui étaient sous sa main? Comment comprendre qu'il ait pu ne pas voir dans des pièces gardées aux archives du couvent, d'où nous les avons tirés, un bon nombre de noms de prieurs qui ne figurent pas dans sa liste? Ne lui en faisons pas un crime, et souvenons-nous que Reboul était alors un vieillard de 75 ans.

Ce qui le justifie aussi sous un certain rapport, et nous donne la clé des omissions que nous remarquons chez lui, c'est que Reboul ne s'était pas proposé d'écrire une simple histoire spéculative de son couvent. Son plan était de réunir et de mettre en évidence ses privilèges spirituels et temporels, ses titres de propriété, ses droits et ses exemptions, l'origine de ses biens, de ses fondations, des redevances qu'il percevait. Là dessus il est aussi complet que possible, et il mentionne les moindres faits. Il s'est aussi beaucoup appliqué à établir la vérité historique de l'invention du corps de sainte Madeleine en 1279, et l'identité de ses reliques, à rapporter les diverses translations qui en ont été faites et les visites des personnages illustres qui y sont venus en pèlerinage. Cela se comprend à merveille : c'était la raison d'être du couvent de Saint-Maximin. Quant aux détails purement historiques, ils n'avaient pas le même intérêt pour lui, et il est facile de voir qu'il y a attaché moins d'importance.

Tel qu'il est, l'ouvrage de Reboul a une valeur que l'on ne peut méconnaître, et il serait difficile de faire une histoire du couvent de Saint-Maximin, sans en tenir compte. Mais précisément parce qu'il peut faire autorité, nous nous sommes attaché, en nous en servant, à contrôler toutes ses affirmations, quand nous avons pu retrouver les documents sur lesquels elles se fondent, et à corriger ses erreurs, lorsque nous avons eu la preuve qu'il s'est trompé. Ce n'est certainement pas le plaisir de le trouver en faute qui nous a suggéré nos corrections : il en coûte trop pour relever sérieusement les fautes des autres. Mais comme nous tenons à l'exactitude historique, même dans les petits détails, nous n'avons pas voulu que l'on pût opposer à nos récits l'autorité de Reboul, et nous avons dit pourquoi nos assertions différaient des siennes.

Nous pourrions ajouter à cette nomenclature des travaux antérieurs au nôtre la Monographie, publiée assez récemment sur Saint-Maximin par M. Rostan ; mais nous devons dire que notre œuvre, pour venir après la sienne, ne lui est peut-être pas postérieure. Conçus sur des plans tout différents, les deux livres ont été faits en même temps et se complètent l'un par l'autre. Il ne se font point concurrence, pas plus que les auteurs, qui sont en parfaite communion d'idées. Nous sommes heureux d'exprimer publiquement toute notre estime et notre reconnaissance pour M. Rostan, qui nous permet d'entrer sur un terrain qu'il cultive avec bonheur depuis tant d'années. Nous avons profité de ses bienveillantes communications, et nous ne lui avons rien caché de ce que nous-même nous avions trouvé. Les nouveaux noms de prieurs ajoutés par nous à la liste, ont d'abord paru chez lui, et nous ne nous sommes réservé que le droit d'établir et de justifier la légitimité de ces adjonctions.

La nécessité que nous nous étions imposée de réunir tous les documents pouvant servir à cette histoire, a retardé notre marche ; heureux retard, pouvons-nous dire, car, sans lui, les choses les plus neuves et les plus importantes que contient ce livre ne s'y trouveraient pas. Seule, l'opiniâtreté dans les recherches, ce labor improbus du poète, a pu nous faire rencontrer des faits, des renseignements, des noms, qui semblaient fuir devant nous, et que nous n'avons pu saisir qu'à la dernière heure. Voilà douze ans que nous travaillons à l'œuvre qui va voir le jour ; c'est beaucoup sans doute, mais nous ne regrettons ni notre temps ni notre fatigue. Si ces longs travaux ne procurent pas, comme les travaux faciles, les honneurs et l'argent, ils occupent, ils délectent, ils consolent ; et puis, il pourrait bien en rester quelque chose.

Voici ce que nous avons fait pour compléter ceux qui nous ont devancé, et pour éviter de tomber dans les erreurs qu'ils ont commises. Nous avons commencé par dépouiller, aux archives départementales des Bouches-du-Rhône, les 140 grands registres de la cour des comptes de Provence, cotés B. 2 à B. 141. Là sont enregistrées, avec une infinité d'autres actes, les lettres-patentes des prieurs de Saint-Maximin. Elles n'y sont pas toutes, parce que la cour ayant fait une mesure fiscale de cette obligation d'enregistrement, que le parlement exigeait de son côté, il y eut des résistances, et l'on réussit parfois à se soustraire à ses prétentions. Un grand nombre d'autres registres des mêmes archives ont aussi été examinés par nous, et nous ont donné beaucoup de pièces importantes.

Nous avons cherché dans les anciennes archives du couvent de Saint-Maximin ce qui nous manquait ici, et nous n'y avons pas épargné notre peine. Là aussi nos recherches n'ont pas été sans fruit, et nous avons réussi à en tirer des documents précieux. Enfin, dans un séjour à Rome, nous avons pu recueillir dans la correspondance des Généraux Dominicains, aux archives généralices, un bon nombre de curieux renseignements qui nous ont été d'une grande utilité. Telles sont les principales sources où nous avons puisé ; c'est là évidemment que nous devions trouver la vérité, et les matériaux qui en proviennent sont tous d'une authenticité incontestable.

Nous n'avons pas voulu que les nombreuses copies de titres que nous avions faites fussent perdues pour l'histoire ; la large hospitalité qui nous est donnée par une société savante nous permet d'offrir à nos lecteurs près d'une centaine de pièces, choisies parmi les autres, et le cartulaire qu'elles composent ne peut manquer d'être accueilli avec intérêt par les personnes studieuses. Si notre travail personnel a besoin de leur indulgence, notre collection de documents ne réclame que leur justice pour être appréciée à sa valeur.

Marseille, le 31 août 1880.

Le Couvent royal de Saint-Maximin.

PREMIÈRE PARTIE.

ORIGINES DU COUVENT DE SAINT-MAXIMIN. SES PREMIERS PRIEURS.

La ville de Saint-Maximin doit son existence à l'église et aux reliques de sainte Marie Madeleine, qui ont groupé autour d'elles les habitants des plaines voisines, et, en y attirant de toutes les parties du monde d'innombrables pèlerins, lui ont donné une célébrité hors de proportion avec sa population et son importance, qui furent toujours peu considérables.

Une colonie de Cassianites, venue de Saint-Victor de Marseille, y fut établie dès le commencement du cinquième siècle, pour desservir le tombeau de l'illustre pénitente; depuis lors, les moines marseillais eurent la charge de veiller à sa garde et de rendre aux saintes reliques le culte religieux qui leur était dû, jusqu'au moment où ils furent relevés dans ce poste d'honneur par les Religieux Dominicains. Avant de dérouler les annales de cette fondation nouvelle qui a éclipsé la première, nous croyons nécessaire de mettre sous les yeux de nos lecteurs ce que nous avons pu recueillir sur le prieuré cassianite; d'autant plus que les documents qui le concernent étant très-rares et fort peu connus, il ne peut qu'être utile de les réunir et de leur donner une publicité plus étendue.

Lorsque saint Jean Cassien, arrivé de Rome à Marseille, eut fondé l'abbaye de Saint-Victor, en y faisant revivre les observances que suivaient les moines de l'Egypte et de la Thébaïde, il vit accourir à lui une foule d'hommes dégoutés du monde, qui venaient de tous les côtés pour se ranger sous sa conduite. C'était la grande époque de la vie monastique. Saint Martin venait à peine de disparaître, après avoir donné naissance à Ligugé et à Marmoutier; Lérins s'élevait sous la discipline de saint Honorat; saint Castor réunissait ses compagnons à Manasque, et les îles d'Hyères se remplissaient de pieux anachorètes.

Il est aisé de voir, par ce simple récit, que la Provence était, en Occident, le siége principal de cette agitation mystérieuse qui poussait alors les chrétiens vers la solitude. Plusieurs grands hommes contribuèrent à cette expansion que prit chez nous la vie religieuse; mais celui qui y eut le plus de part, fut sans contredit le célèbre ermite qui avait parcouru toutes les Laures, qui avait vécu familièrement avec les héros les plus illustres des monastères de l'Orient, et qui pouvait raconter à l'Occident, encore novice dans cette voie, les merveilles que ses yeux avaient vues, et redire les enseignements de ces géants du désert.

Aussi, sans parler de l'influence prodigieuse que l'auteur des *Institutions des moines* et des *Conférences des Pères* exerça par ses écrits sur tous les autres fondateurs d'ordres, il eut personnellement dans son abbaye marseillaise le succès le plus extraordinaire, et vit se réunir sous sa direction supérieure jusqu'à cinq mille religieux. Il ne faudrait pas regarder ceci comme une exagération déraisonnable et sans fondement ; ce chiffre précis, fourni par plusieurs des plus anciennes chartes de Saint-Victor (1), se retrouve dans les martyrologes antiques (2), dans les livres d'office du monastère ; et le B. Urbain V n'a pas craint de le répéter, lorsqu'il a voulu rappeler les gloires de l'abbaye qu'il avait gouvernée lui-même, avant de monter sur la chaire de saint Pierre (3).

Il est évident que cette immense famille religieuse ne pouvait trouver place à Saint-Victor, ni dans ses alentours immédiats. Aussi la tradition, d'accord en cela avec les aspirations monastiques, qui ont toujours poussé les hommes à rechercher les lieux écartés et éloignés des villes, la tradition nous apprend que les moines cassianites, sortis de Saint-Victor, comme de nombreux essaims d'une ruche trop pleine, se répandirent dans toutes les directions, partout où ils purent découvrir des endroits favorables pour y planter leur tente. Celui qui connaît un peu la topographie de nos contrées n'a pas de peine pour retrouver les traces de leurs établissements. L'Huveaune les vit peupler ses rives alors solitaires, et les collines au milieu desquelles elle serpente silencieusement, leur fournirent des sites propices pour

---

(1) *Cenobium Massiliense, priscorum temporibus, sic viguit... ut quinque millium monachorum numerus ibi reperiretur, in sancti Cassiani tempore. Cartulaire de Saint-Victor*, n° 532. *Charte de l'an 1073 et autres.*

(2) *Cassianus.... Massiliam... instituit monasterium : in quo usque ad quinque millia monachorum extitit pater. Martyrologe de Toulon de l'an 1140*, à la bibliothèque du Vatican. *Cod. Vat. Reg.* n° 540, fol. 93.

(3) *Cui etiam prefuit sanctus Cassianus preclarus, sicut antiquarum scripturarum habet fida relatio, pater quinque millium monachorum.* Bulle *Romanus Pontifex* du 2 janvier 1363.

des fondations multipliées. Mais ils habitèrent de préférence dans les montagnes qui bornent au levant le bassin de Marseille, et du sein desquelles s'élève un plateau isolé de tous les côtés, qui semble avoir été préparé tout exprès pour ceux qui veulent se séparer des hommes et chercher la paix du cœur loin du tumulte.

Or, à l'extrémité orientale de ces lieux que les rochers environnent de toute part, et qui encore de nos jours sont un vrai désert, là où finit la chaîne la plus élevée qui porte la Sainte-Baume, il est un site plus sauvage que les autres, placé en dehors de toute voie tracée, de toute habitation, de toute terre cultivée, et où, dès les temps les plus reculés, il a existé une église, dont il ne reste plus que les ruines, et qui se nommait l'église de Saint-Cassien. C'est là que le fondateur de Saint-Victor allait lui-même, à certaines époques, retremper son âme au milieu d'une solitude que rien ne troublait. Le désert est affreux, mais le site est d'une sublime beauté dont rien n'approche; et le célèbre contemplatif put croire y avoir rencontré un échantillon des grandioses solitudes de l'Egypte. Son histoire nous dit qu'il s'y retirait chaque année pendant la quarantaine des grands jeûnes; et son souvenir s'est tellement identifié avec cette contrée où il a habité, que tout ce qui s'y trouve porte son nom. La montagne sur la croupe de laquelle l'église était placée, se nomme Saint-Cassien; la source voisine qui fournissait à ses besoins, est la fontaine de Saint-Cassien; la seule ferme qui soit dans les alentours, est la ferme de Saint-Cassien. On chercherait en vain d'autres appellations pour désigner ces localités: elles n'ont point d'autre nom connu; c'est le seul usité dans les actes publics, le seul employé par ceux qui connaissent ces lieux.

Que cet ermitage de Saint-Cassien soit une fondation primitive, datant du cinquième siècle, on n'en saurait douter. On aurait beau chercher en effet, dans les documents qui nous restent des âges postérieurs, quelque trace de son établissement : il ne s'en rencontre nulle part, et c'est une preuve évidente qu'il faut remonter plus haut, c'est-à-dire, à une époque dont les titres historiques ne sont pas venus jusqu'à nous.

Il y avait autrefois dans le territoire qui forme le diocèse actuel de Fréjus, trois autres prieurés portant le nom de Saint-Cassien : l'un au Muy, l'autre à Tavernes, le troisième à Amirat, dans l'ancien diocèse de Glandève. Pour ceux-ci, nous pouvons désigner la date précise, sinon de leur première fondation, au moins du jour où Saint-Victor entra en possession de chacun d'eux. Les religieux n'ont pas manqué de consigner dans le grand cartulaire, qui contient leurs titres de propriété, les donations qui, au commencement du onzième siècle, leur firent acquérir ces églises. C'est par là que nous savons que Saint-Cassien de Tavernes leur fut donné en l'an 1033 par une noble veuve nommée Bellielde, et ses enfants Pons, Heldebert et Athanulfe; que Saint-Cassien d'Amirat leur appartint en 1044, par la généreuse donation d'Aldebert et de sa femme Ermengarde; et que la famille de Bertrand, évêque de Fréjus, leur donna vers la même année Saint-Cassien du Muy (1).

Nous ne trouvons rien de semblable pour le vieil ermitage de Saint-Cassien, voisin de la Sainte-Baume. Il est compris au nombre des églises soumises à l'abbaye, dont l'énumération se lit

---

(1) *Cart. de S. Victor*, n°ˢ 631, 781, 569.

dans les bulles de Pascal II, d'Innocent II, d'Eugène III, d'Honorius III, sans que rien nous apprenne comment cette église était échue à Saint-Victor. Ceci vient merveilleusement à l'appui de la tradition qui assigne à sa fondation une date et un siècle dont tous les actes ont péri.

Le silence que gardent sur cet ermitage les titres les plus antiques s'explique très-naturellement. Lors des invasions sarrasines et des désordres de tout genre qui en résultèrent pour nos contrées, les églises situées dans les plaines et près des lieux habités tentèrent, par leurs possessions et par les terres nombreuses qui leur appartenaient, la cupidité des envahisseurs. Tombées au pouvoir des ennemis de la religion qui en firent leur proie, elles devinrent toutes, au dixième siècle, la propriété des seigneurs qui contribuèrent à chasser les Sarrasins de la Provence, et qui se les approprièrent comme des biens sans maîtres, ou comme des conquêtes qu'ils avaient payées de leur sang. Plus tard, leurs enfants se demandèrent à quel titre ils pouvaient retenir les biens des églises et des monastères, et ces églises elles-mêmes; et pour mettre leur conscience en repos, ils les rendirent successivement à leurs anciens possesseurs.

De là viennent ces nombreuses donations d'églises et de terres, que l'on rencontre si fréquemment dans les titres du onzième siècle. Que l'on ne s'y trompe pas; ce ne sont point là des fondations nouvelles, mais des restitutions. Or, l'église de Saint-Cassien dont nous avons parlé n'avait pas subi le sort de tant d'autres; simple ermitage, placé dans le désert et ne possédant aucun bien, elle ne fut convoitée par personne. Sa pauvreté et sa position assurèrent sa liberté; et l'abbaye de Saint-Victor, en se reconstituant, après l'expulsion des Maures, s'en retrouva maîtresse et put la compter, comme auparavant, au nombre de ses églises.

Une autre preuve non moins frappante de la haute antiquité de cet ermitage, et du séjour que saint Cassien fit en ces lieux, nous est fournie par les interpolations qu'a subies dans le moyen-âge la plus ancienne vie connue de sainte Marie Madeleine. On lit dans un bon nombre de manuscrits que, tandis qu'elle vivait retirée à la Sainte-Baume, un prêtre, un moine, un abbé, qui avait accoutumé de venir passer le carême dans une cellule, à douze stades de là, auprès d'une petite fontaine, pour y vaquer à la prière et à une rigoureuse abstinence, fut témoin des merveilleuses élévations de la sainte pénitente, que les anges portaient dans les airs, et connut de sa propre bouche les mystères de sa vie et l'identité de sa personne.

Nous n'avons pas besoin de dire que l'existence d'un abbé dans le voisinage de la Sainte-Baume, du vivant de sainte Madeleine, c'est-à-dire, dans le premier siècle après Jésus-Christ, est une chose de tout point incroyable, et dont l'idée n'a pu être admise que par un chroniqueur malhabile. Mais, pour mal avisé que nous le supposions, encore faut-il admettre que son erreur a une raison d'être, et si l'on en recherche l'origine, il n'est pas difficile de comprendre ce qui a donné occasion à un récit si dénué de fondements.

Ceux qui ont enrichi la vie de sainte Madeleine de l'épisode étrange dont nous parlons, n'ont fait que transporter au premier siècle ce qui s'était passé au cinquième. Ils savaient par l'histoire et par la tradition que le célèbre fondateur de l'abbaye de

Saint-Victor aimait la solitude de la Sainte-Baume, et que, durant sa longue vie, il s'y était fréquemment retiré. La confusion s'est faite dans leur tête, et, ne sachant pas distinguer les époques, ils ont fait contemporains deux personnages qui ne l'étaient pas. Voilà la source de l'erreur, et l'explication naturelle de ce qui nous surprend dans la vie de sainte Madeleine.

Il serait trop rigoureux d'exiger des écrivains du moyen-âge une critique qui est l'apanage d'une autre époque, et souverainement injuste d'attribuer à la mauvaise foi tout ce qui nous choque le plus dans leurs récits. Nous le disons avec conviction : l'épisode de l'abbé qui fut témoin des ravissements de sainte Madeleine et qui apprit d'elle-même l'histoire de sa vie, est une interpolation évidente et inadmissible; mais c'est une interpolation qui a été faite de bonne foi, par un écrivain qui se trompait, et non par quelqu'un qui cherchait à tromper les autres. La bonne foi est si palpable, que si, dans divers manuscrits, le moine qui vit la sainte pénitente n'a point de nom, si, dans d'autres, il a été appelé Zozime, comme celui qui communia sainte Marie l'Égyptienne, il en est qui l'ont nommé en toutes lettres *Cassien*, avec une naïveté que rien n'égale. Il est donc difficile de se refuser à cette conclusion : le faux abbé du premier siècle n'est pas autre chose que le vrai abbé du cinquième; et l'interpolation grossière des actes de sainte Madeleine prouve le séjour de saint Cassien dans l'ermitage qui porte son nom.

Mais le lieu qui porte le nom de Saint-Cassien se trouve placé presque à égale distance de la Sainte-Baume et de Saint-Maximin. A deux lieues, au couchant, est située la grotte où Madeleine passa la dernière partie de sa vie; à trois lieues, vers le nord, l'oratoire qui fut témoin de son bienheureux trépas, et qui reçut sa dépouille mortelle. Comment pourrait-on supposer que l'illustre ermite qui avait visité, par dévotion, tous les lieux saints de la Palestine, que son amour pour les serviteurs de Dieu avait poussé jusqu'au fond de la Thébaïde, où il était allé voir et vénérer dans leurs lointaines retraites les solitaires qu'il admirait, serait resté indifférent devant les lieux sanctifiés par la demeure de la pécheresse devenue l'amie du Seigneur ? La caverne habitée pendant trente ans par cette grande amante de la solitude, l'église qui renfermait ses ossements, étaient là sous ses yeux, à sa portée; elles étaient admirablement disposées pour recevoir ses disciples ; et volontairement il n'en aurait tenu aucun compte ! Il est impossible de le croire un seul moment.

Aussi, un de ses premiers soins fut-il d'y placer ses moines, tant pour leur donner une retraite convenable, que pour organiser dignement le culte divin dans ces vénérables sanctuaires. Il est même à présumer que c'est en allant établir lui-même ses enfants à la Sainte-Baume, qu'il apprit à connaître le désert plus écarté encore et plus sauvage qu'il choisit pour en faire sa demeure favorite. Saint Cassien fonda donc à Saint-Maximin et à la Sainte-Baume deux prieurés de son ordre, qui pendant huit siècles furent fidèles à la mission, que Dieu leur avait confiée, d'honorer sainte Madeleine. La tradition de notre pays est très-affirmative sur ce point, et nous tenons à démontrer qu'elle ne s'égare pas en les lui attribuant.

La science moderne est peu favorable aux traditions locales, surtout aux traditions religieuses; elle ne les admet pas comme moyen de transmission des faits, et, pour les croire, elle réclame des documents écrits ou des monuments faisant preuve certaine. Elle a raison sous plusieurs rapports, et nous devons nous efforcer de la contenter. Non point qu'il soit nécessaire de renoncer à des traditions qui, quand elles sont antiques, générales, constantes, ont droit au respect de tous, même des savants; mais il est à propos de les étudier, de les contrôler avec soin, et de chercher à leur donner pour appui des preuves irrécusables, qui emportent la conviction. L'étude sérieuse ne saurait leur nuire. Dès lors que nous les supposons fondées sur la vérité, elles n'ont rien à craindre de toute recherche qui atteindra le vrai, et toute découverte nouvelle ne peut que tourner à leur profit. Les exigences de la science sont comme une compression violente qui fait jaillir l'étincelle et produit la lumière. Il en a toujours été ainsi. Essayons de faire voir qu'il n'en est pas autrement pour le sujet particulier qui nous occupe.

Nous avons dit qu'un prieuré de Cassianites fut établi à la Sainte-Baume par le fondateur de Saint-Victor de Marseille. Cette assertion, dont la tradition est la base, n'est pas si dénuée de preuves historiques qu'on a bien voulu le dire; nous sommes heureux de pouvoir produire ici des textes nouveaux, qui n'ont point figuré encore dans les discussions sans nombre auxquelles notre croyance a donné lieu, et qui, nous l'espérons, feront faire un pas en avant à une question si grave, traitée jusqu'ici avec peu d'impartialité par un grand nombre d'écrivains.

Jusqu'à ce jour, le document le plus ancien que la science ait voulu admettre, est la visite que saint Louis fit à la Sainte-Baume, à son retour de la Terre-Sainte. C'est à Joinville, qui l'accompagna dans ce pélerinage, que nous devons la connaissance d'un fait si curieux. Il nous apprend que, vers la fin du mois de juillet 1254, le Roi partit d'Hyères, où il avait débarqué, qu'il s'en vint à Aix, et de là monta à la Sainte-Baume. Il suffit d'avoir quelques notions de notre topographie pour s'apercevoir que saint Louis ne put aller d'Aix à la Sainte-Baume qu'en passant par Saint-Maximin, bien que Joinville ne mentionne pas ce détail particulier, du moins si nous nous en tenons aux dernières éditions de cet historien. Voici d'ailleurs textuellement les deux versions successivement données de ce passage de l'historien du saint roi.

Après ces chouses, le Roy se partit d'Yères, et s'en vint en la cité d'Aix en Prouuence, pour l'onneur de la benoiste Magdalaine, qui gisoit à vne petite journée près. Et fusmes au lieu de la Basme en vne roche moult hault, là ou l'on disoit que la sainte Magdalaine auoit vesqu en hermitage longue espace de temps (1).	Li roys s'en vint par la contée de Provence, jusques à une citei que on apele Ays en Provence, là où l'on disoit que le cors à Magdeleinne gisoit; et fumes en une voute de roche moult haute, là où l'on disoit que la Magdeleinne avoit esté en hermitaige dix-sept ans (2).

Il n'y a pas si loin qu'on l'a prétendu de l'un de ces textes à l'autre, et il en résulte, dans tous les cas, que saint Louis, absent de son royaume depuis six ans, et pressé d'y rentrer, trouva le temps de se détourner de son chemin, pour aller à la

---

(1) Texte de Ducange (Paris, 1668), et des éditions précédentes.
(2) Texte de M. de Wailly (1874), et autres depuis Dom Capperonnier.

Sainte-Baume et à Saint-Maximin, par dévotion pour sainte Madeleine. A la Sainte-Baume, il allait vénérer le lieu de sa pénitence, à Saint-Maximin, prier auprès de ses reliques ; et cela, qu'on ne l'oublie pas, vingt-cinq ans avant la découverte du corps de sainte Madeleine, qui n'eut lieu qu'en 1279. C'est là un fait dont la gravité ne peut échapper à aucun esprit sensé, et qui nous donne la raison des recherches qui furent faites vingt-cinq ans après, pour retrouver enfin les reliques cachées. Il fallait bien que la tradition provençale fut alors vivace, générale, précise, pour décider le Roi de France à retarder son retour à Paris, et à se porter sur les lieux qu'on lui désignait comme consacrés par le séjour de sainte Madeleine.

Le pèlerinage de Saint Louis a beaucoup embarrassé les ennemis de notre tradition ; les uns ont fait semblant de ne pas le connaître, les autres ont cherché à en diminuer l'importance. « Je pense, dit Tillemont, après avoir cité Joinville, que c'est le « premier passage qu'on trouve de cette tradition, aujourd'hui « si célèbre, dont on ne voit pas quel peut estre le fondement. « Aussi, il ne paroist pas que tout ce que l'on en put dire ou mon- « trer alors à Saint Louis l'ait beaucoup persuadé ; car nous « verrons, sur l'an 1267, qu'il croyoit alors que le corps de sainte « Madeleine estoit à Vezelai, en Nivernois, selon la tradition « plus ancienne et mieux fondée de cette église. » (1)

Comment Tillemont a-t-il pu savoir que saint Louis ne fut pas persuadé de ce qu'on lui dit en Provence ? Son voyage à la

---

(1) *Vie de S. Louis*, par Tillemont, publiée par la Société de l'Histoire de France... Paris 1848. — tom. 4. p. 42.

Sainte-Baume indique assez nettement le contraire; et sa présence à Vézelay, quelques années après, à une époque où la controverse n'était pas tranchée, ne prouve pas davantage qu'il croyait que le corps de Sainte Madeleine était là. Les recherches qui furent faites à Saint-Maximin, vingt-cinq ans plus tard, par son frère et par son neveu, et qui amenèrent l'invention des précieuses reliques, sont le meilleur argument à opposer aux assertions gratuites d'un auteur partial, et démontrent de la manière la plus concluante quelle impression produisit sur la famille royale de France la connaissance de la tradition provençale.

Cet écrivain ne nous semble pas moins malavisé, quand il se permet de dire que la tradition de Vézelay est *plus ancienne* et *mieux fondée* que celle de Provence. Plus ancienne! Nous verrons bientôt qu'il n'en est rien. Mieux fondée! Comment cela pourrait-il être, puisque Vézelay a toujours reconnu que le corps de sainte Madeleine lui est venu de Provence, d'où ses religieux l'auraient enlevé? Si donc sa tradition est fondée, celle des Provençaux l'est encore davantage, puisqu'elle lui sert de base; et si celle-ci, par hasard, était erronée, comment celle de Vézelay pourrait-elle être vraie? Si les reliques de Vézelay sont véritablement de sainte Madeleine, il faut nécessairement admettre que cette sainte a été ensevelie à Saint-Maximin, d'où elle aurait été portée en Bourgogne; et si, par contre, elle n'a pas vécu et n'est pas morte dans nos contrées, il s'ensuit d'une manière rigoureuse que Vézelay n'avait que de fausses reliques. Ainsi le raisonnement de Tillemont ne vaut rien.

Mais Tillemont se trompe encore plus complètement, lorsqu'il dit que la visite de saint Louis est le premier passage qu'on trouve de notre tradition. Que ce fût le plus ancien passage connu de lui, c'est possible; toutefois nous en avons d'autres à lui citer, qui sont antérieurs à celui-là, et nous espérons bien qu'il s'en retrouvera de nouveaux, pour le convaincre d'inexactitude. D'ailleurs, il aurait bien pu se demander pourquoi saint Louis fit le pélerinage de la Sainte-Baume, si d'autres pélerins ne s'y rendaient pas avant lui. Le saint roi était plein de foi et de piété, mais il n'avait pas l'habitude d'innover en matière de dévotion. Pourquoi donc serait-il allé à la Sainte-Baume, si l'on n'était pas dans l'usage d'y aller?

Il aurait pu encore se poser les questions suivantes : comment saint Louis a-t-il pu parvenir dans ce désert sauvage, s'il n'y avait pas de chemins fréquentés qui y conduisissent? Comment a-t-il pu monter jusqu'à la grotte, qui s'ouvre dans les flancs d'un rocher à pic, à mi-hauteur, à plusieurs centaines de mètres au dessus des plus hauts arbres de la forêt, si des ouvrages faits de main d'homme n'en avaient pas encore facilité l'accès? Il n'y a qu'une seule réponse possible à ces diverses demandes : saint Louis est allé à la Sainte-Baume, parce que les Provençaux y allaient avant lui, et qu'on y venait même de fort loin; il a pu y arriver sans trop de peine, parce que des chemins, ouverts pour les pélerins, y conduisaient de tous les côtés; il a pu parvenir à la grotte, parce que depuis longtemps (pour nous cela signifie depuis près de mille ans), les abords en avaient été rendus faciles par des travaux d'art semblables à ceux que nous y voyons de nos jours, qui n'ont fait que les renouveler, en les améliorant peut être. Voici la preuve de toutes ces affirmations.

Six ans avant la visite de saint Louis, un jeune Franciscain italien était venu à la Sainte-Baume, et il nous a laissé, dans un ouvrage qui s'est conservé jusqu'à nous, une description détaillée de ce qu'il y avait remarqué. C'est le frère Salimbene, de Parme, qui, né en 1221, et ayant pris dans sa patrie l'habit de frère Mineur, se rendit ensuite en France, et habita dans plusieurs couvents de son ordre. Il était à Sens, quand Saint Louis y passa, partant pour sa première croisade, et il nous apprend qu'il eut l'honneur de le voir. Il demeura quelque temps à Aix, dans la même année, 1248; *habitavi in ea civitate eo anno quo rex Francie transfretavit.* La même année le vit aussi à Hyères, auprès du B. Hugues de Digne, le célèbre prédicateur;— *Anno Dni. 1248, cum essem cum fratre Hugone, apud castrum Arearum*, etc. Ainsi l'époque de son séjour en Provence est parfaitement déterminé, et son pèlerinage à la grotte de Sainte Madeleine est de 1248. Nous savons du reste qu'il repartit pour l'Italie avant la fin de cette année. Donnons lui maintenant la parole, et apprenons de lui en quel état se trouvait la Sainte-Baume avant saint Louis.

« La caverne où sainte Marie Madeleine a fait pénitence
« pendant trente ans, dit-il, est à quinze milles de Marseille. J'y
« ai couché une nuit, le soir de sa fête. Elle est située dans un
« rocher très-élevé, et à mon avis, elle est assez vaste pour
« contenir mille personnes. Il y a trois autels, et une source
« pareille à la fontaine de Siloë. Il y a un très-beau chemin pour
« y arriver. En dehors, près de la grotte, est une église desservie
« par un prêtre. Au-dessus, la montagne est encore aussi élevée
« que le baptistère de Parme, et la grotte elle-même se trouve à
« une telle hauteur dans le rocher, que les trois tours des Asinelli
« de Bologne ne pourraient y atteindre; les grands arbres de la

« forêt semblent d'en haut de l'ortie ou de la sauge. Et comme
« toute la contrée est inhabitée et déserte, les femmes et les
« nobles dames de Marseille, quand elles y viennent par dévo-
« tion, ont soin de conduire avec elles des ânes qui portent du
« pain, du vin, des poissons, et autres provisions dont elles ont
« besoin. » (1).

Il serait difficile de trouver quelque chose de plus clair, et les
enseignements qui ressortent de ce texte capital sont de la plus
haute importance. Tandis que les adversaires de nos traditions
soutiennent qu'avant saint Louis la Sainte-Baume est inconnue;
que tout est incertain et légendaire dans ce qu'on débite à son
sujet; il est positif au contraire qu'avant ce temps, la Sainte-
Baume est en pleine lumière, et dans toute la clarté de la certi-

---

1 De spelunca in qua sancta Maria Magdalena XXXta annis hominibus incognita mansit.
— Spelunca vero sancte Marie Magdalene, in qua XXXta annis penitentiam fecit, per XV
miliaria a Massilia distat. Et in illa, una nocte dormivi, immediate post festum ipsius. Et
est in altissimo monte saxoso, adeo grandis, secundum meum judicium, si bene recordor,
quod mille homines caperet. Et sunt ibi altaria tria et stillicidium aque ad modum fontis
Siloe; et via pulcherrima ad eundum; et exterius, quedam ecclesia prope speluncam, ubi
quidam sacerdos inhabitat. Et supra speluncam, tanta adhuc est altitudo montis, quanta
baptisterii Parmensis altitudo conspicitur. Et spelunca in illo monte ita elevata est a superficie terre, quod tres turres Asinellorum de Bononia, secundum meum judicium, si bene
recordor, illuc attingere non possent; ita quod arbores grandes que inferius sunt, apparent
artice, seu salvie campi. Et quia regio illa, sive contrata, adhuc est tota inhabitabilis et
deserta, ideo mulieres et nobiles domine de Massilia, cum illuc, causa devotionis vadunt,
ducunt secum asinos oneratos pane et vino, et turtis et piscibus, et comestibilibus aliis quibus volunt. —*Bibl. Vatic. Cod.* 7260, fol 283 v°. *Chronica fr. Salimbene de Parma*, ord.
Min. ab an. 1168 ad an. 1287. — C'est le manuscrit original de cette chronique, et nous y
avons puisé nos citations inédite jusqu'à nos jours, elle a été publiée récemment dans
un des volumes des *Monumenta historiæ Parmensis*, que nous n'avons pas vu.

tude historique. Un témoin qui l'a vue, vient de nous rapporter ce qu'il y a trouvé, et quelque importune que soit sa déposition, il faut bien l'accepter. Il en résulte qu'au treizième siècle, la Sainte-Baume était parfaitement connue; son pèlerinage était établi; de beaux chemins y conduisaient; on y faisait la fête de sainte Madeleine, et l'on y assurait qu'elle avait vécu là pendant trente ans. La grotte avait trois autels; on y voyait la source où s'abreuvent les pèlerins. Un prêtre y était à demeure, pour le service divin. En d'autres termes, la Sainte-Baume était alors précisément ce qu'elle est de nos jours, sauf peut-être cette chapelle extérieure, *quædam ecclesia*, dont il est fait mention. Et tout cela, qu'on le remarque bien, avait lieu longtemps avant les Dominicains, avant saint Louis, avant l'invention des reliques!

Il faut avouer que ceux qui ont nié l'antiquité du culte de sainte Madeleine à la Sainte-Baume, et qui en ont marqué les commencements à la fin du treizième siècle, étaient bien hardis et bien imprudents, puisqu'il a suffi du récit de voyage d'un pauvre moine pour faire crouler tout l'échaffaudage de leurs dénégations. Devant son naïf et précis témoignage, il ne reste rien de leurs difficultés, et l'histoire reprend ses droits. Or, comme les choses que Salimbene a vues n'avaient aucune apparence de nouveauté, et qu'en tout cas, il avait fallu de longues années de travail pour les établir comme elles étaient, son attestation ne prouve pas seulement pour son siècle, mais pour les siècles précédents, où nous avons le droit de dire que l'état de la Sainte-Baume était ce qu'il est aujourd'hui. Remercions le moine étranger qui a apporté au culte de sainte Madeleine un secours inattendu et bien précieux. D'ailleurs, son témoignage n'est pas le seul, ni le plus ancien que nous ayons à faire valoir, et il va se trouver confirmé par des pèlerins venus avant lui à la Sainte-Baume.

C'est à un adversaire des traditions de la Provence que nous devons un argument nouveau en faveur de ces mêmes traditions. M. l'abbé Barbier de Montault n'admet pas que les reliques de sainte Madeleine soient à Saint-Maximin. Elles ne sont pas non plus à Vézelay, ni à Éphèse, ni à Jérusalem; et personne avant lui n'a su où elles se trouvaient. D'après lui, elles sont à Rome ou dans les environs, et c'est se méprendre étrangement que de les chercher ailleurs. Pour démontrer une thèse si éminemment neuve, il a publié dans les Mémoires d'une société savante de Marseille la longue série des découvertes qu'il a faites sur cette matière. En voici le résumé (1). On possède, à Rome, un doigt du pied de sainte Madeleine à Sainte-Cécile; des parcelles d'ossements aux Saints Jean et Paul, à Saint-Laurent *in pane e pernu*, à Saint-Pierre du Vatican, à Sainte-Marie *in Translevere*, à Saint-Roch *a Ripetta*; deux dents aux Saints-Apôtres; un doigt à Saint-Marc; des ossements à Anagni, à l'Ariccia, à Frascati; un pied, aux Saints Julien et Celso; des cheveux, à Sainte-Barbe; enfin, le corps entier à Saint-Jean de Latran, *moins la tête et un bras*.

Cette énumération est certainement très-intéressante. Mais il est à regretter que l'auteur n'ait pas cherché à savoir d'où avaient pu être tirées toutes ces reliques de sainte Madeleine. La question valait assurément la peine d'être étudiée, et on n'en a pas dit

(1) *Répertoire de la Société de Statistique de Marseille*. t. 34, année 1872. p. 329, etc.

un seul mot. D'ailleurs l'écrivain ne s'est pas aperçu que ses indications se contredisent et se détruisent l'une par l'autre, et que, si le corps de sainte Madeleine était intégralement à Saint-Jean de Latran, à l'exception d'un bras et de la tête, il n'était pas possible qu'il y eût ailleurs tant d'ossements, encore moins un doigt du pied, et un pied entier. Dans la liste qu'il nous donne, il y en a donc beaucoup plus qu'il n'en faudrait. Mais nous ne voulons pas le chicaner là-dessus, et nous nous déclarons prêt à accepter la liste tout entière, moyennant une légère concession qu'il ne peut nous refuser : c'est qu'il veuille bien admettre que là où il est parlé du corps de sainte Madeleine, on s'est servi d'une figure de mots, en mettant le tout pour la partie. Avec cela, tout s'explique.

Le corps de notre Sainte ne pouvait pas être à Saint-Jean de Latran, parce qu'il n'avait pas quitté Saint-Maximin; et l'inscription de 1297 que l'on cite comme preuve, sans pouvoir pourtant la retrouver, est une inscription impossible. On ne pouvait plus mal choisir la date. En 1297, le pape Boniface VIII venait de déclarer solennellement dans six bulles successives, datées du mois d'avril 1295, que Saint-Maximin possédait réellement le corps de sainte Madeleine; il n'avait fait cette déclaration qu'après avoir vu de ses propres yeux la tête de la Sainte que Charles II avait portée à Rome, et après avoir examiné les inscriptions trouvées dans le tombeau, dont les originaux lui avaient été soumis. Et c'est le moment où l'on voudrait nous faire croire que ce même corps était visité, authentiqué, et déposé dans l'autel du chœur de Latran ? Mais ce serait un démenti flagrant donné au souverain Pontife, presque à l'instant même où il venait de se prononcer, et dans sa propre cathédrale ! La contradiction est trop grossière, et si l'inscription en question existait, il faudrait la regarder comme supposée. Voici ce qui est vrai.

Il pouvait y avoir à Saint-Jean de Latran, et dans les autres églises citées, des fragments de reliques de sainte Madeleine, car le corps trouvé à Saint-Maximin n'était pas tout à fait complet. Salimbene nous apprend qu'il y manquait une jambe (1), et d'autres ossements encore pouvaient y faire défaut. Rien n'empêche donc qu'on en eût des parcelles à Rome. Il y avait aussi à Saint-Jean de Latran la mâchoire inférieure, dont précisément la tête de sainte Madeleine était privée; et nous savons par Philippe de Cabassole (2), que, lorsque le pape se fut assuré que la mâchoire s'adaptait parfaitement à la tête que Charles II venait de retrouver, il voulut qu'elles ne fussent plus séparées, et la lui donna. Voilà ce que l'Italie possédait des reliques de la Sainte ; et, si l'on veut savoir d'où elles les avait reçues, M. l'abbé Barbier nous a fourni les moyens de démontrer qu'elles venaient de Provence.

Il nous apprend en effet que, le 12 août de l'an 1200 (3), Jean,

---

(1. Repertum est corpus beatæ Mariæ Magdalenæ, integraliter totum, excepto uno crure. Chron. fr. Salimbene. fol. 126.

(2) Ut Rex caput in suis scriniis, Pontifex mandibulam in Lateranensi sacrario se habere ... affirmarent. Vita S. M. Magdalenæ.

3) Rép. de la Soc. de Statistique de Marseille, t. 34, p. 330. Il y a erreur dans cette date : il faut mettre 1290, qui correspond à l'indiction 8me, et à la 5me année d'Honorius III. Il y a aussi erreur dans le jour du mois : la pierre porte le 9 août. Enfin une erreur plus grave consiste à affirmer que cette inscription du XIIIme siècle est encore en place. Nous sommes allé la relever, non sans peine, et nous avons trouvé que c'est une copie datée de 1518. Nous pensons être agréable à M. Barbier en lui signalant ces petites inexactitudes.

évêque d'Anagni, consacra l'église de la Nunziatella, dans la campagne de Rome; et, entre autres reliques, il déposa dans l'autel celles-ci : *une pierre de la grotte où sainte Marie Madeleine fit pénitence, et des fragments du bras de saint Maximin* (1). Une inscription lapidaire, encore existante, nous a transmis ce détail. Ces fragments du bras de saint Maximin sont déjà un signe caractéristique que nous touchons là à des reliques provençales. Saint Maximin est un saint qui nous appartient, et, en le voyant nommé avec sainte Madeleine, comment ne pas penser aussitôt à la célèbre église où leurs tombeaux sont à côté l'un de l'autre, et où leurs reliques sont associées dans le même culte?

Mais ce qui est pour nous un argument sans réplique, c'est la présence, à quelques milles de Rome, de cette pierre précieusement conservée, de cette pierre de la grotte où sainte Madeleine a fait pénitence, c'est-à-dire, de la Sainte-Baume, laquelle, retrouvée à trois cents lieues de l'endroit où elle fut prise, indique d'une manière irrécusable, la provenance des reliques auxquelles elle est jointe. Il n'y a pas au monde deux grottes consacrées par la pénitence de la Madeleine, et jamais Vézelay, ni Rome, ni Éphèse, ni Jérusalem, n'ont songé à disputer à la Provence la Sainte-Baume. Puis donc que c'est de là qu'est partie la pierre gardée à la Nunziatella, il est plus qu'évident que les autres reliques de nos Saints qui se trouvent là, ou dans les environs, n'ont pas une autre origine.

Si les Romains avaient possédé le corps de la Sainte, pourquoi

(1) *Ibid.* DE. LAPIDE. SPELVNCE. VBI. Maria. MAGDALENA. FECIT. PENItentiaM. DE. BRACHIO. S. MAXIMINI.

seraient-ils venus vénérer chez nous le lieu de sa pénitence ? Et si la grotte où elle a vécu est ici, quand et comment son corps a-t-il pu être transporté si loin ? Il faut donc mettre au rang des fables la présence du corps de sainte Madeleine à Rome, tout en admettant l'authenticité des reliques partielles, qui ont été empruntées à la Provence. En parlant ainsi, nous ne faisons que répéter ce qu'ont dit Boniface VIII et trente de ses successeurs, qui tous ont attesté d'une voix unanime que le corps de sainte Madeleine repose à Saint-Maximin. En tout cas, la pierre de la Nunziatella constate qu'au commencement du treizième siècle, au plus tard, les fidèles venaient en pèlerinage à la Sainte-Baume, du fond de l'Italie, et en emportaient de pieux souvenirs.

On ne saurait contester qu'il n'en fût de même au douzième siècle. Les environs de la Sainte-Baume étant déserts et sans aucune population, l'existence d'une église et la présence d'un prêtre en cet endroit sont une preuve plus que suffisante de la permanence du pèlerinage ; car l'église ne pouvait être destinée qu'aux pèlerins, et le prêtre ne pouvait demeurer là que pour eux. Or, l'existence de cette église est constatée à toutes les époques, dans le courant de ce siècle. Elle est mentionnée en 1113 dans une bulle de Pascal II, en 1135, dans une bulle d'Innocent II, en 1150, dans une autre d'Eugène III (1). Chaque fois, elle est désignée très-clairement par son nom, et associée à l'église voisine de Saint-Cassien, dont nous avons parlé ci-dessus. La mention faite de cette dernière aux premières années du XIIme siècle

---

(1) *Cartul. de S. Victor*, n°ˢ 818, 811, 819. *Ecclesia, sancte Marie de Balma, Sancti Cassiani*, etc.

prouve ce que nous avons dit, qu'elle avait traversé sans dangers les invasions des Sarrasins; car personne ne supposera qu'on soit allé la bâtir dans cet horrible désert au Xe ou au XIe siècle.

Comme à tous les prieurés de Saint-Victor, un prieur Cassianite était attaché à la Sainte-Baume, pour la desservir. Bien que ceci n'ait guère besoin de preuve, comme pourtant il est essentiel que nous ne laissions aucune prise à la critique la plus exigeante, nous citerons le nom d'un de ces prieurs du XIIme siècle qui montaient la garde au lieu de la pénitence de sainte Madeleine, et que nous avons été assez heureux pour découvrir. En 1174, *Raymond Amati*, moine de Saint-Victor, et prieur de Sainte-Marie de la Baume, demanda à Pierre de Nogaret, son abbé, de lui céder, pour lui et pour ceux qui lui succéderaient *dans ce lieu vénérable*, les possessions que le monastère avait à Signe. Il obtint ce qu'il demandait, et en fit dresser l'acte, que nous croyons devoir publier (1) à cause de la très-grande rareté des documents qui concernent ce prieuré.

C'est le plus ancien prieur cassianite qui soit connu, et il ne l'était pas jusqu'à ce jour. Nous pouvons citer encore le nom du prieur *Pierre*, qui vivait en avril 1255 (2), et celui de *Bernard Francou*, qui occupait ce poste le 18 février 1289, presque au moment où les Dominicains allaient y être installés (3). On a là tout ce qui reste de la liste de ces prieurs. C'est peu sans doute; mais c'est assez, avec l'existence certaine de l'église, pour faire

---

(1) Pièces justif. n° 1.
(2) *Arch. des B. du Rh.* S. Victor Reg. 93 ter.
(3) *Arch. de S. Max.* arm. 3. sac. 1.

voir que, durant tout le douzième siècle, la Sainte-Baume n'était pas constituée autrement que de nos jours.

Nous arrivons ainsi au onzième siècle, où tout porte à croire qu'il en était de même. Mais comme nous ne voulons employer que des documents incontestables, et que nous n'avons pas encore les preuves certaines sur lesquelles s'appuyeraient les faits dont nous aurions à parler, nous nous abstenons de les rapporter. Nous avons d'ailleurs atteint notre but, qui était de montrer que la Sainte-Baume a une histoire, non point légendaire, mais très-authentique, et remontant, non pas à l'établissement des Dominicains, ni au voyage de saint Louis, mais jusque dans la nuit des temps. Nous l'avons suivie jusqu'en 1100, c'est-à-dire, jusqu'au moment où les titres historiques deviennent si clair-semés qu'il faut attendre d'une bonne fortune la découverte d'un document nouveau et convaincant.

Plus heureux que la Sainte-Baume, Saint-Maximin a conservé des monuments qui sont un témoignage irrécusable de la haute antiquité de son église. Il est vrai qu'il ne peut plus montrer ses titres primitifs, antérieurs aux invasions des Sarrasins. Sous ce rapport, sa position ne diffère en rien de celle de tous les établissements civils et religieux de la Provence et du Midi, car de semblables titres n'existent aucune part dans nos pays, et nos villes les plus célèbres, pas plus que nos métropoles ecclésiastiques, n'ont pu sauver les actes écrits dans les siècles qui ont précédé ce grand désastre. Mais l'église de Saint-Maximin a plusieurs moyens de combler la lacune qui résulte de cette destruction totale de nos vieilles chartes.

Elle a d'abord sa crypte vénérable, qui, bien que remaniée en des temps relativement modernes, n'en atteste pas moins l'époque reculée à laquelle il faut reporter sa première construction. L'histoire du christianisme nous enseigne la date à laquelle les fidèles creusaient ces églises souterraines, où ils cachaient les tombeaux de leurs Saints, et où ils se réunissaient pour exercer leur culte. Partout, les édifices religieux où l'on rencontre des cryptes sont les plus anciens de la contrée.

Elle a aussi ses quatre pierres gravées en croix, actuellement encastrées dans le mur, devant l'armoire qui renferme la tête de sainte Madeleine, représentant, l'une, le sacrifice d'Abraham; l'autre, Daniel au milieu des lions; la troisième, la Vierge Marie au temple de Jérusalem; la dernière figurant une orante. Ceux qui se sont occupés de ces naïfs monuments de l'art chrétien nous les donnent comme une production du cinquième siècle; et en les comparant aux peintures et aux sculptures des catacombes de Rome, on ne pourrait guère leur assigner une autre date. C'est précisément l'époque où Cassien établit ses moines à Saint-Maximin, et ces pierres sont contemporaines de la fondation cassianite.

Elle a ses tombeaux plus vénérables encore, qui ont renfermé durant tant de siècles les reliques de nos Saints, et auxquels on ne saurait refuser une antiquité plus grande. Mais ici nous comprenons que quelques explications deviennent indispensables, et qu'elles doivent porter à la fois et sur l'âge présumé de ces tombeaux et sur leur destination.

Quoi que l'on ait pu dire pour faire remonter les sarcophages de la crypte de Saint-Maximin jusqu'aux premiers siècles de l'ère chrétienne, il est hors de doute qu'un pareil système est insoutenable, si l'on entend par là le premier, le deuxième, et même le troisième siècle après Jésus-Christ. Il nous semble impossible d'établir, avec quelque apparence de raison, que ces monuments, et surtout le plus précieux de tous, celui qui a contenu le corps de sainte Marie Madeleine, doivent être reportés au-delà de l'époque constantinienne. Pour exclure toute idée d'antériorité à l'avènement de Constantin, il suffit de voir la croix gemmée qui est sculptée sur le tombeau de saint Sidoine, et qui l'était aussi très-probablement au centre du tombeau d'albâtre. Nulle part on ne trouvera une semblable exhibition de la croix triomphante, avant le moment où la victoire du premier empereur chrétien fit arborer publiquement le signe du salut, jusque là caché à tous les yeux, ou soigneusement dissimulé sous des symboles dont les initiés connaissaient seuls le mystère.

Quant à l'opinion de ceux qui ont cru voir dans l'un de ces tombeaux quelque chose de plus archaïque que dans les autres, nous la respectons, mais nous ne pouvons la partager, parce que leur raisonnement ne nous convainc pas. Tous les sarcophages de Saint-Maximin nous paraissent appartenir au quatrième siècle. Il devient évident par cela même que ces monuments n'ont pas pu recevoir, après leur mort, les corps des Saints dont ils ont gardé les reliques; ils sont de beaucoup postérieurs à cette date, et celles-ci n'ont pu y être déposées qu'à une époque plus récente, c'est-à-dire, lorsque le triomphe de l'Eglise lui permit de rendre à ses apôtres et à ses martyrs un culte plus solennel.

Devons-nous croire que les susdits tombeaux ont été sculptés au quatrième siècle dans le but d'y enfermer les corps saints qui reposaient dans la crypte de Saint-Maximin, ou bien faut-il n'y voir que des monuments vulgaires, destinés d'abord à des personnages inconnus, et utilisés plus tard pour l'usage religieux auquel ils ont servi ? C'est là une question neuve et curieuse, digne d'attirer l'attention des savants, et dont la solution a une importance très-grande; car, si l'on s'arrêtait à la seconde manière de la trancher, il faudrait de toute nécessité retarder notablement l'époque où les tombeaux ont pu être employés à recevoir les reliques, et on serait jeté dans une complète incertitude dont rien ne pourrait nous tirer. Ceci nous engage, malgré notre peu de compétence, à émettre là-dessus notre sentiment, en indiquant les raisons qui nous l'ont fait embrasser.

Plusieurs indices nous semblent démontrer que les sarcophages de Saint-Maximin ont été faits, après la paix donnée à l'Église par Constantin, expressément pour y déposer les corps des Saints, et qu'ils n'eurent jamais d'autre destination. C'est d'abord le choix de la matière qui a été employée. Parmi les saints personnages vénérés à Saint-Maximin, il en est un qui occupe incontestablement le premier rang, et sainte Marie Madeleine y prime ses compagnons de sépulture, pour le même motif qui a fait donner à son culte, dans toutes les liturgies, une place si considérable. Or précisément, tandis que les tombeaux des autres saints sont de marbre, on a choisi pour le sien une matière plus précieuse, et la Sainte amie du Seigneur a été seule placée dans un tombeau d'albâtre. Nous n'avons pas besoin d'indiquer la raison mystique qui a pu faire adopter de préférence cette pierre pour servir à contenir ses ossements, et l'allusion que la piété des fidèles a dû être portée à faire à la vie de la pécheresse repentante, versant ses parfums sur les pieds du Sauveur. Il nous suffit de signaler la distinction dont elle a été l'objet, distinction que nous aurions beaucoup de difficulté à considérer comme le pur effet du hasard, et que nous croyons recherchée et préméditée.

Nous devons en dire autant de plusieurs des sujets sculptés sur nos monuments. Serait-ce par une rencontre toute fortuite que l'on aurait représenté sur le tombeau de saint Sidoine, qui, d'après la tradition était l'aveugle-né, la scène évangélique où le fils de Dieu donne la vue à celui dont les yeux ne s'étaient jamais ouverts? Serait-ce aussi sans aucuns motifs que l'on aurait figuré sur un autre le massacre des Innocents, sujet que l'on ne rencontre presque jamais sur les marbres antiques et que nous trouvons à Saint-Maximin, où les corps de deux saints innocents étaient conservés? La frise, aujourd'hui disparue, du tombeau de sainte Madeleine portait également en relief, au rapport d'anciens auteurs, plusieurs traits de la vie de la sainte pénitente. Comment se défendre de la pensée que de pareils rapprochements ne peuvent pas être le résultat d'un hasard aveugle, et que ces sujets ont été intentionnellement choisis pour orner les sépulcres des saints à qui ils se rapportent?

Il faut encore remarquer que, sur les cinq tombeaux de la crypte de Saint-Maximin, il en est trois qui portent chacun, au milieu de leur frise, une tablette destinée à recevoir les noms des personnes qui y seraient ensevelies; il en était probablement de même des deux autres, dont les frises n'existent plus. Or, il est facile de constater que les trois tablettes qui ont été conservées sont demeurées intactes, et qu'aucune inscription n'y fut jamais gravée. Est-il à supposer qu'il en aurait été ainsi si ces sarcophages avaient été préparés pour les corps de certaines personnes déterminées, et avaient reçu leurs dépouilles ? N'avons-nous pas là plutôt un indice frappant qu'ils n'ont jamais servi à la sépulture d'aucun particulier, et qu'ils ont été faits pour les reliques des saints ?

Ce qui vient corroborer puissamment notre opinion, et faire de notre soupçon une réalité, c'est qu'au lieu des inscriptions qui devraient se rencontrer sur ces tablettes, pour nous apprendre à qui ces tombeaux ont appartenu, nous trouvons au milieu de l'une d'elles une petite ouverture qui a été pratiquée après coup, et sur la signification de laquelle il n'est pas possible de se tromper. Sa seule présence en cet endroit démontre d'une manière assurée que nous sommes en présence d'un tombeau de Saint. En effet, rien de plus connu dans l'antiquité chrétienne que ces ouvertures que l'on ménageait dans les lieux où reposaient les corps des Saints ; elles avaient pour but de satisfaire la piété des pèlerins, en leur permettant de faire descendre dans l'intérieur, par ces petites fenêtres, des linges ou des objets de dévotion, qu'ils emportaient comme de précieuses reliques. Il en était ainsi à la confession de saint Pierre, à Rome ; et beaucoup d'auteurs anciens ont parlé de ces *fenestrellæ* ou *foramina*, et nous ont dit à quoi elles servaient.

L'ouverture qui existe dans la tablette du cinquième tombeau de Saint-Maximin y a été faite évidemment dans la même intention, et ne saurait recevoir aucune autre explication plausible. Il en résulte, avec certitude, non seulement que ce tombeau a renfermé un corps de Saint, mais aussi que l'époque où ce marbre a été ainsi percé ne peut être une époque tardive, et qu'il faut remonter bien haut pour la trouver. Nous touchons là à un des usages de l'église primitive, après la paix, et l'on peut croire, sans témérité, que la chose put être faite au quatrième siècle. Dans tous les cas, le fait est antérieur au commencement du huitième, où les reliques de Saint-Maximin furent soigneusement cachées ; et nous ne pensons pas qu'il se trouve quelqu'un qui ait la prétention d'attribuer à une date plus récente une coutume pratiquée dans l'église dans les temps les plus anciens.

Nous désirerions vivement que la frise du tombeau de sainte Madeleine nous eût été conservée, pour que nous pussions constater si, comme nous le pensons, une semblable ouverture s'y trouvait aussi. Cette vérification est actuellement impossible ; mais elle n'est point nécessaire, parce que la preuve fournie par le sarcophage, qui garde encore sa *fenestrella*, sert pour lui et pour tous les autres. Il y a à Saint-Maximin tout un groupe de Saints qui ne peuvent pas être séparés, et la certitude de l'un est la garantie des autres. Dès l'instant qu'il est prouvé que l'un des tombeaux est un tombeau de Saint, et non une sépulture vulgaire, la démonstration est faite implicitement pour tous.

D'ailleurs, le sarcophage de sainte Madeleine, même privé de sa frise, porte avec lui un autre genre de démonstration non moins irrécusable. Il est dans un tel état de dégradation, par suite de l'indiscrète piété des pèlerins qui lui a fait subir les mutilations les plus horribles, qu'il atteste aux yeux de tous la dévotion ardente dont les reliques qu'il contenait ont été l'objet. La chose est rendue plus sensible par la comparaison des tombeaux voisins. Tandis que ceux-ci sont encore dans un bon état de conservation, celui de sainte Madeleine a été mutilé d'une façon presque incroyable, parce que tous ceux qui sont venus le vénérer se sont attaqués à lui, pour en avoir quelque parcelle. La frise a péri tout entière ; la colonne de l'extrémité de gauche a disparu ; le bas-relief qui ornait la partie centrale a été complètement détruit ; tout le reste a été écorné, gratté, raclé de toutes les manières, par ceux qui, ne pouvant en avoir des fragments, ont voulu emporter au moins un peu de poussière. En vérité, si une constante tradition n'avait toujours désigné, parmi les tombeaux de Saint-Maximin, celui qui appartint à sainte Marie Madeleine, l'état matériel où l'a mis l'indiscrétion des visiteurs suffirait pour le faire reconnaître.

Tels sont les motifs qui nous font croire que tous ces tombeaux n'ont jamais eu d'autre destination que celle de recevoir les reliques que possédait l'église de Saint-Maximin, et qu'ils ont été fabriqués dans ce but. Nous pensons qu'aussitôt la paix rendue à l'Église par Constantin, les fidèles se hâtèrent de lever de terre les ossements de leurs premiers apôtres, et de les déposer dans des monuments dignes d'eux, en les laissant toutefois dans le même lieu où les Saints avaient reposé jusqu'à ce moment. Alors dut commencer le pèlerinage qui amena aux pieds de la sainte pénitente de si grandes multitudes. Lorsque, cent ans après, saint Cassien vint établir ses disciples à Saint-Maximin, il dut trouver les tombeaux à leur place, et le pèlerinage organisé ; mais, à partir de ce moment, ce furent les moines cassianites qui présidèrent, durant plusieurs siècles, à toutes les manifestations pieuses qui eurent pour objet sainte Madeleine.

De tous les évènements qui se sont passés à Saint-Maximin

depuis le cinquième siècle jusqu'au onzième, un seul a laissé sa trace dans l'histoire; le souvenir des autres a disparu avec les documents de cet âge, qui ont été anéantis. En l'année 716 (1), au mois de décembre, effrayés par l'approche des Sarrasins, qui en peu de temps avaient subjugué l'Espagne entière et venaient d'envahir le midi de la France, les religieux qui veillaient sur les reliques de sainte Madeleine jugèrent nécessaire de pourvoir à la sûreté du sacré dépôt. Ils les enlevèrent donc de leur tombeau d'albâtre, et les cachèrent dans celui de saint Sidoine, dont le corps avait été retiré et mis à la place de l'autre. Cette translation se fit durant la nuit et dans le plus grand secret, comme nous l'apprend un écrit que l'on eut soin de déposer auprès du corps de la Sainte.

Ce ne fut là d'ailleurs qu'une première précaution, et, bien que l'histoire se taise là-dessus, les circonstances au milieu desquelles les reliques furent retrouvées au treizième siècle, nous font connaître que, lorsque le danger devint plus imminent, à une époque que l'on ne saurait déterminer, la crypte de Saint-Maximin fut remplie de terre, et l'entrée en fut murée et dissimulée sous le pavé de l'église. Que se passa-t-il ensuite dans le cours des deux longs siècles où les Sarrasins ravagèrent et dévastèrent la Provence ? Il serait bien difficile de le dire. Mais deux choses

---

(1) La date de 710, adoptée par M. Faillon, n'est pas admissible. En 710, les Sarrasins n'avaient pas encore envahi l'Espagne, et ne pouvaient causer l'effroi que leurs rapides succès inspirèrent quelques années plus tard. Nous ne comprenons pas que le docte auteur s'y soit mépris. D'ailleurs, les jours du mois ne se comptaient pas comme aujourd'hui par des chiffres augmentant progressivement, mais par nones, ides et calendes, et l'on n'aurait pas dit : le 6 décembre.

sont certaines : l'une, que les reliques de sainte Madeleine furent préservées de toute profanation, et conservées intactes dans la terre qui les recouvrait; l'autre, que l'église qui les abritait ne fut point détruite par les barbares, et qu'elle était debout lorsque l'horrible tourmente cessa.

Une des plus graves erreurs que l'on puisse commettre au sujet de nos croyances provençales, c'est de s'imaginer que, lorsque le prince de Salerne entreprit de découvrir le corps de sainte Marie Madeleine, il ne restait rien à Saint-Maximin qui pût faciliter ses recherches, que la tradition était interrompue, la basilique rasée, et que la crypte contenant les reliques cachées se trouvait au milieu des champs, et dans un lieu abandonné de ses habitants. Il nous est très facile de démontrer le contraire; car ici heureusement les documents historiques, dont nous avons déploré la perte pour l'époque précédente, commencent à apparaitre de nouveau, et nous n'avons qu'à les laisser parler.

Et d'abord, il est indubitable que l'église de Saint-Maximin existait lorsque la Provence fut délivrée des Sarrasins par le comte Guillaume. Nous la trouvons en effet mentionnée, dès l'année 1038, avec les églises de Sainte-Marie, Saint-Jean et Saint-Mitre, dans une donation faite à Saint-Victor par Pierre I, archevêque d'Aix, et ses frères, qui en avaient hérité de leurs ancêtres (1). Elle figure également, dans le courant du onzième siècle, dans divers actes de 1053, 1058 et 1060 (2). En 1093, un

---

(1) Ecclesias Sancti Maximini, et Sancte Marie, et Sancti Johannis, et Sancti Mitrii. Cart. de Saint-Victor, num. 293. Faillon, num. 31.

(2) Cart. de S. V. nom. 296, 294, 307, 308. Faillon, nom. 33, 34, 89, 36.

autre archevêque d'Aix, Pierre Gaufridi, la nomme parmi les nombreuses églises de son diocèse dont il confirme la possession à l'abbaye de Marseille, et il nous fait connaître qu'il y avait dès lors dans l'église de Saint-Maximin des autels dédiés à saint Michel et à saint Sidoine (1). Il n'est donc pas possible de nier qu'elle eût traversé tout le temps des invasions et échappé aux désastres dont beaucoup d'autres monuments furent les victimes.

De même que l'église, le pélerinage de Saint-Maximin avait survécu aux calamités que le pays avait éprouvées, et nous le voyons fréquenté dans les siècles de paix qui leur succédèrent. Quand nous n'aurions à citer que les pélerins de la campagne romaine qui vinrent, au plus tard au commencement du treizième siècle, chercher ici les reliques de saint Maximin que l'on conservait, avec une pierre de la Sainte-Baume, dans l'église de la Nunziatella, ce serait assez pour prouver ce que nous avançons. Un sanctuaire qui attirait ainsi de pieux visiteurs de plusieurs centaines de lieues, devait jouir d'une célébrité peu ordinaire, et avoir commencé par amener à lui l'affluence des populations moins éloignées. Du reste, cette célébrité est attestée par un autre fait peu connu, qui à lui seul donne une idée de ce qu'était devenu le pélerinage au tombeau de sainte Madeleine. Au treizième siècle, quand les Albigeois se convertissaient et abjuraient leurs erreurs, on leur prescrivait, comme œuvre satisfactoire,

---

(1) Ecclesiam Sancti Maximini, cum altaribus sancti Michaelis et sancti Sedonii, et ecclesias Sancte Marie et Sancti Johannis, cum altaribus sanctorum Petri et Martini, et cum omnibus eisdem ecclesiis pertinentibus..., et cum ecclesia Sancti Mitrii. Que omnes ecclesie sunt in territorio castri Rodanis, in loco qui vocatur Vallis Sancti Maximini. *Cart. de S. V. n. 122. Faillon. n. 44.*

l'obligation de se rendre, en pèlerins, dans les lieux de dévotion les plus renommés. Il y avait les grands pèlerinages aux églises lointaines, et les pèlerinages moindres aux églises plus voisines; au nombre de ceux-ci, se trouve compris celui de Saint-Maximin, en Provence (1).

On se persuadera aisément qu'une église aussi célèbre avait dû bientôt voir revenir les religieux qui la desservaient; nous doutons même beaucoup que ceux-ci, malgré le malheur des temps, y eussent interrompu complètement le service divin durant un long intervalle. Quoi qu'il en soit, nous y retrouvons les moines de Saint-Victor de Marseille, dès le début et pendant tout le cours du onzième siècle, et dans les deux siècles suivants. Nous les voyons cherchant à reconstituer le patrimoine de leur maison, qui avait passé entre les mains de divers particuliers, et recevant des possesseurs plus ou moins légitimes de ces biens de nombreuses restitutions, revêtant parfois le caractère de donations ou de ventes. Il existe dans le grand cartulaire de Saint-Victor plus de vingt chartes, presque toutes du onzième siècle, qui constatent ce retour des antiques possessions, et elles sont devenues les nouveaux titres de propriété du monastère restauré. Aussi la bulle de saint Grégoire VII, du 4 juillet 1079, la plus ancienne de celles où sont énumérées les dépendances de l'abbaye marseillaise, ne manque-t-elle pas d'y comprendre Saint-Maximin (2).

---

(1) Peregrinationes majores. Beatorum apostolorum Petri et Pauli, Romæ... Peregrinationes minores... Beatæ Mariæ Magdalenæ de Sancto Maximino, in Provincia... *Hist. gén. de Languedoc. Tome III. Preuves*, num. CCXVI.

(2. Monasterium Sancti Maximini in comitatu Aquense. *Cart. de S. V.* n. 843.

Il est donc bien certain que les moines cassianites, devenus alors religieux bénédictins, s'étaient hâtés de reprendre leur poste auprès des reliques de sainte Madeleine. Si les chartes que nous venons de mentionner étaient un peu plus nombreuses, nul doute que nous pourrions dresser la liste entière des prieurs bénédictins de Saint-Maximin, durant les trois siècles qui ont suivi l'an 1000, comme nous allons le faire pour celle des prieurs dominicains qui leur ont succédé ensuite pendant cinq cents ans. En l'état, la reconstitution de la série complète n'est point possible; mais il est facile de faire voir qu'elle a existé, et de poser les jalons qui pourront servir un jour à relier les anneaux d'une chaîne maintenant brisée. Voici les noms d'une partie des prieurs bénédictins qui ont régi l'église de Saint-Maximin avant l'invention des reliques de sainte Madeleine; personne jusqu'à présent n'ayant pris le soin de les recueillir, nous croyons qu'on les verra réunis ici pour la première fois.

Le premier dont nous ayons connaissance est *le frère Pierre*, qui, en 1050, acquit de Gérard Palliol une condamine auprès de Saint-Mitre (1). Le second est *Gilbert* qui transigea, vers 1060, avec le susdit Gérard Palliol et son gendre (Cart n° 303. Faillon n° 36). A ces deux prieurs du onzième siècle, nous croyons pouvoir ajouter *Farald*, dont on a un acte passé peu de temps après avec Fouque Agarn et les siens (2).

Au siècle suivant, nous ne pouvons citer qu'un seul nom: c'est *Pons de Montlaur*, qui, avec les prieurs de Pourrières, de

---

(1) Per manum fratris Petri, qui tenet obedienciam Sancti Maximini. Cart. de S. V. n. 328. Faill. n. 37.

(2) In manu Faraldi monachi, vel aliorum qui cum eo sunt. Cart de S. V. n. 309.

Trets, etc., accompagna à Aix Pierre de Nogaret, son abbé, et assista, le 8 décembre 1170, à un accord conclu avec le commandeur de Bailès, par l'entremise de Hugues de Montlaur, archevêque d'Aix (1). Nous croyons que notre prieur était le parent de cet archevêque.

Le treizième siècle nous fournit sept prieurs. *Pérégrin* était en possession dès 1221. Il reçut diverses donations faites en faveur de son église, dont il s'occupa avec un grand zèle à accroître les ressources. Il n'avait pas cessé de la gouverner en 1234 (Cart. n° 1032, 33, 34, 1121); mais il nous semble le retrouver en 1259 prieur de Bargemon (S. Vict. ch. 689), et, s'il faut réellement identifier les deux personnages, cette dernière pièce nous apprend qu'il se nommait Pérégrin d'Auriol.

Il avait été remplacé à Saint-Maximin par *Guillaume de Brianson*. Celui-ci, comme représentant de l'abbé de Saint-Victor, obtint à Sisteron, le 24 septembre 1234, un diplôme de Raimond Bérenger V, comte de Provence, qui confirmait une concession faite à l'Abbaye par son bisaïeul, le comte Raimond Bérenger II (Cart. de S. V. n° 945, 905).

En 1246, *Guillaume Bermond* était prieur de Saint-Maximin, et, comme recteur de l'église de Château-Royal, il faisait délimiter, d'accord avec le prévôt de Pignans, les territoires de Carnoules et de Besse, afin de mettre fin aux différends qui s'étaient élevés entre eux à ce sujet (Cart. n° 1035).

Tous ces prieurs étaient, comme le furent leurs successeurs, des religieux de Saint-Victor. Par une exception dont il y a peu

---

1) Pontius de Montelauro, prior S. Maximini. Bibl. d'Aix. Mss Roux-Alpheran. XIII n° 2. Orig.

d'exemples, et dont nous devrons rechercher la cause, l'abbé Etienne donna le prieuré, en 1254, à *maître Adam*, chanoine de Tours, et clerc de Charles d'Anjou, comte de Provence. Nous avons encore les lettres originales qui contiennent cette nomination, et nous les publions parmi nos documents inédits (num. III). Elles sont du 31 du mois d'août.

Le successeur de maître Adam fut *Martin Mège;* tout ce que nous savons de lui, c'est qu'il fut relevé de ses fonctions le 12 décembre 1259, et le même acte nomma à sa place le moine *Henri*, qui était en ce moment prieur de Villecrose (1).

Enfin, en 1299, alors que déjà les dominicains avaient remplacé à Saint-Maximin les enfants de saint Benoît, nous trouvons un dernier prieur appartenant à cet ordre: c'est *Jean Cabroni*, au nom duquel on reçut les reconnaissances des droits que son abbaye n'avait pas cessé de posséder dans cette ville (2).

Voilà ce que nos recherches nous ont fait découvrir d'une liste de noms qui devrait être beaucoup plus considérable. Le résultat, si l'on veut, n'est pas très-ample, mais il n'est pas d'une médiocre importance; car, comme les restes d'un vieil aqueduc en ruines, si peu nombreuses que soient les arcades restées debout dans les champs, ne font pas moins connaître la direction qu'il suivait, et servent à retrouver ses deux points extrêmes, ainsi les noms que nous venons d'enregistrer attestent, sans réplique

---

(1) Item, a prioratu nostro S. Maximini destituimus Martinum Medicum, monachum nostri monasterii, et in eumdem prioratum instituimus in priorem dilectum fratrem nostrum Henricum. *S. Victor. Ch* 689.

(2) Domini Johannis Quabroni, monachi, prioris prioratus villæ Sancti Maximini. *S. Vict. Ch.* 910.

possible, la succession régulière des prieurs bénédictins de Saint-Maximin et leur présence non interrompue auprès du sépulcre de sainte Madeleine.

Tel fut donc l'état des choses à Saint-Maximin, durant l'espace de temps qui s'écoula entre l'expulsion des Sarrasins et la découverte des reliques de sainte Madeleine, en 1279. Ces reliques, il est vrai, demeuraient cachées sous terre, mais elles étaient restées à leur place, dans leur église; et, si l'on ne pouvait ni les voir, ni indiquer d'une manière tout-à-fait précise le lieu où elles se trouvaient, on savait qu'elles étaient là, et les pèlerins ne cessaient point de venir les vénérer. C'est en vain que l'on essaierait de nier la permanence de cette tradition; elle résulte de tout ce que nous avons dit jusqu'ici, et de ce qui fut entrepris peu après, pour donner une satisfaction plus complète à la piété des peuples.

A l'époque où nous voilà arrivés, les prétentions de l'abbaye de Vézelay, en Bourgogne, basées sur une erreur de fait, et disputant à Saint-Maximin la possession du corps de sainte Madeleine, rendaient de jour en jour plus désirable, et en quelque sorte nécessaire, la solution d'une question qui passionnait au plus haut point les fidèles. Les reliques de la Sainte étaient-elles à Vézelay, étaient-elles à Saint-Maximin? Voilà ce que l'on aurait voulu généralement voir examiner de près, afin de bannir toute incertitude. Mais il était évident que le problème était insoluble aussi longtemps que les reliques échappaient à la vue; des recherches bien dirigées pour découvrir ce qui faisait l'objet matériel du litige, pouvaient seules permettre de déterminer d'une manière irrécusable si les religieux bourguignons avaient réellement enlevé à la Provence le corps de la sainte pénitente, ou si la Provence n'avait pas cessé de le posséder.

C'est à Saint-Maximin, et non à Vézelay, que ces recherches devaient être faites; car, il ne faut pas de longs raisonnements pour faire comprendre que, si la première de ces villes parvenait à retrouver et à pouvoir montrer les reliques qu'on essayait de lui contester, tout ce que pourraient dire ou faire ses adversaires ne prévaudrait pas contre un fait patent et visible pour tous. Vézelay prit pourtant les devants; pour raviver une croyance qui tendait à diminuer, et pour attirer des pélerins plus nombreux, ses religieux firent en 1267 la translation solennelle de leurs reliques, à laquelle saint Louis assista. Chose étrange! Cet évènement, qui semblait devoir assurer le triomphe de cette abbaye dans la question perplexe si ardemment agitée, fut une dernière lueur précédant de fort peu le déclin du célèbre pélerinage bourguignon, et n'empêcha en rien la prépondérance que ne tarda pas à prendre le pélerinage provençal.

Du reste, il s'en fallut de peu, à notre avis, que l'invention des reliques de sainte Madeleine à Saint-Maximin ne devançât la solennité de Vézelay. Nous avons dit comment, en 1254, l'abbé de Saint-Victor y avait nommé comme prieur un chanoine de Tours, qui était clerc du comte de Provence. Cette nomination était insolite et en opposition avec les règlements de l'abbaye, qui défendaient de confier ses prieurés à des séculiers, règlements souvent renouvelés, et qui le furent une fois de plus par le même abbé dans son chapitre général de 1269. Ceci montre assez qu'il avait eu la main forcée et n'avait pas agi selon ses convictions; et la nomination de maître Adam serait inexplicable, si l'on n'en cherchait la raison dans les circonstances où elle fut faite.

Elle est datée du 31 août 1254, c'est-à-dire qu'elle n'est postérieure que d'un mois au pèlerinage que fit saint Louis, à la fin du mois de juillet précédent, à Saint-Maximin et à la Sainte-Baume. Si l'on examine de près les termes du diplôme, où il est dit que l'abbé fait remise de tout ce qui pourrait être dû pour les temps antérieurs, on s'apercevra aussi qu'on ne fit alors que régulariser une situation irrégulière, et qu'Adam, avant sa promotion, était de fait en possession dudit prieuré. Ce prieur était un personnage considérable, car il avait le titre de clerc de Charles d'Anjou, et si l'on veut savoir quelle place tenaient les clercs et les chapelains du comte de Provence, il n'y a qu'à observer que l'on vit coup sur coup, vers la même époque, Philippe, son chapelain, et Vicedominus, son clerc, devenir archevêques d'Aix (1251 et 1257), et Alain et Gautier, aussi ses clercs, être faits évêques de Sisteron (v. 1257) et de Toulon (v. 1258).

Il y a beaucoup d'apparence que la collation de ce prieuré à un homme qui faisait partie de la chapelle du comte, le lendemain de la venue de saint Louis, fut le résultat de cette visite même, et que la démarche, et peut-être aussi les conseils de son frère, suggérèrent à Charles d'Anjou la résolution d'entreprendre la recherche des reliques de sainte Madeleine, pour savoir la vérité sur leur présence à Saint-Maximin. Ceci nous expliquerait pourquoi il s'empara du prieuré en la personne de son clerc, voulant avoir la liberté de faire ce qu'il jugerait à propos, sans trouver d'obstacle dans une autorité religieuse étrangère à son administration. Ce fait, jusqu'ici non signalé, nous a toujours paru se rattacher à un premier projet formé pour la découverte des reliques ensevelies dans la terre. On pourra ne pas partager nos convictions; mais nous ne connaissons pas d'autre moyen pour comprendre cet acte anormal.

Si Charles d'Anjou, comme nous le croyons, avait alors conçu ce projet, il n'eut pas le temps de le mettre à exécution; ses luttes incessantes contre les villes libres de Provence lui causaient de trop vives préoccupations, pour qu'il pût s'occuper de ces recherches. Bientôt, l'affaire de Naples vint lui donner bien d'autres soucis, et absorber entièrement ses pensées et ses ressources. C'est ainsi que l'invention des reliques de sainte Madeleine, qui aurait pu se faire en 1254, n'eut lieu que vingt-cinq ans plus tard, par les soins pieux de son fils, à qui Dieu réservait l'honneur de découvrir le trésor caché depuis tant de siècles, et de construire l'auguste basilique qui s'élève sur le sépulcre de Marie Madeleine.

C'est en 1279 que Charles, prince de Salerne, fils aîné de Charles d'Anjou, roi de Naples, retrouva le corps de la Sainte. Rempli pour elle d'une vive dévotion, il nourrissait depuis longtemps la pensée d'en faire la recherche, et convaincu qu'il devait être demeuré dans l'église de Saint-Maximin, il se croyait assuré de réussir dans son entreprise. Etant donc venu en Provence, comme lieutenant de son père, il profita de son séjour pour faire faire des fouilles dont le résultat fut des plus heureux. On avait commencé par interroger les vieillards, dépositaires des traditions locales; sur leurs indications, on chercha la crypte, où tout faisait croire que les tombeaux des Saints étaient ensevelis, et l'on s'occupa à la débarrasser de la terre qui la remplissait. Le prince lui-même se mit à l'œuvre avec une ardeur inexprimable, et creusa de ses propres mains un large sillon pour arriver jusqu'aux reliques si désirées. Bientôt les antiques et vénérables sarcophages reparurent à la lumière, et le corps de sainte Marie Madeleine se révéla par des signes merveilleux qui le firent reconnaître de tous, et portèrent la conviction dans tous les cœurs croyants (1).

Pour de plus exigeants, et pour les critiques des siècles futurs, son identité fut attestée par deux inscriptions trouvées avec les ossements; l'une, plus ancienne et plus courte, attestait que là était le corps de Marie Madeleine; l'autre racontait comment les reliques de la Sainte avaient été transférées par la crainte des Sarrasins, dans le tombeau de saint Sidoine, où on les retrouverait et non point dans son sépulcre d'albâtre. Les deux inscriptions furent envoyées au Pape, pour qu'il pût constater par lui-même la vérité des reliques; elles ont été ensuite conservées pendant des siècles à Saint-Maximin, où elles étaient montrées à ceux qui voulaient les examiner de près. La science la plus rigoureuse n'en saurait demander davantage.

Que faut-il donc penser de la bonne foi de Launoy, qui, pour enlever toute créance à la découverte faite en 1279, a osé composer un récit des faits complètement opposé à la vérité et destiné à tromper ses lecteurs trop confiants ? A l'en croire, ce sont les Dominicains qui ont été les instigateurs du prince de Salerne (2); il affirme que ce sont eux qui ont inventé les inscrip-

---

(1) Vie de sainte Madeleine, par Philippe de Cabassole. *Bibl. nat. mss. lat. num.* 15031.
(2) Procurantibus suis fratribus, nova facta est inventio Magdalenæ. *De Commentitio*, p. 79.

tions, et les ont cachées là où ils voulaient qu'on les trouvât (1); enfin il assure que toute l'affaire fut conduite par deux d'entre eux, Guillaume *Tonnesio*, conseiller et confesseur *du Roi*, et le vénérable père Elie, qui avait de nombreuses révélations au sujet des reliques de sainte Marie Madeleine (2). Que dire d'un pareil assemblage d'assertions gratuites et aussi fausses les unes que les autres ?

S'il y a une chose que personne ne puisse contester, c'est qu'à l'époque de l'Invention, les Bénédictins seuls étaient à Saint-Maximin. Les Dominicains ne s'y trouvaient pas, moins encore auraient-ils pu y entreprendre quoi que ce fût; et l'on aurait certainement bien de la peine à montrer qu'un seul d'entre eux y ait paru avant 1295, année où Charles II les y établit. Aussi est-il à remarquer que dans aucune des pièces qui furent dressées pour conserver le souvenir de ce qui se passa en 1279 et dans les années suivantes, on ne voit figurer un Dominicain; tous les religieux qui y assistèrent étaient de l'ordre de saint Benoît, qui y eut jusqu'à dix abbés à la fois. Où se tenaient donc les Frères Prêcheurs, les prétendus meneurs de l'affaire ?

Launoy en a nommément désigné deux, qui, selon lui, présidèrent à tout; malheureusement pour lui, il a si mal choisi ses personnages, que la fausseté de ses affirmations est évidente. Guillaume de Tonnenx, dont il a défiguré le nom, fut le premier

---

(1) Picta ab iis Inscriptio, qui occultarant quod invenire voluerunt, qui quod invenire voluerunt, invenerunt. *Varia de comment.* p. 369.

(2) Dijudicantibus potissimum inter hæc omnia duobus fratribus ordinis Prædicatorum altero Guillelmo Tonnesio, qui Carolo regi à consiliis erat et confessionibus ; altero, venerabili patre Elia, cui multa de Magdalenæ reliquiis revelabantur. *De comment*, p. 93.

prieur de Saint-Maximin, mais seulement en 1295; d'ailleurs, il ne vint pas même prendre possession de sa charge, s'en étant démis presque aussitôt. C'était un vieillard au bout de sa carrière, qui ne fut jamais le conseiller, ni le confesseur du prince. Launoy assure le contraire; mais il n'en donne aucune preuve, et nous le défions, lui et ses partisans, d'apporter à l'appui de son dire un document quelconque. Nous reviendrons bientôt à cette assertion, et nous démontrerons combien elle est erronée.

Quant au bienheureux Elie de la Sainte-Baume, le second des Dominicains à qui Launoy a fait jouer un rôle si singulier dans cette affaire, il est à-peu-près sûr qu'il n'était point encore né en 1279, et Launoy a eu bien tort, pour sa réputation d'érudit, de s'en prendre à sa personne. Nous savons en effet, par tous ceux qui ont parlé de lui, que ce religieux, à qui l'on attribue de nombreuses visions, non point *sur les reliques* de sainte Madeleine, comme le dit le malin critique avec une insigne mauvaise foi, mais sur la vie de la Sainte au désert, mourut en 1370, dans un âge très-avancé, après avoir passé toute sa vie à la Sainte-Baume (1). S'il n'y avait point de faute d'impression dans le texte de Silvestre de Priorio, il y aurait vécu pendant 86 ans. Mais, comme depuis l'arrivée des Dominicains à la Sainte-Baume en 1295 jusqu'en 1370, il ne s'est écoulé que 75 ans, et qu'Elie n'a pu venir s'y fixer qu'après cette date, il faut nécessairement regarder les 86 années mentionnées ci-dessus comme la durée de sa vie. Du reste, quel que fût son âge quand il mourut en 1370,

---

(1) Anno Christi 1370... Post horulam beatus ille pater expiravit. *Aurea rosa Silvestri de Priorio. Venet. 1599. fol. 206.* C'est, pensons-nous, le plus ancien auteur imprimé qui ait parlé du B. Elie; et certainement Launoy n'avait pas d'autre source d'information.

il est hors de doute qu'il n'a pu remplir auprès de Charles II, antérieurement à 1279, le rôle qu'il a plu à Launoy de lui assigner. Il n'est pas moins certain que ses visions, dont il ne parla qu'en 1370, au moment de mourir, et dans lesquelles on ne trouve pas un seul mot concernant les reliques de sainte Madeleine, ne purent avoir aucune influence sur ce qui s'était fait en 1279, c'est-à-dire, un siècle entier avant qu'on les connût.

Lors donc que Launoy attribue l'Invention du corps de sainte Madeleine, en 1279, aux révélations du père Elie (1), il ne dit pas la vérité. Lorsqu'il affirme que Guillaume de Tonneux et le père Elie poussèrent le prince de Salerne à entreprendre des recherches dont ils savaient d'avance le résultat, il dit autre chose que la vérité. Lorsque enfin il a l'audace d'ajouter, contre l'évidence, et sans autre garantie que sa parole, que les Dominicains commencèrent par cacher ce qu'ils voulaient trouver, et qu'ils découvrirent ensuite tout ce qu'ils voulurent, *quod invenire voluerunt, invenerunt*, il emploie un procédé qui de tout temps fut infiniment peu honorable. Rien de plus juste que de lui appliquer à lui-même les propres paroles dont il s'est servi injustement contre Priérias (2) : Launoy a menti, ou s'il n'a pas menti, son récit est d'une insigne fausseté, opposé au vrai, et controuvé; dans toutes ces choses, il ne mérite plus aucune créance, car on ne croit jamais plus celui qui a menti, même quand il dit la vé-

---

(1) Hæc porro sepulchri detectio, et inscriptionis inventio, non sive revelatione contigit, quæ venerabili patri Æliæ facta est *De commentitio*, p. 95.

(2) Priorias mentitur... vel si non mentitur, chronicum splendidè falsum et commentitium invenisse dicendus est. Quare hic auctor, in his et similibus, fidem sibi omnem detrahit; mendaci etiam vera dicenti non creditur. *Launoy. Varia de commentitio, etc.*, p. 345.

rité. Mais c'est assez nous arrêter à réfuter les inventions d'un auteur peu scrupuleux; poursuivons le cours de notre récit.

Ce qui se passa lors de la découverte du corps de sainte Marie Madeleine à Saint-Maximin a été assez souvent raconté pour que nous puissions nous dispenser d'insister sur les détails de faits bien connus, et dont toutes les pièces ont été publiées. Nous nous contenterons de préciser les divers actes qui s'accomplirent successivement à cette occasion. L'Invention des reliques eut lieu le 9 décembre 1279; mais le tombeau fut aussitôt scellé, et la vérification de ce qu'il contenait ne se fit que le 18 du même mois, en présence des archevêques d'Aix et d'Arles, et de plusieurs autres prélats. C'est alors que fut trouvée l'inscription faite en l'an 716, pour expliquer le déplacement du corps de la Sainte, enlevé de son sépulcre d'albâtre. La translation solennelle fut différée, pour avoir le temps de faire les préparatifs convenables, et elle fut célébrée le 5 mai 1280, en présence de beaucoup d'évêques, de seigneurs, de religieux, et d'une prodigieuse affluence de peuple. L'an d'après, le dimanche après l'Ascension, qui était le 30 mai, une nouvelle cérémonie amena à Saint-Maximin l'archevêque d'Aix, accompagné de cinq évêques provençaux et de dix abbés bénédictins, qui transférèrent le saint corps dans une châsse d'argent préparée pour le recevoir. Le chef de la Sainte avait été mis à part et emporté à Aix, en attendant que l'on eût fait une thèque pour l'y mettre; il fut déposé le 11 décembre 1283, dans un riche reliquaire en or, fait en forme de tête, sur lequel fut placée la couronne royale que lui envoya de Naples Charles d'Anjou (1).

---

(1) Faillon. Monuments inédits, t. II. num. 66-86.

Cependant le prince de Salerne, rappelé à Naples par les événements qui s'y passaient, dut quitter la Provence sans avoir pu achever tout ce qu'il voulait faire pour glorifier sainte Madeleine. Les années qui suivirent furent pour lui un temps d'épreuves douloureuses et d'affliction; car ayant été fait prisonnier, dans un combat naval, en 1284, il fut conduit en Catalogne, et il ne sortit de prison qu'après une rude captivité de plus de quatre ans. Quand il eut été rendu à la liberté, devenu roi de Naples par la mort de son père, il put songer à reprendre ses projets, et s'occuper de les mettre à exécution. Pour honorer dignement sainte Madeleine, il résolut de bâtir sur son sépulcre une église monumentale, où son culte pourrait se développer avec un grand éclat; à la place du petit nombre de Bénédictins qui résidaient à Saint-Maximin, il voulut instituer un grand couvent de Frères-Prêcheurs, qui seraient les gardiens des reliques de la Sainte et les prédicateurs de ses vertus. Pour réaliser ses desseins, il lui fallut faire intervenir l'autorité du Souverain Pontife, qui pouvait seul substituer un ordre religieux à l'autre. En 1295, toutes les difficultés furent surmontées, et le couvent de Saint-Maximin fut fondé.

Par une bulle du 6 avril 1295, le pape Boniface VIII autorisa Charles II à établir dans cette ville un prieuré de l'ordre de saint Dominique, soumis immédiatement au Saint-Siége, auquel il donna l'église de Saint-Maximin avec ses reliques, et toutes ses dépendances. Le lendemain, à la présentation du Roi, il nomma Guillaume de Tonnenx prieur du nouveau couvent, et déclara que la Sainte-Baume lui était unie. Deux autres bulles, du même jour et du jour suivant, chargèrent Pierre d'Allamanon, évêque de Sisteron, de prendre, au nom du Roi, possession de Saint-Maximin et de la Sainte-Baume, et d'y établir les Dominicains; Durand de Trois-Emines, évêque de Marseille, était délégué pour mettre l'évêque de Sisteron en possession des dits lieux, comme commissaire apostolique. Enfin, le 14 juillet, le Pape donna encore deux bulles d'indulgences en faveur de ceux qui viendraient en pèlerinage au tombeau de sainte Madeleine, en quelque jour que ce fût, et de ceux qui visiteraient son église le jour de ses fêtes. Tels sont les actes pontificaux qui constituèrent le nouvel établissement (1).

De son côté, Charles II ordonna à son sénéchal de Provence de se rendre à Saint-Maximin, et au bailli et aux habitants de la ville de prêter main forte pour que l'accomplissement des volontés du Pape et du Roi ne rencontrât aucun obstacle. L'exécution ne s'en fit pas attendre; dès le 20 juin, les évêques de Marseille et de Sisteron étaient à Saint-Maximin, et procédaient à la prise de possession de l'église et des maisons attenantes; la même cérémonie se renouvela le 21 à la Sainte-Baume. Pierre d'Allamanon s'adressa immédiatement au chapitre provincial de son ordre, réuni à Castres en la fête de saint Jean-Baptiste, afin d'obtenir les religieux qui devaient composer la nouvelle maison dominicaine. Ainsi prit fin le prieuré bénédictin qui avait traversé huit siècles et demi, au milieu de vicissitudes diverses; faisant place au prieuré des Frères Prêcheurs qui, avec une durée de cinq siècles, a laissé dans l'histoire des souvenirs beaucoup plus nombreux et plus intéressants. Le

---

1 Monuments inédits, num. 89-95.

temps est venu d'étudier ses annales, et de faire connaître les hommes remarquables qui l'ont gouverné.

GUILLAUME DE TONNENX, PREMIER PRIEUR DOMINICAIN DE SAINT-MAXIMIN. 1295. Il est facile de comprendre que le religieux qui fut choisi pour inaugurer une fondation à laquelle l'on attachait une haute importance, ne pouvait être un personnage vulgaire. Guillaume de Tonnenx (1) jouissait parmi les siens et au dehors d'une très-grande considération ; il avait occupé dans son ordre des charges considérables, et rempli ailleurs des missions qui demandaient beaucoup de talents et une confiance entière.

Quoi qu'en aient dit Altamura et Théodore della Valle, qui ont voulu faire de lui un Napolitain, Guillaume était français, originaire de la ville de Tonneins, au diocèse d'Agen, et il se fit dominicain dans le couvent de cette dernière ville. Il fut prieur d'Orthez en 1257. Peu d'années après, nous le trouvons en Italie, où le roi de Naples et le pape Clément IV l'employèrent dans de graves affaires. Charles d'Anjou l'envoya au Pape, vers la fin de 1267, pour lui exposer ses intentions au sujet d'un second mariage qu'il voulait contracter. Le Pape le retint, en attendant de nouvelles lettres de Naples, et ayant conseillé au roi un mariage avec la fille du roi d'Aragon, il lui proposa de députer à ce prince,

---

(1) Le nom de ce prieur a été défiguré presque partout. Dans dom Martène, cité ci-dessous, on trouve Tonenx et Torneux, et en note, Toreux, Conenx et de Tongils; dans Lanoy, Tonnexio; dans Raynaldi, de Thuringo; ailleurs encore, Tosenes, Tonnais, Ternais et Toruaux. Comment l'aurait-on reconnu sous ces noms dénaturés ? Aussi, les sept bulles qui le concernent dans Martène, ont passé inaperçues jusqu'ici. Guillaume portait évidemment le nom de la ville de Tonneins, arrondissement de Marmande, département de Lot et Garonne.

pour la négociation de l'affaire, son propre neveu, en compagnie de Guillaume de Tonneux. L'année suivante, il se servit de celui-ci pour relever les Florentins d'une excommunication qu'ils avaient encourue. Bientôt, ayant appris certains bruits qui couraient sur des projets de modification au régime politique de Florence, il le rappela en toute hâte pour avoir de sa bouche des informations sûres, défendant expressément au vicaire du roi dans cette ville de rien entreprendre avant le retour de son nonce, qui porterait ses instructions (1).

Rentré dans sa province, il fut fait prédicateur-général, en 1270, par le chapitre provincial de Sisteron; il devint prieur d'Agen en 1273, de Bordeaux en 1275. Il l'était encore, quand le chapitre, assemblé à Agen le 15 août 1276, le reprit de trop de sévérité et lui imposa une pénitence. En 1278, celui de Montpellier le fit lecteur à Avignon. Il fut, peu après, prieur d'Agen pour la seconde fois, définiteur au chapitre provincial de 1283, et il était prieur de Marseille en 1284. Cette même année, la réunion de sa province, tenue à Perpignan, le nomma définiteur au chapitre général qui devait avoir lieu à Bologne, et le désigna avec Jean Vigorosi pour voter à l'élection du futur Général. Il n'avait pas cessé d'être à la tête de la maison de Marseille, lorsque, en 1285, il reçut, à titre de prieur, une donation de trois mille livres de royaux, que firent à ce couvent deux béguines marseillaises,

---

(1) Martène. *Thesaurus novus anecd.* t. II. col. 547 etc. Il y a là sept lettres de Clément IV relatives à Guillaume de Tonneux ; ce sont les numéros 567, 568, 610, 672, 673, 679, 683. Potthast, en les inventoriant dans ses *Regesta Pontif. Rom.*, en a dédoublé une ; car on ne saurait douter que ses numéros 20088 et 20119, empruntés à deux sources diverses, et placés à un an de distance, ne se rapportent à une seule et même pièce

Cécile de Saint-Jacques et Alègre (1). Tels étaient les états de service du religieux éminent qui fut désigné, en 1295, pour être le premier prieur de Saint-Maximin. Au témoignage de Bernard Guidonis, son contemporain, c'était un prédicateur éloquent et plein de verve, et Dieu l'avait orné de toute sorte de belles qualités (2).

On a prétendu que Guillaume de Tonnenx avait été le confesseur de Charles II, et qu'il était auprès de lui, lorsque, prisonnier du roi d'Aragon, il fut détenu à Barcelonne depuis 1284 jusqu'en 1288. Nous avons déjà vu que Launoy s'était emparé de cette erreur pour en conclure (et avec quelle malignité!), que Guillaume avait suggéré à ce prince tout ce qu'il fit pour sainte Madeleine et pour les Frères Prêcheurs, et qu'il avait été l'instigateur et le directeur des recherches faites à Saint-Maximin pour l'invention du corps de la Sainte. Ce raisonnement manque de justesse, car alors même que ce religieux aurait été après 1284 le confesseur de Charles II, il ne s'ensuivrait aucunement qu'il le fût en 1279, au moment de la découverte des reliques. Le critique si sévère aurait dû donner quelque preuve de ce fait, s'il en avait quelqu'une à produire. Mais le fait lui-même est faux.

Les dates données ci-dessus et les charges occupées par Guillaume de Tonnenx suffisent à elles seules pour démontrer qu'il ne fut pas attaché à la personne du prince antérieurement à 1279, puisqu'il fut constamment retenu à une grande distance de lui, sauf peut-être dans le voyage qu'il fit à Naples durant la jeu-

---

(1) *Arch. des B. du Rh. Dominicains de Marseille*, Ch. 51. Orig.
(2) Bern. Guidonis, Echard.

nesse de celui-ci. Il ne le fut pas davantage pendant le temps de sa captivité; alors, nous l'avons constaté, il était prieur de Marseille, il assistait au chapitre de sa province, et l'an d'après, il était envoyé par elle à Bologne pour l'élection du Général. Il ne pouvait donc résider à Barcelone. D'ailleurs, le dominicain qui fut le confesseur de Charles, et son consolateur durant les longues années de sa détention, est si clairement désigné par les écrivains de l'époque, qu'il n'est permis qu'à Launoy d'avoir ignoré son nom, ou, s'il ne l'ignorait pas, de prêter son rôle à un autre. Le compagnon de prison, l'ami, le confesseur de Charles II, fut Pierre d'Allamanon, depuis évêque de Sisteron (1). C'est à lui, puisqu'il lui fallait quelqu'un à accuser, qu'il aurait dû attribuer les manœuvres déloyales qu'il a imputées à un autre, lequel n'a rien à voir dans toutes ces affaires.

Guillaume de Tonnenx fut nommé prieur de Saint-Maximin par Boniface VIII, le 7 avril 1295 : il était alors en cour de Rome. Il garda le prieuré pendant environ six mois, mais il ne vint jamais exercer les fonctions de sa charge. Avant de rentrer en France, il s'en démit entre les mains du souverain pontife, à cause de son âge avancé qui le condamnait au repos. Cassé par la vieillesse et à bout de forces, il se retira dans le couvent de

---

(1) En dehors du témoignage de Bernard Gui, voici la preuve matérielle du séjour de Pierre d'Alamanon en Espagne. Une lettre de Charles II, du 16 mai 1287, porte ceci : *Datum in castro de Surano... Et quia sigillum proprium ad presens non habemus, has litteras sigillis fratris Petri de Alamannono, de ordine Fratrum Predicatorum et domini Roberti Britonis, capellani nostri, fecimus sigillari.* Arch. des B. du Rh. B. 209, fol. 10.

Marseille, où il avait été lecteur, avant d'en être le prieur, et il y mourut en 1299.

Durant cet intervalle, vingt religieux dominicains, tirés des diverses maisons de la province, étaient venus, à l'appel de Pierre d'Allamanon, peupler le nouveau couvent, et se consacrer au service de sainte Madeleine. En attendant que le prieur institué par le Pape arrivât de Rome, ils élurent, pour les gouverner comme sous-prieur, Bernard Vitalis, que l'historien Reboul, pour faire sa cour à un membre du parlement de Provence, affirme, sans preuve, avoir appartenu « à l'illustre maison de Messieurs de Vitalis, seigneurs de Porcieux ». Mais quand on connut la démission de Guillaume de Tonnonx, Raoul de la Font, dominicain de Sisteron et prédicateur renommé, prit le gouvernement de la maison, avec le titre de vicaire en chef (1), pour attendre que l'on eût fait agréer par le roi le choix d'un nouveau prieur. Il fut lui-même élu peu après prieur de Marseille, et mourut dans sa patrie pendant le carême de l'année suivante.

Le roi Charles II vint en personne en Provence, pour assurer l'exécution de ses volontés, et pour doter la fondation dont il était l'auteur. Divers diplômes des archives départementales des Bouches-du-Rhône nous apprennent qu'il était à Saint-Maximin le 18 novembre 1295; et le lendemain 19 du même mois, il datait de Brignoles deux chartes qui allouaient, la première, une somme annuelle de deux mille livres de coronats sur la gabelle de Nice, pour la construction de l'église et du couvent de Saint-

---

1) C'est par inadvertance qu'on le traite de *prieur* dans Echard : *quo absoluto, factus fuit prior frater Radulphus de Fontereniorum* (sic) *Cistaricensis. Script. Ord. Præd.* t. I, page III.

Maximin ; la seconde, deux cent cinquante livres pour la subsistance des religieux. En effet, par une dérogation expresse à la règle des *Frères Prêcheurs* qui alors étaient mendiants et vivaient de quêtes, il avait fait décréter par le Pape que le nouveau couvent renoncerait à la mendicité et pourrait recevoir des rentes. D'autre part, en enlevant le prieuré aux Bénédictins, il n'avait pas voulu les priver des revenus et des dîmes qu'ils en retiraient. Il se chargea donc lui-même de pourvoir à l'entretien de ceux qu'il mettait à leur place, et leur assigna sur les recettes du trésor royal dans le bailliage de Saint-Maximin ladite pension de 250 livres. L'allocation était calculée à raison de dix livres pour chacun des 24 moines alors présents, y compris les quatre qui résidaient à la Sainte-Baume. Et comme l'intention du prince était en réalité de fonder un grand couvent de cent religieux, en donnant, deux ans après, aux religieuses de Nazaret d'Aix une rente de mille livres, il spécifia qu'elle ferait retour aux Dominicains de Saint-Maximin, lorsqu'ils atteindraient le chiffre de cent, auquel il espérait les voir arriver.

Le roi dut aussi s'occuper sur les lieux de pourvoir au remplacement du prieur démissionnaire, et de procurer au couvent un nouveau chef. Il eut à faire connaître sa pensée aux religieux et au provincial, pour que l'élection produisît un résultat agréable à tous, comme il arriva en effet.

JEAN VIGOROSI, 2me PRIEUR. 1296-1303. Les grandes qualités qui avaient fait choisir Guillaume de Tonneux pour être le premier prieur de Saint-Maximin, se retrouvaient toutes dans celui qui lui fut donné pour successeur, sans en excepter l'âge et l'expérience des affaires. Jean Vigorosi était un des plus anciens religieux de sa province, ayant près de cinquante années de profession ; mais il portait si bien sa verte vieillesse que l'on pouvait compter pour longtemps encore sur son activité et sur son zèle. Il en était aussi un des plus considérables et des plus considérés. Voici ce que dit de lui l'*Année Dominicaine* (2 février): « Sa science, sa vie sainte, son zèle pour l'observance régulière, ses grands talents pour la prédication, et sa prudence dans le gouvernement, l'avaient rendu un des premiers hommes de son siècle, et un des plus fameux religieux de l'ordre. »

Originaire de Montpellier, où il dut entrer dans l'ordre avant 1250, il enseigna dans beaucoup de couvents, et siégea au rang des définiteurs dans beaucoup de chapitres provinciaux et généraux. On le fit quatre fois prieur du couvent de sa ville natale, et il fut inquisiteur à Toulouse pendant plus de sept ans. On eut une preuve évidente de la haute estime dont il jouissait dans tout son ordre lorsqu'en 1278 le chapitre général de Milan le choisit avec le futur archevêque d'Embrun, Raymond de Mévouillon, pour aller en Angleterre faire une enquête au sujet de quelques religieux que l'on disait avoir mal parlé de la doctrine de saint Thomas. Chacun des commissaires avait, dans le cas où l'autre serait légitimement empêché, de pleins pouvoirs pour punir rigoureusement les délinquants, les priver de leurs offices, et les assigner hors de leur province.

Jean Vigorosi était prieur de Montpellier pour la quatrième fois, lorsqu'il fut élu au prieuré de Saint-Maximin, agréé par le Roi et confirmé par Raymond Hunaudi, provincial de Provence. L'année 1296 était déjà commencée quand il arriva à son nouveau poste, et il gouverna sa maison plus de sept ans (1). Il en fut en réalité le premier prieur, puisque son prédécesseur n'avait eu de cette dignité que le nom, et n'était point entré en possession. Il mit tous ses soins à l'organiser, car, à défaut de lieux réguliers, il ne pouvait y avoir encore qu'une installation provisoire. Pour activer la construction des édifices commencés, il obtint du Roi, en sus des fonds qui y étaient déjà consacrés, une allocation annuelle de quatre cents livres; et l'on raconte qu'il put, en l'année 1300, faire inaugurer une partie de son église par Rostang de Noves, archevêque d'Aix. Etant allé en 1297 au chapitre général de Venise, il fit décréter que la fête de sainte Marie Madeleine serait désormais célébrée solennellement, avec octave, dans l'ordre tout entier. Il fit vider, par une bulle du Pape, la question de la forêt de la Sainte-Baume que les Bénédictins lui disputaient; la forêt fut déclarée être une dépendance du prieuré occupé par les Dominicains, et Charles II indemnisa ses anciens possesseurs.

En ce temps-là, la province de Provence, qui comprenait tous les couvents des Frères Prêcheurs du midi de la France, de Nice à Bordeaux et à Bayonne, fut divisée en deux provinces distinctes par le chapitre général de Besançon, tenu en l'an 1303, et il fallut donner un chef à la province nouvelle de Provence, qui ne s'étendait plus que de Nice à Narbonne. Le chapitre provincial se réunit à Béziers, le dimanche dans l'octave des saints apô-

---

(1) Secundus prior Sancti Maximini fuit frater Johannes Vigorosi, de Montepessulano. Assumptus de prioratu Montispessulani, factus fuit prior Sancti Maximini, confirmatus a fratre Raymundo Hunaudi, priore provinciali, cum assensu regis prememorati, inchoato jam anno M CC. XC. VI; ubi præfuit septem annis. *Bern. Guidonis.*

tres Pierre et Paul, de l'année 1303, et son choix tomba sur le prieur de Saint-Maximin, qui fut ainsi le premier d'une seconde série de provinciaux.

Jean Vigorosi fut confirmé dans sa charge, au mois d'août suivant, par le Général de l'ordre Bernard de Juzic. Il gouverna sagement sa province durant un an et demi, et mourut en fonctions, à Montpellier, le 20 février 1305, plein de travaux et d'années, de mérites et de vertus. On l'ensevelit dans le chœur de l'église de son couvent, au milieu de ses frères (1).

---

(1) Priorque provincialis existens, senex, grandevus, plenusque dierum, obiit in Montepessulano, X° kalendas martii, anno domini M.CCC.IIII., ab ingresso vero ordinis anno L·IIII. Sepultus est in choro fratrum. *Bibl. nat. Mss. lat* 4343.

DEUXIÈME PARTIE.

LES PRIEURS DE SAINT-MAXIMIN AU QUATORZIÈME SIÈCLE. JEAN GOBI. CONSTRUCTION DU COUVENT ET DE L'ÉGLISE. JEAN ARTAUDI, ÉVÊQUE DE MARSEILLE. ROQUESALVE DE SOLIERS, ÉVÊQUE DE NICE.

Le quatorzième siècle, bien que touchant de si près à la date de la fondation première, fut pour le couvent de Saint-Maximin une ère d'accroissement et d'expansion merveilleuse. Il se vit en peu de temps en possession d'une admirable église, et de bâtiments claustraux bien appropriés aux besoins des religieux; son personnel s'accrut pour suffire aux exigences du service divin dans la grande basilique, et la discipline régulière y fleurit. Tout cela était dû en très-grande partie aux généreuses largesses et à la pieuse sollicitude du fondateur, qui ne cessa, jusqu'à sa mort, de veiller sur son œuvre avec une prédilection bien marquée. Ses descendants héritèrent de son affection pour l'ouvrage des mains paternelles, et les princes de la seconde maison d'Anjou, qui régna ensuite sur la Provence, favorisèrent de tout leur pouvoir le plus auguste sanctuaire qui fût dans leurs états. De leur côté, les souverains pontifes le comblèrent de bienfaits, de faveurs et de grâces spirituelles.

Cette prospérité doit aussi être attribuée pour une bonne part au privilège qu'eut la jeune maison d'être gouvernée par une suite d'hommes remarquables à divers titres, dont les uns méritèrent d'être élevés aux prélatures ecclésiastiques, dont les autres avaient mis la main à la direction de la province, et même de tout l'ordre ; leurs rares talents et leur sagesse ne contribuèrent pas peu au rapide développement de l'œuvre confiée à leurs soins. Nous savons déjà ce qu'étaient les premiers qui furent appelés à présider aux débuts de la nouvelle institution dominicaine ; mais ceux qui recueillirent leur succession étaient très-dignes d'occuper cette place.

Jean Gobi, 3ᵐᵉ prieur. 1304-1328. Au moment même où Jean Vigorosi, par son élévation au provincialat, laissait vacant le prieuré de Saint-Maximin, un grave évènement se passait au couvent de Montpellier, et mettait en relief l'homme qui était destiné à le remplacer, en faisant admirer la trempe de son caractère.

Petit-fils de saint Louis, mais bien différent de son aïeul, autant dans ses relations avec l'église que dans ses procédés en économie politique et financière, Philippe-le-Bel avait engagé contre Boniface VIII une lutte violente dont les principaux actes sont bien connus. La fleur de lys entra à Anagni et triompha du Pape : le Christ fut prisonnier dans la personne de son vicaire. Pauvre triomphe, dont celui-là même qui le remporta comprit parfaitement l'insuffisance et le déshonneur ! Aussi, peu satisfait des sanglants outrages infligés au Pontife, non content de porter la main sur sa personne sacrée, Philippe résolut d'associer tout son royaume à sa querelle, et de contraindre tous les ecclésiastiques à s'unir à lui dans les procédures qu'il entreprenait contre le Pape. Il en avait appelé au futur concile de l'excommunication prononcée contre lui ; il voulut que tous prissent part à son appel. Il protestait : n'était-il pas juste que tous protestassent ? Il envoya donc des commissaires dans toutes les provinces, pour recueillir les adhésions des hommes d'église. Malheur à ceux qui essayaient de garder une prudente neutralité, et qui s'efforçaient de conserver le respect et l'obéissance dus au chef de l'église sans offenser le Roi ! Les Dominicains de Montpellier en firent la triste expérience.

Le 28 juillet 1303, ils virent arriver dans leur maison deux envoyés royaux, Amalric, vicomte de Narbonne, et Denis de Sens, clerc du roi, lesquels, les ayant réunis dans le refectoire, les requirent d'adhérer à la convocation du concile général, et à l'appel émis, disaient-ils, par le roi de France, les prélats, les religieux de tous les ordres, les barons et toute la noblesse du royaume. Ils répondirent d'une voix unanime qu'ils ne pouvaient rien faire, sans l'assentiment de leur Général, alors à Paris, où le roi l'avait appelé. Cette réponse mécontenta les commissaires, qui, appelant un à un le prieur et les frères, engagèrent chacun d'eux en secret à consentir à leur demande. Cette fois encore, ils n'hésitèrent pas à répondre qu'ils ne pouvaient que répéter ce qu'ils avaient dit la première fois ; et le prieur commanda à ses religieux de ne donner désormais aucune réponse aux nouvelles instances qu'on pourrait leur faire là-dessus. Aussitôt lesdits commissaires leur signifièrent d'avoir à sortir dans trois jours du royaume, car dès ce moment, ils n'étaient plus sous la protection royale. Ainsi l'exigeait la liberté de conscience en matière religieuse ! Les moines chassés des domaines de la couronne de France n'eurent qu'à franchir le Rhône, pour se trouver sur les terres d'un neveu de saint Louis qui ne ressemblait pas à son cousin, et où ils trouvèrent un asile sûr et paisible. Or l'intrépide prieur de Montpellier se nommait Jean Gobi (1).

Il était né à Alais, en Languedoc, d'une famille qui occupait dans cette ville un rang distingué, et dont le nom figure sur la liste de ses consuls (2). En 1281, le chapitre provincial de Marseille le fit lecteur au couvent de Marvejols, dont la fondation venait d'être approuvée ; en 1291, celui de Béziers l'envoya étudier à Paris pour les grades ; celui de Carcassone le désigna, en 1293, pour expliquer le livre des sentences à Béziers, et enfin celui de Marseille le fit prédicateur général, en 1300 (3). En la même année, il était prieur du couvent d'Avignon (4), qu'il gouverna jusqu'en 1302. Il fut de là appelé à Montpellier, et après qu'il eût été contraint de se retirer en Provence, il fut élu prieur de Saint-Maximin, avec l'agrément du roi, et l'approbation de Jean Vigorosi, son provincial.

Ces formalités occasionnèrent quelques délais, et la vacance du prieuré dura en tout près d'une année. Bernard Gui assure que la confirmation du nouveau prieur n'eut lieu qu'un peu après

---

(1) Nomina vero prioris et fratrum predictorum sunt hec . frater Iohannes Gobi, prior, fratres Guilielmus de Melgorio, Petrus David, Petrus Arnaudi, etc. *Hist. du différend d'entre le pape Boniface VIII et Philippe-le-Bel. Paris, 1655, in-fol. Preuves, p. 155.*

(2) En 1290, Jean Gobi, 2ᵐᵉ consul d'Alais, chargé d'engager, au nom de la ville, un docteur en droit canon et un docteur en droit civil, pour venir enseigner à Alais, traita à Orange avec Armand de Jeco, chanoine de Vaison, qui s'obligea à y faire un cours de décrétales. *Bibliot. de l'École des chartes, tom. 31, p. 59-63.*

(3) Bern. Guidonis. Chapitres provinciaux de Provence.

(4) Anno 1300, fuit prior in hoc conventu frater Joannes Gobi magister. Manusc. *Predicatorium Avenionense, p. 74.*

Pâques de l'année 1304 (1), c'est-à-dire, après le 29 mars. Ceci concorde avec le témoignage de Jean Gobi lui-même, car voici en quels termes il nous a appris la date de sa prise de possession. « Je fus fait, dit-il, prieur de Saint-Maximin en 1304, et confirmé au commencement d'avril. Je ne pus m'y rendre qu'au retour du chapitre général qui fut tenu à Toulouse, et je fis ma première entrée dans le couvent la veille de saint Jean-Baptiste (2). » La présence du prieur de Saint-Maximin au chapitre de Toulouse, qui s'ouvrit le 16 mai, et le retard qu'il mit à se trouver à son nouveau poste, nous font comprendre que le bannissement prononcé contre les Dominicains de Montpellier avait dû être levé aussitôt après la mort de Boniface VIII et l'élection de Benoît XI, avec qui Philippe-le-Bel s'empressa de faire la paix. Sans cela, nous ne voyons pas comment Jean Gobi aurait pu remettre les pieds dans le Languedoc d'où on l'avait expulsé.

Lorsque celui-ci eut gouverné un peu plus de huit ans le couvent qui l'avait choisi, le zèle qu'il avait déployé le fit mettre à la tête de sa province, et il fut élu provincial à Orange, en 1312, pour la fête de sainte Madeleine. Son élection fut immédiatement

---

(1) Tertius prior Sancti Maximini fuit frater Johannes Gobi, Alestensis. Successit fratri Johanni Vigorosi, assumptus similiter de prioratu Montispessulani et confirmatus ab eodem...., cum consensu regio, in priorem, paulo post pascha, anno domini 1304. Prior fuit, hac vice, annis octo, et inde, prior existens, fuit factus prior provincialis... Nec fuit alius prior in conventu Sancti Maximini, tempore quo ipse fuit prior provincialis, per biennium... Fuit absolutus a provincialatus officio..., fuitque repositus et factus prior iterum in conventu S. M. elapsis annis duobus cum dimidio, inter moras. Bern. Guid. *de fundat. conv.*

(2) Fui factus prior Sancti Maximini an. 1304 ; circa principium aprilis fui confirmatus ; et postquam veni de capitulo generali apud Tholosam celebrato, intravi primo conventum in vigilia sancti Joannis Baptistæ. *Journal de J. Gobi, cité par le P. Reboul, p. XII.*

ratifiée par le Général, Bérenger de Landorre qui était présent. Mais, malgré sa nouvelle charge, il ne cessa pas d'être prieur de Saint-Maximin, cumulant, par une exception extrêmement rare, la direction de sa maison avec celle de tous les couvents de Provence; et il dut avoir pour cela la dispense du chef de l'ordre. Bernard Gui, dont nous rapportons le texte, semble différer de l'opinion générale qui n'attribue à Jean Gobi qu'un seul priorat de 24 ans de durée, et distinguer deux nominations, séparées par une prélature supérieure. Il reconnaît néanmoins, en termes exprès, que, durant tout le temps de son provincialat, il n'y eut point d'autre prieur à Saint-Maximin, et qu'il y revint aussitôt après avoir abandonné ces fonctions, qu'il exerça pendant deux ans seulement. Il en fut déchargé par le chapitre général de Londres, en 1314 (1), et il put désormais, libre de toute préoccupation étrangère, consacrer tous ses soins et tout son dévouement à son cher couvent, qu'il ne quitta plus jusqu'à sa mort.

Jean Gobi est sans contredit un des plus illustres prieurs qu'ait eus Saint-Maximin, et son administration fut féconde en œuvres de tout genre. Comme elle dura près d'un quart de siècle, il eut le temps d'entreprendre beaucoup de choses et de les conduire à terme; d'autre part, son esprit doué d'une grande énergie et d'une activité peu commune lui permettait de s'occuper de divers objets à la fois, et de les mener de front. Il mit en effet la main à tout. On peut dire que, lorsqu'il arriva, tout était à faire, et que, lorsqu'il mourut, tout était fait. Jean Vigorosi avait reçu l'établissement alors qu'il venait de naître, et le peu d'années qu'il

(1) Bern. Guid. Chronique des provinciaux.

passa à sa tête lui permirent à peine d'organiser son personnel, d'ébaucher un couvent, de commencer à bâtir. Jean Gobi vint tandis que l'œuvre n'avait encore que huit ans de date; il la consolida, l'étendit, continua les édifices commencés, et fut assez heureux pour en voir la fin. Nous ne voulons pas dire par là qu'il ne restât plus rien à faire après lui; car nous allons voir que le projet primitif ne comprit qu'une partie de l'église et du couvent. Mais cette partie renfermait tout ce qui était nécessaire aux religieux pour leur installation définitive. Notre pensée doit donc être entendue dans ce sens qu'à la mort de Jean Gobi, tout le nécessaire était fait.

C'est à lui que l'on doit la bâtisse du couvent. En prenant possession de Saint-Maximin, les Dominicains durent habiter l'ancienne demeure des moines bénédictins, et probablement quelques constructions provisoires qu'il fallut y ajouter; car nous aurions de la peine à comprendre qu'un local, destiné à deux ou trois religieux seulement, pût suffire à recevoir les vingt Frères Prêcheurs qui vinrent les remplacer. Ils y firent leur résidence pendant une vingtaine d'années, après lesquelles ils allèrent s'établir dans le couvent neuf, en 1312, d'après le P. Reboul (1), en 1316, selon la chronique du P. Lombard (2), qu'a suivie M. Rostan. Nous avouons que nos préférences personnelles sont

---

(1) C'est luy qui a achevé de bastir le couvent que nous habitons depuis l'an 1312. *Mémoires du P. Reboul*, p. XII. Cependant à la page XVI, se mettant d'accord avec le P. Lombard, il dit que ce fut en 1316, et que le couvent fut achevé seulement en cette année.

(2) Anno 1316, cum esset completum edificium conventus, cœperunt religiosi numero XX, qui antea domum monachorum Sancti Victoris occupaverant, novum conventum habitare, cura reverendi patris Gobi. *Chronique du P. Lombard*.

pour cette dernière date, parce qu'il nous semble que l'achèvement de ce grand ouvrage exigeait bien tout ce temps-là.

En attribuant à Gobi la construction du couvent de Saint-Maximin, nous ne mettons pas en doute qu'il n'eût été commencé peu après l'arrivée des religieux que Charles II y avait appelés. Nous savons (Pièces just. n° IV) que, dès le 13 novembre 1295, ce prince alloua une indemnité à Pierre d'Allamanon, évêque de Sisteron, chargé, avec le prieur, de la conduite des travaux, pour tout le temps où il serait occupé à diriger la bâtisse de l'église et du monastère. Mais il faut nécessairement tenir compte de ce fait, que le Roi n'ayant assigné que le 19 du même mois la somme de 2000 livres à consacrer annuellement à ces monuments, et les chantiers n'ayant pu s'ouvrir, au plus tôt, qu'au printemps de 1296, il n'est guère vraisemblale qu'en 1303, après y avoir employé sept ans et dépensé 7000 livres, Jean Vigorosi eût pu élever très-haut les murs de la nouvelle maison. Le gros de l'ouvrage et l'honneur de l'avoir achevée appartiennent donc à son successeur, et tout le monde les lui a attribués. Pour bien comprendre d'ailleurs à quel degré d'avancement il dut la trouver, il suffit de voir combien d'années furent encore nécessaires pour la mettre en état de recevoir ses hôtes.

La partie du couvent qui fut construite à la fin du XIIIme siècle et au commencement du XIVme comprend les deux ailes du levant et du nord, qui existent encore dans leur intégrité. L'aile orientale se compose de sept travées, et est divisée en trois belles pièces, chacune de deux travées, sauf celle du milieu qui en a trois. C'est d'abord, en partant de l'église, la sacristie ; au centre, le chapitre, et à l'autre bout, la salle commune. Toutes ces pièces sont voûtées en pierres, avec des nervures et des clés de voûte sobrement ornementées. A l'étage supérieur était le dortoir des religieux, non divisé en cellules, et éclairé par des baies assez étroites, dont quelques-unes demeurent visibles. On peut s'assurer par la lecture de l'un des documents que nous publions (n° XL), qu'il avait encore cette destination à la fin du XVme siècle, et qu'il s'y trouvait une porte qui communiquait avec l'église. La partie basse de l'aile septentrionale était occupée tout entière par les réfectoires, et présente une admirable enfilade de dix travées, laquelle a dû être partagée en deux portions inégales, comme le prouvent les deux chaires ménagées pour les lecteurs dans l'épaisseur des murs. Les cuisines se trouvaient en arrière.

Cette construction a un caractère vraiment monumental, même à côté de l'église, dont la grandeur semblerait devoir l'écraser. Comme elle est arrivée jusqu'à nos jours dans un bon état de conservation, il est encore facile de constater par le simple aspect de ses voûtes, des contreforts dont elle est flanquée pour en supporter les poussées, des fenêtres ogivales ouvertes dans le mur du nord, que l'architecture de cette partie antique du couvent correspond parfaitement au style de l'église, et remonte à la même époque. L'un et l'autre ont fait partie d'un plan d'ensemble, dont l'exécution a commencé en même temps. C'est aussi ce qui résulte évidemment de l'acte du 19 novembre 1295 par lequel Charles II affecta à sa nouvelle fondation une somme annuelle de deux mille livres, dont la moitié pour l'église, et la moitié pour le monastère, et de tous les actes subséquents qui ne séparent jamais l'un de l'autre. Il entendait expressément que l'on mît la main aux deux à la fois.

Une autre conclusion à tirer de l'examen des bâtiments construits par Jean Gobi, c'est que, bien qu'il y eût alors à Saint-Maximin vingt dominicains seulement, le plan primitif, dont on n'exécutait qu'une portion, était fait en réalité pour un couvent de cent religieux, et calculé sur ce nombre. Cela ressort au premier coup d'œil jeté sur les grandes dimensions des salles, et surtout des vastes réfectoires et des immenses dortoirs, qui sont hors de toute proportion avec un personnel de vingt moines. Il est visible qu'en se bornant en ce moment à n'élever qu'une partie des édifices claustraux, on ne perdait point de vue la destination pour laquelle on les préparait, et ce que l'on faisait alors annonçait déjà ce qui serait par la suite.

En bâtissant la demeure de ses religieux, Gobi ne pouvait oublier la maison de Dieu, et c'est aussi à lui qu'est dû l'achèvement de la première partie de l'église de Saint-Maximin, dont nous déterminerons bientôt le périmètre. Sans doute, nous le reconnaissons encore, la construction de l'église avait été commencée par son prédécesseur, en même temps que les bâtiments monastiques; mais nous ne croyons pas non plus qu'elle fût très-avancée, lorsque celui-ci lui remit sa charge. La dotation que le fondateur avait attachée à cet ouvrage nous est connue, et il ne paraît pas qu'avec ce que l'on avait perçu jusqu'alors, on eût pu faire beaucoup. D'ailleurs, il n'est aucunement certain que toutes ces sommes eussent été payées régulièrement. Nous publions (Pièces justif. n°ˢ VII et VIII) deux diplômes de Charles II, du 20 septembre et du 12 décembre 1303, c'est-à-dire, de l'époque même où Vigorosi quittait son prieuré; ils nous apprennent que le trésorier royal avait fait toute sorte de difficultés pour verser les allocations annuelles destinées aux bâtiments de Saint-Maximin, *que la construction de l'église en avait beaucoup souffert, et avait dû souvent être interrompue.* Le Roi y manifeste le plus grand mécontentement, ordonne le paiement de tout l'arriéré, impose à son trésorier une amende de mille livres au profit de la fabrique de l'église, et menace son sénéchal, en cas de négligence à exécuter ses ordres, de faire prendre sur ses propres biens tout l'argent qu'il lui commandait d'exiger de son officier désobéissant.

Ceci nous donne une idée de la lenteur avec laquelle dut marcher la bâtisse de cette église, avant que son fondateur eût parlé avec une telle énergie. Aussi avouerons-nous ne pas bien comprendre ce que divers auteurs racontent, qu'en 1300 Rostang de Noves, archevêque d'Aix, vint bénir la première partie de l'édifice, qui était achevée. Nous avons nous-même, pour ne rien omettre, mentionné ce fait, qui n'est appuyé sur aucun document ancien; mais nous y croyons fort peu, à moins que l'on n'entende simplement par là que l'archevêque bénit l'enceinte sacrée, les murailles, et les piles qui sortaient de terre et commençaient à monter vers le ciel. M. Faillon, allant plus loin que les autres, assure « que, l'année 1300, on eut terminé tout le sanctuaire, « avec plusieurs travées de la nef et des bas côtés, ainsi que les « chapelles correspondant à ces travées, etc. (1) » Cela n'est pas vraisemblable, et il n'existe aucune trace de la lettre que l'on dit

---

(1) *Monuments inédits*, t. I, col. 924. Reboul parle de ce fait dans ses Mémoires, p. XI, et le place en 1301. Il fait de Rostang de Noves un dominicain, tandis qu'il est certain qu'il était séculier et grand vicaire de l'évêque de Marseille. Nouvelle preuve que tout ceci n'a pour base aucune pièce antique.

avoir été écrite par Charles II à son sénéchal de Provence pour inviter l'archevêque à faire l'inauguration du monument. On ajoute que l'archevêque d'Aix, à cette même occasion, donna la confirmation dans le cimetière. Si ceci est mieux fondé que le reste, il faut en conclure, avec bien plus de raison, qu'il fit cette fonction dans le cimetière, parce qu'il y avait impossibilité de la faire dans une église qui n'existait point encore.

Jean Gobi s'empressa de réparer le temps perdu, et profita des bienveillantes dispositions du Roi qui tenait à accélérer l'achèvement de son œuvre. Celui-ci ne se contenta pas de faire payer tous les arrérages et les annuités ordinaires; par de nouvelles ordonnances, il consacra à ces travaux tout le produit de la taille des Juifs dans les comtés de Provence et de Forcalquier, et tout l'excédant des recettes de la gabelle du sel de Nice. Dans le cas où les revenus de celle-ci ne suffiraient pas à fournir les deux mille livres qu'elle devait donner chaque année, il régla que cette somme serait prise, comme les 400 livres supplémentaires, sur les autres revenus du trésor; et le tout devait être remis directement au prieur lui-même, nonobstant les règlements fiscaux, qui centralisaient toutes les recettes entre les mains des gens de la Chambre des Comptes d'Aix (1).

Avec ces ressources nouvelles, l'ouvrage marcha à grands pas; mais il n'était point achevé, lorsque la mort enleva le roi Charles II. Par une circonstance qui est à noter, et qui fut remarquée à l'époque, le zélé serviteur de sainte Madeleine mourut le 5 mai 1309, le même jour où, 29 ans auparavant, il avait levé de terre

(1) Paillon, t. II. n°° 100-113.

le corps de la Sainte. Les Frères Prêcheurs de Saint-Maximin, qui lui devaient tout, ne furent point ingrats; ils célébrèrent avec une piété filiale les obsèques de leur insigne bienfaiteur, et établirent à perpétuité des prières pour le repos de son âme. Lorsque, quelques années après, en exécution de ses dernières volontés, ses restes furent transportés de Naples au couvent des sœurs de Nazaret d'Aix, Gobi se rendit dans cette ville, avec ses religieux, pour prendre part à la cérémonie et témoigner publiquement de la reconnaissance de tous les siens. Du reste, la mort du fondateur n'arrêta pas l'impulsion donnée par lui à l'exécution du monument; les dispositions du roi Robert, qui lui succéda, étant les mêmes que celles de son père, l'œuvre, à laquelle il se montra toujours favorable, suivit heureusement son cours, et les édifices purent enfin être inaugurés.

Nous allons essayer de fixer l'époque à laquelle fut terminée la partie de l'église de Saint-Maximin qui remonte au XIV° siècle, et où le service divin commença à y être célébré avec la solennité que comportent les vastes dimensions de la basilique. On ne trouvera, sur cette question, que des renseignements bien vagues chez ceux qui ont eu à parler de cette église, et rien de précis ne nous semble avoir été dit à ce sujet. D'un autre côté, nous ne connaissons aucun document qui nous indique explicitement la date que nous cherchons. Toutefois, le livre des Miracles de sainte Madeleine, composé par Jean Gobi, nous fournit un renseignement utile dont nous devons nous servir ici. Nous y voyons que, lorsque ce livre fut écrit, les Dominicains étaient installés dans l'église, et que les reliques de la Sainte étaient placées sur le maître-autel, dans leur châsse d'argent (1). Or, si nous en croyons le P. Lombard, les miracles de sainte Madeleine auraient été recueillis peu après 1315 (2); nous-même, en les examinant attentivement, nous n'y avons rien trouvé de postérieur à 1313. Il suit de là que l'église a été probablement livrée au culte en même temps que le couvent, c'est-à-dire, en 1316; il est même vraisemblable qu'elle l'a été quelque temps avant lui, et que le zélé prieur avait fait passer l'habitation de Dieu avant celle des hommes.

M. Faillon est d'avis (t. II, col. 947) que « la construction de l'église de Saint-Maximin avait souffert quelque interruption, et avait même été suspendue pendant près de quinze ans »; et il regarde comme certain qu'en 1324 le roi Robert ordonna la reprise des travaux. Ce qu'il appelle une suspension de quinze ans est pour nous l'achèvement de la partie primitive de l'église, après lequel, on n'y remit plus la main jusqu'au XIVme ou plutôt jusqu'au XVme siècle. Ce qui le prouve fort clairement, c'est la cessation des annuités de deux mille livres, desquelles il n'y a aucune trace dans les lettres de Robert. La reprise des travaux en 1324 ne nous semble en rien probable. Il existe, il est vrai, divers diplômes de ce roi, qui accordent des fonds pour Saint-Maximin; mais les sommes allouées, inférieures de beaucoup à celles que donnait Charles II, sont destinées en commun à l'é-

---

(1) Versus altare dirigere, super quod, in quadam capsa, corpus dicte Sancte venerabiliter reservatur. 31e miracle. — Posita coram capsa argentea in qua corpus dicte Sancte est honorifice collocatum. 43e miracle.

(2) Miracula per intercessionem sanctæ Mariæ Magdalenæ... collegit idem P. Gobil, ab anno scilicet 1279 usque ad annum 1315. Chronique des prieurs de S. M.

glise et au couvent où il y avait beaucoup à faire, et rien n'établit qu'on les ait appliquées à l'église. Qu'aurait-on fait d'ailleurs avec les cent livres annuelles qui revenaient à l'église sur les deux cents assignées par le diplôme du 18 avril 1324 ?

Si l'on nous objectait l'ordre donné par le roi, en 1337, de dédier à saint Louis, évêque de Toulouse, son frère, la première chapelle que l'on construirait, nous répondrions que l'établissement des chapelles, quoiqu'elles fussent comprises dans le plan général, pourrait fort bien n'avoir eu lieu que successivement, et être postérieur de quelques années, sans empêcher pour cela que les nefs fussent terminées. Nous pouvons du reste donner la preuve que celle que l'on consacra à saint Louis fait partie des premières constructions, et que l'on s'empressa d'affecter à cette destination une chapelle déjà bâtie à cette date. En effet, celle qui portait le nom de saint Louis était la troisième, et non la quatrième, du côté du midi; la quatrième était sous le vocable de Saint-Michel, et existait avant le 2 février 1330, jour où Hugues de Collobrières, prévôt de Saint-Sauveur d'Aix, faisant son testament, y fondait une chapellenie (1). Ainsi, le diplôme de 1337 ne démontre pas que les travaux de l'église aient été repris.

Il nous reste à déterminer jusqu'où s'étendait la partie de l'église de Saint-Maximin achevée sous Jean Gobi. Dans son état actuel, cette église, depuis la porte jusqu'au chevet, se compose de neuf travées. Les quatre travées inférieures, les plus voisines du portail, ont été, à l'exception d'une faible portion, construites

---

(1. Item, voluit fieri et ordinavit unam aliam cappellaniam in cappella sancti Michaelis ecclesie beate Marie Magdalene de Sancto Maximino. *Arch. dép. Fonds de S. Sauveur d'Aix.*

dans le premier quart du XVIme siècle ; par conséquent, l'œuvre primitive comprenait les absides, les cinq travées supérieures des nefs et les chapelles correspondant à chacune des travées, au nombre de cinq de chaque côté, si l'on compte les absides latérales. Ceci n'a pas besoin de preuve ; car, malgré l'unité de l'ensemble, la différence des époques et la reprise des travaux, après deux siècles de suspension, sont très-faciles à constater. Les détails où nous devrons entrer lorsque nous traiterons de l'achèvement de la totalité de l'édifice, et les dates précises que nous produirons, seront la démonstration complète de ce que nous affirmons maintenant.

Au surplus, voici l'état des chapelles avant les travaux du XVIme siècle. Il y avait en tout onze autels, outre l'autel majeur, six d'un côté, cinq de l'autre. Au nord, l'autel de saint Maximin qui fut postérieurement consacré au saint Crucifix, saint Jean, saint Antoine, sainte Marthe, saint Blaise, saint Sidoine, celui-ci tout-à-fait en face de la crypte. Au midi, l'autel de la Sainte-Vierge, saint Dominique, saint Pierre martyr, saint Louis et saint Michel (1). Il y avait ainsi du côté de l'évangile une chapelle de plus que de l'autre : c'était une construction du XVme siècle, comme nous aurons à le raconter.

Nous n'entreprendrons pas de faire l'éloge de l'église de Saint-Maximin, si belle, si ravissante dans son étonnante simplicité,

---

(1) Duodecim altaria..., scilicet. Altare majus, — Crucifixi, in capite parvæ navis, a parte sacristiæ. — S. Johannis, ubi nunc est tabula S. Eligii. — S. Anthonii. — S. Marthæ. — S. Blasii. — S. Sedonii, ante criptam sepulchri S. Magdalenæ. — Altare beatæ Mariæ, in capite alterius navis, a parte pinaculi. — S. Dominici. — S. Petri martiris. — S. Ludovici. — S. Michaelis. *Arch. dép. B.* 2626, *fol.* 7. *Comptes de Jean Damiani.*

car elle n'a pas, comme tant d'autres, des richesses de sculpture, et elle est dépouillée de toute ornementation. Mais la juste harmonie de ses proportions, la pureté de ses lignes, la légèreté et l'élancement de ses piles, en font un chef-d'œuvre d'élégance et de noblesse, et ont un charme qui saisit tous ceux qui viennent la visiter. Que serait-ce si elle n'était pas actuellement privée de ce qui faisait son principal caractère et sa plus grande beauté ! D'après le plan primitif, c'était un édifice percé tout à jour et inondé de lumière. Ses absides étaient découpées par des baies nombreuses, qui s'élançaient à une hauteur prodigieuse ; un triple rang de fenêtres superposées existait à toutes les arcades, dans la nef du milieu, à la basse nef, et dans le mur du fond des chapelles, qui toutes étaient ouvertes, tous les autels étant orientés. C'était bien en réalité un temple radieux, une église de verre (1).

Quel est l'auteur de ce plan merveilleux ? Il est impossible de le dire; son nom n'a jamais été prononcé, et, malgré de nombreuses recherches pour arriver à connaître l'incomparable architecte, nous n'avons pu rencontrer aucun indice qui nous mît sur la trace de l'artiste inconnu. Le plan et son auteur sont incontestablement du XIIIme siècle, et tout était arrêté en 1295, au moment de la fondation du couvent, comme le déclare en termes formels Charles II, quand il en ordonne l'exécution (2). Quoiqu'en dise Millin, qui a fait de notre église un édifice du XVme

---

(1) Radiantia templa, ædes vitreas. *Inscription de l'église.*

(2) Ecclesiam Sancti Maximini... se domos et ædificia opportuna... providimus construenda ; scilicet in modum et formam jam per nostram excellentiam declaratos. *Paillon*, t. II, n° 106.

siècle, et en a attribué la construction au roi René et à un architecte appelé par lui d'Italie (1), il n'y a aucune apparence qu'un italien en ait dessiné le modèle. La noble simplicité du monument, son ornementation si sobre, et d'un goût si sévère et si pur, suffisent pour écarter une pareille supposition. Nous croirions bien plutôt que la basilique de Saint-Maximin est la réalisation d'une conception monastique, et que l'habile et humble religieux qui en a formé le plan, a réussi à céler à tous son nom, qui est le secret de Dieu.

Avant de quitter ce sujet, nous enregistrerons ici un fait qui semble n'avoir pas été remarqué, et qui mérite d'être relevé. Lorsque l'on traça par terre les fondations de la nouvelle église, on s'arrangea de manière à ce que les cinq premières travées, les seules dont on entreprenait la construction, vinssent aboutir exactement contre la crypte de sainte Madeleine, en la laissant en dehors. La cinquième pile de gauche est en contact immédiat avec la chapelle souterraine, et la sixième, bâtie plus tard, la touche aussi de l'autre côté. Ceci est évidemment le résultat d'un calcul, et les mesures ont dû être bien prises pour qu'il en fût ainsi. Nous concluons de cet arrangement prémédité que la crypte où sont les tombeaux de nos Saints est encore à la même place où elle fut de toute antiquité, puisque la direction générale de l'église a été subordonnée à elle; si l'on y avait changé quelque chose, on ne lui aurait pas assigné la position singulière qu'elle occupe au milieu des nefs, sans qu'il y ait pourtant rien d'irrégulier.

---

(1) Millin. *Voyage dans les dép. du midi de la France*, tome III, p. 117-118.

Nous en tirons encore cette conclusion irrécusable : que la vieille église de Saint-Maximin, qui recouvrait le sépulcre de sainte Madeleine, fut conservée intacte pendant qu'on bâtissait la nouvelle, vraisemblablement pour servir aux fonctions religieuses, en attendant de pouvoir les transporter dans la première partie de la basilique. Celui qui n'admettrait pas notre conclusion serait forcé de soutenir que la vénérable crypte fut pendant plus d'un siècle sans abri, et les religieux sans église durant bien des années. L'absurdité d'un pareil système oblige à reconnaître que l'antique monument, qui avait échappé aux Sarrasins, resta debout tandis que l'on élevait à ses côtés le splendide édifice destiné à le remplacer, et ne disparut lui-même qu'au commencement du siècle suivant.

Après avoir bâti l'église, Jean Gobi s'occupa de la décorer. Il fit placer les vitraux des absides, il fit construire le maître-autel, qui avait au milieu un obélisque, et sur lequel il déposa la châsse de sainte Madeleine; pour l'orner encore davantage, il fit faire à Montpellier une belle croix d'argent du poids de vingt-cinq marcs. Au haut de la nef de l'évangile, il éleva un autel en l'honneur de saint Maximin, à qui l'église était primitivement consacrée. En même temps, il augmenta le nombre de ses religieux, fit entourer de murailles le grand enclos des Pères, situé au nord du couvent, et y fit creuser un grand puits à roue, pour l'arrosage du jardin. A la Sainte-Baume, il renouvela à peu près tout. C'est lui qui, pour la commodité des pèlerins, fit faire presque toutes les bâtisses de la montée qui précède ce sanctuaire, avec la seconde porte qui garantissait la sécurité du lieu; il fit le parapet devant le logis, le clocher et la cloche; il agrandit la maison des hôtes, et construisit le petit dortoir et le four (1). Tant d'améliorations et d'embellissements attirèrent à la Sainte-Baume et à Saint-Maximin un concours toujours croissant de pieux fidèles. Le culte de sainte Madeleine se développa d'une manière extraordinaire; jamais le pèlerinage ne fut plus fréquenté, jamais les miracles opérés par l'intercession de la Sainte ne furent plus nombreux. Pour en conserver le souvenir, Gobi les recueillit dans un livre dont nous aurons à parler dans un autre endroit de cet ouvrage.

Le P. Reboul, qui nous a transmis ces renseignements, nous dit encore qu'il fit faire, en 1318, la bibliothèque du couvent, et y fit mettre les livres que le roi Charles lui avait légués. La première partie de cette assertion doit être exacte, mais la seconde ne l'est pas, l'auteur ayant, par une méprise peu explicable, confondu Charles II avec Charles III, le dernier des comtes de Provence. Il a en effet inséré tout au long, dans une autre partie de ses Mémoires (2), des passages du testament de celui-ci, qui légua à Saint-Maximin tous les livres de sa bibliothèque, sauf les livres de médecine, et de plus six mille livres tournois pour l'achèvement de l'église. Si le bon Reboul avait fait attention à la date de la pièce qu'il citait, qui est de l'année 1481, il n'aurait pas été tenté d'attribuer cela à Charles II, mort en 1309.

Il y a pourtant quelque chose de vrai dans ce que raconte le naïf écrivain. Il conste d'un document que nous publions ci-dessous (Pièces justif. n° V), que Charles II racheta, aussitôt après la mort de son fils Louis, évêque de Toulouse, les livres que le

---

(1. Mémoires de P. Reboul, p. XII-XVII Chronique du P. Lombard.

(2) Reboul, 2ᵐᵉ partie, p. XXI.

saint prélat avait laissés à ses compagnons Pierre Scareni et François Bruni, et qu'il en fit don aux Dominicains de Saint-Maximin. En lisant le testament du jeune prince, qui est du 19 août 1297 (1), on constate que ce legs comprenait sa bibliothèque tout entière, dont il n'avait distrait, en faveur d'autres personnes, que trois Bibles, une Somme, et les Fleurs des Saints. Il est donc certain que les livres de saint Louis de Toulouse furent déposés au couvent de Saint-Maximin, au plus tard en 1298, et formèrent le noyau de sa bibliothèque. Mais Charles II les avait donnés longtemps avant sa mort.

Tandis qu'il construisait d'une main, l'habile prieur se défendait de l'autre, et savait repousser les attaques dont son couvent, ses biens et ses priviléges, étaient l'objet. Au mois de février qui précéda son élection, une bulle de Benoît XI venait de confirmer de la manière la plus ample tous les actes de Boniface VIII en faveur de Saint-Maximin. Néanmoins, les religieuses de Saint-Zacharie élevèrent des difficultés, à cause des droits qu'elles avaient anciennement sur Saint-Maximin et la Sainte-Baume, où elles percevaient divers revenus. Il fallut que le roi Robert intervînt; mais en leur donnant satisfaction pour les indemnités qu'elles réclamaient, il mit désormais les Dominicains à l'abri de toute nouvelle instance, en exigeant d'elles une renonciation formelle et absolue à toutes leurs prétentions. Lorsque les papes furent venus résider à Avignon, les moines de Saint-Victor essayèrent de rentrer en possession des prieurés qui avaient été

---

(1) Paez. Divi Antonii Paduani sermones hactenus inediti. Aven. 1684, p. 485. Testamentum S. Ludovici, episcopi Tolosani.

donnés aux Frères Prêcheurs, espérant que la mort de Charles II permettrait de revenir sur ce que celui-ci avait fait. Leurs tentatives n'eurent aucun succès, et, sur les actives démarches de Jean Gobi, le pape Jean XXII approuva solennellement et renouvela toutes les bulles que ses prédécesseurs avaient accordées pour la fondation du nouveau couvent.

Bientôt, ce furent d'autres tracasseries au sujet du bois de la Sainte-Baume, dont les Bénédictins contestaient les limites. Ceux-ci, en perdant la forêt, avaient conservé toutes leurs terres du Plan-d'Aups, qui appartenaient à leur Aumônerie (1); ils empiétaient continuellement sur la propriété des Dominicains, devenus leurs voisins, et s'y permettaient même des voies de fait. Le sénéchal de Provence ordonna une enquête pour reconnaître l'étendue de la forêt, et voulut qu'il y fût placé des bornes, qu'il serait désormais impossible de franchir, sans s'exposer à une répression sévère. Le roi lui-même écrivit à l'abbé de Saint-Victor, pour qu'il eût à faire cesser les vexations que ses gens se permettaient à l'encontre des nouveaux propriétaires; ne lui laissant pas ignorer qu'il serait personnellement blessé de toute nouvelle atteinte portée aux concessions qui leur avaient été faites par le pape et par le roi.

---

(1) Tout ce que dit M. Faillon (t. II, col. 937) sur *l'Aumônerie du Plan-d'Aups*, fondée pour l'assistance des pauvres pèlerins allant à la Sainte-Baume, n'a aucun fondement. C'est à Marseille, à Saint-Victor, qu'il faut chercher l'Aumônerie de laquelle dépendaient les terres du Plan-d'Aups, et d'autres domaines situés ailleurs. Non moins faux est ce qu'il affirme au même endroit, que les religieux cassianites de la Sainte-Baume, à cause du concours des pèlerins, s'éloignèrent vers l'Orient, et y construisirent un monastère d'hommes, et un autre de filles appelées ensuite les Béguines. Tout cela n'a pas l'ombre d'une preuve.

Une entreprise d'un autre genre menaçait le monastère dans la possession du privilège insigne que lui avait donné le Souverain Pontife, en l'exemptant de la juridiction de tout Ordinaire. Les officiers de l'archevêque d'Aix, sans tenir compte des bulles papales, transmettaient des ordres au prieur et au curé de Saint-Maximin, de la même manière qu'aux autres curés non exempts du diocèse. Le prieur se refusa à recevoir les communications de ceux qui prétendaient lui commander sans en avoir le droit, voulant maintenir intact le privilège dont jouissait son couvent. La question était trop claire pour que la solution qu'elle devait recevoir pût être douteuse. L'affaire ayant été traitée à Avignon, en 1319, entre le prieur et le nouvel archevêque d'Aix, Pierre des Prez (1), le prélat reconnut tous les droits de la maison de Saint-Maximin; il déclara dans un écrit officiel que les religieux n'étaient pas tenus d'exécuter les ordonnances de ses officiers, et que, s'ils voulaient bien le faire, ce serait par grâce et par faveur, et sans déroger en rien à leur exemption.

Il y eut aussi bien des difficultés à surmonter du côté des officiers royaux chargés du paiement des 250 livres que Charles II avait assignées en dotation au couvent pour la subsistance des religieux. Quoique le roi Robert eût confirmé tous les actes de son père, et celui-ci en particulier, il fallut de nombreuses lettres

---

(1) M. Faillon attribue ce fait à « *Pierre Auréoli, appelé Pierre du Plat* » (t. I, col. 93*;* t. II, col. 913), reprochant au *Gallia christiana* d'avoir appelé ce prélat *des Prez*, par inadvertance. L'inadvertance a été commise par lui-même; car c'est bien Pierre des Prez qui siégeait à Aix en 1319. Pierre d'Auriol est un archevêque distinct du premier, et ne succéda qu'en 1321 à Pierre des Prez devenu cardinal. Quant à Pierre du Plat, c'est un personnage imaginaire.

royales pour mettre fin aux résistances et aux prétextes sans cesse renaissants, par lesquels les clavaires différaient l'acquittement de la dette. Chaque fois qu'il rencontrait un obstacle nouveau, l'infatigable prieur s'adressait au patron naturel de la maison, et son royal protecteur ne manquait pas d'expédier des ordres plus précis; il alla même jusqu'à menacer d'une forte amende son receveur de Saint-Maximin, s'il venait à recevoir là-dessus de nouvelles plaintes. Il paraît qu'il fut cette fois obéi sans retard (1).

Après une vie aussi bien remplie, Jean Gobi termina ses jours en 1328. Le dernier acte que nous connaissions de lui est du 10 décembre 1327, et il ne dut pas survivre de longs mois, car tous s'accordent à placer sa mort dans l'année suivante. La notice de son successeur va faire voir que l'on ne s'est pas trompé sur ce point. Ce fut un grand et digne religieux, et il mérite les éloges que lui ont donnés ceux qui ont parlé de lui, le regardant comme un des plus grands hommes qu'ait eus le couvent de Saint-Maximin, dont il a été, pour ainsi dire, le créateur, et dont il a défendu les droits avec une intrépidité indomptable.

Jean Artaudi, 4ᵐᵉ prieur. 1328-1329. La longue administration de Jean Gobi fut suivie du très-court priorat de Jean Artaudi, dont la personne et les emplois apportent néanmoins au

(1) Item, fratri Johanni Gobii, priori conventus ordinis fratrum predicatorum Sancti Maximini, quas conventus ipse, anno quolibet, de provisione seu elemosina regia in perpetuum facta, pro vita et sustentatione fratrum ipsius conventus, super juribus clavarie predicte percipit et percipere consuevit, reforciatorum parvorum libras ducentas quinquaginta. *Arch. des B. du Rh. B. 1519, fol. 49. Compte du clavaire de Brign. et de S. Max. pour 1324.*

couvent de Saint-Maximin une illustration d'une autre sorte. Il fallait en effet, pour remplacer celui que l'on venait de perdre, un personnage d'une grande valeur et doué de brillantes qualités ; tout cela se rencontra dans celui qui fut appelé à lui succéder.

Le nom de ce prieur, inconnu jusqu'à ce jour, nous a été révélé par une charte authentique des archives de sa maison, où tout le monde aurait pu le lire avant nous. Mais ni les PP. Reboul et Lombard, ni Haitze, ni M. Faillon, ne l'ont mis sur les listes dressées par eux de ceux qui ont gouverné le couvent ; et tous nous ont donné Jean d'Ollières, qui suivra bientôt, comme ayant succédé immédiatement à Jean Gobi. Il n'a été pourtant que son successeur médiat, et, entre les deux, il faut intercaler un homme qui fait le plus grand honneur à l'établissement qui l'a eu à sa tête.

Jean Artaudi était issu de deux grandes familles de Provence (1). Par son père, il remontait à Artoud de Dorchis, seigneur de Pierrerue et de Venelles, l'un des barons de la cour de Raimond Bérenger V, comte de Provence, que nous croyons être venu dans notre pays à la suite de la comtesse Béatrix de Savoie. Par sa mère, il descendait de l'antique et illustre race des Allamanon, et il était le propre neveu de Pierre d'Allamanon, évêque de Sisteron, dominicain comme lui, et l'une des gloires de l'ordre à cette époque. Si l'on n'a pas oublié le rôle important qu'eut à remplir cet évêque dans la fondation de Saint-Maximin, dont il fut, après le roi Charles II, le principal auteur, ayant été chargé de

---

(1) Nous avons publié l'an dernier un mémoire historique sur Jean Artaudi, avec vingt-deux pièces inédites. De nombreux documents trouvés depuis lors nous permettent de mieux préciser certains faits et certaines dates.

prendre lui-même possession des lieux au nom de son ordre, d'y constituer le couvent, d'y appeler le personnel nécessaire, de présider enfin le premier à la construction des bâtiments monastiques et de l'église, on sera porté à croire que le souvenir de l'oncle, à qui l'on devait tant, put influer sur la détermination des religieux qui choisirent le neveu pour devenir leur chef.

C'est en 1328 qu'il dut entrer en fonctions; mais nous ne savons pas à quelle époque de l'année. Nous avons déjà dit que son séjour à Saint-Maximin fut de peu de durée. Il siégeait encore le 8 mai 1329 ; ce jour-là, il figure, avec le titre de prieur attaché à son nom, dans l'acte d'une donation faite à son couvent, et il y est désigné comme étant présent à l'acte, qui fut passé dans son église (1). Mais le lendemain même, le pape Jean XXII le nommait évêque de Nice, en remplacement d'un autre dominicain qui avait été auparavant prieur des Frères Prêcheurs de Marseille. Ses bulles, que nous avons retrouvées, sont en effet datées du 9 mai 1329, et il y est fait une mention expresse de sa science peu commune, et de sa grande réputation (2).

Son épiscopat à Nice dura quatre ans et demi : le 10 janvier 1334, le même pape le transféra à l'évêché de Marseille (3), probablement pour le rapprocher d'Avignon. Ce ne fut pas d'ailleurs la dernière marque de confiance qu'il lui donna. Presque immédiatement il le choisit, pour l'envoyer en Belgique, en compagnie

---

(1) Vobis, fratri Johanni Artaudi, priori dicte ecclesie..., presenti et recipienti, et solemniter stipulanti. *Arch. du couv. de S. Max.*

(2) Litterarum scientia preditum, moribus et vita laudabilem, fama preclarum. *Reg. Johan. XXII, Comm. an. XIII, part. 3, ep. 2146.*

(3) Ibid. Comm. an. XVIII, part. 2, ep. 18.

de l'évêque de Saint-Paul-Trois-Châteaux, afin de travailler à étouffer une terrible querelle qui avait armé l'un contre l'autre le comte de Flandre et le duc de Brabant, et menaçait d'entraîner une guerre sanglante. Les nonces quittèrent la cour pontificale le 8 mars 1334, et se dirigèrent d'abord vers Paris, pour s'entendre avec le roi de France dont le pape voulait qu'ils prissent les conseils, bien qu'il se montrât trop favorable à l'une des parties. Ils se rapprochèrent ensuite du but de leur voyage ; mais les négociations furent extrêmement laborieuses, parce qu'il fallait appaiser d'ardentes colères, et ménager beaucoup d'intérêts contraires qui semblaient ne pouvoir être conciliés. Ce ne fut qu'à la fin du mois d'août, après bien des pourparlers, que les légats, réunis à Amiens avec le roi Philippe, purent lever le principal obstacle qui s'opposait à la paix. Ils vinrent alors rendre compte de leur mission à celui qui les avait envoyés.

Jean Artaudi dut rentrer à Avignon en septembre, et nous l'y trouvons dans le courant du mois suivant. Avant la fin de l'année, il eut la douleur de voir mourir le Souverain Pontife, son protecteur, et, peu après l'élection de Benoît XII, il vint résider dans son église de Marseille, qui ne l'avait peut-être pas vu encore depuis qu'il en était évêque. Nous connaissons quelques actes accomplis par lui dans cette ville, qui ne le posséda que bien peu de temps ; il touchait déjà au terme de sa vie, et il ne tarda pas à disparaître de ce monde.

Il vint mourir à Saint-Maximin ; c'est là que nous le retrouvons le 7 juillet 1335, faisant son testament et dictant ses dernières volontés. Il avait voulu revoir son couvent et ses frères, et c'est dans sa chambre de prieur qu'il passa sa dernière maladie, et qu'il rendit le dernier soupir. Par un sentiment de pieuse et tendre affection, il voulut être enseveli dans l'église des Dominicains d'Aix, aux pieds de son oncle Pierre d'Allamanon, évêque de Sisteron, c'est-à-dire, dans le sanctuaire de l'église actuelle de Sainte-Madeleine d'Aix, du côté de l'évangile.

Jean d'Ollières, 5ᵐᵉ prieur. 1329-1334. Ce fut encore un religieux appartenant à une grande famille provençale, qui recueillit la succession de Jean Artaudi, lorsque celui-ci fut promu à l'évêché de Nice. Nos auteurs sont unanimes à assurer qu'il appartenait à la famille des seigneurs d'Ollières (1), et nous n'avons aucun motif pour repousser leur affirmation. C'est à tort que, pour l'infirmer, on nous opposerait l'usage assez répandu, dans plusieurs ordres religieux, de rendre le nom du lieu de naissance, sans que cela implique en rien une idée de noble extraction. Ceci n'a rien à voir dans le cas présent; car, quoi qu'il en soit de l'antiquité de cet usage, il est certain qu'il était inconnu aux Dominicains de Saint-Maximin et de Provence, qui portaient tous leurs noms de famille, et non celui de leur pays. On peut s'en assurer par les noms des prieurs que nous avons déjà indiqués et par ceux qui vont suivre ; et, pour que la preuve soit plus complète, nous rapportons en note des fragments de deux actes de 1311 et de 1327 (2), où se trouvent nommés les religieux présents

---

(1) Le R. P. Jean d'Ouères, de la très illustre maison des barons d'Olières. *Reboul.* — Creditur fuisse ex nobili familia d'Ollières. *Lombard.* — P. Jean d'Olières, des seigneurs de ce lieu. *Hailze.* — P. Jean d'Ollières, de la famille des barons d'Ollières, à ce qu'on croit. *Faillon.*

(2) Frater Bertrandus Arnaudi, subprior, fr. Vincentius Roquerii, lector, fr. P. Chayssi, fr. Johannes Noe, fr. Guilielmus Ricardi, fr. Gualliei, fr. Rostagnus de Sparrono, fr. Ber-

au couvent. Rien n'empêche donc que notre nouveau prieur n'appartînt, comme le disent nos chroniqueurs, à la maison des seigneurs d'Ollières.

Mais ce qu'ils ne nous ont pas dit, ce qu'ils ignoraient peut-être, c'est que les seigneurs d'Ollières étaient les descendants très-authentiques des vicomtes de Marseille, et par conséquent, la première noblesse du pays. Ici, il ne saurait y avoir aucun doute. La race des vicomtes de Marseille fut sur le point de s'éteindre avant le milieu du XIIIme siècle, bien que Hugues Geoffroy II eût eu huit fils. Seul, Raymond Geoffroy II, l'un des huit, laissa une descendance masculine, car il fut père de Burgondion I, seigneur de Trets et d'Ollières, le même qui paraît dans nos documents (n° II), à la date du 28 mai 1225. Celui-ci fut la souche d'une nombreuse famille, qui se divisa en divers rameaux, connus sous les noms de seigneurs d'Ollières, de Roquefeuil, de Trets, de Puyloubier, d'Entrevènes, d'Agout, etc. L'usage fréquent des mêmes noms, dans ces différentes branches, rend très-difficile la connaissance des degrés de parenté; et l'emploi de titres dissemblables, même entre les enfants d'un même père, augmente encore l'embarras. Il y a jusqu'à quatre Burgondion, plusieurs Reforciat, de nombreux Raymond et des Isnard non

---

tholomeus Fusterii, fr. P. Balbi, fr. Jacobus Melarii, fr. Berenguarius Pagani, fr. Guillelmus de Alocio, fr. Guillelmus Vinearii, et fr. Berenguarius de Amirato. *8 février 1311.* — Frater Johannes de Laurato, subprior, fr. Johannes Gobii, lector, fr. Bertrandus Alphanti, fr. Guillelmus Veyrerii, fr. Guillelmus de Alosio, fr. Guillelmus de Monteregali, fr. Johannes de Casaletis, fr. Johannes Rubei, fr. Petrus Benedicti, fr. Raymundus Riquerii, fr. Marcus Pererii, fr. Bertrandus Foutrerii, fr. Berengarius de Amirato, et fr. Peregrinus de Trivis. *10 décembre 1377. Arch. de S. Max.*

moins nombreux, avec les qualificatifs d'Ollières, d'Entrevènes, de Puyloubier, d'Agout, etc. Il ne serait donc pas facile de donner la généalogie de notre Jean d'Ollières; mais il n'y a aucune raison pour refuser de l'admettre comme étant issu de cette illustre famille.

Son entrée en charge, comme prieur de Saint-Maximin, ne peut avoir eu lieu que plusieurs mois après l'élévation de Jean Artaudi à l'épiscopat, à cause du temps exigé pour la confirmation de l'élection faite par les religieux. Reboul et Lombard, qui n'ont pas connu ce dernier, ont devancé l'installation de son successeur, et l'on ne saurait nier qu'ils ne l'aient mise trop tôt, en la plaçant aux fêtes de Pâques 1329 (1). A cette époque, son prédécesseur était en possession, comme le prouve l'acte du 8 mai suivant, et l'on ne pouvait songer à le remplacer, alors même que sa prochaine promotion aurait été connue. Il y eut ensuite nécessairement un intervalle assez notable entre le départ de l'évêque de Nice et l'arrivée du nouveau prieur; par conséquent la chronique du P. Lombard n'est pas exacte quand elle raconte de lui qu'il fit approuver par le roi Robert, le 17 avril 1329, une transaction que Jean Gobi aurait conclue avec Saint-Victor, au sujet de la Sainte-Baume. Si ce fait a quelque fondement, il doit être attribué à Jean Artaudi, ou bien il faut lui assigner une autre date. Mais il n'y a aucune trace de cette transaction, ni des lettres qui l'auraient confirmée.

Le principal évènement qui signala le priorat de Jean d'Ollières fut l'arrivée à Saint-Maximin, en un même jour, de cinq princes

---

(1) Il en fut mis en possession les fêtes de Pâques *Reboul*, p. *XVIII*.— In festo Paschæ suscepit prioratum. *Lombard.*

souverains qui s'y rendaient pour visiter les reliques de sainte Madeleine. C'était en 1332. Philippe de Valois, roi de France, y venait faire son pèlerinage, en grande solennité, accompagné des rois d'Aragon, de Chypre et de Bohême; le roi Robert, qui était le souverain du pays, comme comte de Provence, s'y trouva avec eux, étant allé jusqu'à Avignon à la rencontre des quatre rois, pour leur faire les honneurs de ses états. On vit rarement une pareille réunion et un aussi beau spectacle, car chaque monarque était entouré d'une cour nombreuse. Un de nos chroniqueurs nous apprend que le roi de France fut harangué à la porte de l'église par Jean d'Ollières *avec satisfaction de leurs majestés* (1), et l'on peut facilement croire qu'il était apte à remplir cette mission, et qu'il dut s'en acquitter à merveille.

Ne laissons pas passer, sans le noter, un fait curieux arrivé un peu auparavant, le 27 septembre 1330. C'est la permission accordée aux juifs de Saint-Maximin par Bérenger d'Amirat, sous-prieur, ou *lieutenant* de Jean d'Ollières, pour avoir une école ou oratoire, où ils pussent *dire leurs heures*, et tenir leurs réunions (2). C'est ainsi que de tout temps les juifs se sont abrités sous la tolérance de l'église et des monastères; il y en avait beaucoup dans cette ville.

Comment se termina l'administration de notre prieur? A l'unanimité aussi, ceux qui ont écrit avant nous assurent qu'elle prit fin par sa mort, et qu'il décéda en 1334, à la fin de l'année,

---

(1) Reboul, ibid. *Visitantem excepit tam religiose quam humaniter*, dit le P. Lombard.

(2) Universitati judeorum dicte ville... Scolam sive horatorium tenendi..., ubi possint judei eorum horas dicere, se legere et cantare. Arch. du couv. de S. M. arm. 2, sac. 4.

après cinq ans de possession (1). Nous nous voyons obligé de troubler l'accord parfait qui a existé jusqu'ici sur ce point. Nous admettons que Jean d'Ollières cessa d'être prieur en 1334, et nous allons en effet en voir arriver un autre à sa place; mais nous ne pouvons accepter que ce fut sa mort qui fit vaquer le prieuré. Il est à présumer, au contraire, qu'il vécut longtemps encore, postérieurement à cette date. En parcourant les chartes des archives de Saint-Maximin, nous avons trouvé un acte du 22 juin 1335, où sont nommés treize religieux du couvent, et parmi eux Jean d'Ollières, placé immédiatement après le prieur et le sous-prieur (2). Reconnaissons là l'ancien prieur qui venait de cesser ses fonctions. Il reparaît plus tard dans des actes du 28 juillet 1343 et du 3 août 1350, ce qui prouve qu'il vécut de nombreuses années après la date qu'on assigne à sa mort; il s'était apparemment démis de son titre, et il continua à résider dans le couvent. De son temps, on vit régner parmi les religieux une grande piété et beaucoup de savoir (3).

Milon Milonis, 6ᵐᵉ prieur. 1335-1367. On a assez peu de renseignements sur Milon Milonis, bien qu'il ait gouverné la maison de Saint-Maximin pendant trente-deux ans, et l'on n'a conservé de ce long espace de temps qu'un petit nombre de faits qui forment toute son histoire. Nous allons rappeler les principaux, et nous y ajouterons, sur sa personne et sur sa famille,

---

1. Étant mort l'an 1334, etc. L'an 1335, le R. P. Jean d'Ollières étant décédé sur la fin de l'année précédente, etc. *Reboul, ibid.* — Mortuus est anno 1334, ætate bona, cum omnium mærore ac luctu. *Lombard.* — Et mourut en 1334. *Faillon.*

2) Arch. du couvent de S. Max. Arm. I, sæc. 90.

3) Sub ipso floruit pietas cum doctrina. *Lombard.*

quelques détails qui ne semblent pas avoir été donnés ailleurs.

Milonis était un dominicain du couvent d'Arles, et nous le voyons souvent figurer dans les documents qui proviennent de cette maison. Il y avait été précédé par un autre religieux du même nom, Hugues Milonis, lequel y vivait en 1305; et comme nous sommes certain qu'il y avait dans cette ville, au XIVme siècle, une famille Milonis, nous avons été tenté de le croire Arlésien de naissance. Mais les Milonis d'Arles étaient de simples citoyens, tandis que le nom de notre prieur indique une origine plus élevée, et fait penser à une de ces familles nobles dont les généalogies nous montrent le nom patronymique porté comme prénom par quelques-uns de leurs membres. C'était là un usage assez répandu dans la noblesse provençale, et l'on rencontre çà et là Agout d'Agout, Barras de Barras, Montolieu de Montolieu, Vivaud de Vivaud, Artaud Artaudi, et bien d'autres. Or il nous semble que nous pouvons indiquer avec toute sorte de probabilités la famille du sixième prieur de Saint-Maximin.

Il faut aller la chercher parmi les principaux feudataires de Hugues de Baux de Meyrargues, le grand seigneur turbulent qui suscita tant d'embarras aux premiers comtes de Provence de la maison d'Anjou. A la fin de sa vie, il se vit contraint, n'ayant point de descendance légitime, à laisser son héritage à Charles II; et lorsqu'il mourut, en 1305, la cour comtale prit possession de ses biens, et demanda le serment de fidélité à ses nouveaux vassaux. Le 23 juin de cette année, les nobles de Meyrargues comparurent à cet effet devant le sénéchal de Provence, à Aix, et parmi eux figurait Raimond, fils de Bertrand Milonis, qui était chevalier. Le 25 juin, ce fut le tour de Milon Milonis, damoiseau (1), qui vint reconnaître au représentant du comte les domaines qu'il possédait à Meyrargues. A notre avis, nous avons là la propre famille du prieur que les Frères Prêcheurs de Saint-Maximin se choisirent trente ans plus tard. Ajoutons qu'ils durent aller le prendre à Arles.

Nous avons déjà dit que les chartes du couvent des Dominicains de cette ville nous ont bien des fois montré son nom parmi ceux des religieux locaux. Nous l'y voyons présent dès le 8 octobre 1311, et nous l'y retrouvons encore le 25 janvier 1330 (2), pour ne rien dire des années intermédiaires. Sa présence au couvent d'Arles, à des dates si éloignées, et particulièrement la première, à une époque où il était encore bien jeune, nous paraît être un motif suffisant pour opiner qu'il devait y faire sa résidence et en être originaire. On ne rencontre son nom aucune autre part, tandis que là il apparait fréquemment. Nous ne serions pas étonné qu'il y fût resté jusqu'à ce que Saint-Maximin l'ait appelé.

On ne connaît pas le jour où il fut nommé, mais son installation est fixée, d'un commun accord, à la fin de mars 1335. « Les religieux, nous dit le P. Reboul, s'étant assemblés pour donner un successeur à Jean d'Ollières, élurent unanimement le R. P. Milo Milonis, homme de grand mérite et d'une probité singulière ; de laquelle charge il prit possession le trente du mois de

---

(1) Raimundus Milo, filius quondam domini Beertrandi Milonis, militis. — Millo Millonis, et Hugue Valelosa, Jomicelli. *Arch. des B. du Rh. Reg. B. 1419.*

2 Frater Hugo Alamanni, prior... Ir. Milo Milonis... *8 octobre 1311.* — In presentia et test... fratris Milonis Milonis, ordinis Predicatorum. *25 janvier 1329 (30).* Ibid. *Chartes des Domin. d'Arles.*

mars de la présente année, par commission du grand sénéchal de Provence. » Ce qui nous engage à accepter ceci comme exact, c'est que, nous en avons la preuve, Milon était à Saint-Maximin avant la fin d'avril (1), c'est-à-dire, dans la semaine de Quasimodo; d'où l'on peut vraisemblablement présumer qu'il s'était rendu vers la fin du carême dans sa nouvelle résidence, et y avait célébré les fêtes de Pâques.

Dans les premiers jours de son administration, il vit arriver à Saint-Maximin un illustre dominicain qui, par l'ardeur de son éloquence et la sainteté de sa vie, avait acquis en Italie une prodigieuse influence sur les populations, et obtenu de merveilleux résultats pour le bien des âmes. Sa parole avait remué profondément les principales villes de la péninsule, et entraîné des foules immenses, avides de le voir et de l'entendre. C'était le bienheureux Venturin de Bergame qui, précédé d'une réputation extraordinaire, venait en France, pour rendre compte de ses œuvres au pape Benoit XII, et dissiper les préventions que l'on s'était efforcé d'inspirer contre lui au nouveau Pontife. Il profita de son passage en Provence pour visiter le tombeau de sainte Madeleine et le lieu de sa pénitence. Voici du reste l'itinéraire de son voyage, tel qu'il nous l'a lui-même fait connaître dans le Mémoire qu'il présenta au Pape (2).

---

(1) Milo Milonis, prior. Charte du 25 avril 1835. *Arch. du couv. de S. Max.*

(2) Veni Papiam,... deinde Terdonam,... deinde Genuam... Veniens ad galeas et eas ascendens, ibi stare cepi., et sic veni Nitiam, deinde Grassam, post Dragvignanum, inde ad Sanctum Maximinum, et ibi predicavi, coactus a fratribus, postea ad Balmam, deinde Massiliam, ultimo applicui Avinionem. *Vita beati Venturini Bergomensis*, Mss. de Taegio, to. IV, p. 952 v°.

Il vint par mer de Gênes à Nice, passa ensuite par Grasse et Draguignan, et se rendit de là à Saint-Maximin. Ses confrères n'eurent garde de laisser échapper cette occasion d'admirer l'éloquence ravissante de l'incomparable orateur ; ils lui firent violence, selon l'expression dont il se sert pour exprimer leurs instances, et il dut monter dans la chaire de leur église. Comme le document d'où nous avons tiré ce fait fut rédigé le 13 juin 1335, et que l'élection de Benoît XII, qui motiva le voyage du célèbre dominicain, avait eu lieu au commencement de janvier de la même année, on ne peut guère hésiter à placer cet évènement vers l'époque de Pâques.

En quittant Saint-Maximin, le B. Venturin alla à la Sainte-Baume, pour compléter son pèlerinage. Il y trouva un autre saint de son ordre, qui, en ce même moment, menait dans ce sanctuaire une vie angélique. Le B. Dalmace Moner était venu d'Espagne, attiré par la sainteté du lieu, et par sa dévotion pour celle qui la première l'avait habité. Durant trois années entières (1), il ne pensa qu'à imiter sa vie solitaire et pénitente, et à se livrer aux exercices d'une douce contemplation. Il aurait volontiers passé le reste de ses jours dans ce désert, et il fallut un ordre de ses supérieurs pour l'arracher aux délices qu'il y goûtait, et le ramener dans sa province. La rencontre de ces deux hommes, aussi saints l'un que l'autre, mais si différents par leur genre de vie, nous met sous les yeux le type parfait des deux vies dont le Sauveur a parlé, la vie active et la vie contemplative, la vie apostolique et la vie solitaire ; et en les voyant tous les deux aux

---

(1) Touron. Hommes ill. de S. Dom. to. II, p. 216.

pieds de Marie Madeleine qu'ils venaient invoquer, on ne peut s'empêcher de penser à la parole du Seigneur : *Maria optimam partem elegit.*

Peu de semaines après, Milonis eut à rendre les derniers devoirs à l'un de ses prédécesseurs, qui, comme nous l'avons raconté, avait grandement honoré le couvent de Saint-Maximin. Jean Artaudi, alors évêque de Marseille, vint mourir au milieu de ses anciens religieux. Son second successeur, heureux d'adoucir par ses attentions les angoisses des derniers jours, l'installa dans son propre appartement, lui prodigua les soins les plus affectueux, assista comme témoin à son testament, le 7 juillet 1335 (1), et lui ferma les yeux. Il n'y avoit que six ans que celui-ci avait quitté Saint-Maximin pour devenir évêque.

Marchant sur les traces de ses devanciers, Milon Milonis, dès le commencement de son régime, chercha à reprendre les travaux du couvent et de l'église. Cela résulte des lettres qu'il obtint du roi Robert, en 1337, pour affecter de nouveaux fonds à la continuation de ces monuments, et aussi d'un fait rapporté par le P. Reboul, auquel nous l'empruntons nous même, parce qu'il ne nous est connu que par lui. Celui-ci raconte qu'en 1336 le roi fit estimer, par des maîtres maçons et verriers, la besogne que l'on avait faite en la construction de l'église et du couvent, depuis 1324 jusqu'en 1336. Les dates ici indiquées nous apprennent qu'il s'agissait de constater l'emploi des deux cents livres annuelles allouées pour dix ans, en 1324, et que le roi, sollicité par le nouveau prieur, tenait, avant de donner d'autres sommes,

---

(1) Arch. des B. du Rh. S. Sauveur d'Aix, Reg. 78, f. 99 v°.

à savoir ce qui avait été fait. L'estime des experts fut que chaque canne carrée de l'église, tant des fondements que des ouvrages dessus terre, revenait à 5 livres 10 sous. D'autre part, les verrières des absides et des chapelles du midi, où il y avait 3592 pans carrés de vitres, avaient coûté 353 livres 8 sous, à raison de 4 sous le pan, tout compris, le verre, le plomb, le fer et la main du maître, qui gagnait deux sous par jour (1).

A ce compte, sur les mille livres revenant à l'église sur cette allocation décennale, il serait resté 646 livres pour les bâtisses, ce qui aurait permis de faire 120 cannes carrées de constructions. Mais le chroniqueur s'est gravement trompé dans ses calculs, car les 3592 pans carrés de vitraux absorbaient à eux seuls, au prix par lui indiqué, près de 720 livres, et il ne restait presque rien pour la maçonnerie. Le prieur dut représenter l'état des choses au roi Robert, et c'est probablement à ses instances que sont dues les lettres du 30 octobre 1337, accordant de nouveau deux mille livres, par fractions de 500 livres durant quatre ans. Cette somme était, comme toujours, à partager entre l'église et le couvent, et non point, comme le dit M. Faillon, destinée à l'église seule. Du reste, dès la première annuité, il fallut recourir au prince, parce qu'on avait refusé de la payer, et deux ans après, malgré des ordres réitérés, on en était réduit à se plaindre encore que l'on avait fort peu reçu sur la somme allouée.

Le zélé prieur ne se rebuta point devant tant de difficultés. Il obtint du roi, en avril 1338, le renouvellement des premières lettres de Charles II, et le rétablissement de la dotation primitive

---

(1) Rusoul Mémoires, p. 19.

des deux mille livres annuelles, qui aurait permis d'achever les édifices en quelques années. Telle était probablement l'intention du roi Robert; toutefois, en donnant ce témoignage de sa bonne volonté, le malheur des temps l'obligea à décréter, dans le même acte, que l'exécution de ses lettres serait différée jusqu'à des jours plus propices, où les charges du trésor royal permettraient de faire face à des dépenses alors trop lourdes pour lui. Plus tard, la reine Jeanne, sa petite-fille, accorda successivement pour le même objet plusieurs diplômes, qui ne semblent pas avoir produit plus d'effet que les autres, car il est plus que douteux que les fonds assignés par elle aient été touchés.

M. Faillon a bien compris tous ces faits. « Il ne paraît pas, dit-il, que ces ordres aient eu de grands résultats pour l'avancement des travaux, ou que ces résultats aient été de quelque durée. » Et il ajoute en note : « On peut même penser que la pension alimentaire de 250 couronnats ne fut pas toujours exactement payée aux religieux (1). » Nous sommes tout-à-fait de son avis, car il ressort de tous nos documents que les sommes perçues à cette époque pour la continuation de l'église furent si peu considérables qu'elles durent à peine suffire pour l'entretien du monument. Ainsi les circonstances paralysèrent l'ardeur et le zèle de Milonis, et sa longue administration s'écoula vraisemblablement sans que l'on pût remettre la main à l'ouvrage suspendu.

De grands troubles agitèrent la Provence à cette époque, et elle se vit exposée, presque sans défense, aux incursions de nom-

(1) *Monuments inédits*, t. I, p. ... des diverses pièces que nous venons de mentionner se trouve au tome II.

breuses bandes armées, qui se jetèrent sur elle comme sur une proie à dévorer. C'étaient les troupes d'Arnaud de Servole, le redoutable chef de routiers, qui la parcoururent en la ravageant et en la pillant, faisant la guerre à Dieu et aux hommes. A leur approche, on craignit beaucoup pour les reliques de sainte Madeleine, parce que la ville de Saint-Maximin ne pouvait opposer aux attaques des envahisseurs qu'une faible résistance. Sur l'ordre de Philippe de Tarente qui gouvernait la Provence, elles furent enlevées secrètement de leur châsse d'argent, et transportées à la Sainte-Baume, pour y être plus en sûreté.

Ces précautions étaient sages, et elles ne furent point inutiles; car c'est à ce moment, sans doute, qu'il faut rapporter la prise du couvent par les envahisseurs, dont la reine Jeanne parlait dix-huit ans plus tard (1). Si les châsses n'avaient été cachées et les reliques transférées à la Sainte-Baume, elles seraient tombées au pouvoir des ennemis. Elles y demeurèrent pendant trois ans, et, quand le calme fut revenu, on les ramena dans leur église. L'auteur des *Monuments inédits* a fait observer, avec raison, que cet évènement, au lieu d'être arrivé en 1347, comme on le dit communément, a dû se passer en l'année 1357, qui fut témoin de l'invasion des Gascons. Le retour eut lieu en 1360.

Lorsque les reliques de sainte Madeleine reprirent leur place dans la basilique, le priorat de Milon Milonis durait depuis 25 ans; il se prolongea jusqu'en 1367 (2), atteignant ainsi la longue

---

(1) Hostiles incursus qui in dicto comitatu Provinciæ acciderunt, in quibus captum fuit ipsum monasterium, et ab hostibus male tractatum. *Mon. ined. t. II, col. 989.*

(2) Nous admettons ce fait sur le dire des auteurs, mais nous n'en avons pas la preuve dans les documents.

durée de 82 ans qu'aucun autre n'a égalée, si ce n'est celui de Jean Damiani au XVIme siècle. Il gouverna à la satisfaction de tout le monde. Il fit vidimer par le sénéchal de Provence les bulles et les diplômes qui attestaient les droits de son couvent ; il en fit reconnaître les priviléges et l'exemption par Armand de Narcès, archevêque d'Aix, établit la fête de saint Louis, évêque de Toulouse, fils du fondateur, et employa plusieurs de ses religieux à répandre parmi les populations la dévotion à sainte Madeleine. Il avait composé un Journal, dans lequel il avait noté tous les évènements mémorables arrivés de son temps (1); nous devons en regretter la perte, à cause des précieux renseignements qu'il nous fournirait sur ses actes et sur le mouvement du pélerinage à cette époque.

ROQUESALVE DE SOLIERS, 7me PRIEUR. 1367-1371. A Milon Milonis succéda Roquesalve de Soliers, dont le nom, nous ne savons pourquoi, a été l'occasion de beaucoup d'inexactitudes de la part de tous ceux qui ont parlé de lui. Les uns, et c'est la généralité (2), l'ont appelé *Jean* de Roquesalve, lui attribuant un prénom qu'il n'eut jamais, et duquel les actes qui nous restent de lui ne font aucune mention. D'autres, voulant varier un peu, ont écrit tantôt *Jacques* de Roquesalve (3), tantôt *François* de Roquesauve (4), noms d'emprunt qui ne lui appartiennent pas davantage. Ce prieur se nommait en réalité Roquesalve ou Rocasalva, et si ce nom peut paraître étrange à certaines person-

---

(1) Diarium fecit, in quo quidquid memorabile contigit enarrat. *Lombard.*

(2) Reboul, Lombard, Haitze, Faillon, etc.

(3) Monographie du couvent de Saint-Maximin, p. 179.

(4) Tisserand. Histoire de Nice, t. I, p. 244.

nes (1), il est néanmoins certain qu'il n'en eut point d'autre, et on ne trouve que celui-là dans les pièces qui le concernent.

On s'est également trompé sur son nom de famille, dont on a fait un nom de lieu, et plusieurs auteurs ont dit à tort qu'il était originaire de Solliès, petite ville du département du Var (2). C'est une erreur bien facile à démontrer, car il n'est pas douteux que Roquesalve était de Pertuis. Ses lettres de prieur des religieuses de Nazaret le nomment en toutes lettres frère Roquesalve de Pertuis. Non moins clairs sont les titres donnés à ses neveux qui assistent comme témoins à des actes passés en sa présence, dans sa maison : l'un est appelé Raimond de Soliers de Pertuis, et l'autre Guillaume de Soliers de Pertuis (3). Il est impossible de conserver le moindre doute sur ce point. Il existait à Pertuis, dès le XIIIme siècle, une noble famille *de Soliers*, à laquelle appartint plus tard Jules-Raimond de Soliers, auteur des *Antiquités de Marseille*, et d'une histoire de Provence, dont on peut voir la généalogie dans les nobiliaires provençaux. C'est

---

(1. Il n'est pas rare de rencontrer le mot *Rocasalva*, comme nom ou comme prénom, dans nos actes provençaux.—1174. Ego P. de Lambisco et ego R. de *Rocha salva*, fratres. — 1203. Diplôme du comte Ildefonse II. Testes... *Rocasalva*. — 1213. Apud Montilium, testibus... *Rocasalva*. — 1216. Raimundus *Rochasalva*. — 1242. *Rocasalva* et Giraudus Mitta et Hugo sacrista, fratres, à Arles. — 1298. Chapitre des moines de Silvecane, Petrus *Rochasalva*. — 1333. Hommage au roi Robert, nobilis *Rocasalva* de Lambisco, domicellus. Presque tous ces noms, empruntés aux archives départementales, appartiennent à des personnes du nord du département des Bouches-du-Rhône.

(2) Pour lui donner un digne successeur, ils nommèrent le R. P. Jean de Rocassalva, natif du lieu de Soliers, diocèse de Toulon. *Reboul*, p. 92.

(3) Fratri Roccasalve de Pertusio. *Arch. des B. du Rh. B. 143, fol. 93.* — Nobili domicello Raymundo de Soleriis de Pertusio. — Guilielmo de Soleriis de Pertusio. *Ibid. Nazaret d'Aix, Reg. 15, fol. 1 r°.*

d'elle qu'était issu le prieur de Saint-Maximin ; le nom qu'il portait était celui de ses ancêtres, et non point celui de la petite localité voisine de Toulon.

La première fois que nous rencontrons dans nos titres le nom de Roquesalve, il résidait au couvent d'Arles (1), dont nous serions assez porté à croire qu'il fut originaire. C'était le 28 mars 1332, et par conséquent pendant sa jeunesse, une cinquantaine d'années avant sa mort. Il nous échappe alors durant près de vingt ans, sans que nous puissions dire ce qu'il devint dans cet intervalle, puisque nous ne le voyons apparaître nulle part. Les lettres que nous allons citer immédiatement semblent donner la raison de cette longue éclipse, en nous apprenant qu'il fut pendant longtemps attaché au service des comtes de Provence, et que ses emplois le conduisirent en diverses parties du monde (2). Pour récompenser les services rendus par lui à ses prédécesseurs et à elle, la reine Jeanne le nomma, par lettres-patentes du 16 juillet 1350, prieur du couvent royal des religieuses de Nazaret de la ville d'Aix. Il remplaçait Rostang d'Ancesune, qui avait donné sa démission au chapitre de Montpellier.

Le monastère de Nazaret était, comme Saint-Maximin, une fondation du roi Charles II, et il avait commencé presque en même temps. C'était une maison très-considérable, dont les sœurs suivaient la règle de saint Dominique, et où l'on vit pres-

1) Frater Johannes Quiquiranni, prior... frater Rocasalva. *Arch. des B. du Rh. Fonds des Dominicains d'Arles.*

(2) Acquisita merita per te, tuorum servitiorum utilium prestatione longeva, predecessoribus nostris et nobis, in diversis mundi partibus, que sunt certitudinaliter nobis nota. *Ibid. B. 143, Reg. Pedis, fol. 93.*

que constamment, au XIVme siècle, près d'une centaine de religieuses appartenant aux plus nobles familles de Provence. Un dominicain était chargé de la diriger, avec le titre de prieur, et à cause de son importance, on n'appelait à ces fonctions que des hommes qui avaient occupé dans leur ordre les premières places. Rostang d'Ancesune avait été provincial, et ensuite procureur-général à la cour romaine. Roquesalve de Soliers était digne de lui succéder; mais il ne resta que cinq ans dans ce poste, parce qu'on eut besoin de lui pour diriger la province tout entière.

Il fut élu provincial de Provence au chapitre de Carpentras, par les suffrages unanimes des capitulants, le 8 septembre 1355 (1). L'année suivante, on le trouve à Nice, président la réunion des Dominicains de cette ville, pour accommoder leurs differents avec les chanoines de la cathédrale, et conclure une transaction avec eux au sujet des legs mortuaires faits au couvent (2). En 1357, il se rendit à Naples, ou plutôt il y fut envoyé par le Général de l'ordre, avec les pouvoirs de vicaire général dans tout le royaume, et il obtint de la reine Jeanne, le 15 mars, la confirmation de Bertrand Ortolani qu'il avait institué prieur de Nazaret. Les lettres-patentes données à cette occasion constatent sa présence à la cour, et nous apprennent qu'il avait alors les titres de conseiller et de chapelain royal (3). Il n'avait pas cessé

---

(1) Tricesimus secundus prior provincialis fuit frater Rocasalva, de terminis conventus Aquensis, electus in capitulo provinciali celebrato Carpentorati, unanimiter. Prefuit autem anno uno et mensibus septem ; fuitque absolutus in capitulo generali celebrato anno Domini M°C°C°LVII°, per litteram. *Bibl. nat. Mss. lat.* 4348.

(2) P. Jornet. *Nicea civitas* etc. p. 186.

(3) Religiosus frater Ruchesalve de Soleriis, prior provincialis Provincie, et Magistri

d'être provincial, puisque le document précité le désigne avec cette qualité, et reconnaît un des actes qu'il avait faits pour sa province. Mais il est à présumer que son séjour à l'extrémité de l'Italie, à une si grande distance de la Provence, en l'empêchant de vaquer au gouvernement de ses couvents, fut le motif pour lequel le chapitre général tenu la même année à Venise, jugea opportun de le relever de ses fonctions, et de lui faire donner un remplaçant.

Quelques années plus tard, il fut de nouveau appelé au provincialat, sans que personne, jusqu'ici, ait fait attention à ce fait, d'ailleurs bien constaté. Ce fut en 1362, lorsque Jean Dominici, provincial de Provence, fut fait par le Souverain Pontife provincial de l'Aragon. Roquesalve fut alors appelé à prendre sa place, peut-être aussi par un décret pontifical, et l'on peut dire en toute vérité qu'il succéda ainsi à son propre successeur. Il était déjà en fonctions le 5 décembre 1362, et autorisait par sa présence une délibération des Dominicains d'Arles (1). Il dut passer presque toute l'année 1364 en Italie, où le pape Urbain V l'envoya, en qualité de nonce, pour rétablir la paix entre la reine Jeanne et Galéas Visconti. D'après ses instructions datées du 22 février 1364 (2), il avait mission de se rendre en personne auprès de chacune des parties, afin de les engager à conclure un traité qui

ejusdem ordinis in toto regno Siciliæ vicarius generalis, consiliarius et capellanus noster dilectus, presens noviter in Majestatis nostræ conspectu. *Arch. des B. du Rh. B. 149, f. 153.*

(1) Frater Rocasalva, prior provincialis, fr. Petrus Palhado, etc. *Ibid. Fonds des Franciscains d'Arles.*

(2) Dilecto filio Rochesalve de Soleriis, priori provinciali Provinciæ, ordinis fratrum predicatorum, apostolicæ sedis nuncio, etc. *Reg. d'Urbain V. Secrete An. II, fol. 129 v°.*

fit cesser toutes leurs querelles. Il fit donc de nouveau le voyage de Naples: Le 16 septembre, il était à Ancone, s'acheminant vers Avignon, et le cardinal Albornoz le chargea de sa correspondance avec ses collègues (1). Il sortit de sa charge en 1365, et en cette année, Guillaume de Roquevaire eut, après lui, le gouvernement de la province.

Tel est l'homme qui fut prieur de Saint-Maximin après Milonis. C'était un homme de grand mérite, observe le P. Reboul, et nous en avons assez dit pour montrer qu'il ne se trompe pas. Ce fut ce mérite-là même qui, bien reconnu de tous, le fit enlever bientôt à ses religieux, pour le porter à une plus haute dignité. On trouve dans les *Monuments inédits* trois diplômes donnés par la reine Jeanne en faveur des Frères-Prêcheurs de Saint-Maximin, du temps de son administration (n°ˢ 159-161). Le premier concerne la pension alimentaire de 250 livres assignée aux religieux, et dont le paiement, toujours retardé sous toute sorte de prétextes, subissait de fréquentes diminutions. Le second ordonnait le versement des 900 florins que la reine avait promis par suite d'un vœu fait à sainte Madeleine, sans que ses trésoriers eussent, depuis nombre d'années, acquitté la dette. Le traitement

---

(1) *Lettres du cardinal Albornoz.* Domino Tholosano. Reverende pater, etc. Religioso viro fratri Roccasalve, provinciali ordinis predicatorum, nuntio apostolico, aliqua commisi super negociis ven. patris et dilecti socii mei, episcopi Comacletsis, cujus promotionem ignam et commendabilem plurimum esse puto, dominationi vestre per eum, hoctenus, xplicanda. Cujus relatibus dignemini in premissis fidem credulam adhibere. Paternitatem estram, etc. Datum Ancone, XVI sept (1364). — In simili forma, Dno. Urgellensi, Dno. Pampilonensi, Duo. Cesaraugustano, Dno. Carcasonensi, Dno. Bellifortis, Dno. Guillelmo, Dno. Lemovicensi, Dno. Acquensi, et Dno. de Sancto Marciale. *Arch. Albornotian.* t. VII, p. 314. *Bologne, collège d'Espagne.*

annuel de douze onces que le prieur touchait comme chapelain royal, était pareillement arriéré, et depuis longtemps il n'avait presque rien reçu. Le troisième établissait au profit du couvent une rente de 50 florins d'or, en échange du revenu des fours qu'il avait cédé à la cour. Ces deux dernières lettres, qui sont du même jour, furent sollicitées par Roquesalve en personne, et il y est désigné par son nom, et par ses titres de prieur, conseiller et chapelain de la reine.

Tandis que Roquesalve de Soliers se préoccupait ainsi des intérêts matériels de la maison confiée à ses soins, l'éclat de sa réputation le fit juger digne d'un poste plus élevé, et il fut fait évêque de Nice. Nous croyons qu'il sera de quelque utilité de compléter sa notice en déterminant les dates du commencement et de la fin de son épiscopat, dont les historiens n'ont pas eu connaissance. Il est vrai qu'ils n'ont pas connu davantage sa personne, et que son nom, un peu extraordinaire, les a étrangement embarrassés.

Il n'y a aucune difficulté pour fixer le moment où Roquesalve devint évêque de Nice. Les lettres de son successeur à Saint-Maximin étant datées du 21 janvier 1372, sa nomination épiscopale a dû avoir lieu vers la fin de 1371, sans qu'on puisse trop s'éloigner des derniers mois. D'autre part, quoique Jofredi le fasse vivre en 1388, et ne lui donne un remplaçant qu'en 1392, il est certain qu'il ne siégea pas dix ans. En effet, il ne faudrait pas se fier à l'époque marquée pour l'inauguration de Jean de Tournefort, qui vient après lui sur les catalogues des évêques de Nice : ce prélat n'a pas été nommé en 1392, comme on le dit à tort, mais le 21 février 1382 (1). Voilà par conséquent dix ans à retrancher de la vie de Roquesalve. Et comme les bulles de Tournefort, dont nous avons le texte authentique, nous apprennent qu'entre l'un et l'autre il y a eu deux évêques, l'un titulaire et l'autre commendataire, il devient de toute évidence que l'épiscopat de Roquesalve de Soliers avait pris fin quelque temps avant leur date. Le dernier acte connu de nous, où il soit mentionné, est du 9 septembre 1376 (2); nous ne saurions croire qu'il ait atteint, moins encore qu'il ait dépassé l'année 1380.

GUILLAUME DE SAINT-BLAISE, 8ᵐᵉ PRIEUR. 1372-1396. Guillaume de Saint-Blaise est le premier prieur de Saint-Maximin dont nous ayons retrouvé les lettres de nomination. Ce document, que nous publions ci-après (3), nous a déjà servi pour constater d'une manière sûre le moment du départ de son prédécesseur, et il nous permettra aussi de préciser avec non moins de certitude ce qui le concerne lui-même. Cependant avant d'en venir là, nous consacrerons quelques lignes à faire connaître ses antécédents.

Guillaume était de Nice. Or, en l'année 1324, comme nous le révèlent les comptes du clavaire de cette ville (4), le prieur des Frères-Prêcheurs de Nice était Guillaume de Saint-Blaise, lequel reçut de lui, pour son couvent, une aumône que le Roi lui donnait tous les ans. Assurément on pourrait être tenté d'iden-

---

(1) Dilecto filio Johanni, electo Niciensi. . Datum Avinione, VIIII kal. Martii, pont. anno IV. *Reg. Clementis VII. An. IV, parte IV, p. 317*

(2) Arch. des B. du Rh. B. 577.

(3) Pièces justif. n. XII.

(4) Fratri Guillelmo Sancti Blasii, priori conventus fratrum predicatorum civitalis ejusdem (Nicie), de elemosina eis facta per regiam majestatem, ..annis singulis... libras XII. Arch. dép. B. 1519.

tifier deux personnages dont les noms, la profession, la patrie, sont si complètement les mêmes; mais les dates opposent à cela un obstacle infranchissable, et l'on s'égarerait à ne voir en ces deux Dominicains qu'un seul et même homme. Pour que l'identification fut possible, il faudrait admettre deux choses également invraisemblables : l'une, que Guillaume de Saint-Blaise, qui a vécu au moins jusqu'en 1396, mourut centenaire; l'autre, qu'il avait été fait prieur de Nice avant l'âge de 25 ans. Comme nous ne voyons aucune probabilité à l'une ni à l'autre de ces hypothèses, nous croyons qu'il faut distinguer deux Guillaume de Saint-Blaise, dont le plus jeune est celui qui fait l'objet de nos recherches.

Il faut descendre plus de quarante ans pour recueillir quelques faits certains sur son compte. A cette époque, il était en Italie avec le Général de son ordre, dont il était le Compagnon (1). Une affaire très-importante et fort délicate occupait alors les Dominicains, qui, se voyant privés, à leur grand regret, des reliques de saint Thomas d'Aquin, que les Bénédictins de Fosse-neuve leur détenaient avec plus ou moins de justice, cherchaient tous les moyens de rentrer en possession du corps de leur grand docteur. A force de constance et d'habileté, le général Elie Raimondi parvint à se le faire livrer par le comte de Fondi, au commencement de l'année 1367. S'étant retiré à Gaëte avec son trésor, il écrivit, le 15 février, au Pape et aux cardinaux qui lui étaient favorables, pour leur annoncer ce qui venait de se passer, et il envoya ses

(1) Le Général des Dominicains a pour assistants quatre religieux de diverses nations, qui portent le nom de *Compagnons*, en latin *Socii*.

lettres à Rome par Guillaume de Saint-Blaise (1).

L'évènement qui comblait de joie tout l'ordre de saint Dominique faillit attirer sur lui une terrible tempête. Urbain V était Bénédictin : il regarda comme une injure faite à son ordre l'enlèvement des reliques de saint Thomas, et il en fut si irrité que le Général, plein de crainte, n'osait plus paraître devant lui. Il se résigna enfin à affronter l'orage, et, grâce à une conduite inspirée par une prudence consommée, et à des paroles d'une admirable sagesse, il parvint à détourner la colère du Pape, et il obtint que le corps entier et la tête du Saint demeureraient au pouvoir des Frères-Prêcheurs. Urbain V voulut qu'ils fussent transportés à Toulouse, et déposés dans la belle et grande église que l'Ordre y possédait. Il indiqua lui-même les moyens à prendre pour échapper à tous les dangers auxquels on pouvait être exposé en traversant l'Italie d'un bout à l'autre.

Les saints ossements, renfermés dans une caisse marquée des armoiries pontificales, furent confiés à Guillaume de Saint-Blaise (2), qui s'avançait le premier, toujours suivi, à une demi-journée de marche, par le Général et son cortège. On dut se mettre en route au mois de novembre, et le voyage fut très-long, car on allait par petites étapes, et les reliques étaient portées par un âne. On gagna ainsi Bologne en traversant Florence. A partir

---

(1) Eadem die, scilicet XV februarii, idem Magister Ordinis domino Papæ, domino cardinali Ostiensi, de ordine nostro, pluribusque aliis cardinalibus, Romæ, per socium suum Guillelmum de Sancto Blasio, de provincia Provinciæ, scripsit. *Acta Sanctorum Martis*, t. I, pag. 728.

(2) Fratres vero Guillelmus de Sancto Blasio et Petrus de Caishillo, una cum sacro corpore, versus Bononiam perrexerunt. *Ibid.* p. 734.

de Bologne, le cardinal Anglic de Grimoard, frère du Pape, qui y résidait comme légat, fit accompagner le corps par Gérard Testa, son auditeur (1), et une escorte convenable. Il fallut dix jours, en passant par Pavie, pour arriver à Rivoli, dans les domaines du duc de Savoie; là, on touchait aux Alpes, et l'auditeur du cardinal put s'en retourner sans crainte. Bien qu'on fût en plein hiver, on passa les montagnes, et, la veille du jour de Noël, on arriva au monastère de Prouille, où l'on séjourna pendant un mois, sans que personne fut mis dans le secret. Le 26 janvier 1368, on repartit pour Toulouse, et le 28, la fête de la translation eut lieu dans cette ville, avec la plus grande solennité et un immense concours de peuple. Durant tout ce temps, Guillaume de Saint-Blaise ne perdit pas un instant de vue le dépôt remis à sa garde, et veilla sur lui avec une constante sollicitude. Trois ans après, il fut fait prieur de Saint-Maximin.

Son élection eut lieu à la fin de 1371. La reine Jeanne la confirma par ses lettres-patentes du 21 janvier de l'année suivante, dans lesquelles elle mentionne l'élection faite par les religieux, les lettres envoyées au nom du couvent, pour avoir son agrément, les mérites de l'élu, et les recommandations des nombreuses personnes qui étaient intervenues en sa faveur. Le sénéchal de Provence, Nicolas Spinelli, avait été un des plus ardents à parler pour lui, et l'avait appuyé d'une façon toute spéciale. Comme il était aussi Chancelier du royaume, son témoignage avait dû avoir une influence prépondérante.

---

(1) Gérard Testa devint peu après prévôt du Chapitre d'Embrun, succédant à Gérard de Pessillac, qui fut fait archevêque d'Aix.

Maintenant que la personne et la patrie de Guillaume de Saint-Blaise nous sont connues, et la date de son avènement bien fixée, il nous sera facile de faire justice d'une lourde bévue dans laquelle sont tombés, dans leurs chroniques, les PP. Reboul et Lombard ; ils ont maladroitement confondu Guillaume de Saint-Blaise avec un autre dominicain célèbre du XIVᵐᵉ siècle, Guillaume de Marseille ou de Roquevaire (1). Celui-ci, qui était le descendant des seigneurs de Roquevaire, fut en réalité lecteur au couvent de Saint-Maximin, durant plusieurs années, mais il n'en devint jamais prieur. Il eut deux fois le prieuré des dames de Nazaret d'Aix, fut vicaire général de Guillaume Sudre, évêque de Marseille, en 1361, et provincial des Dominicains de Provence, en vertu d'une bulle du pape Urbain V, du 21 juillet 1365 (2). Il était gravement malade, lorsqu'il fit son testament, au couvent de Marseille, le 9 février 1366 (3), et il mourut avant le 21 mars de la même année (4). Il y avait donc six ans qu'il n'était plus en vie, lorsque Guillaume de Saint-Blaise fut fait prieur de Saint-Maximin, et ce dernier vécut encore trente années après la mort de celui pour qui on a eu la singulière idée de le faire passer. La confusion n'est point possible, et ceux qui l'ont

---

(1) Il était frère de noble Audibert, seigneur temporel du lieu de Roсavaire. *Reboul*, page 43. — Il était noble, frère de M. Audibert, seigneur temporel du lieu de Roquevaire, qui le fit exécuteur du testament qu'il fit en l'an 1357. *Lombard*. Guillaume de Saint-Blaise n'a rien à voir dans tout ceci.

(2) Regeste d'Urbain V. Comm. An. III. fol. 71.

(3) Arch. des B. du Rh. Prêcheurs de Marseille, Ch. 927.

(4) *Per eumdem fratrem Guillelmum quondam. Acte du 21 mars 1366. Protoc. d'Etienne Venaissini, fol. 22.*

admise sont tombés dans une grave erreur dont l'évidence est palpable.

À l'époque où le couvent de Saint-Maximin reçut son nouveau prieur, il avait beaucoup à se plaindre des habitants de la ville, qui, pour construire leurs remparts, avaient causé à ses édifices de graves dommages. Ils les avaient fait entrer dans leur plan de fortifications, s'en étaient servis en guise de muraille, en avaient fermé les ouvertures, et démoli une bonne partie, pour en faire des matériaux. Par bonheur, la partie monumentale, construite la première, avait été respectée, comme pouvant tenir lieu de rempart; mais elle avait été notablement endommagée. Il y avait alors dix-huit ans que ces dégâts avaient été commis, et non seulement la ville n'avait pas songé à accorder quelques compensations à ceux qui les avaient soufferts, mais elle voulait contraindre les Dominicains à contribuer pour l'entretien des murs et des fossés.

Guillaume de Saint-Blaise s'adressa à la reine Jeanne, protectrice de sa maison, et en obtint, en une seule fois, quatre diplômes, tous datés du 21 août 1373 (1). Le premier ordonnait au sénéchal de Provence de faire réparer par les particuliers les torts matériels causés aux religieux et à leur couvent; le second les déclarait exempts de toute contribution aux dépenses exigées par les réparations à faire à l'enceinte; le troisième, renouvelant une ordonnance du roi Robert, commandait aux officiers de la ville de prêter, entre les mains du sénéchal, en présence du prieur de Saint-Maximin, le serment de respecter les privilèges

---

(1) Monuments inédits, t. II, n⁰ˢ 161, 162, 163.

accordés à sa maison par les princes qui l'avaient fondée et dotée. Une quatrième lettre, jointe aux trois autres, contenait une disposition toute personnelle au prieur ; elle portait que, pour éviter toute surprise et tout malentendu, il ne pourrait jamais être privé de son office, sans le consentement exprès de la reine, donné par des lettres-patentes munies du grand sceau royal, et signées par le protonotaire du royaume (1).

D'un autre côté, le pape Grégoire XI fit aux Dominicains de Saint-Maximin une faveur très-importante, en leur accordant à perpétuité le riche prieuré de Ceaux, dont les revenus devaient leur assurer des ressources nouvelles, et suppléer à celles qui leur faisaient souvent défaut. L'église rurale de Ceaux, située à peu de distance du couvent, avait des terres nombreuses et fertiles ; c'était un prieuré simple, sans charge d'âmes, et avidement recherché à cause de ses rentes considérables. En l'unissant à l'église de sainte Madeleine, le pape procurait au prieuré lui-même un grand avantage, car il était le plus souvent entre les mains de titulaires qui ne résidaient pas et qui n'étaient pas dans les ordres, et par suite l'église était comme abandonnée. Après l'union au contraire, le service divin y fut rétabli. Le Souverain Pontife imposa, comme condition, que le nombre des conventuels serait augmenté de trois religieux, afin d'acquitter les charges de l'église nouvellement acquise, et pour célébrer les messes quotidiennes qu'il fondait en même temps dans la basilique, pour son oncle Clément VI et pour lui.

C'est le 12 mars 1376 que Grégoire XI donna aux Frères-Pré-

---

(1) Pièces justif. n° XIII.

cheurs le prieuré de Ceaux ; six mois après, il vint lui-même en pèlerinage au tombeau de sainte Madeleine. Il avait quitté Avignon, pour n'y plus retourner, et s'acheminait vers Rome, où il allait rétablir le Saint-Siége. Malgré les préoccupations d'un si grand voyage, il se détourna de la route qu'il lui fallait naturellement suivre ; et, au lieu de se diriger sur Marseille, où il devait prendre la mer, il se rendit par Aix à Saint-Maximin, pour vénérer les reliques de la Sainte, et mettre sous sa protection la grande résolution qu'il allait accomplir. Il arriva au couvent le 19 septembre, et célébra le lendemain la messe à l'autel de sainte Madeleine. Il en repartit dans l'après-midi, pour aller coucher à Auriol (1), où il demeura trois jours avant de faire son entrée à Marseille.

Guillaume de Saint-Blaise n'eut pas à s'occuper uniquement des affaires de son couvent ; nous le trouvons fréquemment mêlé à celles de son Ordre. En 1373, il fut chargé des religieuses dominicaines d'Aix, comme vicaire d'abord, puis comme prieur (2); mais nous ne croyons pas qu'il ait conservé ce titre. En 1374, il était à Avignon, et faisait vidimer par l'auditeur du palais la bulle *Virtute conspicuos* que Grégoire XI avait publiée récemment en faveur des Frères-Prêcheurs (3). Il s'y trouvait aussi en 1377, à la suite de son Général, et assistait, dans le couvent

---

(1). Processit exinde antistes, sumpto sabbatinali prandio, pergit per arbusta scatlentia deserti, somnum capit in Auriolo. *Bibl. nat. Ms. lat.* 5520. *Itin. Greg. XI.*

(2) Fratri Guillelmo de Sancto Blasio..., vicario monasterii regii B. M. de Nazaret de Aquis. — Guillelmo de S. B., magistro in sacra pagina, priori ven. mon. B. M. de Nazaret de Aquis. *Arch. des B. du Rh. Nazaret. Reg.* 15, *fol.* 28 *et* 111.

(3) Bibl. d'Aix. Cartulaire Roux-Alphéran.

de cette ville, à la nomination faite par lui d'un procureur à la cour pontificale (1). L'an d'après, il fut fait visiteur de la province de la haute Lombardie, et il alla dans ces pays lointains avec tous les pouvoirs du Maître-Général, qui l'avait nommé son vicaire pour tous les couvents de la contrée. Il y trouva, paraît-il, bien des choses à réformer, et pour y rétablir la paix et l'observance, il dut déposer plusieurs prieurs. Tous ses actes furent approuvés, et le chapitre général de Carcassone, tenu en cette même année 1378, ratifia expressément, et sans exception, tout ce qu'il avait jugé à propos de faire durant le cours de sa visite (2). Il assista lui-même à cette assemblée, en qualité de définiteur de sa province, et fut un de ceux qui reçurent une délégation générale pour suivre en cour de Rome les affaires de l'Ordre. En 1380, le chapitre général de Lausanne ayant absout le provincial de Provence, le désigna pour gouverner la province à sa place, jusqu'à ce qu'un nouveau provincial eût été élu et confirmé (3).

Après la mort de la reine Jeanne, il fit accorder de nouvelles faveurs à sa maison, par la reine Marie, tutrice du roi Louis II. Ce sont deux lettres-patentes, que M. Faillon a éditées, dont

---

(1) Arch. des B. du Rh. Archev. d'Arles. Reg. du not. Jean Stephani, fol. 419 v°.

(2) Declaramus magistrum Guillelmum de Sancto Blasio prefatum, qui hoc anno accessit, causa visitationis, ad provinciam Lombardie superioris, fuisse verum vicarium Magistri ordinis in dicta provincia, cum plena potestate. Ipropter, ordinata, jussa, precepta, necnon quaecumque alia per eum acta in dicta provincia, et specialiter priorum absolutiones..., approbamus et confirmamus. *Chap. gén. de Carcassone, 1378.*

(3) Absolvimus priores provinciales .. provincia Provincie. Facimus hos vicarios generales : in provincia Provincie, fratrem Guillelmum de Sancto Blasio. *Chap. gén. de Lausanne, 1380.*

l'une (n° 170) reconnaissait une fois de plus la pension de 250 livres et le legs de trois onces d'or du roi Robert, et commandait de les payer; l'autre (n° 171), désignait le président de la cour des comptes et les maîtres-rationaux comme protecteurs du couvent, et conservateurs de ses biens et de ses privilèges. Cette dernière avait un grand prix, parce qu'elle assurait aux religieux une protection de tous les jours, de la part d'un corps puissant, de qui relevaient toutes les finances du comté. Aussi, le firent-ils enregistrer plusieurs fois à la cour, notamment en 1412 dans le registre *Armorum*, et, en 1480, dans le registre *Pellicanus*.

Il y a aux archives de Saint-Maximin de nombreuses pièces où se lit le nom de Guillaume de Saint-Blaise, mais elles n'ont pas grande importance. Les plus récentes sont du 9 janvier et du 14 mars 1390, et ne nous apprennent rien, si ce n'est qu'il était encore en vie et à la tête de sa maison. Nous ignorerions ce qui regarde les dernières années de notre prieur, si nous ne rencontrions dans le P. Reboul des détails fort circonstanciés, et à l'exactitude desquels nous croyons, sur plusieurs actes accomplis à la fin de sa vie. Le chroniqueur a dû les puiser à des sources à présent inconnues; et comme rien ne peut nous en faire suspecter l'authenticité, nous croyons opportun de les transcrire et de les insérer ici.

« L'an 1393, le R. P. de Saint-Blaise fait mention dans son
« Cartulaire ou Journalier, d'un second voyage que fit Charles
« VI, roi de France, à Saint-Maximin et à la Sainte-Baume, où
« son neveu, le R. P. François de Saint-Blaise, l'ayant accom-
« pagné à la place de son oncle malade, il en rapporta vingt-sept

« écus d'or, qui était une aumône assez considérable en ce
« temps-là, que l'or et l'argent étaient assez exquis. L'an 1396,
« le R. P. Guillaume de Saint-Blaise, prieur de Saint-Maximin,
« fut envoyé par le R^{me} père Général de tout l'ordre, pour visiter
« et réformer le couvent de Marseille : marque de sa probité et
« suffisance. Quelque temps après, étant de retour dans son cou-
« vent, il rendit l'âme à Dieu, le propre jour de saint Blaise,
« 3me du mois de février, dernier mois de l'année. » (1) C'est
donc au 3 février 1397 qu'il faut fixer la mort de Guillaume de
Saint-Blaise ; il avait siégé 25 ans.

GIRAUD DE REY, 9me PRIEUR. 1397-1399. Giraud de Rey est
un personnage si peu connu jusqu'à ce jour, que tous à l'envi ont
falsifié son nom, et se sont mis d'accord pour l'appeler, sans
motif aucun, Reynaud de Riez ou le Roy (2). Cela tient vraisemblablement à ce qu'il a gardé son poste peu de temps, et qu'il ne
nous est parvenu qu'un fort petit nombre d'actes concernant son
administration. Nous allons dire ce que nous savons de lui. Nous
ne ferons pas le jour complet sur sa personne, faute de pièces,
mais nous avons à faire connaître certains faits qui éclairciront
un peu son histoire. Et d'abord nous lui rendrons son vrai nom.

Ce prieur ne se nommait pas Reynaud, mais Giraud ou Gé-
raud, comme on peut le vérifier dans le texte des documents où
il figure. On y trouve aussi Gérard, par un changement de lettres
dont on a de nombreux exemples ; nous préférons cependant la
forme Giraud, parce que c'est celle que nous lisons dans le seul

---

(1) REBOUL. Mémoires, p 25.

(2) Election du R. P. le Roy. *Reboul*. — Reynaudus de Riès, ou le Roy. *Lombard*. — Rainaud de Riez, ou le Roy. *Hailse*. — Raynold de Riès ou Le Roy. *Faillon*.

acte qui existe de lui aux archives de son couvent (1). Reboul, qui avait vu cet acte avant nous, en a fait la remarque en ces termes: « Giraud de Rege, dans un achat de soucherée de pré, à la grande prairie, en l'an 1398. » Aussi a-t-il corrigé sa rédaction en deux endroits, et effacé le mot *Reynaud* pour y substituer *Giraud*. Mais comme il a oublié de faire la même correction à sa liste des prieurs, où il avait écrit: « R. P. Reynaud ou le Roy de Riés », tous ceux qui l'ont suivi lui ont emprunté une erreur dont il s'était repris lui-même.

Son nom de famille était *de Rege*, avec la variante *de Regibus*, dans un unique passage. S'il ne s'agissait pas d'un provençal, rien n'empêcherait de traduire ce mot par *de Roy*; mais en Provence, ce nom français n'avait pas cours, et il est évident que *de Rege* est en latin l'équivalent du nom propre *de Rey* que portait Giraud. Il est même probable que c'est la forme *de Rey* qui, par suite d'une mauvaise lecture, a donné naissance au nom erroné de Reynaud qui n'est dans aucun document. Quant à ceux qui ont cru trouver dans le nom de famille du prieur un nom d'origine et l'ont rendu par *de Riez*, il n'y a rien à leur dire, si ce n'est qu'ils se sont trompés; jamais *de Rege* n'a signifié de Riez. Il est donc bien établi que le P. le Roy de Riez dont parlent les historiens qui nous ont précédé, n'est pas autre que Giraud de Rey; c'est celui-ci qui est le vrai successeur de Guillaume de Saint-Blaise.

Il était maître en théologie, comme tous ses prédécesseurs, et

---

(1) 1398, 9 mai. Giraudo de Rege, in sacra pagina magistro, priori. *Arch. de S. Max. Arm. 6, sac 15.*

voici la carrière qu'il parcourut dans l'enseignement, pour arriver au magistère, et après qu'il eût conquis son grade. Le chapitre général de Lausane lui donna, en 1380, la suppléance d'Arnaud Cabosse, qui enseignait les sentences au couvent de Montpellier. En 1386, étant déjà docteur, il fut fait substitut de Pierre de Durfort, premier maître de théologie au couvent d'Avignon; et en 1388, il succéda à celui-ci, comme lecteur principal au même endroit (1).

Il fut élu prieur de Saint-Maximin, sur la fin du mois de juin de l'an 1397, dit Reboul, et ceci ne présente aucune difficulté. Il n'en est pas de même de ce qu'il ajoute ensuite, qu'il fut confirmé par Raimond de Capoue, Général de tout l'ordre, qui se trouvait pour lors à Avignon, aussi bien que ledit P. Giraud (2). Cette assertion ne nous paraît pas devoir être admise. Il est positif qu'en 1397 Raimond de Capoue n'était pas Général de tout l'ordre, et qu'il ne le fut à aucune époque. Depuis le commencement du funeste schisme qui divisa la chrétienté, après la mort de Grégoire XI, l'ordre des Frères-Prêcheurs était, lui aussi, scindé en deux parts, et de même qu'il y avait deux Papes dans l'Eglise, de même il y avait deux Généraux des Dominicains (3), ayant

(1) In conventu Montispessulani, ad legendum sententias, fratrem Arnaldum Cabossa, cui substituimus fratrem Geraldum de Rege. *Chap. gén. de Lausane. 1380.* — In conventu Avinionis, facimus lectorem principalem fratrem Petrum de Durforti, cui substituimus fratrem Gerardum de Regibus, magistrum. *Chap. gén. d'Avignon. 1386.* — In conventu Avinionis, pro presenti anno, facimus lectorem principalem fratrem Gerardum de Rege, magistrum. *Chap. gén. de Rhodez. 1388.*

(2) Le P. Lombard assure la même chose, dans les mêmes termes.

(3) Quorum temporibus, omnes religiones, etiam Cartusienses, generale scisma habuerunt in se, habentes duos prelatos, et duo capitula generalia, et se invicem excommunicantes, et persequentes alterutrum. *Bibl. nat. Ms. lat. 14582. Catal. de Laurent Pignon.*

chacun un certain nombre de provinces dans son obédience. Comment le prieur de Saint-Maximin, qui reconnaissait le Pape d'Avignon avec toute la Provence, aurait-il pu penser à demander son investiture au Général qui dépendait du Pape siégeant à Rome ? Il y a de plus à observer qu'il n'y avait pas lieu de s'adresser au Général pour avoir la confirmation de l'élection. Cela ne s'était jamais fait, et la chose était de la compétence du provincial. Nous regardons donc comme très-suspectes les affirmations de nos chroniqueurs.

L'administration de Giraud de Rey ne fut pas de longue durée. Il ne gouverna son couvent que pendant deux ans, et il fut contraint de s'en démettre à cause de ses grandes et continuelles infirmités. Nous avons constaté plus haut qu'il était en fonctions au mois de mai 1398. Vers cette époque, le chapitre métropolitain de Saint-Sauveur d'Aix vint solennellement en procession à Saint-Maximin, accompagné d'une célèbre musique, pour y rendre ses vœux à la Sainte tutélaire de la province. Tous les religieux allèrent à la rencontre des chanoines, et les livres du procureur attestent qu'ils leur donnèrent une collation magnifique (1).

C'est en 1399 que le prieur infirme, se voyant empêché par ses souffrances de suivre sa communauté, renonça spontanément à sa charge, afin qu'on pût élire à sa place un nouveau chef capable de diriger la maison, et ayant les forces physiques qui lui faisaient défaut. Giraud de Rey termine ainsi le quatorzième siècle, le premier et le plus grand dans l'histoire du couvent de Saint-Maximin; son successeur inaugurera le suivant.

---

(1) Reboul, p. 25. Lombard.

Les cent années que nous venons de parcourir ont vu réaliser de grandes choses : des monuments dignes d'admiration ont été construits ; une communauté nombreuse et régulière s'est formée et développée à l'ombre du sanctuaire nouveau, et est devenue une des gloires de l'Ordre ; les rois et les pontifes sont venus s'agenouiller devant les restes de la sainte pécheresse, en possession désormais de toutes les splendeurs du culte le plus célèbre ; les populations n'ont cessé, à leur exemple, d'y accourir en foule, de loin comme de près, et d'y apporter des témoignages de leur dévotion ; en un mot, Saint-Maximin s'est élevé, sans qu'on puisse le contester, au rang des plus illustres pèlerinages du monde. Les hommes éminents qui ont présidé à l'établissement et à l'accroissement merveilleux de la fondation dominicaine, auraient fait partout ailleurs une belle figure. Ils tiennent dans l'histoire du couvent de Saint-Maximin une place des plus importantes. A eux l'honneur d'avoir obtenu de si beaux résultats : ceux qui les remplaceront n'auront qu'à marcher sur leurs traces, et à maintenir l'œuvre de leurs devanciers.

TROISIÈME PARTIE.

LES PRIEURS DE SAINT-MAXIMIN AU QUINZIÈME SIÈCLE.
LE BIENHEUREUX ANDRÉ ABELLON.
TRAVAUX A L'ÉGLISE ET AU CLOITRE. CONSTRUCTION DU CHŒUR.
FONDATIONS DU ROI RENÉ.

Le quinzième siècle a peu de chose à envier à celui qui le précède, en ce qui concerne la valeur personnelle des prieurs du couvent de Saint-Maximin. Dans ce long espace de temps, nous allons voir une seconde fois neuf hommes se transmettre de main en main le gouvernement de cette maison; et par leur savoir, la noblesse de leur origine, leurs emplois, leur habileté dans les affaires, ils peuvent être mis, sans désavantage, en parallèle avec les neuf premiers qui déjà nous sont connus. Nous les verrons intervenir, non plus seulement dans les choses de la province ou de l'Ordre, mais dans celles même de l'Eglise universelle. Ils siégeront dans les conseils des Rois, deviendront les directeurs de leur conscience, et seront chargés d'exécuter leurs dernières volontés. Pour que rien ne manque à une telle réunion de mérites, de talents et de vertus, Dieu fera descendre sur l'un d'entre eux l'auréole de la sainteté et le don des miracles, qui en feront une des illustrations de l'époque. Si l'œuvre elle-même, après une si longue durée, éprouve par fois quelque défaillance, il faut voir en cela la conséquence naturelle de la fragilité des choses humaines : les institutions, comme les hommes, ont leur vieillesse. Heureusement, en leur faveur aussi bien qu'en faveur des peuples, le Seigneur a établi des remèdes et des moyens de guérison ; et par l'action de la grâce surnaturelle, elles peuvent revivre dans une nouvelle jeunesse.

Hugues de Clapiers, 10ᵐᵉ prieur. 1399-1411. Après la démission volontaire de Giraud de Rey, les religieux chargés de lui donner un remplaçant jetèrent les yeux sur Hugues de Clapiers, prieur des Dominicains d'Arles, et l'élurent pour leur prieur. Hugues appartenait vraisemblablement à la noble et ancienne famille de Clapiers, originaire de la ville d'Hyères, où on la trouve établie dès le commencement du XIVᵐᵉ siècle (1), et qui est encore très-dignement représentée de nos jours. Elle a donné à l'église deux prélats qui lui font le plus grand honneur : Etienne de Clapiers, abbé de Saint-Victor de Marseille, de 1348 à 1361, et Pierre de Clapiers, qui, après avoir été prévôt de la cathédrale de Toulon, fut fait évêque de la même ville en 1440. Nous croyons que le prieur de Saint-Maximin est aussi un de ses rejetons ; mais, malgré tous nos efforts, nous n'avons pas réussi à déterminer sa place dans les tables généalogiques de cette maison.

Lorsqu'il fut appelé à Saint-Maximin, il était à la tête du couvent d'Arles depuis près de six ans, et avait défendu avec beaucoup de zèle, dans diverses affaires, les intérêts des siens. Déjà

---

(1) Testament de Bertrand de Plotte, 19 mai 1316. Actum in dicto castro de Areis Testes, dominus Raimundus Gaucelini, miles, dominus de Cressio, dominus Sparronus Sparroni, miles, condominus de Auriolo et de Podiopino..., Hugo Clapcrii... *Arch. des B. du Rh. S. Victor, liasse 264.*

en 1393, n'étant encore que vicaire (1), il avait réclamé, avec les supérieurs des autres ordres mendiants, au sujet d'une taille que Rostang Monge, abbé de Lérins, et commissaire apostolique, voulait lever sur eux, contre les intentions formelles du Pape. Dans plusieurs autres circonstances, on le voit protester et appeler au Saint-Siège contre les atteintes portées aux privilèges dont son ordre était en possession (2). Nous avons la preuve qu'il était encore prieur d'Arles le 14 mai 1399 (3). De son côté, Reboul assure qu'il fut mis en possession du prieuré de Saint-Maximin le 17 du mois de septembre de cette même année, et nous croyons qu'il dit vrai; car nous trouvons un prieur nouveau au couvent d'Arles, dès le 14 novembre (4). En tout cas, il est indubitable qu'il était installé dans ce poste, avant que l'année eût pris fin (5).

Ce qu'il avait fait à Arles Hugues de Clapiers le fit aussi à Saint-Maximin, déployant en faveur de sa nouvelle maison le même zèle et la même activité dont il avait donné tant de preuves. Il fut un intrépide défenseur des droits de son couvent, et entreprit de faire réparer les torts qu'on lui avait faits depuis un certain nombre d'années. Durant les longs troubles qui avaient

---

(1) Hugo Claperii, vicarius conventus fratrum predicatorum. 23 sept. 1393. *Ibid. Dominicains d'Arles. Ch. orig.*

(2) Fratri Hugoni Claperii, priori ordinis sive conventus predicatorum Arelatis. 29 mai, 28 nov. 1394, 27 août 1397, 30 mai 1398. *Ibid. Chartes div.*

(3) Fratri Hugoni Claperii priori... predicatorum Arelatis. *Ibid.*

(4) Poncio Lauterii, priore dicti conventus (predicatorum Arelatis). 14 nov. 1399. *Ibid. Archer d'Arles, reg. du not. Jean Durenti, fol. 518.*

(5) Hugonis Claperii, prioris. 30 décembre 1399. *Arch. du couvent de S. Max. Arm. 3, sac 14.*

régné en Provence, après la mort de la reine Jeanne, et à l'occasion de sa succession, la ville de Saint-Maximin, qui avait embrassé le parti de Charles de Duras, avait tenu peu de compte des privilèges accordés aux religieux, et ceux-ci, demeurés sans protection, avaient été lésés de beaucoup de manières. Hugues ne recula pas devant les difficultés que semblaient créer les faits accomplis, et entreprit courageusement toutes les démarches nécessaires pour que justice lui fût faite. Sa persévérance fut récompensée par un succès complet.

Il commença par inviter les consuls et les officiers de la ville à faire le serment, à eux imposé par les lettres-patentes du roi Robert et de la reine Jeanne, de respecter les immunités de son couvent, et de le maintenir dans la possession de ses biens, avec autant de soin que s'il s'agissait des propriétés du roi lui-même. Sur leur refus, il les assigna à Aix devant la cour de justice, et, comme les ordonnances dont il réclamait l'exécution étaient on ne peut plus formelles, il les fit condamner à tous les dépens, et à prêter le serment exigé d'eux (1). Non content de ce premier résultat qui lui donnait gain de cause, il se rendit auprès du roi Louis II, dont il était le chapelain, et non seulement il en obtint la confirmation des lettres de ses prédécesseurs, mais, comme il était stipulé que le serment en question serait fait entre les mains du sénéchal de Provence, et que le sénéchal ne se trouvait pas à Saint-Maximin au moment voulu, le roi régla que les officiers de la ville iraient jurer devant le grand autel de l'église de sainte Madeleine.

(1) Reboul, p. 99.

Ce ne fut pas le seul acte de bienveillance par lequel Louis II signala son affection pour le prieur et les religieux de Saint-Maximin. Il donna en leur faveur diverses autres lettres-patentes : l'une, pour défendre d'exiger d'eux, sous quelque prétexte que ce fût, aucun subside, aucune contribution aux dépenses publiques ; l'autre, pour renouveler la concession des pensions qui leur étaient assignées depuis longtemps, et pour en prescrire l'acquittement exact. Il fit aussi une défense expresse de chasser dans la forêt de la Sainte-Baume, d'y couper des arbres, au détriment de ses propriétaires, et d'y conduire les troupeaux au pâturage, sous peine d'amende. Enfin sa dévotion envers sainte Madeleine le porta à fonder deux messes, qui devaient être dites, pour lui et les siens, l'une à Saint-Maximin et l'autre à la Sainte-Baume ; et il dota sa fondation de revenus suffisants pour en assurer le service à perpétuité (1). Tels furent les fruits du zèle actif de Hugues de Clapiers, et de son habile administration.

Nous prions nos lecteurs de ne pas être surpris de nous entendre mentionner à diverses reprises des documents identiques dans leur objet, et de voir revenir des choses dont nous avons déjà parlé à une autre époque. C'est le fait de la lutte des passions humaines qui s'acharnent sans cesse à détruire, et auxquelles il faut constamment opposer de nouvelles digues, pour conserver ce qui est. Bien des fois encore nous assisterons à un semblable spectacle. Mais nous n'avons dit qu'une partie des actes d'Hugues de Clapiers, et il nous faut compléter son histoire.

Nous le trouvons à Aix en 1401, le 14 décembre, assistant son

---

(1) Monuments inédits, nos 178-181.

Général Jean de Puinoix, dans le règlement des comptes du couvent de Nazaret, dont l'ancien prieur, Avignon Nicolaï, était devenu depuis six mois provincial de Provence. Il rédigea lui-même, et écrivit de sa main sur le registre, l'ordonnance qui en reconnaissait l'exactitude (1). En 1403, il se rendit en Espagne, vers la Pentecôte, pour prendre part, comme définiteur de sa province, au chapitre général tenu à Palencia par le Général et les Dominicains de l'obédience d'Avignon (2); chapitre important, dont les actes précieux, outre ce qu'ils nous apprennent de lui, nous fournissent les premiers renseignements que nous ayons sur deux de ses successeurs, Hugues Textoris et le bienheureux André Abellon.

En 1408, il fit rendre par Pierre Dacigné, sénéchal de Provence, une ordonnance sévère pour réprimer les abus commis par les diverses confréries de la ville, le jour de leurs fêtes. Elles se livraient, dans ces occasions, à d'intolérables désordres, envahissant le couvent, le cloître, le réfectoire, et remplissant tout de leurs chants, de leurs clameurs, et du bruit des instruments. Le cimetière était plein de gens qui y faisaient cuire de la viande, jusque sur les murailles des chapelles, vendant et mangeant ces viandes cuites, à la grande mortification des religieux qui observaient une abstinence complète (3). Le recueillement né-

---

(1) Que ego frater Hugo Claperii, prior prefati monasterii Sancti Maximini, manu propria scripsi. *Arch. des B. du Rh. B. 2617, fol. 229.*

(2) Definientibus... Hugone Claperii, priore Sancti Maximini, diffinitore provincie Provincie. *Chap. gén. de Palencia, 1403.*

(3) Pièces justif. n° XIV. Nous avons ici la preuve que les Dominicains de Saint-Maximin gardaient alors une abstinence absolue. *Licet, velantibus statutis dicti conventus, carnes in eodem nunquam teneri audeant nec comedi.*

cessaire à des moines, le respect dû à la maison de Dieu et aux saintes reliques conservées dans l'église, exigeaient qu'on mît fin à ces saturnales. Le sénéchal y pourvut, en prohibant tous ces excès, avec menace d'une punition formidable et arbitraire.

Grâce aux soins diligents et aux sollicitations de Hugues de Clapiers (1), Jean le Maingre de Boucicaut, maréchal de France, fit faire à l'église de Saint-Maximin des travaux importants dont nous devons nous occuper ici. Voici comment son historien raconte la chose (2). « Moult volontiers aussi ayde a secourir con-
« vents et églises, et faict reparations de chappelles et lieux
« d'oraison. Si comme il appert en maints lieux... Et aussi a
« Saint-Maximin, en Provence, où est le chef de la Magdelaine,
« a donné mille escus comptant, pour faire faire une voulte sur
« la chappelle où est le benoist chef, et refaire ladicte chappelle
« toute neufve : laquelle est faicte moult belle. » Nous croyons pouvoir dire en quoi consistent les travaux exécutés avec l'argent donné par le maréchal, car nous avons l'acte qui fut passé à cet effet.

Hugues de Clapiers alla à Marseille, et y prit part à un accord conclu entre les représentants de Boucicaut et Jacques Caille de Nans, tailleur de pierres. Celui-ci s'engagea à construire une chapelle sur l'autel où sainte Madeleine avait reçu la sainte communion, à main gauche de l'entrée de l'église, et à élever par dessus, dans la petite nef de gauche, une arcade en tout semblable à celles qui existaient déjà, laquelle serait toute en pierre;

---

(1) Ad diligentem procurationem ac laboriosam et sollicitam curam ven. et rel. viri fratris Hugonis Claperii. *Faillon*, to. II, col. 1056.

(2) Histoire de Mrs Jean de Boucicaut. Paris 1620, in-4°, p. 360.

avec ses croisillons et sa voûte, et la chapelle correspondante dans le fond. La pièce qui nous fournit ces détails, et que l'on peut lire dans l'ouvrage de M. Faillon, ne manque pas d'une certaine obscurité; mais si l'on se souvient de ce que nous avons dit à la page 76, que l'église primitive ne se composa d'abord que de cinq arcades, lesquelles arrivaient tout juste à la crypte de sainte Madeleine, qui restait en dehors, on se rendra compte facilement de ce que l'on fit en 1404.

D'abord on refit à neuf la crypte, comme nous l'apprend en termes exprès l'historien du maréchal, et comme l'indique aussi le contrat fait avec l'architecte, puisque la chapelle à bâtir sur l'autel où la Sainte a communié est désignée comme une chapelle inférieure (1), souterraine. En second lieu, on construisit la sixième arcade de l'église, mais seulement la partie de cette arcade qui recouvre la sainte chapelle, c'est-à-dire, la petite nef de gauche. C'est à cela que se bornent les constructions faites au XVme siècle. On ne fit rien dans la grande nef ni dans la nef de droite; de sorte qu'à partir de ce moment, l'église de Saint-Maximin eut d'un côté une travée de plus que de l'autre, et par suite, une chapelle et un autel de plus. C'est un fait que nous avons déjà mentionné, et qui sera démontré jusqu'à la dernière évidence, lorsqu'il sera question de l'achèvement de l'église au XVme siècle.

Les largesses du maréchal de Boucicaut en provoquèrent de semblables de la part de son frère, Geofroy le Maingre, jadis gouverneur du Dauphiné. Celui-ci voulut fonder dans l'église de

---

(1) Edificare de novo *inferius* super dictum altare. *Faillon*, to. II, col. 1059.

la Sainte-Baume, une chapellenie qui devait être desservie par un dominicain à ajouter au nombre de ceux qui résidaient dans ce lieu vénérable ; et, pour pourvoir au surplus de dépenses que ce religieux nécessiterait, il donna au couvent de Saint-Maximin la terre de Roquebrune (1), qu'il avait achetée en 1404 de Bertrand de Castillon (2). Cette donation fut faite en 1409, mais elle ne devint définitive que quelques années plus tard, et nous aurons à en reparler.

En 1408, Hugues de Clapiers avait pour vicaire à Saint-Maximin le bienheureux André Abellon (3), qui venait de quitter l'enseignement pour commencer à se livrer au ministère actif. Vers la même époque, nous dit un chroniqueur, « il reçut magnifique« ment saint Vincent Ferrier, y venant prêcher, avec les prodiges « que sa vie décrit ; et donna, avec une grande charité, ses ordres « pour y faire loger commodément tous ceux de sa suite (4). » Il termina lui-même sa vie vers la fin de 1411, après douze années de supériorité.

Hugues Textoris, 11ᵐᵉ prieur. 1412-1416. Hugues Textoris nous paraît être un parent du B. Barthélemy Texier, qui, peu d'années après, devint Général des Dominicains. Un peu plus âgé que lui, peut-être (5), il vivait de son temps, dans la même

---

(1) Ibid. to. II, num. 184.

(2) Arch. des B. du Rh. B. 607.

(3) Fratre Andrea Abelloni, in sacra pagina magistro, vicario honorabilis conventus fratrum predicatorum dicte ecclesie beate Marie Magdalene. 21 sept. 1408. Arch. de S. Max. Arm. 3, sac 1.

(4) Haitze. Liste des prieurs de S. Max.

(5) Ce qui nous fait douter que Hugues, mort 34 ans avant Barthelemy, fût plus âgé que

province et dans les mêmes couvents, et nous semble avoir eu la même origine. Il ne faudrait pas voir une raison d'en douter dans la différence des noms qu'on leur donne; la difficulté n'est qu'apparente. *Textoris* et *Texier* sont un seul et même nom, ou plutôt deux formes diverses employées indifféremment pour rendre le nom propre *Teysseire*, qui en provençal signifie tisserand (1); et il est bien à présumer qu'avant de latiniser leur nom, et le Prieur et le Général commencèrent par porter celui de Teysseire (2), que leur assignait la langue universellement parlée dans notre pays, leur patrie. Ce n'est que plus tard que la diversité des noms a dû se produire. Du reste, il est très-facile de donner la preuve que Barthélemy Texier recevait aussi de ses contemporains le nom de *Textoris* (3); et il n'est pas le seul à qui les documents

lui, c'est que, dans le chapitre de 1403, où il est désigné pour enseigner le livre des sentences, Barthélemy est fait maître des études à Montpellier, ce qui marque qu'il avait de l'avance sur lui; le B. André Abellon y est aussi nommé pour l'enseignement des sentences, bien qu'il ait vécu jusqu'en 1450. Hugues Textoris dut mourir jeune.

(1) Pro magistro Urbano Textoris, textore ville Draguiniani. 1403. 8 août. *Arch. du dép. du Var* E. 623, fol. 29.

(2) Le mot provençal *Teysseire* faisait au féminin *Teysseirys*, nom que nous voyons souvent donné à des femmes dont les pères ou les maris sont appelés *Textoris*. Il est facile de comprendre que ceux qui ont voulu exprimer en latin la signification du mot, l'ont rendu par *Textoris*, et ceux qui se sont contentés de lui donner une forme latine, ont écrit *Texerii*; mais c'est la même chose. Réciproquement, la traduction de ces noms latins en français a donné, d'un côté, le nom propre *Tisserand*, de l'autre, *Texier*, *Teyssier* et *Tissier*, selon la manière de rendre plus ou moins fidèlement *Texerii*. Enfin, le vieux mot provençal s'est maintenu dans les noms de *Teisseire* et *Teissère* que portent encore diverses familles en Provence.

(3) Fratre Bartholomeo Textoris, Ord. Pred. 10 Oct. 1391 *Arch. des B. du Rh. Domin. de Marss. Ch. 44.* — Reverendus frater Bartholomaeus Textoris, de ordine fratrum predicatorum Draguiniani. 15 juillet 1415. *Délib. municip. de Draguignan, to. III, fol. 100.*

de cette époque aient donné successivement tantôt l'une, tantôt l'autre de ces appellations (1).

Nous croyons que Hugues Textoris était originaire de Draguignan, et l'on assure qu'il avait pris l'habit religieux à Saint-Maximin ; mais c'est en 1403 seulement que nous commençons à le connaître. Son nom figure dans les actes du chapitre général de Palencia, où nous avons vu que son prédécesseur assista, en qualité de définiteur de Provence. Il y fut nommé pour professer le cours des sentences au couvent de Perpignan (2), c'est-à-dire, selon nous, qu'il était bachelier, et sur le point de passer docteur. Il devint en effet maître en théologie, comme en fait foi un des textes que nous aurons à citer. Mais il fut tiré bientôt de la carrière de l'enseignement par la confiance de ses confrères qui l'appelèrent à la direction de leurs maisons. Avant la fin de 1404, il était prieur du couvent de Marseille (3); au commencement de 1412, il fut élu pour remplacer à Saint-Maximin Hugues de Clapiers.

Il continua l'œuvre que celui-ci avait commencée avec tant d'énergie, pour faire sortir son établissement des difficultés qu'avait créées pour lui le malheur des temps. Dès le 24 septembre de la même année, la reine Yolande étant à Arles lui fit délivrer

---

(1) Le juge d'Apt, en 1439, est nommé Raymond *Textoris* et Raymond *Texerii*, dans le même registre. *Arch. des B. du Rh. B. 1388, fol. 5 et 6* ; le procureur des Dominicains de Draguignan, Huguetus *Textoris*, en 1444, et Huguetus *Texerii*, en 1445. *Arch. du Var. Domin. de Draguignan*; un Arlésien, Jeronimi *Texerii* et Jer. *Textoris*, en 1448. *Dom. d'Arles.*

(2) In conventu Perpiniani, ad legendas sententias, fratrem Hugonem Textoris. *Chap. gén. de Palencia. 1403.*

(3) Fratri Hugoni Textoris, nunc priori conventus fratrum predicatorum Massiliæ. 8 nov. 1404. *Arch. des B. du Rh. Domin. de Mars. Ch. 56.*

des lettres de sauvegarde qui le mettaient, avec ses religieux et tout ce qu'ils possédaient, sous la protection royale, et sous la défense spéciale de tous les officiers du comté de Provence (*Mon. inéd.* n° 185). Cinq mois après, le roi Louis II l'autorisa à s'affranchir de la gêne dans laquelle on avait mis son couvent en bâtissant les murailles et les tours de la ville dans des terrains qui lui appartenaient, et en restreignant considérablement son étendue. Il lui fut permis de s'appuyer sur les remparts, d'y pratiquer les ouvertures nécessaires, et d'y construire tous les nouveaux bâtiments qu'il lui conviendrait d'y faire, pourvu que les fenêtres fussent garnies de barreaux de fer, et que le sommet des murs fût accessible, pour y monter la garde, en cas de guerre (n° 182).

Presque en même temps, ce prince confirma, à la demande du prieur, la donation de Roquebrune, faite quatre ans auparavant par Geofroy le Meingre, *dit le petit Boucicaut*, nonobstant le retard qu'avaient mis les donataires à solliciter l'agrément du Roi et à lui faire hommage pour les possessions qu'ils venaient d'acquérir (1). Pour qu'on ne pût pas lui reprocher une pareille négligence, Hugues Textoris alla, le 9 juin, à Grimaud, présenter au sénéchal le diplôme du 5 février concernant les nouvelles constructions à faire sur les remparts, et obtint de lui qu'il fût mis aussitôt à exécution (2).

Au mois d'octobre 1415, il conclut avec Thomas de Puppio, archevêque d'Aix, une convention au sujet des monitoires que le

---

(1) Pièces justif. n° XV.

(2) Post quarum quidem litterarum presentationem, frater Hugo Textoris, prior Sancti Maximini, nobis humiliter supplicavit etc. *Faillon, to. II, col. 1055.*

prélat était dans le cas d'adresser aux curés de Saint-Maximin, et il lui fit reconnaître l'exemption accordée à son couvent par les bulles des papes. Garcias de Falcibus, muni d'une procuration en règle (1), traita l'affaire avec l'archevêque, qui, à la place des paroles *nous vous ordonnons*, dont il se servait à l'égard des curés de son diocèse, consentit à employer, dans les lettres qui les concerneraient, la formule *nous vous requérons* ou *nous vous prions*, laquelle laissait intacts les privilèges de la maison. Moyennant cette modification, les religieux promirent de donner suite aux communications que leur enverrait la cour archiépiscopale, quoiqu'ils n'y fussent pas tenus de droit, n'étant pas ses subordonnés (Faill. n° 190).

C'est encore à ce même Textoris qu'il faut, selon toutes les probabilités, rapporter les lettres données en parlement par le roi Louis II, le 3 mai 1416, pour ordonner aux officiers de Saint-Maximin de faire admettre ledit prieur aux conseils de la ville, et pour obliger la communauté à rendre au couvent toutes les sommes indûment exigées de lui, à propos des tailles et des impôts dont il devait être exempté. Il y est dit en effet qu'on devra contraindre la ville à lui restituer tout ce qui lui a été extorqué depuis l'entrée en fonctions du prieur actuel jusqu'au moment présent (2). Ces paroles ne peuvent convenir qu'à un homme qui est en charge depuis quelques années, et ne sauraient s'appliquer à un prieur qui aurait à peine commencé. Elles nous auto-

---

(1) 18 octobre 1415. Mandato magistri Hugonis Textoris, in sacra divinitate professoris, prioris ejusdem conventus. *Arch. du couv. de Saint-Max. Arm. 1, sac 1.*

(2) A tempore introitus moderni prioris usque nunc. *Monum. inéd. to. II, n° 174.*

risent à reporter l'avènement de Jacques Guichard au milieu de l'année 1416, bien que tous les écrivains le fassent commencer en 1415. Comme ils ne s'appuient sur aucune autorité, nous ne craindrons pas d'embrasser une opinion contraire à la leur, que nous fondons sur un témoignage suffisamment explicite.

Hugues Textoris cessa donc de vivre en 1416, peu après la date du document que nous venons de citer. Nous avons insinué déjà qu'il dut mourir jeune, et nous maintenons notre appréciation. Quand il disparut, il y avait à peine treize ans qu'il avait été assigné comme lecteur au couvent de Perpignan, et le cours dont il y fut chargé était celui par lequel on passait pour arriver ensuite au doctorat : c'était l'époque de sa jeunesse. D'autre part, il s'était écoulé trop peu de temps entre 1403 et 1416, pour que nous puissions croire que notre prieur était arrivé, au moment de sa mort, à un âge avancé. Tout nous porte à penser, au contraire, qu'il était à la fleur de son âge, et qu'il cessa de vivre lorsqu'on s'y attendait le moins, et lorsqu'il semblait avoir encore une longue carrière à parcourir. C'était un bon théologien et un prédicateur distingué.

JACQUES GUICHARD, 12me PRIEUR. 1416-1419. La mort prématurée d'Hugues Textoris fit passer la direction du prieuré de Saint-Maximin entre les mains de Jacques Guichard, appelé à remplir le vide que sa perte avait laissé. Le moment où il fut élu n'a pas été précisé. La plupart le placent en 1415 ; mais nous venons de nous convaincre que cette date n'est pas acceptable, tant à cause de l'accord fait par Hugues Textoris avec l'archevêque d'Aix, à la fin d'octobre 1415, qu'à raison des lettres de Louis II, du 3 mai 1416, qui font mention d'un prieur déjà ancien.

L'élection dut avoir lieu dans le courant de l'été de cette même année. S'il fallait nous en tenir strictement à une charte du 3 septembre qui, en le citant, ne lui donne pas le titre de prieur, il n'aurait pas été encore en possession ce jour-là (1), où nous le voyons à Aix, chez son frère (?) Antoine Guichard, dominicain comme lui, et prieur des Dames de Nazaret. Mais il était sûrement prieur et il agissait en cette qualité, dix jours après; car, le 13 du même mois, il se trouvait à Aix, et faisait enregistrer à la Cour des Comptes les lettres royales qui avaient confirmé la donation de Roquebrune (2).

Peu de temps après qu'il eût été installé, le même archevêque d'Aix, dont les bonnes dispositions pour le couvent de Saint-Maximin s'étaient déjà manifestées, en donna un nouveau témoignage, le 24 novembre 1416, en accordant des indulgences à ceux qui viendraient en aide aux religieux, et à ceux qui visiteraient leur église, pour la principale fête de sainte Madeleine. Les lettres qu'il fit expédier à cette occasion, à la demande du prieur Guichard (3), attestent qu'il s'opérait beaucoup de miracles par l'intercession de la Sainte, que de grandes multitudes venaient à son tombeau, de toutes les parties du monde, et que l'église et le couvent avaient besoin de beaucoup de réparations. Comme la pauvreté des religieux était très-grande, il exhorta les fidèles à leur porter secours, et les y excite en ouvrant en leur faveur le trésor des indulgences.

---

(1) Actum Aquis...., present. magistro Jacobo Guichardi, in sacra pagina magistro, dicti ordinis predicatorum. 3 sept. 1416. *Arch. des D. du Rh. Nazaret. Reg. 19, f. 144.*

(2) Frater Jacobus Guichardi..., prior ven. monasterii... Sancti Maximini. 13 sept. 1416. *Ibid. B. 9. Reg. Armorum, f. 303.*

(3) Monuments inédits, to. II, n° 191.

Jacques Guichard était renommé pour sa science théologique, et jouissait, sous ce rapport, parmi ses contemporains, d'une réputation bien établie. On en eut une preuve éclatante, lorsque le clergé de Provence s'étant réuni, au mois de décembre, pour envoyer ses délégués au concile de Constance, qui travaillait à éteindre le grand schisme d'Occident, choisit en première ligne le prieur Guichard, et le mit en tête des députés du clergé du second ordre (1). Quatre évêques furent désignés pour représenter l'épiscopat provençal ; c'étaient : Paul de Sade, évêque de Marseille, Bertrand Rodulphi, évêque de Digne, Jean de Seillons, évêque de Senez, et Vital, évêque de Toulon. On leur adjoignit trois personnages d'un rang inférieur, dont Guichard fut le premier ; ses deux compagnons furent André Botaric, chanoine d'Aix, et Jean de Gombaud, chanoine de Toulon. C'étaient des hommes d'une grande valeur, comme la suite des évènements le prouva. Botaric devint évêque de Marseille en 1434, et Jean de Gombaud, évêque de Toulon, l'année suivante. Guichard ne sortit pas de son ordre, et n'eut pas d'autre prélature que celle de Saint-Maximin. Il représenta très-dignement la théologie, comme les deux autres, qui étaient des jurisconsultes, les lois et les canons.

---

(1) Elegerunt... rev. in Christo patres, dominos episcopos Massiliensem, Dignensem et Senecensem, ibidem presentes, et Tholonensem, licet absentem ; ven. et religiosum virum fratrem Jacobum Guichardi, magistrum in sacra pagina, priorem conventus B. M. Magdalene, ville Sancti Maximini, Aquensis dioc., licet absentem, tanquam presentem, ac ven. viros licentiatos in utroque, dominum Andream Botarici, canonicum Aquensem, regium procuratorem, et dominum Johannem Gombaudi, canonicum Tholonensem, presentes..... 10 décembre 1416. *Bibl. de Carpentras*, *Mss. de Peyresc. Reg. LXXIV. to. III, fol. 12.*

L'évêque de Toulon, l'un des quatre prélats délégués, n'assistait pas à la réunion du clergé de Provence ; il se trouvait depuis plus d'un an au concile, et dans bien des circonstances, il occupa dans les affaires qui s'y traitaient une place considérable (1). Nous ignorons si les députés que nous venons de voir nommer s'y rendirent aussitôt, et nous ne saurions dire combien de temps Guichard séjourna à Constance. Il ne figure pas dans les actes qui furent faits en son couvent dans la première moitié de l'année 1417 ; on peut croire par conséquent qu'il était alors au concile. Mais nous avons constaté sa présence à Saint-Maximin, plusieurs mois avant l'élection du pape Martin V, qui eut lieu le 11 novembre 1417. Il y était rentré depuis le mois d'août (2), et ce retour a dû être définitif, puisque dès lors son nom apparaît successivement dans plusieurs pièces, à des dates diverses.

Reboul a prétendu (p. 30) que Guichard avait accompagné le pape à Rome, et qu'il en avait rapporté une bulle où la juridiction spirituelle du prieur de Saint-Maximin sur les habitants de la ville, et son exemption de l'ordinaire, étaient explicitement reconnues. Il cite en effet et insère tout au long dans son livre ladite bulle, qu'il nous dit datée de Rome près de Saint-Pierre, le six des nones de mars, l'an second du pontificat de Martin V, ce qui équivaut au 2 mars 1419. Il y a à l'encontre de cette date une grosse difficulté devant laquelle n'a pas reculé la simplicité de notre chroniqueur : c'est que Martin V n'était pas à Rome à cette

---

(1) Voir les actes du concile de Constance, passim.

(2) 5 août 1417. Congregato ven. capitulo ecclesie antedicte... in quo quidem presentes fuerunt, videlicet dictus magister Jacobus Guichardi, prior... *Arch. du couv. de Saint-Maximin. Arm. I, sac 3.*

époque, et qu'il n'y rentra que deux ans plus tard, après un long séjour à Florence. La date de cette bulle est donc fausse ; ce n'est pas Guichard, mais son second successeur, qui la rapporta de Rome, avec d'autres bulles qui sont datées du six des nones de mars de l'an VII du pontificat (1). Ceci devient évident par le simple rapprochement des pièces, et ne peut pas être contesté. Il s'ensuit que le voyage de notre prieur à Rome est un voyage imaginaire, qui s'évanouit avec la date erronée sur laquelle on le fondait mal à propos. Voici au contraire des actes qui lui appartiennent réellement.

Il conclut, le 5 août 1417, une transaction avec le conseil et la communauté de Saint-Maximin. On était en procès, et le couvent avait beaucoup à se plaindre de la ville qui ne cessait d'empiéter sur les droits accordés aux religieux. Ses officiers municipaux ne pouvaient se résigner à l'obligation du serment qu'ils devaient prêter, avant d'entrer en charge, ni supporter que rien ne pût être conclu dans le conseil, sans la présence du prieur ou de son représentant. Ils se vengeaient des religieux par toute sorte de tracasseries. Les querelles s'envenimaient tous les jours et produisaient une grande irritation. Enfin la paix se fit, et l'on se remit, de part et d'autre, toutes les offenses. Tous les procès durent cesser, on retira toutes les plaintes ; et pour que la concorde pût s'établir plus facilement, les Dominicains consentirent, sans renoncer à leurs privilèges, à ne pas en requérir l'observation pendant quarante ans. C'était une concession fort importante, à

(1 Mon. inéd. to. II, num. 192, 193, 194, etc. La bulle imprimée sous le numéro 193 est précisément celle-là même que Rebout a voulu dater de 1419 ; elle est de 1421.

laquelle ils furent portés par le désir d'apaiser des cœurs ulcérés et pleins d'animosité (1).

En 1418, un travail important fut commencé dans l'église. Le prieur voyait avec peine « que l'office divin n'était pas célébré « avec toute la solennité convenable à une si sainte et auguste « maison, à raison qu'il n'y avait point de chœur, et qu'on le « chantait dans une chapelle; du consentement de ses religieux, « il vendit une maison qu'on appelait le logis de l'Etoile, pour « faire ce beau chœur, avec ses chaires hautes et basses, de « bois de noyer, capables de contenir 90 religieux (2). » Ainsi parle un auteur qui avait pu voir de ses yeux le chœur fabriqué au XVme siècle, et remplacé à la fin du XVIIme par celui qui existe encore. Le fait avancé par lui est certain, et il faut reconnaître, sans balancer, que le chœur primitif de Saint-Maximin, dont nous donnerons la description, avait été entrepris à l'époque où nous sommes parvenus. Nous avons sous les yeux un acte du 1er février 1419, qui atteste que les travaux étaient en train; on devait même déjà une somme considérable à maître Antonelle Gervaut, le sculpteur qui s'en était chargé. Pour le satisfaire, on vendit une maison à la rue de sainte Madeleine, ayant appartenu autrefois à la dame de Trets, et l'on en retira 200 florins d'or qui furent consacrés à l'œuvre commencée (3). Nous reviendrons bientôt sur cette question; car la construction du chœur dura plu-

---

(1) Pièce citée à la note 2 de la page 137.

(2) Reboul, p. 70.

(3) Specialiter et expresse pro constructione cori noviter fiendi in dicta ecclesia per magistrum Anthonellum Jhervaut, lignifabrum, habitatorem dicte ville, cui habent solvere magnam pecunie quantitatem, pro labore suo, et etiam pro lignis, ferramentis, et aliis ipsi coro necessariis. *Arch. du couv. de S. Max.*

sieurs années, et ce fut le B. Abellon qui y mit la dernière main.

L'année suivante, le prieur eut à réprimer une tentative des officiers du Luc qui, malgré la donation faite au couvent par Geofroy de Boucicaut, dix ans auparavant, et nonobstant les lettres royales qui l'avaient confirmée, s'étaient rendus à Roquebrune, au nom de l'ancien seigneur, et avaient repris possession des domaines cédés à Saint-Maximin. Les procédés pouvaient sembler un peu irréguliers. Guichard eut recours à la reine régente qui commanda aux officiers royaux de Draguignan de se transporter sans retard sur les lieux, pour y mettre à néant tout ce qui avait été fait au détriment des religieux, et replacer ceux-ci dans la plénitude de leurs droits. Les lettres de la reine Yolande sont du 18 septembre 1419 (1). C'est le dernier acte connu où intervienne Jacques Guichard, et nous sommes arrivé à la fin de son priorat qui n'eut qu'une durée de trois ans.

Le chroniqueur auquel nous devons déjà le prétendu voyage de notre prieur à Rome, ne l'a ramené à Saint-Maximin que pour l'y faire mourir. « Il ne fut pas plus tôt de retour à son couvent, « ajoute-t-il sans transition aucune, qu'il rendit son esprit à « Dieu, tout glorieux et chargé de mérites (2). » Cette nouvelle assertion n'a pas plus de fondement que le voyage lui-même. Si Guichard cessa d'être prieur à cette même époque, ce qui est très-vrai, ce fut par une démission libre et spontanée, ainsi que l'atteste un document du 20 octobre 1419 (3). Nous ne savons pas com-

---

(1) Mon. inédits, to. II, num. 188.

(2) Reboul, p. 30

(3) Vacante prioratu ven. conventus ac regalis monasterii beate Marie Magdalene ville nostre Sancti Maximini, propter liberam et spontaneam resignationem de illo... per magistrum Jacobum Guichardi, olim priorem dicti conventus, factam... *Pièces justif.* n. *XIX*.

bien de temps il vécut encore après sa retraite ; mais il n'est aucunement nécessaire de recourir à sa mort pour faire arriver l'illustre et saint religieux qui fut son successeur, et à qui il céda lui-même volontairement sa place.

LE BIENHEUREUX ANDRÉ ABELLON, 13mo PRIEUR. 1419-1422. Parmi les hommes célèbres à tant de titres qui ont eu la direction du couvent de Saint-Maximin durant les cinq siècles de son existence, il n'en est aucun qui puisse être comparé à celui dont nous avons maintenant à faire l'histoire, aucun qui nous offre une figure aussi douce, aussi vénérable, aussi accomplie, que le B. André Abellon. Tout ce que nous remarquons dans les autres se trouve en lui à un degré éminent, avec d'autres mérites qui ne sont que chez lui. Si nous demandons la science et la doctrine, nous les voyons dans celui qui parvint, dans sa jeunesse, aux grades théologiques par l'enseignement, et que tous les titres de l'époque désignent sous le nom de *maître André*. Si nous désirons l'éloquence et le don de la parole qui touche et persuade, nous avons devant nous l'orateur plein d'onction que les consuls d'Aix appelaient, dès 1415, pour consoler leur ville qui sortait des horreurs d'une cruelle épidémie. Si nous cherchons l'expérience et la prudence dans les affaires, nous rencontrons en lui l'homme dont tous ont célébré l'habileté consommée dans le maniement des intérêts, et qui a plus fait pour le bien temporel de son couvent que pas un de ses prédécesseurs et de ceux qui le suivirent.

Quant au bien spirituel de ses frères, il y consacra toute sa vie et toutes ses forces, et rien ne dut y contribuer autant que ses exemples et le rare assemblage de vertus que l'on admirait en sa personne. C'était un parfait religieux et un exact observateur des règles de son ordre, à une époque de décadence où l'observance était fort relâchée. Malgré l'usage du plus grand nombre, il gardait une rigoureuse abstinence, et ne mangeait point de viande. Il était d'une humilité rare, et se démettait constamment, le plus tôt qu'il le pouvait, des dignités auxquelles on l'appelait, aussi empressé à en descendre que les autres à l'y porter. C'était un apôtre infatigable, dont la vie entière fut employée à évangéliser les populations avides d'entendre sa parole. Il mourut sur la brèche, car, malgré son âge avancé, il prêcha jusqu'à la fin de ses jours; et il ne quitta la chaire que lorsqu'il fut atteint du mal qui allait le mettre au tombeau.

Avec ces grandes vertus, il avait un cœur d'artiste, et s'occupait de peinture, se délassant de ses occupations incessantes et de ses rudes travaux à peindre des sujets religieux pour les églises. Il y voyait sans doute une nouvelle manière de servir Dieu, et de le faire honorer par les peuples. C'était un vrai saint, dans toute la force du terme. Il en eut la réputation durant sa vie, et depuis sa mort, sa sainteté a été attestée par un concert unanime de témoignages, où il n'y a pas eu, jusqu'à nos jours, une voix discordante (1). Il est vrai que Dieu a contribué lui-même à former cet accord universel dans la louange décernée à notre bienheureux, par les grands miracles dont il l'a honoré après son trépas, et par les grâces qu'il a faites à ceux qui l'invoquaient.

Tel est l'homme dont il nous faut ici retracer la vie en abrégé; c'est, sans comparaison, la plus agréable partie de notre tâche,

---

(1) Le P. Lombard les résume tous en ces termes : *Fuit magnus prædicator et sanctissimus vir*.

et elle va nous faire oublier les aridités et les difficultés que nous rencontrons souvent ailleurs.

André Abellon était de Saint-Maximin : ceci est admis par tout le monde, et la chose est si certaine qu'il n'y a pas lieu de perdre le temps à la prouver. Nous allons y retrouver sa mère. La date de sa naissance n'est pas connue ; pour nous qui avons vu ses ossements, qui sont ceux d'un vieillard, nous regardons comme bien probable qu'il naquit dans les environs de 1375. Nous ne savons pas le nom de son père, à moins qu'il ne faille le reconnaître dans la personne de Jacques Bellon, de Saint-Maximin, qui fut témoin dans un acte du couvent, sous Hugues de Clapiers, en 1399 (1). Quant au nom de sa mère, qui n'est pas connu davantage, nous pouvons l'indiquer d'une manière précise, l'ayant rencontré dans plusieurs documents anciens. Elle se nommait Esmenjarde Rosols (2), et paraît avoir appartenu à une famille aisée, puisque l'auberge de la Masse lui appartenait (3), avec d'autres biens encore.

Pour saisir dans l'histoire les traces du jeune André, il nous

---

(1) Arch. de S. Max. Arm. 3, sac 12. *Presentibus... Jacobo Belloni, habitatore Sancti Maximini.* — Le nom propre *Abellon* est fort rare en Provence ; nous le trouvons au XIe siècle à Seillans, à Colmars, à Castellane. *Cartul. de S. V.*, num. 543, 765, 768 : au XVe siècle, à Saint-Marcel. *Not. Jean Duranti, de Mers.* Celui de *Bellon* au contraire y est fort commun. Par deux fois nous voyons le nom de notre prieur écrit *magister Andreas Belloni.* Reg. du not. Elzear Georgii, et Arch. dép. B. 1951.

(2) *Reverendi magistri Andree Abelloni, in sacra pagina professoris, filii et heredis dicte quondam dompne Esmenjarde Rosolee, matris sue. Arch. du conv. de S. Max. Ch. 97.*

(3) *Actum in Sancto Maximino, videlicet in domo albergarie Masse, que est dompne Esmenjarde Rosolee, videlicet in camera trium lectorum. Arch. des B. du Rh. S. Sauveur d'Aix.*

faut descendre jusqu'au mois de juin 1403. A ce moment, il était dominicain, ayant, à ce qu'il paraît, fait sa profession dans le couvent de sa ville natale; de plus, selon toutes les vraisemblances, il était déjà bachelier en théologie, et le chapitre général de Palencia le nommait (1) pour interpréter au couvent d'Avignon le livre des sentences, qui faisait le texte du cours confié aux bacheliers et aux futurs docteurs. Il parvint au doctorat dans l'espace de temps qui précéda le 21 septembre 1408; à cette date il était maître, et se trouvait à la tête des Frères-Prêcheurs de Saint-Maximin, avec le titre de vicaire (2), pour suppléer le prieur Hugues de Clapiers, soit pendant une maladie, soit pendant une absence.

Nous allons bientôt le voir revenir à la tête de ce même couvent, en 1419; mais, entre ces deux termes, il s'écoula onze années, pendant lesquelles il dut s'adonner avec ardeur à la prédication de la parole de Dieu, et entreprendre toute sorte de travaux apostoliques. C'est alors surtout, qu'étant dans la vigueur de la jeunesse, puis dans la force de l'âge mûr, il acquit cette grande réputation de prédicateur et d'apôtre, qu'il conserva durant toute sa vie. A l'appui de ce que nous venons de dire, nous pouvons citer un fait qui se passa précisément dans cet intervalle, et qui nous donne une idée de l'opinion que l'on avait alors d'André Abellon, et de l'influence qu'exerçait sa prédication. Au mois de mai 1415, la ville d'Aix fut affligée par la peste (3), qui y fit de

---

(1) In Avinione... Ibidem pro conventu, assignamus, ad legendum sententias, fratrem Andream Abelloni. *Chap. gén. de Palencia. 1403.*

(2) Fratre Andrea Abelloni, in sacra pagina magistro, vicario honorabilis conventus FF. Præd. ecclesiæ beatæ Mariæ Magdalenæ. *Arch. du couv. de S. Max. Arm. 3, sac 1.*

(3) Bouens. *Additions à l'histoire de Provence, to. II, p. 18.*

nombreuses victimes. Lorsqu'en juillet l'épidémie cessa ses ravages, les magistrats recoururent à lui pour remonter le moral de la population, et l'envoyèrent chercher, afin que sa parole aimée de tous relevât les courages abattus par le fléau et consolât les cœurs meurtris par tant de deuils (1).

Après cette longue période d'années consacrées à la vie active, le B. Abellon fut élu prieur de Saint-Maximin, en 1419, dans des circonstances dont nous devons nous rendre un compte exact, si nous voulons bien comprendre ce qu'il eut à faire durant le temps de son administration, et ce qu'il y fit. Nous ne chercherons pas à savoir si les savants prieurs qui le précédèrent n'avaient pas eu toute l'énergie nécessaire pour le maintien d'une rigoureuse discipline; en fait, la maison laissait beaucoup à désirer sous ce rapport. Peut-être faut-il attribuer une bonne partie des misères qui s'y rencontraient aux conséquences de la grande peste de 1348, qui fut une époque désastreuse pour tous les ordres religieux, et arrêta pour longtemps leur développement régulier, et aussi aux suites non moins funestes du grand schisme, qui mit la division partout. N'oublions pas non plus qu'au commencement du XVme siècle, il y eut une terrible mortalité, et que, dans la seule obédience de Benoit XIII, au témoignage d'un auteur qui vivait alors (2), les Dominicains perdirent onze cents religieux

---

(1) 1415. 26 juillet. Solvi Antonio Falconis, pro expensis quas fecit euado quesitum magistrum Andream Abelloni, ut predicaret hic pro consolatione ville. *Bibl. d'Aix. Ms. du P. Ferrat.*

(2) Eodem anno (1401) fuerunt computati plus quam mille centum fratres in spatio duorum annorum defuncti, in portione ordinis sub obedientia Benedicti constituta. *Bibl. nat. Mss. lat. 14582.*

en deux ans. On n'aura pas de peine à croire qu'une grande désorganisation avait dû être le résultat de toutes ces calamités, et qu'il avait fallu recevoir beaucoup de nouveaux religieux pour remplir tant de vides.

C'est justement le mal dont souffrait le couvent de Saint-Maximin, comme nous l'apprend un document contemporain dont nous n'avons qu'à reproduire ici le témoignage, qui ne laisse rien à désirer. Autrefois, y est-il dit, on ne voyait dans ce royal monastère que des religieux d'un âge mûr, pleins de vertus et de dévotion, dont la vie exemplaire répondait à la sainteté du lieu ; mais depuis un certain temps, on y a admis des religieux jeunes d'âge, inconstants de caractère, mauvais, peu dignes d'habiter un sanctuaire si vénérable. L'arrivée de ces nouveaux venus a mis le désordre dans la maison, troublé les divins offices, diminué la dévotion des peuples, éloigné les pèlerins ; et le couvent en pâtit de toutes les manières, et non sans justice (1). Ces paroles, que nous ne faisons que traduire, nous font assez pressentir quel devait être l'état des choses ; mais elles ne disent pas tout, et voici, pour y suppléer, un second renseignement, également contemporain.

Il y eut dans la maison un complot formé par quelques religieux, pour enlever à leur ordre Saint-Maximin et la Sainte-Baume, et faire passer ces établissements au pouvoir des moines bénédictins de Saint-Victor de Marseille. Un maître en théologie, Guillaume de Pourrières, était le meneur de la cabale ; et la

---

(1) Lettres de la reine Yolande, 6 octobre 1417. *Religiosi etate jurenes, vagi, discoli, ac minus ut decuei ydonei et honesti, passim admitti consueverunt.* Voir ces lettres ci-après, pièces justif. n° XVII.

chose dut être poussée fort avant, puisque Garcias de Falcibus, vicaire du provincial, fut obligé, pour y couper court, de faire saisir le chef des révoltés, et de le jeter en prison dans une tour, les fers aux pieds et aux mains (1). Par compassion seulement, et au moment de partir pour un lointain voyage, il consentit à le faire tirer de la tour, et à lui assigner pour prison la première cellule du dortoir antique, où il devrait demeurer avec les fers aux pieds, sans pouvoir la quitter.

Tant de maux appelaient un remède énergique. Tous les bons en gémissaient et cherchaient les moyens de sortir de l'état fâcheux où l'on se trouvait. Ils comprirent bientôt que pour atteindre leur but la science était insuffisante, et qu'il leur fallait un chef en qui le savoir serait uni à une éminente sainteté : alors le bienheureux André Abellon fut élu prieur de Saint-Maximin. Pour que sa nomination fût possible, il fallait que l'ancien prieur s'y prêtât, en résignant ses fonctions. Jacques Guichard se démit spontanément, et se retira devant le religieux le plus saint de la province.

L'élection d'André Abellon eut lieu au mois d'octobre 1419. L'approbation de la reine lui fut donnée le 20 de ce mois (2), et, comme les électeurs avait été unanimes dans leurs votes, et que

---

(1) Fratrem Guillelmum de Porreriis, dicti conventus, presentialiter in carceribus detentum,... cum fuerit, ut dicunt, promotor, seminator, et principalis actor totius zizanie et discordie,... et quod magis dicte partes gerunt cordi, ut asserunt, cum commiserit crimen lese majestatis, vel quasi, tractando quod dicta ecclesia et sacer locus de Balma transportarentur in manibus monachorum abbassie Sancti Victoris Massilie... Acte du 5 août 1417. *Arch. du couv. de S. Max. Arm. 1, cae 2.*

(2) Pièces justif. n° XIX.

Garcias en avait porté lui-même le procès-verbal à Aix, au conseil du roi où il jouissait d'un grand crédit, il avait dû en rapporter les lettres presque immédiatement. La confirmation du nouveau prieur fut faite par le B. Barthélemy Texier, qui était alors provincial de Provence, et auquel, sans aucune crainte de nous tromper, nous croyons pouvoir faire remonter la première pensée du choix qui venait d'être fait. C'est ainsi que tous ceux qui devaient intervenir dans une affaire aussi importante, se réunirent pour en assurer le succès. L'unanimité de l'élection est à remarquer, parce qu'elle est une preuve certaine de l'estime qu'inspirait la personne de l'élu, auquel nul n'osa faire opposition. Nous en dirons autant des lettres qui contiennent l'agrément de la reine, où sont affirmées très-nettement sa probité, sa vertu et sa science, et, par surcroît, son habileté dans les choses temporelles, non moins grande que dans les choses spirituelles.

L'administration d'André Abellon eut un triple objet, correspondant aux besoins qu'éprouvait son couvent sous le rapport du moral, du temporel et du matériel. Il dut d'abord restaurer la discipline et remettre en vigueur les prescriptions de la règle; assurer ensuite à sa maison les ressources indispensables à son développement régulier; s'occuper enfin de ses bâtiments, pour en prévenir la ruine, et y faire faire les travaux nécessaires ou utiles.

Sous le premier point de vue, nos renseignements ne sont pas aussi explicites que nous pourrions le désirer. L'amélioration morale d'une maison religieuse consiste principalement en des changements de personnes et d'observances monastiques, et le plus souvent, ces choses-là se font et ne s'écrivent pas, surtout quand celui qui en est l'auteur est présent, et les dirige en personne. C'est ce qui eut lieu à Saint-Maximin. Appelé par un besoin urgent d'ordre et de régularité, nous ne doutons pas qu'il n'ait commencé par éloigner ceux qui y mettaient le plus grand obstacle, et que les jeunes religieux incorrigibles, ces *juvenes, vagi, discoli ac minus honesti,* n'aient dû aller porter ailleurs leurs exemples pernicieux. Il avait pour procéder à cette épuration toute l'autorité nécessaire, puisque la reine qui, comme protectrice, aurait pu s'y opposer, avait elle-même commandé à son sénéchal de se transporter à Saint-Maximin, et d'en expulser, d'accord avec leur supérieur, tous ceux dont la vie ne serait pas irréprochable, le seul prieur excepté (1). A leur place s'établirent des hommes graves et pieux qui, marchant sur les traces de leur chef vénéré et imitant ses vertus, rendirent à leur couvent toute son ancienne réputation, et ravivèrent la dévotion des fidèles.

Deux faits nous garantissent que l'œuvre entreprise par le saint-prieur eut des résultats salutaires. Le premier, c'est que nous ne voyons plus reparaître dans les pièces de ce temps-là les plaintes que l'on formulait, dans les années immédiatement précédentes, contre les religieux du couvent. Tout y suit une marche régulière, et aucun évènement extraordinaire n'annonce le retour des désordres auparavant trop fréquents. C'est la preuve que la présence, les exhortations et les exemples du B. Abellon avaient porté leurs fruits, et rétabli la discipline. En second lieu, les deux élections de prieurs, qui furent faites par les religieux

---

(1) Et si quos fratres religiosos inibi repereris vite indebite... eos, cujuscumque status, gradus, officii aut conditionis, excepto priore,... ejici... facias. *Pièces justif.* n° XVII.

en 1422 et en 1425, sont une autre démonstration catégorique de l'amélioration qui avait été réalisée ; car, pour qu'on en vînt à élire d'abord, sans difficultés, comme successeur du prieur réformateur, le principal collaborateur de ses actes, et ensuite à le réélire lui-même, il fallait que l'ancien levain eût été jeté dehors, et remplacé par des éléments nouveaux et sains. S'il en eût été autrement, la portion mauvaise de la communauté n'aurait pas manqué de saisir ces occasions pour essayer de reprendre le dessus, et de dominer de nouveau la situation.

Quant au second but que poursuivit André Abellon, les documents abondent pour nous dire quel fut son zèle, et quels furent les résultats. C'est qu'ici nous sommes en présence d'un genre de pièces que l'on a toujours gardées avec soin, parce qu'elles sont indispensables pour la conservation des droits et la démonstration de la propriété. Il était à peine entré en possession de son prieuré depuis un mois, qu'il se fit délivrer une partie du legs fait à sa maison par le feu roi Louis II, dans son testament du 27 avril 1417 (1), et sur les mille livres tournois qui lui étaient laissées, deux cents florins lui furent payés par le receveur du don gracieux accordé par les Etats de la province (2). Presque en même temps, la reine Yolande, qui gouvernait la Provence au nom de son fils mineur, fit à la Sainte-Baume une fondation considérable, pour le repos de l'âme du roi défunt, et par dévotion

---

(1) Item, dedit et legavit ecclesie Sancti Maximini, et Beate Marie, in Provincia, que constitui et implicari debeant in constructione, edificatione et reparatione operum dictarum ecclesiarum, videlicet, cuilibet ipsarum mille libras turonensium. *Arch. des B. du Rh.* B. 168, fol. 65.

(2) Ibid. B. 272, fol. 118 v°.

pour sainte Marie Madeleine, en qui elle avait une grande confiance.

Elle voulut qu'il y eût désormais dans ce sanctuaire cinq religieux prêtres et doux frères, sous la direction d'un vicaire, dépendant lui-même entièrement du prieur de Saint-Maximin. Pour leur entretien, elle donna une somme annuelle de 200 florins, à prendre sur les revenus du bordigue (1) de Berre et des coussous (2) d'Istres, qui lui appartenaient à raison de la baronnie de Berre, qui était sa propriété personnelle. Ceci nous explique le titre de baronne de Berre que la reine prend en tête de ces lettres, et la formule insolite qu'on lit à la fin : Par la reine, baronne de Berre. Cette fondation est en date du 19 décembre 1419. André Abellon et Garcias de Falcibus se trouvaient à Aix pour la recevoir ; ils sont nommés dans la pièce, et c'est à eux que la donation est faite (3). Le 5 février de l'année suivante, la reine accordait de nouvelles lettres adressées à son viguier de Berre, à ses clavaires et aux autres officiers de la baronnie, pour leur prescrire de mettre le prieur de Saint-Maximin en possession des droits qu'elle lui avait remis, et de le laisser jouir du don fait à son couvent. Le B. Abellon s'était de nouveau rendu à Aix, et,

---

(1) BORDIGUE. Enceinte formée avec des claies, sur le bord de la mer, pour prendre du poisson, ou pour le conserver vivant. *Littré.*

(2) COUSSOU. Grand pâturage inculte, en Provence, consacré à la nourriture des troupeaux. *Littré, Suppl.*

(3) Vobis fratri Andreæ Abelloni, sacræ theologiæ magistro, priori conventus regalis prædicatorum Sancti Maximini, et fratri Garcie de Falcibus, dicti ordinis et conventus, vicario dicti loci de Balma, capellano et familiari, ac devoto oratori nostro, præsentibus..., stipulantibus et recipientibus. *Mon. inéd. to. II, n. 186.*

muni de ces lettres, il se porta sur les lieux pour leur complète exécution. Il était à Berre le 10 février, et il s'y fit mettre en possession corporelle du bordigue *du Drignon*, une première fois par le bayle, et une seconde fois, le 12, par le viguier et le juge. Quatre jours après, il remplissait les mêmes formalités à Istres, et entrait en possession des coussous sur lesquels il devait percevoir la somme assignée à la Sainte-Baume (1).

Cette affaire heureusement terminée, le prieur, redoublant d'activité, en entreprit une autre bien importante aussi pour les finances de sa maison, et dont la solution était en suspens depuis de nombreuses années. La donation de Roquebrune faite en 1409 par Geofroy de Boucicaut, était restée inexécutée, nous ne savons pour quelle raison, et le couvent était frustré des avantages qu'il en devait retirer. Nous savons, d'un côté, que l'acte avait été confirmé par le roi, le 10 février 1413, nonobstant tous les défauts qui auraient pu s'y rencontrer et nuire à sa validité. De l'autre, nous avons un titre constatant que le donateur fit hommage au roi Louis II, le 11 décembre 1414, pour le château du Luc, et aussi pour Roquebrune (2), comme s'il en était encore le maître. Nous avons vu de plus que les officiers de Boucicaut s'étaient remis en possession de cette terre, et y avaient fait des actes d'autorité qui obligèrent les religieux à recourir à la cour, pour faire annuler leurs tentatives. Quel qu'en puisse être le motif, il

---

(1) Ibid. n° 187. Le texte que M. Faillon a donné de ces deux pièces est très-mauvais. Les originaux ne sont plus à Saint-Maximin, mais à Marseille, aux archives de la Compagnie des salins du midi.

(2) Pro castro de Luco, et hiis que habet in castro de Rocabruna, et eorum territoriis. *Arch. des B. du Rh.* B. 616.

est donc certain qu'il y avait un malentendu qu'il importait de faire cesser, afin de conserver une source de revenus considérables.

André Abellon partit pour Avignon immédiatement après Pâques, et, s'étant abouché avec Geofroy de Boucicaut, il parvint à aplanir toutes les difficultés. Le 16 avril 1420, celui-ci renouvela la donation qu'il avait faite onze ans auparavant; sauf la date, l'acte est en tout semblable à celui qui avait été dressé alors, et en reproduit mot à mot la formule. C'est la fondation d'une messe quotidienne à la Sainte-Baume pour Constance de Saluces, la première femme de Geofroy, et l'établissement d'un dominicain de plus, qui serait tenu de célébrer à l'intention de la défunte, et plus tard, du fondateur lui-même. Cette chapellenie fut aussitôt dotée de tous les revenus de Roquebrune, Villepey et Palaison (1), avec la seigneurie et la haute juridiction, dont le prieur de Saint-Maximin fut incontinent investi, au nom de son couvent (2).

Le nouvel acte fut passé à Villeneuve, au delà du pont d'Avignon, dans les terres de France. Il n'y fut fait aucune mention de ce qui avait eu lieu en 1409; et il ressort du texte, qui garde là-dessus le silence le plus absolu, que, pour ne donner tort à aucune des parties, on voulut procéder comme si la question se présentait pour la première fois. Si les documents auxquels cette affaire donna naissance ne nous avaient pas été conservés, on

---

(1) Omnes et singulos redditus... quos habet in territorio de Rocabruna, de Villapisce et de Palayone. *Arch. de S. Max. Arm. 8, sac 30.*

(2) Se de eisdem devestiendo, et reverendum patrem magistrum Andream Abelloni, magistrum in sacra pagina, ven. priorem conv. ordinis fratrum pred. S. M., ibidem presentem..., investiendo. *Ibid.*

ne se douterait pas qu'elle ait subi, avant d'aboutir, tant de péripéties diverses (1). Au surplus, afin qu'aucune des difficultés que l'on avait précédemment soulevées, ne pût être à l'avenir opposée à la nouvelle donation, André Abellon se rendit à Roquebrune, et prit possession de la seigneurie et des biens donnés par Boucicaut, en présence des officiers royaux venus de Draguignan pour l'appuyer et pour écarter tout obstacle. Il fit ensuite acte de seigneur, en créant les officiers locaux qui devaient fonctionner au nom de son couvent, c'est-à-dire, un baylo, un juge, un greffier, un clavaire, etc. (2). Nous verrons aussi tout à l'heure que l'on n'omit aucune des précautions que la prudence conseillait, et que l'on obtint des lettres du roi et des bulles du pape assurant aux Dominicains leur nouvelle acquisition.

Après avoir consacré, avec tant de succès, les premiers mois de son administration à ces affaires temporelles, le B. Abellon n'eut plus à s'occuper, jusqu'à la fin de son priorat, que des intérêts spirituels de ses religieux, et des populations auxquelles il faisait entendre sa parole. Il n'existe aucun document qui nous le montre, durant les deux ans qui suivirent, impliqué en des préoccupations de ce genre, et nous croyons qu'il s'adonna tout

---

(1) M. Faillon a donné tout au long (n. 184) l'acte du 13 janvier 1409, mais il n'a rien dit de celui du 16 avril 1420, qui se trouve aux mêmes archives de S. M. Celui-ci du reste est identique à l'autre, sauf la mention de Villepoy et Palaison, et l'intervention du prieur de S. Maximin.

(2) Cette prise de possession est fixée au 16 avril 1420 par le P. Reboul (p. 30) et le *Clé des archives*, p. 697; mais cette date est inexacte, puisque ce jour-là le B. Abellon était à Villeneuve. Le livre *Pourquoi* de P. Martin nous apprend (p. 140) qu'elle eut lieu le 6 août de la même année.

entier au bien des âmes. Cette absence de renseignements pour les années 1420 à 1422 a donné lieu à une erreur étonnante commise par le P. Reboul, qui, sans se soucier des nombreuses pièces existant dans les archives de sa maison, où André Abellon intervint encore bien des années après, a pourtant jugé à propos de le faire mourir en 1420. « C'était un très-habile homme, « dit-il, et un très-exact religieux, ne mangeant jamais de la « viande, et faisant toujours la fonction d'un zélé missionnaire. « Pitton, dans son histoire d'Aix, dit qu'il mourut le 15 mai de « l'an 1420 (1)..., n'ayant gouverné ce couvent que huit à dix « mois ou environ (p. 30). » Il s'en faut de beaucoup que ce Bienheureux soit mort en 1420, puisqu'il a vécu trente ans de plus, ainsi que nous le dirons bientôt.

Etant prieur perpétuel, il aurait pu, comme ses prédécesseurs et ses successeurs, garder son titre jusqu'à la fin de sa vie, et personne ne pouvait le lui enlever. Mais l'humble religieux ne désirait rien tant que d'abandonner les dignités auxquelles on l'élevait. D'ailleurs, il était d'une école opposée à la longue durée des charges, qui pouvait, dans beaucoup de cas, être une source de graves abus. Il mit donc fin lui-même à ses fonctions par une démission volontaire, après qu'elles eurent duré trois ans, et l'époque de sa retraite dut coïncider, à très-peu de chose près, avec celle où il avait pris, en 1419, le gouvernement de son couvent.

GARCIAS DE FALCIBUS, 14me PRIEUR. 1422-1425. L'homme qui fut élu pour succéder au B. Abellon avait déjà coopéré à toutes

---

(1) Pitton n'a pas fait mourir le B. Abellon le 15 mai 1420; il donne la vraie date de 1450. *Hist. de l'Eglise d'Aix*, p. 189.

les œuvres que celui-ci entreprit pour le bien de sa maison. On peut dire qu'il avait été son bras droit, car il s'était associé à tout ce qu'il avait fait, et l'avait appuyé de tout le crédit dont il jouissait auprès de la reine Yolande, régente de la Provence. Aussi le priorat qui commence n'est pas autre chose que la continuation du précédent, et semble n'avoir pas eu d'autre but que de poursuivre et d'achever ce que celui-ci n'avait pu entièrement terminer. Le nouveau chef était d'ailleurs un des plus considérables religieux de la province, comme en font foi les actes qu'il accomplit et les fonctions qu'il exerça avant de devenir prieur.

Garcias de Falcibus était espagnol de naissance ou d'origine, comme l'indique assez son nom (1) tout à fait étranger à la Provence, et que nos notaires ont estropié de bien des manières (2). Nous le croyons originaire de l'Aragon, et peut être aurons-nous réussi à retrouver la localité qui lui donna ce nom si peu connu et que personne n'a essayé de traduire. Il y avait dans les montagnes de ce royaume une vieille église, jadis épiscopale, que l'on appelait *Falç* ou *Falces*; il y avait également une ancienne famille qui, possédant la seigneurie dudit lieu, en avait aussi pris le nom, que l'on voit écrit tour-à-tour *Falç*, *Fales* et *Falces* (3). De là

---

(1) Le 13 décembre 1415, un secrétaire du roi de Navarre portait un nom en tout identique. Magistro Garcia de Falcibus, secretario regis Navarr., CHASTENET. Nouv. histoire du concile de Constance, preuves, p. 402.

(2) Dans les registres 15 et 19 des Reconnaissances de Nazaret, on met toujours *Gassias*; ailleurs c'est *Gracias*; deux actes passés à Toulon, le 20 et 21 octobre 1424, portent *fratri Garcario*. Lui-même écrivait son nom *Garssias de Falcibus*, ainsi que nous l'avons constaté dans une pièce autographe.

(3) VILLANUEVA. Viage literario a las iglesias de Espana. to. XV, p. 128. Noticias de la antigua sede de Ictosa, Tolba, y Falç. La Iglesia de Falç o Falces... suena distante de

dérive évidemment, de la manière la plus naturelle, la forme *de Falcibus*, que nous pourrions, sans scrupule, rendre en français par *de Falcs*. Il ne nous semble pas que l'on doive chercher ailleurs la patrie et la famille du prieur Garcias, et il n'y aurait rien d'étonnant qu'il fût arrivé dans notre pays avec Yolande d'Aragon, quand elle vint épouser le roi Louis II, comte de Provence. Il serait difficile d'expliquer d'une autre façon les rapports qu'il eut constamment avec cette princesse, dont il fut le chapelain et le conseiller (1), la faveur dont il jouit auprès d'elle, et les grâces qu'il en obtint pour son ordre.

Il résida dans les couvents d'Aix et de Saint-Maximin, et il y occupa habituellement les principales charges. En 1415, il était lecteur dans cette dernière maison (2), dont les religieux le déléguèrent pour conclure avec l'archevêque d'Aix la convention du 26 octobre, que nous avons mentionnée ci-dessus (p. 132). En 1416, il s'y trouvait en qualité de sous-prieur, ayant en même temps le titre de pénitencier apostolique (3). En 1417, il fut mis à la tête du sanctuaire de la Sainte-Baume (4). Mais en dehors de la di-

---

Tolba poco mas de media hora. — P. 130. Los de la familia de Entenza suenan senores de Falç. — P. 299. Insuper dono... quiequid est juris episcopi Falcensis ecclesie. — T. XI, p. 13. Quem nutrit Bonifilius de Falcs.

(1) Capellanus domine nostre Regine. 5 août 1417. — Dilecti et fidelis consiliarii nostri. 5 novembre 1422

(2) Ven. ac devotum religiosum fratrem Garciam de Falcibus, lectorem ipsius conventus. 18 octobre 1415. Arch. de S. Max. Arm. 1, sac 1.

(3) Garsie de Falcibus, penitentiarii apostolici, subprioris. 14 novembre 1416. *Paillon*, to. II, n. 191.

(4) Hon. et rel. vir frater Garsias de Falsibus, vicarius et rector honorabilis ecclesie beate Marie Magdalene de Balma. 90 avril 1417. Arch. de S. Max. Arm. 1, sac 2.

rection de ce pèlerinage, il eut, cette année-là, de graves affaires à traiter. Le 2 juillet, il fut fait vicaire du provincial (1); il assista comme tel à la transaction passée, le 5 août, entre le couvent et la ville de Saint-Maximin, dont nous avons aussi déjà parlé (p. 138), et il la confirma au nom du chef de la province. A ce titre encore, il eut à réprimer le complot tramé pour livrer aux Bénédictins Saint-Maximin et la Sainte-Baume, et c'est par ses ordres que Guillaume de Pourrières fut mis aux fers (2).

Le 9 août, il était sur le point de partir pour Angers où se trouvait la reine Yolande (3), afin de faire confirmer par elle les accords pris avec la ville. Il était à Angers au mois de septembre, et, le 1er octobre, la reine donnait son approbation à la transaction qu'il était venu lui soumettre, en ayant soin de louer le zèle de son dévoué chapelain qui n'avait pas craint d'entreprendre ce long et périlleux voyage, pour se rendre en sa présence. Cinq jours après, elle fit expédier, à sa demande, les lettres ordonnant à son sénéchal de Provence de chasser de Saint-Maximin les religieux mal morigénés qui s'y étaient introduits; et enfin, elle lui fit don du greffe du tribunal de Saint-Maximin, et de ses revenus (4). Tels furent les résultats du séjour de Garcias à la cour de la régente de Provence, qui résidait alors dans la capitale de l'Anjou.

---

(1) Lettres du provincial Jean Lombard, données à Millau. Ibid.

(2) Mandato ven. et rel. viri fratris Garcie de Falcibus, vicarii domini provincialis provincie Provincie. Arch. de la ville de S. Max. Ch. 27, n. 90.

(3) Intendit dictus dominus Vicarius ad partes Andegavis se transferre... ad dominam nostram reginam. Ibid.

(4) Pièces justif. nos XVI, XVII, XVIII.

De retour à son couvent, il dut conseiller et favoriser les mesures qui avaient pour but d'y ramener le bon ordre, et qui préparèrent l'avènement du B. André Abellon. Il assista à l'élection de celui-ci, et ce fut lui qui en porta le procès-verbal à Aix, au conseil royal, et qui en obtint les lettres de confirmation du 20 octobre 1419. Le 12 décembre, il était encore à Aix, en compagnie de son prieur, et il intervenait à la fondation que la reine fit à la Sainte-Baume, et à la donation des revenus de Berre et d'Istres, qui devaient en assurer le maintien. Cet acte était pour lui d'une importance notable, puisqu'il était vicaire de la Sainte-Baume, poste qu'il occupait déjà, comme nous l'avons dit, au commencement de 1417, et qu'il ne quitta qu'en avril 1421. Aussi, le trouvons-nous aux Martigues, le 5 décembre 1420, se faisant délivrer, par ordre du juge du lieu, une expédition authentique de la prise de possession du bordigue de Berre par André Abellon, dont il avait intérêt à être muni (1).

Garcias abandonna la Sainte-Baume quelques mois après, ayant été nommé par le provincial Barthélemy Texier au prieuré des dames de Nazaret d'Aix. Il eut les lettres d'agrément de la reine le 15 mars 1421 (2), et il prit possession de son nouvel emploi le 7 et le 9 avril suivant (3). Nous avons parcouru le registre de recettes et dépenses qu'il dut tenir pour ce monastère dont

---

(1) Arch. de la compagnie des Salins du Midi.
(2) Arch. des B. du Rh. B. 10. Reg. *Crucis*, fol. 88.
(3) Anno domini 1421, die septima mensis aprilis, hora vesperorum, ego frater Garssias de Falcibus, ord. fratrum præd. conventus Sancti Maximini..., in possessione ven. et regii monasterii B. M. de Nazaret... positus fui, et IX die ejusdem mensis, in capitulo, possessionem spiritualem sororum et fratrum recepi. Arch. des B. du Rh. B. 2616, fol. 13.

il avait l'administration temporelle et spirituelle, et nous y avons vu bien des fois mentionnées les prédications qu'il adressait à ses religieuses, surtout les jours de fêtes (1). Il dirigea les Dominicaines de Nazaret durant tout le cours de l'année 1421 et de la suivante; et celui qui le remplaça immédiatement, n'entra en fonctions que le 24 décembre 1422 (2).

A cette date cependant, il y avait déjà quelque temps que Garcias de Falcibus avait succédé au B. Abellon, comme prieur de Saint-Maximin. Nous ne pouvons pas dire le jour précis où il prit sa place; mais il n'est pas douteux que le P. Reboul, en faisant commencer à la fin de 1420, et finir au commencement de 1430 son priorat, et Pierre Joseph de Haitze, qui le fait durer de 1421 à 1423, se sont trompés complètement l'un et l'autre sur chaque point. Garcias était prieur le 5 novembre 1422 (3), et nous croyons que c'était depuis bien peu de temps. C'est la date des lettres-patentes qu'il fit rendre à la reine Yolande pour confirmer celles qu'avait données Louis II le 1er octobre 1402, et renouveler comme lui, avec la pension de 250 livres de coronats et le legs du roi Robert, toutes les grâces, libertés et immunités accordées précédemment à son couvent par les comtes de Provence.

---

(1) Prima die mensis maii (1421), quod fuit festum Ascensionis, pro priore fratre Garcia, qui predicavit dominabus, in cinspiol. den.— In festo Penthecostes (11 maii) .. in cena, pro laetuels, pro priore qui predicavit dominabus, 1. den. in citronis, 1. pat. — 15 au- Prior predicavit gusti. dominabus. Ibid. B. 2818, fol. 124 v°.

(2) Anno domini M.CCCC.XXII., et in vigilia nativitatis domini, factus fuit prior B. M. de Nazaret (Johannes de Ponte). Ibid. fol. 49 v°.

(3) Ad humilis supplicationis instantiam Majestati nostre factam pro parte ven. et rel. viri fratris Garcia de Falcibus, dilecti et fidelis consiliarii nostri, prioris, et fratrum dicti conventus. Faillon, to. II, n° 189.

Une autre concession gracieuse lui fut faite le 9 février de l'année suivante. Il s'était plaint à la reine que le clavaire de sa baronnie de Berre se montrait fort difficile pour payer les 200 florins annuels qu'elle avait assignés aux chapelains de la Sainte-Baume, sur les revenus du bordigue de Berre et des coussous d'Istres. Presque à chaque fois, il aurait fallu recourir à elle. Pour couper court à tous ces ennuis, la reine donna au couvent le bordigue lui-même en toute propriété, pour que désormais il pût en percevoir les produits directement et sans l'intermédiaire de personne (1). Garcias en fit prendre possession le 27 février 1423 par le vicaire de la Sainte-Baume ; et, depuis ce moment jusqu'à la révolution de 1789, le bordigue de l'étang du Drignon a appartenu exclusivement aux Dominicains de Saint-Maximin qui l'arrentaient à des fermiers. Peu après, il lui fallut soutenir un conflit avec le prieur bénédictin de Palaison, au sujet de la juridiction haute et basse que chacun d'eux prétendait avoir dans le territoire dudit Palaison ; mais l'affaire fut remise à des arbitres, pour être terminée à l'amiable (2).

Vers la fin de 1423, Garcias de Falcibus entreprit de nouveau un grand voyage, dans l'intérêt de sa maison. Il se rendit en Italie après du roi Louis III, pour en obtenir le renouvellement des privilèges de son couvent, tant de fois battus en brèche, nonobstant les déclarations successives de tous les souverains du pays. Avant de partir, il avait eu soin de se procurer les copies authentiques des diplômes dont il allait solliciter une nouvelle

---

(1) Pièces justif. n° XX.
(2) Arch. des B. du Rh. S. Victor de Mars. Ch. 9179.

ratification. C'est pendant l'hiver qu'il fit son voyage, car nous le trouvons encore en octobre à Saint-Maximin, où il demandait aux officiers royaux de vidimer les lettres de Charles II (Faillon, n° 107), accordant une provision annuelle de mille livres, dont il entendait emporter le texte avec lui (1). Il trouva le roi à Aversa, en janvier 1424, reçut de lui un très-bon accueil, et réussit complètement dans ses demandes. Quand il revint, il était porteur de cinq lettres-patentes (2), par lesquelles Louis III lui donnait une pleine satisfaction pour la pension alimentaire de ses religieux, l'acquisition de Roquebrune, l'assistance du prieur au conseil de la ville, l'ouverture d'une porte dans le rempart, pour pouvoir communiquer du couvent au jardin situé hors des murs, etc. Il ne pouvait souhaiter davantage.

En retournant de Naples, Garcias s'arrêta à Rome, pour solliciter aussi de nouvelles bulles papales, et là, comme à Aversa, il n'eut qu'à se féliciter des résultats qu'il obtint. Martin V donna quatre bulles en faveur de Saint-Maximin (3), dont trois portent la date du 2 mars 1424. L'une de ces dernières avait pour but de provoquer l'achèvement de l'église dont les travaux étaient suspendus depuis si longtemps; elle accordait, dans cette intention,

---

(1) Exponentes dictum conventum dictis litteris quam plurimum indigere portare et presentare ad presentias summi pontificis et regalium majestatum. *Acte du 5 oct. 1423. Arch. de S. Max. Arm. 1, sec 1.*

(2) Il n'y a que trois de ces lettres dans M. Faillon : ce sont les numéros 197, 198, 199. Les deux autres font partie de nos pièces justificatives, n°° XXI, XXII.

(3) Mon. inéd. n°° 192, 193, 194, 195. Le numéro 192 n'est point la confirmation de la donation de Roquebrune, mais une commission donnée à l'archevêque d'Aix, à cette fin. La bulle de confirmation se trouve dans le *Bullaire Dominicain*, tome II, p. 658; elle est en date du 19 décembre 1425.

une somme de mille florins, à prendre sur les legs pieux sans destination fixe, qui seraient faits en Provence. La quatrième bulle, qui ne fut délivrée que le 12 mai, est une confirmation générale de toutes les grâces antérieurement accordées au couvent par les pontifes romains et les princes séculiers. L'expédition de cette pièce dut retenir le prieur de Saint-Maximin à Rome plus qu'il ne l'avait présumé, car il ne fut pas de retour en Provence avant le mois de juin.

Il s'était écoulé plus de quatre mois depuis l'octroi des diplômes royaux qu'il rapportait avec lui, et, quand il les présenta à Aix pour les faire enregistrer à la Cour des Comptes, on lui opposa les règlements, qui ne permettaient pas de recevoir les pièces qui avaient plus de quatre mois de date. Cet obstacle ne put être levé que le 8 août par une ordonnance de Charles du Maine, frère du roi et son lieutenant en Provence, qui commanda aux archivaires de procéder à l'enregistrement, bien que la limite du temps fixé eût été dépassée. Garcias produisit le 26 août les cinq lettres royales par devant les maîtres rationaux qui les firent insérer dans le registre *Crucis*, où nous les avons retrouvées, à l'exception toutefois de celles qui autorisaient l'ouverture d'une porte dans les murailles, pour faciliter l'accès du jardin du couvent (n° 198), dont l'enregistrement ne fut pas accordé (1).

Garcias de Falcibus continua à gouverner la maison de Saint-

---

(1) Magistri rationales per ven. virum fratrem Garciam de Falcibus, conventus Sancti Maximini priorem, suppliciter requisiti... de ipsarum quinque litterarum peciis, quatuor h c archivari decreverunt, quinta vero super muri apertione dicte ville tamen excepta. *Arch. des B. du Rh. B. 10, Reg. Crucis, fol. 158 v°.*

Maximin durant tout le reste de 1424 et la plus grande partie de 1425. Mais quand il vit arriver la fin de sa troisième année, après avoir marché sur les traces du B. Abellon, durant tout le temps qu'il eut l'autorité en main, il voulut l'imiter aussi dans sa démission volontaire. Il renonça donc spontanément à son titre, et se retira dans le couvent d'Aix. Cet évènement eut lieu quelque temps avant la fin de l'année 1425. Le 4 du mois de décembre, nous voyons son successeur déjà installé, et Garcias lui-même est désigné en termes formels comme ancien prieur (1). Le 26 du même mois, il ratifiait, avec les autres Dominicains d'Aix, une transaction conclue avec le chapitre de Saint-Sauveur au sujet des droits de sépulture, et il figure dans cet acte comme faisant partie de la communauté des Frères Prêcheurs de cette ville (2). Ceci en dit assez pour montrer combien se sont mépris ceux qui ont voulu faire durer jusqu'en 1430 son priorat à Saint-Maximin. Nous n'avons point d'autre renseignement sur Garcias de Falcibus. Il ne paraît pas avoir eu de grades théologiques, et c'est le premier prieur qui n'ait pas été gradué, car tous les autres étaient maîtres.

LE B. ANDRÉ ABELLON, PRIEUR POUR LA SECONDE FOIS. 1425-1429. En se démettant de son titre de prieur, en 1422, André

---

(1) Fratrem Garciam de Falcibus, pro tunc priorem ven. conventus regii... ville Sancti Maximini... Reverendi magistri fratris Andreæ Abelloni, in sacra pagina eximii professoris, prioris ipsius conventus. *Acte du 4 déc. 1425. Mon. inéd. to. II, col. 1103.*

(2) Personaliter constituti ven. et rel. viri fratres Guillelmus de Villafranca, prior, magister Adhemarius Fidelis, magister in theologia, Honoratus de Segreriis, presentatus in theologia, Gracias de Falcibus, Bartholumeus Audeberti..., conventuales, seu dicti neosis) monasterii residentes. *Arch. des B. du Rh. S. Sauveur d'Aix. Reg. 76, fol. 29.*

Abellon ne quitta pas Saint-Maximin, et il y continua par l'autorité de ses exemples ce qu'il ne pouvait plus faire par la voie du commandement. Nous l'y trouvons à diverses reprises en 1423 (1), et nous ne pouvons douter que son successeur, son continuateur, ne se soit toujours inspiré de ses conseils, de même qu'il l'imitait dans ses actes. Mais lorsque Garcias de Falcibus se démit à son tour, en 1425, l'ancien prieur fut aussitôt appelé, d'une commune voix, à reprendre les fonctions qu'il avait remplies si dignement. Ce second priorat du B. Abellon, pour avoir été inconnu à tous les historiens, n'en est pas moins d'une certitude absolue.

Il nous a été signalé d'abord par un document imprimé dans M. Faillon (n° 196) qui n'en a pas su tirer les conséquences, et où le titre de prieur lui est donné le 4 décembre 1425. Non moins explicite est le témoignage du P. Forrat, lequel nous apprend, d'après les archives du couvent d'Aix, qu'il fut « premier défini-« teur à un chapitre de la province de Provence, tenu à Béziers, « où il assista en qualité de prieur de Saint-Maximin, en 1428. » (2) Comment concevoir qu'avec des renseignements si précis, aucun des historiens n'ait mentionné ce fait, et qu'ils n'aient pas, à eux tous, un seul mot pour indiquer le retour au pouvoir du B. Abellon ? Il ne servirait de rien d'alléguer, pour les excuser, que ces écrivains ont pu ne pas connaître les pièces que nous venons de citer; car, ni Haitze, qui a découvert et transcrit, chez un no-

---

(1) Arch. de S. Max. Arm. 1, sac 1. Arm. 3, sac 1. Arch. des B. du Rh. S. Victor, Ch. 9179.

(2) Roux-Alphéran. Notice sur André Abellon, p. 19.

taire de Marseille, l'acte du 4 décembre, ni M. Faillon, qui l'a fait imprimer, n'ont pu ignorer ce qu'ils ont lu et copié de leur propre main. Quant aux PP. Reboul et Lombard, ils auraient bien pu, à défaut de ces pièces, utiliser celles qui se trouvent dans les archives de leur couvent. Convaincu en effet que cette phase de la vie d'André Abellon avait dû laisser des traces dans les papiers de sa maison, nous les y avons cherchées nous-mêmes, et nous y avons trouvé, sans trop de peine, la preuve qu'il y avait été prieur une seconde fois.

Il est désormais incontestable qu'il était prieur en 1425, comme nous le savons par l'acte déjà indiqué; il l'était en 1426, où il vendait, le 16 août, une terre à Bertrand Codoli, de Saint-Maximin (1); en 1428, où il assistait au chapitre provincial de Béziers; en 1429, où il arrentait pour douze ans la bordigue de Berre, pour le prix total de 1470 florins (2). Cette même année, le couvent eut, au sujet des bois de Bonnegarde, un grand procès avec la commune de Brignoles, qui défendait d'y laisser pénétrer les troupeaux étrangers, privant ainsi les religieux de la meilleure partie de leur pension, qui reposait surtout sur les droits de pâturage. Le prieur fit lever, le 22 avril, à la Cour des Comptes d'Aix, la copie authentique des privilèges qui établissaient les droits conférés par les comtes au couvent de Saint-Maximin, afin de s'en

---

(1) Pièces justif. n° XXIV. — Haitze a placé en 1426 comme prieur de Saint-Maximin Gilles Escol. C'est une erreur; Gilles Sturti (c'est son vrai nom) était prieur de Marseille. Mon. inéd. to. II, col. 1104.

(2) De mandato magistri Andree Abelloni, in sacra pagina professoris, prioris dicti conventus. Acte du 14 avril 1429. Arch. de la Comp. des Salins du Midi.

servir dans la cause (1). L'affaire fut portée devant les maîtres rationaux, dont la décision fut défavorable à la commune. Il y eut appel de la part de celle-ci ; mais avant qu'une solution définitive intervînt, les procureurs de la ville allèrent trouver le prieur André Abellon, qui était à Aix, défendant les intérêts des siens, et conclurent avec lui une transaction que les conseillers de Brignoles ratifièrent le 6 août 1429 (2).

Plus tard encore, sur la fin de l'année, pour tirer quelque profit des eaux que le couvent possédait à Ceaux, il fut résolu d'y faire construire deux moulins ; et nous lisons que, le 20 décembre, le prieur en donna le prix-fait à un charpentier de Saint-Cannat (3). C'est le dernier fait où nous voyions le B. Abellon paraître avec ce titre, et la date la plus récente que nous puissions indiquer. Nous ne croyons pas que son priorat se soit prolongé beaucoup au-delà, et c'est dans les commencements de 1430 qu'il dut y mettre fin par une nouvelle démission. En tout cas, il est à remarquer que cette seconde fois il demeura en fonctions plus longtemps que la première, puisqu'à l'époque où nous sommes parvenus, son administration avait déjà duré plus de quatre ans. Nous ne savons pas quel fut le motif qui le contraignit à

---

(1) Arch. des B. du Rh. B. 677. Les pièces contenues dans ce rouleau sont au nombre de six, savoir, notre pièce justif. IX, et les num. 103, 125, 159, 170, 197 des *Mon. inédits*.

(2) Simul accesserunt ad fratrem Andream Abelhonis, priorem et procuratorem prenarrati conventus beate Marie Magdalene. *Arch. de S. Max. Arm. 3, sac 12.*

(3) Le 20 decembre 1429, le R. P. André Abellon prieur du présent convent donna a prisfait à Anthoine Giraud, maistre charpantier de Saint-Canat, de faire deux mollins moullans à Seaulx, pour le pris de 210 florins de 16 sous pièce. *Livre Pourquoy du P. Martin*, p. 405, chez M. le marquis de Clapiers.

faire ainsi une brèche à ses principes bien connus sur la triennalité des charges; mais dès que ce motif déterminant eut cessé, il se hâta de déposer ses pouvoirs et de rentrer dans la vie privée.

Durant son second priorat, André Abellon eut à continuer, dans son couvent et dans l'église, des travaux qui avaient été déjà commencés; nous avons différé d'en parler jusqu'à ce moment, afin de pouvoir les présenter dans leur ensemble, et nous allons réunir ici les renseignements que nous avons recueillis sur cette matière.

Les travaux qui furent faits au XVme siècle aux édifices de Saint-Maximin sont très-clairement désignés dans une des pièces que nous publions ci-après, où il est dit que les sommes que l'on se procurerait seraient employées à l'église, au cloître, au chœur et à la toiture du dortoir, sans préjudice des décorations qu'on pourrait faire à l'église (1). La construction du cloître avait été entreprise à l'époque où André Abellon était vicaire du couvent, sous Hugues de Clapiers. Le 21 septembre 1408, le vicaire de la Sainte-Baume voulant faire l'emploi de 300 francs d'or que le maréchal Boucicaut avait donnés à ce sanctuaire, afin de lui procurer quelques rentes, les Dominicains de Saint-Maximin lui cédèrent des cens qu'ils possédaient sur plusieurs maisons, et reçurent en échange les 300 francs, pour les consacrer à la bâtisse de leur cloître (2). Les termes dont on se sert en parlant de

---

(1) In dicta opera ecclesie, claustri dicti conventus, cori dicte ecclesie, texius dormitorii. *Pièces justif.* n° XXIII.

(2. Pro complendo, in solidum vel in parte qua potuerint meliori, opus seu edificium claustri jam dicti conventus fratrum predicatorum, jam inceptum et partim constructum, cum dictum edificium redundet in honorem maximum dicte ecclesie beate Marie Magdalene, ac etiam dicti conventus. *Arch. de S. Max. Arm. 3, sac 1.*

cet ouvrage sont équivoques, et ne permettent guère de savoir si l'on veut dire *qu'il venait d'être commencé* et construit en partie, ou s'il faut entendre que *depuis longtemps* il en existait une portion. Ce qui n'est pas douteux, c'est qu'on pensa alors à l'achever; il n'était pas terminé en 1425, au moment où le B. Abellon allait être prieur pour la seconde fois, et ce fut une des choses dont il eut à s'occuper. Il suffit du reste de jeter un coup d'œil sur le cloître de Saint-Maximin pour s'assurer qu'il n'appartient pas à l'œuvre primitive, et qu'il a bien les caractères de l'architecture du XVme siècle.

Si l'on put alors compléter le cloître, il n'en fut pas de même de l'église. Il est certain que l'on forma le projet d'en reprendre les travaux, et que l'on chercha à se procurer les fonds nécessaires. Ce fut l'objet d'une des demandes que Garcias de Falcibus présenta au pape Martin V, lors de son voyage à Rome en 1424. Il lui exposa que le merveilleux et somptueux monument, entrepris avec tant de zèle par les rois de Sicile, demeurait inachevé faute de ressources suffisantes. On n'avait pu en bâtir que la moitié, ou à peu près, et tout était arrêté. Il y avait même deux arcades faites en bois, qui menaçaient ruine, et elles étaient un grave danger pour tous ceux qui y venaient (1). Ceci doit s'entendre vraisemblablement de la travée de la nef centrale et de la nef du midi correspondant à l'arcade élevée en 1404 dans la basse nef septentrionale. Dans ce cas, on en pourrait conclure qu'on avait eu alors l'intention de construire, dans toute la largeur de l'église,

---

(1) Suntque ibi duæ archeriæ de lignis confectæ, quæ minantur ruinam, in maximum periculum ibidem intrantium *Mon. Inéd. to. II, n. 194.*

cette travée qui est la quatrième en partant de la porte, et qu'on avait même mis en place les bois qui devaient y servir. Cependant on pourrait aussi appliquer ces expressions à la charpente qui soutenait des deux côtés l'arcade bâtie sur la crypte, laquelle n'aurait pas été entièrement terminée et débarrassée de ses supports. Il en coûterait plus de quarante mille livres tournois, ajoutait-on, pour compléter cet édifice, et l'on avait besoin de généreuses aumônes de la part des fidèles.

Le pape répondit aux sollicitations qui lui étaient adressées, en accordant la faculté d'appliquer à l'église de Saint-Maximin la somme de mille florins prélevés sur les legs pieux qui seraient faits dans les trois provinces ecclésiastiques d'Aix, d'Arles et d'Embrun, sans que l'objet en fut déterminé d'une manière précise. Une bulle adressée à l'official de Toulon lui donnait le pouvoir d'assigner à cette œuvre, jusqu'à concurrence de la somme allouée, les legs qui se trouveraient dans les conditions voulues, et de donner une décharge valable à ceux qui étaient tenus de les acquitter. Cette bulle reçut son exécution. M. Faillon a fait connaître un acte (n° 196), dans lequel le prieur des Dominicains de Marseille agit comme procureur du prieur de Saint-Maximin, pour le recouvrement d'un legs qui lui revenait en vertu de la donation de Martin V. Nous en avons retrouvé un autre du même genre, de l'an 1429 (1), et il est à présumer qu'André Abellon avait, dans plusieurs localités, aussi bien qu'à Marseille, délégué ses pouvoirs à divers religieux, pour réclamer les legs incertains

---

(1) Protoc. de J. Duranti, not. de Marseille, 1429.

dont son église devait bénéficier. Mais il n'est pas dit que l'on ait pu réaliser par cette voie des sommes importantes.

Un autre document, inédit jusqu'à ce jour, et que l'on trouvera ci-après (1), nous apprend combien on se préoccupa alors de cette question ; on crut évidemment que l'on allait enfin pouvoir construire la seconde partie du monument demeuré incomplet depuis plus d'un siècle. C'est une convention passée en 1425, entre le conseil de la ville et les religieux de Saint-Maximin, pour la réparation *et l'achèvement* de l'église. Il fut arrêté d'un commun accord que l'on nommerait chaque année quatre personnes, deux religieux choisis par le couvent et deux laïques élus par le conseil, lesquels présideraient à tout ce qui concernait la bâtisse de l'église. On y consacrerait toutes les sommes que l'on retirerait en vertu de la bulle de Martin V, et tout ce qui serait donné par les personnes pieuses. On nommerait un trésorier qui aurait tout l'argent de la fabrique et n'en disposerait que sur l'ordre de ceux qui dirigeraient l'œuvre. Les Dominicains montrèrent dans cette affaire toute leur bonne volonté, en acceptant que celui qui devait centraliser tous les fonds fût un séculier honorable désigné par les conseillers de la commune, et encore plus, en consentant que les revenus de Roquebrune, qui leur appartenaient, fussent affectés à ces travaux.

Cette convention n'est pas datée, mais elle est accompagnée de l'approbation de Charles du Maine, frère et lieutenant du roi,

---

(1) Capitula facta et inita, pro reficienda, reparanda, et de novo construenda ac perficienda, deo auxiliante, ecclesia dictæ villæ. *Pièces justif.* n° X.

donnée à Tarascon le 25 janvier 1425 (1), ce qui en détermine l'époque. On lit dans ces pièces que l'église menaçait ruine, que l'eau de la pluie y pénétrait de toute part, et qu'il y avait lieu d'en craindre la destruction, si l'on n'y apportait un prompt remède. C'est à ces dangers imminents que l'on dut s'efforcer de remédier sans retard, et les fonds que l'on avait y furent probablement employés, comme au plus pressé et au plus nécessaire. On dut réparer les toitures, fermer les brèches et les ouvertures béantes, pour mettre l'édifice à l'abri des intempéries des saisons, et prévenir des dégats qui seraient bientôt devenus irréparables. Quant à de nouveaux travaux et à de nouvelles arcades, il n'y a aucun indice qu'on ait pu en entreprendre, et si nous n'avions l'acte qui nous révèle les projets que l'on avait formés, rien dans l'état du monument ne nous ferait douter qu'on ait songé à cette époque à y mettre la dernière main.

Quelque chose de considérable fut pourtant fait à cette époque, et ce fut pour l'église un remarquable ornement; mais ce n'était pas un ouvrage d'architecture. Nous voulons parler du chœur des religieux qui, ainsi que nous l'avons indiqué en passant, avaient fait jusqu'alors leurs offices dans une chapelle. Il était nécessaire de les établir commodément dans l'église, en face de l'autel, pour que les cérémonies liturgiques pussent s'y accomplir avec solennité, et que le culte divin y reçût toute sa splendeur. On entreprit donc la construction d'un chœur digne de la basilique. Nous avons vu qu'il était commencé sur la fin du priorat

(1) *Ibid.* La convention et les lettres de Charles du Maine sont sur deux parchemins liés ensemble. Les lettres n'ont jamais eu de sceau, bien qu'on eût préparé la queue pour l'y mettre. Le nom du maître rational n'y a pas été écrit.

de Jacques Guichard ; le B. Abellon, qui lui succéda, eut à le continuer, et nous le regardons comme son œuvre particulière. La convention de 1425 mentionne en effet le chœur comme une des choses dont il fallait poursuivre l'exécution, et dans un titre du 16 août 1426 (1), il est parlé d'un atelier établi au milieu du cloître, où l'on préparait les pièces qui allaient composer le chœur du couvent. Parmi les témoins de cet acte figure maître Jean Flamenqui, de Toulon, sculpteur sur bois, qui certainement était là pour travailler de son art, supposé qu'il ne fût pas le maître de l'œuvre. Il est donc impossible de contester que cet ouvrage ait été fait du temps d'André Abellon.

Le P. Reboul, qui vivait lorsque ce chœur existait encore, nous a appris que ses *chères hautes et basses* étaient de bois de noyer, et pouvaient contenir 90 religieux (p. 29). Un autre écrivain, qui était venu le visiter avant lui, nous dit qu'il y avait à peu près 100 stalles, établies sur deux rangs de chaque côté, et que derrière chacune des stalles du rang supérieur, qui étaient au nombre de vingt-cinq, on voyait peinte la figure d'un Saint (2). Il y avait donc en tout 50 figures de Saints, 25 de chaque côté ; et en somme, le chœur comprenait deux sortes d'objets d'art : les ouvrages de sculpture et les peintures. Il y aurait intérêt à connaître les artistes du XVme siècle qui en furent les auteurs.

On n'a jamais pu, que nous sachions, désigner les noms de

---

(1) Pièces justif. n° XXIV.

(2) Il choro aperto all'antica è di poco meno di cento sedie, essendo che i due più alti ordini, ove stanno i sacerdoti, ne contengono vinticinque per uno, e quei da basso quasi altrettante per i novizii e non sacerdoti. Et alle spalle di ciascuna sedia è dipinto un Santo. Razzi. *Vita e laudi di Santa Maria Maddalena.* Firenze, 1587, in-4. p. 96.

ceux qui sculptèrent et peignirent l'ancien chœur de Saint-Maximin. Aurons-nous été plus heureux dans nos investigations, et verrons-nous nos indications acceptées ? Quant aux sculptures, nous avons déjà nommé maître Anthonelle Gervaut et maître Jean Flamenqui ; nous pensons qu'il faut voir en eux les maîtres sculpteurs qui ont fait les boiseries du chœur primitif de Saint-Maximin. En ce qui concerne les peintures, il y a un peu plus d'obscurité, parce que nous n'avons pas ici le témoignage des actes contemporains, et nous sommes livrés à notre propre appréciation. Néanmoins, les circonstances de temps et de lieu nous suggèrent la pensée que le prieur qui faisait faire le chœur a bien pu exécuter lui-même une bonne partie des figures dont il était orné.

Deux choses en effet sont certaines : la première, c'est que le chœur a été fait du temps de B. Abellon ; la seconde, que celui-ci était artiste et s'occupait de peinture. Le premier point est démontré par tout ce qui précède, puisque le récit des évènements nous a fait voir qu'à partir de 1419 André Abellon a été de résidence à Saint-Maximin, au moins pendant une dizaine d'années, et que toutes les dates connues sur la construction du chœur sont de cette époque. D'autre part, son goût pour la peinture est attesté par tous ceux qui ont parlé de lui. Contentons-nous du témoignage du P. Forrat, qui, écrivant d'après les archives du couvent d'Aix, dont il était prieur, nous dit à son sujet : « Il était peintre, et il fit un retable à notre église (1). »

Cela étant, comment pourrions-nous admettre qu'André Abel-

---

(1) Ms. de P. Forrat, à la bibliothèque de la ville d'Aix.

lon, artiste et peintre, ne fut pour rien dans le choix du plan adopté pour l'ornementation du chœur qu'il faisait construire, et qui consistait à en remplir les panneaux, non point par des sculptures, mais par 50 figures de Saints peintes au-dessus des stalles ? Il ne nous serait pas moins difficile de nous persuader qu'étant là au moment où ces peintures se faisaient, le saint artiste ait pu s'abstenir de coopérer personnellement à la décoration de la maison de Dieu, et n'ait pas saisi ses pinceaux, pour orner par son propre travail le temple confié à sa garde. Nous pensons, au contraire, qu'il prit une large part à une œuvre dont il était l'inspirateur, et qui, si elle était parvenue jusqu'à nous, nous révélerait tout un côté de son génie, actuellement bien peu connu.

Le chœur dont nous venons de parler a subsisté jusqu'à la fin du XVIIme siècle, où il fut remplacé par le chœur actuel. Il est bien regrettable que l'on ait fait disparaitre à cette époque les figures de Saints qui le décoraient, et que l'on n'ait pas songé à les conserver en les plaçant en quelque autre partie de l'église. Un seul fragment a échappé à cette destruction, et nous permet de nous former une idée de l'antique monument ; c'est le rétable qui se trouve aujourd'hui sur l'autel de saint Antoine, dans la première chapelle de la nef latérale de gauche, après la sacristie, et sur lequel sont des peintures sur bois, du XVme siècle. Il se compose de quatre panneaux, sur chacun desquels est l'image d'un Saint de grandeur naturelle : ce sont saint Laurent, saint Antoine, saint Sébastien et saint Thomas d'Aquin. Une légère colonne sépare une figure de l'autre ; chacune d'elles est surmontée d'une peinture de petite dimension, et le tout est couronné par un dais qui se recourbe en saillie. Des quatre Saints, deux paraissent avoir été refaits : ce sont saint Antoine et saint Sébastien ; mais saint Laurent et saint Thomas d'Aquin appartiennent au chœur du B. Abellon, dont on comprendra l'ordonnance et le caractère, en alignant à la suite l'un de l'autre vingt-cinq sujets semblables.

Nous en avons fini avec l'exposé des évènements et des œuvres qui signalèrent les deux priorats du B. Abellon ; pour compléter ce qui le concerne, nous allons résumer ici rapidement le reste de sa vie. Il continua, paraît-il, de résider pendant quelques années à Saint-Maximin, où nous le retrouvons au nombre des conventuels en 1433 et 1434 (1); mais, dans cet intervalle, il eut à remplir une honorable mission que lui donna son Général. Barthélemy Texier, l'ancien provincial de Provence, avait été mis à la tête de son ordre, et s'efforçait de rétablir dans toutes les provinces les observances primitives. Pour commencer la restauration de la discipline régulière dans le midi de la France, il choisit le couvent d'Arles, et y envoya André Abellon, comme son vicaire (2). Celui-ci trouva la maison d'Arles dans une grande désorganisation qui ne permettait guère d'y entamer la réforme projetée. Il dut se contenter d'y remettre un peu d'ordre matériel, qui y faisait entièrement défaut, en renvoyant l'accomplissement de sa mission à un moment plus propice. Au reste, ses

---

(1) Congregato ven. capitulo dicti conventus..., mandato rev. magistri fratris Abesmaria Phidelis, sacre pagine professoris, prioris..., in quo quidem capitulo presentes fuerunt idem dominus prior, rev. mag. frater Andreas Abelloni, fr. Petrus Audegerii, lector... 3 oct. 1433, 21 juin 1434. *Arch. de S. Max.*

(2) Ego frater Andreas Abelloni, vicarius rev. Magistri ordinis generalis in presenti conventu... 29 déc. 1433 (39). *Arch. des B. du Rh. Dominicains d'Arles.*

exemples et l'austérité de sa vie impressionnèrent vivement ses confrères, et c'est là que nous trouvons noté dans les comptes du procureur, à l'occasion du jour de Noël, que le Bienheureux observait une complète abstinence (1). Il quitta Arles le 29 décembre 1432, après y avoir jeté une semence salutaire, qui permit d'y établir l'observance trois ans après. Il s'était proposé d'y revenir pour y prêcher le carême suivant, et l'avait annoncé aux religieux; mais il ne put tenir sa promesse (2).

A partir de 1436, nous le voyons habiter le couvent d'Aix, dont il fut fait prieur en 1438 (3); et il remplit ces fonctions jusqu'en 1442. Durant ce temps, les Etats de Provence s'étant réunis à Aix, vinrent tenir leurs séances chez les Dominicains (4), et reconnurent par une aumône l'hospitalité qu'ils en avaient reçue. En 1444, la réforme fut mise au couvent de Marseille par Elzéar Barthélemy, le même qui venait de réformer celui d'Arles (5); aussitôt André Abellon alla y faire sa résidence, et y demeura

(1) Item, pro magistro Andrea, in picibus et amigdalis pro saisamento, et non comedebat carnes, 1 s. 10 d. *Reg. du procureur des Dom. d'Arles.*

(2) Item, mandavi fratrem Authoniom magistrom Andree ad hoc ut veniret, quia ita dixit michi, cando recessit, quod ipse predicaret per totam XL., quod non fecit. 14 mars 1433. *Ibid.*

(3) 1438, 27 juillet. Solvi pro quodam pargameno, pro electione magistri Andree... *Ms. de P. Forret.*

(4) Atcampatz los diez senhors dels tres Statz denfra lo dich convent dels predicadors de la dicha ciutat d'Aix, tant en lo dich refreytor quant atiressins alcunas cambras del dich convent... 24 février 1439. *Bibl. d'Aix. Cartularium Johannis Martini.*

(5) 1444, 20 octobre. Pro equo quem duxit socius provincialis veniendo quesitum priorem hujus conventus ad ponendum observantiam in Massilia. *Domin. d'Arles.*

plusieurs années (1). Il y était encore en juin 1448, lorsque ses confrères d'Aix l'élurent de nouveau pour leur prieur; car c'est là qu'ils lui envoyèrent le décret de son élection, avec la confirmation du provincial, en le faisant prier d'accepter cet office (2). Il ne voulut pas consentir à leur demande; mais en 1449, il se rendit à Aix comme simple religieux, et y entreprit une espèce de mission qui dura tout le cours de l'année. Il continua ses prédications en 1450, qui fut la dernière année de sa vie, et prêcha tous les dimanches, depuis la Septuagésime jusqu'au troisième dimanche après Pâques, 26 du mois d'avril. Ce fut la dernière fois; il tomba malade le 3 mai, et mourut le 15, qui était le vendredi après l'Ascension.

Il fut enseveli au pied du maître-autel, du côté de l'évangile; on mit sur son tombeau une pierre où il était représenté vêtu de ses habits religieux, l'auréole autour de la tête, et l'on y grava tout à l'entour cette inscription: *Hic jacet corpus beati Andree Abellonii, ordinis sacri fratrum predicatorum, qui magnis claruit miraculis, obiitque in anno domini millesimo CCCC.L., et V. maii. Hoc opus fecit facere magister Guillelmus Stephani.* Cette pierre ne couvrait que la moitié du sépulcre; les grands miracles que le Bienheureux opéra après sa mort et qui sont attestés par son épitaphe, furent cause que l'autre moitié fut fermée seulement par une grille de fer, afin que les fidèles pussent prendre de la poussière sous laquelle reposaient ses sacrés ossements.

Le B. André Abellon a été, dans la ville d'Aix, l'objet d'un

---

(1) 1445, 1446, 1447. Reg. des notaires Palamède Vicatier et Elzéar Georgii, et Arch. dép. des B. du Rh. B. 1951.

(2) Ms. de P. Forrat.

culte solennel dont tous ses historiens se sont faits les échos. Nous ne saurions mieux faire que de citer quelques-unes de leurs paroles. Il mourut, dit l'un, en grande opinion de sainteté, qu'il attesta par un grand nombre de miracles qui furent faits à son décès; ce qui occasionna le peuple à lui faire dresser un autel en son honneur, faire brûler des lampes, et appendre des vœux (1). Immédiatement après son trépas, dit l'autre, on dressa un autel dans l'église, à son honneur, et vingt jours après on fit brûler une lampe devant son sépulcre, où le peuple accourait de toutes parts. Nos pères y recevaient mille grâces du ciel par l'intercession de ce bienheureux; la poudre qu'on recueillait sur son tombeau guérissait les fièvres. Il est négligé dans nos jours, non que le bienheureux manque de pouvoir, mais nous manquons de foi (2). Un troisième ajoute: comme on avait heureusement expérimenté que la poussière de son cercueil était d'une efficacité singulière pour la guérison des maladies, il fallut, pour contenter le désir du peuple, laisser une ouverture sur son tombeau, afin qu'on pût profiter de ce secours. C'est cette ouverture grillée qu'on voit à la tête de ce tombeau. La dévotion du peuple s'augmentant de jour à autre, elle fit dresser en moins d'un mois un autel à ce saint religieux, et y fit appendre des lampes (3).

L'ordre des Frères Prêcheurs est en instance auprès du Saint-Siège pour obtenir la confirmation de ce culte immémorial incontestable; mais il s'est rencontré à Aix des hommes qui, témoins

---

(1) Hon. Bouche, Histoire de Provence, to. II, p. 469.
(2) Pitton, Annales de la sainte église d'Aix, p. 139.
(3) Haitze, Histoire de la ville d'Aix, Ms. de la bibl. Méjanes.

de la dévotion de leurs ancêtres, se sont donné la pieuse mission d'empêcher le succès de la cause du B. Abellon. Ils ont publié d'inqualifiables pamphlets pour démontrer que le culte du Bienheureux n'est point dans les conditions requises pour être approuvé, et que ceux qui en sont les promoteurs ont forfait à leur devoir. Nous pourrions dire quelles passions ont dicté une conduite qui paraîtra peut-être incroyable, et quels moyens déloyaux ont été mis en œuvre ; il nous suffit pour aujourd'hui de la signaler et de la stigmatiser publiquement, en face de tous.

ADÉMAR FIDELIS, 15ᵐᵉ PRIEUR. 1430-1449. Ni le commencement ni la fin de ce prieur ne sont parfaitement établis ; il est pourtant très-vraisemblable qu'il succéda en 1430 au B. André Abellon, qui ne dépassa pas cette date, et non à Garcias de Falcibus, comme l'a cru Reboul (1). Nous avons déjà vu qu'Adémar, dont les antécédents sont assez peu connus, faisait partie du couvent d'Aix lorsque Garcias s'y retira, en 1425 (2) ; c'est lui aussi, croyons-nous, qui fut nommé régent des études à Montpellier par le chapitre général de 1426, bien que son nom y soit écrit d'une manière défectueuse (3). Il était maître en théologie, et c'était aussi un prédicateur très-renommé. Après avoir été quelque temps vicaire des dames de Nazaret, il fut fait leur prieur, au plus tard en 1429, et conserva la direction de leur maison,

---

(1) « Le R. P. Garcias de Falcibus, prieur, étant décédé dès le commencement de cette année 1430, on lui donna pour successeur, bientôt après, le R. P Aymar Fidelis, docteur en sainte théologie, et homme de grande probité. » *Reboul, p. 39.*

(2) Voir la note (2) de la page 164.

(3) Conventui Montispessulani, in regentem pro primo et secundo annis fratrem Marium Fidelem, sacre pagine professorem. *Chap. gén. de Bologne, 1426.*

même après qu'il fut devenu prieur de Saint-Maximin et presque jusqu'à la fin de sa vie (1).

En cette dernière qualité, il obtint du pape Eugène IV, le 11 mars 1431, une bulle qui l'autorisait à absoudre les habitants de la ville soumis à sa juridiction, et les pèlerins qui viendraient dans ce sanctuaire, ou à la Sainte-Baume, de tous les cas réservés aux Ordinaires des lieux. Une autre bulle, du 22 juillet 1435, sollicitée par les rois de France et de Sicile, accorda l'indulgence plénière à l'article de la mort à tous les provençaux qui contribueraient, selon leurs facultés, aux réparations de l'église. Cette concession fut renouvelée en 1442, par le même pape en faveur de tous ceux qui viendraient en pèlerinage à Saint-Maximin et à la Sainte-Baume, lors de la fête de l'invention de sainte Madeleine de l'année 1444, et qui donneraient des aumônes pour la fabrique de ces églises (2).

En 1431 également, le couvent arrenta les droits seigneuriaux et les revenus de Roquebrune, Palaison et Villepey, pour la somme de 250 florins d'or; et, en 1435, la reine Isabelle étant venue en Provence pour s'en aller à Naples, Adémar se rendit à Aix, et fit hommage entre ses mains pour ladite seigneurie de Roquebrune et ses dépendances (3). Mais cinq ans après, pour

---

(1) Arch. des B. du Rh. Nazaret. Reg. 19, 98, 11. Ce n'est qu'au commencement de 1446 que nous voyons nommer à sa place Bertrand Petri.

(2) Mon inédits, nos 201, 216, 217.

(3) Pro castro de Rochabruna, necnon mero et mixto imperio et omnimoda juridictione, cum gladii potestate, quod et quam idem prior et conventus habent in eodem castro, et etiam pro pareria quam ipsi habent ibidem cum aliquibus hominibus, in bassa juridictione. 21 sept. 1435. Arch. de S. Max. Arm. 4, sac 1.

des raisons qui n'ont pas été expliquées encore, il céda cette même terre à Gaspard Lascaris, pour une somme que l'on a dite de beaucoup inférieure à sa valeur. Cette vente malencontreuse, qui lésait considérablement le couvent, fut toujours regardée comme un acte fort regrettable, et le P. Reboul, en l'enregistrant, n'a pas manqué de l'appeler une *vente maudite*.

Hâtons-nous de dire, à la décharge du prieur, que cette affaire a été fort mal appréciée jusqu'ici. Il n'y a point eu de vente de Roquebrune; mais cette seigneurie fut réclamée en 1440 par Gaspard Lascaris, petit-fils et héritier de Dominique Lascaris, de Gênes, sur qui elle avait été confisquée, du temps de la reine Jeanne. Les nécessités politiques du moment obligèrent la reine Isabelle à engager Adémar Fidélis à consentir à un échange: il céda Roquebrune, moyennant la garantie d'un revenu équivalent, et la reine, devant qui la transaction fut conclue, unit aussitôt au couvent de Saint-Maximin la chapelle royale de Sainte-Catherine de Brignoles, avec les droits d'albergue de Correns et Paracol. Voilà ce que l'on a ignoré jusqu'à ce jour, et ce que nous apprend l'acte du 17 décembre 1440, enregistré à la Cour des Comptes dans le registre *Rosa* (fol. 109).

Cependant le roi René, qui avait succédé à Louis III, son frère, ayant été enfin délivré de sa longue captivité, arriva en Provence, pour passer de là dans son royaume de Naples. En attendant son embarquement, il alla en pèlerinage à la Sainte-Baume, et y demeura pendant neuf jours. Adémar Fidélis s'empressa de se rendre auprès de lui (1); l'ayant accompagné à Marseille, il en

---

(1) Nam magestatis nostre presentiam noviter adhiens religiosus vir frater Adhemarius Fidelis... *Voir ci-après, p. 46ᵉ.*

obtint, en une seule fois, cinq lettres patentes (1) qui satisfaisaient à toutes ses demandes, et allaient même au-delà. Car ce prince généreux, non content de confirmer toutes les concessions que ses prédécesseurs avaient faites au couvent de Saint-Maximin, et d'assurer contre des difficultés nouvelles la perception des revenus qui lui étaient assignés, voulut encore y ajouter de lui-même d'autres grâces. Il accorda aux religieux 25 émines de sel qu'ils recevraient toutes les années de la gabelle de Toulon. De plus, il fonda à la Sainte-Baume une messe quotidienne chantée en l'honneur de sainte Madeleine, et y affecta pour dotation une rente annuelle de 200 florins. C'est ainsi que ce roi préludait aux libéralités nombreuses qu'il fit durant tout le cours de son règne à la maison de Saint-Maximin, dont il fut un des plus insignes bienfaiteurs.

Vers l'année 1440, un grand incendie détruisit les bâtiments de la Sainte-Baume, et dévora tout ce qu'ils contenaient. Dans le journal tenu par Adémar Fidelis, il était dit que cet incendie fut des plus considérables, puisque toutes les lampes, calices, ornements, furent entièrement brûlés. Parmi les cendres, on ne trouva qu'un petit lingot d'or, dont on n'eut que 20 florins, et un autre d'argent, qui pesa 14 marcs et 6 onces, dont on retira 9 florins du marc. Pour le rétablissement de ce saint lieu, le prieur fit de grandes dépenses, mais aussi il reçut de grandes aumônes, dont il faisait mention dans son journal. Entre autres choses, il fit faire une grande muraille qui fermait toute la grotte de long

---

(1) Pièces justif. XXV, XXVI, XXVII, et Mon. inédits, nos 202, 203. Adémar alla lui-même, le 7 mai 1438, faire enregistrer ces cinq pièces dans le registre *Lilii*.

en long, ôtant la vue aux pèlerins de cette profonde caverne. Il fit faire aussi une porte de fer travaillée à jour, pour fermer le lieu où la Sainte avait accoutumé de se reposer (1). Ces curieux détails nous apprennent que, jusque alors, la grotte n'était pas fermée par un mur.

C'est aussi vers ce temps-là que la reine de France, Marie d'Anjou, sœur du roi René, étant venue à la Sainte-Baume, y fit la fondation d'une chapellenie, pour laquelle elle voulut que l'on acquit des biens fonds qui produisissent 50 florins de revenu. On acheta à cet effet les moulins de la Bouïsse, dont René confirma la possession au couvent; plus tard il les affranchit de tous les droits que pouvait réclamer sur eux le seigneur d'Auriac, en donnant à celui-ci l'équivalent des redevances auxquelles il le fit renoncer (2). Voici comment Adémar racontait, dans son journal, les circonstances qui accompagnèrent cette acquisition.

Les moulins furent achetés à l'encan public; le prieur alla à Aix le 15 novembre 1443, pour faire approuver cet achat aux maîtres rationaux, par l'ordre desquels la vente avait lieu, et il envoya Pierre Bartési, vicaire de la Sainte-Baume, à la reine de France, qui était alors à Montpellier, pour avoir l'argent qu'elle avait promis pour la fondation de sa chapellenie. Ensuite, il fut à Grasse, le 5 décembre, en demander l'investiture à Jacques de Castellane, seigneur d'Auriac, auquel il donna 35 florins, pour le droit de lods qui se montait à 50 florins, lui ayant été fait grâce de la plus-value. Le 2 janvier 1444, il fut parler au grand trésorier qui lui avait promis de faire approuver au roi ledit

---

(1) Cité par Reboul, p. 33.
(2) Mon. inéd. n° 904 et pièces justif. n° XXX.

achat; et il le suivit jusqu'à Tarascon où était le roi René, duquel il obtint la confirmation. Il donna audit trésorier pour cela 600 florins (1). Il faut remarquer que les lettres du roi ne furent données que le 10 octobre suivant, à Nancy; et que les 600 florins mentionnés ci-dessus, n'étaient pas une gratification, mais le prix de l'acquisition des moulins, que la Cour des comptes faisait vendre elle-même.

Le 4 novembre 1446, Adémar Fidélis était à Avignon avec le Général Barthélemy Texier, par l'ordre duquel il écrivait au prieur d'Arles de venir les rejoindre (2). Nous l'y retrouvons aussi le 1er juin 1448 (3). Il y était venu pour présenter au cardinal Pierre de Foix les vieux documents que l'on avait trouvés dans la châsse de sainte Madeleine dont on avait fait l'ouverture, et il obtint de lui un *vidimus* de ces pièces dressé avec toutes les formalités requises pour suppléer, au besoin, aux originaux eux-mêmes. Peu de mois après, il reparaissait dans la même ville, dans une circonstance solennelle, accompagnant le roi René, dont il était le confesseur (4). René venait inviter le cardinal légat à se rendre avec lui aux Saintes-Maries, pour procéder à la reconnaissance des reliques des saintes Marie Jacobé et Salomé.

---

(1) Cité par Reboul, *ibid.*

(2) Eadem die, ivimus, prior et ego frater Johannes de Platea Avinionem, ad magistrum Ademarium, qui mandavit pro nobis ex parte Magistri Reverendissimi. *Arch. des B. du Rh. Reg. du proc. des Domin. d'Arles.*

(3) Mon. inéd. n° 237.

(4) Per venerandum et egregium in sacra pagina professorem, magistrum Adhemarium Comitis, ord. Præd., ipsius domini regis confessorem. *Mon. inéd.* tom. II, col. 1924.

Il arriva à Avignon le 23 novembre 1448, et ce fut dans l'église de Notre-Dame des Doms, devant le grand autel, qu'Adémar, chargé par le roi de porter la parole en son nom, exposa au cardinal le but de son voyage, et le pria d'exécuter promptement les ordres que le Pape avait donnés à ce sujet. Dix jours après, le Légat accompagné de prélats nombreux, le Roi avec sa cour et une foule considérable, se trouvaient dans la ville de la Mer, où eut lieu l'exaltation solennelle des reliques des Saintes. Le prieur de Saint-Maximin s'y trouva aussi (1), et c'est lui encore qui fit le discours du jour de la fête (2), immédiatement avant l'ostension des reliques au peuple, sur la place de l'église.

Adémar Fidélis dut terminer sa carrière dans le courant de l'année suivante. Il vivait encore le 29 juin 1449, car, bien qu'il ne soit pas nommé dans l'acte passé à cette date (3), il y est parlé d'un prieur de Saint-Maximin qui ne peut être que lui, puisqu'il

---

(1) Voici les les dates précises du passage d'Adémar à Arles : 1448, 1 decembris, dominica prima adventus, in piris et castaneis, pro domino Trojano et magistro Asamario, XII. den... 4 decembr. Item, in piris, pro domino Trojano et magistro Asamario... *Arch. des B. du Rh. Dominicains d'Arles.*

(2) Facto antea per supradictum reverendum magistrum Adhemarium Fidelis sermone solemni. *Mon. inéd. col. 1773.* Le Dominicain nommé plus haut Adémar *Comitis*, et ensuite, par deux fois, Adémar *Fidelis*, est, à n'en pas douter, un seul et même homme ; car c'est bien certainement le prieur de S. Maximin qui a fait le discours attribué à Adémar *Comitis*, comme le rapporte Jean Eustache, abbé de Niselle, dans son récit rimé : Postquam sese praeveniunt— la omni reverentia,—Simul juncti perveniunt— In majori ecclesia. — Ubi per quemdam doctorem,— Azemarium vocatum,— Sancti Maximini priorem, — Ut cernis est propositum.— Reverendissime in Christo pater, etc. — F. Berxaud. *La tradition des Saintes-Maries*, p. 53.

(3) Pièces justif. n° XXIX.

n'y eut de prieur nouveau qu'en 1450. C'est donc vers la fin de l'an que nous devons fixer le terme de son administration.

Antoine Jourdan, 16ᵐᵉ prieur. 1450-1456. Tous les écrivains qui nous servent ordinairement de guides font remplacer, en 1449, Adémar Fidélis par Jacques de Pontevès, et il n'y a là-dessus parmi eux aucune divergence. Néanmoins, cet ordre de succession n'est point exact, et, entre ces deux prieurs, il est nécessaire d'en faire figurer deux autres, dont l'existence est très-certaine, quoiqu'elle ait été entièrement méconnue. Le premier est Antoine Jourdan, qui fut le véritable successeur de Fidélis. C'était un ancien religieux de la maison, que nous voyons paraître, depuis près de 30 ans, dans diverses pièces (1), et entre autres dans celle du 29 avril 1448, qui relate l'ouverture de la châsse de sainte Madeleine (Mon. inéd. n° 226). Il était alors sacriste, et chargé de l'église. Le 20 janvier 1450, il était devenu vicaire du couvent (2), et nous pensons qu'alors Fidélis avait déjà disparu; le 6 août, il a le titre de prieur (3) : c'est entre ces deux dates qu'il a commencé ses fonctions.

Son priorat est encore prouvé par une transaction qu'il conclut vers la fin de ce même mois d'août, avec le couvent d'Aix, au sujet des objets laissés par le B. Abellon, qui était mort depuis

---

(1) 1423. 13 oct. In quo quidem capitulo presentes fuerunt ipse dominus prior (Garcias de Falcibus), rev. magister fr. Andreas Abelloni, in sacra pagina professor, fr. Johannes Bertrandi, lector,... fr. Anthonius Jordani.. *Arch. des B. du Rh. S. Victor, Ch. 3179.*

(2) Cum ven. et rel. vir frater Anthonius Jordani, ord. fratrum pred., et vicarius conventus ecclesie B. M. Magdalene,... atque in sacra theologia licenciatus... *Arch. du couv. de S. Max.*

(3) Anthonio Jordani. priori ecclesie B. M. M. *Ibid.*

trois mois. Les religieux de Saint-Maximin réclamaient à ceux d'Aix tout ce qui avait appartenu au bienheureux, comme ayant été originaire de leur maison ; ceux-ci se l'attribuaient à un autre titre. On transigea ; mais nous ne pouvons pas dire sur quelles bases, parce que, à notre grand regret, nous n'avons qu'une courte analyse de cet acte, et non l'acte lui-même (1). Enfin, nous pouvons citer un document postérieur aux autres d'un an et demi, dans lequel Jourdan nous est aussi présenté comme prieur (2) ; de sorte que ce fait ne saurait être légitimement contesté. C'est donc à lui que fut adressée par Nicolas V la bulle du 3 janvier 1451, qui est une rénovation de toutes les immunités de sa maison. De même, c'est lui qui eut recours au roi René contre les receveurs des dons gratuits, qui voulaient l'y faire contribuer ; et il en obtint une déclaration très-explicite qui l'en exemptait complètement (3).

Bien que nous n'ayons en main aucun document portant le nom d'Antoine Jourdan postérieurement au 31 décembre 1451, nous présumons pourtant qu'il continua à siéger jusqu'en 1456. L'époque à peu près sûre de l'arrivée de son successeur nous impose cette date, que nous n'hésitons pas à admettre. Ceux qui

---

(1) 1450. 7 septembre. Le convent de S. Maximin ratifie la transaction faite par fr. Antoine Jourdan, prieur dudit convent, faite avec ce convent, not. Louis Dini, pour les prétentions sur les biens délaissés par fr. André Abelloni, docteur; le convent de S. Maximin fondé sur ce que ledit fr. Abelloni en estoit originaire, et ce convent, sur ce qu'il y avoit esté assigné en qualité de lecteur. Not. Antoine Pequi de S. Max. *Arch. des B. du Rh. Etat général des Titres du convent d'Aix. 1651.*

(2) 1451. 31 décembre. Anthonio Jordani, in sacra pagina professori, priori. *Arch. de S. Max. Arm. 6, sac 5.*

(3) Mon inéd. n°s 214, 210.

ne voudraient pas l'accepter, parce qu'elle n'est pas appuyée par des pièces, seraient forcés de placer ici, dans le vide de plusieurs années que laisserait son départ, un prieur inconnu dont aucune pièce ne parle, et l'inconvénient serait le même. Il est plus rationnel de continuer celui qui était en place. Antoine Jourdan, d'après les actes, n'était que licencié en théologie; cependant, le plus récent de tous lui donne le titre de maître, ce qui indique qu'il parvint au doctorat après avoir été fait prieur de Saint-Maximin.

JEAN BOLLETI, 17me PRIEUR. 1456-1457. Jean Bolleti fut un des premiers religieux qui embrassèrent les projets de réforme du B. Barthélemy Texier. Ce saint Général vint en personne inaugurer à Arles la première maison d'observance de la province de Provence, en 1436 (1), et mit à sa tête Elzéar Barthélemy, le même qui, deux ans auparavant, avait été fait maître des études au couvent de Montpellier (2). Jean Bolleti se trouvait là au même moment, en qualité de second lecteur (3), et assista ainsi aux débuts de la restauration monastique. Quelques années après, il était docteur en théologie. En 1447, il alla assister au chapitre général du Puy, tenu le 16 mai, et en s'y rendant, il donna des soins au susdit réformateur d'Arles, Elzéar Barthélemy, qui fut

---

(1) 1436. 19 janvier. Venit Magister Ordinis... 30 janvier. Recessit reverendissimus Magister Ordinis. *Arch. des B. du Rh. Domin. d'Arles.*

(2) Conventui Montispessulani, in magistrum studentium, fr. Alziarium Bartholomei. *Chap. gén. de Colmar. 1434.*

(3) 1436. 24 février. Inventarium factum de mandato fr. Alziarii Bartholomei, vicarii pro parte rev. magistri ordinis in conventu arelatensi, in presentia et test. fr. Petri Capreoli, prioris, Hugonis Mariol, lectoris, Johannis Boleti, secundi lectoris. *Domin. d'Arles.*

gravement malade en route, comme il nous l'a appris lui-même (1). En 1448, il était à Saint-Maximin, lors de l'ouverture de la châsse de sainte Madeleine, où étaient présents dix docteurs de l'ordre, les plus célèbres de la province, et il est nommé entre le prieur d'Arles et celui de Marseille, Jean Textoris (2).

Jean Textoris était le premier prieur qui eut gouverné le couvent de Marseille, après qu'Elzéar Barthélemy y eût aussi introduit l'observance, et que le B. Abellon y fût venu demeurer. Bolleti le remplaça, et nous l'y trouvons, comme prieur, au commencement de 1453 (3). En 1454, il était prieur d'Aix, et ce fut sa dernière étape, avant d'arriver à Saint-Maximin. Nous ignorons, il est vrai, à quelle époque il quitta la maison d'Aix, mais nous avons la certitude qu'il ne fut pas prieur de Saint-Maximin avant la seconde moitié de 1456. En effet, le 29 juillet de cette année, un document authentique nous montre le couvent dirigé par un vicaire en chef, avec pleins pouvoirs (4), ce qui indique la vacance du prieuré. Jean Bolleti ne tarda pas à en prendre le gouvernement; il en était en possession le 20 octobre, et faisait ce jour-là un achat de cens, dans l'intérêt de sa communauté (5).

---

(1) Fui infirmus taliter, quod, quando fui a tribus leucis de Podio, credidi mori, feria quinta de sero, sicut vidit magister Johannes Boleti qui presens erat. *Ibid.*

(2) Altario Bartholomei, Joanne Boletti, et Joanne Textoris, priore Massiliæ, in sacra pagina magistris. *Mon. inéd. to. II, col. 1208.*

(3) Magister Johannes Boleti, in sac. pag. professor, prior fratrum predicatorum Massilie. 1453. 16 févr. *Ch. 26 des Domin. de Mars.*

(4) Mandato ven. fr. Anthonii de Manasserio, dicte ecclesie et conventus vicarii cum plenitudine potestatis. *Arch. de S. Max. Arm. 1, sac 21.*

(5) Magistro fr. Johanni Boleti... priori, ven. conventus regalis,.. Sancti Maximini. *Ibid, Charte non cotée.*

C'est le seul acte qui nous fasse connaître qu'il faut le compter au nombre de nos prieurs, et nous n'avons pas réussi à découvrir d'autres traces de son administration. Il sera du reste facile de constater qu'il n'exerça pas longtemps ces fonctions, et, s'il siégea jusqu'en 1457, ce qui est probable, certainement il n'accomplit pas l'année, car au mois d'août il était rentré au couvent de Marseille, comme vicaire, et ensuite, comme lecteur (1).

S'il fallait s'en rapporter à un mémoire produit, au siècle suivant, dans le procès de Jean Damiani contre Pierre Bonnet, Bolleti aurait été privé de sa dignité de prieur de Saint-Maximin (2). Nous n'en croyons rien, parce que, en le voyant occuper immédiatement les principaux emplois au couvent de Marseille, nous pouvons regarder comme sûr qu'il ne venait pas d'être l'objet d'une destitution. Il revint d'ailleurs dans cette même maison d'où l'on voudrait nous persuader qu'il était sorti d'une manière peu honorable. Il s'y retrouvait déjà en 1469, et dans l'élection d'Elzéar Garnier, dont l'acte fait partie de nos documents, il figure comme deuxième scrutateur : ce n'est pas là l'allure d'un prieur destitué. Pour ce qui nous regarde, en réfléchissant à la brièveté de ses priorats à Marseille, à Aix et à Saint-Maximin, nous pensons au contraire que Bolleti était du nombre des religieux opposés à la longueur des charges, et il prêchait d'exemple.

(1) 1457. 22 août. Johannes Bolletti, in sacra pagina doctor, vicarius... 1458. 21 sept. Johanni Bolleti, magistro in theologia, et lectori dicti conventus. *Arch. des B. du Rh. Chartes de la Major de Mars.*

(2) Item dicimus quod multi priores dicti conventus a dicto prioratu, ante dictum Boneti fuerunt expulsi et amoti, prout fuit frater Johannes Bolleti, frater Jacobus de Pontevès, et certi alii. *Arch. de S. Max. Arm. 1, sac 10.*

Quant à l'assertion de Damiani, il est facile de comprendre qu'ayant à lutter contre un homme qui se disait prieur perpétuel et à vie, il s'est empressé de citer le fait de certains prieurs qui n'avaient pas siégé jusqu'au bout. Mais il n'a pas été heureux dans ses citations ; il s'est trompé en ce qui concerne Jacques de Pontevès, qui mourut en fonctions, comme nous le dirons, bien que d'après lui il ait aussi été révoqué. Il n'y a pas plus d'exactitude dans ce qu'il nous dit de Jean Bolleti. Ce sont là des affirmations sans preuves ; ce sont les allégations d'un avocat ou d'un procureur ; aussi n'y-t-il rien d'étonnant qu'après avoir mis ces noms en avant, il ait ajouté : et bien d'autres encore, *multi priores... et certi alii ;* alors que nous en sommes à peine au 17ᵐᵉ prieur, et que la fin de presque tous nous est parfaitement connue.

JACQUES DE PONTEVÈS, 18ᵐᵉ PRIEUR. 1457-1475. Nous avons dû retarder de huit ans l'avènement de Jacques de Pontevès, et l'histoire des deux prieurs que nous venons de rétablir à leur rang a déjà fait voir qu'il n'a pas pu arriver plus tôt ; sa propre histoire va montrer aussi que nous ne nous sommes pas trompé. Quand il fut élevé à la première place, il était depuis longtemps religieux au couvent de Saint-Maximin, et beaucoup d'actes parlent de lui. Nous l'y voyons pour la première fois le 14 avril 1429 ; il est inscrit le dernier parmi les 19 conventuels de la maison, parce qu'il devait être le dernier venu. Il est souvent nommé depuis lors, mais nous nous bornerons à le suivre durant les années où l'on a prétendu à tort qu'il était prieur. Le 6 août 1450, sous le prieur Antoine Jourdan, il figure comme simple religieux et bachelier ; le 21 septembre 1453, il est devenu licencié et vicaire du couvent ; le 21 septembre 1454, il est dit en être le procureur ;

le 29 juillet 1456, sous le vicaire en chef Antoine de Manasserio, il est classé de nouveau parmi les religieux. Tous les actes auxquels nous faisons ici allusion sont aux archives du couvent de Saint-Maximin, et concordent de point en point avec ce que nous avons établi ci-dessus. Il n'est donc point exact que Jacques de Pontevès ait été fait prieur en 1449, et ce n'est qu'en 1457 que la retraite de Jean Bolleti, laissant le poste libre, lui permit d'y arriver.

On ne trouve pourtant pas son nom dans les documents avant 1458. Le 29 juin de cette année, Nicolas de Brancas, évêque de Marseille, rapporta à Saint-Maximin, par l'ordre du roi, la machoire inférieure de sainte Madeleine qui était conservée à Aix, chez les dames de Nazaret, et il la réunit à sa tête, en présence du prieur Jacques de Pontevès et de ses religieux; c'est la première mention que nous ayons vue de lui. Presque en même temps, le roi René amortit les propriétés du couvent, et les déclara exemptes de toutes charges; mais comme il ne voulait pas que cette grâce tournât au préjudice des habitants de la ville, ce qui serait arrivé s'ils avaient dû payer les mêmes tailles, il réduisit de 54 à 52 le nombre de feux pour lequel ils étaient imposés (1). De plus, il obtint du pape Pie II que les dîmes et les revenus de l'ancien prieuré bénédictin, qui avaient été, lors de la fondation des Dominicains, réservés aux religieuses de Saint-Zacharie, maintenant réduites au nombre de deux ou trois, appartiendraient désormais aux religieux de Saint-Maximin (M. I. n° 220).

---

(1) Mon. inéd. n°s 238, 211.

Là ne s'arrêtèrent pas les bienfaits de ce prince, qui, sans se lasser jamais, multiplia ses ordonnances en faveur d'un établissement qui lui était cher. Il affranchit les moulins de la Bouisse, donnant lui-même du sien au seigneur d'Auriac la compensation qui lui était due pour les droits qu'il lui faisait abandonner; il voulut que les legs pieux faits au couvent et ses autres revenus fussent exigés comme les droits de son domaine; il ordonna que ses débiteurs fussent contraints par des voies expéditives à remplir leurs obligations; il renouvela la concession de 25 émines de sel de sa gabelle, et l'exemption des dons gratuits et de toute espèce de rêves (1); en un mot, il usa de tous les moyens en son pouvoir pour donner des preuves efficaces de sa bienveillance et de sa protection, et sembla vouloir les épuiser.

Au nombre des bienfaiteurs du couvent, il nous faut aussi compter le roi de France Louis XI. N'étant encore que Dauphin, il était venu au tombeau de sainte Madeleine, et se voyant sans héritier, il avait adressé ses vœux à la Sainte pour obtenir de Dieu la naissance d'un prince. Il était allé ensuite à la Sainte-Baume, et c'est lui qui fit construire dans la grotte le grand monument gothique qui recouvrait jadis le maître autel. C'était une voûte portée par quatre larges arceaux à ogive s'appuyant sur autant de piliers à colonnettes, et le tout formait un ensemble parfaitement adapté à la disposition des lieux, et qui n'a pas été remplacé avantageusement. Il donna aussi aux religieux de Saint-Maximin une rente annuelle de 1200 livres tournois, dont il régla la perception et l'emploi par deux lettres du mois de fé-

---

(1) Pièces justif. n°ˢ XXX, XXXI, XXXII, XXXIV. Mon. inéd. n°ˢ 912, 913.

vrier 1476 (1). Mais ceci nous mène au-delà du priorat de Jacques de Pontevès, dont nous devons maintenant étudier l'époque finale.

D'après tout ce que l'on a écrit jusqu'ici, ce prieur n'aurait pas dépassé l'année 1473 (2); mais c'est là une erreur qu'il est très-facile de réfuter par une simple exposition des faits accomplis postérieurement à cette date. Le 21 janvier 1474, le roi René fondait à Saint-Maximin quatre lampes, qui devaient brûler jour et nuit, deux devant le grand autel, deux dans la chapelle souterraine, et c'est Jacques de Pontevès qui stipulait dans l'acte pour son couvent (3). Le lendemain, nouvel acte concernant les 25 émines de sel (P. J. n° XXXIV); là ce prieur n'est pas nommé, mais il l'est dans le préambule de l'enregistrement à la Cour des Comptes, qui est du 11 février (4). Le 7 juin, Jacques de Pontevès recevait diverses facultés du Général de son ordre (5); le 3 novembre, il consentait à une réduction de cens (6); enfin, le 26 janvier

---

(1) Mon. inéd. 246, 247.

(2) « Environ le mois de mai de la même année (1473), le R. P. de Pontevès ayant fini son prieuré avec la vie... » Reboul, p. 27.

(3) Magistro Jacobo de Pontèves,... predicti regalis conventus beatæ Mariæ Magdalenæ priori. Mon. inéd. n° 205.

(4) Frater Jacobus de Ponteves... prior conventus fratrum predicatorum ville Sancti Maximini. Arch. des B. du Rh. B. 16. Reg. Pavonis, fol. 239 v°.

(5) Magister Jacobus de Ponteves, prior conventus Sancti Maximini, habuit licentiam recipiendi et assignandi fratres in suo conventu, expellendi inutiles, et sufficientes promovendi ad sacros ordines; nullis obstantibus. Et nullus inferior molestet (7 juin 1474). Reg. I. Mag. Leonardi de Mansuetis, fol. 166.

(6) Rev. pater in sacra pagina magister, Jacobus de Ponteves, prior... 3 novembre 1474. Arch. de S. Max. Ch. s. 40.

suivant, il arrentait le bordigue de Berre (1). Il est donc évident qu'il n'est point mort en 1473, et qu'il a continué sa vie et ses fonctions de prieur jusqu'aux premiers mois de 1475. Il a dû mourir vers Pâques, en mars ou en avril; car, bien que nos citations s'arrêtent en janvier, l'élection de son successeur nous donne le droit de nous avancer encore de deux ou trois mois.

Tous les écrivains assurent que Jacques de Pontevès appartenait à l'illustre famille des seigneurs de Carcès. A partir de 1456, nous le voyons qualifié du titre de docteur, et nous connaissons aux archives du couvent une pièce qui célèbre en termes élogieux son mérite et son savoir (2).

Après Jacques de Pontevès, toutes nos listes contiennent un prieur qu'elles nomment Guillaume Ubardi; et c'est pour lui faire place qu'elles ont retranché au premier deux ans de vie. Guillaume, disent-elles, était un enfant du couvent de Saint-Maximin; il fut le confesseur et le conseiller du roi René; il devint prieur en 1473, et cessa de l'être en 1476 (3). Tout ceci est controuvé. Nous croyons que Guillaume Ubardi n'a jamais existé, mais ce qui est cent fois certain, c'est qu'il n'a jamais été prieur de Saint-Maximin, et nous l'expulsons de la liste sans hésiter, pour quatre

---

(1) Jacobus de Pontevès, prior Sancti Maximini... 26 janvier 1474(5). *Arch. de la Compagnie des Salins du Midi.*

(2) Beneplacito reverendi et scientifici viri magistri Jacobi de Pontevès, in sacra pagina eximii doctoris sive professoris. *Arch. de S. Max.*

(3) « On lui donna pour successeur le R. P. Guillaume Ubardi, confesseur et conseiller du Roi... 1470. Le R. P. Ubardi, prieur, étant décédé dans la troisième année de son prieuré... » *Reboul*, p. 37, 38. — « F. Guillaume Ubardi, élevé à Saint-Maximin, devint prieur de cette maison en 1473. » *Faillon*, to. II, col. 1609.

principaux motifs : 1° Il n'existe aucune pièce qui fasse mention de ce prétendu prieur, et jamais personne n'en a cité une seule ; 2° Jacques de Pontevès a vécu jusqu'en 1474, et Elzéar de Garnier a commencé la même année, ils occupent ainsi à eux deux tout le temps que l'on assigne à Ubardi, et il n'y a pas de place pour celui-ci ; 3° Pontevès a eu Garnier pour successeur immédiat, comme le procès-verbal de l'élection de ce dernier en fait foi, et l'insertion d'un prieur intermédiaire est impossible ; 4° les titres de confesseur et de conseiller royal qu'on lui donne, sont des titres qui appartiennent en réalité à Garnier, le vrai remplaçant de Pontevès, et on les lui a empruntés pour en décorer un personnage fictif. Il n'y a donc pas lieu de tenir compte de Guillaume Ubardi, qui a été mis là sans raison, et que rien n'autorise à y maintenir.

Elzéar de Garnier, 19me prieur. 1475-1486. C'était un religieux fort distingué et très-estimé à la cour de Provence qu'Elzéar Garnier qui succéda à Jacques de Pontevès ; depuis cinq ans, le roi René l'avait fait son conseiller et son confesseur (1). Il jouissait aussi d'une très-grande considération dans son Ordre, dans lequel il avait fourni une longue et brillante carrière, et occupé des places très-importantes. Originaire de Toulon, où sa famille vivait noblement (2), il fut pendant plus de quatre ans, de 1464 à 1469, prieur du couvent des Dominicains de sa ville na-

---

(1) Pièces justif. n° XXXIII.

(2) Emptio pro nobilibus Honorato et Petro Garnerii, fratribus, filiis quondam Ludovici..., cum assistentia et consensu egregii religiosi magistri Elziarii Garnerii, eorum avunculi, prioris ven. conv. Præd. Sancti Maximini, ibidem presentis. 1483, 27 janv. *Arch. dép. du Var. B. 607, fol. 43.*

tale (1). De Toulon, il se rendit à Aix en 1469, en qualité de prieur des religieuses de Nazaret (2) ; et c'est peu après cette époque que le roi René l'appela à siéger dans son conseil, et lui confia la direction de sa conscience.

De ce poste de confiance il passa à un autre du même genre dans l'administration de son ordre des Frères-Prêcheurs, dont le Général le fit venir à Rome, pour l'assister avec le titre de compagnon pour la France. On pourra se faire une idée du crédit presque illimité qu'il s'acquit auprès de son supérieur, en considérant les faveurs nombreuses dont celui-ci le combla, et on ne sera pas étonné alors de le voir désigné, en termes exprès, comme le compagnon chéri du Général, *socius dilectus reverendissimi Magistri*. Nous avons réuni ensemble les lettres, indults et concessions qu'il reçut de lui (3), et nous y renvoyons, une fois pour toutes, pour les divers emprunts que nous aurons à y faire. Il ne paraît pas que Garnier soit revenu en France avant qu'il eût été élu prieur de Saint-Maximin.

Son élection eut lieu le 1er mai 1475, et le procès-verbal nous en a été conservé (4). On y lit que le prieuré venait de vaquer par la mort de Jacques de Pontevès, et qu'on tenait à éviter, en choisissant un nouveau prieur, les dangers qui résultent toujours de l'absence d'un chef. Ceci répond péremptoirement à ceux qui ont

---

(1) 1464/5) 15 janvier. Ven. et rel. vir frater Elziarius Garnerii, prior et administrator generalis ven. conv. fr. pred. civitatis ejusdem (Toloni). *Ibid. B. 623, fol. 268.* — 1468/7) 26 déc. De consensu egr. rel. fratris Elziarii Garnerii, prioris. *Ibid. B 599, fol. 109 v°.*

(2) Arch. des B. du Rh. Nazaret d'Aix. Reg. 11 et 2.

(3) Pièces justif. n° XXXVII.

(4) Pièces justif. n° XXXV.

fait mourir le précédent prieur en 1473, non moins qu'à ceux qui ont imaginé d'introduire ici Guillaume Ubardi. Cette pièce nous apprend encore que 24 religieux prirent part à cet acte, et qu'il y eut en même temps une élection et une postulation. Onze voix élurent Elzéar de Garnier, et il y en eut treize qui postulèrent Antoine Canolle, prieur de Carpentras et fils du couvent de Saint-Maximin. Rédigé le 4 mai, le procès-verbal fut adressé à Aix, au roi René, pour qu'il voulût bien, selon son droit, accepter celui des deux qu'il préférerait.

Dès le 11, le roi envoyait à Saint-Maximin Antoine Naudé, provincial de Provence, en compagnie du Juge-mage et du maître-rational Jean de Matheron, chargés de dire de sa part aux Dominicains *aucunes choses et ystoire* (1). Cette histoire n'était rien autre que la confirmation de l'élection de Garnier, qu'il agréait, de préférence à la postulation faite par les autres. Le provincial donna au nouveau prieur l'institution canonique, après toutefois que les religieux eurent protesté ne pas reconnaître l'autorité d'Antoine Naudé, parce que, dirent-ils, ils étaient, par un indult apostolique, complètement exempts de la juridiction du Général de l'Ordre et du provincial. C'est la première fois que nous voyons mettre en avant cette prétention exorbitante, qui reparaîtra plus tard. Mais ceux qui soulevaient une pareille difficulté auraient eu beaucoup de peine s'il leur avait fallu montrer l'indult prétendu qui leur conférait, d'après eux, une exemption totale, ne leur laissant d'autre supérieur que le roi. Une semblable concession n'existait que dans leur imagination trou-

---

(1) Pièces justif. n° XXXVI.

blée, et c'était interpréter d'une étrange façon le privilége accordé aux comtes de Provence, par les bulles pontificales, de confirmer les prieurs du couvent fondé par eux, de manière qu'aucun ne pût être institué ou destitué sans leur agrément.

Si l'on veut savoir ce qui avait donné occasion à cette levée de boucliers inattendue, nous sommes en mesure, croyons-nous, de l'indiquer. Il y avait un mois à peine que Naudé avait reçu de Rome l'ordre de visiter et de réformer le couvent de Saint-Maximin. Le Général avait-il voulu profiter de la mort de Jacques de Pontevès, dès qu'elle lui fut connue? On le dirait; car il expédia aussitôt au provincial la commission et les pouvoirs nécessaires, avec faculté de modifier tout ce qui demanderait à être changé (1). Il avait toute l'autorité requise pour rétablir la vie commune, et pour faire observer strictement les vœux de religion. C'est là vraisemblablement le motif qui poussa les religieux à protester contre son intervention, et à se dire exempts de la juridiction du Général et du provincial.

Elzéar de Garnier n'était point présent, quand il fut élu et confirmé; l'acte le dit formellement, et tout fait présumer qu'il se trouvait à Rome, où le Général ratifia son élection le 30 mai. Il en partit pour venir à son couvent, muni de facultés personnelles très-amples et des pouvoirs les plus étendus pour l'accomplisse-

---

(1) Magister Antonius Naude fuit factus visitator et commissarius ad visitandum et reformandum conventum Sancti Maximini et monasterium sororum de Nazareth de Aquis, cum potestate et modificatione. Datum Rome, die prima aprilis (1475). *Reg. I. Mag. Leonardi de Mansuetis, fol. 168 r°* — Magistro Antonio Naude, provinciali, fuit concessum quod possit cogere fratres ad servandam communitatem et alia que sunt religionis, non obstantibus gratiis in contrarium concessis VII junii 1474. *Ibid. fol. 166.*

ment de sa mission. Il conservait son titre de Compagnon du Général, qu'on lui donne encore en 1478; en même temps, il était fait commissaire pour les provinces de Provence et de Toulouse, avec les pouvoirs de Vicaire-général, et il avait le gouvernement des Dominicaines d'Aix, qu'il semble avoir toujours gardé, en s'y faisant suppléer. Son premier soin, en arrivant à Saint-Maximin, fut d'y restaurer la discipline; il y appela Barthélemy Reynaud qu'il avait fait Vicaire de tous les couvents réformés, et lui remit toute son autorité pendant le temps qu'il devrait passer dans les autres maisons des deux provinces. Il travailla aussi à réformer le couvent d'Aix, et tout ce qu'il y fit reçut l'approbation du Général. Pour répondre à ceux qui se prétendaient exempts de sa juridiction, celui-ci les déclara excommuniés.

Ce qui signala particulièrement le priorat d'Elzéar de Garnier ce fut la fondation du collège que le roi René établit à Saint-Maximin; il se composait de 25 jeunes dominicains et de trois docteurs, dont l'un devait enseigner les arts libéraux et la philosophie naturelle, le second le droit canonique, et le troisième la théologie. Le but que se proposait en cela le fondateur était d'accroître le culte de sainte Madeleine, en augmentant le nombre des religieux, de donner à la maison qui lui était consacrée l'illustration d'une science éminente, et de lui fournir les moyens de former de savants théologiens et d'habiles prédicateurs. Par la même occasion, et pour honorer davantage le chef de l'établissement, il décréta que les prieurs de Saint-Maximin feraient toujours partie de son conseil royal, et que, quand ils viendraient à la cour, ils y seraient nourris et défrayés avec leur suite. Mais pour éviter tout excès et épargner au couvent des charges trop lourdes, il commanda auxdits prieurs, qui devraient toujours être provençaux et docteurs en théologie, de se contenter d'entretenir trois chevaux et deux serviteurs, et de recevoir, en sus de leur entretien, la somme de 125 florins, dont ils pourraient disposer librement et sans contrôle. Le roi donna pour dotation à son collège trois mille florins de revenu sur les salins d'Hyères, dont il se dépouilla en sa faveur (1).

La nouvelle fondation royale, qui devait procurer de si grands avantages aux Frères-Prêcheurs de Saint-Maximin, fut en réalité pour eux la source de beaucoup d'ennuis et de tracasseries. Nous verrons comment ce collège leur fut disputé par la ville, qui parvint plus tard à faire d'une maison de haut enseignement pour des religieux, où les étrangers avaient un simple droit d'admission, un établissement d'études élémentaires et grammaticales pour les séculiers. D'autre part, les honneurs, le train, les émoluments, la perpétuité, attribués au prieur, étaient une brèche à la simplicité monastique d'un ordre mendiant, et le mettaient presque au rang des prélats séculiers. Ce fut la cause d'une infinité de conflits entre les religieux et leurs chefs, entre ceux-ci et leurs supérieurs majeurs, dont l'autorité fut par eux plus d'une fois méconnue ; il ne faut pas chercher ailleurs l'origine des contestations sans nombre que nous allons voir se succéder durant un siècle, et qui mettront le couvent à deux doigts de sa ruine. La transmission du pouvoir, qui s'était faite jusqu'ici de la ma-

---

(1) M. Faillon n'a donné qu'une partie de l'acte de fondation du collège, n° 906. Guesnay l'a reproduit en entier dans sa *Magdalena Massiliensis advena*, p. 195; mais son texte est très-mauvais. On le trouvera complet et correct dans la *Monographie du couvent de Saint-Maximin*, de M. Rostan, p. 246.

nière la plus régulière, va donner lieu à des disputes sans fin, et presque chaque élection sera l'occasion d'un procès.

Le roi René prit toutes les précautions nécessaires pour assurer le maintien de son œuvre. Les religieux de Saint-Maximin se réunirent le 28 décembre pour accepter solennellement la fondation ; deux jours après, leur prieur se rendit à Hyères, et se fit mettre en possession de la gabelle du sel (1). De là il dut aller à Rome pour obtenir l'approbation du Général et celle du Pape, qui furent données le 24 avril et le 10 mai. Elzéar de Garnier sollicita aussi, au nom du roi, et obtint du Saint-Siége plusieurs autres faveurs. Il fut autorisé à faire gérer par un de ses religieux la cure de la paroisse de Saint-Maximin, qui était confiée auparavant à un séculier. Une indulgence plénière fut accordée, pour le second dimanche après Pâques, à ceux qui viendraient à la fête de sainte Madeleine, et contribueraient aux travaux à faire à l'église.

Mais ce qui avait une importance plus grande, ce fut la permission donnée par le Pape d'unir à son couvent, dès qu'ils deviendraient vacants, les prieurés de Saint-Zacharie, Château-Royal, Roquefeuil, Linieu et Sorp, dépendants de différents diocèses et de divers ordres (2). Avec les nouvelles ressources que l'on allait retirer de ces bénéfices, on concevait l'espoir de reprendre la bâtisse de l'église, pour l'achèvement de laquelle on estimait qu'il fallait trente mille ducats. C'était l'ardent désir du roi René qui appuya de tout son pouvoir l'union projetée, et

---

(1) Arch. des B. du Rh. B. 17. Reg Gallus, fol. 192 et 201.
(2. Mon inéd. to II, n°ˢ 207-260, 215, 223-224.

voulut coopérer à cette œuvre en lui laissant, dans son dernier testament, la somme de 6600 florins destinés *à la continuation et accomplissement de l'ouvrage*. Malheureusement, l'incorporation des prieurés ne devait avoir lieu qu'après le décès des titulaires, et, lorsque le roi mourut le 10 juillet 1480, rien n'était fait encore. Ladite union n'eut même pas lieu, et, sauf Château-Royal, les Dominicains n'entrèrent jamais en possession des églises que Sixte IV leur avait cédées.

Le roi René fut, sans contredit, le plus insigne bienfaiteur du couvent de Saint-Maximin, après Charles II, son fondateur. Nous verrons, au siècle suivant, qu'en réalité ce fut avec les fonds légués par lui que le monument fut achevé à cette époque. Néanmoins, quand M. Faillon a écrit que « le roi René eut l'avan- « tage, avant sa mort, de voir l'église de Saint-Maximin appro- « cher de sa fin, par ses efforts et par son zèle (1) », il a affirmé une chose qui n'est point exacte. On put faire alors à l'église des travaux de réparation, de consolidation; René put lui donner des objets mobiliers, des sculptures, des tableaux (2); mais quant

---

(1) Mon. inéd., to. 1, col. 1018. M. Faillon se trompe encore quand il attribue, dans la même page, au roi Charles III, l'origine des *florins de Magdalon*, supposant qu'il dut faire frapper cette monnaie quand le duc de Lorraine voulut lui disputer la Provence. Les *magdalons* sont tant de fois mentionnés dans les comptes du roi René qu'on ne peut hésiter à l'en reconnaître l'auteur. D'ailleurs le magdalon de René existe en nature au cabinet numismatique de la ville de Marseille: il porte un R à la place du K que l'on voit sur les magdalons de Charles III.

(2) A Jacotin Picart, ymagier, le X° jour de décembre (1477), la somme de vingt-six escuz d'or, pour parfait de paiement de l'ouvraige du grant crucifix de la Magdelaine qu'il a faicte à Sainct Maximin, sur l'entrée du cueur de l'église, a lui delivrez en Avignon, a raison de XXX gros l'un, valent LXXV florins. *Arch. des B. du Rh. B. 2482, fol. 16 v°. Comptes du roi René.*

à l'achèvement de l'édifice, il n'avança pas d'un mètre, parce qu'on n'y mit pas la main; et, bien loin d'approcher de sa fin, l'église se trouva, à la mort de René, absolument au même point où elle en était depuis longtemps, et dans l'état où elle fut jusqu'au XVI""e siècle.

Charles III, dernier comte de Provence, hérita de l'affection de son oncle pour le couvent de Saint-Maximin. Il confirma presque immédiatement la fondation et la dotation du collège, et, en mourant un an après, il laissa six mille livres tournois pour être employés à terminer l'église (1). Elzéar de Garnier était aussi son conseiller et son confesseur; il l'assista à la mort, comme il avait assisté le roi René, fut un des témoins de son testament, et ce prince le désigna comme un des exécuteurs de ses dernières volontés (2). Outre le legs fait à l'église, Charles donna encore aux religieux toute sa bibliothèque, à l'exception seulement des livres de médecine qu'il laissa à son médecin Pierre Maurel. Elle se composait de 120 volumes manuscrits et 16 volumes imprimés, presque tous en peau de vélin; et il y en avait beaucoup qui étaient magnifiquement enluminés, et revêtus de somptueuses reliures. C'était un vrai cadeau de prince (3).

(1) Mon. inéd. to. II, n° 241, 242.

(2) *Gladiatores vero et hujus sui ultimi testamenti... executores fecit, constituit et ordinavit... reverendos patres fratres Elziarium Garnerii, priorem Sancti Maximini, et Brancassium Bernardi, sacrarum scripturarum magistros, confessores et consiliarios ipsius domini nostri Regis... Acta fuerunt hec omnia Massilie... presentibus ibidem rev. patribus, fratribus Elziario Garnerii...* Arch. des B. du Rh. Reg. B. 168, fol. 32 v°

(3) Nous avons publié ailleurs (*Revue des sociétés savantes*, 1875, p. 301) le catalogue de cette bibliothèque. Peiresc nous apprend ce qu'elle était devenue au XVII"e siècle. « Vous savez que (Charles III) avait légué ses livres aux pères Dominicains de Saint-Maximin,

Après que les rois de France furent devenus les maîtres de la Provence, le prieur de Saint-Maximin ne perdit rien de son crédit. Dès le 24 janvier 1482, Palamède de Forbin, qui en eut le gouvernement, comme lieutenant du Roi, expédiait des lettres qui confirmaient tous les droits du couvent, et le 7 avril, l'ordre de commencer à payer les legs des deux derniers rois (1). Presque aussitôt, Louis XI donna au prieur un diplôme de conseiller royal, et à sa maison, avec la garantie de ce qu'elle possédait déjà, une nouvelle rente de 4300 livres sur ses domaines du Dauphiné (2). Enfin, Charles VIII, à peine monté sur le trône, renouvela son titre de conseiller, et les lettres-patentes que l'on sollicitait au commencement de chaque règne (3). Ainsi Elzéar de Garnier fut constamment en faveur auprès de tous durant sa longue carrière, et jusqu'à la fin de sa vie; ce qui n'est pas une preuve médiocre de son mérite et de son habileté dans les affaires.

En 1480, le chapitre provincial devant se tenir à Saint-Maximin, il fut fait vicaire de la province, pour le préparer, et pour diriger toutes les affaires (4). En 1485, il fit un voyage à la cour

fors ceux de médecine qu'il donna à son médecin. Un jour, étant allé voir à la bibliothèque de ces bons Pères, je fus bien mal satisfait de ma curiosité; quelques vieux psautiers et autres livres d'heures, encore avec très-peu d'enluminures, ensemble de vieux romans fort communs, en composaient tous les manuscrits. Aussi est-il vrai que les livres du roi René n'y sont pas compris, car ils furent achetés par le comte de Sault, et ès mains des héritiers de celui-ci, n'en reste plus rien qui vaille. » *Lettre de Peiresc à Borilli, du 10 sept. 1631.— Paris, Sajou, 1815, p. 13.*

(1) Arch. des B. du Rh. B. 19. Reg. *Corona*, f. 157, et Mon. inéd, n° 243.

(2) Mon. inéd. 245-249.

(3) Trois pièces dans le registre *Delfini*, B. 20, dont deux dans M. Faillon, n°s 257, 258.

(4) Pièces justif. n° XXXVII, p. 76*.

de France, vers les fêtes de Pâques, et s'occupa, entre autres choses, de faire renouveler les privilèges du couvent d'Arles (1). Reboul affirme qu'il mourut cette même année, au mois de juin (2); mais, malgré son assurance, nous sommes d'avis de reculer cette mort d'un an, et de la reporter à l'année suivante. Il existe une lettre d'Aymar de Poitiers, grand sénéchal de Provence, en faveur d'Honoré et Pierre de Garnier, donnée en considération d'Elzéar, leur oncle, qui intervenait pour eux. Cette lettre, dans le registre où elle est transcrite (3), est datée d'Aix le 15 janvier 1405, erreur évidente, qui doit être corrigée en écrivant 1485 ; et comme l'on faisait usage à Aix de l'année de l'incarnation, la pièce est en réalité de 1486. Ceci détermine, nous semble-t-il, la date de la mort de notre prieur. Le P. Lombard nous apprend qu'il mourut à Aix, où il fut enterré dans la sépulture des frères, au chapitre.

Garnier est constamment nommé dans les documents à nous connus, *Elzéar* ou *Elzias*, et en latin Elziarius, Alziarius, Alziassius, Eliziarius, Alxiarius, ce qui revient au même); nous ne comprenons donc pas que M. Faillon l'ait appelé *Elias* de Garnier ; si ce n'est qu'il ait voulu reproduire une malencontreuse correction opérée sur le texte du P. Lombard, où le mot *Elzéar* a été

---

(1) 1485, 22 avril. Solvit etiam de dictis pecuniis quamdam expensam factam de Vidimus privilegiorum regis Francie, quando prior Sancti Maximini ivit ad curiam, in festo Pasche. Arch. des B. du Rh. Reg. de dép. des Domin. d'Arles.

(2) « L'an 1485 et le 17 du mois de juin, la mort enleva le R. P. Elzias Garnier, prieur du couvent de S. M., en la ville d'Aix, où il étoit à la poursuite des droits du couvent.» Reboul, p. 44.

(3) Arch. des B. du Rh. B. 20. Reg. *Delfini*, fol. 237.

biffé une fois et remplacé par *Elias*. Nous comprenons encore moins ce que ce dernier a écrit, que « Garnier fut le compagnon « du P. Général au concile tenu à Constance », de 1414 à 1418. Quel âge aurait-il donc atteint quand il mourut en 1486 ?

Pierre Bonneti, 20ᵐᵉ prieur. 1486-1503. Sauf erreur de notre part, Pierre Bonneti est le Dominicain que le chapitre général tenu en Bâle en 1473 envoya à Paris comme étudiant d'honneur, et à qui Léonard de Mansuetis, son Général, permit en 1474 de prolonger son séjour dans cette ville deux ans de plus (1). A la fin de 1476, devenu licencié en théologie, il faisait partie du couvent de Saint-Maximin (2), et dix ans après il recueillait la succession d'Elzéar de Garnier, en laquelle il fut confirmé par le provincial Antoine Naudé, avec l'agrément de Charles VIII, roi France. En 1487, ce prince fit porter à Saint-Maximin six châsses d'argent, destinées à recevoir les chefs des saints Blaise et Siffred, des saintes Marcelle et Susanne, et de deux saints Innocents, que l'on conservait dans la basilique. L'élévation des reliques fut faite solennellement, le 4 avril, par Honoré Amalric, abbé de Valsainte, en présence du grand sénéchal et des commissaires royaux (3).

---

(1) Frater Petrus Boneti, qui in capitulo Basiliensi fuit assignatus Parisius studens honoris, habuit confirmationem dicte assignationis; et completo tempore dicte assignationis, potest permanere Parisius per duos annos, ut studens honoris, cum gratiis consuetis. Datum Cremone, die 19 octobris 1474. *Reg. I, Mag. Leonardi de Mansuetis, fol. 167 v°.*

(2) 1476. 28 decemb. Petrus Boneti, licenciatus in sancta theologia. *Arch. des B. du Rh. B. 17. Reg. Galius, fol. 199.*

(3) Mon. inéd. n° 264. On peut voir la description de ces reliquaires dans l'Inventaire du trésor de Saint-Maximin publié par nous, en 1877, dans la *Revue des sociétés savantes*, 6ᵐᵉ série, tome V, p. 258, nᵒˢ 50 à 60.

Bientôt, il fallut défendre les privilèges du couvent contre les entreprises de l'archevêque d'Aix; car, malgré l'exemption que lui avaient conférée les souverains Pontifes, l'archevêque Philippe Hébert voulut y exercer des actes de juridiction, et, sur le refus des religieux, il prononça un interdit contre la ville de Saint-Maximin. Mais le roi prit vigoureusement en main la cause d'un établissement qui était sous son patronage. Le sénéchal de Provence signifia à l'archevêque d'avoir à révoquer dans trois jours, l'interdit porté par lui, sous peine de saisie de son temporel; et, sur la requête du roi, le pape Innocent VIII donna au couvent des juges conservateurs pour le maintien de leurs droits. Quatre mois après, une bulle du 22 février 1490 les reconnut et les confirma de la manière la plus solennelle, en renouvelant tout ce qu'avaient fait Boniface VIII, Martin V et Eugène IV. Elle autorisa le prieur à réconcilier au besoin l'église et le cimetière, à bénir les ornements, à faire ordonner ses sujets par tout évêque catholique, et à s'adresser à un prélat de son choix, pour le saint chrême et les saintes huiles qui lui seraient nécessaires (1).

Bonneti prit au sérieux le rôle que lui attribuaient la fondation du roi René et les concessions du Pape. Il se regarda, non point comme prieur d'un ordre mendiant, mais comme un prélat majeur; il en eut les allures, l'équipage, les serviteurs. Il ne se contenta même pas d'être prieur de Saint-Maximin; il se fit conférer par Jean André Grimaldi, évêque de Grasse et vice-légat d'Avignon, le prieuré bénédictin de Linieu (2) qui dépendait de

---

(1) Mon. inéd. n°^s 229 à 903.

(2) Le nom de ce prieuré a beaucoup varié. Nous avons : *prior de Liaies*, et *Beate Marie*

l'abbaye de Montmajour, et qui était du diocèse d'Aix, bien que situé au-delà de la Durance, non loin de Pertuis. Il en était pourvu avant le 19 janvier 1491 (1), et nous le voyons ce jour-là nommer des procureurs pour en prendre possession à sa place. Le prieuré de Linieu était un des cinq dont le pape Sixte IV avait concédé l'incorporation à Saint-Maximin, lorsqu'ils deviendraient vacants; mais Bonneti aima mieux s'en faire pourvoir personnellement, que de l'unir à sa maison. Il a fallu toute la bonhommie du P. Reboul pour écrire à ce propos (p. 46) : « Le R. P. Bonneti « fut prendre possession du prieuré de Linio, de l'ordre de saint « Benoit, qui nous avait été donné, à la pétition du roi René, par « le pape Sixte IV »; sans s'apercevoir que ceci était tout autre chose qu'une prise de possession pour le couvent. Quelque temps après, Bonneti eut aussi le prieuré de Gourdon. En 1491, il reçut son diplôme de conseiller du roi (2).

Pierre Bonneti était devenu dans son ordre un personnage fort important, et il fallut l'élever plus haut encore. Le Général Joachim Turriani le fit, en 1499, vicaire de la province, avec l'intention de le faire nommer provincial, et lui permit même de désigner un religieux de son choix, qui confirmerait l'élection, dès qu'elle aurait eu lieu. Il fut en effet élu provincial de Provence

---

de Linieu, dans un acte du 22 février 1230 (Arch. des B. du Rh. Fonds de Silvecane); *priore de Allineuo*, et *B. M. de Allineuo*, en 1289 (B. 1420, ff. 66.70); dans les pièces de Saint-Maximin et dans les bulles, on lit *de Aligneo, de Linio* et *de Liginio*; en 1044, c'est *N. D. de Liginino*, et en français *N. D. de Lignieux* (Parl. Reg. 35). — C'est Notre-Dame d'Allignieux, que l'on voit sur la carte de Cassini, entre Pertuis et Ansouis.

(1) Arch. du couv. de S. Max. Arm. 9, sac 93.

(2) Pièces justif. n° XXXIX.

(1), et prit cette charge, en gardant son prieuré et ses autres bénéfices. Le Général le confirma le 8 mai 1499. Ici, il nous faut encore citer le P. Reboul, toujours confiant, toujours naïf.
« 1499. Le R. P. Bonnetti ayant été élu cette année provincial de
« la province de Provence,... les religieux de Saint-Maximin
« l'ayant sommé de se démettre de sa charge de prieur, étant
« incompatible avec celle de provincial, ce bon religieux préféra
« la charge de prieur perpétuel de ce célèbre couvent à celle de
« provincial qui n'était que triennale, et s'en démit six mois
« après. »

Le provincialat de Bonneti dura un peu plus de deux ans, et non pas six mois. Son élection paraît avoir excité de grandes rumeurs et une opposition qui ne s'éteignit pas de sitôt, puisque, le 6 novembre, le Général de l'ordre fut obligé d'écrire en sa faveur contre ceux qui le troublaient. Malgré ce qu'en dit Reboul, nous pensons qu'il aurait préféré conserver sa nouvelle dignité avec toutes celles qu'il avait auparavant; et si l'on demandait pourquoi il en sortit, après deux ans, nous sommes à même de donner à cette question une réponse très-catégorique. Joachim Turriani, le protecteur de Bonneti, le même qui dégrada Savo-

---

(1) 1499, 1a januarii. Magister Arnaudus Arnaudi absolvitur ab officio provincialatus, et magister Petrus Boneti fit vicarius provincie et electionis. Conceditur eidem magistro Petro Boneti quod possit eligere unum patrem qui non habuerit vocem in capitulo seu congregatione, qui inventus et electus per eum, eidem conceditur quod possit confirmare electionem et provincialem canonice electum. — Die 8 maii. Magister Petrus Boneti fit prior provincialis prefate Provincie. — Die 6 novembris. Declaratur per litteras patentes provincie directas, prioribus, magistris, et fratribus universis, quod magister Petrus Boneti sit rite et canonice in provincialem Provincie electus et confirmatus, et mandatur omnibus et singulis quod nullus audeat aliquid attemptare quovis modo contra ipsum magistrum Petrum Boneti, provincialem, quod turbet pacem provincie. *Reg. IV. Mag. Joach. Turriani, fol. 121.*

narolo le jour de son supplice, avait eu pour successeur Vincent Bandelli, le 20 mai 1501, et celui-ci, dès le 14 juin suivant, déposa le provincial de Provence (1). Ainsi, ne faut-il pas parler ici de démission, ni de choix à faire entre deux places plus ou moins incompatibles. D'ailleurs, nous allons bientôt rencontrer de nouveau Pierre Bonneti et Vincent Bandelli en présence, pour des choses plus considérables.

Au dire de Reboul (p. 44), ce prieur aurait « fait faire les quatre « derniers piliers de la grande nef de l'église, l'hospice et l'en- « trée du couvent, avec cette branche du cloître qui va de la porte « du couvent à l'église, et par dessus, une belle galerie remplie « de dictons ou devises de l'Ecriture sainte, pour la récréation « de ses religieux. » Nous ne dirons rien de ces diverses constructions qu'on veut bien lui attribuer ; mais quant à la première, nous croyons que cette attribution n'a pas de solides fondements, et que les derniers piliers n'ont pas été bâtis par lui. Reboul lui-même nous dira bientôt, quand il s'agira de Jean Damiani (p. 48), « qu'il acheva de faire voûter de pierres les trois derniers croi- « sillons de la grande nef, avec les deux portes des petites nefs. » Voilà l'exacte vérité : c'est à Jean Damiani que sont dus et les piliers et les voûtes des trois dernières travées, et on se tromperait en en faisant honneur à un autre.

Pierre Bonneti clôt le quinzième siècle et commence le seizième auquel nous nous empressons d'arriver. Ce qui nous reste à dire de lui servira d'introduction naturelle aux évènements que nous aurons à raconter dans la nouvelle période qui s'ouvre devant nous, et qui appelle maintenant notre attention.

(1) 1501, 14 juoii. Magister Petrus Boneti absolvitur ab officio provincialatus provincie Provincie. *Reg. I. Mag. Vincentii Bandelli, fol. 240 v.*

QUATRIÈME PARTIE.

LES PRIEURS DE SAINT-MAXIMIN AU SEIZIÈME SIÈCLE.
LE BIENHEUREUX YVES MAHYEUC, ÉVÊQUE DE RENNES.
JEAN DAMIANI. ACHÈVEMENT DE L'ÉGLISE.
RAIMOND CAVALÉSI, ÉVÊQUE DE NIMES.

Le seizième siècle commença à Saint-Maximin par deux grandes œuvres : la réforme monastique et l'achèvement de l'église. Les deux priorats qui vont suivre se sont illustrés chacun par un de ces faits importants, le premier, en restaurant la discipline régulière, le second, en terminant la basilique, et en la mettant dans l'état où nous la voyons aujourd'hui.

La réforme d'un ordre religieux n'est rien autre que le retour aux observances que son fondateur lui a prescrites, et auxquelles le temps, les hommes, les circonstances, ont apporté des dérogations dénaturant l'œuvre primitive. Plus l'on s'est éloigné de la règle, qui est la loi particulière de toute institution, plus l'on a fait de brèches aux salutaires prescriptions qu'elle contient, plus la réforme devient nécessaire pour extirper les abus qui ont pris la place des règlements, et pour remettre les choses dans les conditions premières.

Cette nécessité existait pour Saint-Maximin, lorsque le XVme siècle était sur son déclin, et le besoin d'une rénovation totale s'y faisait vivement sentir. Un dominicain italien, qui y était venu à cette époque, nous apprend que le couvent était complètement déformé, et que la vie régulière en était tout-à-fait absente (1). Rien ne le prouve mieux que le curieux essai de réforme que tenta le prieur Bonneti, en 1497, et dont nous mettons le texte inédit sous les yeux de nos lecteurs (2). Quand on le voit recommander à ses religieux de garder le silence durant l'office divin, de ne pas se promener dans l'église pendant les offices et les prédications, au grand scandale des fidèles, de ne pas porter des barrettes ou bonnets de diverses couleurs, ni des robes ouvertes, on comprend quelle régularité il pouvait y avoir là.

La propriété s'y était introduite, et l'on se partageait un certain casuel, que l'on décore du nom de butin, et qui devait former le pécule de chacun. On tenait au dortoir des chambrées où l'on jouait parfois jusqu'à minuit, et où l'on faisait souvent du tapage. On prenait ses repas dans les chambres, et l'on y invitait à boire et à manger des parents et des amis, jusque fort avant dans la nuit. Le jeûne et l'abstinence avaient disparu, et l'on n'observait pas même l'abstinence du mercredi communément gardée alors par les séculiers. On allait en ville, le jour et la nuit, sans permission, sans compagnon et sans chappe; on se mêlait à la foule, on passait des heures sur les places publiques, à regarder jouer

---

(1) *Reformatio conventus B. Maximini, ubi est corpus B. Marie Magdalene, commissa fuit Magistro ordinis. Postquam autem facta fuit, parum duravit. Nam cùm anno Domini M.CCCC.LXXXI, visitassem ego dicta loca, propter reverentiam sanctorum, inveni illum conventum deformatum, et, ut more vulgari loquar, conventualibus plenum, regulari vita omnino relegata.* Chronique de Jerôme Albertucci de Borselli, *manuscrit original à la Bibl. de l'Université de Bologne, n° 1999, fol. 199 v°.*

(2) Pièces justif. n° XL.

aux cartes et à d'autres jeux. La clôture n'existait plus, la porte n'était pas gardée, et les malades recevaient dans le couvent les visites de leurs parents et de leurs amis, hommes et femmes. Que pouvaient être devenues, au milieu de ce désordre, les études sérieuses et l'assistance au chœur? Bonneti a trouvé le mot vrai pour caractériser tout cela: ce n'étaient plus des religieux, mais des séculiers (1).

La réforme était donc d'une indispensable nécessité, et le prieur qui la sentait venir, essaya de faire lui-même ce qu'on aurait fait sans lui. Nous avons retrouvé son projet et ses règlements, bien incomplets et bien insuffisants pour remettre de l'ordre dans ce cahos. Mais il n'est pas établi qu'il ait tenu la main à les faire observer, et il y a lieu aussi de se demander s'il était homme à mener à bout une entreprise de cette importance. D'ailleurs, il manquait d'autorité pour cela: afin d'être efficace, la réforme doit venir d'en haut, et ce n'est pas trop de toute l'autorité du chef suprême de l'ordre, pour en assurer le succès. Quoi qu'il en soit, la tentative de Bonneti ne produisit aucune amélioration, et il fallut que le Général des Dominicains vint en personne rétablir la régularité dans une maison qui l'avait perdue. C'est à la fin de 1503 que la chose s'accomplit.

Peu de mois après son élection, Vincent Bandelli, le nouveau Général, avait entrepris la visite des provinces de son ordre. Il sortit de Rome dès les premiers jours de 1502, et consacra toute une année aux maisons du centre et du nord de l'Italie. En 1503, il entra en France, et la parcourut d'un bout à l'autre, ainsi que

---

(1) *Potius fratres seculares dicuntur quam religiosi. Ibid.*

la Belgique. L'année 1504 devait être employée à visiter les couvents espagnols. Au mois de novembre 1503, il était venu en Provence, afin de s'occuper de la réforme de Saint-Maximin, pour laquelle le roi de France lui avait écrit à diverses reprises (1). Etant à Montpellier le mois d'après, il dut recevoir les lettres que Louis XII avait données à Lyon, le 26 novembre, pour recommander à ses officiers de seconder de tout leur pouvoir les mesures que prendrait le Général, jusques et y compris la déposition du prieur et son remplacement (P. J. n° XLI). Il mit aussitôt la main à l'œuvre.

Par une série de décrets, datés de Montpellier (P. J. n° XLII), il éloigna de Saint-Maximin les religieux étrangers qui faisaient obstacle à la réforme projetée, et les assigna ailleurs; à leur place, il envoya des religieux irréprochables et sûrs, et leur ordonna de s'y rendre sans retard. Il priva Pierre Bonneti de sa charge de prieur, lui donnant une assignation pour une autre maison; et pour gouverner le couvent, en attendant d'y venir lui-même, il nomma un vicaire muni de pleins pouvoirs. Il ne tarda pas à se porter sur les lieux, pour veiller à l'exécution des résolutions qu'il avait prises, et inaugurer le nouvel ordre de choses. Il s'y trouvait pour les fêtes de Noël.

Il fut, paraît-il, fort mal reçu par l'ancien prieur et ses partisans, qui mirent tout en œuvre pour empêcher ses réformes (2);

---

(1) Ad hoc, per serenissimum et christianissimum principem dominum Ludovicum, Francorum regem, suis specialibus litteris crebro pulsatus. *Arch. des B. du Rh. B. 24. Reg. Draconis, fol. 204.*

(2) Super hoc per... Petrum Boneti.., tunc priorem, et nonnullos alios ejusdem conventus fratres, indecenter minusque prudenter impeditus extitit. *Ibid.*

à tel point que le Général repartit quelques jours après pour Lyon où était le Roi, afin de le mettre personnellement au courant de ce qui arrivait (1), et réclamer son concours pour venir à bout de la résistance que l'on rencontrait. Louis XII transmit de nouveaux ordres à son parlement de Provence, voulant que tout ce que le Général avait fait fût maintenu, et déclarant prendre sous sa sauvegarde spéciale les religieux réformés de Saint-Maximin. De plus, pour donner à la maison un puisant protecteur, il eut la pensée de faire élire prieur le confesseur de la Reine, Yves Mahyeuc, dont le mérite et le crédit semblaient devoir décourager les opposants. Vincent Bandelli écrivit donc de Lyon à Saint-Maximin que l'on ferait une chose très-agréable au Roi et très-utile, en élisant le père Yves, et que son élection serait aussitôt confirmée. De Lyon aussi, il envoya Jean de Génas, prieur des Dominicains de cette ville, qui, en qualité de commissaire spécial et de Vicaire du Général, avait mission de prendre le gouvernement de Saint-Maximin et de la Sainte-Baume, et de procéder à l'élection qui devait donner au couvent un des plus dignes chefs qu'il ait jamais eus.

Le bienheureux Yves Mahyeuc, 21ᵐᵉ prieur. 1504-1508. Peu de personnes ont su que le saint évêque de Rennes fut, avant son épiscopat, et durant plusieurs années, prieur du couvent de Saint-Maximin. Cependant la chose n'est aucunement douteuse, et nous publions diverses pièces qui établissent ce fait d'une

---

(1) Quibus prefato domino Ludovico regi, quem etiam prefatus Generalis desuper personaliter consuloit, relatis, idem Generalis Magister ad hoc denuo per ipsum dominum Ludovicum regem exortatus etc. Ibid.

façon péremptoire. On peut croire que ce qui a contribué grandement à cet oubli, c'est que le nom du prélat a été notablement défiguré sur les listes des prieurs où il est porté, car presque partout, on l'appelle *Mayène*. M. Faillon ne lui a pas connu d'autre nom, et toutes les fois qu'il a eu à parler de lui, il ne le nomme pas autrement que Yves *Mayène* (1). Or nous avons sa signature autographe sur un des livres de notre bibliothèque (2), qui lui a appartenu, et nous ne pouvons que suivre partout l'orthographe dont il s'est lui-même servi (3).

Il y a quelques difficultés à fixer l'époque où Yves Mahyeuc fut élu prieur de Saint-Maximin. D'un côté, il est à présumer que l'on dut se hâter, à cause de la gravité des circonstances; de l'autre, les lettres du Général qui approuvent son élection (P. J. n° XLIV), sont du 12 août 1504. Nous avouerons qu'elles nous ont quelque peu embarrassé, parce qu'il nous était impossible de comprendre que l'on eût différé près de huit mois un acte aussi important et aussi urgent. Nous avons bientôt vu qu'en transcrivant cette pièce dans le registre *Draconis*, on en a faussé la date, qui a besoin d'être rectifiée et rapprochée du commencement de l'année. Si nous possédions le document original, assu-

---

(1) Mon. inéd. tome I, col. 1029, to. II, col. 1387, à la note, et col. 1009.

(2) Tabula in libros... divi Thome de Aquino, Venetiis, 1497, in-fol. goth. On y lit : *Fr. Yvo Mahyeuc, ordinis fratrum predicatorum, opus redonen*. Le volume a appartenu ensuite au couvent des Dominicains de Rennes, comme l'indiquent ces notes inscrites au folio 2. *Ex bibliotheca Predicatorum Rhedonensium*, et au bas, *Bonnes-Nouvelles*.

(3) Le Bullaire des Dominicains maintient *ex-professo* (tome IV, f. 283) le nom falsifié, et oppose à tous ceux qui l'ont appelé *Mayeuc* les diverses bulles de son épiscopat où l'on trouve, dit-il, *Mayeno*. Si ce nom se trouve en effet écrit ainsi dans les bulles, il n'est pas douteux que ce sont celles-ci qu'il faut corriger.

rément il ne porterait pas, comme la copie que nous en avons, *Donné à Narbonne, le 12 août 1504, la troisième année de notre office.* En effet, à cette date supposée, il y avait trois mois que Vincent Bandelli était entré dans la quatrième année de son gouvernement, et qu'il ne datait plus de la troisième. Il y a là une première erreur matérielle.

En outre, l'Itinéraire de ce Général, relevé avec soin sur ses registres (1), nous apprend qu'il avait quitté la France depuis le mois de février, pour visiter la Catalogne et les autres provinces espagnoles. A la fin de juillet, il était à Séville, au fond de l'Espagne; à la fin d'août, à Salamanque; et il ne revint en France qu'en novembre. Comment aurait-il pu dater une pièce de Narbonne, le 12 du mois d'août ? Il y a donc nécessité de corriger cette date, et de lui en substituer une qui soit d'accord avec l'Itinéraire. Et comme nous savons précisément qu'il passa à Montpellier le 10 février 1504, à Béziers le 12, à Perpignan le 16, et qu'il était à Girone le 25, il devient évident que c'est à cette époque, en février, avant son entrée en Espagne, qu'il se trouva à Narbonne, et qu'il y confirma l'élection de Yves Mahyeuc. Il résulte de là que celle-ci se fit à la fin de janvier 1504, ou dans les premiers jours de février, c'est-à-dire, dès que Jean de Génas fut arrivé à Saint-Maximin; qu'on en envoya immédiatement le décret au Général, lequel l'approuva aussitôt, sans attendre l'agrément du roi, formalité inutile dans le cas présent, puisque c'était lui-même qui avait désigné le nouveau prieur. Avec ce

---

(1) Nous devons à la bonne amitié du T. R. P. Ligiez, compagnon du Général des Dominicains, ce précieux Itinéraire qui nous permet de suivre jour par jour Vincent Bandelli durant les années 1503 à 1506.

système, qui est le seul vrai, tout concorde et tout s'explique, et l'on n'en est pas réduit, comme on l'a fait jusqu'ici, à différer d'un an une élection que les évènements rendaient indispensable, et dont le retard serait incompréhensible.

La nomination de Yves Mahyeuc au prieuré de Saint-Maximin avait une signification que l'on ne peut méconnaître. On avait voulu couper court à toutes les réclamations que l'on prévoyait, en opposant au prieur dépossédé un homme dont la situation à la cour de France était faite pour déconcerter toutes les intrigues; en même temps, on abritait sous son nom et sous l'éclat de ses vertus la nouvelle réforme introduite à Saint-Maximin. Ce qui indique que c'est bien là le sens qu'il faut attacher au choix de sa personne, c'est que, selon toutes les apparences, il ne vint jamais dans son prieuré. Ses fonctions auprès de la Reine ne le lui permettaient pas; il dut se contenter de le faire gouverner par un délégué, et d'appuyer de toute son influence ce qui se faisait pour sa rénovation morale.

Par ses soins, le cardinal d'Amboise, Légat en France et en Provence, confirma, au nom du Pape, la déposition du prieur de Saint-Maximin et tous les actes faits pour l'établissement de la réforme (1). Louis XII en fit autant, dans les termes les plus précis, et en exprimant sa volonté bien arrêtée qu'il fut donné suite à tout ce qui était commencé. Bientôt le pape Jules II ratifia à son tour ce que son Légat avait fait, en vertu de son autorité (2). Toutes ces lettres furent enregistrées au parlement de Provence,

---

(1) Lettres du 23 mars 1501, au registre *Dracanis*, fol. 904.
(2) Mon. inéd. tom. II, n° 272.

et toutes contenaient les clauses les plus étendues et les dérogations les plus formelles à tous les privilèges, exemptions, libertés et constitutions quelconques qui auraient pu entraver les mesures prises.

Il semble qu'en présence d'un accord si parfait entre toutes les autorités religieuses et le pouvoir séculier, il n'y avait plus qu'à s'incliner, et que la cause était finie. Ainsi ne le pensa pas Pierre Bonneti, qui, dès le 5 février, en appela de la décision de son Général, lequel, disait-il, sans motif, sans examen, sans citation, contre tout droit divin, naturel, canonique et civil, lui avait enlevé son office et son bénéfice. Ce dernier mot explique tout : le prieuré de Saint-Maximin était devenu un bénéfice, et un bénéfice inamovible, dont le titulaire ne pouvait en être tiré que pour être promu à une dignité majeure. Le prieur de Saint-Maximin était donc un prélat bénéficiaire, un vrai commendataire ; il était même quelque chose de plus, puisque l'entente établie entre le Pape et le Roi, le Légat et le Général de l'Ordre, ne suffisait pas pour le priver de son titre. Telle était la prétention de Bonneti, comme on peut le voir dans son acte d'appel qu'il émit devant le grand vicaire de l'archevêque d'Aix, le 5 février 1504 (1).

On trouva un second motif de protestation. L'élection de Yves Mahyeuc, disait-on, était nulle, parce qu'elle était en opposition avec la fondation du roi René, qui avait réglé que le prieur de Saint-Maximin devait être provençal. Ici encore, il n'y avait aucune autorité qui pût déroger à un statut si formel. Aussi, Pierre Bonneti porta son appel à Avignon, il fit citer Vincent Bandelli,

---

(1) Pièces justif. n° XLIII.

soi-disant Général des Dominicains (1), pour voir casser ses ordonnances; et, en attendant, il continua à prendre le titre de prieur, s'établit au couvent de Saint-Maximin, et s'entoura de déterminés partisans, surtout des religieux que le Général avait assignés dans d'autres couvents. Bientôt l'on ne se contenta plus d'appeler et de protester, et l'on en vint à d'autres procédés.

Le 20 juin 1504, Jean de Génas dut invoquer la sauvegarde octroyée par le roi de France, et requit le capitaine et le juge de la ville de faire sommation aux religieux insoumis d'avoir à cesser les voies de fait et les vexations qu'ils se permettaient contre les réformés. Les officiers royaux se présentèrent en vain devant la porte du couvent pour exécuter leur commission; ils la trouvèrent close et ne purent se la faire ouvrir (2). Il leur fallut se borner à faire publier à son de trompe, par les carrefours de la ville, les dispositions des lettres royales, en menaçant de réprimer énergiquement tous ceux qui désobéiraient. Il est à présumer que la force seule put avoir raison de la révolte, et procurer un peu de tranquillité aux moines observants. C'est dans cet intervalle de calme que Vincent Bandelli, retournant d'Espagne, reparut à Saint-Maximin, et y fit de nouvelles ordonnances pour l'avancement de la régularité et des études. C'était à la fin de l'année 1504.

---

(1) Dominum Vincentium Bandellium de Castro novo, Generalem se dicentem ordinis fratrum Predicatorum. *Arch. du couv. de S. Max.*

(2) Et applicati in ven. cimiterio beate Marie Magdalene, et ante portas dicti conventus et illius ingressus, una cum dicto rev. magistro Johanne de Genas, portas ipsas invenerunt clausas, seraque et clave firmatas. Et pulsatis illis, prout decet, ipsarum appertionem minime habere valuerunt. *Reg. Draconis*, fol. 203.

Un évènement malheureux, qui arriva peu de temps après, causa un grand scandale et nuisit considérablement à la cause de la réforme. Dans la nuit du 17 au 18 janvier 1505, un religieux napolitain, faisant partie de la nouvelle communauté, dépouilla le chef de sainte Madeleine de ce qu'il avait de plus précieux, et s'enfuit emportant les pierres, l'or et l'argent du reliquaire. Il n'alla pas loin, car il fut pris par le seigneur de Mazaugues, et après qu'on lui eût fait son procès, il fut pendu au sommet d'une tour de la ville de Saint-Maximin. Ce fut une grande confusion pour l'Ordre (1), et surtout pour les religieux réformés; et bien que la procédure eût constaté que ceux-ci n'étaient pour rien dans le crime commis, comme Louis XII l'atteste expressément dans ses lettres-patentes (P. J. n° XLVII), on ne manqua pas de le leur imputer, et de se servir de ce prétexte pour les perdre. Les moines indisciplinés, qui avaient été expulsés du couvent par Vincent Bandelli, saisirent habilement cette occasion pour soulever l'opinion contre ceux qui les avaient remplacés, et ils s'em-

---

(1) Anno domini 1512 et mensis octobris 30, fuit reconditum sacrum caput in sacrario, quia fuerat per septem annos extra, causa sacrilegii commissi per quemdam fratrem ordinis, ut fertur, italum, et civem Neapolitanum, qui, exigentibus suis demeritis, suspensus in culmine turris presentis villæ, extinctus est, in confusionem Ordinis... Fuit autem commissum sacrilegium anno domini 1504, in nocte sequente festum sancti Anthonii, confessoris et abbatis, de mense januarii. Item, nota quod, cum frater ille Andreas voluit sacrum caput sacrilega manu contingere, et secum cum thesauro deferre, ab oculis ejus evanuit; ita confessus est in processu. Comque thesaurum asportaret, non contenta diva Magdalena de tanto sacrilegio, voce clara, ut fertur, per aera clamans, dicebat : Andrea, Andrea, revertere, revertere ad domum meam. Ille autem surda aure pertransiens, a quodam nobili domino de Massigos captus fuit, et sic, letitia magna omnium, restitutum est quod perditum erat, thesaurus. *Arch. des B. du Rh. B. 2616, fol. 1. Manuale Johannis Damiani.*

parèrent de nouveau de la maison, au mépris des censures ecclésiastiques et des commandements du Roi.

En apprenant ces faits qu'il n'avait pu prévoir, le Général crut nécessaire d'enlever à la province de Provence le couvent de Saint-Maximin, et il l'incorpora à la congrégation de France, dont le vicaire général fut chargé de le visiter et d'en diriger le personnel (P. J. n° XLVI). La congrégation de France, instituée depuis peu d'années par Alexandre VI, se composait de tous les couvents réformés des provinces de Provence et de Toulouse. C'était la suite du mouvement de réforme imprimé à l'Ordre par Barthélemy Texier, et que nous avons vu commencer en 1436 par les couvents d'Arles, de Marseille et d'Avignon. Bien avant d'être érigée officiellement, cette congrégation existait de fait, et était gouvernée par un vicaire, qui fut le plus souvent le prieur d'Arles, et qui prenait le titre de Vicaire des couvents réformés.

Le P. Reboul, qui ne l'a pas connue, fait figurer ici diverses congrégations qui n'existaient pas à cette époque et n'ont commencé que plus tard. Il parle tantôt de la Congrégation gallicane, tantôt de la Congrégation occitaine, ou de celle *des bigards*. Il s'est imaginé que Jean de Génas en était le chef, et que c'est lui qui fit unir le couvent de Saint-Maximin *à sa congrégation gallicane* (1). On voit aisément qu'il n'était pas sûr de son fait, et qu'il ne savait trop ce qu'il voulait dire. D'autres ont fait intervenir dans cette occasion les congrégations de Hollande et de Bretagne, et la congrégation *de la province* de France. Tout cela est

---

(1) P. 48 et 67. « Le R. P. Jean de Génas, vicaire général de la Congrégation de France... fit unir le couvent de Saint-Maximin à sa congrégation gallicane. »

d'une grande inexactitude. La vérité est que Saint-Maximin fut uni à la congrégation de France qui était établie à Marseille et à Arles, et dont le vicaire général était Raimond Gosin.

Le roi de France approuva cette union et commanda à ses officiers de la protéger. Le cardinal Légat l'appuya de toute son autorité, et, pour la mettre à exécution, il désigna comme commissaires, avec Raimond Gosin, Yves Mahyeuc, Jean Clérée et Antoine Dufour, trois hommes des plus considérables parmi les Dominicains, dont le premier ne tarda pas à être fait évêque de Rennes, le second, Général de l'Ordre, et le troisième, évêque de Marseille. Mais il survint de nombreux obstacles qui entravèrent la marche de cette affaire. La peste empêcha les commissaires d'agir; il fallut les renouveler à plusieurs reprises, comme nous l'apprenons par de nouvelles lettres de Louis XII (P. J. n° XLVIII). De son côté, le provincial de Provence fit des efforts inouïs pour conserver à sa province une maison si illustre, qui en était le plus bel ornement.

Il fut généralement secondé par les provençaux, qui, même en souhaitant de voir fleurir à Saint-Maximin la discipline régulière, désiraient pourtant le maintien de ses privilèges. De sorte que, malgré tout ce qui fut tenté dans le sens opposé, malgré l'appui que le roi lui donnait d'une manière non équivoque, l'union décrétée ne fut pas consommée, et la Congrégation ne parvint pas à s'établir à Saint-Maximin. Nous en avons la certitude par le témoignage d'un contemporain, qui nous apprend quel fut le résultat définitif (1); et nous allons voir immédiatement que la con-

(1) Anno Domini 1508, fuit facta reformatio hujus conventus per fratres congregationis

firmation du nouveau prieur, nommé dans la même année, sera faite, comme auparavant, par le provincial de Provence. Il est donc vrai que cette partie des projets de Vincent Bandelli, qui du reste venait de mourir, ne put être accomplie.

Cependant, il y avait quatre ans que Yves Mahyeuc était prieur de Saint-Maximin, et qu'il protégeait de son nom et de son crédit les religieux qui y avaient fait revivre le bon ordre et les vertus monastiques. Il les gouvernait par l'entremise d'un vicaire, et, bien qu'éloigné d'eux, il entretenait avec eux de fréquents rapports épistolaires (1). En 1507, il fut fait évêque de Rennes, à la place de Robert de Guibé, transféré à Nantes, et dut abandonner son prieuré. Nous ne pouvons suivre ce vertueux prélat dans son long épiscopat de plus de 33 ans, qu'il illustra par une sainteté éminente. Depuis sa mort, qui arriva en 1541, il a toujours été regardé comme un saint, surtout dans l'ordre de saint Dominique, où on lui donne communément le nom de bienheureux.

Franciæ, commissario in causa reve⁻ᵈᵒ domino Francisco de Stangnis, gubernatore Avinionis et episcopo Ruthenensi, jussu et mandato christianissimi regis. Supradicti fratres cupiebant unire istum conventum eorum congregationi; sed reclamante patria et privilegiis in oppositum se habentibus, dominus commissarius sententialiter diffinivit conventum istum debere manere in libertate suorum privilegiorum. *Manuale Jo. Damiani, fol. 1 v°.*

(1) Ellegerunt rev. patrem fratrem Yvonem de Britania, serenissime quondam regine confessorem; et hoc, de anno domini 1504... Dictus Yvonis dictum prioratum acceptavit, ac illum longo tempore, saltem spacio quatuor annorum, per vicarium et locum tenentem tenuit et possedit; et dictum vicarium in ipso conventu habuit pacifice et quiete, vidente et paciente dicto Petro Boneti... Eidem rev. fratri Yvoni, uti priori, et ejus vicario, parebatur et obediebatur, quamdiu fuit in officio, et spacio quatuor annorum, vel circa, qui ut talis multas litteras scripsit. *Arch. du couv. de S. Max.*, Arm. 1, sac 10. Mémoire fait en 1516.

Le P. Reboul n'a pas manqué de le lui donner, conformément à la tradition. Il fut tiré d'ici, nous dit-il naïvement, « pour être évêque de Rennes en Bretagne, où il se comporta si bien qu'il a mérité d'être au nombre des bienheureux. » Quand il enregistre sa nomination, il la marque en ces termes : « Election du R. P. Yves Mahyeuc,... qui fut enfin évêque de Rennes, puis béatifié (p. 48). » Nous conservons au grand serviteur de Dieu le titre que tant d'autres lui ont reconnu. Il a été en beaucoup de lieux l'objet d'un culte public et solennel (1).

JEAN DAMIANI, 22ᵐᵉ PRIEUR. 1508-1543. Si la Congrégation de France ne réussit pas à s'annexer le couvent de Saint-Maximin, ce fut néanmoins un de ses religieux qui en devint prieur après le B. Yves Mahyeuc. Jean Damiani était marseillais de naissance et de profession, et il fut deux fois prieur de la maison de Marseille (2), qui appartenait alors à la réforme. La première fois, c'était en 1501, où nous le trouvons présidant une réunion de ses religieux (3) : il était alors fort jeune, quoique déjà docteur. En 1507, il avait de nouveau repris les mêmes fonctions (4), et il les continuait l'année suivante, lorsqu'il fut élu prieur de Saint-Maximin, pendant le carême, tandis qu'il était en cours de prédication

---

(1) Fú...onorato da Dio con tanti miracoli, in vita ed in morte, che nella Francia è venerato da tutti come Santo, e si vede la sua immagine divolgata co' raggi e col titolo di Beato. CAVALIERI. *Galleria dei S. P. to. 1, p. 365.*

(2) Erat Massiliensis, theologiæ doctor insignis, qui plures prioratus habuerat, et Massiliensem semel atque iterum. *Lombard.*

(3) Acte du 24 novembre 1501. Johannes Damiani, magister in sacra theologia, prior, mag. Petrus Mollis, fr. Johannes Vasseroti..., conventuales fratrum predicatorum Massilie. *Reg. du not. Jean Gilli, chez M. Bstrangin, fol. 285.*

(4) Arch. des B. du Rh. Dominicains de Mars. Ch. 300. Acte du 25 sept. 1507.

dans la ville d'Aix. François d'Estaing, évêque de Rodez, commissaire apostolique, s'était transporté au couvent, et fit faire l'élection en sa présence. Elle fut unanime, comme nous l'apprend Damiani lui-même (1), et il réunit toutes les voix des 42 électeurs. S'il est vrai que les bulles de Yves Mahyeuc pour l'évêché de Rennes soient réellement du 29 janvier 1507, comme on l'assure (2), il y aurait eu ici une vacance d'un an entier; toutefois nous préférons croire que l'ancien prieur garda son titre jusqu'à la solution des différends entre la province et la congrégation.

La nomination de Jean Damiani eut l'agrément du Roi le 1er juin 1508 (P. J. n° XLIX), et fut confirmée le 17, non point, comme le prétend le P. Reboul, par le vicaire général de la Congrégation (3), mais par le provincial de Provence, ou son délégué. Nous publions la pièce qui le constate (P. J. n° L), et il serait inutile de discuter là-dessus. Ceci démontre que le couvent était rentré dans la province, et que son union avec la Congrégation était dissoute de fait. On le considérait cependant comme un couvent réformé, et ce nom lui est donné dans plusieurs documents. C'était une position intermédiaire entre sa situation primitive et

---

(1) Unde, quia prioratus vacabat, causa assumptionis ad majorem dignitatem magistri Yvonis, confessoris reginæ Franciæ, ego supradictus prior, absens et Aquis acta quadragesimam predicans, priorque conventus Massilie existens, fui unanimiter, via serotinii, nemine discrepante, electus. Vocales, eligentes in presentia dicti Commissarii, erant numero XLII. *Manuale Jo. Damiani, fol. 1 r°.*

(2) Bullarium Domin. to. IV, fol. 283.

(3) Il fut mis en possession, de l'agrément... du vicaire général de la congrégation occitaine réformée. P. 48. — Il fut confirmé par lettres-patentes... du R. P. vicaire de la congrégation occitaine. II. p. 78.

celle qu'avait voulu lui faire Vincent Bandelli, laquelle n'eut pas de durée.

Le priorat de Jean Damiani est le plus long que l'on ait vu à Saint-Maximin : il dura 35 ans. Ce fut aussi un des mieux remplis et des plus remarquables par le nombre des choses qui y furent faites. N'eut-il fait que terminer l'église depuis tant de temps inachevée, ce serait assez pour l'illustrer ; mais, à côté de ce grand fait, nous en verrons beaucoup d'autres qui ne lui font pas un médiocre honneur. Doué d'une activité prodigieuse, le nouveau prieur que Saint-Maximin s'était donné se mit à l'œuvre dès le mois qui suivit sa prise de possession. Nous savons que la sixième travée de l'église, dont le maréchal de Boucicaut avait fait faire une partie, demeurait interrompue depuis un siècle. Installé le 24 juin 1508, Jean Damiani en fit reprendre les travaux le 31 juillet, par l'architecte Hugues Caillat, de Marseille, et, en moins de quatre ans, ce qui avait fait reculer ses prédécesseurs était heureusement terminé, à la satisfaction de tout le monde. Il en avait coûté 3000 florins au couvent (1).

En 1510, on fit les réparations suivantes : le grand réfectoire fut remis à neuf, et tout y fut renouvelé; les tables, les sièges, le pavé, les vitraux des fenêtres. Dans l'église, le pavé du chœur fut aussi refait, et le prieur fit venir de Savone des carreaux

---

(1) Eodem anno (1508) et ultima julii, de communi concensu omnium, fuit incepta cripta altior navis medie supra sacrum reliquiare existens, feliciterque consummata anno Domini 1512 et mensis junii 15,... magistro Ugueto Calbati, habitatore Massilie et edificii architecto... Predictum edificium in summa constitit flor. 3000. *Manuale Jo. Damiani.* Nous avons publié en 1870 dans la *Revue des Sociétés savantes* des extraits de ce registre où nous puisons nos renseignements.

vernissés, aux brillantes couleurs, pour le décorer. L'autel fut repeint, ainsi que le grand Crucifix de l'entrée du chœur, et l'on fit les chapelles qui étaient placées en cet endroit.

En 1511, le Chef d'or de sainte Madeleine qui, lors du sacrilège de 1505, avait été dépouillé, brisé, dégradé, fut refondu aux frais de la reine de France. Le prieur porta à Tours l'antique chef tout rompu, et les pierres précieuses démontées; Hance Mangot, l'orfèvre de la reine, en fit le nouveau chef, tout en or et en argent, du poids de 80 marcs; et, le 5 novembre, il le remit, par le commandement d'Anne de Bretagne, à Jean Damiani, qui avait dû faire à Tours un long séjour de sept mois (1). L'année suivante, le riche reliquaire reprenait, dans la crypte de Saint-Maximin, la place qu'il n'occupait plus depuis sept ans. On trouvera parmi nos pièces (n°ˢ LI et LIII), deux curieux procès-verbaux, contenant, l'un, le pesage détaillé qui en fut fait en 1511, l'autre, l'inventaire des perles et des pierres qui l'ornaient.

Cependant, au milieu de 1512, la sixième travée de l'église venait d'être achevée, et, pour la compléter entièrement, il en restait encore trois autres à faire. Damiani n'hésita pas, et donna en une seule fois la construction du tout, pour le prix convenu de 5280 florins, plus cent charges de blé (2). Cette somme repré-

---

(1) Impensis christianissime regine Francie Anne, fuit in forma in qua nunc est restauratus in civitate Turonis Gallie, et per me fratrem Johannem Damianum, hujus conventus priorem, redactus; non sine gravi dispendio persone et bonorum conventus. Nam fui in dicta civitate Turonis spatio septem mensium continuorum. *Hannale Jo. Damiani.*

(2) Anno domini 1513 et mensis januarii prima, fuit totum residuum ecclesie datum a prestfach, excepto pinaculo, magistro Johanni Garcini, habitatori de Jocos, precio 5280 florenorum, et 100 saumatarum bladi. *Ibid.*

sente seulement les honoraires de l'architecte et la main d'œuvre des ouvriers, car les travaux se firent en régie, et le couvent devait fournir tous les matériaux nécessaires. Pierres, chaux, bois, fers, cordes, machines, tout était à sa charge, et devait être apporté sur place, à ses frais. Jean Damiani prit donc à ses gages des hommes de peine de toute sorte, des journaliers, des muletiers, des charretiers, des menuisiers, etc.; il acheta des chevaux et des charrettes, ouvrit des carrières de pierres, fit construire des fours à chaux, acheta dans le voisinage des poutres et des arbres, fit venir, par la Durance, des radeaux de bois du Dauphiné. Il tint tête à tout avec une énergie que rien ne lassait, et conduisit ainsi à sa perfection, de la manière la plus économique, le monument magnifique qu'il avait reçu dans un si fâcheux état de délabrement.

Les travaux commencèrent le 25 février 1513 et durèrent douze ans. Vers la fin de 1517, les basses nefs étaient couvertes, car, le 3 novembre, nous trouvons mentionnée une distribution de vin pour régaler les ouvriers, à l'occasion de l'achèvement de la nef de l'épitre. La peste fit fermer le chantier pendant près d'une année, de septembre 1521 à juillet 1522; mais, malgré cette suspension forcée, tout fut terminé en 1525. A cette date, les voûtes, les toitures, le pavé, tout était fait; toutes les fenêtres étaient garnies de leurs vitraux, et tout était payé. L'habile prieur se préparait à rendre raison à la Cour des Comptes des sommes qui avaient passé par ses mains, et de l'emploi qu'il en avait fait.

L'architecte qui termina l'église de Saint-Maximin, *le maître de l'œuvre*, se nommait Pierre Garcin, il était de Jouques. On trouve dans les actes le nom de Jean Garcin, ce qui pourrait donner lieu à une erreur. Jean Garcin était le père de Pierre, et il n'intervenait que comme caution de son fils : celui-ci seul paraît dans les comptes. C'est lui seul qui a conduit la bâtisse de la dernière partie de l'église, et qui a eu l'honneur de mettre la dernière main au monument de Charles II.

Les maîtres verriers qui décorèrent de splendides vitraux les innombrables ouvertures de l'église neuve et de la vieille, sont au nombre de deux : maître Michel, de Marseille, et maître Didier de la Porta, lequel fit, d'après nos comptes, la plus grande partie du travail. Il alla jusqu'en Lorraine, comme nous l'apprenons par le passeport que lui donna le sénéchal (1), pour y acheter et faire conduire à Saint-Maximin les verres, le plomb et l'étain nécessaires pour les verrières de l'église, *qu'il était tenu faire et parfaire*. Il est désigné dans cette pièce comme *painctre et verrier*, et le Manuel de Damiani dit la même chose, le nommant tantôt verrier, tantôt peintre (2). A lui paraissent avoir été réservés les vitraux à images, ceux où figuraient des personnages, et il semble avoir été, sous ce rapport, plus habile que maître Michel ; celui-ci était moins payé que lui, et faisait les vitraux où il n'y avait pas de figures.

Le grand chantier, ouvert en 1513 pour terminer l'église, et qui durant douze ans dut donner tant de préoccupations au prieur de Saint-Maximin, ne suffit pas à épuiser son zèle. En 1515, il fit le voyage de Paris, dans l'intérêt de sa maison. En 1517, il fit con-

---

(1) Mon. inédits, tome II, n° 275.

(2) Magistro Desiderio de Porta, vitrario... Magistro Desiderio, pictori. *Manuale Jo. Damiani.*

sacrer solennellement le grand autel, et tous les autres autels de l'église. En 1518, il fit construire l'armoire des reliques, creusée dans le mur de la chapelle qui est vis-à-vis de la crypte, et richement décorée. En même temps, on élevait à la Sainte-Baume les beaux oratoires ornés de bas-reliefs représentant la vie de sainte Madeleine. En 1519, on y inaugurait le nouveau portail donnant entrée à la grotte, sculpté et peint à Aix par Jean Guiramand (1). En 1520, Antoine le Vénitien (2) terminait à Saint-Maximin le bel autel du Crucifix, où sont peintes sur bois, dans une suite de curieux médaillons, les diverses scènes de la passion, et qui lui coûta trente mois de travail. Sur le devant d'autel, qui représente la mise au tombeau, il a placé un religieux dominicain que tout le monde regarde comme Jean Damiani, dont nous aurions ici le vrai portrait. En 1522, on fit la nouvelle infirmerie du couvent. Si l'on ajoute à ces divers travaux un grand nombre d'autels, de rétables, de reliquaires, de tableaux et d'autres objets que l'on trouve indiqués dans le livre de comptes du prieur, on aura une idée de ce que produisit l'inépuisable ardeur de Jean Damiani, durant la première moitié seulement de son priorat.

On se demandera sans doute comment il put faire face aux dépenses extraordinaires que tant de choses, entreprises à la fois,

---

(1) Voir l'acte de prix-fait de ce portail aux pièces justificatives n° LIV.

(2) L'auteur de ces remarquables peintures n'était pas connu jusqu'ici. Son prénom seul est écrit dans le Manuel de Damiani ; mais une quittance autographe, trouvée au dernier moment, nous donne son nom complet". — † Jesus. A di 14 octobre. Io Antoni Rozen, pintre, confessi d'aver receudo da moussur lo prior de San Maximin cinque scus dal solel, in diminucion de major suma, per la pintura et dauradura del retaule del Crucifix. Et per millor cautela, io li fazi la present poliza de ma man propria. Ita est, Antoni Rozen, pintre. *Arch. des B. du Rh. B. 718.* Il y a un signe abréviatif sur l'o de Rozen.

durent exiger. Ce n'était pas son couvent qui pouvait lui fournir les ressources nécessaires pour ces grandes œuvres, car son nombreux personnel pouvait à peine vivre avec ses revenus très-bornés (1). Où trouva-t-il des fonds pour suffire à tout? Nous répondrons que Damiani entretint toujours les meilleures relations avec les autorités de la province et les souverains du royaume, et eut auprès d'eux beaucoup de crédit. Nous avons déjà vu ses rapports avec la reine Anne de Bretagne. Louis XII lui donna à la même époque un brevet de conseiller, et lui fit reconnaître, l'an d'après, le droit d'entrer au parlement de Provence (2). C'est aussi sans doute lors de son long séjour à Tours qu'il obtint la délivrance des legs testamentaires de René et de Charles III dont on n'avait touché encore qu'une faible partie, et dont les 9133 florins, restant à payer, lui furent donnés par versements annuels, à partir de 1513.

Lorsque François Ier succéda à Louis XII, Damiani s'empressa de se rendre à Paris, et il obtint, par l'entremise du sénéchal de Provence, que les fonds alloués par le roi René pour sa fondation de la Sainte-Baume lui seraient régulièrement comptés chaque année (3). Ce voyage dut avoir lieu immédiatement après l'avénement du nouveau roi; les lettres qui concernent la Sainte-

---

(1) Summa numero religiosi 70, famuli ordinarii, 21... Summa expense (in anno) 1090 fl.. Summa recepte ord. et extraord. fl. 4098, gr. 3, den. 0. *Manuale Jo. Damiani.*

(2) Pièces justif. n° LII, et Mon. inéd. to. II, n° 209.

(3) Anno domini 1515... assomptus est dominus Angolismensis qui nunc regnat, dictus Franciscus, et hujus nominis primus. Ad quem accessi ego supradictus prior, et obtini florenos 415 annuos et perpetuos, procurante domino Renato, bastardo Sabaudie, tunc seneseallo hujus patrie; et hoc, pro missis que dicuntur in Sancta Balma. *Manuale J. D*

Baume sont du mois de mars 1515, et elles avaient été précédées, en février, par des lettres de confirmation générale, à la concession desquelles était présent le sénéchal René de Savoie (1). Elles furent dues à sa protection et aux sollicitations de Damiani.

A la fin de la même année, la reine de France, la duchesse d'Angoulême, mère du roi, et sa sœur, vinrent attendre en Provence François Ier qui revenait d'Italie après une brillante campagne. On fit réparer pour elles, aux frais du trésor, les chemins de la Sainte-Baume. Les princesses entrèrent à Saint-Maximin le 31 décembre 1515, et, le lendemain, la Régente alloua, pour les travaux de l'église, une somme de 2000 livres tournois, par annuités de 200 livres. Le roi, qui arriva le 20 janvier, donna une somme égale (2). François Ier vint avec toute sa cour, et le P. Reboul raconte qu'après qu'il eût vénéré les reliques dans la chapelle souterraine, on les fit porter dans l'église supérieure, pour les montrer aux princesses qui n'avaient pu y descendre, parce qu'aucune femme ne pouvait y entrer. Mais la foule était si grande qu'on faillit jeter la châsse par terre, et il s'en détacha un précieux diamant qui fut perdu. A cette occasion, il fut arrêté qu'il serait désormais permis aux femmes de pénétrer dans la crypte, ce qui a été pratiqué depuis lors.

Pour rappeler la visite du Roi, Damiani fit placer contre le pilier de la chapelle de sainte Madeleine l'inscription suivante :

---

(1) Mon. inéd. to. II, nos 977, 976.

(2) M. Faillon (to. I, col. 1035) fait dire à François Ier que lui et sa mère avaient donné trois cents livres par chascun ; à la place de ceci, il faut mettre : *quatre cents livres par chascun an.*

> Rex superillustris Franciscus primus in edes
> Venit, cum ducibus principibusque, sacras.
> Claudia, nobilium hic magna stipante caterva,
> Cum genitrice viri, cumque sorore fuit.
> Hoc fuit italici post martia bella triumphi,
> Cum rex Franciscus debita vota daret.
> Cumque fuit presens in sancta Magdalis ede,
> Est rex largitus munera magna potens.
> Anno 1515, die 20 januarii (1).

Le 21, la cour monta à la Sainte-Baume, dont le Roi trouva le couvent *fort caduc et demoly*. La duchesse d'Angoulême, sa mère, se chargea d'y pourvoir; elle fournit des fonds considérables pour restaurer les bâtiments et refaire l'entrée de la grotte (2).

En dehors de la famille royale, il y eut aussi de généreux bienfaiteurs. Le sénéchal René de Savoie donna mille florins pour faire les vitraux. Jacques de Beaune, sieur de Semblançay, général des finances de Provence, fit les frais de l'autel du Crucifix. Pierre Filloli, archevêque d'Aix, fit faire les chapelles devant le chœur et la curieuse porte qui menait à la crypte. Le président Gervais de Beaumont paya la décoration de la chapelle des reliques. Jean Ferrier, archevêque d'Arles, prit à sa charge la construction des oratoires de la Sainte-Baume. Nous ne parlons que

---

(1) Ce n'est pas la seule fois que François 1er vint à Saint-Maximin. Il y repassa à diverses reprises, entre autres, en 1533 et en 1538.

(2) Fuit factum portale ecclesie Sancte Balme, eo modo qui nunc est, expensis matris christianissimi regis Francorum... Item fuerunt facte camere nove, expensis ejusdem domine. *Manuale J. D.*

des principaux. Voilà comment Jean Damiani trouva les sommes nécessaires pour venir à bout de tout ce qu'il avait entrepris.

Quand l'église eut été terminée, en 1525, il fit mettre à l'intérieur, sur la porte de droite, dite de Notre-Dame, cette autre inscription latine, qui résumait les principaux faits se rattachant à la construction de cet édifice.

> Carolus astrifero nobis demissus olimpo
>   Floriger erexit tecta, tonantis ope. 1279.
> Andegavus pastor, nostris Renatus in oris,
>   Hoc simul inceptum continuavit opus. 1480.
> Franciscus, sublime decus, radiantia pergit
>   Templa quidem, cujus nomen in astra volat. 1515.
> Quippe Renatus ovans, clara de stirpe Sabaudus,
>   Has edes vitreas nunc rutilanter agit. 1519.

On a beaucoup critiqué ces vers, et M. Faillon a dit qu'ils avaient été composés par quelque écolier du collège de Saint-Maximin, aussi mauvais historien que mauvais poète (1) : c'est une critique injuste. L'inscription n'est point écrite dans le style de Virgile, mais les quatre faits qui y sont rappelés, sont incontestables, et donnent un abrégé fidèle de l'histoire du monument; car, s'il est une chose bien certaine, c'est que, commencé par Charles II, il a été continué et achevé au moyen des fonds assignés par René et son successeur, et par François Ier. C'est pour cela qu'on y a inscrit la date du testament de René, 1480, et celle de la visite de François Ier, 1515(16).

(1) Mon. inédits, to. I, col. 1037, note.

M. Faillon prétend qu'*il est certain que, long-temps avant 1480, le roi René avait repris la bâtisse de l'église et du couvent;* malheureusement, il a oublié d'en donner la preuve. Il affirme que *l'achèvement total de l'église n'eut guère lieu qu'en 1529*, ce qui est en contradiction avec les comptes de Damiani, où il n'y a pas une date postérieure à 1525. Enfin la mention du sénéchal René de Savoie n'est point, quoi qu'il en dise, un acte de flatterie, mais de justice; car c'est sans contredit à sa protection que l'on dut l'achèvement de l'église; et, en se chargeant personnellement de payer les frais de tous les vitraux, il coopéra largement à l'entreprise, et donna au monument sa plus belle décoration et son principal caractère. L'inscription n'est donc ni une poésie irréprochable, ni un compliment plus ou moins bien tourné, mais un document historique fidèle.

Il nous reste à exposer rapidement, sous un autre point de vue, la longue administration de Jean Damiani, qui fut en butte à de nombreuses difficultés, et eut de grands embarras à surmonter. Il était en fonctions depuis sept à huit ans, lorsque Pierre Bonneti, qui l'avait reconnu expressément comme son légitime successeur (1), et qui n'avait pas donné signe de vie

---

(1) Voici le langage qu'il aurait tenu au chapitre, le 9 mai 1513, selon Damiani : « Messieurs, freres et religieulx, cum lo fassa causa que poguessa estre que aulcuns avion qualque scripol sus lo priurat d'aquest couvent, per amor de my ; pertant, afin que doresavant cesse tout scripol, yeu vous dysi et declari que yeu non entendi de my ampachar del dic priurat, ny de la administration d'aquel ; mes vous pregui que ayas et tengas monsieur lo prieur, mestre Johan Damyani, que es ayssi, per vostre prior, et ly fassas obediensaa; car yeu l'ay et lo teni per prieur del dic convent. » *Mémoire de Damiani, aux arch. de Saint-Maximin.*

tant que Louis XII vécut, profita de la mort du roi, pour réclamer de nouveau *son bénéfice*, dont on l'avait, à son avis, injustement dépouillé. Il obtint même du parlement la révision de sa cause; mais il eut lieu de s'en repentir. Le prieur de Saint-Maximin lui opposa un vigoureux mémoire qui fit justice de ses prétentions. Si le P. Bonneti, disait-il en commençant, avait dit la vérité dans sa requête, il n'aurait pas obtenu les lettres qu'on lui a accordées; il ne les a eues qu'en avançant beaucoup de de choses fausses, et en dissimulant tous les faits. L'argumentation de Damiani est écrasante pour son adversaire, et il triompha complètement. Bonneti fut débouté, condamné aux frais (1), et dut se retirer dans son prieuré de Linieu pour y mourir.

Les années qui suivirent furent pour notre prieur un temps de paix et d'activité féconde : c'est l'époque de ses grands travaux. Tout lui réussissait, et il obtint successivement du Roi plusieurs lettres de sauvegarde, et pour l'exemption du logement des gens de guerre (2). Cependant un orage se formait sur sa tête, s'amoncelant peu à peu, même pendant les années de prospérité, pour éclater violemment lorsqu'il serait arrivé au bout de toutes ses entreprises.

Il est impossible de se dissimuler que la discipline ne fleurit pas à Saint-Maximin sous Damiani, et que la réforme inaugurée

---

(1) 1517. Eodem anno, et die... marcii, fuit latum arrestum in suprema curia parlamenti contra mag. Petrum Boneti, pretendentem habere jus in prioratu presentis ville, in favorem mei prioris, cujus hic liber est manualis. Fuit idem Boneti condempnatus in expensis et principall. *Arch. des B. du Rh. B. 1616, fol. 7.*

(2) Ibid. B. 26. Reg. *Magdalena*, fol. 69, 215, 220, B. 27. Reg. *Turturis*, fol 82, 184, v°.

peu avant son arrivée n'y fut pas maintenue. Des causes diverses y contribuèrent : les grandes préoccupations du prieur, ses nombreuses absences, ne lui permettaient guère d'y tenir la main ; plusieurs fois sa communauté dut se disperser, pendant dix mois d'abord en 1521, pour fuir la peste (1), et de nouveau en 1524, à cause de la peste et de la guerre (2). C'est alors qu'eurent lieu l'invasion du connétable de Bourbon et le siège de Marseille. En 1530, la contagion fit encore de grands ravages à Saint-Maximin, d'où « la plupart délogèrent, et les religieux aussi, à la ré-« serve du R. P. Damiani, prieur, et de ses deux curés qui « s'exposèrent (Reboul, p. 52) ». En 1536, nouvelle invasion des troupes impériales, et nouvelle dispersion ; Damiani s'en fut à Nimes avec dix des siens, ne laissant à Saint-Maximin que le P. Jean Durandi (*Ibid*). Il y avait là de quoi désorganiser la maison la plus régulière.

D'un autre côté, Damiani eut vis-à-vis des supérieurs de son ordre un tort des plus graves qui, par dessus tout, devait assurer sa disgrâce. Dans son procès avec Bonneti, il avait soutenu que le prieur de Saint-Maximin pouvait toujours être changé avec le consentement du Roi, et que tenir du Pape ce prieuré à vie, d'une façon inamovible, ce serait la même chose que le posséder en commende, ce qui était défendu par l'acte de fondation. Or, par la plus étrange des contradictions, il fit lui-même ce qu'il avait reproché à son prédécesseur. Il sollicita et obtint une bulle qui

---

(1) 1521. 5 sept. Hic incepit pestis, et cessavit opus ecclesie usque ad annum 1522 et 14 diem julii, in quo reversi sumus. *Ibid*. B. 2616, fol. 124 v°.

(2) 1524. Eodem anno nichil, quia pestis et bellum. *Ibid*.

le nommait prieur à vie (1). Il se fit déclarer, par une autre bulle, complètement exempt de la juridiction du Général de l'ordre et du provincial, lesquels ne pourraient faire dans son couvent aucune visite, aucune correction, aucune réforme (2). Il se fit autoriser à recevoir dans sa maison les religieux de toutes les provinces et congrégations, sans en demander aucune permission à leurs supérieurs. C'était secouer totalement le joug de l'Ordre, et prétendre à l'indépendance la plus absolue.

Jean Damiani était devenu, à son tour, un véritable prélat commendataire, et agissait en tout comme tel. Il avait trois montures, recevait des gages de 125 florins ; il mariait ses nièces et les dotait, élevait son neveu dans le couvent, à 50 florins par an (3). En somme, il ne reconnaissait l'autorité de personne. Il n'était pas possible que cet état de choses se prolongeât sans soulever de grandes complications. Ce furent les anciens religieux, peu ménagés par lui, qui engagèrent la lutte.

Sur leurs plaintes, le cardinal Duprat, légat *à latere* en France, députa le 2 avril 1530, avec l'approbation du Roi, le provincial de Provence et Antoine Gilberti, prieur de Valence, pour visiter le couvent de Saint-Maximin, s'enquérir des torts du prieur, et

---

(1) Pièces justif. n° LV.

(2) Bulle de Léon X, du 27 mars 1521. Arch. des B. du Rh. B. 28. Reg. *Pacis*, fol. 126.

(3) Plus me exonero se michi exsolvi deposco, de gagiis ac stipendiis michi debitis et assignatis .. pro annis decem octo, minus quinque mensibus,... ratione florenorum 125 pro anno,... florenos 2197 et grossos 11..., detractis florenis 400 quos alias habui et retinui... pro maritagio duarum mearum neptum, ac florenis 50C, pro alimentis et vestimentis nepoti meo prestitis in eodem conventu, spacio decem annorum, ratione fl. 50 pro anno quolibet. *Arch. de S. Max. Comptes de Damiani.*

le déposer au besoin. Le 24 août, le Légat d'Avignon donna la même commission audit provincial et au prieur d'Aix (1). Quand il vit venir l'orage, Damiani recourut au Roi, lui représentant que l'on empiétait sur les priviléges d'un couvent qui ne dépendait que de lui seul, et où nul autre que ses officiers n'avait le droit de faire aucune procédure. Ce fut une bien grande imprudence de sa part, car, on lui donnant raison sur ce point, le Roi chargea le parlement de Provence et la Cour des Comptes d'Aix de prendre connaissance de l'affaire (2).

Il y eut donc une longue enquête, faite par un conseiller au parlement et un maître rational des comptes, assistés, pour le spirituel, par les PP. Jacques Armandi, prieur d'Aix, et Antoine Guiramandi. Elle eut pour résultats une sentence en 82 articles, rendue le 13 mai 1531, pour réformer au temporel et au spirituel les nombreux abus qui furent constatés. Dans l'impossibilité où nous sommes d'en donner même un abrégé, nous nous contenterons de citer, avec le rétablissement des jeûnes, de l'abstinence et de l'usage de la laine, la défense de porter des vêtements de luxe, des épées ou autres armes offensives, des habits courts dits habits à chevaucher, et aussi la prohibition de la chasse, et des danses et comédies qui avaient lieu dans le couvent (3). Treize religieux étaient envoyés dans d'autres maisons,

---

(1) Ces pièces sont aux archives de Saint-Maximin, Arm. 1, sac 4.

(2) Pièces justif. n° LVI.

(3) *Arch. des B. du Rh.* B. 29, *Reg. Sagittarius*, *fol. 186-195.* — Art. 44. Ne portent secularia de saya, pilleosque cum cirico, calceos politos et curiosos, vittasque diversorum colorum, more lascivorum et juvenum petulantium. — 40. Prohibemus... fratribus ipsis delacionem ensium, et quorumcumque armorum invasivorum, ludosque quoscumque prohi-

et le prieur était cassé, pour avoir, par sa faute, laissé dépérir l'observance, pour le maintien de laquelle on l'avait choisi, et aussi à cause des divisions irréconciliables qui existaient entre lui et ses inférieurs. Il n'est point allégué d'autre motif.

Tels étaient le savoir-faire de Jean Damiani et la considération qu'il s'était acquise par ses œuvres, qu'il put, malgré cette sévère sentence, se maintenir en place pendant douze ans encore. Les commissaires avaient ordonné de procéder à l'élection d'un nouveau prieur; mais leur volonté ne fut pas exécutée, et ce fut le prieur ancien qui reçut de nouveau François 1er, quand il vint à Saint-Maximin, en octobre 1533, avec ses trois fils et la reine Éléonore. En 1535, il obtint aussi de lui que son couvent fût exempté du commandement donné à tous les ordres mendiants, de vider leurs mains des biens et revenus qu'ils avaient acquis; et en 1540, il fit son hommage à la Cour des Comptes, le 15 janvier, pour Château-royal (1).

Il y avait eu cependant dans l'intervalle de nouvelles requêtes adressées à la cour par les religieux, qui se plaignaient surtout que leur prieur humiliait les maîtres et les anciens pères, et faisait tout sans leur conseil. Par contre, il était indulgent outre mesure pour les jeunes, et l'on réclamait avec instance « que les

---

bitos.— 64. Prohibemus ne deinceps fiant... choree, aut comedie, seu larve, in conventu, quocumque tempore, etiam tempore misse nove, aut leticie communis totius patrie.— 65. Prohibemus... usum vestium brevium, sive curtarum, que dicuntur *vestes a chivaucher*..., tam hic quam in S. Balma... etiam in nemore. — 66. Cum venatio, potissimum clamorosa, sit clericis interdicta, eandem prohibemus omnibus fratribus..., et nutritionem quorumcumque avium venaticorum.

(1) Arch. des B. du Rh. B. 39, Reg. *Scorpionis*, fol. 114 v°, B. 726.

« jeunes relligieulx soyent prohibés, la nuict, aller a la chambre
« du prieur, a son coucher, rire, jouer, jaser avecq luy, et se
« moquer des maistres reverendz et perez, comme ilz ont faict
« et font ordinayrement (1) ». Une nouvelle enquête fut faite en
1538 par Antoine Filloli, archevêque d'Aix, le conseiller Joachim
de Sade, et Perrin Flote, religieux de la maison, qui établirent
des commissaires pour le temporel. Mais le Roi, ayant passé à
Saint-Maximin, cette même année, lui donna encore des lettres
très-élogieuses, qui le continuaient dans son administration (2).

Cependant, le désordre et les divisions qui régnaient dans le
couvent exigeaient une solution qui ne pouvait plus être différée,
et une dernière tempête éclata en 1543, qui emporta définitivement le vieux prieur. Autorisé par des lettres-patentes, le parlement reprit ses procédures contre *les malversations* de Damiani,
et rendit, le 8 mars, un arrêt qui le suspendait de ses fonctions,
ordonnant en même temps que le provincial de son ordre lui
ferait son procès, et qu'en attendant, *il tiendrait prison* à Saint-
Maximin, ou ailleurs (3). Il fut détenu dans le couvent des
Observantins d'Aix, où il demeura toute l'année, pendant que
le provincial Antoine Héraudi, commissaire apostolique, instruisait sa cause. Celui-ci donna contre lui une double sentence : le
11 décembre 1543, il le destitua de son office de prieur, ce qui fut
aussitôt confirmé par le parlement, le 20 du même mois ; le 15
janvier 1544, il le condamna à être renfermé entre quatre murs,

---

(1) 1538, 2 mars. Arch. de S. Max.

(2) Pièces justif. n° LVII.

(3) Arch. des B. du Rh. B. 44, Reg. *Dromedarius*, fol. 68 v°.

pour le reste de ses jours, dans le couvent de Marseille (1).

Lassé par une aussi longue lutte, Damiani se résigna peut-être à sa déposition (2); mais il appela de la dure peine prononcée contre lui (3), et ayant obtenu que Pierre de Paul, chanoine de Marseille, fût délégué par le Saint-Siége pour revoir son procès, il la fit révoquer. Il était du reste parvenu, aidé de ses amis, à se soustraire à la captivité, et devenu libre, il continua à habiter dans cette même maison de Marseille, où on lui avait préparé une prison perpétuelle. C'est là qu'on vint lui signifier une citation, pour de nouvelles procédures dont nous ne connaissons pas la conclusion (4). Ce dernier fait démontre que, malgré les griefs qui avaient motivé sa condamnation, il n'avait point perdu l'estime de ses confrères.

Jean Damiani parvint à une grande vieillesse. En 1538, François Ier parlait déjà de son grand âge; or, il était vivant en 1548,

---

(1) Ad finiendam vitam suam in pane et aqua, inter quatuor muros, in dicto suo conventu originali dicte civitatis Massilie. *Reg. L. du not. Jacq. Alphantis, fol. 604, chez M. Estrangin.*

(2) On lit néanmoins dans Rebout (II p. 85, que Damiani obtint diverses lettres de cachet pour être rétabli dans sa charge de prieur, lesquelles n'eurent jamais leur effet. Ces lettres nous sont inconnues.

(3) Licet dictus frater Johannes predicte sentencie in omnibus, preterquam a perpetuitate carceris et in pane et aqua, acquievisset, ipseque in accommodatis et honestis carceribus repositus fuisset, de facto evasit et a dictis carceribus exivit. *Arch. de S. Max. Arm. I, sac 4.*

(4) Anno domini 1548 28 oct. Ego Guillelmus Goandi, curatus sancti Martini ecclesie collegiate civitatis Massilie,... citavi patrem fr. Johannem Damiani,... commorantem in conventu fratrum predicatorum civ. Massilie, et in dicto conventu, infra ecclesiam, citavi,... necnon posui copiam dictarum litterarum, cum tilleto, in valvis dicte ecclesie. Guillelmus Goandi, curatus prefatus. *Ibid.*

et, à la manière dont on parle de lui en 1553, il devait l'être encore (1). Nous ne savons pas la date de sa mort. C'était un homme de beaucoup de valeur, comme théologien, comme orateur, comme homme d'affaires. Il ne fut pas irréprochable ; ainsi que la statue du prophète, il avait la tête d'or, mais les pieds étaient un mélange de fer et d'argile. Nous n'acceptons pas néanmoins les accusations portées contre lui dans le dernier arrêt du parlement. Comment croire aux *cas et crimes de sacrilèges et blasphèmes contre la personne du roi et seigneurs de son sang*, sans parler d'autre *très-abominable péché, et de scandaleux exemples et malversations*, dont on le dit atteint ? Il commit la faute de vouloir se rendre indépendant de son ordre, et de désobéir à ses supérieurs : ce fut la cause de sa ruine. Mais ceci ne peut faire oublier tout ce qu'on lui doit.

JEAN CATTI, 23ᵐᵉ PRIEUR. 1544-1550. Durant toute l'année 1543, le procès de Damiani étant pendant, le couvent de Saint-Maximin fut gouverné par un vicaire élu, Bernard Berardi. Il appartenait à la congrégation de France, et celle-ci crut alors qu'elle allait reprendre cette maison, comme le prouve l'arrivée des religieux réformés qui y furent envoyés, et un vidimus fait à Toulouse, le 20 février 1543, de l'ordonnance de 1505 qui unissait Saint-Maximin à la congrégation. Mais pas plus cette fois que la première, leur établissement ne fut durable.

A la fin de l'année, lorsque Damiani eut été déposé par le provincial, les religieux durent faire l'élection d'un autre prieur.

---

(1) Le 3 février 1553, dans un procès, l'avocat d'Olivari accuse son adversaire d'être partisan de Damiani : *lequel veult maintenir Damianis*. Ibid.

L'arrêt du parlement du 20 décembre leur ordonnait de nommer trois bons religieux de l'observance régulière, pour que le Roi pût choisir celui des trois qu'il préférerait; mais s'étant réunis le 2 janvier 1544, ils firent un compromis, et remirent au roi, leur fondateur, le droit de désigner lui-même leur chef. Ainsi l'atteste formellement le P. Perrin Flotte, alors procureur du couvent, dont les comptes, écrits dans un langage polyglotte, nous fournissent pour cette époque de curieux renseignements que nous avons recueillis (1).

En vertu de l'acte par lequel les électeurs cédaient leur droit, le roi nomma prieur de Saint-Maximin le P. Jean Catti (2), confesseur de la reine et de la princesse Marguerite, sa fille unique. Il nous semble peu exact de dire, comme on l'a fait, que le roi fit cette nomination de son autorité privée et absolue, puisqu'il y avait eu élection, le compromis étant un des modes établis par le droit pour pourvoir aux dignités et aux bénéfices. Aussi, le nouveau prieur fut-il reçu sans difficultés, tandis que nous verrons bientôt contester les pouvoirs d'Estiventis qui n'avait pas été élu.

Catti était Angevin, selon les derniers renseignements du P. Reboul, qui avait commencé par le dire Angoumois; en quoi plusieurs l'ont suivi, sans tenir compte de sa correction. On a fait le plus grand éloge de ses talents et de sa réputation (3), et ses

---

(1) Pièces justif. n° LVIII.

(2) Ce prieur étant français, il est fort vraisemblable que son nom était *Le Cat* ; dans les pièces, ont lit *Catti* ou *Cati*, et même *Capti* et *Guati*. Maître le nomme à tort *Cassi*. Le P. Lombard et M. Faillon disent *Ceti* ou *Cetti*, le premier, pour n'avoir pas bien lu les actes, le second pour avoir trop bien copié l'autre.

(3) C'était un homme très-docte, pieux et savant, qui avait paru avec éclat dans les meil-

succès à la cour en sont la preuve convaincante. Il fut fait prieur par lettres-patentes du 28 mars 1544 (1), auxquelles il suffit de se reporter pour voir que l'on s'est trompé en assurant qu'il n'avait été nommé que pour trois ans, conformément à l'arrêt du 20 décembre 1543. Les lettres ne contiennent aucune limite de temps ; et ce qui démontre que l'intention du Roi était bien de le nommer à vie, c'est qu'il lui donna dès le 3 avril suivant, c'est-à-dire, cinq jours après, de secondes lettres par lesquelles il déclara qu'après avoir fait examiner par son conseil privé l'arrêt du parlement, il entendait que ledit office de prieur ne serait pas triennal, mais perpétuel, ou autrement jusqu'à son bon plaisir (2).

Le parlement de Provence ne voulut enregistrer ni la nomination de Catti, ni les lettres du 3 avril, qui dérogeaient à ses décisions. Il n'osa pourtant pas s'opposer à son installation, et nomma un commissaire qui le mit en possession, le 11 juillet, au dire de Reboul. Les comptes de Perrin Flotte nous apprennent en effet qu'à la fin de juillet il était au couvent, où l'on s'occupait d'habiller *le laquais français de monsieur le prieur* (3). Quant aux pièces qu'il avait apportées il fallut que le Roi expédiât de Fontainebleau, le 5 janvier 1545, l'ordre formel de procéder à leur enregistrement. Obligé de céder sur ce point à la volonté royale, le parlement se contenta de faire transcrire les lettres dans ses registres, sans aucunement les faire publier, et à la condition que la

---

leures chaires de la France. *Reboul*. — Fuit doctissimus magister et eloquentissimus prædicator... Natione seu patria Angoumois. P. *Lombard*.

(1) Pièces justif. n° LIX.

(2) Arch. des B. du Rh. B. 38. Reg. *Serena*, fol. 251.

(3) Pièces justif. n° LVIII.

réformation du couvent se ferait toutes les fois que besoin serait, et lorsque lui-même l'ordonnerait. C'était justement le contraire de ce que contenaient les lettres du roi, qui reconnaissaient au prieur seul le droit de réforme et de correction dans sa maison.

C'est pourquoi Catti étant allé, cette même année, prêcher le carême à la cour, il en revint avec de nouvelles lettres, données à Blois le 8 mai 1545, qui commandaient de les publier et vérifier selon leur propre forme et teneur, et de laisser audit prieur, sa vie durant, la pleine administration de son office, sans qu'il fût plus nécessaire de retourner au Roi. Le parlement montra encore en cette occasion tout son mauvais vouloir; car les lettres lui ayant été adressées par huissier, elles furent retournées sans réponse, sous couleur qu'elles auraient dû être présentées à la cour par requête; et la requête ayant été faite immédiatement, le procureur-général exigea qu'on lui fournît copie de toutes les pièces, aux fins d'être ouï au conseil privé, dans l'intérêt du roi.

Catti avait aussi obtenu de François Ier le titre de conseiller au parlement de Provence, qu'avait eu son prédécesseur. Henri II lui accorda plus tard la confirmation de tous les privilèges de sa maison (1). Mais les tracasseries que ce même parlement ne cessa de lui susciter, comme étranger au pays, et comme ayant été pourvu contre ses intentions, lui firent prendre la résolution de retourner en France. Il renonça donc à son titre, non point en 1549, après trois ans d'exercice, mais bien après six ans de possession et en 1550. Nous avons vu un acte du 18 mai de cette dernière année (2), dans lequel il agit encore comme prieur de

---

(1) Monum. inédits, n° 281.
(2) Arch. de S. Max., Arm. 3, sac 15.

Saint-Maximin. Il revint à la cour, fut pourvu, en commende, d'une abbaye de Cisterciens, et l'on dit qu'il allait être promu à l'épiscopat, lorsqu'il mourut à Saint-Germain-en-Laye, en l'année 1553. On lui donna la sépulture dans l'église des Dominicaines de Poissy, à l'entrée du chœur, et l'on mit sur son tombeau une inscription à sa louange, dont on ne connaît que le commencement (1).

Pierre Olivari, 24ᵐᵉ prieur. 1550-1560. Pierre Olivari était natif de Lorgues en Provence, et fils du couvent de Saint-Maximin (2). Il avait été un des plus ardents adversaires de Jean Damiani, qui, peu avant sa déposition, présentait requête à la cour, *pour qu'on imposât un perpétuel silence à Pierre Olivari et autres*. Par contre, il fut un zélé partisan de Jean Catti, et c'est lui qui, au nom de son prieur, insista pour que l'on enregistrât, sans restriction ni modification, les lettres-patentes du 8 mai 1545; ce qui fut fait *au très-grand regret et déplaisir du parlement*. Ceci lui attira l'inimitié de ce corps puissant (3), qui lui en donna de nombreux témoignages; et tout son priorat fut une lutte incessante avec la cour.

L'amitié de Catti valut à Olivari le prieuré de Saint-Maximin, car lorsqu'il se fut décidé à se retirer, il donna sa démission en sa faveur et *lui résigna* son office, ni plus ni moins que s'il se fût

---

(1) Année Dominicaine, Avril, p. 56. — Cavalieri, Galleria dei S. P. to. II, p 30.

(2) Filius conventus, patria Leonacensis, ex nobili familia d'Olivier, quorum tres fuere consiliarii Parlamenti. *Lombard.*

(3) Pour raison de quoy, auroient conceu et monstré quelque hayne et inimitié contre ledict Olivier, prieur moderne dudict couvent, comme sollicitant pour lors ladicte publication pour ledict Catty. *Lettres de Henri II, 17 dec. 1550. Arch. de S. Max. Arm. 1, sac 4.*

agi d'un bénéfice érigé en titre. C'est la première fois que nous entendons parler de résignation à propos d'un prieuré d'ordre mendiant, et nous croirions difficilement la chose, si elle n'était attestée de la manière la plus précise dans les lettres du Roi (1). La résignation avait eu lieu de l'exprès consentement de celui-ci, et nous croyons qu'Olivari était allé lui-même négocier l'affaire, quelque temps auparavant; une note écrite à la marge d'un document qui contient un fait arrivé en 1549, nous fait savoir qu'en cette année-là, il avait fait un voyage en France (2).

Il fut fait prieur vers le milieu de 1550. Nulle part il n'est dit qu'il ait été élu par les religieux : on ne mentionne que la résignation de son prédécesseur et la nomination royale, en ajoutant seulement qu'il avait été institué et confirmé par les supérieurs de l'ordre. Rien ne fait soupçonner une élection. Il semble donc bien que nous avons ici un cas de transmission de pouvoirs anormale. Comme le précédent prieur, il fut nommé à vie.

Alors même que les deux cours souveraines de Provence n'auraient eu aucune prévention contre la personne du nouveau prieur, sa nomination à titre perpétuel aurait suffi pour qu'elles lui fissent toute l'opposition possible. On lui refusa donc l'annexe et le commissaire requis pour prendre possession de son office, à moins qu'il ne s'engageât à observer l'arrêt du 13 mai 1531 sur la réformation. Ses lettres ne furent point enregistrées, et nous n'avons pas pu les retrouver. Olivari ne perdit pas de temps, et

---

(1) Par la **resignation**, de nostre vouiloir et exprès consentement faicte audict Olivier par frère Jehan Catti. *Ibid.*

(2) (1549) Me Olivarii audict au n'estoit prieur, ne au couvent, ayns en France. *Arch. de S. Mas.*

recourut aussitôt au Roi, pour se faire rendre justice. Henri II fit pour lui ce que François Ier avait fait pour Jean Catti; par ses lettres datées de Blois le 17 décembre 1550, il intima une seconde fois sa volonté au parlement, pour qu'il le laissât jouir du prieuré aux mêmes conditions que ses prédécesseurs, lui interdisant expressément d'entreprendre à Saint-Maximin aucune visite ou réforme (1). Il y eut donc quelque temps de répit; mais moins de deux ans après, les hostilités avaient recommencé avec ardeur.

On avait habilement tourné la difficulté, en représentant au Roi que le prieur dissipait à son profit les biens et les revenus de son couvent, sans vouloir rendre ses comptes; que la réforme contre laquelle il se roidissait, avait été faite par l'ordre du feu roi son père, et qu'Olivari lui-même, quand il était simple religieux, avait chaudement poursuivi contre Jean Damiani l'expédition de ce même arrêt dont il ne voulait plus entendre parler, depuis qu'il était prieur. On obtint ainsi d'Henri II, à Villers-Coterets, le 27 août 1552, l'ordre donné au prieur de présenter tous les ans ses comptes à l'approbation de la cour (2). La signification en fut faite, par exploit, au prieur et à ses officiers, le jour de Noël, dans l'église, à l'issue de la grand'messe.

Il faut avouer que le sergent royal avait singulièrement choisi son temps pour remplir son office, et Olivari ne manqua pas de protester hautement contre cet étrange oubli des plus simples convenances. Puis, sans se laisser décourager par le succès passager de ses adversaires, il en appela au Roi, et refusa de se sou-

---

(1) Arch. du couvent de S. Max. Arm. 1, sac 4.
(2) Arch. des B. du Rh. B. 43. Reg. *Elephantis*, fol. 189 r°.

mettre à l'obligation qu'on voulait lui imposer. Le Roi donna d'autres lettres, à Saint-Germain-en-Laye, le 29 mars 1553, pour avertir son parlement de se borner à faire observer les articles de réforme, en laissant les questions financières à la Chambre des Comptes d'Aix (1). Le procès qui s'engagea alors, et dans lequel Olivari prit à partie les consuls et plusieurs particuliers de Saint-Maximin, fut soutenu, de part et d'autre, avec une très-grande vivacité, et l'on se poursuivit avec une violence de langage que l'on comprend difficilement. On pourra s'en faire une idée par quelques extraits de plaidoieries que nous reproduisons plus loin (2).

Olivari eut raison de toutes ces procédures par un nouveau recours au Roi, qui déjà avait évoqué cette affaire à son grand conseil. En recevant ses plaintes et ses protestations, Henri II déclara, le 29 janvier 1554 (3), que ses précédentes lettres de Villers-Coterets et de Saint-Germain-en-Laye avaient été subrepticement obtenues; il défendit à son procureur-général de rien innover en ces matières, et fit ajourner devant son conseil le commissaire député par le parlement, qui avait déjà commencé à exécuter sa commission.

Nous croyons en avoir assez dit pour que l'on puisse bien se rendre compte des luttes que soutint Olivari pendant dix ans, en voulant maintenir ses droits et les immunités de sa maison. Il en résulta d'ardentes animosités dont il fut la victime, et qui amenèrent sa fin tragique. Il revenait de Paris, le 29 mai

---

(1) Ibid. fol. 977.
(2) Pièces justif. n° LX.
(3) Monum. inédits, tom. II, n° 289.

1500 (1), tout glorieux, dit le P. Reboul (p. 54, et II. 86) d'avoir fait casser par le grand conseil les arrêts du parlement et de la Cour des Comptes, et chargé d'arrêts qu'il avait lui-même obtenus contre les communautés de Saint-Maximin, de Brignoles et de Draguignan, et contre plusieurs particuliers, lorsqu'arrivé aux prairies, en vue de Saint-Maximin, il tomba sous les coups des assassins qui l'attendaient. Il reçut dans la poitrine une balle de fusil qui le jeta à bas de son cheval. Ses religieux, avertis de la catastrophe, allèrent le chercher et le transportèrent au couvent, où il reçut les sacrements, et mourut, après avoir pardonné à ses meurtriers.

Olivari vécut à une époque fort troublée et dans des circonstances bien difficiles, ce qui explique beaucoup de choses. C'était un homme docte, studieux, ami des livres, versé dans la connaissance des sciences ecclésiastiques. Nous le voyons acheter en une seule fois, pour son usage personnel, un bon nombre de Pères de l'Église (2). Il composa lui-même un ouvrage dont nous

---

(1) C'est incontestablement le 20 mai qu'Olivari fut assassiné, et non le 20 avril. Il est vrai que le procès-verbal du commissaire envoyé immédiatement par la cour à Saint-Maximin porte la date du 1ᵉʳ mai : c'est une erreur évidente, car les jours qui suivent dans le même procès-verbal, sont des jours du mois de juin. La première date seule est fautive.

(2) Je soubzsigné, frere Pierre Olivier, religieux du convent roial de Saint Maximin, confesse et certiffie debvoir a frère Loys Durant la somme de dix escuz d'or sol, pour les livres que j'ay acheptez de luy, videlicet, les œuvres de S. Augustin, S. Ambroise, S. Gregoire, d'Origenes, S. Cyprian, S. Crisostome, deux thomes de consilles generaulx, Nazianseuus, et aultres petitz vollumes de divers auteurs. Laquelle somme de dix escus sol je prometz luy paier sans aulcune faulte ne contradiction, par tout le jour xiiᵐᵉ du moys de fevrier prochainement venant. En foy de quoy, j'ay escripte et soubzsignée la presente de ma main propre, et prié les soubzsignés icelle voulloir soubzsigner. Ce xxi septembre

aurons à parler plus loin. Il fut le dernier prieur perpétuel de Saint-Maximin; institué à vie, il posséda sa charge jusqu'à son dernier soupir.

Claude Estiventis, 25ᵐᵉ prieur. 1560-1564. Dès que l'assassinat d'Olivari fut connu à Aix, la Cour des Comptes s'empressa d'envoyer à Saint-Maximin le conseiller François de Clappiers, pour faire l'inventaire des biens, meubles et revenus du prieuré, et les mettre sous séquestre. De leur côté, les religieux se réunirent dans la sacristie, et firent une élection de prieur en la personne d'Antoine Duport, un des leurs; et, en attendant qu'il eût obtenu l'agrément du Roi, ils le nommèrent vicaire du couvent, à la place de Guillaume Loge, afin qu'il pût prendre dès lors, à ce dernier titre, le gouvernement de la maison. Il l'administra en effet durant quelques mois, mais son élection ne fut pas agréée.

Le 28 juillet 1560, le roi François II donna le prieuré à Claude Estiventis (1), docteur en la faculté de théologie de Paris, et prédicateur renommé, ordonnant de le mettre en possession, malgré qu'un autre eût été élu (2). C'était exclure formellement Duport, bien que son nom ne fût pas prononcé. Les lettres d'Estiventis portaient qu'il n'était nommé que pour trois ans, et qu'à l'expiration de son temps, les religieux s'assembleraient pour dési-

---

M. Vᶜxlvi. — Signé, frere Pierre Ollivier. — Ita est, frere Claude Aurivellerii, tesmoing de la presente. — Ita est, frere Melchion Sinna, tesmoing de la presente. Arch. de S. Max., dans un cahier sans cote.

(1) Tel est, croyons-nous, le nom de ce prieur, que l'on trouve aussi écrit en diverses pièces, Estirent, Baticent, Estremont, Esterenant, et Stivere. Les copistes n'ont pas toujours bien su lire.

(2) Les lettres-patentes d'Estiventis sont au registre B. 65, Vulpes et lepus, fol. 177.

gner deux ou trois personnes capables, parmi lesquelles le Roi choisirait celui qui devrait lui succéder.

Il ne faut pas beaucoup réfléchir pour voir que cette nomination était irrégulière. Les bulles des papes donnaient au Roi le droit d'approuver ou de rejeter les prieurs élus par la communauté, et, en fait, nous n'avons pas connaissance qu'un seul d'entre eux ait été repoussé, avant Antoine Duport; mais nous n'avons vu nulle part qu'il eût reçu le droit de les nommer directement et sans élection. Aussi, quand, le 7 novembre, Estiventis arriva à Saint-Maximin, pour se faire installer, et qu'il présenta ses lettres, on lui répondit qu'il n'avait aucun titre canonique, puisqu'on ne l'avait pas élu, et que ses provisions n'étaient point suffisantes pour exercer la charge des âmes; qu'il était libre, s'il le voulait, de prendre l'administration du temporel, en vertu des lettres royales, mais qu'on ne pouvait le recevoir comme prieur.

La position était critique, et un conflit paraissait inévitable, lorsque, en quelques paroles, le nouveau prieur dénoua la difficulté avec une habileté remarquable. Il représenta à ses religieux qu'il ne dépendait que d'eux de lui donner le titre qui lui manquait, les engageant à considérer ses lettres comme une présentation du roi, et à *l'élire autant que à eux sera possible*. Il consentait, quant à lui, à n'exercer sa charge qu'après avoir été accepté par eux et confirmé par le provincial. Cette proposition mit tout le monde d'accord. Duport renonça à son élection, on élut Estiventis à sa place (1), et on le mit en possession, en qualité de vicaire, jusqu'à ce qu'il eût reçu sa confirmation, qui ne se fit pas attendre. Ainsi tout fut régularisé.

(1) Pièces justif. n° LXI.

Claude Estiventis était très-considéré dans son ordre. En 1558, sa province l'avait envoyé, comme définiteur, au chapitre général où fut élu Vincent Justiniani. Devenu prieur de Saint-Maximin, il sut, bien qu'étranger, se faire accepter parfaitement par ses religieux, et il s'acquit dans la Provence une grande réputation, comme orateur et comme controversiste. C'était pendant les plus mauvais jours des guerres de religion; le protestantisme avait jeté partout la division dans notre pays, même dans la ville d'Aix qui, infectée des doctrines nouvelles, allait être bientôt effrayée par le scandale d'une grande apostasie (1). Estiventis consacra son talent à raffermir la foi du peuple, et à défendre contre les attaques des hérétiques les doctrines et les pratiques de l'église catholique. On a conservé le souvenir des discours qu'il adressa aux fidèles d'Aix, durant tout un Avent, dans l'église de Saint-Sauveur, sur le sacrifice de la messe. Il fut si éloquent et si persuasif que ses paroles excitèrent un vif enthousiasme, et l'hérésie définitivement vaincue ne put se maintenir dans cette capitale.

Au moment où les trois années de son priorat allaient prendre fin, Charles IX lui accorda de nouvelles lettres qui le continuaient, *pour un an seulement*, à compter du jour de l'expiration des précédentes. Nous signalerons, comme une chose bien singulière, deux erreurs qui figurent dans les premières lignes de

---

(1) La plupart des écrivains, après Reboul, font appeler Estiventis à Aix par le cardinal Strozzi, après l'apostasie de Jean de Saint-Chamond, archevêque d'Aix, les uns en 1562, les autres en 1560. Les bulles du cardinal pour l'archevêché d'Aix sont du 6 février 1568, près de quatre ans après la mort d'Estiventis.

ces lettres-patentes données à Paris le 12 octobre 1563 (1): l'une, que le roi Charles dit avoir lui-même pourvu Estiventis, la première fois, ce qui certainement avait été fait par François II ; l'autre, que ces premières provisions étaient du mois de novembre 1560, alors qu'elles portent la date non douteuse du 28 juillet. Le secrétaire qui rédigea cette pièce devait être fortement distrait.

En vertu de ses lettres de continuation, le prieur se fit de nouveau installer, le 11 décembre 1563, après complies, par le juge royal de Saint-Maximin (2). Il parait d'ailleurs que cette prorogation de pouvoirs satisfit tout le monde, elle ne donna lieu à aucun incident, ne souleva aucune difficulté, et fut acceptée comme une chose désirée de tous. Le roi avait annoncé en même temps son intention de le continuer davantage, s'il reconnaissait que ce fut nécessaire. Mais la chose ne fut ni nécessaire, ni possible, parce que Estiventis mourut avant la fin de l'an. Le P. Reboul, qui ne s'est pas douté de ceci, dit que ce prieur arrivé au bout de sa quatrième année *se retira à Paris, séjour des beaux esprits* (p. 56). S'il avait lu les provisions de son successeur, qui fut nommé alors que cette année durait encore, il y aurait vu que le prieuré était *vacant par le trépas d'Estiventis*. Devant un témoignage si précis tout doute doit disparaître : Estiventis mourut vers les derniers jours d'août 1564.

GUILLAUME LOGE, 26ᵐᵉ PRIEUR. 1564-1567. L'élection qui devait

---

(1) Charles, par la grace de Dieu, roy de France... Comme des l'an mil cinq cens soixante, au mois de novembre, nous aions prouveu frere Claude Estevenant... du prieuré Saincte Magdallene de Sainct Maxemin... *Arch. des B. du Rh. B. 57, Reg. Camelus, f. 242.*

(2) Le faisant seoyr en la chiere et lieu accoustumé, tenyr ledict chapitre, et d'illec conduict et mené au grand autyel de ladicte eglise. *Arch. de S. Max. Arm. 1, sac 4.*

donner un remplaçant à Estiventis, se fit le 14 septembre 1564 ; trois religieux y furent choisis pour être présentés au roi : Guillaume Loge, Antoine Cavaléri et Antoine Duport (1). Le premier fut préféré et reçut ses lettres de prieur, pour trois ans, le 1er octobre, le roi étant à Avignon (2). Loge était, nous assure-t-on, d'une illustre famille, et selon Reboul, *proche parent de messieurs les barons d'Ollières* (p. 57). Jean Damiani l'avait admis à la profession le 22 janvier 1515 (3) ; il se trouvait donc un des plus anciens religieux de Saint-Maximin, où il avait professé longtemps la théologie et le droit canon, dans le collège royal (4).

En 1539, étant syndic du couvent, il présenta aux commissaires députés de longues observations au sujet des articles de réforme du 13 mai 1531, dont il cherchait à démontrer que beaucoup ne pouvaient être observés à la lettre (5). Il n'était pourtant pas partisan de Damiani, sur le compte duquel cet écrit contient des plaintes nombreuses et fort vives. Cela n'empêcha point qu'il ne fût compris dans l'arrêt que le parlement donna contre celui-ci,

---

(1) Pièces justif. n° LXII.

(2) Ses lettres-patentes sont aux archives de S. Maximin, Arm. 1, sac 4.

(3) Eodem anno (1515), et die S. Vincentii, martyris, recepti fuerunt ad professionem, primo frater Guilhermus Loge, fr. Johannes Pequi... *Arch. des B. du Rh.* B. 2616, f. 3 v°.

(4) Filius conventus, nobilis in seculo, theologiam jusque canonicum in conventu legerat. Lombard.

(5) Il dit au sujet du gras : *Sumus tanquam Judei in deserto, qui circumcisionem non servabant... Et nos sumus positi in loco aliis bonis obsoniis deserto, qui nec carnibus habundans est.* Sur la question de la laine : *Sive lana, sive linum sit, sufficit quod in omnibus sit indumentorum honestas..., juxta domus facultatem et loci conditionem, qui in estate lanam non patitur; ideo communiter nunc in toto ordine dispensatur.* Arch. du couv. de S. Max.

le 8 mars 1543, enjoignant au provincial de procéder contre Jean Damiani et sept de ses religieux. Mais nous ne saurions dire quelle fut la suite de ces procédures en ce qui concerne Loge. En 1560, lors de la mort d'Olivari, il était vicaire du couvent, et opposa d'abord une vive résistance au commissaire envoyé par la Cour des Comptes, pour faire l'inventaire ; l'élection de Duport comme prieur, et comme vicaire intérimaire, mit fin à ses pouvoirs, deux jours après. Elu lui-même prieur le 14 septembre 1564, il fut installé le 11 octobre.

Le 24 du même mois, il eut à recevoir le roi Charles IX, qui arriva avec sa mère Catherine de Médicis, et beaucoup de princes, de prélats et de grands seigneurs. Guillaume Loge le harangua *fort éloquemment* à la porte de l'église et lui fit vénérer les saintes reliques. Le lendemain, le roi se rendit à la Sainte-Baume, avec sa suite, et le même jour, la peste se déclara dans Saint-Maximin. On regarda comme un évènement providentiel que les illustres pèlerins qui venaient de traverser la ville, eussent été préservés du redoutable fléau.

Nous ne sommes point d'accord avec le P. Reboul sur la fin du priorat de Guillaume Loge qui, d'après lui (1), aurait régulièrement continué à gouverner jusqu'en 1568, où il aurait eu pour successeur Rostang Porcelly. Des documents qu'il n'a pas connus nous apprennent que les choses ne se passèrent pas ainsi. Les derniers temps de ce prieur furent fort agités ; dès le mois de novembre 1566, le parlement envoya le président François de Pérussis, pour visiter le couvent de Saint-Maximin, et informer

---

(1) « L'an 1568, le P. Guillaume de Loges ayant fini son trienné... » *Reboul*, p. 58.

sur les abus et les fautes de son chef. Il s'agissait encore vraisemblablement de l'observation des articles de réforme, auxquels nous savons qu'il était opposé. Sur le rapport de son commissaire, la cour ordonna au provincial, le 10 janvier 1567, de faire le procès à Guillaume Loge et à quelques autres, qui furent détenus, en attendant, au couvent des Dominicains d'Aix. La décision qui en résulta priva le prieur de son titre, et lui défendit d'approcher de son couvent durant l'espace de cinq ans (1).

Cette sentence est du mois de mars ou d'avril 1567; car, le 29 avril, un brevet du roi faisait don du prieuré à Jacques Barjon, par l'incapacité de Guillaume Loge. Ainsi, loin d'avoir dépassé les trois ans, celui-ci n'atteignit pas le terme régulier auquel ses pouvoirs auraient dû prendre fin. Il appela de la sentence donnée contre lui ; mais rien ne nous indique ce qu'il en advint, et tout porte à croire qu'elle fut définitive.

Antoine Duport, 27me prieur. 1567-1572. Nous entrons dans une époque où la succession des prieurs de Saint-Maximin est fort obscure, et l'est devenue encore davantage par le désaccord des écrivains qui l'a extrêmement embrouillée. Nous avons sous les yeux cinq listes dont pas une ne ressemble à l'autre, sauf celle de M. Faillon qui a copié le P. Lombard. Ajoutons qu'aucune de ces listes n'est exacte. Du priorat d'Olivari à celui de Gabriel de Gaye en 1578, il y règne beaucoup d'incertitude et de confusion, et, tandis que les uns ne reconnaissent dans cet intervalle que trois prieurs, les autres en ont admis jusqu'à six, le tout sans preuves. Essayons de porter un peu de lumière dans ce cahos.

---

(1) Pièces justif. n°° LXII et LXIII.

Nous commençons par placer ici Antoine Duport (1) que la plupart ont exclu de leur liste, et que le P. Reboul a fait figurer en 1560. Voici les motifs qui nous engagent à lui assigner ce rang. A notre connaissance, Duport fut élu par trois fois prieur de Saint-Maximin : d'abord en 1560, après l'assassinat d'Olivari (2); mais sa nomination ne fut pas agréée, et il se retira devant Estiventis. Il n'y a donc aucune raison de le maintenir là. Il fut élu de nouveau en 1564; cette fois, il se trouva en concurrence avec Guillaume Loge, et celui-ci lui fut préféré, comme nous l'avons raconté. Enfin, lorsque ce dernier eut été dépossédé, une élection eut lieu le 1er août 1567, et son nom sortit encore du scrutin. Un arrêt du conseil privé du roi nous révèle qu'il reçut alors sa confirmation du comte de Tende, gouverneur et lieutenant-général en Provence (3). On peut bien croire que celui-ci avait été autorisé à faire cet acte, qui est visé, sans observations, dans une pièce si importante, et rien ne manque, en supposant l'institution canonique, pour que nous puissions considérer Duport comme prieur de Saint-Maximin en 1567.

Du reste, nous constaterons bientôt qu'il n'y eut point d'autre prieur à cette époque, en reculant plus loin, à leur vraie date, Porcelly et Barjon. D'où cette conclusion forcée que, si l'on repoussait le priorat de Duport, on serait dans la nécessité d'ad-

---

(1) C'est par une erreur de lecture que quelques-uns ont appelé ce prieur *de Porta* ; on trouve partout *de Portu*.

(2) Post fratrem Olivari electus est frater Antonius de Portu, Sancti Pauli Vencionsis, filius hujus conventus ; sed... jam a rege nominatus fuerat frater Claudius Estiventis. Tunc cessit juri suo frater Antonius de Portu. *Lombard.*

(3) Pièces justif. n° LXIII.

mettre ici une vacance de cinq ans, et qu'en refusant de le regarder comme prieur de droit, on se verrait contraint de l'accepter comme prieur de fait. Mais nous avons la conviction que cette place lui appartient légitimement.

Antoine Duport était provençal et originaire de Saint-Paul-de-Vence. Il prit l'habit religieux à Saint-Maximin le 15 mai 1519 (1). En 1533, il était vicaire de la Sainte-Baume, et il y vit venir, le 6 octobre, le roi François Ier, avec ses fils François, Henri et Charles, ses filles, et la reine Éléonore, sœur de Charles-Quint (2). Il était vicaire du couvent de Saint-Maximin en 1546; c'est lui qui, en cette qualité, demanda au parlement, le 10 mai, l'enregistrement des lettres obtenues par le prieur Catti, le 8 mai 1545, lettres que le parlement ne voulait pas recevoir. En 1560, bien qu'il n'ait pu obtenir la ratification de son élection, il garda néanmoins l'administration du couvent durant six mois, de juin à novembre. En 1563, lors de la seconde installation d'Estiventis, nous le voyons figurer, le 11 décembre, comme commissaire du provincial, *pour confirmer ledit Estiventis pour ce qui concerne l'espiritualité*. Enfin, ses élections de 1564 en de 1567 nous sont connues.

C'est cette dernière élection qui nous semble lui donner le droit de figurer sur la liste de nos prieurs. Il résulte en effet d'un document officiel que nous publions sous le numéro LXIII : 1° qu'il fut élu le 1er août 1567 ; 2° qu'il fut confirmé par le lieutenant-gé-

---

(1) 1519. 15 maii. Item, accepit habitum frater Anthonius de Portu. *Arch. des B. du Rh. B. 3616, fol. 8 v°.*

(2) Reboul, p. 47.

néral du roi en Provence ; 3° que, lorsque Jacques Barjon arriva avec des lettres royales qui lui conféraient le prieuré, il empêcha son installation. Une autre pièce plus explicite (n° LXIX) nous apprend que Barjon ne réussit pas à se mettre en possession, et que les religieux, le procureur-général au parlement, et le procureur des Trois-états de la province s'unirent à l'opposition d'Antoine Duport *élu prieur*. A quel titre ce dernier s'opposa-t-il à l'entrée de celui que le roi avait pourvu ? Evidemment, à cause des droits que sa propre élection lui avait conférés. Mais si l'on veut bien considérer que la venue de Barjon n'eut lieu qu'en 1569, et que Duport avait été élu deux ans auparavant, on n'aura pas de peine à conclure que celui-ci était en réalité en possession du prieuré, que personne ne lui avait disputé jusque là.

A partir de 1569, la compétition existait ; mais il résulte encore de tous nos documents que le différend porté au parlement d'abord, puis au conseil privé, ne fut vidé que par l'arrêt du 11 avril 1572, qui ordonna de procéder à une nouvelle élection. A cette date, Duport se présentait encore devant ledit conseil, pour obtenir *que l'élection faite de sa personne au prieuré de Saint-Maximin fut agréée* par le roi. Ainsi de 1567 à 1572, il n'y a pas d'autre prieur possible qu'Antoine Duport. Aucun autre nom ne se montre dans les actes, et nous allons faire voir que ceux qui ont mis Rostang Porcelly en 1568 se sont complètement trompés. Nous maintenons donc ici Duport ; mais nous n'assurons pas qu'il ait fonctionné durant tout cet intervalle de temps, parce que, vers la fin, nous trouvons le couvent gouverné par un vicaire, qui était Antoine Cavaléri.

Rostang Porcelly, 28ᵐᵉ prieur. 1572-1575. Pour se conformer à l'arrêt du conseil privé qui enjoignait d'élire un nouveau prieur, les religieux de Saint-Maximin se rassemblèrent le 23 juillet 1572, et se mirent d'accord pour présenter au roi les trois noms suivants : Barjon, Porcelly et Cavaléri. Sur vingt-un électeurs, le premier avait réuni dix-huit voix, le second dix-sept. Ce fut celui-ci que le roi confirma par lettres-patentes du 4 septembre 1572. La date de l'élection et la date des lettres, sur lesquelles aucun doute ne saurait être soulevé, démontrent combien gravement se sont mépris tous nos auteurs qui, à l'unanimité, ont reporté à 1568 le priorat de Porcelly. Il y a là une assertion gratuite et erronée, car il n'existe aucune pièce à l'appui, et il en existe plusieurs qui la contredisent. Aussi l'accord des historiens sur un fait qui est insoutenable aurait de quoi nous étonner, si nous ne savions qu'ils ont l'habitude de se copier les uns les autres.

L'erreur provient probablement de ce que, ayant su que Barjon vint supplanter Porcelly, et n'ayant connu de lui que ses premières lettres, qui sont du 4 janvier 1569, ils se sont vus dans la nécessité de placer ce dernier à l'année précédente. Ils se seraient bien gardés d'agir de la sorte, s'ils avaient su que Barjon eut deux lettres de provision, les unes de 1569, les autres de 1573 ; ou encore, s'ils avaient eu connaissance des lettres-patentes de Porcelly et des autres pièces qui éclaircissent toute cette affaire, et ne permettent pas d'avoir un moment d'hésitation. Voici d'ailleurs la carrière parcourue par celui-ci.

Il était marseillais et religieux du couvent de Marseille ; par conséquent, il appartenait à la congrégation de France et à la réforme. Le couvent d'Avignon, qui en faisait aussi partie, le posséda quelque temps, et nous l'y trouvons en 1536, et aussi en 1547 (1); mais, dès l'année suivante, il était prieur à Arles (2). En 1561, le chapitre général de l'Ordre, réuni à Avignon, lui conféra le grade de docteur (3). Deux ans après, il était devenu prieur des Dominicains de Toulon (4), et il s'appliquait à y maintenir l'observance qui y avait été introduite (5). Il passa de là, avec le même titre, au couvent de Marseille. En 1566, étant prieur, il prêchait le carême dans l'église de Notre-Dame des Accoules, et il fut appelé, le 3 mars, comme l'un des témoins interrogés par Pierre de Ragueneau, évêque de Marseille, dans les informations canoniques qu'il était chargé de faire pour Bertrand Romani, évêque élu de Fréjus (6). Il ne tarda guère à être mis à la tête de sa congrégation (7), et nous croyons qu'il en fut le dernier vicaire (8), puisque la Congrégation cessa d'exister en 1569, ayant été érigée en province d'Occitanie. Il fut fait alors une nouvelle fois prieur de la maison d'Arles (9), d'où il dut aller à Saint-Maximin.

(1) Marchar. Prædicatorium Avenionense, p. 143 et 144.

(2) Fonds des Domin. d'Arles, 21 janvier 1548, 25 août 1549.

(3) Approbamus, in congregatione Franciæ, magisterium fratris Rostagni Porcelli, conventus Massiliensis. Chap. gén. d'Avignon, 1561.

(4) 1563. 7 mars. Frère Rostaing Porcelly, docteur en théologie, prieur. Arch. du Var, E 757, fol. 121 v°.

(5) 1564. Frater Rostanus Porcelli, magister, deputatur procurator in supremo Provinciæ senatu, pro manutentione reformationis conventus Tolonensis. Præd. Aven. p. 145.

(6) Registre du notaire Jacques Alphantis, chez M. Esirangin.

(7) 1566. 24 Juin. Confirmatus fuit hujus congregationis Franciæ vicarius frater Rostagnus Porcelli, magister. Reg. de Locatelli, vic. gén. de l'Ordre, fol. 122.

(8) Il était vicaire le 20 mai 1567 et le 27 mai 1568. Arch. dép. de la Haute-Garonne. Fonds des Dominicains de Toulouse.

(9) Il l'était le 19 novembre 1571, d'après les archives des Dom. d'Arles.

Il est facile de voir, d'après ceci, que ceux qui l'y ont fait arriver en 1568 ne sont pas dans le vrai. Cette opinion n'a aucune base dans les documents et ne peut s'accorder avec eux ; on n'a pu l'émettre qu'en ignorant tous les actes que nous publions sur cette période. C'est le 23 juillet 1572 seulement que Porcelly fut élu prieur de Saint-Maximin, et il eut ses lettres le 4 septembre. Sa prise de possession fut paisible ; il n'y a aucune trace de difficultés ou d'opposition, et tout se passa de la manière la plus régulière. Ce ne fut que huit mois après que Barjon, élu aussi dans le même scrutin, et ayant eu même une voix de plus que lui, s'avisa de lui disputer sa place, et il ne parvint à l'évincer qu'après trois ans de luttes.

L'histoire de la compétition que Porcelly eut à soutenir de la part de Barjon se trouve dans les lettres-patentes que celui-ci obtint en 1573 (P. J. n° LXVI), et aussi dans celles qui furent données en 1578 à Gabriel de Gayo (n° LXIX). Mais on s'aperçoit bien vite que les deux récits sont en complète contradiction. D'après les lettres de Barjon, Porcelly aurait trouvé moyen, par surprise, de se faire confirmer, à l'insu et contre la volonté du roi ; d'après celles de 1578 au contraire, ce serait Barjon qui aurait surpris une première et une seconde nomination, pour entrer en procès avec son concurrent. Nous pensons que cette dernière version est la seule vraie. L'intervalle de huit mois et plus, qui sépare la date des provisions de Porcelly de celles de son adversaire, ne permet pas de croire à une surprise ; il n'aurait pas fallu si longtemps pour s'en apercevoir. L'élection de Porcelly, sa confirmation, son installation, tout s'était fait au grand jour ; quand la lutte s'engagea, il y avait près d'un an que le parlement avait enregistré son titre parfaitement authentique, et qu'il gouvernait sa maison, sans que personne eût réclamé.

Il faut que ses droits fussent bien évidents pour qu'il ait pu tenir tête pendant trois ans à toutes les influences que Barjon mit en œuvre pour arriver à le supplanter. Il est vrai qu'en 1575 il dut se retirer devant un arrêt du conseil privé qui donnait la place à son rival; mais ceci ne préjuge aucunement la légitimité de son administration, qui du reste touchait presque à son terme légal. La décision qui vint y mettre fin nous semble devoir être attribuée à des complications survenues postérieurement, et voici ce qu'il y a de plus vraisemblable à ce sujet.

On ne serait pas éloigné de la vérité en supposant que Porcelly, qui appartenait à un couvent réformé, s'efforçait de relever un peu l'observance dans sa maison de Saint-Maximin; il s'était particulièrement appliqué à former de jeunes religieux selon les prescriptions trop oubliées de la règle de saint Dominique. Que ceci lui ait suscité beaucoup d'opposition, ce n'est pas seulement à présumer, car nous avons un fait qui nous en donne la certitude. En 1578, Raimond Cavalési, évêque de Nîmes, ayant pris la direction du couvent, y fut en butte à de grandes difficultés. Un jour, au milieu d'une violente sédition, le procureur du roi lui dit, en guise de menaces : Souvenez-vous que la ruine et perdition de maître Porcelly a été d'avoir cru aux jeunes religieux du couvent (1). Ce propos est significatif, et suffit, avec les efforts que Barjon faisait de son côté, pour nous expliquer la nécessité où se vit Rostang Porcelly d'abandonner Saint-Maximin.

---

(1) Arch. de S. Max. Pièce du 24 avril 1578.

Nous le retrouvons quelques années après à Marseille, dont il était redevenu prieur, le 7 décembre 1583 (1); mais c'est là que s'arrêtent nos informations, et, faute d'en savoir davantage sur son compte, nous terminons ici ce que nous avons à dire de lui.

JACQUES BARJON, 29ᵐᵉ PRIEUR. 1575-1578. A l'occasion des prieurs précédents, nous avons eu déjà bien des fois à nous occuper de Jacques Barjon, et nous n'avons plus qu'à compléter ce qui le concerne.

Barjon, ou Berjon, était un dominicain du couvent de Lyon, docteur de Paris et fameux prédicateur. Nous ne savons à quel propos il conçut le projet de devenir prieur de Saint-Maximin, projet qu'il s'opiniâtra pendant dix ans à réaliser, à travers mille obstacles. Il avait, à n'en pas douter, de puissants protecteurs auprès du Roi; car, s'il perdit constamment la partie en Provence, il triompha toujours de ses adversaires au conseil royal, où il faisait évoquer ses procès. Lombard, Haitze, M. Faillon, ne l'ont pas compté au nombre des prieurs, sous prétexte qu'il ne fut jamais élu et que les religieux ne voulurent jamais le recevoir, comme étant étranger et promu sans élection. Il y a là une double erreur, que l'on reconnaît sans peine, en distinguant les époques. Barjon fut réellement élu prieur, et il a droit de figurer sur la liste; mais il lui fallut huit ans pour conquérir son titre, et il n'en jouit qu'avec bien peu de tranquillité. Voici, par ordre, et d'après les pièces, la série des actes qui se succédèrent depuis l'origine de cette affaire jusqu'à sa complète terminaison.

Le 29 avril 1567, après la privation de Guillaume Loge, il

---

(1) Arch. des B. du Rh. Domin. de Mars.

reçut, par brevet, le don du prieuré de Saint-Maximin ; mais il ne put s'en mettre en possession, à cause de l'opposition d'Antoine Duport, qui fut élu contre lui. Le 4 janvier 1569, il obtint de Charles IX des lettres-patentes, qui le nommaient prieur, sans élection, et sans limite de temps (1). Cette fois encore, il dut reculer devant les réclamations de Duport, des religieux, du procureur-général au parlement, et des Etats de Provence. Il y eut alors un procès qui dura plus de trois ans, et qui aboutit à l'arrêt du conseil privé du 11 avril 1572, lequel, annulant l'élection de Duport et les provisions de Barjon, ordonna de faire une élection nouvelle.

Les religieux de Saint-Maximin se réunirent à cet effet le 23 juillet de la même année, et leurs votes furent favorables à Barjon, qui eut le plus grand nombre des voix. C'est ce qu'ont ignoré tous nos devanciers, et ce qu'établit parfaitement le procès-verbal publié par nous d'après les registres de la Cour des Comptes (2). Il n'est donc pas possible de nier que Barjon ait été régulièrement élu en 1572 ; il fut même recommandé d'une manière toute particulière, et sa confirmation semblait être assurée. Il n'en fut pas plus avancé pour cela, parce que Rostang Porcelly, élu aussi dans le même scrutin, obtint l'agrément du Roi, et fut mis en possession.

Barjon ne perdit pas courage ; il obtint du Roi de nouvelles lettres, le 13 mai 1573, et attaqua Porcelly au parlement, pour le forcer à lui céder la place ; mais ce fut sans succès. Il fut plus

---

(1) Ces lettres sont au registre *Aquarius*, B. 65, fol. 19.
(2) Pièces justif. n° LXIV.

heureux au conseil privé qui lui donna gain de cause par son arrêt du 14 mars 1574, et ordonna de lui livrer le prieuré. L'appel de son concurrent, qui réclama contre l'exécution de l'arrêt du conseil, en exigea un autre, rendu le 6 janvier 1575, et celui-ci paraît avoir été définitif. Toutefois, Barjon n'obtint l'enregistrement à la Cour des Comptes de ses secondes lettres-patentes que le 20 avril de ladite année (1), et ce n'est guère que vers cette époque qu'on peut commencer à le regarder comme prieur de Saint-Maximin. Quoi qu'il en soit, ce titre ne peut lui être refusé; et les lettres de son successeur, qui parlent de lui d'une manière tout-à-fait défavorable, reconnaissent qu'il jouit pendant trois ans de son prieuré.

Sa possession ne fut rien moins que paisible; *prévenu*, disent les mêmes lettres, *d'une infinité d'abus et de malversations*, il fut décrété d'ajournement personnel par le parlement de Provence, et la cour des aides et finances lui intima l'ordre de rendre compte de son administration. Le temporel de sa maison fut saisi et mis sous le séquestre. Le 6 février 1578, nous le rencontrons à Aix en état de détention (2); cependant, à l'approche du carême, la cour leva l'arrêt sous lequel il se trouvait, afin qu'il pût aller prêcher la parole de Dieu, en le réassignant à la semaine de *Quasimodo*, pour la poursuite de son procès.

Sur ces entrefaites, les trois ans pour lesquels il avait été nommé prirent fin. Barjon, qui avait prévu le cas, avait fait, avant l'expiration de son temps, un voyage à la cour, pour se

---

(1) Arch. des B. du Rh. B, 65, fol. 23.
(2) Pièces justif. n° LXVIII.

faire maintenir *à quel prix que ce fût*; et il avait obtenu, le 9 août 1577, du conseil privé toujours prévenu en sa faveur, une prorogation de pouvoirs pour trois nouvelles années. Mais il y eut de telles protestations, surtout de la part de ses religieux, qui se plaignaient *qu'il leur faisait acquérir une fort mauvaise réputation, et qu'il ne servait que de scandale au peuple*, qu'il lui fallut abandonner la place et se retirer dans son ancien couvent de Lyon.

Le P. Reboul a manqué d'exactitude en racontant la fin du priorat de Barjon, qu'il dit s'être retiré en 1576 à Lyon, où il serait mort *quelques jours après* (1). Nos documents beaucoup plus précis, nous apprennent qu'il était encore en Provence en 1577 et en 1578; il cherchait même alors à faire renouveler ses pouvoirs; ce n'est qu'en cette dernière année qu'il se vit contraint de rentrer dans son couvent d'origine. Quant à la date de sa mort, arrivée, d'après lui, en 1576, nous nous garderons bien d'y croire. Nous savons, par le témoignage d'Echard (2) que Barjon donna son approbation, en 1589, à un ouvrage publié par Pierre de Bollo, prieur de Lyon; il faudra donc, de toute nécessité, prolonger sa vie d'un bon nombre d'années, sans pouvoir cependant désigner celle qui fut la dernière.

RAIMOND CAVALÉSI, ÉVÊQUE DE NÎMES, ADMINISTRATEUR. 1577-1578. Quoi qu'en ait dit Pierre-Joseph de Haitze, Raimond Cavalési ne fut point *pourvu du prieuré durant la vacance*, par le Par-

---

(1) « L'an 1576, le R. P. Bargeon, prieur, ne se voyant pas paisible dans la possession de sa charge..., se retira dans son couvent de Lyon, où il mourut quelque temps après. » Reboul, II, p. 87. « Quelques jours après. » *Ibid.* I, y. 60.

(2) ECHARD. Scriptores Ord. Præd. to. II, p. 317.

lement. D'abord il n'y eut point de vacance ; ensuite, le titre de prieur ne convenait guère à un évêque, moins encore à un évêque dominicain. Le P. Lombard s'est approché davantage de la vérité, en écrivant que ce prélat fut simplement chargé de gouverner la maison (1). On peut en effet s'assurer, par un acte authentique, que la cour l'avait *subdélégué par provision pour tenir en règle et faire le service divin audit couvent* (2). Il ne prenait lui-même d'autre titre que celui de commissaire (3), et il n'eut que l'administration intérimaire de Saint-Maximin, pendant le temps que Barjon était détenu à Aix pour ses procès au parlement et à la Cour des Comptes. Il n'existe aucune preuve que celui-ci ait été privé de son prieuré avant l'expiration de ses trois ans.

Cavalési était un dominicain de la province de Provence et du couvent de Narbonne. Le chapitre général de 1561 l'envoya comme professeur à Montpellier, et celui de 1564 lui conféra le doctorat (4). Il devint ensuite prieur de Nîmes, puis de Tarascon, vicaire provincial (5), et fut promu en 1573 à l'évêché de Nîmes.

---

(1) A parlamento institutus est rector et regens conventus San-Maximinensis, rexitque per duos annos. *Lombard*.

(2) Pièces justif. n° LXIX.

(3) Nous, Raymond Cavalesi, evesque de Nismes, commissaire depputé par la souveraine court de parlement du present païs de Provence, pour demeurer au convent royal de la presente ville de Sainct Maximin, et y faire vivre les relligieux d'icelluy soubz l'obeissance et observation des reglementz, constitutions et ordonnances de leur ordre... *Arch. de Saint-Maximin*.

(4) In studio Montispessulani, fr. Raimundum Cavalesium. *Chap. gén. d'Avignon 1561*. Approbamus in provincia Provincie magisteria fr. Antonii Cavalerii, conv. S. Max., et fr. Raimundi Cavalesii, conventus Narbone. *Chap. gén. de Bologne. 1564*.

(5) Granain. Histoire de l'église de Nîmes, to. II, p. 167.

Il ne put cependant se rendre dans son église qu'au mois d'août 1576, et ce ne fut que pour peu de temps. Personne n'ignore en quel état se trouvait alors la ville de Nîmes où les protestants venaient de massacrer les catholiques et de démolir les églises. Le dernier évêque avait miraculeusement échappé à la mort, que subirent, avec beaucoup d'autres, son grand-vicaire et ses chanoines; son successeur, au retour des états de Blois, auxquels il assista en décembre, fut contraint de se retirer en Provence.

C'était en 1577, et lorsque le parlement commença le procès de Barjon, il députa le prélat dominicain pour administrer le couvent de Saint-Maximin à sa place. Il alla donc y résider et y demeura jusqu'au milieu de l'année 1578. Durant ce temps, son courage fut mis plus d'une fois à de rudes épreuves, car à cette époque d'agitation universelle, la révolte était partout. Nous avons le récit, en forme de procès-verbal adressé par lui à la cour, de deux séditions (1) pendant lesquelles le couvent fut envahi par des bandes armées guidées par les autorités elles-mêmes, et où sa personne fut insultée et outragée. On ne lui épargnait pas les menaces, et le portier ne s'empressant pas d'ouvrir à la foule ameutée s'entendit dire : *que s'il n'ouvrait, ils le jetteraient dans le puits, lui et son cabrier de Nîmes.* C'est ainsi qu'ils désignaient l'évêque.

Raimond Cavalési dut quitter Saint-Maximin peu de temps après; il n'est pas fait mention de lui dans l'élection de prieur qui eut lieu au mois de juin, et qui donna un nouveau chef au couvent.

---

(1) 24 et 27 avril 1578. *Arch. de S. Max.*

Gabriel de Gaye, 30ᵐᵉ prieur. 1578. Lorsque les trois années du priorat de Jacques Barjon furent terminées, les religieux se hâtèrent d'élire un prieur pour le remplacer, bien qu'il eût eu, comme nous l'avons dit, l'habileté de se faire donner des lettres pour un autre triennal. Ils présentèrent donc au roi trois noms, parmi lesquels il choisit Gabriel de Gaye, le 13 juin 1578 (1). C'était un digne religieux qui, né à Saint-Maximin, avait pris l'habit de l'ordre dans le couvent même, et s'était acquis une grande réputation de science et d'intégrité (2). Il était docteur de Paris, bien que ses lettres-patentes ne lui donnent que le titre de bachelier en la sainte théologie. Il se trouvait à la tête de la maison d'Aix quand il fut élu prieur de Saint-Maximin, et confirmé par Henri III pour trois ans. Mais il était dans un état de santé qui ne lui permit pas d'occuper longtemps sa charge, et, tandis que l'on se promettait de son administration les plus heureux résultats, il fut enlevé à ses religieux, après un priorat de quatre mois. Le P. Reboul dit qu'il mourut le 2 novembre, ce qui nous semble confirmé par le procès-verbal de l'élection de son successeur, qui eut lieu le 21, où il est dit que le prieuré vaquait depuis quelques jours par son trépas.

Honoré Martini, 31ᵐᵉ prieur. 1578-1582. Pour la seconde fois dans la même année, il fallut s'occuper à Saint-Maximin de la nomination d'un prieur. Tous les vocaux se rassemblèrent donc le 21 novembre 1578, et décidèrent de procéder à la dite élection

---

(1) Pièces justif. nᵒ LXIX.

(2) Filius erat conventus et urbis, et actualiter prior Aquensis, cum in priorem San-Maximinensem electus est. Vir integerrimus et rerum monachalium peritissimus, philosophiæ ac theologiæ studiosissimus, doctor Parisinus; sed admodum valetudinarius. *Lombard.*

par billets, selon la forme établie par le concile de Trente. C'est, paraît-il, la première application qui était faite de ce mode d'élection, et nous reproduisons (1) l'acte qui en fut rédigé par écrit pour être envoyé à Paris. Le scrutin fit proclamer les noms d'Antoine Cavaléri, Honoré Rebolli et Honoré Martini, tous les trois docteurs en théologie et religieux de la maison. Le roi agréa le troisième et lui fit expédier, la veille de Noël, ses lettres-patentes (2) que le parlement enregistra le 5 février 1579.

Honoré Martini nous est donné comme ayant été un exact observateur de la discipline régulière (3). Il avait longtemps professé dans le couvent, et s'était livré avec beaucoup de succès à la prédication, pour laquelle il était admirablement doué. Il commença ses fonctions de prieur le 10 février 1579. On lui attribue la construction du vestibule voûté qui est à l'entrée du couvent, et qui précède la porte du cloître. C'est presque un mérite pour lui d'avoir pu exécuter cette œuvre modeste, car les circonstances ne portaient pas à entreprendre des constructions.

Le temps de son administration fut une époque où la peste et la guerre désolèrent nos contrées. La Sainte-Baume fut pillée et perdit tous ses objets précieux. La contagion qui sévissait à Aix et à Marseille en fit sortir les autorités et les corps constitués. La Cour des Comptes alla siéger à Brignoles. Les Trois-Etats

---

(1) Pièces justif. n° LXX.

(2) Ses lettres sont au registre *Cometa*, fol. 282. Arch. des B. du Rh. B. 67.

(3) Eximius concionator, ingenio præditus et subtilis, disciplinæ regularis observantissimus, filius conventus, ibique theologiæ professor. Vestibulum, quod est in atrio conventus, cum cripta, construxit. *Lombard.* — Ce fut un homme fort rigide, et exact observateur des lois monachales. *Reboul.*

de Provence s'assemblèrent, en 1580, à Saint-Maximin, sous la présidence de l'évêque de Riez, et tinrent leurs séances au couvent, avec l'assistance du Grand-Prieur de France, gouverneur du pays (1). En 1581, le parlement d'Aix vint également s'y réfugier, et il y rendit la justice tant que dura le mal contagieux.

Le prieur profita de la présence de cette cour souveraine, et en obtint un arrêt contre les prétentions des consuls qui voulaient assujetir sa maison au logement des gens de guerre, et la forcer de contribuer aux dépenses faites pour leur entretien et pour la garde de la ville. Son priorat ne nous offre rien autre de notable, et se termina régulièrement, après le laps des trois ans pour lesquels il avait été institué.

Honoré Rebolli, 32me prieur. 1582-1585. Les pouvoirs d'Honoré Martini expiraient au mois de février 1582, et les patentes de son successeur sont du 16 octobre de la même année (2). Nous trouvons dans les mémoires du P. Reboul (p. 61) la raison du long retard que l'on mit à remplacer le prieur qui était sorti de charge. La peste avait alors infecté la plupart des villes et des villages de la Provence, et dispersé çà et là ceux qui devaient prendre part à l'élection. En attendant le moment favorable où l'on pourrait y procéder, les trois plus anciens pères du couvent se réunirent pour faire un vicaire en chef, et nommèrent à cet emploi Honoré Rebolli.

Nous trouvons la confirmation de ce fait dans un livre publié

---

(1) Aubais. Pièces fugitives pour servir à l'histoire de France. Tom. 1.

(2) Les lettres-patentes d'Honoré Rebolli sont aux archives départementales des Bouches-du-Rhône, au registre *Ciconia*, B. 70, fol. 319 v°.

à Paris en 1582, chez Nicolas Chesneau, par Pierre Paparin. C'est une paraphrase des psaumes, en tête de laquelle Rebolli a mis une exhortation au lecteur qu'il signe du titre de vicaire du couvent royal de Saint-Maximin en Provence (1). Ce ne fut que quelques mois plus tard, quand les chemins devinrent libres, que les électeurs purent s'assembler, et ils désignèrent au choix du roi les mêmes trois personnages qu'ils lui avaient déjà présentés, lors de la dernière vacance, c'est-à-dire, Rebolli, Cavaléri et Martini (2). Cette élection eut lieu le 18 septembre 1582; le 16 octobre, Rebolli fut confirmé, et il prit possession vers les fêtes de Noël.

Honoré Rebolli était un homme de beaucoup de savoir, bon théologien, grand amateur des belles-lettres. Ses talents et sa doctrine lui avaient acquis l'estime du parlement, qui le consultait souvent dans les affaires de conscience. Il avait aussi toute la confiance du Grand-Prieur, Henri de Valois, gouverneur de Provence, qui chercha à lui procurer l'évêché de Toulon (3). Mais à cette époque, le défaut d'entente avec le Saint-Siège occasionna de longues vacances dans les évêchés; de sorte que la protection du gouverneur ne produisit aucun résultat, et le prieur de Saint-Maximin ne fut pas élevé à la prélature que l'on demandait pour lui.

---

(1) Les Bibliothèques françaises de La Croix du Maine et du Verdier. Paris, 1773, to II, p. 935.

(2) Arch. des B. du Rh. B. 70, fol. 314.

(3) Doctor theologiæ ac bonarum litterarum amator. Magnus Prior Franciæ, Provinciæ gubernator, a quo ob scientiam suam multum estimabatur (sic). Postulatus est episcopus Tolonensis, atque a parlamento sæpius consultus in rebus conscientiæ. Lombard.

Nous ne pouvons passer sous silence une erreur de M. Faillon, qui, par la plus étonnante des méprises, a fait de Rebolli un grand-prieur de France (1). En vérité, le savant auteur n'a pas eu conscience de ce qu'il écrivait là; ou plutôt, il a traduit d'une façon bien malheureuse une phrase inachevée du P. Lombard, cité ci-devant, dans laquelle il est parlé de l'estime qu'avait pour notre prieur le gouverneur du pays, connu de tous sous le nom de Grand-Prieur. Tout le monde sait que ce titre désignait un des hauts dignitaires de l'ordre de Malte, qui n'a rien de commun avec celui des Dominicains. Il a fallu une complète inadvertance pour confondre en un seul deux personnages si distincts.

Un fait très-grave et d'une importance majeure s'était passé immédiatement avant le priorat de Rebolli : on avait demandé au Saint-Siége la sécularisation du couvent de Saint-Maximin. La chose est des plus authentiques, car nous avons sous les yeux l'original de la lettre que le roi de France adressa à ce sujet au cardinal d'Est, protecteur de ses affaires en cour de Rome (2). Henri III, s'appuyant sur une délibération qui aurait été prise par les religieux en assemblée générale, le 2 juin 1582, supplie le Pape de les séculariser, et d'en faire un chapitre de prêtres séculiers. Nous suspectons fortement la réalité de la délibération que l'on voit ici alléguée. Comment aurait-il été possible aux religieux de Saint-Maximin qui, jusqu'au mois de septembre, ne purent pas s'assembler pour élire leur prieur, de se réunir le 2

---

(1) « F. Honorat Rebolli, grand-prieur de France, très-estimé pour ses lumières,... devint prieur de Saint-Maximin en 1589. » Faillon, to II, col. 1610.

(2) Pièces justif. n° LXXI.

juin pour demander leur sécularisation ? Si l'on admet que cette réunion générale ait eu lieu, qui pouvait les empêcher de procéder ce jour-là à l'élection ?

Nous ne croyons donc nullement que les Dominicains se soient mis d'accord pour abandonner leur ordre. Le P. Reboul, qui a parlé de ce fait en 1586, en donne une explication beaucoup plus vraisemblable. D'après lui, le projet de faire du couvent une église collégiale de chanoines, venait du Grand-Prieur de France qui gouvernait la Provence, et il avait su gagner à son entreprise une partie des religieux. C'est à ceux-ci uniquement, et non à tous, qu'il faut attribuer la prétendue délibération générale. Les plus zélés s'y opposèrent, au nom du plus grand nombre, et purent empêcher l'accomplissement de cette déplorable tentative.

Pendant son priorat, Rebolli eut plusieurs fois à s'occuper du collège fondé par le roi René. Depuis une douzaine d'années, la Cour des Comptes avait ordonné que l'on y mît un principal et des régents séculiers, sous prétexte que le couvent ne voulait pas y recevoir les écoliers de la ville, ni se charger d'admettre des pensionnaires. Personne n'avait gagné à ce nouvel ordre de choses, et les consuls qui l'avaient provoqué durent avouer que depuis lors *ils n'avaient pas audit collège des régents assurés, mais pour la plupart du temps des vagabonds qui ne faisaient que courir et ne s'arrêtaient pas audit lieu.*

En 1583, le roi ayant envoyé en Provence quatre membres de son conseil d'état ou privé, Philippe du Bec, évêque de Nantes, Louis Chastagnier de la Rocheposay, Jacques Baillet, sieur de Vaugremont, et Charles le Comte, sieur de la Martinière, le prieur recourut à eux pour reprendre ses droits sur le collège.

Une ordonnance de ces commissaires, rendue à Toulon le 29 mars, admit sa réclamation, et régla qu'un des religieux remplirait les fonctions de principal; trois autres y feraient chaque jour deux leçons de grammaire, deux de rhétorique, une de dialectique ou de philosophie, et une de théologie (1). Les classes seraient ouvertes à tout le monde et annoncées par le son de la cloche. On tiendrait une pension pour ceux qui voudraient y entrer. Nous voilà bien éloignés de l'état de choses établi par le roi René; mais en pratique, c'était encore pis.

Un délégué de la Cour des Comptes, qui arriva en août 1585, put constater le misérable état du collège, dont le prieur se disculpait en rejetant les torts sur les ordres de la cour qui lui enlevait tout pouvoir. Le principal, maître Georges Jacson, était au lit, et n'avait pas fait de leçons de philosophie depuis neuf mois, faute d'auditeurs; la classe de théologie était fermée; Jacques Goutière, de Bar-sur-Aube, en Champagne, et Cyprien David continuaient seuls à professer la rhétorique et la grammaire. Il y avait aussi un abécédaire, Pons Castol, auquel la ville donnait 40 écus pour avoir soin des petits enfants qui commençaient à étudier. La discipline était fort relâchée; il n'y avait point de portier, et, la grande porte étant toujours ouverte, tout le monde y entrait. Les femmes allaient prendre de l'eau au puits du collège, les enfants de la ville se donnaient rendez-vous dans la cour pour jouer à la paume. Du reste, on jouait beaucoup au collège, aux cartes aussi bien qu'aux dés (2).

---

(1) Arch. des B. du Rh. B. 71, Reg. Venus, fol. 199 v°.
(2) Ibid. B. 1306, fol. 117-164.

Il n'est pas probable que Rebolli ait pu remédier à tous ces désordres ; il était au bout de son temps et allait bientôt avoir un successeur. Il fut néanmoins continué comme vicaire, quand ses pouvoirs de prieur furent arrivés à leur terme (1). Quelques années plus tard, il était vicaire de la Sainte-Baume ; comme on était alors en pleine guerre civile, le parlement l'autorisa à demander des hommes aux communes voisines (2), pour la garde de ce lieu, et à lever sur elles des contributions pour entretenir cette garnison (3).

Antoine Niellis, 33me prieur. 1586-1592. Antoine Niellis était économe du couvent en 1585, et il intervint avec Honoré Rebolli dans le règlement des affaires du collége, où il avait été régent de théologie. Aussi renommé comme prédicateur que comme théologien, il avait, dit Reboul, rempli les meilleures chaires aux applaudissements de son auditoire. Il fut élu prieur le 19 mars 1586, et reçut ses lettres de nomination le 26 avril suivant (4). Il se fit remarquer par la générosité avec laquelle il se dévoua (5), pendant une nouvelle épidémie, au service des malades

---

(1) Arrentement de bordigue de Berre, 17 avril 1586. *Comp. des Salins du midi.*

(2) Comme soit que vous messieurs Rebolly, vicayre... siés faict signiffier a nous consolz d'Auriol certaine commission pour vous fornir cinq hommes pour la garde de ladicte Saincte Baulme... *Reg. de Jacq. Raral, not. à Auriol, n° 39, fol. 700.*

(3) 959 florins 1,9 a frère Rebolli, vicaire. 29 déc. 1590. — Item a monsieur Rebolli, vicaire et commandant par la court a la Saincte Baulme.. 31 janvier 1591. *Délibérations de la commune d'Auriol, Reg. n° V, fol. 375 v°.*

(4) Nous avons trouvé ses lettres au Reg. *Discordia*, B. 73, fol. 995.

(5) Filius conventus, doctor theologiæ, optimus concionator ; qui tempore pestis, cum parocho fratre Monet Porton, infirmis cum omni charitate, tanquam bonus pastor, inservivit, cæteris fugientibus. *Lombard.*

frappés par la peste. Tandis que ses religieux se dispersaient de tout côté, il demeura intrépidement à Saint-Maximin, aussi longtemps que dura le fléau, et prodigua généreusement ses soins aux victimes de la contagion, avec l'assistance de son curé Monet Forton.

Quelque temps après, se trouvant à la Sainte-Baume, il fut fait prisonnier par un parti ennemi, et, après une assez longue détention, il n'obtint d'être mis en liberté qu'en payant une forte rançon (1). Il était à Saint-Maximin, lorsque la ville fut assiégée par les troupes du duc de Savoye. Durant les guerres de la Ligue, Saint-Maximin tint constamment le parti du roi ; aussi se vit-elle attaquée une des premières par l'armée que le duc envoyait devant lui au secours des ligueurs. Elle résista avec une grande énergie, et, après quinze jours de siége, après avoir subi 800 coups de canon qui avaient fait une large brèche, elle repoussa les assiégeants et les força à se retirer. Niellis avait obtenu du général ennemi qu'il ne fît pas tirer le canon sur l'église, et il sauva ainsi le monument d'une destruction presque assurée (2).

Cependant, le temps de son triennat était passé, et le couvent ayant été, au milieu de tous ces désordres, abandonné de ses habitants pour faire place aux soldats qui défendirent la ville, il n'était pas facile de pourvoir à son remplacement. Déjà l'on avait fait le 16 septembre 1589 une sorte d'élection qui n'aboutit qu'à remettre au roi le choix d'un nouveau prieur ; mais Henri III

---

(1) *Voir ci-dessous pièce justif. n° LXXI.*

(2) « A sa remontrance, le comte de Martinengui, lieutenant général du duc de Savoye, s'abstint de faire tirer le canon contre le couvent et l'église de sainte Magdeleine. » *P. J. de Haitze.*

était mort et son successeur n'était pas reconnu. Niellis continuait donc, de fait, son administration, lorsque Henri IV lui donna, le 25 février 1591, au camp devant Chartres, des provisions de prieur perpétuel. Il y avait longtemps que l'on n'avait plus rien vu de semblable, et depuis le milieu du siècle, tous les prieurs étaient triennaux.

Ces lettres qui tendaient à rétablir un ordre de choses condamné, rencontrèrent une forte résistance, et furent l'occasion d'un grand procès. Personne ne voulait d'un prieur à vie; les moins opposés demandaient que Niellis ne fût reçu que pour trois ans. Le parlement, non point celui des ligueurs qui siégeait à Aix, mais le parlement royal réfugié à Sisteron, refusa d'enregistrer les lettres-patentes, même pour une durée limitée. Il autorisa seulement l'ancien prieur à continuer provisoirement sa charge, en ordonnant que l'on fît, dans la quinzaine de Pâques, la nomination d'un prieur nouveau (1).

Cette élection ne fut pas favorable à Antoine Niellis qui dut se retirer (2). C'est ainsi que la dernière tentative faite pour ressusciter les prieurs perpétuels échoua définitivement. Nous n'avons pas même pu retrouver ces lettres qui ne furent pas enregistrées; comme aussi nous n'avons pas rencontré dans les registres de la Cour des Comptes les lettres des trois prieurs qui vont suivre, lesquelles paraissent bien ne pas s'y trouver. L'absence de ces pièces nous prive des renseignements exacts dont nous aurions

---

(1) Pièces justif. n° LXXII.

(2) Unde a rege institutus est prior perpetuus: sed sine effectu, nisi pro eodem tempore quo duravit bellum civile. *Lombard.*

plus que jamais besoin pour continuer la marche de notre récit au milieu de l'obscurité qui enveloppe toute la fin de ce siècle.

François Agarrat, 84ᵐᵉ prieur. 1592-1596. D'après l'arrêt du parlement de Provence, l'élection d'un nouveau prieur devait se faire après Pâques de l'année 1592. Nous n'oserions pourtant garantir qu'elle ait réellement eu lieu à cette époque, et que François Agarrat y ait été élu par ses confrères. Tout le monde s'accorde à dire qu'il obtint le prieuré par la faveur du duc d'Epernon (1), et Reboul affirme qu'il lui fut donné directement par un acte de l'autorité royale, sans qu'il y eût été appelé par une élection précédente. Assurément, ce fait n'aurait rien de surprenant, quand on connaît les procédés despotiques du gouverneur de la Provence, et le désarroi où se trouvait alors le couvent. Nous avons néanmoins quelque peine à admettre qu'il en ait été ainsi, et il n'existe aucun document qui puisse éclaircir cette affaire.

Agarrat était un ardent royaliste, ce qui suffit à expliquer le choix qui fut fait de lui, alors que la province était divisée entre les ligueurs et les partisans du roi, et que Saint-Maximin suivait le parti d'Henri IV. La ville était pleine de gens de guerre, et le couvent était devenu une caserne, d'où les religieux avaient été contraints de sortir; nous saurons bientôt dans quel état les soldats le mirent. Le prieur fut dans la nécessité de se retirer dans une maison particulière, avec le peu de monde qui lui restait, et d'y faire ses offices. Dans ces circonstances critiques, où l'on avait tout à craindre de ceux du dedans et de ceux du dehors, il rendit à sa maison un service des plus signalés, en faisant trans-

---

(1) Nominatus est a Rege, favore ducis d'Epernon. *Lombard.*

porter dans un lieu secret les reliques et l'argenterie de l'église et les titres du couvent, qu'il préserva d'une perte certaine. Il sut si bien prendre ses mesures que l'endroit où toutes ces richesses étaient déposées ne fut connu de personne, et l'on put attendre avec une entière sécurité que la tranquillité fût revenue.

Presque toute la durée du priorat d'Agarrat fut un temps de troubles et de guerres qui ne lui laissèrent aucun repos. Par surcroît, il eut à lutter contre un compétiteur qui lui disputa le prieuré. Un religieux, nommé frère Pierre de la Scourra, trouva moyen de s'en faire pourvoir en cour de Rome, en représentant à Clément VIII qu'il dépendait immédiatement du Saint-Siége, et que celui qui l'occupait était un intrus. Il vint ensuite en Provence pour se mettre en possession, ignorant sans doute qu'il lui fallait pour cela d'autres titres que celui qu'il portait, lequel était en opposition avec tout ce qui s'était fait depuis trois siècles. Personne ne voulut le recevoir. Quand il présenta ses provisions au provincial, celui-ci les déclara subreptices et nulles, et le menaça de le faire incarcérer, s'il ne se retirait au plus vite (1). Ainsi finit une tentative jusqu'alors sans précédent, puisque les souverains pontifes avaient établi eux-mêmes un mode tout différent pour la nomination des prieurs de Saint-Maximin.

Avant de terminer son administration, Agarrat célébra par des réjouissances publiques le retour de la Provence tout entière à l'obéissance du roi. Après avoir chanté un *Te Deum* solennel, il fit brûler devant la porte de son église un grand feu de joie, qu'il

---

(1) Quidam frater de la Scourra apud Clementem VIII prioratum impetrat ; cui resistit parlementum et religiosi omnes. Provisionem Papæ declaravit provincialis subreptitiam. *Lombard.*

avait orné d'écussons et de banderolles aux armes de France et de Navarre. Une aumône considérable, distribuée aux pauvres de la ville, compléta la fête, et augmenta le bonheur que tous éprouvaient en voyant accompli un évènement si heureux (1).

MICHEL NIELLIS, 35ᵐᵉ PRIEUR. 1596-1599. « Le second jour du mois de mai de l'an 1596, les guerres civiles et les troubles ayant cessé dans la province, les religieux de Saint-Maximin qui étaient épars par-ci par-là, s'étant retirés dans leur couvent, pour y reprendre leur train ordinaire de service divin, qu'ils avaient été contraints de quitter par l'insolence des soldats, ils le trouvèrent si délabré et en si piteux état, qu'on aurait dit à le voir que les Turcs et les barbares l'avaient mis au pillage. Toutes les portes et les fenêtres avaient été brûlées, les gonds et les serrures arrachés et emportés. Le P. Michel Niellis, vicaire conventuel, dut faire constater par un procès-verbal des officiers de la ville l'état déplorable où l'on avait mis le couvent. Le lendemain, on déterra les saintes reliques, pour les exposer à la vénération des fidèles, et toute l'argenterie que l'on avait pu garantir du pillage (2). »

Il fallut aussi s'occuper de la nomination d'un prieur, parce qu'il était indispensable, dans de telles circonstances, d'avoir un chef définitif, pour réorganiser la maison. On y pourvut le 4 juin; et le 5 septembre, parmi les trois religieux qui lui furent proposés, le roi choisit Michel Niellis, dit le Noir, docteur en théologie, et déjà vicaire du couvent. C'était, dit Reboul, un homme intrépide dans les affaires, pour conserver les droits de l'établis-

(1) Mémoires de Reboul, p. 64.
(2) Ibid. II, p. 68.

sement confié à ses soins. Il fallait en effet un zèle et une énergie peu ordinaires pour remettre de l'ordre là où il n'y en avait plus, et former une communauté nouvelle avec des éléments hétérogènes. Ce n'est pas que les sujets manquassent; dès l'année suivante, un acte que nous allons citer nous révèle qu'il s'y trouvait 19 religieux et 8 novices. Le difficile était de faire de ces hommes, qui avaient longtemps vécu dans une liberté presque complète, un corps régulier, exemplaire, fidèle observateur des constitutions de son ordre.

Le 6 novembre 1596, il y eut un arrêt du parlement, portant que le règlement et les articles de réformation qui avaient été faits pour Saint-Maximin, seraient remis en vigueur et exactement observés, avec injonction au prieur d'y tenir la main et de réclamer main-forte, s'il en était besoin. En 1597, la Cour des Comptes délégua un de ses conseillers, avec son avocat-général et un secrétaire, pour faire l'inventaire des biens du couvent, arrenter ses immeubles, et en séquestrer les fruits, afin de les employer à l'entretien et à la nourriture des religieux. Cet inventaire, que nous avons sous les yeux, nous apprend que tout le trésor et les reliquaires étaient saufs et remis à leur poste : nous savons déjà à qui en est dû l'honneur. Mais la maison était dans un état de délabrement inouï. Un an et demi après le retour de ses habitants, il n'y avait presque aucune part ni portes, ni fenêtres, ni bancs, ni serrures; tout avait été dévasté et détruit par les gens de guerre.

Par une exception qui nous paraît inexplicable, la bibliothèque était intacte; les précieux manuscrits se trouvaient à leur place, enchaînés à des tringles de fer, qui permettaient de s'en servir, sans qu'on pût les emporter. Par quel heureux hazard, avaient-ils pû traverser cette horrible tempête? Evidemment, on ne s'était pas avisé encore d'en faire des gargousses; idée lumineuse, réservée à un siècle plus avancé dans la civilisation. Nous ne résistons pas au désir de mettre sous les yeux de nos lecteurs la curieuse description de la vieille *Librairie* (1).

Quatre mois plus tard, le 11 novembre 1597, arrivèrent à Saint-Maximin des commissaires que le parlement envoyait; c'étaient le président Duchaine, le conseiller de Saint-Césary, et l'avocat-général Honoré de Laurens, qui allait être bientôt archevêque d'Embrun. Ils venaient avec les pouvoirs les plus étendus pour faire exécuter la réformation du monastère. Ils remontrèrent aux religieux assemblés : « Que c'était chose fort honteuse et déplorable, de voir cette sainte maison, célèbre par toute la chrétienté, qui devait être une lumière de piété, une école de vertu, un miroir de religion et discipline monastique, être à présent diffamée par tant de désordres et de scandales;... qu'il fallait y remédier, et essayer de remettre la maison, et surtout ce

---

(1) Au dict grand dortoir, a main gauche, y avons trouvé une grand chambre appelée *la Librairie*,... et dans icelle, avons trouvé onze estagieres faictes en forme de cavaletz, posés contre le planchier de ladicte chambre; a chescung desquelz y a une grand verge de fert d'environ deux cannes de long, posés contre ledict cavallet; dans lesquelles verges sont passés de gros anneaux de fert, ausquels y a une chaine de fert, ou partie des livres qui sont dans ladicte chambre sont attachez; a chescung desquelz cavalletz y a ung banc posé contre ledict planchier, de la longueur d'iceulx, en y ayant dix. Et ayant compté sommairement tous lesdicts livres, en y avons trouvé cent huictante neuf, tant grandz que petitz, escriptz la plus grand partie avec la main, sur parchemin. *Arch. des B. du Rh. B. 741.*

saint lieu de pénitence de la Sainte-Baume, en l'état et splendeur qu'on les avait vus reluire autrefois. »

Les commissaires ne se contentèrent pas d'exhorter; après avoir entendu les observations de chacun des religieux, qui en général se montrèrent assez bien disposés, sauf l'article de l'abstinence et l'usage du linge, ils promulguèrent leurs ordonnances. On mangerait désormais en commun, dans le réfectoire; on ne sortirait pas sans nécessité et sans permission, et toujours avec un compagnon et en chappe noire; personne ne possèderait quoi que fût en particulier; les femmes n'entreraient pas dans les chambres ni dans le cloître; on ne jouerait pas dans l'enclos, avec les séculiers, à la paume, aux quilles, ou à d'autres jeux; on tiendrait un registre où les délibérations seraient inscrites, afin de les faire exécuter exactement, et les aumônes seraient déposées dans une boîte à double clé (1). Tels furent les principaux articles dont l'observation scrupuleuse fut soigneusement recommandée à tous, et la députation quitta Saint-Maximin le 14 novembre.

Elle s'était rendue, le jour précédent à la Sainte-Baume, pour y installer, en qualité de vicaire, le P. Sébastien Michaëlis. Le but évident que l'on se proposait en adoptant cette mesure, était de donner commencement à une réforme bien autrement sérieuse que celle que l'on essayait à Saint-Maximin, car le P. Michaëlis avait fait ses preuves en cette matière. Mais les difficultés étaient grandes, et l'opposition que le zélé réformateur rencontra devant lui fut telle qu'il ne put pas demeurer dans ce poste plus

---

(1) *Arch. de S. Max.* Arm. 1, sec 6.

de deux ou trois mois. Le temps n'était cependant pas éloigné où il lui serait donné d'opérer à Saint-Maximin les merveilleux changements qu'il avait réalisés dans d'autres couvents, et d'y faire revivre une parfaite régularité et la plus exacte observance.

Le seizième siècle ne devait pas voir cette restauration, et il s'éteignit en laissant derrière lui beaucoup de ruines matérielles et morales. L'ouvrier qui devait relever l'édifice était tout prêt, et en attendant l'heure fixée par la Providence, il s'occupait à préparer les éléments qui devaient lui servir dans ce grand ouvrage. Nous allons bientôt le voir se mettre à l'œuvre, lorsque le signal lui aura été donné par celui qui détermine le moment où toute chose doit se faire.

CINQUIÈME PARTIE.

LES PRIEURS DE SAINT-MAXIMIN AU DIX-SEPTIÈME SIÈCLE.
RÉFORME DU VÉNÉRABLE PÈRE MICHAELIS.
UNION DU COUVENT A LA PROVINCE DE TOULOUSE.
PRIEURS TRIENNAUX.

Le seconde moitié du seizième siècle nous a fait assister à la réduction de la durée des priorats, jusqu'alors illimitée. Ce ne fut pas sans résistance que la coutume de changer le prieur tous les trois ans parvint à s'établir. Après la série des prieurs perpétuels, nous voyons encore Catti siéger six ans, Olivari dix ans, Estiventis quatre. Barjon se fit pourvoir d'abord sans limite de temps, et Antoine Niellis, presque à la fin du siècle, obtint une nomination de prieur à vie. Nous ne verrons plus rien de semblable au dix-septième siècle, dans lequel nous entrons, et la triennalité sera une loi rigoureuse à laquelle il ne sera plus fait de brèche, après que le P. Michaëlis aura rétabli l'observance dans le couvent. Mais avant lui, Saint-Maximin eut encore deux prieurs, dont il nous faut parler ici, pour en venir ensuite à l'histoire du célèbre réformateur.

PIERRE DE BOLLO, 36me PRIEUR. 1600-1603. Echard a consacré à ce personnage un article des plus intéressants (1) qui nous le fait bien connaître; il est toutefois à remarquer qu'il n'a pas pu

---

(1) Scriptores Ord. Præd. to. II, p. 316.

le suivre au-delà de 1595, et il a ignoré en outre qu'il fut prieur de Saint-Maximin. Pierre de Bollo était originaire de Chambéry, en Savoie (1), où il entra dans l'ordre de saint Dominique. Il se fit un nom parmi les hommes les plus doctes de son époque, car il n'était pas moins fort dans la connaissance des langues, que dans la théologie et la controverse. Docteur de Paris, il fut durant longtemps le principal régent des études à Saint-Jacques, devint vicaire-général de la congrégation gallicane en 1580, et prieur de Lyon en 1587. Il joua un rôle considérable dans les affaires de la Ligue, dont il était un zélé partisan, ce qui explique ses relations intimes avec l'archevêque de Lyon et avec Génébrard, archevêque d'Aix.

L'évêque de Montpellier l'ayant ensuite appelé pour tenir tête aux hérétiques, en lui donnant le titre de théologal de sa cathédrale (2), les prédications qu'il adressa aux fidèles, pour remplir les devoirs de sa charge, le firent encore mieux connaître dans nos contrées, et furent l'occasion qui porta les religieux de Saint-Maximin à le choisir pour leur prieur. Il fut élu le 16 novembre 1599, nous dit Reboul; mais nous ne le voyons en fonctions qu'en l'année 1600, et ses lettres sont du petit nombre de celles que nous n'avons pu retrouver. C'est au roi Henri IV qu'il dut son titre, et la dispense nécessaire pour tenir ce poste, vu qu'il n'était point provençal.

Il s'occupa, sans tarder, de faire face aux réclamations trop pressantes des créanciers du couvent, et obtint, le 6 juin 1600,

---

(1) Nous ne savons pour quel motif P. J. de Haitze le nomme *Pierre de Belleville*.
(2) Reboul, p. 65. Lombard.

un arrêt du parlement pour régler l'ordre selon lequel ils seraient payés de leurs créances, à mesure que les revenus de la maison le permettraient. L'administration de ses biens, alors placés sous le sequestre, avait été confiée à Alexandre Arbaud, sieur de Porchères, et il fut réglé que, distraction faite de ce qui était nécessaire au service divin et à l'entretien des religieux, le surplus serait consacré à l'extinction des dettes, d'après le classement arrêté par un commissaire, sans que les ayant-droits pussent faire ou continuer aucune exécution contre ledit économe (1).

En 1501, il fit faire le répertoire général des titres et documents de toute sorte qui existaient dans ses archives. Les pièces furent classées par ordre de matières, et réparties en un grand nombre de séries marquées par les lettres de l'alphabet, uniques d'abord puis répétées jusqu'à quatre fois. A leur tour, les pièces de chaque série furent distinguées par des chiffres qui, dans quelques-unes, arrivaient jusqu'au numéro 772 (2). On reconnaît encore facilement les traces de cet utile et précieux inventaire qui fut remplacé, vers la fin du siècle, par une nouvelle classification.

HONORÉ FULCONIS, 37me PRIEUR. 1603-1606. Nous croyons que Pierre de Bollo arriva paisiblement au terme légal de son priorat. Le 8 mai (3) 1603, eurent lieu les élections pour lui donner un

---

(1) Sur la requeste presentée à la Cour par frere Pierre de Bolle, docteur en saincte theollogie, prieur du couvent royal de la ville de Sainct Maxemin,... tendant a fin... avoir adjournement contre les creanciers dudict couvent par devant ung sieur conseiller et commissere, pour estre payés par ordre de leurs debtes... *Arch. des B. du Rh. S Victor de Marseille liasses.*

(2) Reboul, p. 70.

(3) Les lettres-patentes de Fulconis (B. 81, fol. 493 v°. Reg. *Temperantia*) sont du 9

successeur, et le 2 du mois de juin le roi agréa, comme prieur, Honoré Fulconis (1), docteur en théologie, religieux du couvent, et natif de la ville de Brignoles.

Fulconis fit paver l'église entière d'une manière uniforme, pour remédier à toutes les irrégularités qu'y avait produites l'établissement des sépultures, où l'on ne suivait aucune règle. Il remit aussi en état une grande partie du dortoir, que l'on avait pu restaurer depuis les guerres. Enfin, il termina, à l'avantage de sa maison, plusieurs questions d'intérêts d'une importance peu ordinaire. C'était un homme de beaucoup d'esprit et de talent, et sa capacité dans les affaires était notoire. Malheureusement toute sa vie religieuse s'était écoulée au milieu des troubles et des agitations de la fin du XVIe siècle. Quand l'heure de la restauration de l'observance arriva, il n'eut pas le courage de s'y prêter, et après avoir vainement essayé d'y mettre obstacle, il dut aller finir ses jours hors de Saint-Maximin.

Honoré Fulconis sortit de charge au commencement du mois d'août 1606, et au mois de novembre, il alla à Paris pour soutenir l'opposition que les anciens religieux faisaient à l'enregistrement des lettres du P. Michaëlis. L'année suivante, il fut fait prieur du couvent d'Aix; en 1609 il figura comme définiteur au chapitre provincial de Tarascon. Il passa les dernières années de sa vie à Auriol, où il exerça les fonctions de curé de 1612 à

---

juin, et portent que le procès-verbal de l'élection est *du 8 du présent mois*. L'erreur est visible, et l'arrêt de vérification, qui suit, la corrige en nous apprenant que l'élection est du 8 mai.

(1) Les religieux avaient élu les PP. Fulconis, Rostan Sabatier et Jacques de Saint-Vallier. *Arch. de S. Max.*

1616, et c'est certainement l'un des hommes les plus distingués que cette paroisse ait vus à sa tête. Le 1ᵉʳ août 1616, étant malade et au lit, il se démit de son titre, exprimant son intention de ne plus exercer la cure des âmes, s'il venait à recouvrer la santé. Mais il mourut deux jours après, et fut enseveli dans son église, devant le maître-autel (1).

Bien qu'il ne soit pas mort dans son couvent, Fulconis n'avait pas renoncé à son ordre; la position qu'il occupait était régulière, parce qu'il avait l'autorisation de ses supérieurs. Dans tous ses actes, il prend le titre de religieux des Frères Prêcheurs du couvent de Saint-Maximin; après sa mort, les religieux réformés vinrent à Auriol recueillir sa dépouille, et vendirent la maison qu'il avait achetée pour y faire sa demeure (2).

Sébastien Michaelis, 38ᵐᵉ prieur. 1606-1616. La rénovation morale du couvent de Saint-Maximin, ardemment désirée par tous les gens de bien, s'accomplit par le ministère d'un homme qui fut à son époque l'un des types les plus accomplis de la perfection religieuse unie à une éminente doctrine. Sa vie austère et pénitente, qui ne s'était jamais démentie, la réputation qu'il s'était acquise par ses prédications et par ses ouvrages, les fonctions importantes qu'il avait remplies dans sa carrière déjà bien longue, tout contribuait à lui donner l'autorité nécessaire pour une entreprise d'ailleurs pleine de difficultés. Mais un tel air de sainteté était empreint sur sa figure, qu'on ne pouvait méconnaî-

---

(1) Le iii dudit mois (d'aoust), apres vespres, il est dexcedé, et lendemain 4 ensepvelly au devant du grand autel de l'egiise d'Auriol. *Protoc. de Jacques Ravat, not. d'Auriol,* chez M. Honoral, 2ᵐᵉ série, n° 65, f. 338.

(2) Protoc. du not. Joseph Baulme, à Auriol, chez M. Guitton, Reg. 6, f. 956 v°

tre que l'esprit de Dieu était en lui, et l'on raconte qu'en le voyant pour la première fois, Henri IV ne put s'empêcher de dire que ce devait être un grand saint ou un grand hypocrite.

Sébastien Michaëlis était né à Saint-Zacharie (1), au fond de la vallée de l'Huveaune, dans le voisinage presque immédiat de la Sainte-Baume et de Saint-Maximin. Venu au monde vers l'année 1543, il se rendit, bien jeune encore, au couvent de Marseille où l'observance régulière était en vigueur, et y prit l'habit de saint Dominique. Il étudia à Toulouse et à Paris; non content de s'appliquer à la théologie et à l'étude des Pères, il parvint à avoir une parfaite connaissance des langues latine et grecque, et ayant appris l'hébreu sous le célèbre Génébrard, il y acquit une telle habileté qu'il pouvait le traduire à livre ouvert. On dit qu'il fut ordonné prêtre par Pierre Danès, évêque de Lavaur, en mars 1565, n'ayant encore que vingt-deux ans.

En 1570, il enseignait à Toulouse l'écriture sainte et la philosophie; mais nous ne pouvons croire que ce fussent là ses débuts, car nous le verrons bientôt arriver au doctorat. Il commença presque en même temps à prêcher à la cathédrale de Toulouse, et y eut beaucoup de succès; ce qui se renouvela ensuite dans toutes les grandes villes du midi qui le virent paraître dans leurs chaires, et à Paris où il prêcha à plusieurs reprises (2). Il se trouvait à Marseille le 12 avril 1572, et figura comme

---

(1) COLLIARD. Brevis et extemporanea panegyrica narratio beatæ memoriæ R. A. P. F. Sebastiani Michaelis. — ECHARD. Scriptores Ord. Præd. to. II, p. 409. — TOURON. Hommes Illust. de S. D. to. 5, p. 19.

(2) Hunc per tres annos quasi suis evulsa sedibus, concurrebat miratura et auditura domine gentium regnique metropolis Lutetia. Colliard, p. 21.

témoin au procès que faisait Etienne Déodel, évêque de Grasse, sur la foi et les mœurs de Frédéric Ragueneau, nommé au siège de Marseille (1). Sa signature y est accompagnée seulement du titre de bachelier, bien qu'il lui en soit donné un autre dans le corps de l'acte. Mais le chapitre général de 1574 l'autorisa à recevoir le titre de maître (2).

Il assista en 1589, comme définiteur de sa province d'Occitanie, au chapitre général de Rome, et le 1er septembre de l'année suivante, il fut nommé provincial de ladite province, au chapitre d'Avignon. Dès lors il se mit à travailler avec ardeur à la réforme de sa province, et à l'expiration de ses fonctions, il se retira dans le couvent de Clermont de Lodève, pour y suivre à la lettre les constitutions de son ordre, avec ceux qui voudraient se mettre à sa suite. Il réussit admirablement dans son entreprise, car malgré les nombreux obstacles qu'il rencontra, il parvint à établir successivement l'observance la plus rigoureuse à Toulouse, dont il fut prieur de 1599 à 1605, à Alby, à Castres, à Montauban, à Béziers, à Montpellier, à Avignon et à Saint-Maximin. Voici dans quelles circonstances il fut appelé en cette dernière maison (3).

Honoré Fulconis était arrivé au terme de ses pouvoirs dans les

---

(1) Fratres Petreolum Gay, priorem fratrum predicatorum Massilie, Sebastianum Michaelis, in sacra pagina professorem. — S. Michaelis bachalaureus. Reg. R. du not. Jacq. Alphantis, chez M. Estrangin, fol. 789 v°.

(2) In provincia Occitana, approbamus magisterium... fr. Sebastiani Michaelis conventus Massilie. Chap. gén. de Barcelone, 1574.

(3) Nous allons résumer dans ce qui suit plusieurs pièces qui se trouvent aux archives de Saint-Maximin.

premiers jours d'août 1606, et le 4, les religieux réunis en chapitre nommèrent pour vicaire le P. Garciny. Le 7, en présence des commissaires du parlement, ils procédèrent à l'élection d'un nouveau prieur. Ils étaient au nombre de vingt-neuf, savoir : les PP. Nicolas Garciny, Honoré Fulconis, ancien prieur, Antoine Niellis, Michel Niellis, François Agarrat, Antoine Garoutte, tous docteurs en théologie, Mathieu Maure, Honoré Rostan, Jacques Brun, Melchion Pecqui, André Biser, Honoré Lions, Antoine Guichard, Jean Aurivellier, Jean Audibert, Joseph d'Ulme, Gaspard Laugier, Antoine Hugues, André Niellis, Balthazar Martin, Antoine Rebolli, Louis Mayol, François Audric, François Barcillon, Antoine Richier, Jean Maurel, Antoine Charlois, François Guichard et Claude Bernard. Chacun d'eux ayant déposé un billet de papier dans une boîte de bois ronde destinée à cet effet, le dépouillement du scrutin donna 22 voix à Luc Allemand, actuellement provincial de Provence, et Jean Sabatier et Jacques de Saint-Vallier en eurent chacun dix-sept. Tels furent les trois religieux parmi lesquels le roi avait à choisir un prieur; et cependant aucun d'eux n'eut le prieuré.

Plusieurs personnages très-influents à la cour de France, qui savaient tout ce que le P. Michaëlis avait fait dans le Languedoc, et étaient persuadés qu'il était capable de faire refleurir à Saint-Maximin la discipline régulière, réunirent leurs efforts pour l'y faire nommer de préférence à tout autre. C'étaient surtout les cardinaux de Joyeuse et d'Ossat, les archevêques d'Aix et d'Embrun, les premiers présidents des parlements de Toulouse et de Provence. Le roi lui donna donc le 15 septembre ses lettres-patentes, motivées sur ce que, aucun des sujets présentés ne pouvant occuper cette charge, il était libre d'y pourvoir d'office, comme l'avaient fait plusieurs fois ses prédécesseurs (1). Grandes furent l'inquiétude et l'agitation des religieux de Saint-Maximin lorsqu'ils apprirent que le P. Michaëlis allait être leur prieur. Ils n'avaient pas voulu de lui comme vicaire de la Sainte-Baume, parce qu'ils redoutaient la réforme dont il était le porte-drapeau; et voilà qu'il leur arrivait avec une pleine autorité, et fortement appuyé, pour l'établir dans le couvent même.

Dès le 4 octobre, ils se réunissaient pour faire opposition à la vérification de ses pouvoirs. Ils députèrent deux des leurs pour agir auprès du parlement, et pour obtenir du roi la révocation de ses lettres; ils empruntèrent de l'argent pour les dépenses à faire; ils adressèrent plusieurs mémoires à la cour pour démontrer l'invalidité de la nomination qui avait été faite sans élection précédente; ils envoyèrent à Paris Honoré Fulconis, leur ancien prieur, dont l'habileté leur inspirait une entière confiance. Mais toutes ces démarches furent inutiles, et Fulconis put bientôt se convaincre que le roi ne reculerait pas, et que la nomination serait maintenue. Il paraît qu'alors, pour donner quelque satisfaction à l'amour propre des opposants, il fut convenu qu'on trancherait la question en recommençant l'élection, et en élisant le P. Michaëlis. Un arrangement fut conclu dans ce sens, entre François Agarrat, partisan du nouveau prieur, et Honoré Fulconis, et les articles de cet accord furent signés à Paris le 19 janvier 1607; mais ils ne furent pas observés, comme nous le relevons d'une sommation signifiée le 24 avril audit Fulconis par Agarrat.

(1) Pièces justif. n° LXXIV.

Le P. Michaëlis poursuivit alors l'enregistrement de ses lettres au parlement; ce qu'ayant obtenu le 10 mai, il s'adressa au provincial, Luc Allemand, pour avoir de lui sa confirmation. Celui-ci, qui était précisément un de ses concurrents, au lieu d'envoyer ce qu'on attendait, se hâta de sortir de sa province, laissant la demande sans réponse. Il devenait ainsi impossible au prieur pourvu par le roi de prendre possession de son prieuré, parce que n'ayant été ni élu (1) ni confirmé, les lettres royales ne pouvaient lui conférer la juridiction spirituelle. Il lui fallut donc avoir recours au vice-légat d'Avignon; et celui-ci par l'autorité du Saint-Siége, approuva tout ce qui venait d'être fait, et lui donna l'institution canonique. Immédiatement, Duvair, premier président du parlement de Provence, alla l'installer en personne: c'était le 29 juillet 1607.

Le zélé et saint réformateur se mit aussitôt à réaliser à Saint-Maximin ce qu'il avait fait partout ailleurs; il en bannit le relâchement et toutes les infractions qui s'y commettaient contre les institutions de l'ordre, et y fit observer dans toutes ses prescriptions la règle de saint Dominique. Les jeûnes et l'abstinence y furent remis en honneur, la prière et l'étude y occupèrent tout le temps que laissaient libre le culte divin et l'exercice du ministère; on s'y exerçait à la pratique de toutes les vertus monastiques, et la plus exacte discipline y était gardée. Ces heureux

---

(1) Echard a dit à tort que Michaëlis était un des religieux présentés au choix du Roi. *Cumque unus esset ex iliis qui pro prioratu San-Maximinensi regi Henrico IV præsentabatur...* Script. to. II, f. 410. Le procès-verbal de l'élection ne contient que les noms des PP. Allemand, Sabatier et Saint-Vallier. Les lettres-patentes du 15 septembre y ajoutent celui du P. Agarrat.

résultats ne furent point obtenus sans opposition. Il fallut surmonter la résistance de presque tous les anciens religieux qui ne pouvaient se plier à une vie aussi austère; mais plusieurs d'entre eux s'étant retirés dans d'autres maisons, et la plupart étant allés, d'un commun accord, passer le reste de leur vie à Carnoules, qui était une dépendance du monastère, une génération nouvelle, formée à une vie régulière et exemplaire, les remplaça à Saint-Maximin, qui revit alors les beaux jours de sa première jeunesse.

Il était néanmoins évident que pour assurer le maintien de la réforme, il fallait donner aux couvents qui l'avaient embrassée une organisation spéciale, et les soustraire à l'arbitraire des supérieurs non réformés. Michaëlis se rendit donc à Rome en 1608, tandis que le chapitre général y était assemblé, et il obtint que ses maisons seraient érigées en congrégation sous le nom de Congrégation Occitaine, dont il fut nommé lui-même le premier vicaire-général. Tranquille désormais sur l'avenir de son œuvre, il put consacrer tous ses efforts à façonner d'après ses principes les nombreux sujets qui se pressaient autour de lui, et à tout préparer pour que, lorsqu'il viendrait à disparaître, les choses fussent maintenues dans l'état où il les avait mises.

Pour consolider le bien qui s'opérait, il fut nécessaire de renouveler par deux fois ses pouvoirs de prieur de Saint-Maximin, qui n'étaient d'abord que pour trois ans. En septembre 1609, les Etats de Provence tenus à Aix prirent l'initiative de la demande à adresser au roi à cette fin, et le supplièrent de le maintenir dans son office de prieur (1). Il reçut donc en 1610 de nouvelles lettres

---

(1) Arch. des B. du Rh. Série C. Etats de Provence, Reg. IX, fol. 167 v°.

pour trois autres années, et de même, en 1613, de troisièmes lettres pour le même laps de temps (1). Son priorat dura en tout dix ans. En 1616, il crut que le moment était venu où il pouvait remettre en d'autres mains le gouvernement de ses religieux, parmi lesquels se trouvaient des hommes fort capables de continuer ce qu'il avait fait. Il réunit à Saint-Maximin le chapitre de sa congrégation, après lequel s'étant démis de ses fonctions de vicaire-général, il fit nommer à sa place le P. Pierre Girardel, inquisiteur de Toulouse. Il avait voulu également, alléguant les incommodités de sa vieillesse, être remplacé comme prieur de Saint-Maximin, et il se retira à Paris dans le couvent qu'il avait récemment fondé au faubourg Saint-Honoré. On le fit aussitôt prieur de cette maison, où il passa ses deux dernières années, sans vouloir rien relâcher, jusqu'à ses derniers moments, de l'austérité de vie qu'il avait toujours pratiquée. Il y mourut le 5 mai 1618, âgé de près de 75 ans, laissant une prodigieuse réputation de sainteté.

Son plus beau titre, dit le P. Touron, fut *d'avoir comme ressuscité l'esprit de saint Dominique, et rappelé dans des jours de corruption le siècle d'or de son ordre.* Echard, à son tour, après avoir dit *qu'il laisse aux hagiographes le soin de raconter sa sainte vie*, a écrit de lui ce bel éloge : « Ce fut un homme d'un
« grand esprit et d'un courage indomptable, comparable aux plus
« grands hommes de son temps par la sainteté de sa vie, l'ar-
« deur de son éloquence, l'étendue de son savoir. Il fut la terreur
« des hérétiques. Pour ne pas abandonner sa congrégation, il

---

(1) Pièces justif. n°⁸ LXXV, LXXVI.

« refusa les évêchés de Fréjus et d'Orange qui lui furent of-
« ferts (1). » Cet admirable religieux est assurément une des
grandes gloires du couvent de Saint-Maximin.

PIERRE DAMBRUC, 39ᵐᵉ PRIEUR. 1616-1619. Les prieurs qui
succédèrent au vénérable père Michaëlis furent pris parmi ses
plus zélés coopérateurs, et presque tous étaient les personnages
les plus considérables que possédât la congrégation nouvelle.
On s'en apercevra facilement en voyant les charges importantes
auxquelles ils furent appelés avant et après leurs priorats.

Pierre Dambruc était du couvent de Castres. Quoiqu'il fût bien
jeune alors, le P. Michaëlis le fit son vicaire à Saint-Maximin,
presque dès le début, malgré les réclamations des anciens religieux. Il était à la tête du couvent du faubourg Saint-Honoré, à
Paris, lorsque le roi le nomma prieur de Saint-Maximin, le 2
juillet 1616 (2), et comme ses lettres furent enregistrées avant la
fin du mois, il était déjà installé quand le chapitre de la congrégation s'y réunit, le 28 août. Il figure dans les actes avec son
nouveau titre de prieur de Sainte-Madeleine. Fidèle aux traditions du fondateur de la réforme, il s'appliqua à faire marcher
sa maison dans la voie que celui-ci avait tracée, et y maintint
dans toute sa vigueur son esprit de régularité et d'austérité.

Quand il eut fini son temps, il tarda peu à être élu à Toulouse,

---

(1) Vir revera fuit excelsi infractique animi, seu vitæ sanctimonia, seu concionum æsti-
bus ac vehementia, seu scholasticæ polemicæque atque etiam affectivæ theologiæ præstantia,
sublimioribus sui ævi doctoribus conspicuus, hæterodoxisque formidandus ; qui et. ne sæ
deesset congregationi, oblatas sibi Arausicæ et Forojulii in Septimania (?) detrectavit infu-
las. Script. Ord. Præd. to. II, fol. 449.

(2) Arch. des B. du Rh. B. 57, Reg. Libertas, fol. 58.

pour remplacer le P. Claude Dubelly, auquel il succéda aussi comme inquisiteur d'Avignon. Plus tard, il fut prieur de Marseille. Le 3 mai 1653, le chapitre de Carpentras l'élut provincial de Provence; et il mourut à Sisteron, en cours de visites, avant la fin de son provincialat.

Jean Ferrand, 40me prieur. 1619-1622. Ce religieux avait reçu l'habit des mains du P. Michaëlis, qui l'admit à la profession à Toulouse, le 29 juin 1604. Il vint avec lui à Saint-Maximin et y fut sous-prieur, et définiteur au chapitre de 1616. Reboul nous dit qu'il entra en possession, comme prieur, le 6 septembre 1619. Vers la fin de son priorat, il fut chargé de gouverner, à titre intérimaire, la province de Provence, dont les élections venaient d'être cassées par le chapitre général de Milan. Il devint ensuite provincial de l'Occitaine, où il s'efforça d'étendre l'observance du P. Michaëlis, et enfin prieur et inquisiteur d'Avignon. Il mourut dans cette ville, le 13 novembre 1650, frappé d'apoplexie en célébrant la messe, après avoir dit le graduel. C'était un homme très-pieux et très-mortifié.

Georges Laugier, 41me prieur. 1622-1625. Georges Laugier fut un des premiers disciples du P. Michaëlis. Natif de Briançon, il était avocat à Grenoble, lorsqu'il entendit parler de l'éminente sainteté du serviteur de Dieu et de ce qu'il avait entrepris pour faire refleurir son ordre. Il vint aussitôt se joindre à lui au couvent de Clermont, et fut toujours un de ses plus fervents religieux. C'était un homme fort sage, aussi humble que savant, et un prédicateur renommé, que son maître associa à tous ses travaux. Il se fit en effet suppléer par lui dans ses prédications contre les hérétiques, dans la chaire de la cathédrale de Montpellier, et quand il alla au chapitre général de Valladolid, dans les intérêts de sa réforme, il le prit pour son compagnon. En 1609, il était prieur de Toulouse. Il succéda au P. Michaëlis, comme prieur du couvent de la rue Saint-Honoré, et fit faire la translation de son corps, qui fut trouvé sans corruption dix-huit mois après sa mort. Il fut fait, en 1620, troisième vicaire général de sa congrégation, et le Général le nomma de plus son vicaire pour toutes les provinces de France.

C'est en 1622, et non en octobre 1623, comme le veut Reboul, qu'il devint prieur de Saint-Maximin. Nous avons ses lettres datées du 25 juillet de cette première année, et elles portent que le temps de son prédécesseur *était prêt à expirer* (1). Il ne dut pas tarder à le remplacer, et par conséquent c'est lui, et non le P. Ferrand, qui eut l'honneur de recevoir et de haranguer le roi Louis XIII, lorsqu'il y vint en pèlerinage le 5 novembre 1622.

On le fit, quelques années plus tard, prieur de Pignerol, et c'est là qu'il termina saintement ses jours le 4 février 1638. Lorsqu'on annonça que sa fin approchait, le gouverneur et les autorités de la ville s'empressèrent de venir auprès de son lit de mort, pour recevoir sa dernière bénédiction. Saint François de Sales avait pour lui une estime singulière, et l'appelait *le père de la simplicité chrétienne*. Pendant qu'il résidait à Paris, la reine Anne d'Autriche lui témoignait beaucoup de vénération, à cause de ses éminentes vertus.

---

(1) Arch. des B. du Rh. B. 90, Reg. *Prudentia*, f. 179 v°. L'enregistrement à la Cour des Comptes n'est que du 14 novembre 1624, mais il y est attesté qu'elles avaient été vérifiées au parlement le 31 août 1622.

Gabriel Ranquet, 42ᵐᵉ prieur. 1626. Si le nom de Gabriel Ranquet n'a pas figuré jusqu'ici sur la liste de nos prieurs, il n'en est pas moins assuré qu'il fut élu le 12 mai et agréé par le roi le 13 juin 1626, comme on peut le voir par ses lettres-patentes (P. J. n° LXXVIII). Deux choses restent à expliquer : la première, pourquoi il y a un intervalle de quatre ans, au lieu de trois, entre la nomination de Georges Laugier et celle de son successeur; la seconde, pour quel motif celui-ci abandonna presque aussitôt Saint-Maximin pour être prieur de Toulouse. Il est vraisemblable que le P. Laugier avait attendu, pour se faire installer, d'être arrivé au bout de ses pouvoirs de vicaire-général, ce qui prolongea d'autant son priorat. Quand au second, on dut juger sa présence indispensable à Toulouse et faire accepter par le roi sa démission, nonobstant le désir contraire exprimé dans les lettres royales.

Gabriel Ranquet était du Puy; il avait fait sa profession le 5 avril 1602, entre les mains du P. Michaelis, qui avait la plus haute estime pour sa vertu, et avait coutume de dire que le P. Girardel et le P. Ranquet étaient les deux colonnes de la vie régulière qu'il avait rétablie. Il déploya toujours le plus grand zèle pour le maintien de la discipline et de l'observance. Il fut trois fois prieur de Toulouse; il le fut aussi à Béziers, à Bordeaux et au couvent de la rue Saint-Honoré, à Paris. Il gouverna la congrégation entière durant six ans, d'abord de 1623 à 1626, puis de nouveau de 1632 à 1635. Il mourut à Toulouse le 10 décembre 1642 (1).

---

(1) Nous lisons dans un mémoire présenté en 1639 au conseil du roi par Pierre Ranquet

Bernard Cantaloube, 43ᵐᵉ prieur. 1627-1630. Ce nouveau prieur, après avoir appartenu au couvent de Clermont de Lodève, avait été assigné à Saint-Maximin par le chapitre de la Congrégation, qui y fut tenu en 1616 : nous l'y voyons aussitôt remplissant les fonctions de vicaire sous le P. Dambruc (1). Il alla ensuite en mission à Constantinople et fut supérieur de la maison que les Dominicains y possèdent au faubourg de Péra. Il était de retour en 1624, et le 14 septembre il offrait à la Sainte-Baume une veste à la turque en satin jaune et à grands panaches, qui lui avait été donnée quand il avait assisté à la réception de l'ambassadeur de France par le Sultan. On s'en servit pour faire une chasuble (Reboul).

Le couvent d'Avignon l'élut pour son prieur, en 1626, mais ce ne fut que pour quelques mois, car il fut bientôt appelé, au même titre, à celui de Saint-Maximin, dont il fut mis en possession le 3 janvier 1627. De son temps les PP. Capucins tentèrent de s'établir en cette ville, par l'autorité de l'archevêque d'Aix, et sans l'agrément du prieur, qui seul avait la juridiction dans ce lieu. Le P. Cantaloube s'y opposa énergiquement, et comme il était malade quand ils bénirent le local où ils voulaient se fixer, il envoya son sous-prieur Etienne Bonnet, pour leur défendre de passer outre. Ils ne tinrent aucun compte de sa défense, ni de la

---

(*Arch. de S. Max.*) : « Jean Ferraud, George Laugier, *Gabriel Ranquet*, Bernard Cantaloube et Pierre Ranquet... ont tous été prieurs dudit couvent de Saint-Maximin, etc. » — Il n'est donc pas possible d'exclure Gabriel Ranquet du nombre des prieurs

(1) 1616. 19 novembre. Pierre Dambruc, prieur, et Bernard Cantaloube, vicaire de Saint-Maximin, vendent la maison qu'Honoré Falcouis avait achetée à Auriol. *Jos. Baulme, not. Reg. 8, f. 256 v°.*

menace des censures; mais le parlement les obligea, par arrêt, à solliciter d'abord des lettres du roi, puis à demander la permission au prieur de Saint-Maximin, qui fit ainsi respecter son autorité.

Le P. Cantaloube fut ensuite appelé à gouverner plusieurs autres couvents, et mourut prieur d'Aubenas (1).

ETIENNE BONNET, 44me PRIEUR. 1630-1632. Il y avait dix-huit novices au couvent de Saint-Maximin quand le P. Michaëlis vint y mettre la réforme. Un seul accepta ce nouveau genre de vie (2) et demeura avec les pères réformés; ce fut Etienne Bonnet, qui après avoir été à diverses reprises vicaire de la Sainte-Baume et sous-prieur du couvent, succéda au P. Cantaloube par lettres-patentes du 13 février 1630 (3).

Un conflit imprévu, qui s'éleva entre lui et le vicaire-général, abrégea la durée de son priorat, et ne lui permit pas d'en atteindre le terme. Le chapitre de la Congrégation ayant été tenu à Toulouse le 28 juin 1632, et ayant fait des règlements pour l'administration du temporel de Saint-Maximin, Bonnet crut voir dans ses décisions une violation des droits de sa maison, et il déclara par écrit ne les accepter qu'en ce qui n'était point contraire aux privilèges royaux et pontificaux du couvent; pour le reste, il s'y opposait et en appelait à qui de droit. Aussitôt le dé-

---

(1) Electus est in priorem cum esset prior Avenione. Plures alios prioratus habuit. Mortuus est prior conventus d'Aubenas. *Lombard.*

(2) Frater Stephanus Bonet, unicus qui reformationem suscepit ex XVIII novitiis qui erant in noviliatu quando reformatus est conventus. *Ibid.*

(3) Arch. des B. du Rh. B. 92, fol. 41

finitoire le suspendit de sa charge, et en donna l'administration comme vicaire, au P. Pierre Michaëlis.

Le prieur appela de cette sentence au parlement d'Aix qui lui fut d'abord favorable; mais le Général de l'Ordre, venu sur ces entrefaites à Saint-Maximin, termina le différend en lui enlevant son titre, avec l'approbation de la cour, au commencement d'octobre 1632. Ayant appris, dit Reboul (p. 84), que le R. P. Bonnet avait appelé comme d'abus au parlement, il l'obligea de lui demander sa démission, qu'il lui accorda, et l'envoya en même temps au couvent de Revel, en Languedoc, en qualité de prieur, pour adoucir l'amertume de la pilule qu'il lui avait fait avaler à la persuasion du R. P. Gabriel Ranquet, qui avait grande passion d'établir ici son frère en qualité de prieur.

Pierre Ranquet, 45ᵐᵉ prieur. 1632-1635. Ce fut en effet Pierre Ranquet qui eut la succession du P. Bonnet; son élection eut lieu le 13 octobre, et sa confirmation par le roi, le 12 décembre (1). Malgré les insinuations malicieuses de Reboul, les deux frères Ranquet étaient deux grands religieux pleins de vertus et de mérites. Ajoutons que Pierre ne gagnait pas grand chose à venir à Saint-Maximin, car il était alors, depuis un an seulement, prieur de Toulouse, où il avait fait sa profession le 6 juin 1609.

Ce qui prouve mieux encore l'estime que l'on faisait de ses talents, c'est l'empressement avec lequel on se hâtait de l'appeler dans les postes les plus considérables, sans même attendre la fin de ses charges, et toujours par la voie de l'élection. Avant l'expiration de son triennat à Saint-Maximin, il fut élu, en 1635,

---

(1) Ses lettres sont au Reg. *Obedientia*, B. 94, fol. 195 v°.

prieur du couvent de la rue Saint-Honoré à Paris. En 1638, le chapitre d'Avignon le désigna pour les fonctions de vicaire-général de la Congrégation, et le Général l'institua le 31 mai. Il devint provincial de Toulouse en 1650, et jusqu'à sa mort arrivée en 1658, il fut inquisiteur de Carcassonne; de manière qu'il passa toute sa vie dans des emplois d'une grande importance.

C'est lui qui, voyant le danger que couraient les archives, conservées jusqu'alors dans une chambre où il pleuvait, par dessus la chapelle de Saint-Crépin, les fit transporter au dortoir, dans deux chambres voûtées et garnies d'armoires de bois. Il fit remettre à neuf l'infirmerie. Il bénit solennellement, en qualité d'ordinaire, l'église des capucins, et permit l'établissement des religieuses de sainte Claire. La crypte fut embellie; on en peignit la voûte en or et azur, et pour empêcher la dégradation des tombeaux, on les recouvrit de bois doré, avec des inscriptions qui indiquaient le nom des saints qui y avaient reposé.

Il faut faire remonter à cette époque les premières tentatives des archevêques d'Aix pour exercer à Saint-Maximin des actes de juridiction. En 1634, Louis de Bretel étant venu pour assister, le vendredi-saint, au miracle de la Sainte-Ampoule, voulut se rendre à l'église avec sa croix métropolitaine et tous les insignes de l'évêque diocésain. Il rencontra de la part des religieux une opposition insurmontable, et dut déclarer qu'il ne voulait rien entreprendre sur leurs privilèges.

JACQUES BARBAROUX, 46me PRIEUR. 1635-1638. Pierre Ranquet ayant quitté Saint-Maximin pour être prieur à Paris, on élut le 25 septembre 1635 les PP. Jacques Barbaroux, Louis Robion et Honoré Lions, dont le premier fut choisi par le roi le 6 novembre (1) et installé vers Noël. C'était un religieux du couvent, né à Riez, et ayant longtemps professé la théologie. Il augmenta la bibliothèque de sa maison, en achetant tous les livres qui avaient appartenu au P. Masculus, ancien provincial d'Occitanie et de Provence.

Par ses soins, le collège fondé par le roi René rentra sous la direction du prieur, et les conditions de la fondation durent être exécutées à la lettre. Déjà, en 1610, le roi avait donné des lettres-patentes dans ce sens; mais elles n'avaient pas été enregistrées. Il fallut plusieurs arrêts du conseil pour surmonter toutes les difficultés et mettre fin à l'opposition des consuls. Il intervint toutefois une transaction entre ces derniers et les religieux, et à côté de l'enseignement théologique, on put établir un cours d'études littéraires jusqu'à la rhétorique.

L'archevêque d'Aix essaya de profiter de cette mésintelligence pour faire une nouvelle brèche à l'exemption dont jouissait le prieuré de Saint-Maximin. Il envoya dans cette ville deux prêtres séculiers pour administrer les sacrements aux fidèles, à l'encontre du droit dont les Dominicains étaient en possession, et son grand-vicaire les installa dans la chapelle des pénitents blancs. Le prieur résista de toutes ses forces à cet empiètement, excommunia les nouveaux venus, et poursuivit la défense de ses droits en cour de Rome et au parlement. La mort de l'archevêque arrêta un moment les suites de ce procès, que nous verrons bientôt repris par d'autres.

PIERRE DELICQUES, 47ᵐᵉ PRIEUR. 1639-1642. Il y eut une grande

(1) Ses lettres sont au registre sterilitas, B. 96, fol. 388 v°.

division parmi les religieux pour l'élection du successeur du P. Barbaroux, et il en résulta que le prieuré vaqua un an entier. Un bon nombre d'entre eux prétendaient qu'il fallait s'en tenir strictement aux privilèges du couvent qui ordonnaient de nommer un provençal; les autres étaient d'avis qu'on pouvait élire indifféremment un religieux de la congrégation réformée. Le différend paraît avoir eu pour origine le défaut d'entente entre le prieur qui sortait de charge et son prédécesseur Pierre Ranquet, que le chapitre d'Avignon venait tout récemment de faire vicaire-général. Ce même chapitre avait réprimandé le prieur actuel de Saint-Maximin, et nommé directement un sous-prieur pour prendre le gouvernement de la maison à Noël, les pouvoirs de Barbaroux prenant fin à cette date. On résista au sous-prieur, on contesta le droit du chapitre, on en appela au Général.

Cependant, on avait fait une élection de prieur le 10 octobre (?) 1638, et désigné les PP. Gardès, Jean de Sainte-Marie et Jean-Baptiste Carré, qui n'acceptèrent pas leur nomination. On s'en remit alors à la volonté du roi, qui, ayant fait examiner par le premier président du parlement et l'intendant de Provence la question controversée entre les religieux provençaux et les autres, décida que le futur prieur serait nommé sans qu'il y eût à tenir compte du lieu de sa naissance. Conformément à cet arrêt, sur la présentation qui lui fut faite des PP. Delicques, Bosside et Robion, il donna au premier, le 21 novembre 1639, le prieuré de Saint-Maximin (1).

Pierre Delicques était proche parent de Gabriel et de Pierre

(1) Pièces justif. n° LXXIX.

Ranquet, et natif comme eux du Puy en Velay. Il fut mis en possession au mois de janvier suivant, malgré les protestations de quelques religieux. Son prédécesseur lui fit signifier aussi un acte d'opposition, comme étant la créature du vicaire-général, son parent, lequel l'avait fait élire, disait-il, par quelques religieux qui n'en avaient pas le droit. Il prétendait aller soutenir son appel devant le roi, aux frais du couvent. Le prieur nouveau sut pourtant triompher de toutes ces difficultés, et se maintint dans ses fonctions durant les trois années réglementaires assignées à leur durée.

Joseph Cavalier, 48me prieur. 1643-1646. Sous-prieur du couvent du temps du prieur précédent, Joseph Cavalier gouverna en chef durant la vacance ; il fut élu le 25 janvier 1643, avec les PP. Jean Roy et François Farnosy, agréé le 19 février (1), et entra en jouissance le 18 avril. Peu après, il sollicita et obtint de Louis XIV, qui venait de succéder à son père, la confirmation de tous les privilèges de sa maison, comme on le faisait au commencement de chaque règne (2).

L'année suivante, il donna son consentement à la fondation du couvent des Dominicaines, sous le titre de Sainte-Catherine de Sienne. A cet effet, on fit venir d'Avignon à Saint-Maximin cinq religieuses de Sainte-Praxède, sous la conduite de la mère Marguerite Jacomini, qui en fut la première prieure. Il reçut lui-même, vers cette époque, l'autorisation du chef de son ordre, pour envoyer des colonies de ses religieux à Saint-Zacharie, à

---

(1) Ses lettres sont au registre *Jurisprudentia*, B. 99, fol. 292 v°.
(2) Ibid, fol. 452. Faillon, to. II, col. 1705.

Hyères, à Solliès, à Trets et à Antibes, et y établir de nouvelles maisons. Ce fait se rattache avec évidence aux évènements qui se passaient alors parmi les Dominicains réformés, dont Saint-Maximin faisait partie.

La congrégation occitaine fondée par le P. Michaëlis, et devenue depuis 1629 congrégation de Saint-Louis, était éprouvée par des dissensions fâcheuses, dues surtout à sa trop grande extension. Etablie dans le Languedoc, elle s'était propagée jusque dans le nord de la France, et se composait à la fin d'éléments disparates, dont le gouvernement était fort difficile. On se plaignait avec une grande vivacité des gascons, qui semblaient les maîtres de la position; et à Paris aussi bien qu'à Saint-Maximin, on cherchait à secouer leur joug. Il fallut en venir à une séparation. La Congrégation fut d'abord divisée en trois vicariats, France, Languedoc et Provence, et en 1646, Jacques Barbaroux était vicaire national de cette dernière portion, à laquelle on chercha à donner de l'importance par des fondations nouvelles.

Mais cette mesure n'ayant point mis fin aux dissentiments que l'on déplorait, le Général de l'ordre sépara, le 7 novembre 1646, les couvents réformés placés au nord de la Loire de ceux du midi, et érigea ceux-ci en province toulousaine, à laquelle Saint-Maximin fut rattaché. C'est ainsi qu'après avoir appartenu, depuis sa fondation, à la province dominicaine de Provence, puis à la Congrégation occitaine, ou de Saint-Louis, notre couvent se trouva compris, jusqu'à la révolution française, dans celle de Toulouse.

ANTOINE REVEST, 49ᵐᵉ PRIEUR. 1646-1649. Le 28 juin 1646, Antoine Revest fut mis en possession du prieuré de Saint-Maximin, en vertu de lettres royales du 4 du même mois (1). L'élection avait eu lieu le 21 avril, et l'avait associé aux PP. Antoine Porte et Jacques Paccot. Il fut confirmé le 12 juin par le Général lui-même, qui était alors à Paris.

Petit-neveu du P. Michaëlis, Antoine Revest avait enseigné la philosophie et la théologie à Saint-Maximin, et était docteur. Durant son priorat, le couvent souffrit toute sorte de misères, par suite des troubles de la fronde. La soldatesque l'envahit et en fit une caserne, retenant les religieux prisonniers, les contraignant à leur fournir tout ce qui leur convenait, et les menaçant de leur faire un mauvais parti. Ils tinrent ferme néanmoins, et n'abandonnèrent pas la place, malgré les vexations et les insolences qu'ils eurent à essuyer.

Second priorat d'Étienne Bonnet. 1649-1652. Quand le P. Revest cessa d'être prieur, la guerre civile empêcha quelque temps de lui donner un successeur. On put enfin se réunir le 21 août, et nommer les PP. Etienne Bonnet, Balthasar Isoard et Thomas Bayle. Le 2 octobre, le roi agréa le premier des trois (2) qui avait déjà été prieur en 1630, et il fut inauguré le 14 novembre (3). Etienne Bonnet assista, en 1650, au chapitre provincial d'Avignon où furent décrétés, dans le personnel de sa maison, divers changements qui lui occasionnèrent beaucoup d'ennuis, par la résistance de ceux qui en étaient l'objet. D'autre part, la

---

(1) *Registre Abundantia*, B. 101, fol. 68.

(2) Ses lettres sont au registre *Infidelitas*, B. 102, fol. 155 v°.

(3) « Le 14 de novembre 1649, le R. P. Estienne Bonnet a esté mis en possession du prioré, de matin, jour de dimanche, entre huict et neuf heures. » *Arch. munic. de S. Max. Etat civil.*

continuation des troubles politiques maintenait la province et la ville dans une agitation extrême; de sorte que son priorat fut très-laborieux. Cependant, il put exécuter dans son église diverses améliorations, ayant fait faire les balustrades qui ferment l'entrée des chapelles, et redorer à neuf l'autel monumental du Crucifix. Redescendu au rang de simple religieux, le P. Bonnet vécut jusqu'en 1663, et mourut le 27 octobre, à l'âge de 71 ans.

MICHEL JOURDAIN, 50ᵐᵉ PRIEUR. 1652-1656. Nous trouvons un fort bel éloge de Michel Jourdain dans les lettres-patentes que le roi lui délivra le 13 décembre 1652 (1), lesquelles nous apprennent aussi qu'il fut élu le 19 novembre, avec les PP. Jean Blanc et Balthasar Isoard. Echard atteste qu'il avait un esprit des plus subtils, et une très-grande habileté dans l'argumentation. Reboul, écho de ses contemporains, dit que c'était un grand théologien. Il avait professé la philosophie à Rome, au couvent de Saint-Sixte, lorsque le Général Ridolfi y appela les Dominicains français réformés, pour y établir une maison d'observance. Quand il fut fait prieur de Saint-Maximin, il y était premier lecteur de théologie, et il commença ses nouvelles fonctions avec l'année 1653 (2).

---

(1) *Arch. des B. du Rh. B. 103, Reg. Arrogantia, fol. 146 v°.* « Nous asseurans aussy qu'il a enseigné publiquement avec grande gloire, depuis seize ou tant d'années, la philosophie dans Avignon et dans Rome, voire dans vostre dicte maison et convent royal dudict Saint Maxemin, ou il est actuellement en qualité de premier lecteur en theologie, establi par le Rᵐᵉ provincial general de vostre ordre, et dont il s'acquitte tres dignement; et qu'il a mesmes soustenu avec esclat et grand applaudissement, a l'honneur de la France, des theses dediées a nous, dans Rome, depuis peu au chappitre general. »

(2) « Nota que le Reverend pere Michel Jourdain a esté mis en possession de prieur de ce convent royal le 4 de ce moys de janvier (1653), qui estoit l'octave des Innocens, jour de samedy, apres Complies. » *Arch. munic. de S. Max. Etat civil.*

Il signala son administration par d'importants travaux. On rouvrit toutes les fenêtres des trois nefs de l'église, et on les regarnit de vitraux; ouvrage considérable, puisque les seules verrières de la nef centrale coûtèrent plus de 3,500 livres, rien que pour le verre, le fer et la façon. Le maître verrier était m° Michel Duval, d'Orléans, lequel, après avoir terminé son œuvre, prit l'habit de frère convers, et vécut encore trente ans avec édification, dans le couvent. On refit les deux grands dortoirs, et l'on y construisit deux rangs de chambres régulières, séparées par un grand corridor, qui règne d'un bout à l'autre, et est éclairé, à ses extrémités, par de grandes fenêtres. Le grand escalier et la charpente furent aussi refaits. Ce fut une dépense de douze mille livres. Enfin, malgré l'opposition des consuls, on rétablit, avec l'autorisation du duc de Mercœur, gouverneur de Provence, la communication tant de fois interrompue entre le couvent et son jardin, et l'on ouvrit le passage souterrain qui mène de l'un à l'autre, de la manière la plus commode.

En vertu des privilèges pontificaux, Hyacinthe Serroni, évêque d'Orange et religieux dominicain, fut appelé pour administrer la confirmation aux habitants de la ville, durant les trois fêtes de Noël de l'année 1655. C'était le moment où Michel Jourdain terminait ses trois ans. L'évêque d'Orange l'emmena avec lui dans sa ville épiscopale, et en fit son compagnon inséparable. Il le conduisit, en 1661, dans son nouvel évêché de Mende, puis encore à Alby, dont il fut fait le premier archevêque en 1678. Le P. Jourdain mourut dans cette dernière ville en 1683, étant depuis cinq ans inquisiteur de Carcassonne.

Jean Maistre, 51ᵐᵉ prieur. 1656-1659. L'installation du P.

Maistre eut lieu le 8 avril 1656, au matin (1). Ce prieur mit la dernière main aux travaux que son prédécesseur avait entrepris, et acheva les dortoirs, au bout desquels il disposa une grande salle pour la bibliothèque. De son temps, la reine Christine de Suède vint à Saint-Maximin, le 2 avril 1658. Elle fut haranguée *fort éloquemment* par le prieur, à la porte de l'église, et conduite jusques au grand autel sous le dais porté par les consuls. Après avoir vénéré les reliques de sainte Madeleine, elle continua son voyage vers l'Italie.

THOMAS MAYOLY, 52ᵐᵉ PRIEUR. 1659-1662 (2). Le priorat de Thomas Mayoly est demeuré célèbre par la translation des reliques de sainte Marie Madeleine, qui fut faite avec un appareil extraordinaire en présence de Louis XIV. Il y avait longtemps que l'on désirait placer dans une châsse moins indigne d'elle le corps de la sainte pénitente, conservé jusqu'alors sur l'autel, dans une caisse de bois. Dès l'année 1635, une belle urne de porphyre avait été envoyée de Rome, à cet effet, par le Général Ridolfi, dont l'intention était que l'on y déposât la vieille caisse qui renfermait les saints ossements. Mais il avait été jugé peu convenable de procéder à cette translation sans une grande solennité, et sans le concours d'illustres personnages qui en relèveraient l'éclat. L'occasion que l'on attendait se présenta en 1660.

---

(1) « Nota que le 8 du moys d'avril de l'année 1656, sur les huit heures du matin, le Reverend pere Jean Maistre a prins possession du prioré de ceans. » *Arch. munic. de S. Max. Etat civil.*

(2) Les lettres de Mayoly sont au registre *Afflictio Provinciæ*, B. 104, fol. 383 v°. Elles sont datées du 4 mai 1659. Son élection avait eu lieu le 19 avril; il fut nommé avec Thomas Concorden et Thomas Laugier.

La cour de France était alors en Provence, et le 4 février le roi arriva à Saint-Maximin, pour prendre part à la fête, avec la reine sa mère, son frère unique, et une suite nombreuse. Il alla le lendemain en pèlerinage à la Sainte-Baume; dans la soirée, les portes de l'église étant closes, on fit l'ouverture de l'ancienne châsse et la reconnaissance des reliques qui furent examinées par le premier médecin du roi. On les remit ensuite dans une boîte de plomb garnie de drap d'or, par dedans et par dehors, et celle-ci soigneusement fermée, et scellée du sceau royal, fut déposée dans l'urne de porphyre, qui devait elle-même être placée sur l'autel majeur. Le lendemain eut lieu la cérémonie extérieure, qui fut célébrée par Dominique de Marinis, archevêque d'Avignon, en présence du roi et d'une grande foule de peuple. C'est, sans contredit, le plus grand évènement qui se soit passé à Saint-Maximin dans les deux derniers siècles.

. Thomas Mayoly s'acquitta parfaitement de son rôle dans cette circonstance; il avait fait ses préparatifs d'une façon tout-à-fait convenable; il fit au roi une réception magnifique et le traita splendidement. C'était un homme très-entreprenant, aimant les grandes choses, ayant une haute opinion de sa charge, et frisant l'indépendance. Un document contemporain dit qu'il le prenait de trop haut. Il n'eut pas vis-à-vis de ses supérieurs immédiats des procédés très-corrects, et froissa bien du monde. Devenu prieur de Pignerol, après avoir quitté Saint-Maximin, il fut le principal agent dans les démarches que l'on fit pour séparer ce dernier couvent de la province de Toulouse.

SECOND PRIORAT D'ANTOINE REVEST, 1662-1665, DE JEAN

Maistre, 1665-1668, de Joseph Cavalier, 1668-1671 (1). Après le P. Mayoly, nous trouvons successivement à la tête du couvent de Saint-Maximin trois prieurs qui l'avaient déjà gouverné, et qui y revenaient pour la seconde fois. C'est une preuve de la disette où l'on était alors de sujets aptes à diriger une grande maison. Jamais pourtant on n'avait eu autant besoin d'hommes habiles pour faire face aux difficultés qui surgissaient de toute part.

En 1664, le cardinal Grimaldi, archevêque d'Aix, reprit au grand conseil les procédures commencées par M. de Bretel, et abandonnées depuis vingt-cinq ans. Il réussit à faire débouter les religieux de leur opposition, et ayant obtenu du parlement de Paris un arrêt qui l'autorisait à établir à Saint-Maximin des curés pour administrer les sacrements, il vint lui-même installer trois prêtres séculiers dans l'église, avec un grand déploiement de forces, pour intimider ses adversaires et surmonter toutes les résistances.

En ce moment, dit Reboul (p. 107), « il n'y avait aucun prieur
« au couvent, le précédent, savoir le P. Revest, s'étant retiré
« chez ses parents, n'ayant pas eu le courage de se présenter à
« cette Eminence pour soutenir les droits du couvent, et le P.
« Jean Mestre, son successeur au prieuré, ayant préféré sa santé
« aux intérêts du même couvent, s'en alla aux bains de Digne,
« quoiqu'il fut averti que ledit cardinal y devait venir; ayant
« laissé la conduite du couvent au P. Robert, sous-prieur, et à

---

(1) Le 21 juin 1662, on élut Antoine Revest, Jean Mossy et Jacques Aubert. *Arch. des B. du Rh. B. 105, Reg. Oppressa, fol. 176.* Le 3 août 1665, Jean Maistre, Jean Blanc et Sidoine Paget. *Arch. de S. Max. Arm. 1, sac 5.* Le 3 octobre 1668, Joseph Cavalier, Jean le Blanc et Jean Mossy. *Ibid.*

« de jeunes religieux sans expérience, ni grande science, ni
« intelligence dans les affaires. » Plus tard, la cause ayant été
plaidée contradictoirement, la même cour ordonna que la cure
demeurerait unie au monastère, mais que les religieux présenteraient à l'archevêque un des leurs pour la desservir sous sa
juridiction, et en demeurant soumis à sa visite ; il fut dit de plus
qu'à l'avenir le prieur ni le couvent ne pourraient plus prétendre
aucuns droits épiscopaux.

Ainsi prirent fin, par arrêt du parlement de Paris, l'exemption
et les libertés accordées à Saint-Maximin par tant de papes et
confirmées par tant de rois. Une longue suite d'actes que la bonne
foi ne permet pas de nier, avaient affranchi le territoire de cette
ville de l'autorité diocésaine, et en avaient fait un prieuré *Nullius*:
ce fait est indiscutable, tant les pièces sont nombreuses et précises. Tout fut annullé d'un seul coup, et il ne resta plus désormais au couvent que les privilèges donnés par le droit commun
aux lieux et aux personnes régulières.

On ne l'en laissa pas même jouir en paix. Dans l'ardeur de
son triomphe, le cardinal essaya d'abord de soumettre le couvent
à sa visite. Il refusa, sous divers prétextes, d'accepter les religieux qui lui furent présentés comme curés, même le P. Cavalier, *très-bon prédicateur et très-savant* (Reboul, p. 111). Son
grand vicaire fit arrêter le P. Maistre, prieur, et le P. Bonadona,
et les ayant fait conduire à Aix par des archers, comme des criminels, il les retint, durant trois mois et demi dans une dure captivité. En un mot, il y eut dans toute cette affaire d'incroyables
violences, et un abus extraordinaire de la force armée, devant
laquelle beaucoup de religieux durent prendre la fuite.

Un autre projet avait été formé par les ennemis du couvent, qui, pour consommer sa ruine, reprirent l'idée de faire ériger l'église de Saint-Maximin en collégiale, et de la faire donner à des chanoines, sous un abbé ou prieur commendataire. Le premier président d'Oppède prêta les mains à cette transformation, dans l'espoir d'en faire l'appanage d'un de ses enfants, qui jouirait de la meilleure portion des revenus de la maison. On gagna quelques mauvais religieux; le prieur lui-même fut séduit. Le président d'Oppède le fit venir à la Verdière, et il consentit à se prêter à ce que l'on avait combiné, moyennant qu'on le ferait lui-même prieur claustral perpétuel ou prévôt du chapitre, et que l'on donnerait les autres charges à ses amis ou adhérents, en chassant tous ceux qui y mettraient obstacle. Telle est l'accusation formelle que le P. Reboul, témoin des faits, a articulée contre le prieur Cavalier, et qu'il a répétée dans un autre passage que nous transcrivons ici textuellement, parce qu'il jette quelque jour sur toutes ces intrigues.

« Le 24 novembre 1668, le R. P. Jean Maistre ayant fini son
« trienné dans le chagrin et l'inquiétude, par la permission de
« Dieu, parce que son élection n'avait pas été dans toute la sin-
« cérité, le R. P. Joseph Cavalier y fut installé, et ne fut guère
« plus heureux que lui dans ce second trienné, qu'il avait re-
« cherché avec un peu trop d'empressement; étant allé finir ses
« jours chez ses parents, avec fort peu d'exemple et d'édification
« de tous les religieux; après avoir tenté toutes les voies imagi-
« nables pour se faire prieur perpétuel, et faire bailler en com-
« mande ledit prieuré à un fils de M^r d'Oppède, premier prési-
« dent, qui y allait à rames et à voiles. Où nous avons vu reluire

« l'admirable protection de notre bonne patronne sainte Marie
« Madeleine (p. 112). »

Parallèlement à ces causes d'agitation et de désordre, il nous faut enregistrer encore les tentatives qui furent faites alors, plus activement que jamais, pour détacher Saint-Maximin de la province de Toulouse et le réunir à celle de Provence. On était mécontent du gouvernement des Toulousains, et surtout de l'exclusivisme avec lequel ils s'adjugeaient toutes les principales charges, n'admettant jamais les provençaux au provincialat, ni à la direction des grands couvents d'au-delà du Rhône, et s'efforçant à chaque élection de les supplanter à Saint-Maximin. Il y avait certainement là, de leur part, un défaut de prudence, et nous avons une lettre du Général de Marinis qui le leur reproche, leur faisant remarquer que les Parisiens avaient déjà fait les mêmes plaintes qui lui venaient maintenant des provençaux.

Un bon nombre de religieux sollicitèrent la séparation et le P. Mayoly alla à Rome plaider leur cause. La demande n'aboutit pas, il est vrai, et il y eut même d'abord une délibération où la majorité du couvent s'y montra opposée. Mais il n'est pas sûr que plusieurs de ceux-ci n'aient pas changé de manière de voir à ce sujet. Toujours est-il qu'il y eut bientôt dans la maison une division extrême. Pour ramener la concorde, le Général dut déléguer, le 3 octobre 1671, comme visiteur et commissaire extraordinaire, Antonin Fort, provincial de Provence, dont la présence ne parvint pas à rétablir la paix et à rapprocher des cœurs profondément troublés.

FRANÇOIS RICHEOME, 53ᵐᵉ PRIEUR. 1672-1675. Lorsqu'il fallut nommer le successeur du P. Cavalier, il fut impossible aux électours de se mettre d'accord ; ce qui engagea le roi à envoyer à Saint-Maximin Toussaint de Forbin-Janson, évêque de Marseille, avec mission d'examiner l'état des choses, et de tâcher de réunir les esprits. Ce prélat trouva la maison dans une grande régularité, par rapport à l'abstinence, aux jeûnes, aux offices du jour et de la nuit, et aux autres observances. Mais la division était non moins grande, et tous ses efforts échouèrent pour amener une entente sur le prieur à élire, les uns voulant un provençal, les autres un gascon. De guerre lasse, on remit la nomination au roi, qui désigna, le 20 avril 1672 (1), le P. François Richeome, provençal, enfant du couvent, et actuellement assigné à Toul en Lorraine.

Le choix fut fort heureux. Le P. Richeome était un religieux très-observant, ayant fait partie de ceux que le Général Ridolfi avait jadis appelés à Rome, à Saint-Sixte, et se trouvait complètement en dehors des cabales. Il avait de plus un caractère très-conciliant. Ayant pris possession de son office en juillet, il gouverna doucement et paisiblement, et ramena le calme dans le couvent. Au bout de son temps, on le continua comme sous-prieur, et il mourut en exerçant cette charge, fort regretté de tous à cause de sa grande bonté (Reboul).

Vincent Geniez, 54me prieur. 1675-1678. Cette fois-ci, la transition eut lieu sans secousses ; ce fut le sous-prieur du couvent qui remplaça son prieur, Vincent Geniez ayant été élu, le 31 juillet 1675, avec Jacques Barbaroux et Pierre Mittadier, et agréé le 26 août (2). On commença de son temps la construction du

---

(1) Pièces justif. n° LXXX.

(2) Nous avons trouvé ses lettres au Registre Legras, B. 111, fol. 284 v°.

maître-autel en marbre jaspé, et la décoration du sanctuaire en marbres de diverses couleurs, accompagnés de figures en plâtre doré, de très-beaux stucs imitant le marbre, de bas-reliefs et d'inscriptions, qui ont entièrement changé l'aspect de cette partie de l'église. On ne peut méconnaître que ce ne soit un bel ensemble et un remarquable travail; mais on s'attend peu à trouver dans une église gothique, si sobre d'ornements de son style, une telle prodigalité de marbreries à la Louis XIV.

MATHIEU FAUCON, 55ᵐᵉ PRIEUR. 1678-1681. Vincent Geniez fut remplacé en 1678 par Mathieu Faucon, élu le 13 octobre et pourvu le 7 novembre (1), de préférence aux PP. Pierre Paul et Antoine Tourrès qui avaient été élus en même temps que lui. Né à Salon et religieux de Saint-Maximin, il était chargé depuis près de dix ans des fonctions de curé, qu'il exerçait à la satisfaction de tout le monde. Nous avons là une preuve non médiocre de son mérite, car nous croyons qu'il fut le premier curé régulier que le cardinal Grimaldi consentit à instituer, et après les orageuses luttes qui avaient eu lieu au sujet de la cure, il fallait, pour contenter les deux parties, une prudence et une vertu peu communes. C'était, dit Reboul, un homme savant, exemplaire et bon religieux (p. 117).

JEAN DOMINIQUE RATIER, 56ᵐᵉ PRIEUR. 1682-1685. Le P. Ratier était sous-prieur à Saint-Maximin, lorsqu'il en devint prieur, et il y avait auparavant enseigné la théologie avec succès. Sous lui, fut heureusement terminé le grand ouvrage entrepris pour décorer le sanctuaire de l'église. Dès qu'il eut l'autorité en main

---

(1. Voir ses lettres au Registre *Nobilitas*, B. 112, fol. 101.

(1), il s'empressa de faire transporter sur le nouvel autel l'urne de porphyre qui renfermait les reliques, bien que ledit autel ne fut pas entièrement achevé, ne voulant pas laisser le corps de la Sainte privé de son culte. Il activa ensuite les travaux, et en vit la fin en 1683 et 1684. Reboul nous apprend (p. 119) que cet ouvrage, *un des plus beaux de la province, sans contredit*, coûta plus de cinquante mille livres, dont vingt-deux mille pour le sculpteur qui fit l'autel. Précisons, en quelques mots, la part de chacun des artistes qui y ont travaillé.

Le maître-autel est l'œuvre de Joseph Lieutaud seul, et non point, comme l'a dit fort mal-à-propos M. Faillon (II.1107) *de Pierre Lieutaud remplacé ensuite par Joseph Lieutaud, son fils.* C'est avec celui-ci que les religieux traitèrent, sous la simple garantie de son père, qui était *maître pelletier*. Joseph Lieutaud, originaire de la Cadière, était né à la Ciotat; il avait étudié la sculpture à Rome, sous le Bernin, et était élève de Pierre Puget, ce qui lui avait acquis de la réputation en Provence. Le bas-relief en terre cuite, représentant la dernière communion de sainte Madeleine, qui est placé dans le sanctuaire, du côté de l'épître, est également de sa main. Quand au bas-relief en marbre blanc, qui fait pendant à celui-ci du côté de l'évangile, et qui figure sainte

---

(1. « L'an 1683 et le 19 de fevrier, on transporta l'urne de porfire ou reposent les sacrées reliques de nostre bonne patrone S¹⁰ Magdeleine, de la sacristie au maistre autel, presens le R. P. Massoulié, provincial, le R. P. Ratier, prieur du couvent, et autres religieux ; ledict m⁰ autel n'estant pas encore achevé dans sa perfection... Le R. P. Genies, prieur, donna le prix-fé à M. Lieutaud de la Ciotat... Les aisles des costés ont esté faites a mesme temps par M. Lombard, de Carpentras, qui a tres bien reussi. *Arch. munic. de S. Max.*

Madeleine portée par les anges, il a pour auteur un sculpteur italien, et fut envoyé de Rome par le Général Ridolfi.

Jean Antoine Lombard, qui a signé son ouvrage, est l'auteur de la décoration des murs, en avant de l'autel. Il fut chargé, dit Reboul, d'incruster les deux ailes du maître-autel d'un marbre artificiel qui est plus beau à la vue que le naturel, et qui donne un grand éclat à celui-là. C'est lui par conséquent qui fit les placages, ou plutôt les stucs qui ornent les deux côtés du sanctuaire, et qui furent composés avec une terre apportée de l'église de Saint-Paul hors de Rome. Lombard était provençal, et l'on a pu voir ci-dessus qu'il était de Carpentras. C'est donc à tort que M. Magloire Giraud l'a confondu avec un certain *estucatore lombardo* mentionné dans une lettre de Puget publiée par lui (1). Autre est l'artiste provençal, autre, l'ouvrier italien.

HYACINTHE CHARPIGNON, 57ᵐᵉ PRIEUR. 1685-1687. Une nouvelle élection de prieur eut lieu à Saint-Maximin le 30 janvier 1685, par suite de laquelle les noms des PP. Charpignon, Brès et Sabatier furent envoyés à Paris. Le roi s'empressa de nommer le premier, dont les lettres sont du 14 février (2). C'était un religieux des plus distingués de la province de France et du couvent de Bourges, savant docteur, grand prédicateur, observateur exemplaire de tous les points de sa règle, dont il ne se dispensa jamais jusqu'à l'âge le plus avancé. Il avait gouverné plusieurs maisons de sa province, et en avait été provincial, lorsque, s'étant démis de sa charge, il alla au couvent de Toulouse, où il

---

(1) Documents relatifs à la construction du maître-autel de S. Max. p. 59.
(2) Arch. du couvent de S. Max. Arm. 1, sac 5.

fut, durant plusieurs années, occupé à former les novices. C'est de là qu'on l'appela à Saint-Maximin, par un choix qui honore ceux qui le firent. Il n'y vint cependant qu'au mois d'avril, parce qu'il se trouvait alors à l'abbaye de Fontevrault, dont il était visiteur apostolique.

Il y eut une parfaite union entre le P. Hyacinthe Charpignon et ses religieux, pendant tout le temps qu'il passa avec eux; les nominations aux emplois et aux divers offices se firent avec une concorde merveilleuse; mais il ne resta pas dix-huit mois dans son couvent, et son priorat ne fut en tout que de deux ans. Il se mit en route le 16 août 1686, pour une nouvelle visite de tout l'ordre de Fontevrault, dont le pape l'avait chargé. Il y tomba gravement malade, ce qui, avec son grand âge, l'engagea à envoyer sa démission de prieur à son général. Sa résolution fut annoncée par lui à ses religieux dans une lettre où il leur disait qu'il ne se sentait pas les forces nécessaires pour entreprendre le voyage de Paris à Saint-Maximin, et qu'il aurait craint de rester par les chemins, s'il avait tenté de rentrer dans son prieuré. Il se retira au noviciat-général de Saint-Germain, à Paris, et y mourut en l'année 1689.

MELCHIOR THOMAS DE L'HERMITE, 58ᵐᵉ PRIEUR. 1687-1689. La démission du P. Charpignon arriva à Saint-Maximin le jour du Vendredi-Saint, 28 mars 1687, et les élections furent remises au 18 avril, pour attendre les religieux qui prêchaient le carême dans diverses localités. Ce jour-là, les voix se portèrent sur les PP. de l'Hermite, Eynezi et Tourre, dont le premier eut l'agrément du roi le 20 juin (1).

---

(1) Arch. des B. du Rh. B. 112, Reg. Nobilitas, fol. 21 v°.

Né à Saint-Maximin (1) et élevé dans le couvent, le P. de l'Hermite fit, dès sa jeunesse, beaucoup d'honneur à son ordre, et enseigna la philosophie et la théologie de la manière la plus brillante. Il fut prieur de Valence et d'Alby, et dans cette dernière ville, il obtint toute la confiance de l'archevêque Serroni. En 1685, il gouverna la province durant quelques mois, pendant la maladie du provincial Dominique des Flottes. En 1686, il assista, comme électeur, au chapitre général qui nomma le P. Cloche, et il y soutint publiquement, avec un grand succès, des thèses théologiques; ce qui engagea le Général à le retenir à Rome, auprès de lui. Il s'y trouvait encore, lorsqu'il fut élu, l'année suivante, prieur de Saint-Maximin, où il n'arriva qu'en juillet.

Voici l'éloge que nous a laissé de lui le P. Reboul, dont le témoignage ne saurait être contesté. « C'est un des plus beaux « esprits, des plus intelligents et des plus savants religieux de « la province; grand théologien, grand prédicateur, et grand his- « torien;... homme capable de rendre raison très-pertinente sur « toute sorte de matières,... et qui nous fait espérer un triennal « fort glorieux et paisible. » Il n'acheva pourtant pas ses trois ans, et le même chroniqueur nous apprend que le chapitre assemblé à Nimes, le 31 mai 1689, l'éleva à la dignité de provincial, à la grande joie de tous, mais surtout du couvent de Saint-Maximin qui, depuis la réforme du P. Michaëlis, n'avait pas vu un seul de ses enfants mis à la tête de la province.

Quand le P. de l'Hermite arriva au bout de son provincialat,

---

(1) C'est l'opinion d'Echard (to. II, p. 808), mais Reboul, p. 139, accompagne son nom de ces mots, *provençal, de Digne*, ce qui laisse la chose dans le doute.

en 1693, il fut élu immédiatement prieur de Toulouse. Il fut ensuite quatre fois prieur du noviciat général, à Paris, et devint, en 1711, provincial de la province de Saint-Louis. Il vivait encore en 1721, lorsque Echard publiait son ouvrage et y insérait sur lui un article fort élogieux. Son quatrième priorat au noviciat général ayant duré de 1726 à 1729, c'est postérieurement à cette dernière date qu'il faut chercher l'époque de sa mort.

PIERRE HYACINTHE MOISSET, 59me PRIEUR. 1689-1691. Celui qui recueillit la succession du P. de l'Hermite était, comme lui, un prédicateur renommé et un habile administrateur. Auvergnat de naissance et fils du couvent de Rhodez, le P. Moisset était, quand il fut élu, prieur du noviciat-général à Paris, après l'avoir été à Montpellier et à Toulouse. Il se trouvait en même temps, depuis 1687, visiteur de l'abbaye de Fontevrault.

Il marqua son passage à Saint-Maximin en améliorant, par d'utiles travaux, les propriétés de la maison, et en mettant beaucoup d'ordre dans ses finances, qu'il géra d'une manière remarquable. Grâce à cette administration sage et économe, on put faire face aux dépenses considérables qu'occasionna la construction du nouveau chœur (1), entrepris à cette époque, et terminé peu de mois après qu'il eut résigné ses fonctions. Cette œuvre merveilleuse, exécutée sous la direction du frère Funel, fait le plus grand honneur à cet artiste dominicain, car elle est aussi remarquable par la noblesse de l'ensemble que par la beauté des détails, la richesse de l'ornementation, la perfection des sculptures sur bois. Néanmoins, la masse de ces boiseries encombre un peu

---

(1) Ce bel ouvrage coûta plus de trente mille livres. Contin. de Reboul, p. 109.

trop l'édifice, et il est regrettable que son style soit si peu en harmonie avec l'architecture de la vieille église gothique.

Le P. Moisset ne garda son priorat que deux ans, ayant accepté, en octobre 1691, son élection comme prieur de Valence. Bientôt ses talents le firent monter plus haut : il fut prieur de Toulouse en 1692, provincial en 1693, et assista, en 1694, au chapitre général convoqué à Rome. Nous le retrouvons une seconde fois à la tête de la province de Toulouse, qu'il gouverna de nouveau pendant quatre ans, de 1709 à 1713. A cette dernière date où ses pouvoirs expiraient, il vint tenir à Saint-Maximin le chapitre provincial pour l'élection de son successeur, qui fut le P. Sabatéry.

PIERRE PAUL, 60ᵐᵉ PRIEUR. 1691-1694. Quand les noms des PP. Paul, Fave et Giraud, élus le 24 octobre 1691, arrivèrent à Paris, il n'y eut pas un instant d'hésitation pour désigner le successeur du P. Moisset; dès le 12 novembre, le P. Pierre Paul était choisi (1), et c'était bien juste, car il aurait été difficile de faire un choix meilleur.

Le nouveau prieur était né à Aix en 1642, et s'était fait religieux à Saint-Maximin, à l'âge de 16 ans. Il s'y était distingué bientôt par son zèle pour le salut des âmes, et son ardeur à prêcher, instruire, catéchiser, et travailler à la conversion des pécheurs. C'était un homme de Dieu, un homme vraiment apostolique. Emerveillés de ses vertus, ses confrères le présentèrent, en 1678, pour être prieur, et à défaut de cette charge qui fut donnée alors au P. Faucon, lui conférèrent la cure de la paroisse,

---

(1) Arch. des B. du Rh. B. 115. Reg. *Bellam*, fol. 197.

que la promotion de celui-ci laissait vacante : il n'avait encore que trente-six ans.

Il partit en 1684 pour les missions de l'Amérique, et fut fait supérieur des dominicains qui exerçaient, dans l'île de la Martinique, les fonctions pastorales. Le saint missionnaire se dévoua tout entier aux labours de ce rude ministère, plus pénible que partout dans ces ardents climats ; il paya constamment de sa personne et ne recula devant aucune fatigue pour être utile aux autres. Il eut des soins particuliers pour les pauvres esclaves, dont les misères étaient extrêmes, et leur prodigua, sans jamais se lasser, avec ses secours et ses consolations, l'instruction religieuse et les conseils salutaires. Les grandes difficultés qu'il eut à traverser ne purent abattre son courage, et il en triompha par une patience surhumaine et une fermeté héroïque. En un mot, il déploya tant de vertus dans l'accomplissement de ses devoirs, que lorsqu'il quitta la Martinique, pour retourner en Europe, il laissa après lui la réputation de sainteté la mieux établie et la plus universelle.

A peine rentré en France, on le fit sous-prieur à Bordeaux, et presque immédiatement prieur de Saint-Maximin. « Son retour « dans ce couvent parut y rallumer l'esprit de ferveur et de « prière, le zèle du salut des âmes, l'amour et la pratique des observances régulières (1). » Il était en effet impossible que ses exemples ne provoquassent pas une louable émulation. Mais il

---

(1) Touron. *Hist. des hommes ill. de l'O. de S. D.* to. V, p. 847. Le P. Touron a écrit une vie très-intéressante du P. Paul, auprès de qui il nous apprend qu'il avait passé cinq ans. C'est donc un témoin bien informé et digne de foi ; nous n'avons fait que le résumer.

se fit remarquer, par dessus tout, par une effusion de charité à laquelle il ne sut jamais mettre de bornes. Il commença par distribuer aux pauvres les sommes que le P. Moisset, en se retirant, avait laissées dans le dépôt, et elles étaient considérables. Pendant un rude hiver, il redoubla ses aumônes, pour alléger les souffrances des malheureux, et afin de suffire à tant de besoins, il recourut à toutes les industries que l'amour du prochain peut inspirer. L'excès de ses charités inspira quelques craintes à ses supérieurs, et l'on raconte, à son honneur, qu'on lui désigna un religieux, duquel dépendait pour la distribution de ses aumônes.

Le P. Paul quitta Saint-Maximin en 1694, avant la fin de son triennat, pour être prieur du couvent de Montauban. Il reprit peu après les fonctions de l'apostolat dans les missions d'Amérique, et fut préfet apostolique à Saint-Domingue, et vicaire-général des missionnaires de son ordre. C'est là qu'il passa toute la fin du dix-septième siècle, dans l'exercice des mêmes travaux et des mêmes vertus, uniquement appliqué à faire du bien à ses semblables. Quand il fut revenu dans sa patrie, à la voix de ses chefs, il fut prieur à Toulouse, en 1703, et après avoir séjourné quelque temps dans les couvents de Montpellier et d'Avignon, il revit Saint-Maximin, pour ne plus le quitter. Il y passa ses douze dernières années, qui furent remplies par la prière et les pratiques de la charité. Il y mourut le 20 juillet 1727, vénéré de tous et universellement regardé comme un saint.

François Concordan, 61me prieur. 1694-1697. L'élection des PP. Concordan, Fave et Jausseran fut faite le 19 juin 1694, et l'agrément du roi est du 4 juillet suivant (1). Nous croyons que

---

(1) Arch. des B. du Rh. B. 115, Reg. *Bellum*, fol. 198.

le P. Concordan appartenait à Saint-Maximin par la naissance aussi bien que par la profession religieuse. Il se trouvait en 1661 au couvent de Béziers, lorsque, sur la demande du prieur qui le réclamait comme lui étant indispensable, le pape Alexandre VII le rappela à Saint-Maximin, par un bref du 20 août. La lettre pontificale faisait de lui le plus grand éloge, et défendait de le retirer à l'avenir de ce couvent sans en avoir référé au pape lui-même (1). Il y remplit les fonctions de sous-prieur en 1688, sous le P. de l'Hermite, et il eut l'honneur de succéder au P. Paul. Aucun fait notable n'est à relever durant le temps de son priorat.

Joseph Agnès, 62me prieur. 1697-1699. Premier professeur de théologie au collège royal de Saint-Maximin, le P. Agnès devint en 1691 curé de la paroisse, et après avoir dirigé celle-ci pendant plus de six ans, il prit le gouvernement du couvent, en vertu de ses lettres-patentes, datées du 12 août 1697. Il avait été nommé le 24 juillet, avec les PP. Giraud et Imbert (2). Le P. Agnès acheta en 1698 la terre des Molières, au terroir de Pourcieux, dans la vue d'amener au couvent les belles eaux qui s'y trouvaient; ce qui fut exécuté avec de grands frais et un médiocre succès. Il fit aussi travailler aux bâtiments de la Sainte-Baume, pour augmenter le nombre des appartements; mais là aussi le résultat ne répondit pas à la dépense, parce que, pour gagner de l'espace, on tint trop peu de compte du vide nécessaire à l'écoulement des eaux qui, dans les temps d'orage, battent avec

---

(1) Te dilectum filium præfati conventus originalem, de dominicana familia benemeritum, et a domino tuo priore nobis summopere commendatum... Ut inde, nobis inconsultis, dimoveri non possis... *Arch. du couv. de S. Max.*

(2) Arch. des B. du Rh. B. 116, Reg. *Propheta*, fol. 83 v°.

furie contre le rocher. Avec le P. Agnès, le dix-septième siècle prend fin, et nous passons à une série nouvelle.

Cent ans viennent de s'écouler, depuis la dernière réforme opérée dans le couvent par le vénérable père Michaëlis, et nous ne voudrions pas que l'on prit le change sur les salutaires effets que cette grande œuvre produisit. Trop souvent, il est vrai, on eut à déplorer des tiraillements et des dissensions parmi les religieux qui habitèrent Saint-Maximin à cette époque ; nous ne les avons pas dissimulés, parce que nous n'écrivons point un récit fantaisiste, et que nous exposons les faits comme ils se sont passés. Mais on ne doit pas oublier que si les querelles des hommes laissent plus de traces dans l'histoire que leurs vertus, à cause de leurs éclats qui se produisent au grand jour, il est nécessaire, pour les connaître tels qu'ils furent, de les étudier dans leur vie intime, qui nous les montre sans déguisement et sans fard. Ne pas tenir compte de cet élément d'informations, ce serait prendre volontairement l'apparence pour la vérité.

Or, il est indubitable qu'à côté des disputes que les différences d'humeurs et d'habitudes, et la divergence dans la manière de voir certaines choses, engendrèrent entre les provençaux et les gascons, il existait de très-grandes vertus et une régularité exemplaire. La plupart des hommes qui exercèrent le commandement étaient remarquables par le caractère, le savoir et une vie sans reproches ; les autres religieux étaient, en général, studieux, réguliers, zélés, attachés à leurs devoirs, dévoués au bien des âmes. L'observance introduite par le réformateur était maintenue dans toute son austérité, et nous n'avons trouvé aucune preuve qu'elle ait subi quelque altération notable. Il y eut alors une merveilleuse efflorescence de sainteté digne des plus beaux temps, et qui suffirait, à elle seule, pour illustrer l'établissement au sein duquel elle se fit voir.

Le P. Sébastien Michaëlis, au commencement du siècle, le P. Pierre Paul, à la fin, sont certainement deux modèles achevés de la perfection monastique, auxquels rien ne manqua, pas même la réputation de miracles, pour que nous puissions voir en eux deux grands saints. Le premier, plus austère, plus savant, et doué d'une fermeté indomptable, exerça à son époque une prodigieuse influence; on lui doit la restauration de la vie régulière dans toutes les provinces dominicaines de la France, d'où elle s'étendit même au dehors. Il fut aimé et admiré de tous ceux qui le virent à l'œuvre, et la vénération qui s'attacha à sa personne et à son nom n'a rien perdu de son intensité, après tant d'années écoulées. C'est le type de la science sanctifiée par une héroïque vertu.

Le P. Pierre Paul fut le fidèle disciple et l'imitateur du P. Michaëlis; c'était la même régularité, le même esprit de mortification et de prière, mais dans un autre cadre, car avant tout il fut apôtre. Il semblait avoir pris pour lui les paroles de saint Paul : *Malheur à moi, si je ne prêche pas l'évangile*, et toute sa vie fut un continuel apostolat. Il alla deux fois en Amérique, évangéliser les nègres, et à l'âge de 77 ans, il voulait partir une troisième fois pour ces plages lointaines, sans aucun souci de sa vie. Il fallut fermer les portes de la ville pour lui rendre le départ impossible, et prendre les précautions nécessaires pour que, s'il parvenait à arriver jusqu'à Marseille, il ne lui fût pas permis de s'embarquer pour les Indes.

Il prêcha la parole de Dieu dans tous les diocèses du midi, et jusque dans l'âge le plus décrépit, il ne cessa d'aller, le dimanche et les jours de fêtes, dans les villages voisins de Saint-Maximin, à plusieurs lieues à la ronde, pour instruire les pauvres gens de la campagne et les exhorter à remplir leurs devoirs. Dans ses missions d'Amérique et dans ses courses apostoliques d'Europe, il fut toujours d'un dévouement sans bornes, et se donna tout entier à ceux qu'il voulait gagner à Dieu. Sa vie est remplie de traits admirables de charité, et sa sainteté était si notoire qu'on le regardait comme l'ange tutélaire et la sauvegarde du pays. On le vit bien, lorsqu'en 1720 la peste eut envahi toute la Provence, en épargnant Saint-Maximin, tandis qu'elle exerçait dans ses alentours d'horribles ravages.

Ayant appris que la paroisse de Saint-Zacharie était dévastée par le fléau, et que son curé venait d'en être la victime, le P. Paul, déjà octogénaire, obtint de son supérieur, à force d'instances et d'importunités, la permission d'aller au secours de ses habitants désolés. Mais dès que son intention fut connue, une grande émotion régna dans la ville ; on se souleva pour l'empêcher de partir, les gardes des barrières le repoussèrent, sans vouloir écouter ses prières, et tout le peuple criait après lui : « Où pensez-vous donc « aller, père Paul ? Si vous nous quittez, nous sommes perdus. « Tant que vous serez ici, le Seigneur nous épargnera. Demeu-« rez donc, nous vous en conjurons, demeurez avec nous. » Obligé de rentrer à son couvent, il dit au prieur avec la plus grande simplicité : « Puisque on veut tant me conserver la vie, « je veux bien aussi la conserver. »

Il vécut encore sept ans, sans jamais se relâcher dans le service de Dieu et de son prochain, et se reposa enfin dans le Seigneur, dans la 86ᵐᵉ année de son âge. Dès que la nouvelle de sa mort se fut répandue, il y eut auprès de ses restes un tel concours de personnes venues de tous les côtés pour le voir une dernière fois, qu'il devint impossible de célébrer ses obsèques, et on fut contraint d'ensevelir son corps pendant la nuit. Sur son cercueil, on inscrivit ces paroles : C'est ici le corps du vénérable père Pierre Paul, décédé en odeur de sainteté, le 20 de juillet 1727. Telle est la merveille de sainteté qui embauma le couvent de Saint-Maximin, lorsqu'il était déjà sur son déclin.

Pour faire cortège à ces deux grandes figures, nous pourrions citer un bon nombre de religieux morts aussi en odeur de sainteté dans le même couvent, dans la période qui court de l'un à l'autre. Il y avait dans l'église un tombeau spécialement réservé à ceux qui étaient réputés saints, ce qui indique assez qu'il ne s'agissait pas d'un ou deux cas isolés ; toutefois nous nous contenterons de quelques courtes indications.

En 1615, mourut le frère Dominique Louis, noble Savoyard, que la réputation du P. Michaëlis avait attiré à Saint-Maximin, et qui avait reçu l'habit religieux de la main du réformateur. Il mourut jeune, n'étant que diacre, mais très-avancé dans la vertu. Dans sa dernière maladie, on crut qu'il était doué des lumières de l'esprit prophétique, et l'incorruption de son corps confirma l'opinion que chacun avait de sa sainteté.

Le dernier jour de l'an 1628, mourut le P. Pierre Fournès, profès du couvent de Tarascon, qui était venu à Saint-Maximin, dès que la réforme y avait été introduite. C'était un religieux exemplaire et extrêmement mortifié, qui porta sur son corps, durant de longues années, deux chaînes de fer croisées sur sa poitrine et liées par un cadenas. Le secret de sa terrible pénitence ne fut découvert qu'un peu avant sa mort, et ajouta singulièrement à l'estime et à la vénération universelle dont il jouissait durant sa vie.

Curé de Saint-Maximin pendant vingt-cinq ans, le P. Paul Jourdain remplit ses fonctions avec un zèle et un dévouement qui lui acquirent un grand renom de sainteté. Il connut d'avance le jour où il devait mourir, et fit ses adieux à son peuple, comme devant bientôt le quitter. Il y avait longtemps qu'il priait Dieu de l'appeler à lui le jour où le Sauveur monta au ciel ; et en effet, il rendit son âme au Seigneur, en la fête de l'Ascension, l'an 1647.

Le frère Jean de Lapa, écossais et converti du protestantisme, s'était réfugié à Saint-Maximin comme dans un port de salut, et s'y était fait religieux dans l'humble état de frère convers. Pendant plus de quarante ans, il édifia ses frères par sa ferveur, qui ne se démentit jamais, et par la pratique de toutes les vertus qui font les saints. Il mourut le 3 octobre 1663, grandement vénéré de tous ceux qui l'avaient connu, et son corps était l'objet d'un religieux respect.

Nous terminerons ces simples notes par le nom d'un religieux artiste qui laissa la réputation d'un bienheureux : c'est celui du frère Vincent Funel, qui a fait le nouveau chœur de l'église. Le lieu de sa naissance n'est pas indiqué. Il était dans la fleur de la jeunesse quand il vint se faire frère convers à Saint-Maximin (1),

---

(1) Voici son acte de profession. — Le 12 mars 1677,... Funel a été receu et habillé de l'habit des frères convers, sur les sept heures du soir et demy, et on luy a donné le nom de f. Vincent Funel. — Fr. V. Geniez, [prieur, fr. Vincent Rebout, fr. J. Dominique Ratier. Arch. de S. Max. Livre des prof. relig.

et comme il excellait dans l'art de la sculpture sur bois, il fut chargé de l'œuvre considérable que l'on avait décidé d'entreprendre. C'est indubitablement à lui qu'on en doit le plan, le choix des sujets et des motifs qui le décorent, dont une bonne partie doit être sortie de son ciseau. Le chœur de Saint-Maximin existe encore, et chacun peut juger de sa valeur, comme œuvre d'art. Quoi que l'on puisse penser du style adopté, — et à cette époque, il ne pouvait être question d'un autre, — on ne saurait nier que ce ne soit un bel ouvrage. Le grand artiste survécut peu de temps à l'achèvement de ces travaux, et comme c'était en même temps un saint religieux, il mourut de la mort des justes, le 15 avril 1694 (1).

C'est ainsi qu'après avoir reçu une sève nouvelle par l'opération du P. Michaëlis, le royal couvent redevint aussitôt fécond en grandes vertus, et que le vieil arbre quatre fois séculaire s'épanouit de nouveau d'une façon merveilleuse, pour produire ces fruits exquis d'une extraordinaire sainteté. Si l'on veut bien considérer que ceci se passait à une époque où les saints n'étaient point communs, il y aura lieu à admirer dans de tels résultats l'action de la toute-puissance de Dieu qui fait luire la lumière au

---

(1. Voici l'acte de sa sépulture. — L'an que dessus (1694) et le 15 avril, est décédé le frere Vincens Fouel, du lieu de.. (en blanc) Il estoit profez de ce couvent royal de l'ordre des freres prescheurs, depuis quatorze ans. Il est mort agé de 40 ans. Il estoit menusier et architecte dans ce couvent, et un religieux d'une vertu extraordinaire. Il a esté un penitent tres austere a l'esgard de luy meme, et un parfait observateur de nos saintes regles et de nos saintes constitutions. Il est mort en odeur de sainteté, muny de tous les sacremens de l'eglise, qu'il a receu avec une singuliere devotion, et a été ensevely le seize dudit mois. *Arch. munic. de S. Max. Etat-civil.*

sein des ténèbres et germer la sainteté au milieu de la corruption. Et comme le vénérable P. Paul n'appartient pas plus au dix-septième siècle qu'au suivant, dans lequel il a passé un bon tiers de sa vie, l'étonnement et l'admiration devront s'accroître encore, en constatant que ses sublimes vertus ont brillé en plein dix-huitième siècle, à une époque malheureuse où plus que jamais toute chair avait corrompu sa voie.

SIXIÈME PARTIE.

LES PRIEURS DE SAINT-MAXIMIN AU DIX-HUITIÈME SIÈCLE.
CONSÉCRATION DE L'ÉGLISE.
SUPPRESSION DES ORDRES RELIGIEUX.
FIN DU COUVENT, VENTE DE L'ÉGLISE ET DES BATIMENTS CLAUSTRAUX.

Plus pauvre que les autres, sous tous les aspects, le siècle qui vit disparaître l'établissement dont nous poursuivons les Annales, n'a qu'un petit nombre de faits à nous fournir, et ne donnera pas matière à de longs ni à d'intéressants récits. Peu s'en faut que ce qui nous reste à dire pour conduire notre œuvre à son terme final, ne se borne à quelques phrases qui résumeraient l'histoire d'un siècle entier, et nous feraient passer sans transition à la destruction du couvent fondé par le roi Charles II. Toutefois, malgré la sécheresse que pourra présenter notre narration, il nous semble qu'il ne nous est pas permis d'abandonner le système que nous avons suivi jusqu'ici, et pour y demeurer fidèles, nous allons reprendre et achever la série des prieurs de Saint-Maximin. Il nous en reste une trentaine à enregistrer. Ce ne sera presque qu'un catalogue; mais nous ne saurions être rendus responsables du vide immense qui se rencontre dans l'histoire à cette triste époque. Nous ne pouvons dire que ce que nous savons.

HENRI VINCENT CREST, 63me PRIEUR. 1700-1703. Le P. Crest, qui ouvre la liste de nos prieurs au dix-huitième siècle, avait fait sa profession religieuse à Toulouse, le 16 avril 1675, pour le couvent de Rhodez, auquel il appartenait. Il avait alors dix-sept ans, et n'était que simple clerc. Le 6 novembre 1699, les électeurs de Saint-Maximin le portèrent en première ligne, pour être leur prieur, en lui adjoignant les PP. Jean Eynès et Pic la Tour, et le roi ratifia leur choix le 20 janvier suivant (1). On ne relate sous son priorat que le grillage des arcades du cloître, et les réparations faites à l'hospice, en prévision du voyage des princes de France et du roi d'Espagne qui étaient annoncés à Saint-Maximin, et qui n'y vinrent pas.

Nous voyons plus tard ce religieux prieur de Toulouse, en 1716 ; il fut aussi provincial de 1722 à 1726, et visiteur du monastère de Prouille, en 1733, en vertu d'une commission que lui confia le général Ripoll. A cette dernière date, il avait atteint l'âge de 75 ans ; nous ignorons si sa carrière se prolongea beaucoup au-delà.

Joseph Guerin, 64me prieur. 1703-1705. Le dernier jour de l'année 1702, on ouvrit un nouveau scrutin, d'où sortirent les noms des PP. Joseph Guerin, Joseph de Gaye et Thomas Revest ; le premier février, le roi expédia à celui des trois qui était en tête de la liste ses lettres patentes de prieur (2). Elles ne furent enregistrées à la cour des comptes que le 26 avril 1703 ; sur quoi, il nous faut faire remarquer que depuis quelque temps on avait introduit dans les patentes des prieurs une clause nouvelle, portant qu'ils siégeraient trois ans seulement à partir de la date de

---

(1) Arch. des B. du Rh. B. 117, Reg. Sæculum, fol. 140.
(2) Ibid. fol. 314 v°.

leur confirmation. Jusqu'alors, les trois ans ne commençaient à courir que du jour de la prise de possession, et finissaient à pareil jour. Le changement opéré dans la formule eut pour conséquence qu'aucun prieur ne siégea en réalité trois années entières.

Joseph Guerin était fils du couvent de Saint-Maximin. Il fit réparer et nettoyer, en 1704, les châsses d'argent dans lesquelles étaient conservées les reliques de saint Sidoine, de sainte Susanne et de saint Maximin.

Jean-François Robert, 65me prieur. 1705-1708. Après que Joseph Guerin eut achevé son temps, les PP. Jean-François Robert, Jean Sabatier et Pierre Rogier furent présentés le 16 septembre 1705, et le premier fut agréé le 30 (1). Le nom de ce religieux, assez commun parmi nous, indique un provençal ; mais Pierre-Joseph de Haitze, en ajoutant à son nom celui de Brianson, — ce qu'aucun autre écrivain n'a fait, — nous fournit le moyen de reconnaître sa famille. Ce renseignement précis, fourni par un contemporain, nous permet d'identifier notre prieur avec les Robert, seigneurs de Brianson, auxquels appartint aussi à la même époque l'auteur de *l'Etat et le Nobiliaire de la Provence*, l'abbé Dominique Robert de Brianson, religieux dominicain sécularisé, qui mourut en 1704.

Dominique Vicard, 66me prieur. 1708-1711. Ce prieur figure sur toutes les listes avec le nom de *Ricard*, qui n'est pas le sien ; nous lui rendons celui qu'il porte dans les documents qui le concernent, et même dans le continuateur de Reboul, où l'on n'a pas su le voir. Il fut élu le 30 octobre 1708, avec Joseph de Gaye

---

(1) Arch. des B. du Rh. B. 118, Reg. *Rebellio*, fol. 315 v°.

et Dominique Etienne, et approuvé le 15 novembre (1). Vicard ou Ricard, nous ne savons rien de plus touchant ce personnage.

François Saint-Marc, 67ᵐᵉ prieur. 1711-1714. Le nom de celui-ci fait facilement reconnaître qu'il était de Saint-Maximin. Il devint prieur le 28 août 1711 (2), le roi lui ayant donné la préférence sur Thomas Jausseran et Joseph Villecroze, qui avaient été élus avec lui le 12 de ce mois. En 1713, il fut définiteur au chapitre provincial qui se réunit dans son couvent pour donner un supérieur à la province. En même temps, il fit célébrer avec une solennité extraordinaire la fête de saint Pie V, dont la canonisation venait d'avoir lieu et était très-glorieuse pour l'ordre. Il y eut chaque jour des discours prononcés par des prédicateurs renommés, soutenance de thèses, processions, illuminations générales dans toute l'église, feux de joie, feux d'artifice, tout ce qu'il fallait pour attirer un grand concours de peuple et le satisfaire. Il embellit aussi sa maison, et ayant à sa disposition le frère Louis Gaumain, qui avait un talent remarquable pour travailler le bois, il fit faire les boiseries du chapitre et du circulus, et d'autres ouvrages de sculpture. Le P. Saint-Marc était en 1726 prieur de Nîmes ; en 1730, il fut chargé de la paroisse de Saint-Maximin, en qualité de curé, et il la gouverna jusqu'à sa mort, arrivée le 2 avril 1742. Il avait alors 75 ans.

Pierre Estienne, 68ᵐᵉ prieur. 1714-1717. Élu le 10 octobre 1714 avec les PP. Joseph Imbert et Bruno Tiran, et confirmé le 20 novembre (3), le P. Estienne n'était pas provençal comme ses

---

(1) Arch. des B. du Rh. B. 119, Reg. *N.r.* fol. 246 v°.

(2) Ibid. B. 120, Reg. *A remoti*, fol. 78.

(3) Ibid. B. 131, Reg. *Fons leporis*, fol. 3 v°.

prédécesseurs ; il appartenait au couvent de Carcassonne. Il faudra faire la même remarque à propos de son successeur immédiat qui venait de Bordeaux, et de quelques autres aussi; ce qui démontre qu'il n'y avait pas d'exclusion calculée vis-à-vis des religieux non originaires de la Provence.

Il se fit à cette époque, par ordre de la cour des comptes, une reconnaissance générale des reliques et des reliquaires de Saint-Maximin, des pierres précieuses et des objets de valeur qui composaient son trésor. La cour envoya à cet effet un de ses présidents, deux conseillers, un avocat-général, le greffier en chef, porteur des sceaux, lesquels se firent accompagner d'un huissier, de deux archers, et d'un orfèvre pour la vérification des matières d'or et d'argent, des pierres et des perles. L'opération se fit avec un soin méticuleux, et dura cinq jours, du 20 au 24 juin 1716. Pour procéder avec plus de sureté, on transporta les reliques, à diverses reprises, de la crypte au chapitre où l'on pouvait les examiner plus facilement; et l'on dressa de tout un inventaire détaillé qui se trouve dans nos archives départementales (1), et dont M. Faillon a reproduit quelques passages.

Nous croyons inutile de rapporter ce qui fut fait par lesdits commissaires; mais il convient de noter qu'ils constatèrent avec une grande précision, et firent constater par des médecins appelés tout exprès, l'état où se trouvaient les fragments de chair desséchée tenant encore à la tête de sainte Madeleine, et connus sous le nom de *Noli me tangere*. Après un examen très-attentif, il fut reconnu qu'il existait à l'extrémité de l'os frontal gauche

(1) Arch. des B. du Rh. B. 191, fol 121.

un morceau de chair encore humide, et sur le nez, un morceau de cartilage couvert d'une peau entièrement desséchée. La déclaration des médecins fut consignée dans le procès-verbal des commissaires.

BERNARD LAGRANGE, 69ᵐᵉ PRIEUR. 1717-1720. Pour remplacer le P. Estienne, le roi nomma, le 22 octobre 1717, Bernard Lagrange, du couvent de Bordeaux, qui, avec le vénérable Pierre-Paul et Jean Lande, lui avait été présenté le 16 du mois de septembre (1). Le P. Lagrange était un des principaux religieux de la province, comme en font foi les charges qu'il y occupa en quittant Saint-Maximin. Il était prieur de Bordeaux en 1722. De 1726 à 1730, il fut provincial de Toulouse, et immédiatement après, il fut élu définiteur au chapitre général. Il était de nouveau prieur à Bordeaux, lorsqu'il redevint provincial en 1738. Il gouverna sa province jusqu'en 1742, au milieu de graves difficultés que lui suscitèrent les disputes du jansénisme, dont quelques-uns des siens étaient accusés de partager les doctrines condamnées.

ANDRÉ LOMBARD, 70ᵐᵉ PRIEUR. 1720-1723. André Lombard arriva à la tête du couvent de Saint-Maximin dans de tristes circonstances, car son élection ayant eu lieu le 30 juillet 1720, le temps de son priorat coïncide avec la cruelle peste de 1720 et 1721. Hâtons-nous de dire que, par une faveur bien précieuse, le fléau qui frappa si cruellement la Provence entière, et qui sévissait à Saint-Zacharie, à Nans et à Mazaugues, respecta la ville de Saint-Maximin (2). On attribua ce privilège signalé à l'interces-

---

(1) Arch. des B. du Rh. B. 142, Reg. Confusio, fol. 54.

(2) « La ville de Saint-Maximin, quoique entourée presque de tout côté du même mal,

sion de sainte Madeleine, et le conseil de la ville projeta de faire en son honneur un vœu qui rappelât à perpétuité la grâce dont on était redevable à sa protection. Ce projet semble n'avoir pas reçu d'exécution.

Le P. Lombard avait, croyons-nous, reçu l'habit dans le couvent, des mains du P. Paul, c'est-à-dire, de 1692 à 1694. Ses lettres-patentes sont du 28 août 1720 (1), et contiennent, avec le sien, les noms des PP. Joseph de Gaye et Hyacinthe Vincens. Devenu prieur, il voulut connaître ceux qui l'avaient précédé dans cette charge; comme nous l'avons dit dans notre introduction, il dressa la liste de tous les prieurs de Saint-Maximin dont il put retrouver les noms, et s'inscrivit lui-même le dernier, en se déclarant auteur du catalogue (2). Son travail n'a pas beaucoup de valeur et il s'en faut que sa liste soit complète; mais nous devons lui savoir gré de l'intention qui le lui fit entreprendre. Si de temps en temps quelques religieux avaient, comme lui, pris le soin d'enregistrer les noms de leurs supérieurs et de tenir ce catalogue au courant, nous n'aurions pas eu tant de peine pour le reconstituer, et pour en combler les lacunes.

HYACINTHE D'ALBERT, 71me PRIEUR. 1723-1726. Les trois candidats élus le 6 octobre 1723, et parmi lesquels devait être pris le nouveau prieur, furent Hyacinthe d'Albert, Joseph Hugonet et Joseph Saurin; le 12 novembre, le P. d'Albert fut agréé, et eut

---

fut exempte de cette contagion. » *Coutin de Reboul*, p. 107. — « Et par la grâce de Dieu, Saint-Maximin fut préservé, par une protection visible de la très-sainte Vierge, et de notre bonne patrone sainte Madelene. » *Reg. des obits, à la mairie de S. Max.*

(1) Arch. des B. du Rh. B. 193, Reg. Papirus, fol. 273 v°.

(2) « Frater Andreas Lombard, qui hæc scribit. 1720. »

l'expédition de ses lettres (1). C'est lui qui fit faire les tableaux du cloître, c'est-à-dire, les portraits des papes et des cardinaux de l'ordre, la plupart de la main du sieur Arnaud, peintre de la ville de Marseille. Cette galerie fut loin d'avoir l'approbation de tout le monde.

Le P. d'Albert vécut jusqu'en 1746, où il mourut le 22 juin, dans la 84me année de son âge et la 70me de sa profession; religieux respectable par son grand âge, sa naissance, et plus encore par son attachement inviolable pour la vie régulière.

DOMINIQUE ROMAT, 72me PRIEUR. 1727-1730. Le couvent de Bordeaux qui avait donné naguères à Saint-Maximin le P. Lagrange, lui envoya aussi le prieur actuel, que le roi approuva le 7 août 1727 (2). Il y avait eu une longue vacance, dont nous ne savons pas les motifs; car il y eut du retard dans l'élection, qui ne se fit que le 7 février 1727, et porta sur les PP. Dominique Romat, Jacques Sicard et Joseph Périer. Mais l'approbation royale se fit attendre bien davantage, n'ayant été donnée, contre l'usage ordinaire, que six mois après. Le P. Romat aimait les solennités du culte divin, et le continuateur de Reboul dit *que son prieuré fut fécond en beaux offices*. Il fit une belle fête pour célébrer la canonisation de sainte Agnès de Montepulciano. En 1730, il alla au chapitre provincial d'Alby, et fut l'un des définiteurs; le P. Lagrange, son compatriote, y ayant été élu définiteur au chapitre-général, il fut lui-même désigné pour être son compagnon.

---

(1) Arch. des B. du Rh. B 124, Reg. *Misericordia*, fol. 133.
(2) Ibid. fol. 248 v°.

SECOND PRIORAT DU P. ANDRÉ LOMBARD. 1730-1733. Il n'y avait que six ans que le P. Lombard avait achevé son premier priorat, lorsqu'il fut appelé à être prieur une seconde fois. Dans l'intervalle, il avait été fait curé de la paroisse, et il l'était encore lorsqu'il fut élu, le 18 septembre 1730. Cette élection est des plus remarquables par la qualité des sujets qui y furent choisis, car on adjoignit au P. Lombard le P. André Vassal, procureur de la province à Paris et très-considéré à la cour, et le P. Antonin Bremond, assistant du Général à Rome, et bientôt Général lui-même. Comme ces deux personnages ne pouvaient abandonner les positions élevées qu'ils occupaient, le P. Lombard se trouva en réalité le seul présenté, et fut accepté le 27 octobre (1).

Durant les trois années de son administration, il fit faire à l'église de grands travaux de réparation et d'entretien qui, pour être d'un genre plus vulgaire, n'en étaient pas moins utiles et indispensables. Ce fut comme une restauration générale du monument que les intempéries des saisons avaient fortement endommagé. Les eaux pluviales y pénétraient par les vitraux et par les couverts; en plusieurs endroits, les voûtes menaçaient ruine; et les fragments de pierre qui tombaient de temps en temps signalaient le danger. Pour y remédier, au dehors, on refit toutes les toitures, en renouvelant tous les bois gâtés, et l'on fit à neuf une grande partie de la corniche, en pierres de tuf. On répara également les arcs-boutants, les pieds-droits et les ancones en pierre dure, tout à l'entour de l'église, tant d'un côté que de l'autre. A l'intérieur, on changea tout ce que les eaux

---

(1) Arch. des B. du Rh. B. 125, Reg. Rouillé, fol. 159 v°.

avaient corrodé, particulièrement autour des fenêtres ; il fallut refaire les voûtes de huit arceaux de la nef de gauche, qui étaient en fort mauvais état. On reconstruisit aussi, dans le cloître, les trois premières arcades de la galerie qui regarde le midi, à l'entrée du réfectoire, avec leurs arcs-boutants de pierre froide très-solide. Ces travaux ne furent terminés que sous le priorat suivant.

En 1732, M. de Brancas, archevêque d'Aix, vint à Saint-Maximin pour faire sa visite, la veille de la Toussaint, et le P. Lombard le reçut avec toute sorte d'honneur et de politesse. Il n'y en eut pas moins un conflit inattendu, car le prélat, non content de visiter la paroisse et d'examiner tout ce qui concerne l'administration des sacrements, se proposait de faire acte de juridiction à l'autel des religieux, dans leur chœur et dans leur sacristie. Le prieur le supplia de maintenir intactes, comme ses prédécesseurs l'avaient fait, les immunités et les exemptions d'une maison régulière ; mais comme on se dirigeait, selon la coutume, par la petite nef vers l'autel de la paroisse, sans passer par le chœur, l'archevêque froissé protesta pour le maintien, disait-il, de ses droits, et ne manqua aucune occasion de manifester tout son mécontentement.

Le P. Lombard fit d'importantes acquisitions de livres pour son couvent. Nous avons sous les yeux la liste d'une centaine de volumes in-folio, pères de l'église, écriture sainte, théologie, histoire, qui par ses soins entrèrent dans la bibliothèque, sans parler d'un grand nombre d'autres qu'il lui procura. Ayant achevé son temps, il fut fait supérieur au noviciat-général de Saint-Germain à Paris. Plusieurs fois ses confrères de Saint-

Maximin le portèrent pour un troisième priorat ; il fut élu au premier rang en 1746, et son nom figure aussi dans les élections de 1756 et de 1762. Mais il était sans exemple qu'un religieux eût été trois fois prieur dans cette maison ; et ces diverses présentations n'eurent aucun effet.

ANTOINE ROQUETTE, 73ᵐᵉ PRIEUR. 1734-1737. Pour la première fois depuis plus d'un siècle, celui que le roi nomma, le 11 septembre 1734, prieur de Saint-Maximin, n'était pas le premier sur la liste des sujets présentés ; car le vote qui s'était fait le 28 juin précédent avait désigné les PP. Crest, ancien provincial et ancien prieur, Giraudet et Roquette (1). Nous avons sous les yeux la collection des lettres-patentes délivrées depuis le P. Michaëlis ; toutes sont accordées au premier élu, et toutes contiennent une phrase ainsi conçue : « Quoique nous jugions les trois religieux nommés par vous capables de remplir la charge de prieur, néanmoins, comme nous avons trouvé le premier dans votre nomination le père N., nous lui avons donné le prieuré. » Il fallut changer la formule pour le P. Roquette qui, au lieu de venir le premier, était le troisième ; dès lors, la phrase que nous avons rapportée ne reparut plus dans ces sortes de pièces, quoique l'on n'ait vu que trois ou quatre fois le roi donner la préférence à ceux qui n'étaient pas en tête de la présentation.

Le P. Roquette avait été antérieurement prieur à Bordeaux. Il est très-maltraité dans les *Nouvelles ecclésiastiques* publiées par les jansénistes ; c'est une preuve certaine de ses sentiments pleinement catholiques, et de son aversion pour les manœuvres auxquelles se livrait l'hérésie à cette époque si agitée.

(1) Arch. des B. du Rh. B. 125, Reg. Rosillé, fol. 379 v°.

Etienne Roux, 74ᵐᵉ prieur. 1737-1740. L'observation que nous avons faite à propos du prieur précédent, s'applique également à celui-ci qui était de même placé le dernier sur la liste élue le 13 juin 1737, et qui néanmoins fut choisi pour être prieur le 17 novembre de ladite année, parce qu'il fut trouvé *plus agréable*. Voici quel était l'ordre des noms envoyés à la cour : le P. André Vassal, François Audiffret et Etienne Roux (1). On remarquera qu'il y a un long intervalle,— plus de cinq mois—, entre la date de l'élection et celle de la confirmation. Un pareil retard ne s'explique pas facilement. Etienne Roux était du couvent d'Avignon. Il fut par la suite présenté à diverses reprises, mais sans succès, pour un second triennat, en 1756, 1759 et 1762.

François Audiffret, 75ᵐᵉ prieur. 1741. Le prieur que nous intercalons ici n'a encore été signalé par aucun catalogue, et semble n'avoir point laissé de traces. Une seule pièce (2) atteste que sa place est ici marquée, et nous explique pourquoi on n'en a pas tenu compte : son priorat n'a été que de vingt jours. Ses lettres-patentes sont les seules de ce siècle que nous n'ayons pas retrouvées dans les registres de la cour des comptes, où l'on comprend qu'il n'ait pas eu le temps de les faire vérifier. Nous croyons qu'il résidait à Saint-Maximin depuis une vingtaine d'années, car le chapitre provincial de Montauban l'y assigna en 1722, comme père du conseil (3); il était en ce moment au couvent

---

(1) Arch. des B. du Rh. B. 126. Reg. *Andreas*, fol. 164 v°.

(2) (1741) 10 mars. Décès du R. P. François Audiffret, prieur du couvent, depuis le 20 du mois passé ; âgé d'environ 70 ans. Fr. Ch. Astier, vic. Arch. munic. de S. Max. État-civil.

(3) Removentes e conventu Claromontano Lodoevensi P. fr. Franciscum Audiffret, revoca-

de Clermont de Lodève. On peut voir dans l'article précédent que son nom fut l'un des trois présentés au roi le 13 juin 1737 ; mais il ne fut pas nommé. On dut l'élire de nouveau vers la fin de l'année 1740, et cette fois il fut confirmé. Toutefois il ne jouit guère de sa dignité, puisqu'il en prit possession le 20 février 1741 et qu'il mourut le 10 mars, à l'âge de 70 ans.

Pierre Honoré Simon, 76ᵐᵉ prieur. 1741-1742. On se réunit le 8 avril pour le remplacement du P. Audiffret, et les PP. Honoré Simon, Antoine Guigou et François Daulioule furent élus. De son côté, le roi ayant pour agréable la présentation qui lui était faite, reprit les traditions immémoriales et donna, le 6 juin 1741, la charge de prieur de Saint-Maximin au P. Simon qui était placé avant les deux autres (1). Ce religieux ne fut en fonctions que pendant un an. Nous pensons qu'il donna volontairement sa démission pour se charger de la cure; et voyant que quelques-uns l'ont appelé Pierre Honoré Simon, nous croyons qu'il faut le reconnaître dans le curé qui commence en 1742, au moment même où il disparaît comme prieur.

Hyacinthe de Ballon, 77ᵐᵉ prieur. 1742-1745. Il n'y eut non plus rien d'insolite dans le choix qui fut fait de la personne du P. de Ballon, pour régir le couvent de Saint-Maximin; on peut même dire que le roi s'empressa de l'agréer, puisqu'il fut élu, le premier avec les PP. Jean-Baptiste Paradis et François Gouet, le 20 novembre 1742, et que ses lettres furent signées le 5 décem-

---

mus in conventum regium Sancti Maximini ; quem damus et instituimus in patrem a conciliis. *Actes du Chap. prov. de Montauban 1732.*

(1) Arch. des B. du Rh. B. 197, Reg. Corsica, fol. 110.

bre (1). Hyacinthe de Ballon était d'Aix, et appartenait à une famille provençale bien connue, ayant donné plusieurs conseillers au parlement. C'était un vieillard très-ancien dans l'ordre.

La fin de son priorat parait n'avoir pas été aussi heureuse que les commencements. Nous n'avons, il est vrai, aucune preuve qu'il n'ait pas achevé son triennat; mais en 1746, sans que nous puissions en dire la raison, nous le trouvons relégué, par une lettre de cachet, au couvent de Cadenet, auquel Saint-Maximin payait une pension pour sa nourriture et son entretien (2). Il y était dès le 20 juillet 1746, et les quittances qui nous apprennent ce fait, nous donnent la certitude qu'il y demeura au moins un an entier. Il revint ensuite terminer ses jours à Saint-Maximin, le 25 mars 1755, à l'âge de 89 ans, ayant alors 72 années de profession (3).

Étienne Coulondre, 78ᵐᵉ prieur. 1746-1749. Le siége prioral resta vacant pendant un an, et la maison fut gouvernée par un vicaire en chef qui était encore en fonctions à la fin du mois de novembre 1746. On avait cependant procédé, le 6 septembre, à l'élection des trois religieux dont les noms devaient aller à Paris,

(1) Ibid fol. 189.

(2) « Pour la pension faite au couvent de Cadenet, à l'occasion du R. père Hyacinthe de Ballon, relegué au susdit couvent de Cadenet par lettre de cachet de Sa Majesté... » Arch. de S. Max.

(3) L'an que dessus (1755) et le vint sinq du mois de mars, a trois heures apres midy, est décédé dans la communion de l'eglise, muni des sacremens, le R. P. Hyacinthe Balou, religieux de l'ordre des ff. prescheurs de ce couvent de S. Maximin, originaire de la ville d'Aix, dans la quatre vint nufvieme année de son age et la soixante et douzieme de sa profession religieuse; et a été enseveli, present toute la communauté. Jean Villecrose et Jean Moulet. — B. Guigou, curé, Villecrose, Moulet. Arch. munic. de S. Max. Etat-civil.

et l'on avait élu les PP. André Lombard, Pierre Couderc et Etienne Coulondre. Ce dernier fut choisi pour prieur, le 2 octobre (1). Il est question du P. Coulondre dans le chapitre provincial de Montauban de 1722, qui l'assigna pour second lecteur de théologie au couvent d'Avignon. Nous savons qu'il était prieur de Montpellier en 1741; mais il nous serait difficile de dire où il se trouvait quand il fut promu à son nouveau poste, où il ne put guère arriver que vers les fêtes de Noël de 1746.

Du temps qu'il était prieur de Saint-Maximin, ce couvent reçut un grand honneur par l'élévation de l'un de ses enfants à la suprême dignité de l'ordre. Né à Cassis en 1692, le P. Antonin Bremond avait pris l'habit religieux et fait profession à Saint-Maximin, et il y avait aussi enseigné la philosophie. Il se consacra ensuite aux missions, et passa six ans dans les îles de l'Amérique, où il déploya le zèle le plus ardent et exposa plus d'une fois sa vie. On dut le renvoyer en Europe; et appelé bientôt à Rome, il professa la théologie au collège de la Minerve, devint assistant de son Général, et fut enfin élu Maître-général de l'ordre en 1748. Il donna aussitôt une preuve manifeste de la vive affection qu'il conservait pour la maison où il avait passé les premières années de sa vie religieuse, en annonçant qu'il viendrait tenir à Saint-Maximin, en 1751, son premier chapitre-général. Mais les circonstances ne lui permirent pas de voir ses pieux désirs accomplis; le chapitre projeté ne put se réunir, et après une trop courte administration, le P. Bremond mourut en 1755, à peine âgé de 63 ans.

(1) Arch. des B. du Rh. B. 124, Reg. *Fontenoy*, fol. 63 v°

Dans l'intervalle, le P. Coulondre était arrivé au terme de son exercice. Quelques mois après, il se vit appelé au prieuré de Clermont de Lodève, et sa nomination fut ratifiée par le chapitre provincial d'Alby, au mois d'avril 1750. Il était présent au chapitre, et au mois de mai, il était à Montpellier, où il reçut la nouvelle de la mort de sa mère.

Pierre Jean Reverdin, 79ᵐᵉ prieur. 1750-1753. Il ne paraît pas que l'on se soit pressé de pourvoir le couvent d'un autre prieur, car les élections n'eurent lieu que le 3 mai 1750; elles se firent, du reste, avec une parfaite concorde, et les choix faits par les électeurs furent fort applaudis, comme tombant sur de dignes sujets. Ce furent les PP. Pierre Jean Reverdin, Jean-Baptiste Riol et André Jacob. La préférence que l'on avait donnée au premier ne rencontra aucun obstacle, et sa confirmation fut obtenue dès le 19 du même mois de mai (1). Nous avons retrouvé la lettre que le P. Reverdin adressa de Rhodez, au P. Grafine, sous-prieur en chef de sa nouvelle maison, qui lui avait écrit pour lui apprendre son élection (2), et nous l'insérons ici tout au long.

Mon révérend père sous-prieur. Vous m'excuserez si j'ai tant différé de répondre à l'honneur que vous m'avez fait, en me marquant que j'avais été élu prieur du couvent de Saint-Maximin. J'en ai été empêché par un voyage que j'ai été contraint de faire à Toulouse, pour procès, et où j'ai resté pendant près d'un mois. Je profite des premiers moments de mon retour à Rhodez, pour m'acquitter de ce devoir. La nouvelle que vous avez pris la

---

(1) Arch. des B. du Rh. B. 129, Reg. *Fontenoy*, fol. 251.
(2) Arch. du couv. de S. Max.

peine de me donner n'a pas été moins contre mon attente, que l'élection que l'on a fait de moi, d'une manière si gracieuse, est au-dessus de mon mérite. En agissant ainsi, on a sans doute pensé pouvoir suppléer à ce qui me manque. L'on ne se trompe assurément pas dans cette manière de penser; aussi espéré-je trouver dans vos lumières et dans vos exemples, aussi bien que dans tous ceux du couvent de Saint-Maximin, de quoi profiter et m'édifier. C'est dans ces vues que j'accepte le prieuré de Saint-Maximin, et que je me hâterai de venir jouir de ces avantages. Je n'attends qu'à finir de régler les comptes de ce couvent, pour me mettre en route. Vous devez être, par avance, très-assuré que je saisirai avec empressement toutes les occasions où je pourrai vous marquer le respect particulier avec lequel j'ai l'honneur de me dire, mon R. P. sous-prieur etc. Fr. J. Reverdin, de l'ordre des frères prêcheurs. — A Rhodez, ce 15 juin 1750.

Le P. Reverdin quitta donc Rhodez pour Saint-Maximin, lorsqu'il eut réglé les comptes de son premier couvent. Comme don de joyeux avènement, il lui procura les lettres-royales par lesquelles, à l'exemple de tous ses prédécesseurs, Louis XV confirma, au mois de juillet 1750, les privilèges, exemptions, franchises et libertés accordées par le passé à la maison de Saint-Maximin (1). Il y avait plus de cent ans que de semblables lettres n'avaient pas été obtenues, et l'on avait tardé bien longtemps à demander celles-ci. La même année, on entreprit la reconstruction de l'hospice sur un plan grandiose, digne des hôtes illustres qui tant de fois étaient venus loger dans le précédent,

---

(1) Arch. des B. du Rh. B. 129, Reg. *Fontenoy*, fol. 395.

beaucoup plus modeste. Mais depuis que le nouvel édifice a été élevé, aucun des grands personnages qu'il devait recevoir n'est venu en faire usage, et la commune de Saint-Maximin y a trouvé, à peu de frais, un hôtel-de-ville spacieux, où elle a installé les services municipaux.

Quelques années plus tard, le P. Reverdin fut fait provincial de la province par le chapitre tenu à Toulouse en 1766. Il en remplit les fonctions, selon la coutume, jusqu'en 1770 où le P. Bel fut nommé à sa place.

ANTOINE GENET, 80me PRIEUR. 1753-1756. Joseph Pument, Antoine Genet et Jacques d'Astesan furent les trois religieux que l'on élut le 4 février 1753, pour remplir la place de prieur. Ce dernier était un sujet fort distingué et de beaucoup d'avenir, que nous verrons, dans peu d'années, évêque de Nice, puis archevêque de Sassari, en Sardaigne; mais le choix du roi ne se fixa pas sur lui, non plus que sur le premier nom, et ce fut le second qui eut sa nomination le 22 février (1). Il n'est pas en notre pouvoir d'indiquer les motifs qui lui firent avoir la préférence. Sa prise de possession eut lieu le 29 mai; et il n'est pas à notre connaissance qu'il ait accompli aucun acte mémorable durant le temps de son priorat.

SECOND PRIORAT D'ÉTIENNE COULONDRE. 1756-1759. Il est à présumer que l'administration du P. Coulondre avait laissé de précieux souvenirs, car ses anciens confrères se hâtèrent de le redemander pour leur chef. Cette fois, ils le mirent au premier rang sur la liste qu'ils dressèrent le 12 mai 1756, où venaient

---

(1) Ibid. fol. 369.

après lui les PP. André Lombard et Etienne Roux, et leur désir de l'avoir pour prieur fut exaucé le 24 du mois de juin (1).

De nouveaux travaux de sculpture furent exécutés à cette époque dans l'église, et il nous faut mentionner encore un artiste dominicain à qui on les doit. Le frère convers Louis Gudet, qualifié de menuisier dans certains actes, est l'auteur des boiseries grandioses de la sacristie, et de la belle chaire du prédicateur, qui date de 1756. Tous les motifs d'ornementation de celle-ci ont rapport à sainte Madeleine, et les sept médaillons dont le ciseau du pieux sculpteur l'a décorée représentent les principaux faits de la vie de la Sainte. Pour conserver à son couvent l'habile ouvrier qui lui faisait honneur et qu'on voulait lui enlever, le P Coulondre avait dû réclamer, lors de son premier priorat, l'intervention du Général de l'ordre qui lui donna pleinement raison. Il l'y retrouva, quand il y revint, car le frère Gudet employa toute sa vie à la décoration de l'église de Saint-Maximin, et y mourut à l'âge de 63 ans (2).

C'est aussi à un convers dominicain que l'on dut les grandes orgues qui attirent encore l'attention des visiteurs. Le frère Isnard, du couvent de Tarascon, le même qui a fait les orgues des Prêcheurs de Marseille, construisit le gigantesque instrument proportionné à la grandeur de la basilique, avec ses 3000 tuyaux aux sons harmonieux et puissants. Plût-à-Dieu que le style de cette immense machine fût un peu plus d'accord avec l'architecture du sublime monument! Mais que pouvait-on attendre de mieux à la fin du XVIII° siècle?

---

(1) Arch. des B. du Rh. B. 149. Reg. *Boilainvilliers*, fol. 113 v°.
(2) Le frère Gudet était de Tournus, en Bourgogne; il mourut le 21 mars 1785.

C'est ainsi que la plupart des œuvres d'art qui ornaient l'église de sainte Madeleine étaient dues à des artistes de l'ordre. Il y en eut presque toujours quelqu'un qui consacrait ses pinceaux, ses couleurs, son ciseau, ses inspirations, à embellir l'édifice, sans rival dans nos contrées, que la piété dévouée de Charles II avait élevé à la chère Sainte. Nous avons tenu à enregistrer leurs noms et à mentionner leurs ouvrages, pour prouver une fois de plus que si l'ordre dominicain fut toujours une source abondante de théologiens, il fut en même temps une pépinière d'artistes.

JOSEPH FRANÇOIS PUMENT, 81me PRIEUR. 1759-1762. Nous avons déjà vu que les religieux de Saint-Maximin souhaitant d'avoir le P. Pument pour prieur, l'avaient élu en 1753 avant tous les autres, et n'avaient pu cependant réussir à le faire confirmer. Ils revinrent à la charge le 13 juillet 1759, le proposant de nouveau au premier rang, avec les PP. Etienne Roux et André Vassal, et cette fois ils virent leur choix approuvé par le roi le 10 août de ladite année (1). Son administration dura trois ans, selon l'usage.

JACQUES HYACINTHE PORTALIS, 82me PRIEUR. 1762-1765. Jacques Portalis porte un nom provençal fort connu, et tout nous fait croire qu'il appartenait à la famille qui, précisément à cette époque et depuis lors, a illustré ce nom par les habiles jurisconsultes qu'elle a produits. Il obtint ses lettres-patentes le 24 novembre 1762 (2); son couvent l'avait élu le 6 du même mois, avec André Lombard et Etienne Roux, tous deux anciens prieurs. Il

---

(1) Arch. des B. du Rh. B. 149, Reg. *Ballainvilliers*, fol. 282 v°.
(2) Ibid. B. 150, Reg. *Bertin*, fol. 4.

vivait encore à Saint-Maximin, en 1791, lors de la clôture du couvent, âgé alors de 78 ans.

JÉRÔME PÉLISSIER, 83me PRIEUR. 1766-1769. Comme on peut s'en assurer en comparant les dates précises que nous indiquons, il y a cette fois un intervalle d'un semestre entier entre le prieur qui se retirait et celui qui arrive. Les élections qui auraient dû être faites avant la fin de l'année 1765, où les pouvoirs de Jacques Portalis expiraient, n'eurent lieu que le 15 mai 1766, et furent en faveur des PP. Jérôme Pélissier, François Lautaret, et Etienne. Le P. Pélissier fut agréé le 30 mai (1), conformément à l'ancienne coutume remise en vigueur, et qui désormais ne subira plus d'exception, de donner toujours le prieuré au premier nommé. Ce prieur, sorti de charge en 1769, vécut encore plus de vingt ans, et mourut octogénaire, le 22 juin 1789 (2).

LOUIS BERNARD, 84me PRIEUR. 1769-1771. Le peu de renseignements que nous avons recueillis sur le P. Bernard nous a été fourni par son acte mortuaire, qui nous apprend qu'il était natif de la ville d'Hyères. C'était un vieux religieux qui avait été supérieur général des missions dominicaines dans les Antilles, où il avait été honoré du titre de Préfet apostolique. Rentré dans son couvent, il vit son nom sortir le premier des élections du 26 juillet 1769, avec ceux des PP. Taneron et Moricz. Le 6 septem-

---

(1) Arch. des B. du Rh. B 130, fol. 226.

(2) L'an 1789 et le 22 du mois de juin, a été enseveli le R. P. Jérôme Pélissier, religieux prêtre de ce couvent, décédé la veille à 7 heures du soir, dans la communion de l'église, âgé de 80 ans. Présens les soussignés. Fr. Rostan, curé, Bastide, Feraud. Arch. munic. de S. Max. Etat-civil.

bre suivant (1), on lui expédia ses lettres de Versailles, et il put commencer son priorat. Il n'en acheva pas le cours régulier, car deux ans après il avait un successeur. Il est vraisemblable que son âge avancé et les infirmités contractées dans les missions, l'avaient engagé à se retirer, et à remettre son office aux mains d'un homme plus jeune et plus valide. Il vécut néanmoins encore plusieurs années, et ne termina sa vie que le 3 août 1778, à 83 ans (2).

Jean François Estienne, 85ᵐᵉ prieur. 1771-1774. Ce fut en effet un homme dans toute la vigueur de l'âge mûr que l'on donna pour successeur à Louis Bernard : le P. Estienne avait 47 ans. On nomma avec lui les PP. Thomas Jacob et Louis Barbaroux; mais, ainsi que nous l'avons dit une fois pour toutes, c'était toujours le premier candidat qui obtenait sa confirmation, et elle fut envoyée à celui-ci le 4 octobre 1771 (3). Ce prieur fit ses trois ans réglementaires; mais quand il les eut achevés, il était presque au bout de sa vie, qu'il finit le 17 novembre 1776 (4).

---

(1) Arch. des B. du Rh. B. 131, Reg. *Albertas*, fol. 181 v°.

(2) L'an 1778 et le 3 du mois d'août, est décédé dans la communion de l'église, muni des sacremens, R. P. Louis Bernard, religieux prêtre, natif de la ville d'Hyères, profès de la maison des frères prêcheurs de cette ville, ancien supérieur général et préfet apostolique dans les missions dudit ordre aux isles de l'Amérique, âgé de 83 ans, et a été inhumé, présens les soussignés Fr. J. Rey, curé, Moulet, Feraud. *Arch. munic. de S. Max. Etat-civil.*

(3) Arch. des B. du Rh. B. 132, Reg. *Maupeou*, fol. 82.

(4) L'an 1776 et le 17 du mois de novembre, est décédé dans la communion de l'église, muni des sacremens de pénitence et d'extrême onction, le R. P. Jean François Estienne, religieux prêtre, profès et ex-prieur de la maison des FF. prêcheurs de cette ville, âgé de 52 ans; et il a été inhumé le 18, présens les soussignés. Fr. Rey, curé, Feraud, Moulet. *Arch. munic. de S. Max. Etat-civil.*

Philippe Clappiers, 86ᵐᵉ prieur. 1775-1778. Nous avons trouvé le nom de Philippe Clappiers dans les actes du chapitre provincial tenu le 29 avril 1762 à Carcassonne, où, bien qu'il ne fût que simple compagnon du prieur de Saint-Maximin, il fut appelé à faire partie du définitoire. Il était docteur en théologie. Les lettres qui le firent prieur sont datées de Versailles, le 20 juin 1775, et mentionnent avec lui les PP. Ignace Roque et Dominique Chais (1). Ce sont les premières données par Louis XVI, qui était alors dans la deuxième année de son règne.

La consécration de l'église de Saint-Maximin est l'œuvre principale du P. Clappiers. Il y avait 250 ans, comme nous l'avons raconté, que la basilique était terminée, sans que l'on se fût mis en peine d'en faire la dédicace solennelle. La piété du nouveau prieur ne put souffrir de voir différer plus longtemps une cérémonie qui aurait dû être faite depuis des siècles, et pour réparer l'oubli de ses prédécesseurs, il eut recours à Jacques d'Astesan, évêque de Nice, ancien religieux du couvent. Ce fut le 29 septembre 1776 que ce prélat procéda à la consécration de l'église et de l'autel majeur. Voici le récit qu'a laissé de cette solennité, dans les registres de la paroisse, le curé de l'époque.

L'an 1776 et le 29 du mois de septembre, monseigneur Jacques François Thomas d'Astesan, religieux profès de cette maison des frères Prêcheurs de Saint-Maximin, actuellement évêque de Nice, a consacré solennellement cette basilique et église paroissiale, dans laquelle il s'était lui-même consacré au Seigneur par ses vœux de profession religieuse en l'année 1744. Ce prélat,

(1) Arch. des B. du Rh. B 135, Reg. *Letitia*, fol. 100.

digne successeur des apôtres par ses lumières, par sa charité, par son zèle, par ses vertus vraiment épiscopales, a en même temps consacré la table du grand autel, qui est dans l'enceinte du chœur, et y a renfermé des reliques de saint Basse, évêque et martyr, un de ses prédécesseurs sur le siége de Nice, de saint Pierre, martyr de l'ordre des frères Prêcheurs, et de sainte Marie Madeleine, avec un acte authentique, sur du parchemin, conçu en ces termes.

M.DCC.LXXVI, die XXIX mensis septembris. Ego frater Jacobus Franciscus Thomas, ordinis Prædicatorum, episcopus Niciensis, necnon hujus conventus alumnus, consecravi ecclesiam et altare hoc in honorem sanctæ Mariæ Magdalenæ, et reliquias sancti Bassi, episcopi item Niciensis et martyris, et sancti Petri, martyris ejusdem ordinis Prædicatorum, et ipsius Magdalenæ, in eo inclusi; et singulis Christi fidelibus, hodie unum annum, et in die anniversario consecrationis hujusmodi ipsam visitantibus quadraginta dies de vera indulgentia, in forma ecclesiæ consueta, concessi.

Et le même jour que dessus, ledit seigneur évêque de Nice a ordonné que le jour anniversaire de la dédicace de cette église sera célébré à perpétuité le dimanche après la fête de saint Luc. En foi de quoi, j'ai signé, l'an et jour que dessus. — Frère Joseph Rey, curé.

Pour rappeler à la postérité le souvenir de cet heureux évènement, on grava sur le marbre l'inscription suivante, qui fut placée dans l'église, où elle existe encore. Elle atteste, de la manière la plus expresse, que la basilique est dédiée à sainte Marie Madeleine, et non à saint Maximin, comme l'était l'église antique.

D. O. M.

ANNO REPARATÆ SALUTIS M.DCC.LXXVI. DIE XXIX. SEPTEMBRIS

REGIAM HANC BASILICAM

SUB INVOCATIONE S. M. MAGDALENÆ

SOLEMNI RITU CONSECRAVIT

ILLUST. AC REVER. IN Xº PATER

D.D.

JACOB. FRANC. THOMAS D'ASTESAN ORD. PRÆD.

EPISCOPUS NICIENSIS

HUJUS REGII CONVENTUS ALUMNUS.

IGNACE ROQUE, 87me PRIEUR. 1778-1781. Le scrutin qui s'ouvrit en 1778, lorsque Philippe Clappiers dut être relevé de sa supériorité, désigna au choix du souverain les PP. Ignace Roque, Bernard Lambert et Joseph Roux, et, comme on pouvait s'y attendre, le P. Roque eut son approbation le 6 septembre 1778 (1). Ce religieux n'avait que 36 ans, et moins de 17 ans de religion, étant profès du 29 octobre 1761.

Deux évènements ayant rapport à sainte Madeleine se rattachent au temps de son administration. D'abord, la dernière visite et vérification des reliques (2) faite au nom de la cour des comptes par un président et deux conseillers délégués à cet effet. Elle eut lieu en 1780, du 15 au 20 février, et l'on put constater alors un changement survenu dans l'état du *Noli me tangere*,

---

(1) Arch. des B. du Rh. B. 136, Reg. *Necker*, fol. 109.

(2) Le procès-verbal de cette visite, dont M. Faillon a publié une partie, se trouve au registre *Necker*, fol. 239 b 9½ ; il y remplit 29 feuillets entiers, ou 58 pages.

dont la position avait été examinée attentivement en 1716. Le morceau de chair qui avait été vu encore adhérent à l'os du front, fut trouvé séparé et placé au fond du verre qui recouvrait la face de la sainte. Il était évident qu'il était tombé depuis la précédente visite; mais plusieurs personnes furent convaincues qu'il ne se détacha qu'après l'enlèvement du verre, et parce que les commissaires y avaient porté les mains sans précaution.

Les habitants de Saint-Maximin et des campagnes voisines donnèrent, dans cette circonstance, les plus vifs témoignages de leur foi et de leur piété. Lorsque la tête de sainte Madeleine fut montrée à découvert, il y eut un si grand empressement à s'approcher de la relique, qu'il fallut employer la force pour contraindre à se retirer la foule qui était accourue; et quand on voulut, dans l'après-midi, lui permettre de satisfaire sa dévotion, en portant processionnellement le chef de la Sainte dans le cloître, l'affluence et la ferveur du peuple furent telles, qu'on ne parvint à ramener la relique dans la crypte qu'à dix heures du soir.

En 1781, il y eut un ordre du roi d'ouvrir l'urne de porphyre, pour en extraire un ossement de la Sainte, destiné au duc de Parme qui le demandait avec instance. L'ouverture se fit le 28 juillet, en présence de tous les officiers de la ville, qui durent faire rompre les cadenas et les serrures dont les clés n'existaient plus, et briser les cachets que Louis XIV y avait lui-même apposés en 1660. On fit choix d'un os considérable, qu'un docteur en médecine déclara être un femur; après quoi la caisse et l'urne furent refermées avec les mêmes soins. L'enlèvement de cette relique peut être regardé comme un fait providentiel, puisqu'elle fut ainsi sauvée de la destruction qui atteignit, peu d'années après, toutes celles que contenait l'urne de porphyre. Conservée aujourd'hui à Paris, dans l'église de sainte Madeleine, elle est une des plus importantes qui soient parvenues jusqu'à nous.

Le P. Roque voulut porter lui-même au duc de Parme la relique qu'il avait sollicitée, et qu'il reçut avec une vive reconnaissance. Le prince fit au prieur de Saint-Maximin un accueil des plus honorables, et le retint quelque temps auprès de lui. Nous le voyons le 9 octobre au château ducal de Colorno, et il pouvait, sans inconvénient, s'attarder dans ce voyage, car il était arrivé à la limite de son temps, et on allait lui donner un successeur.

Jean Dominique Moriès, 88me prieur. 1781-1784. Le roi donna, le 28 décembre 1781, le prieuré de Saint-Maximin à Dominique Moriès, qui venait d'être élu avec les PP. Joseph Roux et Henri Chabert (1). Le P. Moriès avait trente ans de profession, et était d'un âge assez peu avancé. Nous le retrouverons sous-prieur en 1791, lors des derniers jours du couvent.

Jean Joseph Raymond Aicardy, 89me prieur. 1785-1787. Né à Barjols en 1736, et profès à Saint-Maximin le 7 octobre 1755, le P. Aicardy fut d'abord professeur de théologie. Il alla ensuite dans les missions de son ordre, en Amérique, dont il devint vicaire-général et préfet apostolique. Il était rentré dans son couvent, lorsqu'on le nomma pour les fonctions de prieur, avec les PP. François la Chapelle et Antoine Rostan. Il obtint ses lettres le 21 avril 1785 (2), mais il n'occupa sa place que pendant deux ans, sans cesser pourtant d'habiter la maison. Il s'y trouvait

---

(1) Arch. des B. du Rh. B. 137, Reg. Maurepas, fol. 202.
(2) Ibid. B. 139, Reg. Miroménil, fol. 303.

encore le 18 janvier 1791, lorsque tous les religieux furent appelés à faire connaître devant les autorités civiles, s'ils voulaient rentrer dans la vie privée ou continuer la vie commune. Il se prononça avec énergie, déclarant « que son intention était de per-
« sister dans son état et de tenir la vie commune, sous la dépen-
« dance des supérieurs de son ordre, et dans la société de ses
« confrères, exclusivement à tout mélange avec des religieux
« d'un ordre différent, conformément aux engagements solen-
« nels et irrévocables qu'il avait contractés. »

Il eut été difficile de mieux dire et d'exprimer des sentiments plus conformes à ses devoirs. Nous ne saurions donc expliquer comment il se fit que, lors de l'organisation des évêchés érigés par la constitution civile du clergé, le P. Aicardy fut élu par l'assemblée électorale du Var évêque constitutionnel de ce département. Il eut le bon sens de se refuser à ces tentatives schismatiques, et de repousser la dignité qui lui était offerte au prix de sa conscience et de ses principes.

JEAN ANTOINE ROSTAN, 90ᵐᵉ PRIEUR. 1787-1789. Saint-Maximin fut la patrie du P. Rostan; il y naquit le 19 décembre 1745, prit l'habit religieux dans son couvent, et y fit sa profession le 17 juillet 1763. Quand le P. Aicardy se retira, il fut élu prieur avec les PP. Henri Chabert et Louis Martin, et confirmé le 24 mai 1787 (1). Vingt mois après, il renonça à son titre de prieur pour prendre la charge de curé à laquelle il fut nommé immédiatement. Il a signé comme tel, aux registres paroissiaux, les actes de baptême et autres, à partir du 20 février 1789.

---

(1) Arch. des B. du Rh. B. 140, Reg. Mayol Saint-Simon, fol. 208.

Les circonstances dans lesquelles il commençait son ministère étaient critiques, et devinrent bientôt plus malheureuses encore. Le 12 décembre 1790, le P. Rostan prêta serment à la constitution civile du clergé, comme beaucoup d'autres qui ne comprenaient pas la portée anticanonique de cet acte; il fut alors confirmé dans sa cure, et l'occupa jusqu'en octobre 1791. A cette époque, le souverain pontife ayant parlé de la manière la plus explicite, et aucun doute ne subsistant plus sur l'illégitimité du serment dit civique, il le rétracta publiquement, du haut de la chaire, et dut abandonner ses fonctions curiales. Son dernier acte est du 12 octobre 1791, et il est suivi de ces mots : ici finissent les registres du curé Antoine Rostan. Peu après, il émigra en Italie, et alla résider à Rome. Quand les troubles révolutionnaires parurent s'appaiser un peu, il tenta de rentrer dans sa paroisse; mais de nouvelles persécutions l'obligèrent à partir pour une seconde émigration, et il se réfugia en Espagne.

Après le concordat de 1801, M. Champion de Cicé, archevêque d'Aix, le rétablit dans sa cure en 1803, et le nomma son commissaire pour examiner les reliques qui avaient échappé à la tourmente révolutionnaire. Il reconnut donc, et authentiqua comme étant les mêmes qui avaient été honorés de toute antiquité dans son église, le chef de sainte Madeleine, le *Noli me tangere*, les cheveux et l'os du bras de la Sainte, et quelques autres, que les soins dévoués de pieux fidèles avaient pu soustraire à la profanation, après le vol des précieux reliquaires. Mais toutes les reliques qui étaient renfermées dans l'urne de porphyre avaient été profanées et livrées aux flammes. Antoine Rostan résigna en 1811 ses fonctions de curé, et s'étant retiré à Brignoles, chez une de ses sœurs, il y mourut le 22 mai 1826, plus qu'octogénaire.

SECOND PRIORAT D'IGNACE ROQUE, DERNIER PRIEUR DE SAINT-MAXIMIN. 1789. Les dernières lettres-patentes portant nomination d'un prieur de Saint-Maximin sont à la date du 12 mars 1789 (1); elles furent octroyées à Ignace Roque, qui avait été choisi par ses confrères avec les PP. Louis Barbaroux et Louis Gaspard Martre. Le P. Roque nous est déjà connu par un premier priorat, qui ne fut pas sans honneur. Il semble n'être revenu une seconde fois au pouvoir, que pour assister à la destruction de l'établissement dont il était le chef. Quand il reprit l'administration de la maison, la France était dans une agitation extrême, et l'on marchait à grands pas vers la catastrophe qui a marqué la fin du 18ᵐᵉ siècle.

Dans cette même année 1789, peu de mois après s'être réunie, l'assemblée nationale, qui n'avait pas le temps de s'occuper du sort des ordres religieux, décréta, en attendant, de suspendre l'émission des vœux monastiques dans toute la France. Le 13 février 1790, elle supprima les ordres et les congrégations de réguliers à vœux solennels, et autorisa tous ceux qui en faisaient partie à sortir de leurs cloîtres, en déclarant leur intention devant les municipalités. Le 19 février, on fixa les pensions accordées à chaque individu, et en s'emparant de tous leurs biens, on chercha à montrer une certaine générosité. Pour les ordres qui ne vivaient pas de la mendicité, on assigna 900 livres de pension à ceux qui n'avaient pas 50 ans; de 50 à 70 ans, c'était 1000 livres, et 1200 au delà de cet âge.

---

(1) Arch. des B. du Rh. B. 140, Reg. Mayol Saint-Simon, fol. 361.

Huit mois après, la loi du 8 octobre 1790 procéda à la liquidation du personnel des maisons religieuses. Chaque supérieur local eut l'ordre de fournir la liste de ses religieux, avec les noms et l'âge de chacun, et la date de sa profession. Chaque religieux dut déclarer, devant les officiers municipaux, s'il désirait, ou non, continuer la vie commune. Ceux qui optaient pour la vie privée, étaient libres de se retirer avec leur pension, en emportant le mobilier de leur chambre seulement, et les objets qu'ils pourraient prouver avoir été à leur usage exclusif et personnel. Quant à ceux qui voulaient continuer la vie commune, on leur indiquerait au mois de janvier suivant les localités dans lesquelles ils devraient se retirer avant le premier avril, et où ils seraient réunis au nombre de 20 religieux au moins, du même ordre, ou d'ordres différents. Tel était, dans ses principales dispositions, le système à appliquer aux maisons condamnées.

Vers la fin de l'année 1790, commença à Saint-Maximin la douloureuse série des mesures à prendre pour arriver à la suppression. Le 26 novembre, trois commissaires désignés par le département entamèrent l'inventaire des effets mobiliers qui se trouvaient dans l'église et au couvent. On laissa à la disposition des religieux les objets nécessaires pour le service journalier de l'église, les meubles indispensables, et une petite provision de linge. Tout le reste fut mis sous les scellés ou transporté au magasin général établi dans l'hospice, pour être à la disposition de la nation. Il est à remarquer qu'en inventoriant le réfectoire, on respecta les 27 couverts en argent, comme étant au service personnel et exclusif de chaque religieux, à qui on en abandonna la possession.

Le 9 et le 10 décembre, le procureur sindic du district alla faire la même opération à la Sainte-Baume. Là aussi les scellés furent apposés en divers endroits; quelques ornements communs, un petit calice, un missel, quelques linges, furent laissés, sous caution, pour le service de l'église; mais les ornements précieux, les calices en vermeil, l'argenterie d'église, les six lampes suspendues au lieu de la pénitence, les *ex-voto* qui décoraient ce lieu vénéré, cœurs, croix, chaînes, figures, navire en argent, tout fut *emballé pour être transporté au couvent de Saint-Maximin, au magasin général.* On en fit autant pour les effets qui pouvaient facilement être emportés. On avait trouvé 200 serviettes, la plupart fort usées, on n'en fit emballer que cent douze; de 31 nappes de table, on n'en prit que quatorze; de 62 draps de lit, bons ou mauvais, y compris six hors de service et quatre à l'usage du P. Saëns, on n'en choisit que vingt-huit, qui ne furent pas les mauvais, *pour les faire transmarcher à Saint-Maximin, et reposer au magasin général.* Hélas! la grande nation avait de si grands besoins! Constatons toutefois qu'on laissa aux PP. Saëns et Chaix, pour leurs usages personnels, deux couverts en argent sur les six qu'on avait trouvés, plus une cuillère à soupe, deux à ragout, six cuillères à café, le tout en argent. C'était de la générosité, puisque l'on aurait pu tout prendre.

Disons encore que dans le long inventaire de l'église et du couvent de Saint-Maximin, lequel, commencé le 25 novembre ne fut terminé que le 12 décembre, il n'est fait aucune mention des riches reliquaires formant le trésor de la basilique. Il y avait là des matières d'or et d'argent, des pierres précieuses et des perles d'une valeur bien autrement considérable que celle des objets compris dans l'acte que nous avons analysé. Nous ignorons quand et comment ces offrandes vénérables que la piété des princes et des fidèles envers sainte Madeleine avait accumulées pour honorer ses reliques, furent plus ou moins correctement reconnues, et nous ne pouvons pas indiquer le moment précis où elles devinrent la proie de l'impiété révolutionnaire. Un inventaire a dû exister, mais il a échappé à toutes nos recherches.

Le 12 janvier 1791, le P. Roque fournit, suivant la loi, la liste officielle des religieux qui composaient son couvent à la fin de 1789, avec les renseignements demandés sur l'époque de leur profession, et l'âge qu'ils avaient atteint au moment de la production de la liste. Grâce à cette pièce, qui devait assurer les droits de chacun à une pension qui ne fut pas donnée, nous connaissons exactement le personnel de Saint-Maximin aux derniers jours de son existence. Nous croyons utile de la reproduire ici.

1 P. Ignace Roque, prieur.........	Âgé de 49 ans.	Prof. 29 oct. 1761.
2 P. Jean Dominique Moriès, s.-prieur.	56 ans.	30 août 1751.
3 P. Martin Saëns...............	82 ans.	en 1727.
4 P. Jean David.................	79 ans.	4 août 1733.
5 P. Jacques Poralis...........	78 ans.	7 oct. 1734.
6 P. Bruno Gasquet.............	74 ans.	7 oct. 1734.
7 P. Joseph Taneron............	67 ans.	31 déc. 1741.
8 P. Jean Baptiste Maneby......	71 ans.	8 nov. 1742.
9 P. François Nicolas La Chapelle....	63 ans.	4 août 1744.
10 P. Joseph Gavoty............	57 ans.	15 nov. 1753.
11 P. Jean Baptiste Gasquet.....	56 ans.	15 nov. 1753.
12 P. Raymond Aycardy.........	55 ans.	7 oct. 1755.
13 P. Louis Barbaroux..........	52 ans.	7 oct. 1755.
14 P. Louis Gaspard Martre......	50 ans.	21 nov. 1759.

15	P. Jean Dominique Chais............	Âgé de 46 ans.	Prof. 9 août 1761.
16	P. Jean Antoine Rostan, curé......	45 ans.	17 juillet 1763
17	P. Antoine Abram	50 ans.	29 oct. 1763.
18	P. Jean Olivier	46 ans.	octobre 1765.
19	P. Frédéric Pument	44 ans.	24 mars 1767.
20	P. Jean Baptiste Clermon.........	40 ans.	18 oct. 1767.
21	P. Benoît Mathieu................	44 ans.	18 oct. 1767.
22	P. Joseph Roux..................	47 ans.	9 août 1761.
23	P. Augustin Alberty........	47 ans.	14 août 1764.
24	P. Benoît Cossonel...............	55 ans.	24 déc. 1761.
25	P. Joseph Marie Gerbaud........ .	46 ans.	sept. 1763.
26	P. Guillaume Chapelle...	27 ans.	30 mars 1785.
27	Fr. Jacques Lezalou....	25 ans.	14 juillet 1788
28	Fr. André Pastré	24 ans.	juin 1788.
29	Fr. Louis Pons..................	26 ans.	novemb. 1786.
30	Fr. Pierre Paul....	27 ans.	30 oct. 1786.
31	Fr. Jean Reybaud, convers........	60 ans.	30 déc. 1758.
32	Fr. Jean François Maillan. convers.	27 ans.	7 mars 1788.
33	Michel Torcas, donat.....	67 ans.	Reçu le 27 fév. 1756.
34	Jacques Feraud, donat..	52 ans	Reçu depuis 24 ans.

Parmi ces religieux, les 26 premiers étaient prêtres, et les quatre suivants simples clercs; mais ils étaient profès, car dans ce moment critique il ne pouvait être question de novices. Voilà à quoi se réduisait le personnel du célèbre couvent; et il ne faut pas oublier que dans ce nombre étaient compris les religieux de la Sainte-Baume, le P. Saëns qui y résidait depuis 50 ans, et le P. Chaix. Mais quand on fait attention à l'âge qu'avaient atteint la plupart de ceux qui restaient, on s'aperçoit bien vite qu'il y avait eu dans leur recrutement, depuis quelques années, un point d'arrêt qui a son explication dans les évènements qui se déroulaient en France.

Le 18 janvier 1791, les Dominicains de Saint-Maximin durent comparaître devant la municipalité, pour déclarer s'ils voulaient continuer la vie commune ou rentrer dans la vie privée. La question sur laquelle ils avaient à prendre une décision était très-embarrassante, et leurs esprits devaient être dans une grande perplexité. Dans le cas où on leur aurait demandé s'ils voulaient quitter leur couvent ou continuer à y demeurer, nous sommes convaincus que la réponse aurait été unanime. Mais telle n'était pas la demande qui leur était adressée. En leur permettant de choisir entre la vie privée et la vie commune, on ne les laissait pas libres de rester à Saint-Maximin, et rien ne leur faisait savoir en quel endroit, ni avec quels compagnons devraient aller vivre en commun ceux qui se prononceraient pour ce dernier parti. Cette douloureuse incertitude fut cause que les religieux interpellés se divisèrent presque par moitié sur la décision à prendre.

Le plus grand nombre, leur prieur en tête, convaincus que la suppression de leur couvent était décidée, et que la vie qu'ils auraient à mener dans le lieu où il plairait à l'autorité civile de les reléguer, ne ressemblerait en rien à celle qu'ils avaient vouée, préférèrent conserver leur indépendance, et rentrer dans la vie privée, pour être prêts à profiter des circonstances. Dans une déclaration longuement motivée, le P. Roque expliqua comment, malgré tout son désir de continuer à suivre les règles de l'ordre auquel il appartenait par sa profession, il était contraint de renoncer à une vie commune qui ne répondait pas aux engagements qu'il avait contractés, et qui n'avait aucune garantie de durée. Les autres, espérant toujours contre toute espérance, choisirent la vie commune, en ajoutant, pour la plupart, qu'ils entendaient vivre à Saint-Maximin, comme frères prêcheurs, et sous la dépendance de leurs supérieurs. Nous avons déjà fait connaître la déclaration du P. Aicardy, la plus explicite de toutes, et nous pouvons nous dispenser de citer les autres.

Tel fut le dernier acte accompli par ces religieux, et c'est le dernier indice à nous connu de leur existence comme corporation. A quel moment précis faut-il fixer leur dispersion et leur départ pour l'exil? Nous ne saurions le dire; mais il ne dut pas se faire attendre longtemps. D'après la loi du 8 octobre 1790, ceux qui avaient choisi la vie commune devaient se rendre avant le premier avril dans les locaux qui leur seraient désignés. Quant aux autres, rien ne les empêchait de quitter immédiatement la maison. Ce fut donc dans les premiers mois de 1791 que le couvent de Saint-Maximin dut être évacué par ses habitants, et que ceux-ci durent abandonner l'asile où s'était écoulée la plus belle partie de leur vie.

La plupart furent bientôt contraints de s'acheminer vers la terre étrangère. Nous avons retrouvé en Italie les traces du P. Roque. A la fin de 1794, il était à Rimini, d'où il écrivait à son Général, le 21 décembre, une lettre de compliments, à l'occasion des fêtes et du renouvellement de l'année. Il continuait à prendre le titre de *prieur des Prêcheurs de Saint-Maximin*, que personne ne porta après lui, et il fut le dernier sur cette longue liste où ont figuré tant de noms célèbres depuis Guillaume de Tonnenx. Nous ignorons en quel lieu et à quelle date il termina ses jours.

Ici finit notre tâche. Il n'entre point dans notre plan de raconter à quels usages tout-à-fait nouveaux furent affectés les bâtiments qui avaient été sanctifiés par tant de vertus et tant de science. Devenus tour à tour ou simultanément prisons, théâtre et club révolutionnaire, ils furent d'une grande utilité aux hommes de cette époque qui manquaient de locaux pour ces destinations nouvelles. L'église monumentale eut aussi son emploi : on en fit un magasin à fourrages. Bientôt la nation ayant eu besoin de réaliser des ressources en vendant les nombreux domaines qu'elle venait de s'approprier, le dépècement du couvent commença. L'hospice fut cédé à la ville, au prix de dix mille livres, pour servir de maison-commune. Les infirmeries furent démembrées et aliénées à divers particuliers. Enfin, l'ensemble des bâtiments claustraux qui formaient le couvent proprement dit, fut mis en vente le 6 juillet 1796, et adjugé pour 18,888 livres.

Une tradition que nous avons recueillie à Saint-Maximin, mais dont nous n'avons pas pu vérifier l'exactitude, veut que l'église elle-même ait été vendue à cette époque, pour un prix infiniment minime, que nous n'osons pas mentionner, tant il nous paraît dérisoire. Un pareil fait n'a d'ailleurs rien d'invraisemblable. On sait le cas que l'on faisait alors des admirables monuments qui sont la gloire de notre pays, et nous devons remercier la providence de n'avoir pas permis que l'auguste basilique éprouvât le sort de tant d'autres dont la destruction fut consommée à cette époque néfaste.

Ainsi périt la fondation privilégiée des comtes de Provence, qui dota notre contrée de son plus bel édifice religieux : elle avait vécu tout juste cinq siècles entiers. Durant cette longue durée, le couvent de Saint-Maximin produisit des hommes remarquables en qui se retrouvent tous les genres d'illustration : des saints, des prélats, des administrateurs, des théologiens, des orateurs, des historiens, des artistes. Le nombre en est grand, et il le serait bien davantage, si l'établissement avait possédé des annales suivies où fussent enregistrés les noms qui méritaient d'être transmis à la postérité. Bien des noms qui auraient dû figurer dans notre travail nous ont échappé; d'autres y sont dans une demi-obscurité que nous n'avons pu dissiper entièrement.

Quand un pareil foyer de lumières, de science et de moralité s'éteint, c'est toujours un malheur public; mais pour les petites localités que ces institutions honorent et favorisent sous tous les rapports, et dont elles illustrent les noms inconnus, leur perte est un désastre moral et matériel, dont les conséquences se font sentir pendant de nombreuses générations.

SEPTIÈME PARTIE.

**NOTES SUR LES ÉCRIVAINS DU COUVENT DE SAINT-MAXIMIN.
LES DEUX JEAN GOBI ET LEURS OUVRAGES.
LES HISTORIENS DE SAINTE MARIE MADELEINE.**

Lorsque nous avons commencé à écrire cette histoire, nous nous proposions d'y faire entrer des notices sur tous les écrivains qui ont appartenu à la maison de Saint-Maximin, et de compléter par une sorte d'histoire littéraire le récit des faits qui ont rempli les chapitres précédents. Mais diverses circonstances, et surtout le développement inattendu qu'a pris cet ouvrage, nous ont contraint à renoncer à notre projet. Il eut fallu, pour donner suite à notre idée et produire quelque chose de nouveau, pouvoir poursuivre dans la poussière des bibliothèques de manuscrits les anciens théologiens, les vieux sermonnaires, les commentateurs, dont les œuvres, qui n'ont pas été livrées à l'impression, y ont trouvé un refuge, ce qui n'est pas toujours facile ; et, ce qui ne l'est pas davantage, se mettre à la recherche de livres rares, imprimés depuis des siècles, et qui ne se trouvent le plus souvent que par hazard.

Nous n'avons pas pu exécuter cette partie de notre plan, et l'on ne nous en voudra pas, si l'on veut bien considérer que le docte Echard, malgré l'immensité de ses recherches, n'a pu mentionner qu'une douzaine d'écrivains sortis du couvent de

Saint-Maximin. Qui voudra jamais croire qu'une maison où l'étude, l'enseignement et la prédication furent toujours en honneur, et qui eut un personnel considérable, en soit réduite à ce mince bagage littéraire et n'ait produit que ce petit nombre d'auteurs ? Les autres, dont le souvenir n'a pas été conservé, doivent donc être cherchés dans les ténèbres et la poussière, où gisent encore tant d'écrivains dont les œuvres peuvent nous intéresser sous plus d'un point de vue.

Il est une espèce particulière d'écrits dont la découverte nous aurait été très-agréable et très-utile. Un bon nombre de prieurs de Saint-Maximin nous sont indiqués comme ayant tenu note des évènements arrivés de leur temps, et composé ainsi des sortes de chroniques, que ceux qui les ont vues ont désignées sous les noms de *Journaliers*, de *Diaria* et de *Manuels*. On conçoit aisément quelles lumières et quelle précision ces renseignements pris au jour le jour auraient jeté sur nos récits. Jean Gobi, Milon Milonis, Adémar Fidelis, Jean Damiani, Honoré Martini, entre autres, avaient laissé après eux de pareils livres, dont Reboul, en parlant du dernier, n'a pas manqué de signaler l'importance. « Il fit, dit-il (p. 60), un journalier de tout ce qui se passa de re« marquable durant son trienné. Si ses devanciers et ses succes« seurs en avaient fait de même, nous saurions beaucoup plus « de choses que nous ne savons. »

Ces écrits existaient encore à Saint-Maximin au XVIIme et au XVIIIme siècle, puisque Reboul et Lombard y ont puisé et en citent des fragments. Nous ignorons ce qu'ils sont devenus depuis et nous en déplorons la perte. Nous avons eu pourtant la bonne chance de retrouver aux archives de notre département, dans le fonds de la cour des comptes, le Manuel tenu par Damiani durant les années où il faisait construire la dernière partie de son église. C'est grâce à ce registre que nous avons pu donner sur cette époque des renseignements nouveaux, et qui nous semblent ne pas manquer d'intérêt.

On ne verra donc pas ici la liste de tous les écrivains de Saint-Maximin. Mais en renonçant à donner cette bibliographie complète, telle que nous l'avions d'abord conçue, nous n'avons pas cru devoir supprimer les notes recueillies sur un petit nombre d'auteurs que nous avions étudiés d'une manière particulière, et sur lesquels nous avons réuni des détails que l'on ne rencontre pas partout. Ce sera notre dernière partie, et nous terminerons par là cet ouvrage.

JEAN GOBI, L'ANCIEN.

Deux écrivains portant absolument le même nom et le même prénom, dominicains tous deux et ayant la même patrie, ont vécu en même temps à Saint-Maximin, et y ont écrit leurs ouvrages à la même époque, ou peu s'en faut. Le premier était plus âgé que l'autre, qui, pour se distinguer de lui, dans ses actes et dans ses écrits, faisait suivre son nom du mot *junior*. Echard a connu l'existence simultanée des deux religieux : le qualificatif dont le nom du second était accompagné lui suffisait pour cela. Mais s'il a su la distinction qu'il fallait établir entre eux, les éléments lui ont manqué pour être précis et complet sur leur compte, et nous avons beaucoup à ajouter à ce qu'il en a dit. D'ailleurs, il a ignoré que Gobi l'ancien avait le droit, aussi bien que son homonyme, de figurer au nombre des auteurs, et l'on chercherait vainement dans son livre l'article spécial qu'il devrait y avoir.

Jean Gobi était d'Alais, et fut prieur de Saint-Maximin de 1304 à 1328 : nous l'avons déjà dit, et nous ne voulons pas refaire ici sa notice, que l'on pourra voir ci-dessus, page 60 à 82. Rempli d'un zèle merveilleux pour la Sainte dont le tombeau était confié à sa garde, il voulut, après avoir bâti son église et organisé son culte, compléter l'œuvre qu'il avait à cœur, en transmettant à la postérité, pour l'édification des fidèles, le récit des grâces obtenues par son intercession. Il écrivit donc *le Livre des miracles de sainte Marie Madeleine*. Ceci nous est garanti par la tradition du couvent et par nos chroniqueurs. Reboul l'affirme expressément, en des termes qu'il est bon d'avoir sous les yeux. « Il rédigea aussi en deux volumes, dit-il, tous les miracles qui « avaient été faits par les intercessions de sainte Madeleine, tant « dans l'invention de ses sacrées reliques, que dans les autres « translations, et en d'autres rencontres (p. 17). » Le P. Lombard dit à peu près la même chose, en précisant les dates, et en citant ses autorités (1).

Il est étonnant que ces auteurs se soient contentés de rapporter ce fait d'après le témoignage des autres, et qu'ils n'aient pas ajouté immédiatement que l'ouvrage en question était conservé à Saint-Maximin, et qu'ils l'avaient sous les yeux. En effet, il

---

(1) « Miracula per intercessionem sanctæ Mariæ Magdalenæ duobus collegit voluminibus, modo exacto ; ex P. Reboul et aliis nostratibus ; collegit idem P. Gobii, ab anno scilicet 1279 ad annum 1315. » *Lombard.*

n'y a pas de doute que ce livre était alors aux archives du couvent, dont il porte sur la couverture la cote bien connue (1re armoire, 12me sac), et il y est resté jusqu'à la révolution française. Il faut conclure de leur silence qu'ils ne l'avaient pas vu, et cela nous explique une erreur commise par eux, et sur laquelle nous reviendrons. La catastrophe de la fin du siècle dernier fit sortir le volume du dépôt où il avait passé 500 ans; mais elle ne l'a pas détruit, et nous pouvons attester qu'il existe encore. Acheté à Aix, après la mort de M. Bourguignon de Fabregoules, qui l'avait eu directement de Saint-Maximin, il est venu entre les mains d'un possesseur aussi éclairé que bienveillant, à la parfaite obligeance duquel nous devons d'en pouvoir faire la description exacte et complète.

Le livre des miracles de sainte Madeleine, qui appartient aujourd'hui à M. le marquis de Clappiers, est un petit in-folio de 46 feuillets en parchemin, non chiffrés, dont le texte divisé en deux colonnes est écrit en gros caractères, écriture du XIVme siècle, avec les rubriques en rouge, et de grandes lettres initiales rouges et bleues. Il ne porte point de nom d'auteur, et commence immédiatement par ces mots : *Incipiunt miracula beate Marie Magdalens. Et primo de incarceratis.* Les miracles rapportés sont au nombre de quatre-vingt cinq, quoique celui qui les a numérotés en marge n'en ait indiqué que 84, ayant employé deux fois par erreur le n° 41.

L'ordre suivi dans le recueil n'est point l'ordre chronologique, c'est-à-dire, que les faits racontés ne se suivent pas de la même manière qu'ils se sont passés, et comme ils ont dû se trouver dans le livre primitif où on les enregistra quand ils arrivèrent.

Il est en effet de toute évidence qu'il exista d'abord un registre, sur lequel on inscrivit successivement, et à mesure qu'ils furent constatés, les miracles attribués à la protection de la Sainte. Là les faits devaient se succéder l'un à l'autre, non point par ordre de matière, mais selon qu'ils parvenaient à la connaissance de l'écrivain, et sans autre distinction que celle des jours où l'on venait les annoncer. La guérison d'un aveugle pouvait y être suivie d'un récit de naufrage, et la parole rendue à un muet, avoir pour continuation une résurrection de mort. Tout autre est l'ordre d'après lequel Jean Gobi a disposé son livre.

Il a groupé ensemble les faits de la même espèce, et en a fait des catégories correspondant à chacune des infirmités humaines. Nous avons donc successivement, comme en autant de chapitres, d'abord les miracles opérés en faveur des prisonniers, puis les guérisons obtenues par des aveugles, par des sourds, des muets, des goutteux, des insensés, des lépreux; la vie rendue aux morts ou conservée à ceux qui allaient infailliblement la perdre. Dans un dernier chapitre, deux faits particuliers ont trouvé place. L'un est l'apparition de sainte Madeleine à un reclus de Lyon, à une époque antérieure à l'établissement des Dominicains dans cette ville, pour que ceux-ci fixassent leur demeure à côté d'une chapelle voisine dédiée en l'honneur de la Sainte. Le second concerne l'exorcisme d'un possédé, qui se fit à Lausanne avec une relique de sainte Madeleine venue de Vézelay, et pendant lequel les exorcistes entendirent le démon se moquer d'eux en ricanant, leur reprochant d'employer, comme authentique, une relique qui n'avait rien de commun avec la Sainte (1).

Le travail de classification que nous venons de faire connaître suppose, on le voit assez, un écrit antérieur, que nous n'avons plus, dans lequel les faits étaient placés l'un après l'autre, indistinctement et sans tenir compte des espèces différentes. Le manuscrit qui nous est parvenu n'est pas non plus le manuscrit original du livre de Gobi. On s'en aperçoit facilement, car le texte est fautif en beaucoup d'endroits, et a dû être révisé et fréquemment corrigé, en marge ou dans les interlignes. Si nous avions là l'exemplaire rédigé par l'auteur, de pareilles erreurs seraient incompréhensibles, ou plutôt on ne les y trouverait pas. D'après le caractère de l'écriture, on peut croire que cette copie fut exécutée dans le courant du XIVme siècle.

Cet ouvrage a bien certainement pour auteur Jean Gobi, prieur de Saint-Maximin, et nous pouvons le démontrer. Il est vrai que le livre est anonyme, et que rien n'y semble désigner celui qui l'a fait. Mais la tradition de Saint-Maximin est tellement constante, et l'œuvre porte si visiblement les marques d'une composition faite aux premières années du XIVme siècle, qu'on ne saurait balancer à le lui attribuer. Du reste, bien que l'écrivain n'ait pas voulu se nommer et qu'il ait évité, dans son texte, de faire allusion à sa personne, il a pourtant laissé échap-

---

(1) Voici la classification des miracles. — De incarceratis, 9 miracles. De tactu reliquiarum contra immunditiam, 2 miracles. De visu, 20 mir. De audito, 4 mir. De loquela, 5 mir. De gutta, 11 mir. De mortuis et infirmis, 22 mir. De mente capti, 6 mir. De prole habita, 1 mir. De igne, 1 mir. De aqua, 1 mir. De lepra, 1 mir. De diversis que contigerunt... ad honorem... B. M. Magdalene, 2 miracles.

per, en un endroit, une expression qui le désigne clairement. Ce passage important se trouve dans le 73ᵐᵉ miracle, le dernier de la section *de mortuis et infirmis*.

L'auteur y raconte comment Bertrand Anselme, de Marseille, dans un combat naval contre les Sarrasins, reçut une flèche qui lui traversa la poitrine de part en part, et comment il fut miraculeusement guéri de son horrible blessure, après s'être voué à sainte Madeleine. Il vint à Saint-Maximin, ajoute-t-il immédiatement, le 2 juillet de la même année, qui était 1310, pour remercier sa protectrice, et il me fit voir ostensiblement A MOI PRIEUR, à mes religieux et à beaucoup de séculiers, les cicatrices qu'il portait sur son corps et la place des blessures, au devant, sur la poitrine, et par derrière, au dessous de l'épaule (1). Il déposa dans l'église, en actions de grâces, une figure de cire qui le représentait, et de plus, la flèche même qui avait failli lui donner la mort.

En 1310, quand ce fait eu lieu, c'est incontestablement Jean Gobi qui était prieur de Saint-Maximin, et nous avons ici la preuve que le livre des miracles de sainte Madeleine ne lui a pas été attribué sans raison, et qu'il lui appartient réellement. Il y a aussi dans le 72ᵐᵉ miracle un passage du même genre, moins explicite, si l'on veut, mais amenant la même conclusion. L'auteur y dit que ceux qui avaient été l'objet de ce miracle vinrent

---

(1) Venit enim apud Sanctum Maximinum.. eodem anno (1310), secundo die mensis julii, et mecum ratone et fratribus aliis, ac secularibus multis, manifeste in suo corpore, ante, scilicet in pectore, et post, videlicet subspatula, loca vulnerum et cicatrices ostendit. *Miracula S. M. Magd.* nº LXXIII.

le lui raconter à lui-même et aux autres religieux (1). Ici l'absence du titre de *prieur* ne saurait être regardée comme une difficulté; car, en se nommant lui seul d'un côté, et en mettant tous les religieux de l'autre, celui qui tenait la plume fait assez comprendre qu'il était leur chef. L'ouvrage ne peut donc être sérieusement disputé à Jean Gobi, et après tous ceux qui en ont parlé, nous n'hésitons pas à le dire sien.

Il est possible de fixer, à très-peu de chose près, l'année où Gobi a composé le recueil des miracles de sainte Madeleine. Bien que l'on trouve assez rarement marquée, dans le texte des miracles, l'époque précise à laquelle se passèrent les faits qui y sont rapportés, quelques-unes néanmoins ont des indications chronologiques à l'aide desquelles la question de la date où fut composé ce livre peut recevoir une solution. Nous venons de voir qu'en racontant le 73me miracle, on nous apprend qu'il est arrivé en 1310 : c'est le 25 février 1310 que Bertrand Anselme fut atteint d'une blessure qui paraissait mortelle; c'est le 2 juillet suivant qu'il se rendit en pèlerinage à Saint-Maximin. De même, nous lisons dans le 31me miracle que l'aveugle dont on y voit la guérison, avait perdu la vue en 1310, et qu'avant de la recouvrer, il était resté deux ans environ dans la cécité (2). Nous voilà reportés à l'année 1312. Enfin, le récit qui forme le dernier article du manuscrit, ou le 85me miracle, fut fait à l'auteur lui-même, à Lyon, tandis qu'il se rendait au chapitre-général de Metz, cha-

---

(1) Mecum et aliis fratribus beneficium sibi... exhibitum retulerunt. *Ibid.* n° LXXII.

(2) Eum privans lumine oculorum, anno domini M°CCC°X°; fere, ut ipse asseruit, per duos annos in cecitate permansit. *Ibid.* n° XXXI.

pitre qui fut tenu en 1313. Nous ne connaissons rien de plus récent dans le livre.

C'est vers cette époque que l'on peut, sans crainte d'erreur, en assigner la composition ; et ceci répond très-bien à ce que nous a dit le P. Lombard, que Gobi recueillit les miracles arrivés de 1279 à 1315. A cette date, l'auteur était prieur de Saint-Maximin ; s'il fut de 1312 à 1314 provincial de la province, ce dont il n'est aucunement parlé ici, il ne cessa pas d'être prieur, et, dans toutes les hypothèses, il n'y eut aucun autre prieur que lui jusqu'en 1328 où il mourut. Jean Gobi a donc fait son recueil vers le milieu de son priorat, qui dura de 1304 à 1328. Comme il vécut encore 12 à 15 ans après la confection de cet ouvrage, il est permis de se demander s'il n'y aurait pas ajouté après coup une continuation, et s'il n'aurait pas écrit un second recueil, pour y faire entrer les faits nouveaux qu'il avait pu constater postérieurement. Ceci nous amène à discuter l'opinion des PP. Reboul et Lombard qui assurent positivement dans les textes rapportés ci-dessus, qu'il rédigea *deux volumes* des miracles de sainte Madeleine. Examinons ce qu'il peut y avoir de vrai dans leurs affirmations, et voyons s'il faut les admettre.

Sans doute, un second recueil est absolument possible, mais voici ce qui nous fait douter de son existence. Si le manuscrit des miracles de sainte Madeleine était le registre original dans lequel on inséra de prime-abord les faits merveilleux qui attestaient la puissance de la Sainte, rien n'empêcherait qu'il ait pu en exister un autre, commencé lorsque le premier se trouva rempli. De même, si l'exemplaire que nous tenons en main de l'œuvre de Gobi était autographe, nous pourrions admettre qu'en dehors de ce recueil, et après l'avoir écrit, l'auteur a pu en faire un second, servant de supplément au premier, et renfermant des faits postérieurs ou postérieurement connus, soit qu'il les y eût classés sur un plan identique, soit qu'il les eût simplement recueillis pour en conserver le souvenir.

Mais il est facile de comprendre que, dans l'un comme dans l'autre cas, le système de classification que Jean Gobi avait adopté exigeait que les faits contenus dans le supplément prissent place plus tard à côté des faits du même genre qui composaient les diverses séries du livre. Dans le manuscrit original, cette adjonction ne pouvait avoir lieu, à moins que l'on n'eût laissé des feuillets blancs après chaque espèce de miracles; il fallait donc, de toute nécessité, se contenter d'un appendice séparé. Il n'en était pas de même lorsqu'il y eut lieu de faire une copie de l'ouvrage, car l'on pouvait fort bien alors, et l'on devait, opérer la fusion des deux recueils et compléter les séries.

Or, nous sommes précisément dans ce cas : nous avons sous les yeux une copie du livre de Jean Gobi, et nous n'y trouvons aucune trace d'un double recueil. L'unité de l'œuvre est incontestable, elle ne se divise point en plusieurs parties. Le volume est trop peu considérable pour que l'on puisse supposer qu'on y a fondu ensemble *les deux prétendus volumes*. D'ailleurs les dates que nous y avons relevées appartiennent toutes à une époque qui aurait été comprise dans la première œuvre, et il n'en est pas une seule que l'on puisse rapporter à un second travail, auquel nous ne croyons pas. L'existence d'un autre volume des miracles de sainte Madeleine n'a donc aucune probabilité, et ceux qui en ont parlé, un peu légèrement, nous semblent s'être trompés. Si une continuation de ce genre avait existé à Saint-Maximin, on n'aurait pas manqué de l'ajouter à notre manuscrit.

Terminons ce que nous avons à dire sur ce livre par une simple remarque. Partout où ils ont eu à parler de la Sainte-Baume, Jean Gobi et le copiste qui a reproduit son ouvrage ont écrit purement et simplement *la Baume*, sans adjonction d'aucune épithète. On trouve constamment chez eux *ad balmam, de balma*, et jamais, que nous sachions, *ad sanctam balmam*. Launoy, qui s'était aperçu que Joinville avait dit aussi *la Baume*, n'a pas manqué d'observer là-dessus, avec beaucoup d'à propos, ou plutôt *d'enseigner*, comme il le dit lui-même (1), qu'à cette époque ce lieu n'avait pas encore été canonisé, et ne portait pas le nom de *saint*. Il s'en suivait évidemment dans sa pensée, à moins de prendre ses paroles pour un enfantillage, que sainte Madeleine n'était point venue là, ou que la tradition n'était point encore établie.

Comme Joinville atteste explicitement le contraire, et que le pèlerinage de saint Louis est la démonstration évidente de la croyance populaire, nous laisserons au compte du célèbre critique le singulier argument que lui seul était capable de trouver. Mais nous sommes bien aise de lui signaler, et à ceux aussi qui croient à sa parole, les expressions identiques qui se trouvent dans l'œuvre de Gobi et dans sa copie plus récente; afin qu'ils puissent en conclure, avec autant de justesse, qu'au commencement et à la fin du XIVme siècle on ne croyait point encore au séjour de sainte Madeleine à la Sainte-Baume.

---

(1) *Docui montem illum cui nomen est Bauma, seu Balma, vocatum nondum esse sanctum. Disquisitio disquisitionis, p. 5.*

Nous leur apprendrons de plus que le même auteur, non content de refuser le titre de *saint* à la Baume, le refuse aussi à la Sainte elle-même, et d'un bout à l'autre de son ouvrage, dit imperturbablement *la Madeleine*, tout court (1). Le copiste à qui nous devons notre manuscrit, a suivi le même système et a mis partout *la Madeleine*. Plus tard, un correcteur, dont l'écriture est parfaitement reconnaissable, a cru voir là une omission inconvenante, et a ajouté le mot *beata* dans tous les endroits où sainte Madeleine est nommée. Qu'en conclura-t-on ? Que notre Sainte n'était pas reconnue comme telle au XIVme siècle ? On ferait bien mieux de rechercher à quel moment on a commencé à dire la *sainte* église, la *sainte* croix, la *sainte* messe, la *sainte* communion, les *saints* sacrements, les *saints* lieux, pour l'église, la croix, la messe, etc.

Nous souhaitons vivement que *le Livre des miracles de sainte Madeleine* soit livré à l'impression ; c'est un véritable service à rendre à l'hagiographie en général et à notre histoire locale. Espérons que son heureux possesseur, se rendant aux vœux qui lui en ont été plusieurs fois manifestés, nous en donnera une édition qui lui fera honneur ; il réjouira tous les amis de nos vieilles traditions et fournira aux travailleurs un nouveau document historique très-curieux.

JEAN GOBI, LE JEUNE.

Au dire d'Echard, le second des Jean Gobi était le neveu du

---

(1) De corpore Magdalene, reliquias Magdalene, per merita Magdalene, devotionem Magdalene. *Miracula, passim.*

premier, le fils de son frère (1). Bien que cette assertion ne soit point démontrée, tout concourt à nous la faire regarder comme très-vraisemblable, sinon comme absolument sûre, et nous n'avons aucune difficulté à y opposer. L'époque à laquelle ce personnage a vécu n'a pas été déterminée d'une manière certaine, et si l'auteur qui vient d'être cité l'a mis approximativement vers 1350, il l'a fait sans pouvoir fournir aucune date fixe ni aucun fait particulier. Voici des renseignements authentiques et précis.

Jean Gobi le jeune se trouvait au couvent de Saint-Maximin du vivant de son homonyme et parent, et il y professait la théologie en 1327. Nous avons une pièce du 10 décembre de ladite année, dans laquelle Geofroy de Gasquet remet aux religieux des pensions qu'il retirait de divers particuliers, et les deux Gobi y figurent, l'un comme prieur, l'autre avec le titre de lecteur (2). Nous avons également, du 8 octobre 1327 au 12 février 1328, une série de huit actes identiques, où nous voyons ce dernier, en qualité d'héritier de Béatrix de Coloubrières, faire des acquisitions de cens pour utiliser les fonds de l'héritage (3). C'est vers cette même date que Gobi le jeune composa le livre intitulé *Scala cœli*, dont nous allons nous occuper, qu'il dédia à Hugues de Coloubrières, prévôt du chapitre de l'église d'Aix ; la chose peut être prouvée avec certitude.

(1) Hujus Joannis germani filius fuit Joannes Gobi junior. *To. I, p. 633.*

(2) Concessit viro religioso fratri Johanni Gobii, priori .. Nomina vero fratrum predicti conventus sunt hec : frater Johannes de Laurato, subprior, frater Johannes Gobii, lector... *Arch. du couv. de S. Max.*

(3) Vendidit per imperpetuum fratri Johanni Guobi juniori, conv. pred. S. Maximini, heredi universali Beatricis de Colubreriis... *Ibid.*

Echard a été dans un grand embarras quand il lui a fallu dire à quel moment notre auteur avait fait son ouvrage, parce que rien ne l'indique, et que plusieurs écrivains l'ont fait vivre à la fin du XVᵉ siècle. Il se garda pourtant bien de tomber dans une pareille méprise, et comprenant, avec sa sagacité ordinaire, que la dédicace au prévôt d'Aix lui donnait le vrai moyen de résoudre la question, il chercha à connaître le temps où ce dignitaire avait vécu. Malheureusement, la liste des prévôts de cette métropole est si défectueuse dans le *Gallia christiana*, qu'il y manque, du XIIIᵉ au XVᵉ siècle, une vingtaine de noms, et entre autres, celui dont il avait besoin. Voyant donc qu'il existait un grand vide entre Geofroy Isnard, qui siégea en 1320, et Guillaume de Saint-Séverin qui arrive en 1350, il en fut réduit à supposer que Hugues devait être placé dans cet intervalle, et il a désigné cette époque comme celle où Gobi avait écrit son livre. En fait, il a frappé juste; mais comme, entre les deux termes extrêmes qu'il a marqués, il y a un espace de trente ans, durant lesquels nous connaissons cinq prévôts non encore signalés, nous ne nous contenterons pas de ces données trop vagues, et nous allons établir que la *Scala cœli* a vu le jour avant 1330 et postérieurement à 1322.

Neveu de Guillaume de Coloubrières qui fut prévôt d'Aix de 1286 à 1302, Hugues de Coloubrières fut pendant vingt ans sacriste de la même église, et succéda dans la prévôté à Geofroy Isnard en 1322. Personne n'a su à Aix que le prévôt Geofroy Isnard devint évêque de Cavaillon; personne n'a dit à Cavaillon que l'évêque Geofroy, dont on ignore le nom, venait d'Aix et fut transféré ensuite à Riez; personne n'a soupçonné à Riez que l'évêque Geofroy Rabety est le même que le prévôt d'Aix et que l'évêque de Cavaillon. Cependant cette identité est très-certaine. Geofroy reçut ses bulles pour l'évêché de Cavaillon le 19 avril 1322 (1), et laissa la prévôté d'Aix à Hugues de Coloubrières. Les bulles de celui-ci nous ont échappé ; mais nous avons plusieurs pièces de lui, comme prévôt, en 1322, et il fit son hommage au roi Robert, en cette qualité, le 23 novembre de cette année (2). D'autre part, nous avons le dernier testament que Hugues fit, étant malade, le 2 février 1330 (3); et sa mort est marquée aux nones de février, c'est-à-dire le 5, en marge du martyrologe de son église de Saint-Sauveur (4).

C'est entre ces dates précises que doit être placée la composition de la *Scala cœli*, à l'époque même où Jean Gobi était à Saint-Maximin, et nous osons à peine mettre en doute que l'ouvrage ait été fait dans ce couvent. Du reste, il faut savoir que la famille de Coloubrières était établie à Saint-Maximin et à Seillons, localité voisine dont les neveux du prévôt portaient le nom. De là les relations nombreuses que cette famille eut avec Jean Gobi, qui fut l'héritier de l'un de ses membres, et fit à un autre l'honneur de lui dédier son livre. Nous croyons utile de publier cette dédicace qui nous fait connaître le but que se proposait l'écrivain, et pourra donner une idée de son style.

Venerabili ac karissimo in Christo patri domino Hugoni de Colubreriis, sancte aquensis ecclesie preposito, frater Johannes

---

(1) Reg. de Jean XXII, Comm. An VI, fol. 237 v°.
(2) Arch. des B. du Rh. B. 154.
(3) Ibid. Fonds du chap. de S. Sauveur d'Aix.
(4) Ms. de la Bibliothèque de la ville d'Aix.

Gobii junior, ordinis fratrum predicatorum, vester humilis, seipsum cum humili recommendatione pariter et devota. Cum enim, reverende pater, impossibile sit nobis superlucere divinum radium nisi sub velamine similitudinis et figure, ut testatur beatus Dionysius in libro de angelica hierarchia; hinc est quod mentis nostre acies invalida in tam excellenti luce non figitur, nisi eam aspiciat per similitudines et exempla. Unde, unigenitum Dei verbum, ut sedentes in tenebris et umbra mortis ad celestia elevaret, exemplis et parabolis loquebatur, eo quod fortius moveant auditores, libentiusque audiantur, retineantur firmius, et a terrenis mentem facilius erigant ad eterna, ut Augustinus testatur. Quia vero videtur animus ad celestia inhiare, eo quod delectetur narrationibus et exemplis sanctorum, idcirco ego, ad gloriam et honorem omnipotentis Dei, et benedictissime virginis matris ejus, et beati Dominici patris nostri, et beatissime Marie Magdalene, hanc SCALAM CELI *composui, ut per eam interdum, proposito alio curioso vel terreno studio, ascendamus ad contemplandum aliqua de eternis. Latera autem hujus scale sunt duo, secundum duas hujus operis partes. Primum latus est cognitio supernorum cum amore; secundum, cognitio inferiorum et preteritorum cum timore. Ex primo latere excluduntur peccata et fecundantur virtutes; sed ex secundo, breviter radicantur in mente omnes illustres operationes facte ab initio mundi usque ad nostra tempora, secundum annorum numerum et septem etates. Gradus autem hujus scale sunt diverse materie que in ea secundum alphabeti ordinem contexuntur. Et ne scripta hec a legentibus contempnantur, in fine hujus libri auctores et libri ex quibus hec extracta sunt ponuntur et ordinantur, prout lector studiosus poterit de facili per-*

pendere. Suscipiat igitur vestra bonitas meum laborem, et hanc recollectionem exemplorum brevem. Et supplico vobis, et cuicumque legenti, ut parcant mee ignorantie, et me participem faciant in spiritualibus bonis, ut ad bravium felicitatis eterne, totiusque laboris ex caritate fraterna et sancto studio, et pro Dei honore ac laude assumpti, finem et terminum, peracta presentis vile peregrinatione, attingere valeamus; ubi non in exemplis sed in luce splendida contemplabimur sine fine interminabilem, et incircumscriptibilem, et infallibilem veritatem, Jesum Christum dominum nostrum, viventem et regnantem cum patre et spiritu sancto, per omnia secula seculorum. Amen (1).

L'ouvrage est donc un recueil d'exemples qui ont pour but de porter l'homme à la pratique de la vertu et à la fuite du vice, une sorte de florilège, empruntant de tout côté des récits et des faits qui servent de preuves à la doctrine que l'on a annoncée d'abord en peu de mots. Ce sont des passages des pères, des extraits des historiens, des paraboles dont l'auteur explique le sens moral, et dont il fait l'application à la matière qu'il traite. On y rencontre un certain nombre de moralités tirées des fabulistes, et dont plusieurs ont trouvé place dans les fables du bon Lafontaine : le corbeau et le renard (2), le singe priant le renard de lui

---

(1) Bibl. nat. Mss. lat. n° 3506. fol. 1. On y lit par erreur *Hugoni de Columbariis.*

(2) Voici la fable du corbeau, rapportée sous le titre *Adulatio*. Dicitur in fabula quod semel stabat corvus in quadam arbore, et tenebat peciam carnis, vel carnem, in rostro. Quod cum scivisset vulpes, accessit ad eum, et adulando dixit : domine, ego habeo amicitiam et familiaritatem magnatum, et audivi quod inter ceteras aves vos cantatis optime. Et ideo, placeat vobis quod audiam vocem vestram, ut possim vestrum testimonium portare. Ille vero attendens ad verbum adulatoris, incepit cantare, dimissa pecia carnis. Quam ille arri-

céder un morceau de sa queue, le loup qui se fait ermite, l'âne essayant de voler, la révolte des membres contre l'estomac, le lion et le rat, l'aigle composant sa cour, la guerre des oiseaux et des animaux, le cerf se mirant dans la fontaine, le loup et le chien, le corbeau paré des plumes des autres. La gracieuse fable de *la Laitière et le pot au lait* y est tout au long, et presque littéralement (1).

Le nombre des histoires rapportées est considérable; nous en avons compté plus de six cent. Pour les enchaîner les unes aux autres et éviter la confusion, l'auteur les a distribuées sous divers titres représentant un vice, une vertu, un état, un sacrement, une vérité, etc. Ces titres, qui forment la charpente de l'ouvrage, sont au nombre de 119, et sont classés par ordre alphabétique. Voici ceux que l'on trouve sous la lettre A. *Abstinentia, acedia, adulatio, adulterium, advocatus, ambitio, amicitia, amor, angeli, aspectus irregulatus, avaritia, auditus.* Chacun des 119 titres, considéré sous ses différents aspects, se subdivise en plus ou moins de sous-titres, dont une courte phrase fait l'énoncé; et chacun est suivi d'un ou de deux faits qui

---

plens comedit, et, ipsa comesta, dixit : domine, in veritate diu est quod non audivi vocem michi magis gratam quam vestram. — Corvus, nobilis vel dives; vulpis, histrio vel joculator; pocis carnis sunt bona temporalis, ad quam habendam fingunt dolositates mendosas. *Fol. 5.*

(1) Mulier vadens ad forum, urceum plenum lactis portabat, et dum iret, cogitabat sic : de lacte, emes gallinam, et gallina dabit tibi pullos, et de pullis emes porcos, et de porcis emes vestes et equos, et equitando dices : io, io. Et interim pes suus percussit lapidem, et, vase fracto, ipsa cecidit. — Per mulierem intelligitur homo diversas divitias proponens adquirere; per lapidem offensionis, intelligitur mors. Applic. *Fol. 71, v°.* Mors.

en sont la démonstration. Voici les subdivisions du premier titre, ABSTINENTIA. *Abstinentia multa bona facit: primo enim satiat. — 2° Sanat. — 3° Deum placat. — 4° Gratificat. — 5° Dulcorat. — 6° Opera demonis fugat. — 7° Nobilitatem cordis demonstrat. — 8° Humiliat. — 9° Hostes superat. — 10° Sapientiam demonstrat. — 12°* (sic) *Coronat. — 13° Castitatem servat. — 14° Regulat.— 15° Est di vitiarum donativa.* Toutes ces propositions, au lieu d'être prouvées par l'écriture sainte ou par des raisonnements, le sont par des faits et des exemples.

A la fin du livre, Jean Gobi a fait connaître le nom des divers auteurs auxquels il a eu recours pour le composer, et les ouvrages d'où il a extrait les histoires et les exemples qu'il a employés. Ce sont les Vies des pères, de saint Jérôme, les Dialogues de saint Grégoire, les fleurs et les paroles des saints, les histoires scolastiques, le Miroir des exemples de Jacques de Vitry, les Gloses de saint Jérôme sur la Bible, la Somme de Vincent (de Beauvais), le Livre des sept dons du Saint-Esprit, d'Etienne de Bourbon, le grand Marial, le livre de la Vie des frères prêcheurs, l'Alphabet des narrations. Il a aussi rapporté, nous dit-il, quelques faits qu'il avait entendus dans des prédications. Mais on se tromperait beaucoup si l'on croyait que ce sont là les seules sources où il a puisé; il n'y a qu'à parcourir ses récits pour en découvrir beaucoup d'autres, car le plus souvent il indique ses autorités. C'est ainsi qu'on le voit successivement citer les Gestes de Charlemagne, l'Epître d'Adrien, Esope, Hélinand, la Cité de Dieu de saint Augustin, Orose, saint Basile, les Conférences des Pères, de Cassien, Josèphe, Justin, Sénèque, Pierre Alphonse, saint Pierre Damien, l'Histoire romaine, l'Histoire des rois de France, celle des Anglais, les Vies des souverains pontifes, et bien d'autres que nous ne pouvons mentionner (1).

De temps en temps, Gobi se souvient qu'il est provençal, ou à peu près, et insère quelques phrases en notre vieille langue. Ainsi, après avoir raconté l'histoire de celui qui avait donné son bien à ses enfants, et qui, méprisé par eux, avait dû simuler, pour en obtenir un meilleur traitement, qu'il possédait encore un grand coffre rempli d'or, dont le poids annonçait un riche trésor, il termine en disant qu'après sa mort on n'y trouva que de lourdes pierres, et un marteau sur lequel était écrit :

> D'aquest martel siat lo cap trussat
> Qui per sos filz sera desceretat.

C'est-à-dire, à ce qu'il me semble, ajoute le copiste (2), *(hoc est dictu, ut mihi scriptori videtur),*

> De ce martel ait le chef brisez
> Qui par ou pour son filz sera deheritez.

Les manuscrits de la *Scala cœli* sont nombreux, et prouvent que le livre a eu de la vogue. Echard en a cité plusieurs, et il ne

---

(1) Dixit Ymbertus ; refert Cesarius, Mercurius, Valerius, Macrobius, Eraclius, Beda, Anselmus ; narrat Guillelmus Malnerius ; in legenda beati Petri, martyris ; in miraculis beati Dominici ; in gestis comitis Montisfortis, etc. *Scala cœli, passim.*

(2) Cette remarque et la traduction en français appartiennent au transcripteur du manuscrit, qui n'était pas fort en langue romane. Ayant trouvé plus loin (fol. 91) le texte suivant, cité comme employé dans un sortilège : Lo cap li dol, — E dolre no li sol ; — Dol li venga — Qui ben ti vol. — Vay a ta mayre, — E fara t'en ; — E trante dyables — (Ti) portaran ; — il a avoué ingénuement qu'il n'y entendait rien : *Supplico lectori ut melius ista intelligat, quia non intelligo, nec quo ydiomate dicta fuerint.*

serait pas difficile d'en faire une liste assez longue, en consultant les catalogues de manuscrits. On sait du reste combien ce genre de livres à exemples était recherché. L'ouvrage a été imprimé plusieurs fois au quinzième siècle, à Lubeck, à Ulm, à Strasbourg, et c'est une nouvelle preuve de son succès. On en fit aussi des abrégés, pour s'en servir avec plus de facilité, comme nous le voyons par le manuscrit latin 16517 de la bibliothèque nationale. Ici, l'épître dédicatoire a disparu, comme inutile, et l'œuvre est devenue anonyme. On en a seulement conservé quelques lignes, en guise d'introduction, en transportant en cet endroit l'indication des sources, qui était à la fin. Les titres sont à peu près les mêmes; mais les subdivisions ont subi de nombreux retranchements, et par suite, le chiffre des exemples a été considérablement réduit. Echard avait vu un manuscrit semblable, qui de son temps était à la Sorbonne; il pourrait bien se faire que ce fût le même.

Le livre ayant été composé à Saint-Maximin, il est naturel de penser qu'il y fut soigneusement conservé. Nous l'y retrouvons en effet en 1508, et l'inventaire des manuscrits du couvent, dressé à cette époque, le mentionne d'une manière expresse (1). Nous ne savons ce qu'il est devenu depuis ce moment. L'exemplaire sur lequel nous avons pris nos renseignements appartient à la bibliothèque nationale, où il porte le n° 3506. C'est une copie du commencement du XVme siècle, faite à Troyes en 1401 par Guillaume

---

(1) In octavo scanno, a parte dextera... Item, Scalla celi, in pargameno et papiro, mediocri forma. Arch. des B. du Rh. B. 1956.

de Maillac, dominicain du couvent d'Auxerre, qui a eu soin de nous l'apprendre (1).

En terminant cet article, nous devons ajouter à l'histoire de Jean Gobi le jeune que, quelque temps après avoir été professeur et écrivain à Saint-Maximin, il devint prieur du couvent d'Alais, sa patrie. Ceci résulte de la description d'un manuscrit qui se trouvait, à la fin du siècle passé, dans la bibliothèque des Carmes déchaussés de Barcelonne, et qui a été indiqué par le P. Villanueva. Les termes employés dans la note que nous transcrivons (2), ne sont pas assez clairs pour que nous puissions en tirer autre chose que ce simple fait.

POETE ANONYME.

Le manuscrit du Livre des miracles de sainte Madeleine, que nous avons déjà fait connaître, est accompagné de trois appendices qui n'en font point partie intégrante et y ont été ajoutés après coup. Le troisième, placé à la fin, contient les miracles faits à Rome par saint Dominique, écrits sous la dictée de la sœur

---

(1) Iste liber fuit scriptus et completus Trecis per fratrem Guillermum de Mailbaco, ordinis predicatorum, Autisiodorensis conventus, anno domini M.CCCC. primo, in die beati Georgii. *Ms. 3506, fol. 94.*

(2) Ms. n° 311. in-4°. Escrito anonimo. — Tractat de una disputa e demandes fetas per un prior dels frares de la orde dels Prehicadors del covent de Bolunya, ab la anima ho spirit de Guido de Corvo, ciutada de Bolunya, a xvi de setembra del any m.ccc.xxxiiii. — *Tras esto sigue:* Epistola fratris Bernardi de Riparia ad Guidonem, episcopum Majoricarum, de visione et locutione quam habuit frater Johannes Gobi, prior conventus Alestensis, quod idem dixit se Bononiensis cum Guillermo de Corvo defuncto. Villanueva. *Viage literario a las iglesias de Espana* to. xviii, p. 241.

Cécile, qui en avait été le témoin oculaire au couvent de Saint-Sixte. Nous n'avons rien à en dire; mais nous signalerons la note curieuse qui le termine, pour nous apprendre que le prieur Gobi tenait cet opuscule de son Général Bernard de Juzic, qui lui-même l'avait apporté de Bologne (1).

Le premier appendice se trouve en tête du manuscrit; il n'est composé que de deux feuillets où se lit le récit fabuleux de la délivrance de Charles II des prisons de Barcelonne, de sa translation instantanée à Narbone, et de la découverte *subséquente* du corps de la Sainte en 1279. C'est la fausse légende que Priérias a insérée dans son *Aurea rosa* (f. 205 v°) d'après ce même manuscrit qu'on lui fit voir à Saint-Maximin en 1497, et qu'il avoue n'avoir lu qu'une fois et rapidement, *semel et cursim*. Avec un peu plus d'attention, il se serait facilement aperçu que ces feuillets n'ont été écrits qu'au XVme siècle, et n'ont rien de commun avec le livre des miracles qui est de beaucoup antérieur. On s'en est avisé depuis bien longtemps, et le P. Columbi, dans son histoire de sainte Madeleine publiée en 1685, a relevé en ces termes (p. 155) la méprise de Sylvestre de Priérias : « On a vérifié « que ce cayer que Sylvestre a transcrit, a été ajouté aux ma- « nuscrits; il est d'un caractère tout différent, et par conséquent « de nulle foy et fabuleux. » Ceci est rigoureusement vrai; nous croyons que cette légende a été écrite après 1468, date de l'acte dressé pour la translation de la mâchoire de sainte Madeleine, qui y fait suite, et qui paraît être de la même main.

(1) Predicta miracula habuit frater Jo. Gobii, prior beate Marie Magdalene in Sancto Maximino, a reverendo patre fratre B. de Judico, magistro ordinis, qui immediate audivit predicta omnia a dicta sorore.

Le deuxième appendice est plus important, et mérite que nous l'examinions avec attention. C'est un cahier de 8 feuillets, d'une écriture plus ancienne que la précédente, postérieure pourtant à celle du livre des miracles. Il est rempli presque exclusivement par des poésies latines, au nombre de onze, au milieu desquelles s'en trouve une en langue romane ou provençale. Nous disons presque exclusivement, parce qu'il y a en tête la copie des inscriptions trouvées dans le tombeau de sainte Madeleine en 1279 et 1280, et, après la première poésie, une inscription de cierge pascal dont nous aurons à parler.

La première des pièces poétiques est le récit en vers du miracle opéré en faveur d'un pèlerin qui, ayant eu une dispute avec un incrédule sur la vérité des reliques de sainte Madeleine, avait été obligé de se défendre les armes à la main, et avait eu le malheur de tuer son adversaire. Il fut condamné à être pendu, mais la Sainte l'assista sur le gibet et le préserva de la mort. Il se retira alors par reconnaissance à Saint-Maximin, et y finit sa vie auprès du tombeau de celle qui l'avait sauvé. Ce miracle, arrivé dans les premiers temps qui suivirent l'invention du corps de sainte Madeleine, eut un grand retentissement. Frère Salimbene en eut connaissance en Italie et l'inséra dans sa chronique. Jean Gobi l'a rapporté dans son recueil; et en voici une troisième version antique en 24 vers hexamètres, dont le premier est celui-ci : *De Magdalene virtutum corpore plene.*

Suit une prière en 58 vers de huit syllabes, en l'honneur du sang de Jésus-Christ; on y rappelle sa puissance, qui s'est manifestée dans les temps anciens par ses figures, et on l'invoque comme une onde vivifiante et salutaire.

O Christi sanguis bulliens
Pre nimia caritate,
Christianos insigniens
Regia nobilitate, etc.

Les douze hexamètres que nous trouvons ensuite, sont sur le même sujet, mais en forme de récit. *Versus de sanguine domini nostri Jesu Christi*. Tout le monde sait que l'on conservait à Saint-Maximin, sous le nom de la Sainte-Ampoule, une portion du sang de Notre Seigneur que sainte Madeleine avait ramassé sur le Calvaire. Le poète affirme très-explicitement la tradition, dès le premier vers. Voici, dit-il, le précieux sang qui est sorti du corps du Christ, *Hic latet inclusus, de Christi corpore fusus, Salvificans sanguis*. Il nous a été apporté par celle à qui il avait remis tous ses péchés, *Hunc apportavit ea cujus crimina lavit;* elle l'avait recueilli elle-même au pied de la croix du Sauveur mourant, lorsque la lance de Longin ouvrit son côté sacré, *Que moribunda, merens, morienti dulciter herens, Suscipit intente, Longino percutiente*. Ce sont, on le voit, des vers léonins.

La quatrième pièce est consacrée à l'éloge de Saint-Maximin et de son église, brillante comme un astre éclatant, lieu saint et sacré où le peuple chrétien accourt de tous les côtés avec dévotion. Là est le tombeau de Madeleine que des foules de pèlerins viennent invoquer et vénérer. Aucune femme ne peut pénétrer, sans péché, dans le lieu où elle repose, et toutes doivent la prier de dehors; les hommes ne peuvent y descendre qu'après avoir déposé leurs armes. Il y a en tout sept strophes de quatre vers, — ou de huit, si on les découpait d'une façon différente—, et en voici la première.

> Claret, ut prefulgidum luminare, plenus
> Sanctitate locus hic, sacer et amenus,
> Cui fidus populus undique terrenus
> Dat cum reverentia laudis omne genus.

Ici se trouvent les vers provençaux dont nous parlerons plus loin; puis, viennent trois poésies fort longues en l'honneur de sainte Madeleine. L'une, sous le titre de prière, *Oratio*, se compose de 33 tercets de huit et de sept syllabes. On pourrait y voir des strophes de six vers,— car les deux premiers riment ensemble, et le troisième rime avec le sixième —, si ce n'était que l'on trouve, vers le milieu, trois tercets consécutifs dont le troisième, le sixième et le neuvième vers ont la même désinence; il y aurait là une strophe irrégulière de neuf vers. Cette pièce commence ainsi :

> Felix, qui celi solio
> Regnas cum Dei filio,
> Sponsa Christi beata.

Ce rythme n'est pas suivi jusqu'au bout, car bientôt le poète le quitte, sauf à y revenir ensuite, pour adopter le rythme du *Stabat mater*, duquel il ne se rapproche pas seulement par la coupe, mais aussi par les pensées et par les expressions. On pourra en juger par le fragment suivant:

> Mater, ora et implora,
> Que, extrema mortis hora,
> Mortis in patibulo,
> Verberatum, vulneratum,
> Flagellatum, cruciatum,

> Sic pro suo populo,
> Et videbas, et dolebas,
> Et lugebas, et gemebas,
> Astans vultu querulo.

La pièce suivante est aussi une prière adressée à sainte Madeleine, pour obtenir la contrition des péchés et la conversion. On y raconte sa vie, son repentir, son amour pour le Seigneur, sa venue à Marseille, son séjour à la Sainte-Baume, sa dernière communion et sa mort à Saint-Maximin, ses miracles. Tout cela forme, nous n'oserions pas dire 101 vers,— car ce ne sont pas proprement des vers, et l'auteur n'y a tenu aucun compte de la prosodie ni de la mesure—, mais 101 lignes, d'une quinzaine de syllabes chacune, rimant deux à deux, et ayant une allure poétique. Nous citons le début :

> O Maria penitens, Magdalena, doctrix pia,
> Que vere penitentium exemplar es et via,
> Christi pedes dum lacrymis penitudinis rigasti,
> Et tergendo osculis, veniam impetrasti, etc.

Après, vient une troisième prière à sainte Madeleine, implorant sa protection auprès de Dieu, pour la rémission des péchés. Elle se développe en 176 vers de huit syllabes, et l'auteur y déploie beaucoup de verve en redisant des choses qu'il a déjà eu l'occasion de dire. O Marie Madeleine, dit-il en commençant, vous avez été autrefois pleine de toute sorte de péchés : *O Maria Magdalena, Que quondam fuisti plena Criminibus universis.* La fontaine de David vous a lavée de toutes vos souillures, et pour les expier, vos yeux sont devenus comme deux ruisseaux. Lavezmoi dans cette eau, et que le rocher de mon cœur se change aussi en une source de larmes. Ce n'est pas pour vous le reprocher, puisque je vous fais une prière, mais vous fûtes jadis ce que je suis : *Audi me, non exprobantem, Sed te magis exorantem, Tu olim, domina mea, Eras peccatrix et rea.* Puisque nous avons été tous les deux pécheurs et associés dans le mal, associez-moi à vous dans le bien : *Et sicut, domina mea, Ego reus et tu rea, Fuimus pares in malis, Fac in bonis sim sodalis.* Vous avez oint le Seigneur chez Simon le lépreux; vous l'avez suivi sans crainte sur le calvaire; vous avez assisté à toute sa passion et vu toutes ses douleurs; vous avez voulu embaumer son corps, mis au tombeau, et vous avez acheté les parfums les plus précieux, les plus exquis, sans rien épargner : *Myrram et balsamum emis; Quidquid habes, in extremis Donas, licet esset carum; Sed tibi videtur parum. Nam si tua foret Roma, Totam dares in aroma.* Quelles furent vos angoisses quand vous ne le retrouvâtes plus dans le monument? Quelles vos larmes, lorsque vous le cherchiez partout, dedans et dehors, dessus et dessous? *Queris intus, queris foras, Et querendo Jesum, ploras. Non inventum queris rursum, Et inferius et sursum. Tantum queris et petisti, Donec illum invenisti.* O pieuse, ô douce, ô bonne protectrice, priez, suppliez, pleurez pour moi, et obtenez-moi mon pardon : *Pia, dulcis et decora, Pro me roga, pro me ora, Pro me roga, pro me plora, Pro me roga sine mora.* Il nous semble probable que ces prières à sainte Madeleine étaient des formules préparées pour l'usage des pèlerins qui venaient l'invoquer. On en trouve de semblables dans tous les grands sanctuaires.

Nous avons en huitième lieu la narration, en 26 vers, de la

découverte des reliques de sainte Madeleine, par Charles d'Anjou, qui les fait mettre dans un Chef d'or, et dans une châsse d'argent placée sur l'autel. Elle commence par ces mots : *Inclita Francorum proles, Karolus Siculorum*, et se termine par huit autres vers bien connus que l'on grava sur le reliquaire de la Sainte : *Carne prius lubrica, post hoc plorando pudica*, etc. Les historiens qui nous ont fait connaître ces derniers, ne nous avaient pas dit qu'ils faisaient partie d'une composition plus considérable, d'où on les a tirés.

Les trois dernières pièces sont des hymnes en l'honneur de notre Sainte. Nous croirions volontiers que c'est une seule pièce qui a été divisée en trois, car elles se composent uniformément de quelques strophes de vers saphiques et adoniques, plus ou moins réguliers; elles se complètent l'une par l'autre, et un seul sujet y est traité du commencement à la fin. La première retrace la vie évangélique de la Madeleine.

> Ut queant laude mira, Magdalena,
> Lapsi tuorum promere gestorum,
> Crimine mentes pollutas absterge,
> Sancta Maria.

La deuxième dit son arrivée dans nos contrées, la conversion du prince de Marseille et le pèlerinage de celui-ci, avec les évènements qui l'accompagnent.

> Partes petisti quoque cismarinas,
> Verba salutis, post ascensionem,
> Predicatura, tuis cum collegis,
> Perfide genti.

La troisième achève cette matière, et raconte la retraite de la Sainte au désert, et la vie merveilleuse qu'elle y mena : *Repatriantes inde, sunt effecti Christi fideles*, etc. C'est en tout vingt strophes.

Nous avons déjà prévenu nos lecteurs qu'une poésie provençale se trouve mêlée à ces textes latins. C'est une sorte de traduction libre de la quatrième pièce, et nous croyons bon de la reproduire ici, parce qu'elle est inédite et inconnue. Il faut pourtant que l'on sache que ces vers ayant été autrefois affichés à la porte de la crypte de Saint-Maximin, — et il est vraisemblable qu'on les avait composés à cette fin, — les PP. Reboul et Gavoty en ont rapporté un fragment dans leurs histoires de sainte Madeleine. On peut donc en lire chez eux un échantillon, c'est-à-dire, huit vers dans le premier, réduits à sept dans l'autre. Mais, si l'on veut savoir dans quel état et avec quelle correction ils nous ont donné ces quelques lignes, il n'y a qu'à les comparer avec le texte antique, que voici en entier.

> Aquest luoc glorios d'esta confession
> Es de tan gran vertut, e de devocion,
> Que nuls comtes, ni reys, ni autres principat,
> Non sa ausa entrar, tant i es loc sagrat,
> Am nulhas armaduras, tro que sia desarmat.
> E quant es desarmat, am gran contricion,
>   Puesca entrar e am devocion
>   Pregar la Magdalena,
>   Que fon de vertus plena,
> Li acal'e perdon e vera penedensa,
> Aysi con fes a(i)ssi, so es nostra cre(e)ensa.

Nulha dona que sia, per ainguna santesa,
Per riquesa que aiha, ni per nulha noblesa,
Ni petita ni grans, sayns non deu entrar.
Aysso sant Maximin mot manda exquivar.
E si nulha la intra, perdra en aquelh an
Lo mielh amic que ayha, o penra mot grant dan.

Aquest luoc d'esta vila, on jac li Magdalena
A nom Sant Maximin, e es vileta plena;
E es en lo comtat apellat de Prohensa,
Et en l'arciviscat d'Ax, siutat sa Durensa.

Qui a la Magdalena ven am grant confisansa,
A cent jorns de perdon, quascun jorn, ses dubtansa.

Il serait difficile de nier que nous ayons là la véritable inscription placée, dès l'origine, à l'entrée de la *Confession* de sainte Madeleine. On sera convaincu qu'elle appartient au commencement du XIVme siècle, si l'on considère qu'elle annonce seulement l'indulgence de cent jours accordée par Boniface VIII, indulgence qui, dès l'année 1343, fut augmentée par le pape Clément VI.

Le poète à qui sont dues les diverses pièces que nous venons de faire connaître, n'y a pas mis son nom. C'est un nouvel écrivain à ajouter au grand ouvrage des PP. Quétif et Echard, et à la liste des auteurs sortis du couvent de Saint-Maximin. On ne peut guère supposer, en effet, que ces compositions, d'un intérêt tout local, aient pu être faites par un autre que par un religieux de cette maison, vivant auprès du tombeau de sainte Madeleine, et ayant sous les yeux les précieuses reliques qui lui inspirèrent ses chants. Tout au plus, pourrait-on mettre en question si tous ces vers doivent être attribués à un seul auteur ou à plusieurs.

Nous ne pensons pas qu'il y ait beaucoup à hésiter sur l'époque à laquelle remontent ces poésies; tout nous semble y respirer le XIVme siècle, et l'enthousiasme d'une fondation nouvelle. L'écriture de cette partie du manuscrit est de ce siècle, et voici un document qui paraît en indiquer la date précise. On a intercalé, entre la première et la seconde pièce, une table pascale devant servir de modèle pour composer celle que l'on attachait tous les ans au cierge pascal. La table que l'on a copiée avait servi en 1368 (1); et l'écrivain, après avoir donné la formule, dit qu'il faudra chaque année ajouter une unité à ces divers chiffres. Ceci a donc été écrit en 1368; et comme les pièces transcrites ne peuvent qu'être antérieures, leur auteur appartient incontestablement à la première moitié du XIVme siècle.

PIERRE OLIVARI.

Echard, qui a su tant de choses, n'a pas manqué de faire figurer, parmi les auteurs dominicains, un provençal qui a fait imprimer en 1540 un traité sur la dialectique, traité dont il avait découvert un exemplaire à la bibliothèque du Roi, sous la cote R. 2086. Nous voudrions ajouter à ce qu'il a dit quelques renseignements de plus sur l'écrivain et sur son ouvrage.

---

(1) TABULA. Anno domini m ccc. lxviii, anno a confirmatione ordinis nostri cl; anno a transitu beati Dominici cxlv; anno a translatione beate Marie Magdalene lxxxviii; anno a fundatione istius ecclesie lxxii; concurrente vi; epacta nulla, aureus numerus i, indicione vi, littera dominicalis A. — Hec forma est ad faciendam tabulam cerei pascalis, quolibet anno, unitate semper addita.

Le petit volume en question, qui n'est point du tout commun, se trouve encore à la bibliothèque nationale, où il porte toujours la même marque R. 2086. C'est un petit in-8° de huit feuillets préliminaires, plus 111 feuillets chiffrés, et 1 non chiffré dont le recto est blanc et le verso porte la marque du P. Vidoue. En voici le titre exact. *F. Petri Olivarii | Dominicani, Doctoris Theologi, | De inventione Dialectica | Libellus. | Parisiis, | Apud P. Vidoveum Vernoliensem, | Ex adverso collegii Remensis. | M.D.XL.* L'ouvrage est dédié à Claude de Tende, comte de Sommerive, gouverneur de Provence : *Illustriss. principi et domino D. Claudio, comiti Tendæ, Summæ ripæ, equiti torquato, ac patriæ Provinciæ præfecto vigilantiss. ac D. suo, F. Petrus Olivarius Dominicanus, Theologorum minimus*, S. (fol. A. II).

Dans son épitre dédicatoire, l'auteur nous fait savoir qu'ayant fait un long séjour à Tarascon, Denys Faucher, moine de Lérins, cette merveille de savoir et d'érudition, l'avait engagé à s'occuper de cette matière et à écrire un traité sur l'art de raisonner. Il s'en défendit tant qu'il put, d'autant plus que, n'ayant encore rien publié, il lui en coûtait de courir les risques de la publicité, et de s'exposer à une critique toujours sévère et peu encourageante. Les exhortations et les prières réitérées de l'aimable et docte religieux avaient triomphé de ses répugnances, et l'*Art de la dialectique* était le produit des études faites en conséquence.

Quod autem hac re potius teneram ætatem, quam quibus provectiores quoque juvarentur instituerim, in causa fuit dominus Dionysius, Lirinensis insulæ monachus, cujus reconditam bonarum literarum doctrinam morum integritate illustratam, neque lingua neque scriptis explicare possem. Is enim, quum apud me

(Tarascone plus opinione commorantem) sœpicule familiarissimœ collocutionis gratia venisset, parumper quœdam de rebus prœfatus divinis, mox de communi omnium studiosorum utilitate sermonem obiter exsuscitavit; et in hiis presertim disciplinis quibus sermonis artificium continetur, omnis fere consumebatur oratio, ac, ne singula persequar, in dialecticis maxime. Quique, qua est modestia, non tam verbis palam quam vultu, a me tacite contendebat ut meam operam studiosœ juventuti paulisper collocarem, et de inveniendi arte, citra ullam ingenii ostentationem, quam possem crassissima minerva conscriberem, illi, et ceteris quibusdam (quos exciverat) studiosis, rem facturus non ingratam. Ego vero, cum antea nunquam scribendi aleam expertus essem, percideremque ingentem et irrecuperabilem meorum studiorum jacturam, invidiamque potius quam gratiam me meis illis vigiliis cumulaturum, ex adverso instabam me eam provinciam subire non posse (fol. A II v°).

Olivari alla à Paris pour faire imprimer son ouvrage, et il était chez ses confrères du couvent de Saint-Jacques lorsqu'il écrivit sa dédicace, datée du 7 octobre 1540. Mais le livre avait été fait en Provence; et, si ce qui précède ne suffisait pas à le démontrer pleinement, nous en aurions la preuve dans les vers que les amis de l'auteur composèrent à cette occasion. On sait assez que les volumes imprimés à cette époque se distinguent par des pièces liminaires où, en des vers français, latins et même grecs, on brûle de l'encens et l'on dépense plus ou moins d'esprit en l'honneur de l'écrivain et de son œuvre. Celui dont nous nous occupons ne pouvait pas déroger à l'usage, et nous y trouvons plusieurs poésies latines de ce genre.

Le premier qui se mit en frais pour louer l'œuvre nouvelle, fut Pierre Talon, de Cogolin, dont on y voit (fol. A vi v°) six distiques adressés au livre lui-même, *Petrus Talonus Cogolinensis, ad librum*, et trois autres qui prennent à partie le lecteur, *Idem, ad lectorem parum candidum*. Vient ensuite (fol. A vii) Pierre Bouteillier, de Fréjus, qui interpelle poétiquement, en cinq vers, celui qui veut apprendre l'art de raisonner, *Petri Botelherii Forojuliensis, ad dialectices candidatum, carmen*. Après, c'est encore Blaise Brachet, du Val, qui débite au candide lecteur un iambique trimètre en six lignes, *Blasii Bracheti Vallensis, ad candidum lectorem, iambicum trimetrum*. Le nom et la patrie de ces poètes nous reportent en Provence, et nous font voir que le livre y a été composé, et qu'il leur en a été donné connaissance.

Tous les détails que nous venons de réunir sur cet ouvrage nous paraissent faits pour nous fixer sur la personne de l'auteur, qu'Echard n'a pas su identifier, car ils conviennent tous à Pierre Olivari, prieur de Saint-Maximin de 1550 à 1560. Non seulement les noms, la patrie, la profession, les dates, s'accordent pour nous le désigner, mais encore, et surtout, les pièces laudatives qui figurent en tête de son livre nous empêchent de penser à un autre. Olivari était de Lorgues, et il se fit religieux à Saint-Maximin ; c'est dans le voisinage de ces localités qu'il devait avoir ses connaissances, ses amis et ses adulateurs. Lors donc que nous voyons un habitant de Fréjus, un autre de Cogolin, un troisième du Val, se réunir, à l'exclusion de tout étranger, pour illustrer de leurs vers le traité *De arte dialectica*, il ne nous est pas permis d'en chercher l'auteur dans une autre partie de la Provence que dans le département du Var.

Si notre raisonnement ne s'est pas égaré, il s'en suit qu'il faut porter au compte du prieur de Saint-Maximin les relations littéraires et amicales avec le célèbre Denys Faucher, que son ouvrage constate et explique. La dédicace au comte de Sommerive nous fait entrevoir d'autres relations avec le gouverneur de la Provence, auprès de qui il semble avoir toujours joui d'un grand crédit, et dont l'influence dut le soutenir dans ses nombreux démêlés avec le parlement. Enfin, son long séjour à Tarascon et son voyage à Paris, en 1540, viennent remplir une époque de sa vie sur laquelle nous n'avions aucun renseignement, et éclaircissent un peu cette partie de sa biographie. C'est le but que nous avons voulu atteindre en écrivant cet article.

VINCENT PONS.

Vincent Pons était un dominicain portugais. Il se retira en Provence, vraisemblablement avant la fin du XVIme siècle, habita le couvent d'Aix où il professa la théologie, devint maître, et publia divers ouvrages philosophiques et théologiques. Tout cela se trouve dans Echard (to. II, p. 402) ; voici ce qui ne s'y trouve pas.

Ce religieux était né à Lisbonne. Après avoir été professeur à Aix, il alla continuer ses leçons à Saint-Maximin, et en 1609, il était *premier régent et recteur en sainte théologie* au collège royal de cette ville. Ayant renoncé à l'idée de retourner dans sa patrie et désirant jouir de tous les droits de français, il sollicita des lettres de naturalité que le roi Henri IV lui accorda, au mois de septembre 1609, moyennant *finance modérée*. En réalité, si cette faveur ne fut pas octroyée gratuitement, il ne lui en coûta qu'une somme fort légère, car il en fut quitte pour un droit de cinq livres payé à la cour des comptes d'Aix.

Vincens Pons composa à Saint-Maximin un petit ouvrage curieux et fort peu connu, que nous pouvons décrire d'après l'exemplaire de la bibliothèque de la ville de Marseille. Nous en donnerons d'abord le titre presque aussi long que le livre. LA | SAINCTE AM | POVLLE DE SAINCT | MAXIMIN. | *Question tres-difficille de la Saincte Theologie, en laquel | le on détermine, si le precieux sang de nostre Sauueur | Iesus-Christ, respandu le iour du Vendredy Sainct, de | meuroit hypostatiquement vny à la personne du Verbe, | et si des lors on a trouué en terre quelque gouttelette | de ce sang ineffable. | Par Frere Vincens Pons Portugais, de l'Ordre des | Freres Prescheurs, Docteur en saincte Theo | logie, et professeur d'icelle au College | Royal de Sainct Maximin. | A Aix, | Par Iean Covrravd et Philippe | Coignat Imprimeurs de ladite ville. M.DCVIII.*

Le volume est du format petit in-8°; il a 61 pages, et un feuillet non chiffré où sont signalées les *fautes survenues en l'impression*. Le titre est suivi de la dédicace (p. 3-6) *à la tres-saincte, tres-glorieuse et tres-heureuse Marie Magdelaine, miroir de penitence, patrone et tuteresse de la Provence*; et après l'avis au lecteur (p. 7-9), il y a une profusion de pièces de vers à la louange du livre et de l'auteur (p. 10-16), dont quatre sont en grec, quatre en latin, et sept en français. Le traité se divise en trois parties. La première (p. 17-32) est un discours des louanges du sang précieux de Jésus-Christ, tiré de plusieurs lieux de l'écriture sainte. La seconde (p. 33-52) examine cette question très-difficile de la théologie, savoir, si le précieux sang de notre Sauveur répendu le jour du Vendredi-Saint demeurait hypostatiquement uni à la personne du Verbe. La troisième (p. 53-58) contient l'histoire et le miracle de la Sainte-Ampoule de Saint-Maximin. Les dernières pages sont remplies par des textes latins.

La rareté de cet opuscule et sa singularité nous ont paru mériter cette description détaillée. Si nous en croyons Pierre Joseph de Haitze, ce ne serait point là la première édition de ce livre, qui on aurait eu une antérieure, à *Aix, chez Philippe Coignat, 1598*. Nous craignons bien que cet écrivain ne se soit mépris, car nous venons de voir que Philippe Coignat n'était que l'associé de Jean Courraud; et tout semble montrer qu'il y a une erreur dans son indication. Malheureusement, l'absence de toute date au bas des pièces liminaires ne permet pas de contrôler une assertion que nous voudrions voir appuyée sur quelque chose de positif. Ce qui nous étonne, c'est que le livre ne porte aucune approbation, ni aucune permission d'imprimer. A part cela, nous y trouvons tous les caractères d'une édition originale, et nous la jugeons telle jusqu'à démonstration du contraire.

SÉBASTIEN MICHAELIS.

L'illustre réformateur dont nous connaissons déjà la vie et les mérites, ne fut pas seulement un saint religieux et un ardent propagateur des observances régulières dans les couvents de son ordre. Il s'acquit aussi une grande renommée comme orateur et comme controversiste, et il mérite un souvenir comme écrivain, car il a composé un bon nombre d'ouvrages dont on peut voir la liste dans Echard (to. II, p. 411). Nous nous contenterons, pour notre part, d'insérer ici quelques remarques sur trois de ses productions.

Le premier livre publié par le P. Michaëlis n'a pas été connu du grand bibliographe dominicain, qui a mis en tête de ses œuvres les *Démonstrations évangéliques* sur les Saintes-Maries. S'il a dit un mot du *Traité des Esprits*, il n'en a parlé que comme d'un appendice à son *Histoire admirable*, ne l'ayant probablement vu que là. Et cependant, plus d'un quart de siècle auparavant et cinq ans avant ses *Démonstrations*, Sébastien Michaëlis avait débuté dans la carrière d'écrivain, en mettant au jour un volume que nous avons sous les yeux, et qui a pour titre : PNEVMALOGIE, | OV DISCOVRS | DES ESPRITS *en tant* | *qv'il est de besoing, poor* | *entendre et resouldre la matière dif* | *ficile des Sorciers, comprinse en la* | *sentence contre eux donnée en Aui* | *gnon l'an de grace, 1582.* | *Faict et composé par le Reuerend P. F. Sebastien* | *Michaëlis Docteur en Theologie de l'ordre de S.* | *Dominique au couuent de Marseille.* | *A Monseigneur le Reuerendissime Euesque* | *de Marseille.* | *A Paris.* | *Chez Guillaume Bichon, rue S. Jaques à l'en* | *seigne du Bichot.* | 1587. C'est un in-8° qui se compose de 8 feuillets non chiffrés, 122 feuillets avec chiffres, et deux autres pour la table.

Ce livre avait été écrit quelques années avant l'époque où il parut, et sa dédicace est datée du 13 juillet 1584. L'auteur vivait alors dans la maison de Marseille, son couvent d'origine, et il dédia son ouvrage à l'évêque de cette ville, qui était Frédéric de Ragueneau, de tragique mémoire. A vrai dire, en s'adressant au prélat, l'écrivain a bien plutôt fait une préface qu'une épître dédicatoire ; car son discours, parsemé de textes des pères et de l'écriture sainte, est loin de ressembler aux autres pièces de ce genre, où l'on ne trouve d'ordinaire que l'éloge des personnes auxquelles on en fait honneur. Aussi, lorsque après la mort de Ragueneau, il y eut lieu de réimprimer l'ouvrage, la dédicace put être reproduite sans difficulté sous le titre d'*Avant-propos*, en changeant simplement le mot *Monseigneur* en celui d'*Ami lecteur*, et en retranchant le dernier paragraphe.

Le P. Michaëlis proteste que ce n'est point par curiosité qu'il s'est appliqué à l'étude d'une science qui lui déplaisait instinctivement ; mais que, pour mieux ruiner le règne de Satan, la science des choses qui concernent les esprits, les démons et les sorciers, était indispensable aux ecclésiastiques, comme la connaissance des maladies pestilentielles est nécessaire aux médecins, pour les combattre. Entrant ensuite dans son sujet, il recherche s'il y a des esprits, si les esprits ont un corps, si Dieu les a créés. Il enseigne que les anges ont été créés bons, et que les mauvais le sont devenus par leur propre volonté ; que le démon a le pouvoir et les moyens de tenter l'homme, et que son but, en le tentant, n'est que de se faire adorer comme Dieu, et de le tromper ; qu'il ne connait pas les choses futures, et que, quand il les annonce, il trompe ses sectateurs ; que les sorciers sont une race détestable, et que le seul fait de se servir du diable et d'avoir quelque commerce avec lui est un grand crime.

Le *Discours des esprits* fut composé en 1582, comme son auteur le déclare expressément (1). Il le fit à l'occasion d'un grand

---

(1) Exécuté en Avignon la presente année mil cinq cens octante deux. Discours, édition de 1587, fol. 91 v°.

procès de sorcellerie qui se déroula à Avignon devant le tribunal de l'inquisition, dans lequel un nombre considérable de sorciers était compromis. Le P. Michaëlis assistait, dans cette circonstance, l'inquisiteur qui avait à conduire cette terrible affaire; c'est lui-même qui nous l'apprend (1); et il commença dès lors à acquérir dans ces matières, si graves et si ardues, l'expérience qu'il montra dans d'autres rencontres. Il a inséré dans son livre la sentence qui fut alors rendue contre lesdits sorciers, en la faisant suivre de très-amples explications, sous forme de scholies.

Nous ignorons si le *Discours des esprits* a été réimprimé à part; mais il l'a été plusieurs fois à la suite d'un autre ouvrage du même auteur. Il se trouve dans toutes les éditions à nous connues de *l'Histoire admirable de la possession et conversion d'une pénitente*, etc., dont nous parlerons ci-dessous.

Le second ouvrage du P. Michaëlis parut en 1592, sous ce titre: Demonstrations | evangeliqves | *Sur la vraye Genealogie et Histoire de saincte Anne, | et de ses trois filles les sainctes Maries, où est | prouvé que les sainctes Maries | sont vrayes sœurs de | nostre Dame. | Faictes et composées par R. P. Fr. Sebastien Michaëlis | Docteur en Theologie, de l'ordre de S. Dominique, | au Convent des freres Prescheurs de Mar- | seille, et Provincial en sa province | dicte Occitane. | A Lyon, | par Iean Pillehotte, à l'enseigne du nom de Iesus. | M.D.XCII.* In-4°, 6 feuillets non

---

(1) Exécuté en Avignon, l'an de grace 1582, par la diligence du P. Florus Provin, pour lors inquisiteur de la foy, duquel j'estois compagnon en ladite inquisition. Discours, éd. de 1614, p. 124. Moy estant present et compagnon du pere inquisiteur de la foy. Page 148.

chiffrés, 78 feuillets numérotés, suivis de 3 autres contenant la table.

Le sujet traité dans ce livre a un intérêt tout provençal, puisque la tradition de nos églises nous enseigne que les Saintes-Maries sont venues dans nos contrées, avec nos premiers apôtres, et ont fini leurs jours dans la petite ville qui porte leur nom, au fond de la Camargue. C'est pourquoi le P. Michaëlis n'a pas manqué d'y insérer tout au long la légende des Saintes, suivant la tradition de l'église d'Arles, ayant soin de relever les erreurs du livre des trois Maries, par Jean de Venette, qu'il compare aux histoires des quatre fils d'Aymon et de la Belle Maguelone. Il combat en particulier l'opinion sans fondements qui fait aller les Maries de la Palestine à Véroli, en Italie, d'où leurs corps auraient été apportés chez nous. C'est précisément le contraire de ce que l'on croit aujourd'hui à Véroli même.

Maintenant la tradition de son pays, notre auteur a cherché à fixer le temps auquel les Saintes-Maries ont dû venir en Provence, et semble se déterminer pour la douzième ou la treizième année après l'Ascension, en quoi il ne s'éloigne pas du sentiment le plus probable. Il rapporte aussi fort au long l'histoire de l'invention des corps des Saintes, qui eut lieu en 1448, par les soins du roi René, et il doit avoir eu connaissance des actes originaux, car il donne les noms de tous les prélats qui assistèrent à la cérémonie. Il termine enfin par la messe propre des Saintes-Maries, dans laquelle se trouve une prose bien curieuse.

Mais le but principal que se proposait le P. Michaëlis, comme l'indique le titre de son ouvrage, était d'établir que les Saintes-Maries étaient les véritables sœurs de la Sainte Vierge, et non point seulement ses proches parentes. C'est la thèse qu'il essaye de démontrer avec une grande abondance de doctrine, se servant avantageusement de la connaissance qu'il avait des langues grecque et hébraïque (1). On peut ne pas admettre toujours ses conclusions, mais il est impossible de nier qu'il y fait preuve d'une érudition remarquable pour son époque. S'il n'a pas eu la bonne fortune d'amener à son sentiment les critiques et les commentateurs qui l'ont suivi, ce n'est pas qu'ils aient pu établir avec plus de solidité un système différent du sien; la conviction ne s'est point faite sur cette matière, qui demeure controversée : *adhuc sub judice lis est.*

Le P. Michaëlis dédia ses *Démonstrations évangéliques* à Marie de Bartheney, femme du maréchal de Joyeuse, par une épitre intéressante et pleine de faits. Il y rend témoignage de sa naissance à Saint-Zacharie, bien que sa famille fut de Marseille (2). Il nous y apprend que ce qui le porta à écrire son livre, ce fut l'apparition de certains écrits imprimés vers cette époque, où, contre la tradition générale et ancienne de la Provence, on se prit à enseigner que les Saintes-Maries n'étaient point sœurs de Notre-Dame. Cette doctrine nouvelle scandalisa les fidèles Arlésiens qui avaient toujours cru le contraire, et pour apaiser leurs scrupules, l'auteur prêchant l'Avent à Arles, où il était théologal, consacra toute sa station à traiter cette matière, dans le sens de l'antique croyance. Il s'agit ici de l'Avent de 1589,

---

(1) C'est là que l'auteur nous apprend qu'il avait étudié l'hébreu sous Génébrard : Monsieur Genebrard, duquel j'ay esté auditeur et disciple aux lettres hébraïques. *Fol. 27 v°.*

(2) Pour estre nay aux racines de sa montaigne saincte, que nous disons de la saincte Baulme, du petit lieu de sainct Zacharie, jaçoit que oriende de Marseille. *Fol. 4° limin.*

puisque la dédicace où le fait est rapporté est du 4 septembre 1590. Ce sont évidemment ces discours qui, disposés sous une autre forme, composent le volume qu'il fit paraître trois ans après.

Dans les dernières années de sa vie, le P. Michaëlis fut appelé à prendre part à une grave affaire de sorcellerie, qui eut un immense retentissement dans la France entière, et qui se termina par l'exécution de Louis Gaufridy, condamné par le parlement, et brûlé à Aix, comme magicien, le 30 avril 1611. Il serait difficile de donner une idée de tout ce qui se fit alors à l'occasion de la possession de Madeleine de Demandols, attribuée aux maléfices de Gaufridy, et nous n'avons pas à en faire l'histoire. Le prieur de Saint-Maximin, en qui tout le monde avait confiance, fut chargé de s'assurer de la réalité de la possession ; et à cette fin, on amena Madeleine à la Sainte-Baume, ainsi que Louise de Capeau, possédée comme elle. Mais devant prêcher l'Avent à Aix, il fit commencer les exorcismes, le 27 novembre 1610, par le P. Domps, dominicain flamand, qui les continua, en son absence, pendant un mois. Quand Michaëlis eut terminé sa station, il alla à la Sainte-Baume, à la fin de décembre, poursuivre les exorcismes, et les reprit ensuite à Aix, où les deux filles furent transférées, lorsqu'il dut recommencer ses prédications du Carême.

C'est le résultat des actes dressés chaque fois que l'on exorcisa les possédées, et des discours tenus par les démons, qui fournit la matière d'un livre publié deux ans après par celui qui avait eu la direction principale de cette affaire. C'est à tort que Brunet, dans son *Manuel du libraire* (to. II. col. 803), a mis cet ouvrage sous le nom de Dompsius. Il appartient, à tous les titres, au P. Michaëlis, qui en fit la publication, le dédia à la reine, en écrivit la préface, la réponse aux difficultés, les actes auxquels il avait présidé, et y ajouta son *Discours des esprits*. Il n'y a de Dompsius que les procès-verbaux dressés durant l'absence de son supérieur. L'auteur ne se proposait pas d'abord de porter à la connaissance du public ce qui avait été fait et dit par les exorcisées (1). Il se décida à publier le tout quand il apprit que les protestants abusaient des dépositions attribuées au magicien, et s'en faisaient un argument contre le sacrifice de la messe.

La première édition de ce livre parut en 1612, à Paris, chez Chastelain, qui en publia une seconde, l'année suivante. Nous n'avons ni l'une ni l'autre de ces éditions ; c'est pourquoi nous nous dispensons d'en donner le titre, qu'il nous faudrait emprunter à Brunet, soupçonnant d'ailleurs qu'il n'y est pas tout-à-fait exact. Nous préférons donner celui de la troisième édition qui parut à un an d'intervalle, et que nous avons sous les yeux.

HISTOIRE | ADMIRABLE | DE LA POSSESSION | ET CONVERSION | D'VNE PENITENTE, | *Seduite par on Magicien, la faisant Sorciere et Prin-* | *cesse des Sorciers au païs de Prouence, conduite à* | *la S^{cte} Baume pour y estre exorcisée l'an M.DC.X.* | *au mois de Nouembre, soubz l'authorité du R. P.* | *F. Sebastien Michaelis, Prieur du Con-* | *uent Royal de la S^{cte} Magdaleine à S. Maximin,* | *et dudict lieu de la S^{cte} Baume.* | *Commis par luy aux Exorcismes et recueil des Actes le R. P. F.* | *François Domptius,*

---

(1) J'ay supprimé ceste histoire l'espace d'un an et davantage, ne me souciant la mettre en lumière 7me feuillet limin.

Docteur en Theologie en | l'Vniversité de Louuain, Flamant de nation, residant au | susdict Conuent de S. Maximin... | Ensemble la Pneumalogie, ou Discours des Esprits du sus- | dit P. Michaëlis, reueu, corrigé et en ceste troi- | siesme edition augmenté par luy mesme, auec vne | Apologie explicatiue des principales diffi- | cultés de l'Histoire et Annotations... | Edition troisiesme et derniere. | A Paris, | Chez Charles Chastellain. | M.DC.XIIII.

Le format de ce livre est l'in-8°. Il se compose de 28 feuillets non chiffrés, contenant le titre, la dédicace à la reine régente, l'avis au lecteur, qui a 15 pages, le sommaire de l'histoire du magicien, qui en a 6, et la réponse aux difficultés proposées contre le livre, qui en a 31. Il y a ensuite une triple pagination : 352 pages pour les actes du P. Domps, 124 pour les actes recueillis par le P. Michaëlis, et 196 pour le Discours des esprits, plus 22 feuillets pour les tables. C'est très-exactement ce que Brunet a marqué pour la deuxième édition.

Le succès de ce livre fut très-grand ; on en a la preuve dans le nombre d'éditions qui se succédèrent coup sur coup. Outre les trois dont nous avons parlé, il en fut fait une autre en 1613, à Douay, chez Marc Wyon, de 12 feuillets et 636 pages (Brunet). En 1614, il y en eut une nouvelle, intitulée *Edition dernière*, avec cette simple indication : *Jouxte la copie imprimée à Paris, chez Charles Chastelain*. Celle-ci a 26 feuillets préliminaires, 464 et 184 pages (dont la dernière est par erreur marquée 284), puis enfin 12 autres feuillets. Toutes ces éditions se ressemblent, et la suivante ne fait que reproduire celle qui la précède ; il n'est donc pas à propos de nous y arrêter davantage.

CLAUDE CORTEZ.

Dans l'intervalle d'un demi siècle, quatre dominicains de Saint-Maximin écrivirent et publièrent successivement la vie de sainte Madeleine, et leurs petits livres sont devenus si rares, pour la plupart, qu'il est bien difficile d'en donner la bibliographie. Nous allons essayer de la faire aussi exacte que possible ; s'il nous arrivait, malgré nos efforts, de nous tromper sur quelque point, on nous excusera certainement, quand on saura que ces volumes ne sont réunis nulle part, que nous avons vu les uns longtemps après les autres, et sans pouvoir les comparer ensemble.

Claude Cortez était né à Saint-Maximin, le 28 février 1592, d'Antoine Cortez et de Madeleine Mayol. Il devint docteur en théologie, fut deux fois prieur du couvent d'Aix, en 1631-1633 et en 1642, et publia divers ouvrages dont nous ne parlerons pas, pour nous en tenir à son livre sur sainte Madeleine. Echard (to. II. p. 562) a indiqué de celui-ci trois éditions, qu'il fixe à 1641, 1647, 1655. Nos lecteurs vont pouvoir s'assurer que ce qu'il en a dit n'est pas suffisant. Claude Cortez mourut à Aix le 26 mai 1655, et fut enseveli dans l'église de son ordre (1).

Dès 1640, il avait publié l'opuscule suivant : HISTOIRE | ET INVENTION | DV CORPS DE LA | GLORIEUSE Ste MAGDALEINE | *dans la ville de S. Maximin.* | *A Aix,* | *par Estienne David.* M.DC.XL. In-32, de 86 pages, plus un feuillet. L'ouvrage n'est anonyme que sur le titre, car à la page 86 Cortez a mis son nom, qui se trouve

---

(1) Un livre de raison de la famille Cortez, conservé à Saint-Maximin, donne ces renseignements aussi précis qu'on peut les désirer.

également dans l'approbation des théologiens. Ainsi, l'existence de l'édition de 1640, que nous avons vue, n'est pas douteuse ; au surplus, nous allons voir que celle qui la suivit de près, et que l'on a prise pour la première, porte en toutes lettres les mots : *seconde édition.* En voici le titre.

HISTOIRE | DE LA VIE ET MORT | DE LA SAINCTE MARIE | MAGDALEINE. | *Par Fr. Claude Cortes de l'Ordre* | *des Freres Prescheurs.* | *Seconde edition.* | *Reveüe et augmentée par l'Autheur.* | *A Aix,* | *Par Estienne David, Imprimeur du Roy,* | *du Clergé, et de ladite Ville.* 1641. In-16, 231 pages et 1 feuillet. Comme on le voit, les deux titres diffèrent. Disons toutefois que, dans l'approbation du 21 juillet 1640, qui n'a pu être faite que pour la première édition, l'ouvrage est déjà désigné par ces mots : *Histoire de la vie et mort de S. M. M.* L'auteur aurait-il changé son titre au dernier moment, pour le reprendre ensuite ? C'est ce que nous ne pouvons affirmer.

Il y eut en 1647 une troisième édition qu'Echard a mentionnée, en ajoutant qu'elle est du format in-16, et qu'elle a 315 pages. Il y en eut une quatrième en 1655, laquelle est indiquée à la fois par Echard et par Lelong (suppl. 3987). Nous croyons pouvoir décrire celle-ci, mais non en donner le titre, qui manque dans notre exemplaire. C'est aussi un in-16, ou un très-petit in-8°, de 285 pages, dont 189 pour l'histoire, en 35 chapitres. A la page 190, on a l'indication des indulgences ; p. 193, les Miracles de sainte Madeleine ; p. 219, son petit office en latin ; p. 236, des méditations pour ses deux octaves ; p. 274, le Mémorial des choses qu'il faut voir a la Sainte-Baume et à Saint-Maximin.

Bien que l'exemplaire d'où nous tirons ceci soit sans titre, nous pensons devoir le rapporter à 1655. On y voit les deux approbations du 21 juillet 1640 et du 25 juin 1641, qui ont dû servir aux deux premières éditions ; mais il s'y trouve une dédicace à J.-B. de Marinis, général des Dominicains, qui ne fut élu qu'en 1650. Il y a aussi, à la fin, un privilége accordé à l'imprimeur pour dix ans, et daté du 6 mars 1650 ; et il est très-probable que le chiffre 50 était suivi d'unités qu'une déchirure a emportées. Par conséquent, tout indique une édition postérieure à 1650.

Enfin, pour ne rien omettre, nous insérerons ici un titre que nous fournit un bibliographe (1), et que nous ne donnons que sous sa responsabilité, n'ayant jamais rencontré le livre mentionné par lui. *Abrégé de la vie et de la mort de sainte Marie Magdeleine, par fr. Claude Cortez, dominicain du couvent d'Aix, avec un mémorial de ce qu'on voit à la Sainte-Baume, et à l'Eglise de Saint-Maximin. Aix, David. 1660. In-16.*

Le livre du P. Cortez a eu les honneurs de la traduction, et nous en avons eu entre les mains une version italienne qu'il nous semble à propos d'indiquer. Istoria | della vita, e morte | di santa Maria | Maddalena | *Composta in lingua Francese dal | R. P. Claudio Cortese dell'Ordine | de' Predicatori, e tradotta in | Italiano dal R. Sacerdote | Don Giacomo Corsale, | Con l'Aggiunta del medesimo sopra | il Piede sinistro della Santa con | seruato nel Tesoro delle Re- | liquie della Chiesa Mag- | giore di Palermo. | In Napoli, | Per Andrea Colicchia. 1679.* In-12, 240 pages et 5 feuillets non chiffrés. Cette traduction n'a

---

(1) Bibliographie provençale, par l'abbé Dubreuil. Ms. Exemp. de T. Bonnel, ancien curé de S. Zacharie.

pu être faite que sur l'édition de 1644, ou sur l'une de celles qui l'ont suivie.

VINCENT REBOUL.

Vingt ans après Cortez, le P. Reboul composait son histoire de sainte Madeleine. Nous allons refaire, à cette occasion, la très-maigre notice qui lui est consacrée dans Echard (to. II, p. 697); et nous le ferons avec d'autant plus d'avantage que tous les renseignements biographiques qui suivent nous sont fournis par Reboul lui-même, dans sa Chronique manuscrite.

Cet écrivain était fils de Clément Reboul et de demoiselle de Rati. Il naquit à Digne le 21 août 1611, dans la nuit du samedi au dimanche, et fut nommé Honoré. A l'âge de 16 ans, étudiant actuellement la rhétorique à Aix, dans le collège des Jésuites, il prit le parti de se faire dominicain, et alla s'offrir au P. Girardel, vicaire-général de la congrégation occitaine, alors de passage au couvent d'Aix. Celui-ci le recommanda au P. Cantaloube, prieur de Saint-Maximin, qui se trouvait aussi dans cette ville; il le suivit dans son couvent, et le jour même de saint Dominique, 4 août 1627, il reçut l'habit religieux avec le nom de Vincent. Il célébra sa première messe le jour du Rosaire, en 1635, prêcha, l'année suivante, son premier carême au Beausset, et fut ensuite maître des novices, avant l'âge, par dispense. En 1641, il fut député à Rome avec le P. de Porta, pour renseigner le général au sujet des dissentiments qui existaient entre les religieux, par suite de l'élection du P. Delicques.

Prieur de Pignerol en 1644, il fut appelé pour prêcher le carême à Turin, retourna à Rome lors du chapitre général de 1644, où fut élu le P. Turchi, et, après avoir été admis à l'audience du Pape, il s'en revint à Saint-Maximin par Lorette et Venise. Il précha, *avec éloge*, l'avent de 1649 et le carême de 1650, dans la cathédrale de Viviers ; fut élu, la même année, prieur de Valence; devint curé de Saint-Maximin en 1656, et en 1659 vicaire en chef du couvent de Toulon, par dessus le prieur, pour le maintien et l'accroissement de l'observance régulière. Sur la fin de l'année 1660, il fut député au Roi à Paris, *avec éclat et honneur*, afin d'obtenir quelque libéralité pour la construction du nouveau grand autel : il a eu soin de nous apprendre qu'il eut son audience au Louvre.

De 1662 à 1665, il fut prieur de Carpentras ; de 1665 à 1667, il résida à la Sainte-Baume, en qualité de vicaire. Il fut ensuite établi vicaire en chef à Saint-Maximin, durant trois ou quatre mois, pour faire procéder à l'élection d'un prieur ; cela fait, il demanda à retourner à la Sainte-Baume, où il passa plusieurs années, tantôt supérieur, tantôt simple religieux. Après tous ces emplois, s'étant retiré dans son couvent, il y fut institué vicaire par le P. Ratier, prieur, charge qu'il exerçait encore « en cette « année 1684, et le jour de saint Thomas, apôtre, que j'ai écrit « tout ceci, dit-il, non pas par un esprit de vanité, mais seule- « ment pour porter témoignage à la vérité, étant âgé de septante- « trois ans et quatre mois, et doyen du couvent. »

Telle est en résumé la biographie du P. Reboul, écrite par Reboul lui-même. Echard a dit qu'il fut pendant trois ans prieur de Saint-Maximin ; mais c'est là une erreur évidente, non seulement parce qu'il n'y a pas de place pour lui sur la liste des prieurs, mais aussi, parce qu'il n'aurait pas manqué de le dire, ce qu'il n'a pas fait. Reboul vécut encore neuf années après l'époque où il nous racontait son histoire, et il parvint à l'âge de 83 ans, étant mort le 8 septembre 1693 (1). C'était un homme grave, pieux, plein de zèle pour l'observance, vif et franc comme un provençal, mais excellent religieux et tout dévoué à son ordre. C'était aussi un esprit très-cultivé, et un auteur assez fécond, dont il nous reste à faire connaître les ouvrages.

La vie de sainte Madeleine par le P. Reboul a eu un bon nombre d'éditions, sous deux titres différents qu'il ne faudrait pas attribuer à deux œuvres diverses ; le titre seul a varié, et l'on a employé alternativement l'un et l'autre. La première édition parut en 1681, à Marseille, très-probablement chez Claude Garcin, le seul imprimeur marseillais connu à cette époque. Elle nous est garantie par la bibliographie provençale déjà citée et par Lelong (n° 3989). Ce qui la rend pour nous indubitable, c'est l'approbation des théologiens, reproduite dans les éditions subséquentes, et qui est datée du 20 août 1681. Elle était, paraît-il, sous le titre de *Histoire de la vie et de la mort de sainte Marie Madeleine*, etc., que nous nous abstenons de rapporter intégralement, ne l'ayant que de seconde main.

---

(1) L'an mil six cens quatre vingt treize et le huit septembre, est decedé le Rᵈ pere Vincent Reboul, agé de 83 ans, profez de ce convent roial depuis 65 ans, natif de la ville de Digne, religieux de merite et de vertu, muni de tous les sacremens de l'eglise ; et a été enseveli le neuf dudit mois, en presence de la communauté des religieux, et de plusieurs seculiers de l'un et de l'autre sexe, surtout Laurens Guion et François Baudisson, qui ont signé. Fr. Joseph Aguez, curé, L. Guion, F. Baudisson. *Arch munic. de S. Max. Etat civil.*

La deuxième édition est de 1662. Celle-ci est intitulée : *le Pèlerinage de Saint-Maximin et de la Sainte-Baume*, etc., que l'on peut lire tout au long dans Echard. Elle parut à Aix, chez Charles Nesmos, format in-24, et se compose de 214 et 45 pages.

En 1673, Garcin donna la suivante : LE PELERINAGE DE | S. MAXIMIN | ET DE | LA SAINTE BAUME | EN PROVENCE. | *Avec l'histoire de la vie, mort, invention et | translation des Reliques de Sainte Marie | Magdeleine ; et des Indulgences, Privile- | ges et faveurs accordez par les Papes et | Roys de France et de Sicile à ces SS. lieux. | Comme aussi le Memorial de toutes les | Saintes Reliques qu'on y voit. | Ensemble le petit Office, les Litanies et les | Gaudes de ladite Sainte, qui se disent | chaque jour en ces deux Eglises. | De nouveau mis en lumiere par le R. P. | Vincens Reboul, Religieux du | Convent Royal des FF. Prescheurs | de Saint Maximin. | Seconde edition. | A Marseille, | Chez Claude Garcin. 1673*. In-24, de 179 pages. Les mots *seconde édition* sont amphibologiques : c'est la seconde édition marseillaise de Garcin, en ne tenant pas compte de celle d'Aix, ou bien, c'est la seconde édition sous ce titre particulier de *Pèlerinage de S. Maximin*. Dans tous les cas, c'est au moins la troisième.

Il y en eut une autre à Marseille, en 1676, qu'ont enregistrée Lelong (suppl. 3991), et le bibliographe (Ettinger qui la dit *très-rare* (1), comme si les autres, dont il n'a pas soupçonné l'existence, n'étaient pas plus rares encore. Elle a pour titre : *Histoire de la vie*, etc., et est comme les autres du format in-24.

En 1679, nouvelle édition marseillaise. HISTOIRE | DE LA VIE ET

---

(1) Bibliographie biographique universelle. Bruxelles, 1854. To. 1, col. 1197.

DE LA MORT | DE Ste MARIE | MAGDELEINE. | *Avec les Miracles, invention et translation | des Reliques : Indulgences et Priviléges ac- | cordés par les Papes et les Roys de France | et de Sicile aux saints Lieux de Saint Maxi- | min et de la Sainte Baume. | Comme aussi le Memorial de toutes les saintes Reli- | ques, et autres belles curiositez qu'on y voit. | Par le R. Pere Vincens Reboul, Religieux | du Convent Royal des FF. Prescheurs | de Saint Maximin. | A Marseille, | Par Claude Garcin.* | 1679. In 24, de 168 p.

Neuf ans après, le livre de Reboul fut réédité, toujours à Marseille, mais chez un nouvel imprimeur, car Garcin était au bout de sa carrière. Sauf la distribution typographique, le titre est le même que celui de 1679, ce qui nous dispense de le rapporter. En voici seulement la partie essentielle. *Histoire de la vie et de la mort de S. M. M...* A MARSEILLE, CHEZ P. MESNIER IMPRIMEUR, 1688. In 24, par cahiers de 16 et de 8 pages alternativement, en tout 200 pages.

Nous ne connaissons pas d'autre édition *datée* de cette vie de sainte Madeleine ; mais nous en avons découvert deux autres *sans date*, auxquelles nous devons consacrer quelques lignes. La première ressemble beaucoup à celle de 1662, et a dû la suivre de près. Elle a le même titre, *le Pèlerinage de S. Maximin, etc.*, est aussi imprimée A AIX, CHEZ CHARLES NEGMOS, est du même format, et se compose à peu près de la même manière. Elle a 214 pages pour la Vie, 1 feuillet non chiffré, contenant la permission du Général, du 25 juin 1659, la commission du provincial, du 19 septembre 1660, et l'approbation des théologiens, du 20 août 1661 ; puis une nouvelle pagination de 46 pages pour le petit office, et à la dernière, l'*Errata*. La seconde édition sans date a de très-grands rapports avec celle de 1688. Elle est, comme elle, sous le titre de *Histoire de la Vie* etc., imprimée à MARSEILLE, CHEZ PIERRE MESNIER, IMPRIMEUR DU ROI ET DE LA VILLE, et a aussi 200 pages in 24. Nous ne doutons pas qu'elle ne soit postérieure à celle qui porte la date de 1688; mais la distance ne doit pas être considérable.

A cette époque, la vogue dont avait joui l'Histoire de Reboul tirait vers sa fin. Déjà, en 1685 et 1688, le P. Columbi venait de publier une nouvelle vie de sainte Madeleine, qui fit oublier la précédente. Il en fut toujours ainsi : *Vetustatem novitas fugat*. Il faut pourtant reconnaître que, pour son temps, le travail de Reboul n'était pas sans valeur. Il a relevé diverses erreurs commises par ses devanciers; il a su apercevoir Eudes d'Aquitaine dans le *Odoino* de l'inscription, qui embarrassait tout le monde ; il a réduit à quatre lignes l'histoire du roi de Marseille à qui Cortez avait consacré dix pages. Sous le rapport de la critique, il y a loin de lui à ce dernier. Son livre est dédié *au dévot pèlerin de la Sainte-Baume.*

Reboul publia une édition des offices propres dont on se servait dans l'église de Saint-Maximin ; elle parut dix ans avant sa mort, et elle porte son nom comme en fait foi l'intitulé suivant : OFFICIA PROPRIA *sanctorum conventus regii fratrum predicatorum apud Sanctum Maximinum..., opere ac labore R. P. Vincentii Reboul. Aquis Sextiis, Apud Carolum David. 1683.* In 8°, 52 pages et 2 feuillets.

Mais le principal ouvrage du P. Reboul est demeuré inédit jusqu'à ce jour. C'est une grande chronique du couvent de Saint-Maximin, dont le manuscrit unique, autographe d'un bout à l'autre, est conservé par les Dominicains qui sont venus depuis 1850 repeupler l'antique couvent royal. Reboul n'était pas bien fixé, parait-il, sur le titre qu'il voulait donner à son œuvre, car elle n'en a point, ou plutôt elle en a deux. En effet, le gros volume qu'il a écrit se divise en deux parties bien distinctes; son manuscrit est commencé par les deux bouts, et il faut le retourner, quand on veut passer de l'une à l'autre.

La partie principale a 132 pages in-folio, d'une écriture très-serrée, et contenant beaucoup de matière. Elle est intitulée : *Bulles des Papes données en faveur des religieux du convent royal des FF. Prescheurs de Saint Maximin, à la pétition des roys de France et de Sicile.* Sous ce titre bien vague, l'on a l'histoire du couvent de Saint-Maximin, depuis sa fondation en 1295 jusqu'en 1693 que mourut l'auteur. Celui-ci y rapporte textuellement les bulles pontificales qui ont fondé la maison, et celles qui successivement ont confirmé, renouvelé ou accru ses privilèges. Mais il y a autre chose que ces bulles, et l'on y trouve le récit de tous les évènements importants qui se sont passés dans le couvent, et même de beaucoup de faits dont l'importance n'est point grande.

Reboul a tenu à dire tout ce qu'il savait. Il a enregistré avec soin les noms de tous les personnages célèbres qui sont venus à Saint-Maximin, la réception qui leur a été faite, les dons qu'ils ont laissés en souvenir de leur passage. A chaque siècle, nous avons l'indication des principaux visiteurs ou pèlerins; la liste des donations ou acquisitions de biens-fonds ou de cens; les fondations de chapellenies, de lampes, de messes ou d'anniversaires; les constructions, réparations ou améliorations opérées à l'église et au couvent; les ornements que l'on a reçus ou que l'on a fait faire. Il y a aussi les listes partielles des prieurs, dont l'auteur n'a pas manqué de rapporter l'élection, toutes les fois qu'il en a su la date, de même qu'il a mis leurs noms en marge de son ouvrage, et qu'il a indiqué leur mort, quand il a pu en avoir connaissance.

A l'autre extrémité du volume, nous trouvons le titre de la seconde partie : *Recueil de toutes les pièces authentiques qui ont esté faites en l'invention des Reliques de Ste Marie Magdaleine, enfermées dans l'urne de Porphire, avec le reste des ossements de cette sainte, en presence du tres chrestien Roy de France, Louis quatorzieme, en l'an 1660. Avec toutes les lettres patentes des Roys et des Reynes de Sicile, comtes et comtesses de Prouance, et de leurs successeurs les Roys et les Reynes de France, faisans mention de tous les biens, droits, franchises, exemptions, privileges, donnés aux religieux de l'ordre des Freres Prescheurs de St Maximin, en divers temps.*

Ce long titre ne donne pas non plus une idée exacte de ce qui est contenu ici. Cette seconde partie, qui a 105 feuillets (non comprise une continuation postérieure qui va jusqu'à 122), commence par raconter l'Invention des reliques de sainte Madeleine, en 1279, et enregistre ensuite toute la série des actes princiers en faveur de Saint-Maximin. C'est la contre-partie de la première, où sont les actes pontificaux. Mais l'auteur y a inséré aussi beaucoup d'autres faits, et pour le XVIme et le XVIIme siècles surtout, il y a là un grand nombre de renseignements, en guise d'Annales. En fait, les deux parties se complètent mutuellement, et nous pourrions citer un endroit où le chroniqueur nous renvoie *de l'autre côté* de son livre. C'est une sorte de chronique en partie-double, et le tout ensemble forme une véritable histoire du couvent de Saint-Maximin.

Le P. Reboul a écrit cette histoire dans les dernières années de sa vie, de 1680 à 1685, comme il le dit à diverses reprises dans son texte (1). Mais quand son œuvre fut terminée, il ne cessa de la tenir à jour, et y ajouta, presque jusqu'au moment de sa mort, ce qui se passait dans son couvent. Les additions qu'il y a faites jusqu'en 1692 et 1693 sont facilement reconnaissables, et il n'y a aucune peine à les distinguer de quelques autres additions, d'une écriture toute différente, qui y ont été mises après lui. L'ouvrage de Reboul n'est pas parfait sans doute ; mais on doit lui être reconnaissant de l'avoir entrepris : il nous a conservé le souvenir de beaucoup de faits qui, sans lui, ne nous seraient pas connus.

DOMINIQUE COLUMBI.

Le P. Columbi nous apprend qu'il forma le projet d'écrire une nouvelle vie de sainte Madeleine, parce qu'il croyait que ceux qui l'avaient précédé *étaient trop raccourcis, qu'ils avaient omis bien des choses qu'il était expédient de produire, et qu'ils avaient employé une méthode et un style peu accommodant à la pureté et*

---

(1) « Dédiée en cette année 1680. *I.* 45.—En 1680, que j'escris cecI. *II.* 59.—En 1682, que j'escris ces mémoires. *I.* 33.— A présent, 1689, que le P. Reboul escrit cecy. *I.* 46.— Jusques en l'an 1684, que j'ai travaillé à cet ouvrage. *I.* 64.— Et a présent que j'escris cecy, en 1685, au mois de mars. *I.* 115. »

au génie du temps. Ce sont ses propres expressions. Il se mit donc à l'œuvre, et publia en 1685 un livre, dont l'édition originale, que voici, n'a pas été connue d'Echard.

HISTOIRE | DE SAINTE | MADELENE, | *Où est solidement établie la | vérité, qu'elle est venue et | decédée en Provence, que | son corps, et sa precieuse | Relique repose à S. Maxi- | min Diocese d'Aix. | Composée par le R. P. D. Columbi | Professeur en Theologie de l'Ordre | des FF. Prêcheurs du Convent | Royal de S. Maximin. | Dediée à Monseigneur l'Emi- | nentissime Cardinal, Grimaldi, | Evêque d'Albe, Archevêque | d'Aix. | A Aix, Chez Iean Adibert. | M.DC.LXXXV.* In 12, 18 feuillets non chiffrés et 216 pages. La dédicace au cardinal Grimaldi a 20 pages ; c'est beaucoup pour un petit ouvrage de ce genre, qui n'a que onze chapitres dont la plupart n'atteignent pas une telle dimension. Mais nous allons voir quelque chose de plus colossal.

Une seconde édition de cette histoire parut à Marseille, peu d'années après la première, et sous un titre presque identique, dont il suffira d'indiquer les différences. HISTOIRE | DE SAINTE | MADELENE, | *Où est établie solidement la | verité qu'Elle est venue, et | decédée en Provence;... | Deusieme edition. | Corrigée et augmentée par l'Auteur. | Dediée a monseigneur | le comte de Grignan, | Lieutenant general, et Commen- | dant pour le Roy en Provence. | A Marseille. | Chez Claude Garcin, Imprimeur du Roy, | du Clergé et de la Ville. 1688.* | In 12, 359 pages. C'est la même chose que l'édition précédente, sauf que l'auteur a révisé et corrigé son style qui n'était pas très-châtié. Il a aussi ajouté, çà et là un certain nombre de paragraphes pour développer ses réflexions ou compléter ses raisonnements. Mais l'addition la plus considérable est l'épitre dédicatoire au comte de Grignan, qui ne comprend pas moins de 42 pages ; cet éloge exubérant n'aurait rien perdu à être réduit des trois-quarts.

L'œuvre du P. Columbi n'obtint pas un grand succès, et n'eut que ces deux éditions. La Bibliographie provençale en indique une autre de 1686, *A Marseille, chez Garcin*, la donnant comme *deuxième édition*. C'est évidemment celle de 1688, dont on a mal lu la date. En 1687 seulement, Columbi sollicita et obtint de son Général l'autorisation de faire sa seconde édition, et cette pièce est imprimée dans son livre. Une erreur d'un autre genre a été commise par Œttinger, qui, se trompant sur le lieu, a admis une édition faite *à Aix en 1688*. C'est encore ici l'édition marseillaise de ladite année, avec un nom de ville inexactement rapporté.

JEAN DOMINIQUE GAVOTY.

Nous arrivons au quatrième et dernier des historiens de sainte Madeleine ; c'est par lui que nous terminerons tout ce travail. Le P. Gavoty inaugura le dix-huitième siècle, en publiant une nouvelle vie de la Sainte, à laquelle il mit ce titre qui en fait connaître toute l'économie : HISTOIRE | DE | SAINTE MARIE | MAGDELEINE, | *Divisée en quinze Chapitres.* | *Avec tout autant des pieuses Re- | flections tirées des divers | états de sa Vie.* | *Par un Religieux du Convent Royal | de Saint Maximin, de l'Ordre | des Freres Prêcheurs.* | *A Marseille,* | *Chez la Veuve de Henry Martel.* | *M.DCCI.* In 12, 144 pages.

L'auteur ne s'est pas nommé sur le frontispice de son livre, mais nous lisons son nom tout au long dans l'approbation des docteurs qui furent chargés de l'examiner, laquelle est imprimée à la page 112. Quinze chapitres, fort courts pour la plupart, suivis de réflexions pieuses d'une demi-page, forment tout l'ouvrage, qui, du reste, est écrit fort correctement. C'est un vrai tour de force d'avoir su renfermer la vie de sainte Madeleine dans un aussi petit espace, sans rien omettre d'important; et l'on peut dire qu'en composant ce résumé substantiel, l'écrivain a parfaitement atteint son but, qui était d'édifier le peuple en l'instruisant.

Il se proposait, ainsi qu'il l'a écrit dans sa préface, de joindre à son œuvre trois dissertations critiques : l'une, pour établir l'unité de la Madeleine; l'autre, pour démontrer la vérité de sa venue en Provence; la dernière, pour faire voir que ses précieuses reliques reposent à Saint-Maximin. Le tout s'exécutera, dit-il, quand on aura un peu plus de loisir. Ce projet n'a point été accompli; les dissertations promises n'ont point été livrées à la presse, et l'histoire seule a vu le jour.

La vie de sainte Madeleine du P. Gavoty est celle que les personnes pieuses ont eue entre les mains durant ces deux derniers siècles, et beaucoup de visiteurs de la Sainte-Baume se faisaient un plaisir de l'emporter comme un souvenir de leur pèlerinage. Il en a été fait, dans ce but, un grand nombre d'éditions, et nous allons indiquer, aussi rapidement que possible, celles que nous avons vues.

A l'édition originale de 1701 succédèrent d'abord des éditions non datées, qui avaient l'avantage de ne jamais paraître trop vieillies, surtout avec l'estampille *nouvelle édition* dont on eut soin de les munir. On dut les renouveler assez fréquemment, pour suffire aux demandes, et nous aurions de la peine à dire combien il en fut fait. Nous en avons sous les yeux deux qui parurent *à Marseille, chez Henri Mesnier*, vers 1725. Ce sont de simples réimpressions, et elles se ressemblent tellement qu'il n'est pas facile de les distinguer. Elles sont l'une et l'autre du format in-18, et ont toutes les deux 108 pages. Il faut y regarder de près pour constater que ce sont deux éditions diverses ; mais comme preuve irrécusable, la dernière page, qui dans l'une est chiffrée 108, porte par erreur 188 dans l'autre.

Nul doute qu'il n'y ait eu d'autres réimpressions dans le cours du XVIII° siècle ; nous ne pouvons pourtant en signaler que deux qui se suivirent à un an de distance, *A Aix, chez André Adibert*. Ici encore, on croirait n'avoir affaire qu'à une seule édition, tant la ressemblance des caractères et de la composition est frappante. C'est de part et d'autre un in-8° de 108 pages qui se suivent ligne à ligne. Mais l'une est de 1787 et l'autre de 1788, et la diversité d'éditions est très-certaine. Le mot *Magdelaine*, écrit partout avec un *a* dans l'une, l'est constamment dans l'autre avec un *e*. D'ailleurs celle de 1788 est pleine d'incorrections typographiques.

Au XIXme siècle, on en a fait, à notre connaissance, six éditions. Dès que les églises se rouvrirent en France, après le concordat de 1801, on réimprima la vie de sainte Madeleine, *A Avignon, et se trouve à Saint-Maximin, chez Michel Beillon, 1802*. In-18, de 119 pages. C'est purement et simplement le travail du P. Gavoty, dont le nom, pour la première fois, a été mis sur le frontispice.

Deux éditions parurent simultanément en 1825. L'une est in-18, de 116 pages, sous le titre ordinaire de *Histoire de sainte Marie-Magdeleine*, et pour nom de lieu, *A St Maximin, au monastère de la Trappe, 1825.* Il ne faudrait pas croire, malgré une affirmation si expresse, qu'il y ait jamais eu à Saint-Maximin un monastère de Trappistes; l'imprimeur seul se l'est imaginé. Ce petit volume sortit des presses de Rusand, imprimeur lyonnais, qui, la même année, imprima aussi le suivant.

Pèlerinage de la Sainte-Baume, *en Provence, diocèse de Fréjus, département du Var, arrondissement de Saint-Maximin; avec la vie de Ste Marie-Magdeleine, divisée en quinze chapitres, par le R. P. Gavoty; et l'exercice du* Via crucis, *pour le Calvaire de la Sainte-Baume... Imprimé par les soins du R. P. Abbé de la Trappe. (Lyon, imprimerie de Rusand). Se vend: A Saint-Maximin, au Monastère de la Trappe... 1825.* In-12, de vi et 339 pages. Ici, l'on a inventé, en sus d'un couvent qui n'exista jamais, un arrondissement de Saint-Maximin tout aussi imaginaire. La vie de sainte Madeleine n'occupe dans ce volume que les pages 17 à 108, et elle est accompagnée de beaucoup de prières à l'usage des Trappistes. De plus, toute la partie descriptive, qui jusqu'alors était placée à la suite du chapitre IX, en a été détachée pour être mise en tête.

Enfin, à partir de 1835, l'œuvre du P. Gavoty a encore trois fois vu le jour, non pas dans sa forme primitive, mais avec certaines modifications que nous allons faire connaître, après toutefois que nous aurons reproduit le nouveau titre. Histoire de sainte Marie Magdeleine, *par le R. P. Gavoty, Dominicain, revue, corrigée, augmentée, et suivie d'un aperçu historique et topographique de la Sainte-Baume, par M. l'abbé Benoit Mau-*

nier (1), *Recteur de la Paroisse du Plan-d'Aups. (Marseille.— Imprimerie de Marius Olive). 1835.*— In-12, 110 pages et 1 feuillet. Le bon curé du Plan-d'Aups avoue ingénuement, dans sa préface, qu'il a voulu *mettre dans un nouveau jour*, l'ouvrage qu'il rééditait, et en faire *une histoire parfaite autant que possible*.

Il a donc réduit à 9 les 15 chapitres du P. Gavoty, c'est-à-dire que sous le titre *Histoire de sainte Madeleine*, il n'a donné que les neuf premiers chapitres de celui-ci. Mais, quoiqu'il ait un peu trop retouché le style, le texte des récits et des réflexions est bien celui de l'auteur dominicain. Ce qui n'est pas de lui, ce sont les changements considérables opérés dans les chapitres VIII et IX. L'éditeur a introduit dans le premier une réponse à cette question : de quoi se nourrissait sainte Madeleine dans sa solitude? Dans le second, il a tenu à établir que la Sainte, durant ses 33 ans de pénitence, avait pu, *sans trop de difficulté*, recevoir la sainte communion, *soit qu'elle se transportât dans les lieux où on célébrait les saints mystères, c'est-à-dire, dans les églises établies dans les lieux voisins de la Sainte-Baume, soit que quelque prêtre ou quelque diacre les lui portât dans sa grotte*. Le P. Gavoty n'avait pas touché à ces questions, et le nouvel éditeur aurait mieux fait de ne pas les aborder.

Après la vie de sainte Madeleine, celui-ci a placé, sous le titre de *Description de la Sainte-Baume*, une seconde partie composée

(1) Quoi qu'en dise l'auteur des *Anonymes et pseudonymes de la Provence*, que l'on a trompé sur ce point, le curé Benoît Maunier n'a rien de commun avec l'abbé Adolphe Victor Joseph Monier, chanoine adjoint de la cathédrale de Marseille, mort le 29 décembre 1864.

de sept chapitres qu'il a encore pris dans le P. Gavoty. Le premier en effet n'est pas autre chose que la seconde moitié de son chapitre ix, et les six autres complètent le nombre de 15 chapitres annoncés dans toutes les éditions de cette Vie. C'est donc bien, malgré ces modifications, le livre du religieux dominicain que nous avons ici ; et le travail du réviseur se réduit en réalité à avoir signalé les faits et les changements survenus à la Sainte-Baume pendant et après la révolution.

Sous cette forme, la susdite Vie de sainte Madeleine, outre l'édition marseillaise de 1835, en a eu deux autres à *Brignoles, Imprimerie et lithographie de Perreymond-Dufort*, l'une en 1845, la dernière en 1852. Ce sont deux livres jumeaux et d'une merveilleuse ressemblance, ayant tous deux 110 pages et 1 feuillet, du format in-12.

Chose singulière ! Le livre dans lequel les générations qui se sont succédées depuis deux cents ans ont appris à connaître sainte Madeleine, et que tant de pèlerins aimaient à rapporter dans leurs familles, est devenu à peu près introuvable. On s'empressait jadis, nous l'avons vu, d'en renouveler les éditions à mesure qu'elles s'écoulaient, pour qu'il ne manquât jamais ; et les séculiers, à défaut des religieux, avaient maintenu le vieil usage. C'est seulement depuis que les Dominicains sont rentrés à la Sainte-Baume, que la pieuse tradition a été abandonnée. Est-ce oubli, incurie, insouciance ? Il en coutait si peu pour donner satisfaction à un désir, à un besoin populaire !

TABLE CHRONOLOGIQUE

DES PRIEURS DE SAINT-MAXIMIN.

1 Guillaume de Tonnenx...............	1295.	p. 50.
2. Jean Vigorosi.....................	1296-1303.	55.
3. Jean Gobi........................	1304-1328.	60.
4. Jean Artaudi.....................	1328-1329.	82.
5. Jean d'Ollières....................	1329-1334.	86.
6. Milon Milonis........	1335-1367.	90.
7. Roquesalve de Soliers..............	1367-1371.	99.
8. Guillaume de Saint-Blaise..........	1372-1396.	106.
9. Giraud de Rey...	1397-1399.	116.
10. Hugues de Clapiers....	1399-1411.	122.
11. Hugues Textoris...........	1412-1416.	129.
12. Jacques Guichard...............	1416-1419.	134.
13. Le B. André Abellon..............	1419-1422.	141.
14. Garcias de Falcibus........	1422-1425.	155.
Le B. André Abellon 2do...........	1425-1429.	164.
15. Adémar Fidélis...................	1430-1449.	180.
16. Antoine Jourdan.................	1450-1456.	187.
17. Jean Bolleti.....................	1456-1457.	189.
18. Jacques de Pontevès.........	1457-1475.	192.
19. Elzéar de Garnier...	1475-1486.	197.
20. Pierre Bonneti...................	1486-1503.	208.

21. Le B. Yves Mahyeuc.............	1504-1508.	217.
22. Jean Damiani....................	1508-1543.	227.
23. Jean Catti....	1544-1550.	246.
24. Pierre Olivari..................	1550-1560.	250.
25. Claude Estiventis	1560-1564.	255.
26. Guillaume Loge.................	1564-1567.	258.
27. Antoine Duport.................	1567-1572.	261.
28. Rostang Porcelly................	1572-1575.	264
29. Jacques Barjon..................	1575-1578.	269.
Raimond Cavalési, admin.........	1577-1578.	272.
30. Gabriel de Gaye.................	1578.	275.
31. Honoré Martini.................	1578-1582.	275.
32. Honoré Rebolli.................	1582-1585.	277.
33. Antoine Niellis.................	1586-1592.	282.
34. François Agarrat...............	1592-1596.	285.
35. Michel Niellis..................	1596-1599.	287.
36. Pierre de Bollo.................	1600-1603.	292.
37. Honoré Fulconis	1603-1606.	294.
38. Sébastien Michaëlis.............	1606-1616.	296.
39. Pierre Dambruc................	1616-1619.	304.
40. Jean Ferrand...................	1619-1622.	305.
41. Georges Laugier................	1622-1625.	305.
42. Gabriel Ranquet................	1626.	307.
43. Bernard Cantaloube.............	1627-1630.	308.
44. Etienne Bonnet.................	1630-1632.	309.
45. Pierre Ranquet.................	1632-1635.	310.
46. Jacques Barbaroux	1635-1638.	311.
47. Pierre Delicques...............	1639-1642.	312.

48. Joseph Cavalier		1643-1646.	314.
49. Antoine Revest		1646-1649.	315.
Etienne Bonnet 2ᵈᵒ		1649-1652.	316.
50. Michel Jourdain		1652-1656.	317.
51. Jean Maistre		1656-1659.	318.
52. Thomas Mayoly		1659-1662.	319.
Antoine Revest 2ᵈᵒ		1662-1665.	320.
Jean Maistre 2ᵈᵒ		1665-1668.	321.
Joseph Cavalier 2ᵈᵒ		1668-1671.	323.
53. François Richeome		1672-1675.	324.
54. Vincent Geniez		1675-1678.	325.
55. Mathieu Faucon		1678-1681.	326.
56. Jean-Dominique Rutier		1682-1685.	326.
57. Hyacinthe Charpignon		1685-1687.	328.
58. Melchior-Thomas de l'Hermite		1687-1689.	329.
59. Pierre-Hyacinthe Moisset		1689-1691.	331.
60. Pierre Paul		1691-1694.	332.
61. François Concordan		1694-1697.	334.
62. Joseph Agnès		1697-1699.	335.
63. Henri-Vincent Crest		1700-1703.	343.
64. Joseph Guerin		1703-1705.	344.
65. Jean-François Robert		1705-1708.	345.
66. Dominique Vicard		1708-1711.	345.
67. François Saint-Marc		1711-1714.	346.
68. Pierre Estienne		1714-1717.	346.
69. Bernard Lagrange		1717-1720.	348.
70. André Lombard		1720-1723.	348.
71. Hyacinthe d'Albert		1723-1726.	349.

72.	Dominique Romat.....................	1727-1730.	350.
	André Lombard 2do................	1730-1733.	351.
73.	Antoine Roquette..................	1734-1737.	353.
74	Etienne Roux	1737-1740.	354.
75.	François Audiffret.................	1741.	354.
76.	Pierre-Honoré Simon...............	1741-1742.	355.
77.	Hyacinthe de Ballon..	1742-1745.	355.
78.	Etienne Coulondre.................	1746-1749.	356.
79.	Pierre-Jean Reverdin...............	1750-1753.	358.
80.	Antoine Genet.....................	1753-1756.	360.
	Etienne Coulondre 2do............	1756-1759.	360.
81.	Joseph-François Pument...........	1759-1762.	362.
82.	Jacques-Hyacinthe Portalis..........	1762-1765.	362.
83.	Jérôme Pélissier....................	1766-1769.	363.
84.	Louis Bernard.....................	1769-1771.	363.
85.	Jean-François Estienne.............	1771-1774.	364.
86.	Philippe Clappiers.................	1775-1778.	365.
87.	Ignace Roque......................	1778-1781.	367.
88.	Jean-Dominique Moriès............	1781-1784.	369.
89.	Jean-Joseph-Raymond Aicardy......	1785-1787.	369.
90.	Jean-Antoine Rostan...............	1787-1789.	370.
	Ignace Roque 2do.................	1789.	372.

TABLE ALPHABÉTIQUE

DES PRIEURS DE SAINT-MAXIMIN.

Page.

13. Abellon (le B. André)...... 1419-1422.1425-1429.141.104.
34. Agarrat (François). .... 1592-1596. 285.
62. Agnès (Joseph)........ .... 1697-1699. 335.
89. Aicardy (Jean-Joseph-Raymond)..... 1785-1787. 369.
71. Albert (Hyacinthe d')............... 1723-1726. 349.
4. Artaudi (Jean).................... 1328-1329. 82.
75. Audiffret (François)... .... 1741. 354.
77. Ballon (Hyacinthe de)...... ...... 1742-1745. 355.
46. Barbaroux (Jacques)............... 1635-1638. 311.
29. Barjon (Jacques)................... 1575-1578. 269.
84. Bernard (Louis)................... 1769-1771. 363.
17. Bolleti (Jean)............ ... . 1456-1457. 189.
36. Bollo (Pierre de) .... 1600-1603. 292.
44. Bonnet (Etienne).. . 1630-1632.1649-1652. 309.316.
20. Bonneti (Pierre)...... ... . 1486-1503. 208.
43. Cantaloube (Bernard)............... 1627-1630. 308.
23. Catti (Jean)........ .... 1544-1550 246.
48. Cavalier (Joseph). . . 1643-1646.1668-1671. 314.323.
57. Charpignon (Hyacinthe).... .... 1685-1687. 328.
10. Clapiers (Hugues de). .... 1399-1411. 122.
86. Clappiers (Philippe).... . ... 1775-1778. 365.

61. Concordan (François)........	1694-1697.	334.
78. Coulondre (Etienne)... 1746-1749.1756-1759.		356.360.
63. Crest (Henri-Vincent).......	1700-1703.	343.
39. Dambruc (Pierre)............... .	1616-1619.	304.
22. Damiani (Jean)..................	1508-1543.	227.
47. Delicques (Pierre).......	1639-1642.	312.
27. Duport (Antoine)..................	1567-1572.	261.
85. Estienne (Jean-François)............	1771-1774.	364.
68. Estienne (Pierre)............... ..	1714-1717.	346.
25. Estiventis (Claude).............. ...	1560-1564.	255.
14. Falcibus (Garcias de)...............	1422-1425.	155.
55. Faucon (Mathieu)...................	1678-1681.	326.
40. Ferrand (Jean)	1619-1622.	305.
15. Fidélis (Adémar)..	1430-1449.	180.
37. Fulconis (Honoré)............	1603-1606.	294.
19. Garnier (Elzéar de)................	1475-1486.	197.
30. Gaye (Gabriel de)...................	1578.	275.
80. Genet (Antoine)........	1753-1756.	360.
54. Geniez (Vincent).....	1675-1678.	325.
3. Gobi (Jean)....	1304-1328.	60.
64. Guerin (Joseph).......	1703-1705.	344.
12. Guichard (Jacques).	1416-1419.	134.
58. Hermite (Melchior-Thomas de l').....	1687-1689.	329.
50. Jourdain (Michel)..................	1652-1656.	317.
16. Jourdan (Antoine).	1450-1456.	187.
69. Lagrange (Bernard)................	1717-1720.	348.
41. Laugier (Georges)....	1622-1625.	305.
26. Loge (Guillaume)...	1564-1567.	258.

70.	Lombard (André)	1720-1723.1730-1733.	348.351.
21.	Mahyeuc (le B. Yves)............	1504-1508.	217.
51.	Maistre (Jean)...	1656-1659.1665-1668.	318.321.
31.	Martini (Honoré)	1578-1582.	275.
52.	Mayoly (Thomas)...............	1659-1662.	319.
38.	Michaëlis (Sébastien)	1606-1616.	296.
6.	Milonis (Milon).	1335-1367.	90.
59.	Moisset (Pierre-Hyacinthe)....	1689-1691.	331.
88.	Moriès (Jean-Dominique)...........	1781-1784.	309.
33.	Niellis (Antoine).................	1586-1592.	282.
35.	Niellis (Michel)..................	1596-1599.	287.
24.	Olivari (Pierre).......	1550-1560.	250.
5.	Ollières (Jean d')..	1329-1334.	86.
60.	Paul (Pierre)...................	1691-1694.	332.
83.	Pélissier (Jérôme)................	1766-1769.	363.
18.	Pontevès (Jacques de).............	1457-1475.	192.
28.	Porcelly (Rostang)	1572-1575.	264.
82.	Portalis (Jacques-Hyacinthe)..... ..	1762-1765.	362.
81.	Pument (Joseph-François)........ ..	1759-1762.	362.
42.	Ranquet (Gabriel)........	1626.	307.
45.	Ranquet (Pierre)............	1632-1635.	310.
56.	Ratier (Jean-Dominique)	1682-1685.	326.
32.	Rebolli (Honoré).................	1582-1585.	277.
79.	Reverdin (Pierre-Jean)............	1750-1753.	358.
49.	Revest (Antoine)......	1646-1649.1662-1665.	315.320.
9.	Roy (Giraud de).............	1397-1399.	116.
53.	Richeome (François)........... ...	1672-1675.	324.
65.	Robert (Jean-François)......	1705-1708.	345.

72.	Romat (Dominique)............ ...	1727-1730.	350.
87.	Roque (Ignace)............	1778-1781.1789.	367.372.
73.	Roquette (Antoine)............	1734-1737.	353.
90.	Rostan (Jean-Antoine)............	1787-1789.	370.
74.	Roux (Etienne)....	1737-1740.	354.
8.	Saint-Blaise (Guillaume de)..... ...	1372-1390.	106.
67.	Saint-Marc (François).............	1711-1714.	346.
76.	Simon (Pierre-Honoré)..	1741-1742.	355.
7.	Soliers (Roquesalve de)............	1367-1371.	99.
11.	Textoris (Hugues)..................	1412-1416.	129.
1.	Tonnenx (Guillaume de)............	1295.	50.
66.	Vicard (Dominique)............	1708-1711.	345.
2.	Vigorosi (Jean).	1290-1303.	55.

ADDITIONS.

Nous avons un nouveau nom à ajouter à la liste des prieurs bénédictins de Saint-Maximin, et cette liste qui paraît ici pour la première fois, est trop peu complète pour que nous puissions laisser échapper l'occasion d'en remplir un peu les vides.

Guillaume Solas, moine de Saint-Victor de Marseille, était prieur de Saint-Maximin, le 16 des calendes d'avril 1218 (17 mars 1219). Nous le trouvons ce jour-là présent au monastère, et assistant à l'acte par lequel Geofroy Reforciat, vicomte de Marseille et seigneur de Trets, céda aux dames de la Celle, tout ce qu'il possédait à Garéoult, pour la somme de mille sous de royaux coronats. *Actum in domo monasterii Massiliensis, in presentia et testimonio Guillelmi Solacii, prioris Sancti-Maximini...* Cette pièce est conservée en original à la bibliothèque publique de la ville d'Aix (Mss. Roux-Alpheran. XVIII. n° 6), et n'est tombée sous nos yeux qu'après l'impression de la première partie de notre travail.

Voici l'extrait de baptême du P. Bremond, Général des Dominicains, d'après les registres de la paroisse de Cassis, actuellement au greffe du tribunal de première instance de Marseille.

Le dixieme aoust mil six cens quatre vingt et douze a esté baptisé Louis François Bremond, fils de m^r Antoine et de d^{lle} Anne Bremond. Le parrain a esté m^r Louis Délialbissy, la marraine d^{lle} Catherine Bremond. Le pere absent, le parrain a signé avec moy.— Bremond, p^{tre}.— L. deli albis.

ERRATA.

			Lire :	
P. 72.	l. 16.	Jusqu'au XIVe ou plutôt jusqu'au XVe siècle.		Jusqu'au XVe ou plutôt jusqu'au XVIe siècle.
80.	13.	De rendre le nom.		De prendre.
111.	19.	1373.		1374.
160.	24.	15. Au-prior predicavit gusti.		15. augusti, prior predicavit.
209.	11.	De leurs droits.		De ses droits.
212.	3.	Ne faut-il pas.		Il ne faut pas.
242.	27.	Colorium.		Colorum.
275.	26.	Vit integerrimus.		Vir integerrimus.
350.	8.	Respetablec.		Respectable.
388.	26.	Subspatula.		Sub spatula.

Le *Cartulaire de documents inédits*, qui fait suite à ce travail, n'ayant pu trouver place dans le présent volume, a dû être renvoyé au volume suivant (Tome XIII du Bulletin) en voie d'impression.

(Note du Comité de rédaction).

Documents inédits.

I.

LETTRES DE PIERRE DE NOGARET, ABBÉ DE SAINT-VICTOR,

Unissant tous les biens que l'abbaye possédait à Signo, au prieuré
de la Sainte-Baume, à la demande du prieur
Raimond Amati. — 1174

In nomine domini nostri Jhesu Christi. Anno incarnationis ejus M°C°LXX°IIII°, regnante Frederico, imperatore, Ildefonso, illustri rege Aragonum, Provincie gubernatore. Factum est ut *Raimundus Amati, monachus Massilie, et prior ecclesie sancte Marie de la Balma*, a Petro Massilie Abbate, et ejusdem monasterii conventu, non paucis supplicationibus postularet, quatinus, pietatis intuitu, tam ad sui sustentationem, quam successorum ejus, in jam dicto venerabili loco sancte Marie, ad Dei servicium, sub obedientia monasterii Massilie degentibus, in perpetuum concederent et donarent possessiones omnes quas habebant in castro de Signa, tam in hominibus, et tenuras eorum, et annuis censibus, quam in vineis, et pratis, ac terris, cultis et incultis, et pascuis, et omnino omnes possessiones, et omnia jura que in eodem castro et territorio habebant. Cujus peticionibus predictus abbas Petrus, communi consilio fratrum, in presentia tocius capituli, prescriptam sancte Marie ecclesiam, per interpositam et presentem supradicti Raimundi personam, omnibus his que jam dicta sunt, scilicet, que in castro et territorio de Signa monasterium Massilie habebat, sive possessiones, sive jura, investivit, et habitatoribus ecclesie sepedicte sancte Marie de la

Balma, tam presentibus quam futuris, in perpetuum habenda et possidenda concessit. Tali siquidem tenore, ut, nomine predicti honoris, prior illius ecclesie annuum censum, XXX. scilicet solidos, camarario, ad cujus officium honor ille fuerat deputatus, persolvat. Hanc donationem, sive concessionem, omnis fratrum conventus cum assensu laudaverunt. Ego Petrus, Massilie abbas, cum concordia et voluntate fratrum nostrorum, hanc donationem, sive concessionem, in presentia nostri Massiliensis capituli feci; et, ut sit notum tam presentibus quam futuris, hanc cartam communi fratrum consensu fieri jussi. Et ut omnibus eam videntibus possit esse in testimonium, sigillo nostro signari precepi. Cujus rei fratres infra conscripti testes fuerunt: Raimundus Aerra, tunc temporis prior claustrensis, Aldebertus, camararius, Gaucelmus, sacrista, Bertrandus, helemosinarius, Bernardus, cellararius, Willelmus, infirmarius, Petrus, refectorarius, Amatus, Bernardus Guillelmi, Raimundus Bernardi, Poncius Debe, Berengarius de Castlucio, Bernardus de Durban, et alii plures, qui huic donationi, sive concessioni, interfuerunt. Ego Bernardus de Podio, custos librorum, hanc cartam, mandato abbatis, scripsi et dedi.

Arch. du couv. de S.-Max. Arm. 3. Sac 1. Num. 1. Orig. Le sceau manque.

II.

DONATION A PÉRÉGRIN, PRIEUR DE SAINT-MAXIMIN,

Par Laurigue, clerc d'Ollières, de tous ses biens présents et à venir, avec réserve de l'usufruit, sa vie durant.— 28 mai 1225.

Notum sit omnibus hominibus hanc publicam cartam legentibus, presentibus et futuris, quod anno ab incarnatione Domini M°CC°XXV°, V° kalendas junii. Ego Lauriga, clericus in castro de Oleriis, prudens de jure, sciens de facto, non deceptus, non coactus, nec ab alico circumventus, set de beneplacito meo et spontanea mea voluntate, et pro salute anime mee, et in remissione omnium peccatorum meorum, et parentum meorum, retento tamen usufructu in vita mea, et omnibus diebus vite mee, bona fide et absque dolo, dono et conscedo domino Deo, et beate Marie virgini, et beato Victori, et trado tibi *domino Peregrino*, recipienti nomine monasterii beati Victoris Massilie, me ipsum, et omnia bona mea, mobilia et inmobilia, et se movencia, et omnia jura mea que abeo, vel abere debeo, vel visus sum habere, in castro de Oleriis, et in territorio ejusdem castri, vel ubicunque sint, et omnia alia bona que in antea, cum Dei adjutorio, adquirere potuero. Res vero inmobiles sunt hee, que modo dono et trado, sicut continetur superius. Silicet, domus mea, que continetur, ab una parte, cum muro dicti castri de Oleriis, et ab alia, cum domo fratris mei Enrici. Et terram meam *de Petra ficha*, que confrontatur, ab una parte, cum terra dels Carotenx, et ab alia, cum terra de P. Stephano, et ab alia, cum terra de Petro Codenello, et ab alia, cum terra de W. Perdigono. Et campum *de Joanna*, et continetur cum terra dels Giraudenx, et ab alia, cum condaminia beate Marie, et ab alia parte, cum campo de P. Rebollo. Et unum ortal *a Vila viella*, et continetur, ab una parte, cum terra de P. Codenello, et ab alia, cum terra de G. Segiranno, et ab alia, cum via publica. Et in eodem loco, una terra que continetur, ab una parte, cum *ecclesia beate Marie de Vila viella*, et ab alia, cum terra de P. Rebollo, et ab alia, cum terra dels Giraudenx. Et terram unam *del Ensert*, et confrontatur cum terra de Vidal, ab una parte, et ab alia, cum terra dels Rosenx, et ab alia, cum via publica. Et ferraginem unam que est in Podio Lupario, et confrontatur, ab una parte, cum terra que fuit condam de Ugone Pellipario, et ab alia, cum terra dels Fabres, et ab alia, cum terra de P. Codennello. Et terram unam *del Fraise*, et confrontatur, ab una parte, *cum riro*, et ab alia, cum terra de Bertrando Laurenton, et ab alia, cum terra de P. Engilrasa. Et terram unam que est *a la Bruguiera*, et confrontatur, ab una parte, cum terra de P. Gairardo, et ab alia, cum terra de P. Codenello, et ab alia, cum terra de Bellieut Gontiera. Et medietatem terre que est *in calle Aquis*, et continetur cum terra dels Almerans, et ab alia parte, *cum via Mounaressa*, et ab alia, cum terra de Simon. Et in eodem loco, medietatem unius terre, et continetur cum terra dels Berbiguiers, ab una parte, et ab alia, cum via Mounaressa, et ab alia, cum terra de Belliout Gontiera. Et ortum unum ante portam de dicto castro de Oleriis, et continetur cum orto de lo Gontier, et ab alia, cum orto dels Berbiguiers, et ab alia parte, cum orto de P. Gontier. Et vineam unam *a Costa Rogier*, et continetur, ab una parte, cum vinea dels Gairartz, et ab alia, cum vinea de W. Codenello, et ab alia, cum vinea de P. Rebollo. Et in eodem loco, unam aliam vineam, et continetur, ab una parte, cum vinea dels Ricarz de Porcils, et ab alia, cum vinea de P. Gontier, et ab alia, cum vinea de P. Gairat. Et vineam unam *al Serre*, et continetur, ab una parte, cum vinea de P. Codenello, et ab alia, cum vinea dels Segirans. Hanc autem concessionem et donationem ego Lauriga volo, et semper volam, et non dixi nec dicam, nec feci nec faciam quo minus duret in suo vigore. Actum in ecclesia beate Marie, in castro de Oleriis. Et isti sunt testes vocati et rogati ab utraque parte, P. de Monteferranno, monacus, G. Verdellon, R. Gavarron, P. Azenart, S. Sabatier, Ricardus, R. de Rot, W. de Rocafolio, Ranaudus Gairardus, Rostan Textor, Gi. Giraux, B. Bubulcus, R. Blancart, V. Tavernier, de castro de Bras. Et *ego dominus Borgondionus de Tritis, et dominus de Oleriis*, interfui, et concedo et confirmo *tibi Peregrino, priori Sancti Maximini*, hoc donum quod facit et fecit tibi Peregrino, recipienti nomine dicti monasterii, et pro dicto monasterio, dictus Lauriga; et ut dictus monasterius *(sic)* possit tractare predictum donum ut res suas, ex parte nostra, sicut superius continetur, et ut melius credatur, cum sigillo meo hanc cartam sigillo. Et promitto tibi Peregrino, predicto nomine monasterii, omnia predicta salvare et defendere, et manutenere ab omni persona. Et ego G. Odo, publicus notarius domini Comitis in villa Sancti Maximini, interfui, et mandato utriusque partis, hanc cartam scripsi, et hoc signum meum posui.

Arch. dép. des B. du Rh. S. Victor. Charte 533. Orig. Le sceau manque.

III.

LETTRES D'ÉTIENNE, ABBÉ DE SAINT-VICTOR,

Nommant au prieuré de Saint-Maximin maitre Adam, clerc de Charles d'Anjou, comte de Provence.— 31 août 1254.

In nomine domini. Amen. Cum mediantibus instrumentis facta preterita ad memoriam reducantur, et multe questiones extraordinarie sint sopite, presens carta notificet presentibus et futuris, quod, anno domini M°CC°L°IIII°, pridie kalendas mensis septembris, nos Stephanus, Dei gratia Abbas monasterii Sancti Victoris de Massilia, de voluntate communi et acensu tocius conventus ejusdem monasterii, Deum habendo pre occulis, et utilitatem monasterii supradicti, conferimus, damus vel quasi damus, et concedimus dilecto et speciali nostro *magistro Ade, canonico Taronensi, et clerico domini Karoli, comitis Provincie*, tanquam bene merito, prioratum, seu ecclesiam, vel ecclesias ville Sancti Maximini, cum omnibus possessionibus, proprietatibus, pertinenciis, et appendiciis dicti prioratus, vel ecclesie, vel ecclesiarum predictarum; regendum, gubernandum, seu regendam vel gubernandam, vel regendas, ut dictum est, per se vel per alium, quamdiu vixerit, pacifice et quiete, et sine aliqua molestatione. Ita tamen quod dictus magister A. teneat continue, vel ejus locum tenens, duos bonos monacos et sacerdotes, vel unum sacerdotem et alium diaconum; qui dicto magistro A., vel ejus locum tenenti, serviant et obbediant in his in quibus debebunt, et divinum officium exerseant in dicta ecclesia, in ordinibus supradictis. Et dictus magister A., vel ejus locum tenens, provideat tantum in victualibus monachis antedictis, et nos dictus Abbas, vel successores nostri, providebimus dictis monachis in vestibus, bono modo. Verumtamen, nos dictus Abbas, de voluntate dicti capituli, seu conventus, concedimus, nomine nostro et successorum nostrorum, dicto magistro A., quod omnes monachi, vel monacus, qui pro tempore fuerint, vel facient residenciam in dicta ecclesia Sancti Maximini, ut dictum est, quod ipsi monachi jurent nobis dicto Abbati, nomine dicti magistri A., ipso presente vel ejus locum tenente, quod ipsi erunt fideles dicto magistro A. et ecclesie supradicte; et quod tam ipsum magistrum A. quam suos, et sua etiam, et res dicte ecclesie, salvabunt, et defendent, et custodient; et nichil de dictis bonis vel rebus dabunt, vel permutabunt, vel vendent, vel comendabunt, vel alio modo alienabunt, absque licencia dicti magistri A., vel ejus locum tenentis. Et sua secreta et consilia nemini revelabunt, absque licencia dicti magistri A., vel ejus locum tenentis, nisi dicta secreta vel consilia essent contra dictum Abbatem, vel monasterium supradictum. Tamen, si contingeret quod dicti monachi, vel monacus, essent inobedientes vel inobediens, vel incorrigibiles vel rebelles, vel incorrigibilis vel rebellis dicto magistro A., vel ejus locum tenenti, nos dictus Abbas promittimus dicto magistro A. et ejus locum tenenti, nomine nostro et successorum nostrorum, dictos monacos, vel monacum, in alium locum transferre, seu mutare, quociens dictus magister A., vel ejus locum tenens, nos super hoc duxerit requirendos; et alios, vel alium, duos bonos monacos, vel monacum, corrigibiles et disciplinabiles, seu corrigibilem vel disciplinabilem, apud dictam ecclesiam Sancti Maximini mittemus et ponemus, ut ibi Deo serviant, ut dictum est, in ordinibus antedictis. — Nos tamen dictus magister A., existentes presentes, et omnia supradicta recipientes, et concedentes, et acceptantes, tactis corporaliter sanctis Dei evangeliis, juramus vobis dicto domino Abbati, esse fideles tam vobis quam monasterio supradicto; et jura ecclesie Sancti Maximini, pro posse, salvare et defendere, et non alienare possessiones dicte ecclesie, et alienata, pro posse, recuperare. Et promittimus dictam ecclesiam servare immunem ab omni debito, tempore nostri regiminis; et censum consuetum ipsius ecclesie in passe solvere dicto monasterio, ab hac die presenti in antea, scilicet, .X. modia frumenti et .V. modia ordei, ad mensuram Massilie; et officialibus dicti monasterii .XI. solidos et .VI. denarios regalium coronatorum.

Et nos Abbas supradictus, cum voluntate dicti conventus, *absolvimus et aquitiamus, et immunem facimus vos dictum magistrum A.*, et vestros, et ecclesiam Sancti Maximini supradictam, de omnibus censibus et serviciis, et *de omnibus perceptis in dicta ecclesia Sancti Maximini*, vel occasione dicte ecclesie, *a vobis vel a vestris, retroactis temporibus, in quibus eratis dicto monasterio obligatus.* Actum in cappitulo monasterii Sancti Victoris supradicti, presente, et concedente, et concenciente toto conventu dicti monasterii, scilicet, R., priore claustrali, R., subpriore, G., tercio priore... Et coram me P. Boneto, puplico notario dicti Karoli, illustris comitis Provincie...

Arch. dép. des B. du Rh. S. Victor. Ch. 636. Orig.

IV.

PREMIER DIPLÔME DE CHARLES II,

Assignant à Pierre d'Allamanon, évêque de Sisteron, chargé de la construction de l'église et du couvent de Saint-Maximin, un traitement de quinze sous par jour. — 13 novembre 1295.

KAROLUS SECUNDUS, Dei gratia rex Jerusalem et Sicilie etc., Senescallo Provincie et Forcalquerii, tam presenti quam futuris etc. NOLENTES venerabilem in Christo patrem *P(etrum), Sistaricensem episcopum*, dilectum consiliarium nostrum, in nostris serviciis expensis propriis laborare; volumus, et fidelitati vestre precipimus, quatenus, *tempore illo quo in serviciis operis constructionis ecclesie et domorum loci Sancti Maximini, ad quod ipsum et priorem ejusdem loci prepositos in solidum ordinavimus, vacaverit*, expensas eidem episcopo de pecunia nostre curie, que per manus vestras, seu cujuscunque officialium nostrorum, extiterit, ministretis, ad rationem de solidis quindecim coronatorum per diem; expensas similes ministrantes eidem, quotiens idem episcopus, ad requisitionem cujuscunque ex vobis, in aliquibus aliis nostris serviciis laborarit. Apodixas de hiis que dederitis recepturi. Mandato vel ordinatione in contrarium non obstante. Presentes autem literas originales, postquam eas quilibet vestrum inspexerit, prout et quantum fuerit oportunum, (et) in publicam formam redigi feceritis, ad cautelam, prefato episcopo volumus remanere, aput vestrum singulos vigorem similem habituras. Datum Rome? per Bartholomeum de Capua, militem, regni Sicilie prothonotarium, et magne nostre curie magistrum rationalem, anno domini M°CC°XCV°, die XIII. mensis novembris, IX° indictionis, regnorum nostrorum anno XI°

Arch. dép. des B. du Rh. Reg. B. 1369. fol. 123.

V.

DEUXIÈME DIPLÔME DE CHARLES II,

Attestant qu'il a acheté et donné aux Dominicains de Saint-Maximin la bibliothèque de son fils Louis, évêque de Toulouse. — 16 mars 1298.

KAROLUS SECUNDUS, Dei gracia rex Jerusalem et Sicilie, ducatus Appulie et principatus Cappue, Provincie et Forcalquerii comes, Senescallo Provincie, fideli suo, graciam suam et bonam voluntatem. CUM PRO PRECIO *quorumdam librorum legatorum* religiosis viris fratribus Petro Scarreni et Francisco Bruni de Apta, ordinis Minorum, *per bone memorie Lodoycum, natum nostrum, olim episcopum Tholosanum, emptorum per nos a fratribus ipsis, et datorum viris religiosis fratribus predicatoribus loci beate Marie Magdalene de Sancto Maximino*, in libris ducentis triginta una coronatorum, eisdem Fratribus Minoribus teneamur, et mandemus eis exinde per Mancipum, ebreum de Aquis, pedagerium pedagiorum Digne et Valansolie, ac gabellotum jurium et reddituum curie de Stoblono, de peccunia scilicet per eum proinde curie nostre debita, in festo Assenssionis Domini primo futuro, et ab eodem festo in antea ; fidelitati tue precipimus, quatenus, si contingeret quod idem Mancipus in exhibitione dicte pecunie, tunc temporis, difficultatem ingereret, negligenciam vel defectum, tu eum ad satisfactionem integram et debitam, presencium auctoritate, compellas. Datum Aquis, per magistros racionales magne curie nostre, anno domini M°CC°XCVIII°, die XVI° marcii, XI° indictionis, regnorum nostrorum anno XIV°.

Ibid. Reg. B. 1369. fol. 156 v°.

VI.

TROISIÈME DIPLÔME DE CHARLES II,

Renouvelant l'assignation faite à Pierre d'Allamanon, qui dirigeait la construction de l'église de Saint-Maximin. — 13 mai 1298.

Karolus secundus, Dei gratia rex Jerusalem et Sicilie, ducatus Apulie et principatus Capue, Provincie et Forcalquerii comes, Senescallo Provincie et Forcalquerii, presenti et futuris, fidelibus suis, gratiam suam et bonam voluntatem. Dudum vobis nostras direximus litteras in hec verba : — Karolus secundus... Nolentes venerabilem... *(V. ci-dessus n° IV).* — Volentes autem predictum mandatum nostrum in sua persistere firmitate, fidelitati vestre precipimus quatenus, *quotiens dictum episcopum in serviciis operis construccionis ecclesiarum et domorum locorum Sancti Maximini et beate Marie de Nazaret, de Aquis,* vel ad mandatum et requisitionem pro parte curie nostre, in ejusdem curie nostre serviciis, *vacare contingerit*, pro tempore vacationis ejusdem, expensas exhiberi mandetis. Apodixas de hiis que exhiberi feceritis recepturi. Mandato contrario non obstante. Presentes autem literas remanere volumus presentanti, postquam eas videritis, quantum fuerit oportunum. Datum Aquis, per magistros rationales magne nostre curie, anno domini M°CC°XCVIII°, die XIII. maii, XI° indictionis, regnorum nostrorum anno XIV°.

Ibid. Reg. B 1369. fol. 123.

VII.

QUATRIÈME DIPLÔME DE CHARLES II,

Ordonnant au Sénéchal de Provence de prendre sur les biens du
Trésorier les sommes affectées à la construction de l'église
de Saint-Maximin, indûment retenues par lui. —
20 septembre 1303.

Karolus, Dei gratia, Jerusalem et Sicilie rex, Riccardo de Gambatesa, militi, comitatuum nostrorum Provincie et Forcalquerii Senescallo, dilecto consiliario, familiari et fideli nostro, gratiam et bonam voluntatem. Novissime ad notitiam nostram fide digna insinuatio pertulit, quod, licet olim, per diversas vices, processerint a nobis et *provisiones et ordinationes quamplures, pro opere scilicet ecclesie Sancti Maximini, et necessitatibus fratrum in illa degentium*, Bonacursus tamen de Tecco, de societate Bardorum de Florentia, receptor fiscalis pecunie in partibus istis, non veritus voluntati nostre in hac parte dare se obvium, tot anfractus, tot impedimenta, tantaque obstacula, variarum scilicet difficultatum et defalcationum ingessit in illis solvendis, et ingerit, quod *prosecutio dicti operis sepe perinde intermissa est, magnosque passa defectus, dictique fratres multiplici propterea necessariorum inopia sunt oppressi*; ne, sicut insinuatione predicta interjectum est, quantumcumque per priorem dictorum fratrum habitus ad te propterea fuisset recursus, tuque nitereris et velles ea reprimere, nequaquam tamen in hoc jamdictus Thesaurarius parere tibi voluit, nec omisit quin pro sua prava voluntate se haberet in illis. Cum itaque non mediocriter hec sed admodum moleste feramus, cum, *etsi ceteras ecclesias, venerabiles utique (Dei) domos, sincero et caritativo, ut debemus, affectu prosequimur, speciaiori tamen ad prememoratam ecclesiam Sancti Maximini, utpote manuum nostrarum opus, proechamur*; providimus, et expresse tibi, sub pena gratie nostre, precipimus, ut certificatus statim a priore jamdicto, etiam et aliter, si et prout expedierit, de toto eo quod de provisionibus et assignationibus factis per nos ecclesie fratribusque predictis, tentum et defalcatum seu diminutum est hucusque qualitercumque per prefatum thesaurarium, contra tenorem litterarum nostrarum, de predictis provisionibus et assignationibus indultarum, et quod proinde restat solvendum, immediate illud de bonis ipsius thesaurarii exigas, et exactum dicto priori exhibeas et exolvas. Et quia, considerato per nos quam graviter, et contra voluntatem nostram, in istis excesserit, visum est quod non sufficiat ea pena, sed gravius ab illo tanti excessus ultio exigenda est; iterato tibi expressius quoque precipimus, ut statim, ultra id, exigas ab eo mille libras currentis nunc in partibus ipsis monete; compulsurus eum proinde per bona ejus quelibet, etiam per personam, si videris expedire; exactasque dicto priori similiter persolvas, in opere prefate ecclesie convertendas. Non ignorans quod ecce scribimus ipsi priori, ut incontinenti te adeat, totam eam pecuniam a te integraliter recepturus, et rescripturus nobis per litteras suas qualiter fueris presens mandatum nostrum executus. Et nisi effective illud compleceris, mandabimus, prout jam concepimus, totam pecuniam ipsam facere de terra et bonis tuis citra existentibus exigi et haberi. Propter quod, in te est eligere, ac facere, utrum malis eam de tua proprio solvere, an a predicto thesaurario exigere, dictoque priori, ut premittitur, exhibere. Datum Averse, die XX^a septembris, IIe indictionis.

Ibid. Reg. R. 265. fol. 153.

VIII.

CINQUIÈME DIPLÔME DE CHARLES II,

Modifiant le précédent, et imposant au Trésorier une amende de deux cents livres, au profit de l'église de Saint-Maximin.—
12 décembre 1303.

Karolus, Dei gratia Jerusalem et Sicilie rex, Riccardo de

Gambatesa, militi, comitatuum Provincie et Forcalquerii Senescallo, etc. OLIM TIBI per alias nostras litteras scripsisse recolimus per hec verba : — Karolus... Novissime ad notitiam nostram... (*V. ci-dessus, n° VII*).—Nuperrime autem, certa nos commovente causa, voluntatem circa premissa mutantes, fidelitati tue precipimus, ut si nondum predictas litteras nostras executus es, bene quidem ; si vero jam executus esses, vel cepisses exequi, totam executionem ipsam, seu id totum quod de illa factum est, quantocius, litteris ipsis nequaquam obstantibus, studeas in irritum revocare. Verumtamen, cum nolimus prememoratum Bonnacursum, si quomodolibet de premissis culpabilis est, impune de culpa ipsa transire, providimus, et volumus, ac fidelitati tue precipiendo mandamus, ut si commisit in predictis solutionibus, quas facere habuit, contumaciam, vel difficultatem, aut defalcationem aliquam, *et si propterea prosecutio predicti operis dilata sit, vel aliquem passa defectum, exigas statim ab eo, in penam contumacie et culpe hujusmodi, libras tantum ducentas; et exactas solvas priori predicto, concertendas in opere ecclesie supradicte;* ipsum proinde omni cohertione quam expedire videris compulsurus. Cauturus etiam ut cum de hoc tue specialiter conscientie ac fidei incumbamus, ita in exquirendo exinde ipsam veritatem te habeas, quod non desit quin scias illam ; quin etiam, ubi protactus casus dederit, sequatur pene exactio supradicte. Datum Averse, XII° decembris, II° indictionis.

Ibid. Reg. B. 265. fol. 153.

IX.

PREMIER DIPLÔME DU ROI ROBERT,

Réglant que les 250 livres annuelles assignées au couvent de Saint-Maximin, lui seraient payées par le clavaire de ladite ville.— 21 février 1320.

ROBERTUS, Dei gratia, rex Jherusalem et Sicilie, ducatus

Apulie et principatus Capue, Provincie et Forcalquerii ac Pedemontis comes, Senescallis ipsorum comitatuum Provincie et Forcalquerii, et clavariis Sancti Maximini, presenti et futuris, fidelibus suis, gratiam suam et bonam voluntatem. Dudum religiosis conventus Fratrum Predicatorum in Sancto Maximino litteras nostras concessimus continentie infrascripte : — Robertus... Per litteras... (*V. Faillon, to. II, num. 125*). — Noviter autem, pro parte prioris et conventus loci predicti, fuit nobis humiliter supplicatum, ut cum predicte promissionis solutio, juxta prescriptarum litterarum tenorem, per predictos nostros Provincie et Forcalquerii thesaurarios fuerit, ut predicitur, facienda, et jamdiu thesaurarii in comitatibus ipsis per nos non fuerint ordinati, ac predicta peccunia sit eis continue opportuna, mandare de provisione ipsa satisfieri eis per clavarios dicte terre Sancti Maximini benignius dignaremur. Nos igitur, ne dicti prior et conventus in hiis propterea defectum aliquem patiantur, ipsorum supplicationibus benignius duximus annuendum. Resignatis igitur in curia vestra predictis originalibus litteris, quarum tenor prescribitur, quas jussimus lacerari, volumus et fidelitati vestre, presentium tenore, mandamus quatinus dictis priori et conventui, vel ipsorum pro eis procuratori seu nuntio, pro vita et sustentatione ipsorum, prefatas libras ducentas quinquaginta dicte monete, tu scilicet presens clavarie, pro preterito tempore quo satisfaciendum est eis exinde usque nunc, de quo per dictos thesaurarios nostros certificari procures, et deinde, tam tu quam vos alii successive futuri clavarii, officii vestri temporibus, anno quolibet ex nunc in antea numerando, imperpetuum, de peccunia jurium et reddituum prefate clavarie Sancti Maximini, et, si peccunia ipsa non sufficeret, id quod defuerit, de aliis juribus, redditibus et proventibus curie nostre dicto loco vicinis, que per manus vestras fuerint, sine difficultate qualibet, solvere et exhibere curetis; et recipiatis de hiis que solveritis, suis vicibus, appodixas. Vosque Senescalli, tam presens quam successive futuri, non impediatis in aliquo satisfactionem eamdem ; immo, compellatis ad id, si et prout opus fuerit, clavarios supradictos.

Ordinatione, seu mandato aliquo huic forte contrario, nostro vel
ulterius cujuscumque, et eo nostro precipuo de tota pecunia dicto
clavarie officii nostris in dictis comitatibus Provincie et Forcalquerii thesaurariis assignanda, executioni presentium non obstante. Presentes autem litteras, post opportunam inspectionem
earum, ipsarum transumpto per vos in publica forma recepto,
presentanti remanere volumus, pro cautela, efficaciter in antea
valituras. Datum Avinione, in camera nostra, anno domini
M.CCC.XX., die XXI. februarii, tertie indictionis, regnorum
nostrorum anno XI°.

Arch. dép. des B. du Rh. B. 667. Copie de l'année 1499.

X.

DEUXIÈME DIPLÔME DU ROI ROBERT,

Défendant de recevoir à Saint-Maximin des religieux qui ne seraient pas d'une vie exemplaire, d'un âge mûr, et d'une parfaite
régularité. — 6 avril 1321.

Robertus, Dei gratia, rex Jherusalem et Sicilie, ducatus Apulie
et principatus Capue, Provincie et Forcalquerii ac Pedemontis
comes, religiosis et honestis viris priori et conventui fratrum
monasterii nostri sancte Marie Magdalene de Sancto Maximino,
ordinis Predicatorum, dilectis et devotis nostris, gratiam et bonam voluntatem. AD ORDINEM VESTRUM predictum habentes
specialem benignitatis affectum, *eo ad prefatum monasterium
vestrum, quod opus est manuum clare memorie reverendi domini
patris nostri Jherusalem et Sicilie regis illustris, nostrarumve,
efficacius ipsius nostre benignitatis trahitur plenitudo quo ferventius ad beatam Mariam Magdalenam, et alios sanctos quorum
reliquie ibidem requiescunt, nostre devotionis prevehitur spiritus,
ac tota spes in ipsorum beate et sanctorum suffragiis conquiescit.*
Hujus itaque devotionis instinctu commoniti, ipsum monasterium

cupientes de sui status tranquillitate letari, et insueta quavis
conditione minime perturbari, volumus, et vestre religiositati
mandamus expresse, ut consuetudinem recipiendi fratres in
ipso monasterio, a fundatione ipsius usque nunc productam,
quam ex voluntate prefati domini patris nostri processisse veri-
similiter opinamur, cui nostri desiderii, semper extitit nostrum in
omnibus conformare, tenaciter observantes, neminem in fratrem
ejusdem monasterii, nisi ei bone conversationis et vite, mature
etatis, vel religiositatis honeste merita suffragentur, sub pena
gratie nostre, aliqualiter admittatis; ut, sicuti affectamus, maturorum religiosorum claustralis conversatio in monasterio ipso
vigeat et clarescat. Datum Avinione, anno domini M.CCC.XXI.,
die VI. aprilis, IIII° indictionis, regnorum nostrorum anno XII°.

Ibid. B. 8. Reg. Liridi, fol. 32.

XI.

PREMIER DIPLÔME DE LA REINE JEANNE,

Révoquant une donation faite au préjudice des religieux
de Saint-Maximin. — 8 avril 1348.

JOHANNA, Dei gratia, regina Jerusalem et Sicilie, ducatus
Apulie et principatus Capue, Provincie et Forcalquerii ac Pedemontis comitissa, clavariis curie nostre Sancti Maximini, presenti scilicet et futuris, fidelibus suis, gratiam et bonam voluntatem. PRO PARTE PRIORIS et conventus fratrum predicatorum
ecclesie beate Marie Magdalene de loco predicto, habuit supplex
expositio nobis facta, quod olim clare memorie *dominus Carolus
secundus, Jerusalem et Sicilie rex illustris, ecclesie predicte, ob
honorem ejusdem beatissime Marie Magdalene, per quam suorum
vota precaminum extitit in suis agendis omnibus fine laudabili
assecutus, habens specialis devotionis affectum,* pro vita et sustentatione fratrum conventus predicti, de ducentis quinquaginta

libris coronatorum, percipiendis per eos, annis singulis per imperpetuum, super proventibus, juribus et redditibus bajulie seu clavarie Sancti Maximini predicti, eisdem pia largitione providit. Cujus provisionis perceptionem inclite recordationis rex Robertus, avus noster et dominus reverendus, patris inherendo vestigiis, et revolvens fervore animi quanta magnalia ipsius beatissime virtus ingens operata extiterit, tam in suum dominum genitorem, quam in eum, quem mundi machina predicabat regalis solii dignitate excelsum, per suas patentes litteras predictis fratribus et conventui gratiosius confirmavit. Qui fratres et conventus annis quinquaginta duobus, et pluribus, elemosinaria perceptione hujusmodi liberaliter fuerunt, sine quavis contradictione, potiti. Nuper autem nos ad proavitam concessionem predictam, et confirmationem avitam subsecutam, digna memoria futuris temporibus recensendas, advertentiam non habentes, quosdam redditus atque jura, qui per clavarios nostros inibi procurantur, et de quibus dictis ducente quinquaginta libre dictis fratribus et conventui, annis singulis, pro vita et sustentatione, sicut pretangitur, eorumdem temporum decursis curriculis satisfieri consuevit, Amelio Gassoli, fideli nostro, suorum servitiorum obtentu, litterarum nostrarum vigore, percipienda concessimus, in fratrum et conventus predictorum grande prejudicium et importabile detrimentum. Ob quod fuit majestati nostre humili supplicatione subjunctum, ut fratribus et conventui supradictis, *in reverentiam predicte beatissime Magdalene, cujus corpus in dicta requiescit ecclesia, et cui, ut animabus eorumdem progenitorum nostrorum misereatur Altissimus, horis continuis per orationum suffragia famulantur*, providere de oportuno remedio misericorditer dignaremur. Nos igitur, que venerabili ecclesie memorate, ex speciali devotione afficimur, et illi ad impartienda grata subsidia mentis piis affectibus excitamur, nolentes fratres ipsos et conventum proavitis et avitis gratiis aliqua ratione excludere, set eos illis ab inde continuis perceptionibus congaudere; volumus, et vobis, de certa nostra scientia, presentium tenore, mandamus expresse, quatenus, non obstantibus quibuscumque exequtoriis litteris ad petitionem dicti Amelii inde factis, vel exequtione, si qua forsan extiterit subsequta, dictam largitionem concessam et prestari solitam, usque ad quantitatem eandem, eidem conventui, successivis temporibus, et ut consuetum est hactenus, absque impedimento aliquo, vestrorum officiorum temporibus, assignetis, et de hiis que assignaveritis inde recipiatis ydoneam apodixam. Presentibus, ipsarum tenore penes vos, ut expediens fuerit, in publica forma retento, pro cautela, remanentibus presentanti, efficaciter in anthea valituris. Datum Avinione, in camera nostra, anno domini M.CCC.XLVIII., die VIII° aprilis, prime indictionis, regnorum nostrorum anno VI°.

Arch. dép. des B. du Rh. B. 3. Reg. *Crucis et potentie*, fol. 24.

XII.

DEUXIÈME DIPLÔME DE LA REINE JEANNE,

Agréant l'élection de Guillaume de Saint-Blaise au prieuré de Saint-Maximin. — 21 janvier 1372.

JOHANNA, Dei gratia, regina Jerusalem et Sicilie, ducatus Apulie et principatus Capue, Provincie et Forcalquerii, ac Pedimontis comitissa, venerabili et religioso viro *fratri Guillelmo de Sancto Blasio, de Nicia, ordinis Predicatorum, sacre theologie magistro,* fideli devotoque oratori nostro, gratiam et bonam voluntatem. VACANTE NOVITER, in dictis comitatibus nostris Provincie et Forcalquerii, *prioratu regalis monasterii seu conventus nostri Sancti Maximini,* dyocesis Aquensis, de ordine Predicatorum, sub famulatu et obsequio beate Marie Magdalene specialiter deputato, *per promotionem venerabilis et religiosi viri fratris Rochasalve de Soleriis, consiliarii, cappellani, et familiaris nostri, ad majorem ecclesiam Niciensem;* nos, ad laudabile et fide dignum testimonium quamplurium religiosorum venerabilium, et nobilium aliorum nostrorum fidelium, comitatuum eorumdem, et specialiter viri magnifici Nicolai Spinelli de Juvenacio, legum doctoris, et ipsorum comitatuum Senescalli, ac Cancellarii regni nostri Sicilie, necnon vicarii et conventus monasterii prelibati, fidelium et devotorum oratorum nostrorum, Serenitati nostre perhibitum, per eorum litteras nostro conspectui reverenter et humiliter presentatas, de probitate et honestate, scientia, sufficientia, moribus et virtute tuis; nec minus ad devote supplicationis instantiam per te nobis propterea interjecte; Nominationem seu electionem de te factam ad hujusmodi prioratus officium dicti monasterii seu conventus Sancti Maximini, ac illius regimen, nomine et pro parte nostra, ad quos tanquam propagatam in personam nostram ex fundatione et dotatione dicti monasterii facta per progenitores nostros, ex specialibus privilegiis noscitur pertinere, tenore presentium approbantes; te in eodem prioratus officio atque regimine, secundum quod per clare memorie progenitores nostros illustres fieri, suis vicibus, consuevit; de certa nostra scientia, et speciali gratia, nostro scilicet beneplacito perdurante, harum serie, fiducialiter confirmamus. Sperantes et etiam intendentes, quod taliter in hujusmodi prioratus officii atque regiminis exercitio te gerere debeas, quod dictum monasterium, in spiritualibus et temporalibus, tui regiminis tempore, incrementa sentiet, et opus tuum, cum multo fame preconio, se in odorem pocioris commendacionis diffundat. Datum Neapoli, per virum magnificum Ligorium Zurulum de Neapoli, militem, logothetam et prothonotarium regni Sicilie, collateralem, consiliarium, et fidelem nostrum dilectum, anno domini M°CCC°LXXII°, die XXI° januarii, X° indictionis; regnorum nostrorum anno XXX°.— A. de Palmerio.

Arch du couv. de S. Max. Arm. 1. Sac. 4. Orig.

XIII.

TROISIÈME DIPLÔME DE LA REINE JEANNE,

Portant que le consentement royal pour le changement du prieur de Saint-Maximin devra, sous peine de nullité, être donné par lettres patentes, scellées du grand sceau.—21 août 1374.

JOHANNA, Dei gratia, regina Jherusalem et Sicilie, ducatus Apulie et principatus Capue, Provincie et Forcalquerii ac Pedemontis comitissa. TENORE PRESENTIUM notum facimus universis ad quos spectat et spectare poterit, earum seriem inspecturis, tam presentibus quam futuris, quod illorum preces libenter admittimus quorum votum rationi congruit, et a legalibus non discrepat institutis. Sicut continet noviter reverens expositio facta nobis, pro parte procuratoris et fratrum conventus nostri regalis monasterii sancte Marie Magdalene, ville Sancti Maximini, de comitatu nostro Provincie, ordinis Fratrum Predicatorum, devotorum oratorum nostrorum, quod, dum de consensu et beneplacito majestatis nostre, pro tempore positus, ordinatus et confirmatus est prior in monasterio seu loco predicto, quod de nostri proprii jure patronatus existit, non potest idem prior, neque debet, juxta indulta apostolica que clare memorie dominis progenitoribus nostris illustribus, atque nobis, concessa sunt in hac parte, a dicti prioratus administratione aliquathenus amoveri, absque ejusdem nostre magestatis beneplacito et assensu; qui quidem assensus per litteras nostras clausas, et secreto nostro anullo sigillatas, interdum a serenitate nostra, ex inadvertentia quadam, et fortasse absque rationabili causa, ad falsi suggestionem, possent de facili obtineri, in detrimentum dicti monasterii, prefatique prioris prejudicium et gravamen; cum tamen dicti prioris amotio, in quantumcumque pro utilitate et expedientia ipsius monasterii forsan procederet, absque tamen informatione plenaria habenda per nos de causa amotionis ipsius, fieri aliquathenus non debbet. Super quo nostre consulte provisionis remedio suppliciter implorato, nos attendentes quod, cum electioni et ordinationi de ipso priore factis, pro tempore, nostra magestas assensum prestitit, assensum ipsum et beneplacitum per patentes litteras magno pendenti sigillo munitas, et aliis opportunis solennitatibus, juxta solitum morem nostre curie, expressius declaravit, quod etiam in amotione hujusmodi prioris esse servandum conveniens fore cernimus; cum nil sit tam naturale quam unumquodque dissolvi eo vinculo quo ligatur, et ea ad destruendum requirantur de jure quo ad construendum opportuna esse censentur, quodque corporalia facilius destruantur quam etiam construantur, spiritualia vero facilius construantur quam destruantur. Propterea, cum consulta deliberatione nostri consilii, de ipsa certa scientia, harum serie providemus quod, *ex nunc in antea, quevis littere faciende per nos, ad cujusvis persone instantiam, super hujusmodi consensu et beneplacito nostro in amovendo et surrogando priore jam dicto, nisi facte appareant in patenti pagina, sub sigillo nostro pendenti, et subscriptione manus proprie logothete et prothonotarii, seu viceprothonotarii regii nostri, ac locum tenentis ejus,* sub qua patenti forma supponimus illas..., nullathenus admittantur, vel quomodolibet audiantur; sed *censeantur et habeantur incalide,* tanquam procedentes contra nostre mentis propositum, ex importunitate petentium forsitan, seu inadvertentia quadam... Datum in castro maris de Stabia..., anno domini 1374to, die XXIa augusti, XIIa indictionis, regnorum nostrorum anno XXXIIo.

Ibid. B. 29. Reg. Sagittarius, fol. 302.

XIV.

ORDONNANCE DU SÉNÉCHAL DE PROVENCE,

Contre les confréries qui célébraient leurs fêtes avec un grand fracas près du couvent de Saint-Maximin, au détriment des religieux. — 5 mai 1408.

Petrus Dacigne, miles, baronie Grimaudi et vallis Fraynoli dominus, regius comitatuum Provincie et Forcalquerii Senescallus, officialibus curie regie ville Sancti Maximini ad quos spectat, presentibus et futuris, et cuilibet, vel loca tenentibus ipsorum, salutem et dilectionem sinceram. Pro parte prioris atque fratrum conventus Predicatorum dicte ville, fuit nobis expositum reverenter quod *quamplures et diverse persone dicte ville Sancti Maximini, que annuatim in dicta villa plures confratrias sunt facere consuete, potius ex quodam abusu illicito quam ex potestate, auctoritate, seu permissione aliqua, solemnitates aut festivitates dictarum confratriarum, tam in claustro quam in reffectorio ecclesie dicti conventus, cum tumultu maximo tam vociferantium quam instrumentorum, non sine impedimento divini officii, auctoritate propria faciunt, et de facto carnes et epulas in cimenterio, ante capellas dicte ecclesie, coquinando, et decoqui faciendo, et demum decoctas in illis tenendo, et distribuendo cuicunque, et illas in locis eisdem comedendo; licet, vetantibus statutis dicti conventus, carnes in eodem nunquam teneri audeant, nec comedi.* Quod est contra omne jus et debitum rationis, cum dictus conventus ab omnibus oppressionibus et honeribus sit exemptus; et hujusmodi talia in locis predictis Christi servitio deputatis, et potissime suorum sanctorum atque sanctarum reliquiis decoratis, debeant minime exerceri. Super quo, nostro provisionis remedio per ipsos exponentes suppliciter postulato, nos circa devotionem religionis hujusmodi venerande ecclesie manutenendam, et abusus illicitos in illius ceptis solitos, ut premittitur, fieri, extirpandos, ne ex talium geminatione possit turbari continuata religiosorum devotio, sed per illorum extirpationem necessariam continuari et augeri, merito intendentes, ipsorum exponentium petitionibus, tanquam justis et rationi consonis, benigniter annuentes; volumus et vobis, harum serie, cum deliberatione regii nobis assistentis consilii, regia auctoritate qua fungimur, districte precipiendo mandamus quatenus, tam vos presentes quam vos alii successive futuri officiales prefati, singulis annis, officiorum vestrorum temporibus, predicta illicita infra ceptum ecclesie, seu illius limites, de cetero fieri vetetis, et prohibeatis voce preconia, sub penis formidabilibus, vestro infligendis arbitrio, et a contra hujusmodi prohibitionem veniente, seu venientibus, ut justum fuerit extorquendis. Presentibus opportune inspectis, et debite excequtis, remanentibus presentanti. Datum Aquis, per egregium et nobilem virum dominum Johannem de Genoardis de Luca, legum doctorem, magne regie curie magistrum rationalem, consiliarium regium, mandato nostro locum tenentem majoris judicis comitatuum predictorum, anno domini M°IIII°VIII°, die v^a mensis madii, prime indictionis.

Ibid. Reg. B. 1384, fol. 24.

XV.

DIPLÔME DU ROI LOUIS II,

Approuvant la donation de Roquebrune, faite au couvent de Saint-Maximin par Geofroy le Meingre, dit le petit Boucicaut. — 10 février 1413.

LUDOVICUS SECUNDUS, Dei gratia, rex Jerusalem et Sicilie, ducatus Apulie, dux Andegavie, comitatuum Provincie et Forcalquerii, Cenomanie ac Pedemontis comes, universis presentes litteras inspecturis, salutem et dilectionem sinceram. CONSUEVIT PRINCIPIS CLEMENTIA ecclesias sue ditioni submissas beneficiis et gratiis temporalium augmentare, et aliquantulum rigoris tramitem avertere in diversis, ut ad Altissimo famulandum ferventius animentur, et astringantur pro susceptis preces fundere suppliciores. Sane nostre majestati, pro parte prioris et conventus ecclesie nostre Sancti Maximini, ordinis Predicatorum, cujus patronus dicimur, *extitit nudius expositum, quod spectabilis Gaufridus le Mengre, vulgariter dictus le petit Boucicaut,* in sui et suorum remissionem peccaminum et redemptionem animarum, *dominium, jus, partem portionis, proventus, census, redditus et possessiones, hominesque et emphiteotas, quos,* temporibus retrolapsis, percipiebat et *habebat in castro de Rocabruna,* prope Forojulium, ejusque territorio sive districtu, et singula que ad ipsius castri causam eidem pertinebant, et poterant videri pertinere, *eisdem priori et conventui, pro se et suis imperpetuum, dedit,* concessit et donavit, cum in talibus fieri consuetis solemnitatibus, prout in instrumento ipsius donationis plenius comperitur contineri; devota supplicatione subsecuta postulantes, ut ejusdem nostre majestatis presidio,... dictam factam donationem ob Dei (honorem), beateque ejus genitricis, ac ortodoxe Marie Magdalene, confirmare et ratifficare misericorditer dignaremur. (Nos eorum) audita supplicatione, ad dictam ecclesiam gerentes singularem devotionis (affectum), eamdem donationem dominii, juris, partis portionis, proventuum, (censuum), redituum, possessionum, hominum et emphiteotarum, sicut premittitur, per dictum Gaufridum factam, cum nostri nobis assistentis consilii deliberatione, harum serie, de certa nostra scientia, proprii motus instinctu, ratifficamus, emologamus et approbamus, etiamsi prescriptione, aut nimia retardatione prestationis homagii, aut recognitionis, tentionis et occupationis jurium predictorum, dicantur aut possint dici jura ipsa quomodolibet ad nostram curiam confiscata fuisse et devenia, jure majoris dominii quod in dicto castro habemus, ad causam nostrorum comitatuum Provincie et Forcalquerii, in quibus consistit; quas prescriptionem, nimiam retardationem prestationis homagii et recognitionis, ratifficationi, emologationi et approbationi predictis, si que fuerint, nolumus in aliquo derogare. Volentes, et earumdem presentium tenore dictis priori et conventui concedentes, quod dictos dominium, jus, partem, census, redditus, possessiones, hominesque et emphiteotas, possint in omnibus et valeant perpetuo habere, tenere et possidere, cum servitii seu oneris soliti prestatione, si quod sit, libere, immune, integraliter et ad plenum, modo, forma, et quemadmodum ipse Gaufridus donator, ante hujusmodi factam donationem, tenuit et possedit, tenereque debebat largius et habere, vendereque, commutare, permutare et alienare, prout eisdem melius ad utilitatem ipsius ecclesie, videbitur expedire. Mandantes propterea... Datum in castro nostro Andegavensi, per egregium militem Johannem Louveti, licenciatum in legibus, dominum de Aygaleriis, curie camere rationum civitatis Aquensis presidentem et judicem, consiliarium et fidelem nostrum dilectum, mandato nostro locum tenentem majoris judicis comitatuum predictorum Provincie et Forcalquerii, die X^a mensis febroarii, sexte indictionis, anno domini M.IIII^{c}XII., regnorum vero nostrorum anno XXX°.

Ibid. B. 9. Reg. *Armorum*, fol. 303.

XVI.

PREMIER DIPLÔME DE LA REINE YOLANDE,

Confirmant un accord intervenu entre les religieux de Saint-Maximin et la Commune. — 1er octobre 1417.

YOLANS, Dei gratia, regina Jerusalem et Sicilie, ducissa Andegavie, comitatuum Provincie et Forcalquerii, Cenomanie ac Pedemontis comitissa, bajula, tutrix et administratrix carissimi primogeniti nostri Ludovici, heredis universalis reverende memorie metuendissimi domini mei, necnon ceterorum liberorum nostrorum etate minorum, ac patrimoniorum et terrarum eorumdem, Senescallo, Judici majori, ceterisque officialibus, tam majoribus quam minoribus, necnòn Thesaurario nostro dictorum comitatuum nostrorum Provincie et Forcalquerii, et cuilibet, vel loca tenentibus ipsorum, prout ad eum spectaverit, fidelibus nostris dilectis, gratiam et bonam voluntatem. Retroprincipum nostrorum progenitorum laudanda vestigia, cum se casus exhibet, promptis imitamur affectibus, sed illa per que cultus reverentie divine status pacificus prospicitur, grata mentis affectione prosequimur, et ad gratias subditis propterea necessarias, cum postulantur, devotius inclinamur. Sane super jurgiis, rancoribus, odiis, debatis et questionibus pluribus que dudum inter Georgium Belli, tunc bajulum et capitaneum, sindicos, consilium ac homines, ex una, et fratres conventus predicatorum monasterii nostri ecclesie beate Marie Magdalene, ville nostre Sancti Maximini, ex altera partibus, exorta, et per actus subsequentes, sapientes invasiones et injurias, et alia gravamina hinc inde, ut ponebatur, acta, denuntiationes et inquisitiones plures contra dictos tunc bajulum, universitatem et homines, in nostra tunc parlamenti curia facte, formate, ac informationes recepte, et alias civiliter inter partes ipsas litigia mota fuerunt, propter prejudicium suorum privilegiorum et libertatum quod asserebatur; et aliter nudius, pro bono pacis, et pacifico ac tranquillo statu ipsarum partium, inter eas transactione, concordia et conventione firmatis, ut continetur in quibusdam instrumentis publicis, sumptis, scriptis et signatis, ut in eis legitur, manu et signo Petri Fresquerie, notarii publici ville ipsius, coram nobis in nostro consilio exhibitis et ostensis, quibus inter alia cavetur expresse quod prior ipsius ecclesie, seu *religiosus et venerabilis frater Garcias de Falcibus, ejusdem ordinis, sedis apostolice penitentiarius, capellanus honoris, et familiaris noster devotus*, promisit facere cum effectu quod nostra majestas, de cujus spe et fiducia summe confidit, omnes processus criminales et inquisitiones formatos et factos contra ipsos tunc bajulum et capitaneum, universitatem et homines ejusdem ville, necnon crimina, delicta, et penas, si que propterea per eos, aut eorum aliquem, in genere vel specie, commissa et commisse fuissent, et etiam latas que deberi possent nostre curie, aut per eam peti de quibuscumque clamoribus et petitionibus, ex criminalibus vel civilibus processibus propterea factis, hinc inde, remittet et mandabit cancellari eisdem; quodque ipsi prior et fratres duobus privilegiis eis per predecessores nostre majestatis concessis non utentur spatio quadraginta annorum; ita, quod propterea non prejudicetur ipsis privilegiis, sed, eo lapso temporis spatio, privilegia ipsa firma remaneant, et in statu quo erant ante ipsa jurgia et debata; quorum privilegiorum effectus est quod homines deputati ad consilium dicte ville, in introytu eorum officii, et antequam illud exerceant, singulis vicibus, in manibus nostri Provincie senescalli, si tunc ibi adesse contingerit, alias, in ejus absentia, super majus altare dicte ecclesie, presente priore illius, jurare debeant privilegia et jura dicti conventus tanquam fiscalia regia manutenere, deffendere et observare; nec alias eorum officia valeant exercere; et quod consilium, seu homines ad illud deputati, nichil in eorum consilio concludere, seu terminare possint, sine presentia prioris dicte ecclesie, seu ejus locum tenentis. Nos, intuitu dicte gloriose beate Marie Magdalene, ad quam singularem devotionem gerimus, ac pacifici et tranquilli status prioris et fratrum, et fidelibus nostris ejusdem ville, dignis etiam eorum meritis et fidelitate omni gratia et favore; nec minus ad hoc ut, eisdem priore et fratribus a talibus rancoribus et jurgiis liberatis, sine turbatione, magis assidue, ut decet, intendere valeant ad divina; nichilominus, *ad humilis supplicationis instantiam ipsius devoti capellani et familiaris nostri fratris Garcie*, nobis propterea facte, *qui non parcens sue persone laboribus et periculis, ad nostre majestatis presentiam huc de nostra Provincie patria se transtulit*, et pro premissis obtinendis, cum omni devotione, affectione et instantia intercessit; ut ipsi prior et fratres spe et fiducia nostris in premissis habitis frustratos se non inveniant, sed per illorum assecurationem jocundos; eisdem igitur Georgio, tunc bajulo et capitaneo, ac universitati et hominibus Sancti Maximini, omnia crimina et delicta, penasque, culpas et offensas, si quas forsitan incurrerint, aut incurrisse dici vel argui possent, conjunctim vel divisim, necnon latas, si que debeantur aut peti contingat, pretextu premissorum, aut incidentium, descendentium, emergentium et connexorum, harum serie, de certa nostra scientia, liberalitate mera, innata nobis clementia et gratia speciali, in quantum nostra curia tangitur, vel quomodolibet tangi potest, plene remittimus et misericorditer indulgemus; ab eisdem nichilominus abstergentes omnem et quamcumque infamie maculam, in eos vel eorum aliquem propterea forsitan irrogatam, eosque restituentes ad actus quoscumque legitimos, honores et officia, sic quod de cetero ad illos se inveniant habiles et capaces. Quantum vero ad promissionem factam per ipsos priorem et fratres de non utendo prenarratis duobus privilegiis, tempore et modo predictis, quam promissionem prefatus frater Garcias a nobis confirmari suppliciter postulavit; cum autem presentialiter ignoremus an nostre curie sit prejudicium, velne, super quo dum in dicta nostra Provincie patria fuerimus, informari et deliberare intendamus super hoc, antequam talis confirmatio eodem tempore per nos fiat; ideo, ipsarum tenore presentium, interim pendentibus nostris informatione et deliberatione hujusmodi, et alias nostro durante beneplacito, promissionem ipsam ratificamus et approbamus, non intendentes propterea juri ipsorum nostrorum privilegiorum in aliquo derogare. Quare volumus... Datum in castro nostro Andegavensi, sub sigillo nostro, per Johannem de Podio, de mandato expresso regine, consiliarium nostrum, fidelem dilectum, mandato nostro locum tenentem majoris judicis comitatuum nostrorum Provincie et Forcalquerii predictorum, die prima mensis octobris, XI° indictionis, anno domini M° CCCC° XVII°.

Arch. dép. des B. du Rh. B. 10. Reg. Crucis, fol. 18 v°.

XVII.

DEUXIÈME DIPLÔME DE LA REINE YOLANDE,

Renouvelant la défense de recevoir à Saint-Maximin des religieux trop jeunes ou trop peu observants, avec ordre d'éloigner ceux qui pourraient s'y être introduits. — 6 octobre 1417.

YOLANS, Dei gratia, regina Jerusalem et Sicilie... Senescallo dictorum comitatuum nostrorum Provincie et Forcalquerii, collaterali, consiliario, et fideli nostro dilecto, gratiam et bonam voluntatem. RATIO NATURALIS exigit, et divina providentia ammonet ut persone honestate, devotione ac virtutibus adornate, aliisque (meritis) exemplares, locis sacris et devotis ac eorum regimini deputentur, ut per hoc actus sic deputandorum devotioni ipsorum locorum correspondeant, et in eis, ut decet, fides et devotio exemplariter augmententur. Sane, *dirigentes nostre considerationis intuitum ad venerabile monasterium nostrum regale sancte Marie Magdalene, cille nostre Sancti Maximini, ordinis Fratrum Predicatorum, et sacrum locum ejusdem ubi veneranda ipsius Sancte, diversorumque Sanctorum corpora, sub maxima devotione ac multis miraculis recondita requiescunt, ad quem de diversis mundi partibus infinitus gentium numerus confluit, causa devotionis loci ipsius,* in quo antiquitus maturorum virorum religiosorum, honestorum et devotorum, vigebat et clarebat claustralis conversatio, ut locus ipse sacer requirit, ac docet laudanda ordinatio per serenissimum clare memorie dominum Robertum, ab olim dictorum regnorum regem et comitatuum comitem, in Avinione facta sub anno domini M°CCC°XXI°, die sexta aprilis, quarte indictionis, regnorum suorum anno duodecimo; et a certo temporis citra cursu, in conventu ejusdem monasterii, ut a multis percepimus, et satis nobis innotuit, religiosi etate juvenes, vagi, discoli, ac minus ut deceret ydoney et honesti, passim admitti consueverunt, ex quorum admissione, honesti et devoti religiosi divinumque officium sepe turbantur, populi devotio, et ipsius loci visitatio minuitur, et ipse conventus in suffragiis, edificiis, ac suis juribus, patitur, nec immerito, detrimentum. Nos igitur, ob devotionem quam, more laudabili predecessorum nostrorum, ad ipsam Sanctam suumque sacrum locum singulariter gerimus, in hoc cupientes debito et salubri remedio provideri; tibi de quo plurimum confidimus, harum tenore, de certa nostra scientia, committimus et mandamus quatenus ad ipsum nostrum monasterium regale, et conventum ejusdem, visis presentibus, et alias quotiens expedierit, et tibi videbitur, ac per sindicos ipsius ville fueris requisitus, te personaliter conferens, illud visitare, teque de regimine illius, ac conditione et moribus religiosorum qui nunc sunt, et pro tempore fuerint ibidem, cum omni cura et diligentia informare debeas et procures; et si quos fratres religiosos inibi repereris vite indebite, ac minus honestos et ydoneos, aut alias non admissos secundum laudabilem ordinationem prefati domini regis Roberti, eos, cujuscumque status, gradus, officii aut conditionis existant, excepto priore, per superiorem ipsorum, quem a te super hoc requiri volumus, a dicto monasterio et conventu alibi transferendos ejici, et de aliis honestis, devotis et maturis religiosis, juxta ordinationem prelactam, quam ad unguem servari jubemus, provideri, et alia circa premissa oportuna et necessaria fieri facias; ad hoc ut cesset ibidem turbatio, divinumque officium, ac devotio ipsorum religiosorum ipsi sacro loco correspondentium, visitatio et confluentium devotio, et ipse sacer locus in suffragiis, edificiis et juribus suis, debite augeantur. Et ubi per superiorem ipsorum fratrum religiosorum, in providendo de aliis religiosis fratribus adesset morositas, palliatio seu deffectus, tu, auctoritate nostra, in hoc provideas, ut melius noveris expedire; vices nostras ad hoc tibi totaliter committentes. Presentes autem litteras, post earum oportunam exhibitionem, penes ipsos sindicos remanere volumus, pro cautela. Datum in castro nostro Andegavis, sub nostro proprio sigillo, per venerabilem Johannem de Podio, dominum de Roca Sancti Quintini, consiliarium et fidelem nostrum dilectum..., anno domini M°CCCC°XVII°, die sexta mensis octobris, undecimo indictionis.

Ibid. B. 10. Reg. *Crucis*, fol. 17 v°.

XVIII.

TROISIÈME DIPLÔME DE LA REINE YOLANDE,

Donnant à Garcias de Falcibus, vicaire de la Sainte-Baume, le greffe de Saint-Maximin et ses revenus, avec la faculté de déléguer un notaire pour tenir cet emploi. — 8 mars 1418.

YOLANS, Dei gratia, regina Jerusalem et Sicilie... venerabili religioso viro *fratri Garcie de Falcibus, vicario de Balma beate Marie Magdalene, cappellano et familiari, ac devoto oratori nostro*, gratiam et bonam voluntatem. PROPTER GRATA et accepta servitia per te majestati nostre diutius prestita fideliter et impensa, non sine persone tue periculis, fatigationibus et expensis, queve prestas ad presens, et speramus de bono in melius te laudabiliter prestiturum, ex quibus movemur apud te nostre retributionis gratiam merito vendicare, tibi in aliqualem premissorum retributionem, nec minus ex certis considerationibus et motivis animum nostrum ad pia et devota moventibus, officium notarie curie nostre ville Sancti Maximini, et ejus bajulie sive districtus, cum emolumentis, ac honoribus, et omnibus ad illud pertinentibus, ac consuetis et debitis, ad vitam tuam, harum serie, de certa nostra scientia et speciali gratia, damus et concedimus, ac de illo liberaliter providemus. Cum potestate in eodem officio statuendi et deputandi, loco et nomine tui, singulis annis, unum sufficientem et ydoneum notarium qui, prestitis in camera nostra fidejussoribus, juxta solitum, ipsum notarie officium, in observatione privilegiorum et libertatum dicte ville, regere et exercere habeat, sicut decet; de cujus deffectibus ipsi deputantes specialiter teneantur. Quem, seu quos, a te, ut premittitur, ad promissa deputandos, ad ipsum officium recipi volumus, ac si per nos et nostras litteras essent annuatim deputati. Quacumque provisione alteri cuicumque facta, seu in antea facienda de dicto officio, sub quacumque forma et expressione verborum, in aliquo non obstante. Quare, volumus et tibi, ipsarum tenore presentium, de ipsa certa nostra scientia, expresse mandamus quatenus, ab inde in antea, singulis annis, per deputandum seu deputandos a te notarios ydoneos et sufficientes, ad honorem et fidelitatem nostram, bonumque statum et prosperum subditorum nostrorum dicte ville, et ejus bajulie sive districtus, cum observatione constitutionum seu statutorum editorum pro bono statu illorum fidelium, ac capitulorum spectantium ad ipsum notariatus officium, exercere facias fideliter, sicut inde ipsos notarios fidejubere ydonee volumus, et juramentum prestare penes rationales et archivarios camere nostre aquensis; quam fidejussionem per eos, vigore presentium, recipi jubemus et volumus, juxta formam solitam, ut premittitur, quod possint propterea merito commendari. Ecce namque universis et singulis bajulo et hominibus dicte ville, et ejus bajulie sive districtus, damus, earumdem tenore presentium, in mandatis, ut ipse bajulus, seu ejus locum tenens, qui nunc est, vel pro futuro tempore fuerit, ipsos per te deputandos notarios ad ipsum officium admittat et recipiat, ac in eodem, ut expedit, tractet favorabiliter, ac te emolumentis ipsius officii gaudere permittat, vita tua, ut premittitur, perdurante; ipsique homines, in his que ad dictum officium spectant et pertinent, ipsis a te deputandis notariis pareant, obediant efficaciter et intendant. In quorum fidem, presentes nostras litteras fieri, et nostro secreto sigillo jussimus communiri. Datum in castro nostro Andegavensi, per circumspectum virum Johannem Porcherii, canonicum Rothomagensem, consiliarium nostrum, fidelem dilectum, mandato nostro signantem in absentia majoris judicis dictorum comitatuum nostrorum, die VIII^a mensis martii, anno domini M°IIII°XVIII°, undecime indictionis.

Ibid. B. 10. Reg. *Crucis*, fol. 55.

XIX.

QUATRIÈME DIPLÔME DE LA REINE YOLANDE,

Donnant son approbation à l'élection du B. André Abellon,
prieur de Saint-Maximin. — 20 octobre 1419.

YOLANS etc. et Ludovicus rex antedictus, venerabili et religioso viro fratri Bartholomeo Texerii, in sacra pagina professori, priori provinciali provincie nostre Provincie, ordinis Fratrum Predicatorum, devoto oratori nostro, gratiam etc. INVITAT NOS INSTINCTUS NATURALIS et ratio persuadet, illorum honorem honeste perquirere et comoda procurare, quos morum honestas, vite virtus et scientia comprobant, ac devotionis et fidei sinceritas laudanda commendat. Sane, *vacante prioratu venerabilis conventus ac regalis monasterii beate Marie Magdalene ville nostre Sancti Maximini, ordinis predicatorum, propter liberam et spontaneam resignationem de illo in manibus vestris per magistrum Jacobum Guichardi, olim priorem dicti conventus, factam, nostro super hoc prius implorato et obtento assensu,* ne diuturna vaccatione ipse conventus aut monasterium in suis juribus pateretur, *vicarius et fratres dicti conventus unanimiter et concorditer elegerunt, ad ipsius regimen et administrationem prioratus, venerabilem et religiosum virum fratrem* ANDREAM ABELLONI, *in sacra pagina magistrum, dicti ordinis et conventus,* ut de ejus electione constat litteris in consilio nostro per venerabilem et religiosum virum *fratrem Garciam de Falcibus, cappellanum nostrum dilectum,* productis et directis, nos in eisdem rogantes humiliter et requirentes, ut ipsi electioni de persona ipsius magistri Andree, ut predicitur, facto, assensum nostrum prebere, et illam, auctoritate apostolica, nobis in hac parte attributa, claudere et approbare, ac requirere et mandare per vos, eadem auctoritate apostolica, approbari et confirmari, benignius dignaremur. Et nos attendentes formam electionis ipsius, que, ut apparuit per litteras predictas et ut supra enarratas, canonice et concorditer de persona dicti magistri Andree facta fuit, nec minus personam ejusdem electi ad hoc, ut fide digno plurimorum testimonio didicimus, condignam, propitiam, et tam in spiritualibus quam etiam temporalibus fore expertam; ideo ipsorum vicarii et fratrum conventus ipsius monasterii supplicationibus et requisitionibus inclinati, prefate electioni nostrum prebemus assensum, illam tanquam canonice factam de persona ydonea, sufficienti, et ad id propitia, presentium tenore, auctoritate predicta laudamus, et approbationis nostre munimine roboramus. Vos exhortantes, ipsarum serie presentium, ut ipsum magistrum Andream electum, et per nos, ut predicitur, laudatum et approbatum, ad ipsum prioratum, cum plena administratione, juxta formam hactenus consuetam et debitam, velitis confirmare et pariter approbare; de confirmatione et approbatione exinde fiendis sibi vestras litteras opportunas concedendo. Datum in civitate nostra Aquensi, per Pontium Cayssii, licenciatum etc., die vigesima octobris, XIII° indictionis, anno domini M.CCCC.XIX.— Per Reginam et Regem. P. de Rosseto.—Gratis, de mandato Regine.

Arch. dép. des B. du Rh. Reg. B. 271. fol. 88 v°.

XX.

CINQUIÈME DIPLÔME DE LA REINE YOLANDE,

Contenant la donation du bourdigue de Berre, sur lequel elle avait déjà assigné des fonds, pour l'entretien de cinq religieux à la Sainte-Baume.— 9 février 1423.

YOLANS, Dei gratia, regina Jerusalhem et Sicilie.., ac domina baronie de Berra, vicario, bajulo, clavario, ac etiam officialibus ville ac baronie nostre de Berra, ad quos spectat, cuilibetque, ac ipsorum loca tenentibus, fidelibus nostris dilectis, gratiam et bonam voluntatem. LICET, PRO SUSTENTATIONE quinque sacerdotum qui in celebri loco de Balma, ordinis Predicatorum, ad ordinationem nostram tenentur celebrare assidue, ac ibidem assiduis orationibus apud Deum intercedere pro felici statu et votiva directione agendorum nostrorum, et incliti primogeniti nostri predicti Ludovici tertii, ac pro salute animarum tam domini mei regis Ludovici secundi et viri reverendi, bone memorie, quam successorum nostrorum, *dederimus et assignacerimus devotis nostris priori conventus ville nostre de Sancto Maximino, et vicario dicti sacri loci de Balma, florenos auri ducentos*, habendos et percipiendos per manus nostri clavarii, videlicet, *centum super cursoriis sive pasteryagiis certis territorii castri nostri de Ystrio, et alios florenos centum super burdigolo de Andrico, dicte nostre ville de Berra*, confrontato ab una parte cum dicta villa, et a parte alia cum salinis, et cum stagno Martici, parte ex alias, sub certis modis et formis latius expressis, contentis et declaratis in patentibus litteris nostris inde confectis, concessis priori et vicario supradictis; attamen, quia prefati prior et vicarius, ut sumus veridice informati, a clavario dicte nostre baronie dictas summas pecuniarum habere, singulis annis, nequeunt sine difficultate dampnosa. Nos igitur, considerantes quod parum valet alicujus operis inceptio, nisi suum finem debitum subsequatur, et volentes providere propterea taliter quod fratres ipsi, ob deffectum solutionis dictorum centum florenorum assignatorum super dicto burdigulo, venire ad nostre magestatis presentiam de cetero non cogantur; *dictum burdigulum prout superius confrontatum, cum omnibus juribus et pertinentiis suis*, dictis priori et vicario, ac eorum in eisdem prioratus et vicariatus beneficiis successoribus quibuscumque, *pro media portione substentationis dictorum quinque sacerdotum*, de certa nostra scientia, et proprii motus instinctu, *imperpetuum damus, donamus et concedimus per presentes*, habendum, tenendum et possidendum per prefatos donatarios et concessionarios, prout habebatur et tenebatur per nostram magestatem, libere et sine onere aliquali. De quo quidem burdigulo, juribusque et pertinentiis illius, prefatos

priorem et vicarium, pro se et suis predictis successoribus, per traditionem presentium investimus, nosque pro nobis, heredibus et successoribus nostris, ac nostram curiam, de eodem burdigullo spoliantes omnino. Et ut ipsi prior et vicarius, presentes et futuri, juxta intentionis nostre propositum, ipsius burdigoli, jurium ac pertinentiarum, ac emolumentorum illius, per nos ut premittitur donatorum, de cetero fructum debitum consequantur, fidelitatibus vestris, serie presentium, de dicta scientia certa nostra, sub obtentu nostre gratie, mandamus, districte injungentes quathinus, forma presentium dilligenter attenta, et in singulis suis partibus efficaciter observata, prefatos priorem et vicarium, seu eorum procuratores, in possessionem dicti burdigoli, juriumque et pertinentiarum illius, statim habitis presentibus, immittatis et inducatis, immissosque et inductos manuteneatis et deffendatis, ac tractetis favorabiliter, sicut decet......
Datum Aquis, per egregium millitem et legum doctorem Jordanum Bricii, magne nostre curie magistrum rationalem, consiliarium et fidelem nostrum dilectum, majorem et secundarum appellationum judicem comitatuum predictorum, anno incarnationis domini M°CCCC°XXII°, die nona mensis februarii, prima indictione.

Arch. des B. du Rh. B. 37. Reg. Stella, fol. 43.
Arch. du couv de S. Max. Reg. A. fol. 95 v°.

XXI.

PREMIER DIPLÔME DU ROI LOUIS III,

Pour le paiement des 250 livres annuelles assignées au couvent de Saint-Maximin, avec ordre d'y affecter même les revenus des droits royaux qui auraient pu être aliénés.
— 26 janvier 1424.

LUDOVICUS TERTIUS, Dei gratia, rex Jerusalem et Sicilie, dux Andegavie, ac Provincie, Forcalquerii, Cenomanie ac Pedemontis comes, nobilibus et egregiis viris magistris rationalibus magne nostre regie curie, ac rationalibus camere nostre rationum Aquis residentibus, tam presentibus quam futuris, gratiam et bonam voluntatem. ACCEDENS AD PRESENTIAM NOSTRAM, *religiosus ac venerabilis frater Garcias de Falcibus, prior conventus monasterii beate Magdalenes de castro nostro Sancti Maximini, ordinis Predicatorum,* nobis quasdam executorias litteras quondam magnifici viri Georgii, militis, olim comitatuum nostrorum Provincie et Forcalquerii senescalli, presentavit...; devote postmodum, pro parte ipsius ac conventus supradicti, humiliter supplicando, ut ad honorem, laudem et gloriam omnipotentis Dei, omniumque civium supernorum, ac *specialiter gloriosissime Marie Magdalene, cujus sacratissimum corpus in eodem monasterio requiescit,* nos reginales litteras quarum tenor in prefatis executoriis continetur (*Mon. inéd. to. II. num. 159*), confirmantes, illam secundum formam, continentiam eorumdem et tenorem, executioni mandari facere dignaremur. Et insuper, cum nonnulla bona, res et jura ad curiam nostram regiam spectantia, et sub districtu clavariarum supradictarum, tam generaliter quam specialiter, pro hujusmodi ducentarum quinquaginta librarum coronatorum provisione, singulis annis per eosdem religiosos suscipienda, ex dispositione et ordinatione clare memorie predecessorum nostrorum obligata fuerint, et sint ab eadem nostra curia alienata et distracta, sive ad manus pervenerint alienas, ob quorum distractionem, exitus, jura, redditus, proventus et emolumenta clavariarum predictarum, ad annuam solutionem dictarum librarum ducentarum quinquaginta coronatorum eisdem priori et conventui exhibendam, minime sufficere seu suppetere reperiuntur, super hiis eidem monasterio de congruo remedio benigno providere dignaremur. Nos igitur nostrorum divorum predecessorum vestigiis inherentes, in hiis permaxime que divini cultus suspiciunt incrementum; considerantes attente quod ex dispositione clare memorie quondam domini Caroli secundi, dictorum regnorum regis, ducentarum quinquaginta librarum coronatorum provisio de qua in prescriptis reginalibus litteris fit mentio, eidem monasterio data fuerit et concessa pro sustentatione fratrum et conventus predictorum, ac consequenter recolende memorie domina Johanna prima, dictorum regnorum regina, dicti quondam domini Caroli secundi dispositionem insequendo, in exonerationem sue conscientie, provisionem predictam singulis annis, prout in supradictis litteris continetur, eidem monasterio solvi et assignari, modis contentis in litteris ipsis, disposuit, precepit, ordinavit et mandavit, exitus, redditus, juraque et proventus clavariarum predictarum expresse ad solutionem dicte pensionis, tam in genere quam in specie, submittendo. Volentes propterea ipsorum nostrorum predecessorum ordinationi et voluntati nos conformare, vobis, de certa nostra scientia, ac cum nostri nobis assistentis consilii deliberatione prehabita, precipiendo mandamus quatenus prefatam ducentarum quinquaginta librarum coronatorum provisionem, singulis annis, prefatis priori et conventui integraliter, ac modo et forma, et de illis pecuniis, ac de et super juribus, redditibus, proventibus, pasqueriis, bannis et emolumentis, de quibus in litteris premissis reginalibus fit mentio, ac secundum formam et tenorem ipsarum litterarum, exolvi faciatis, vos presentes et successive futuri magistri rationales, et rationales prenominati, et absque diminutione quacumque, sic et taliter quod, ob defectum solutionis hujusmodi, fratres ipsi a divino cultu cessare aut mendicare non cogantur. Et quia forsan, ut superius exponitur, introitus clavariarum predictarum, propter alienationes jurium et reddituum curie nostre subclavariis ipsis sistentium, ad solutionem hujusmodi pensionis minime suppetere possunt; attento quod ea que divino cultui semel dedicata fuerunt non debent in alios usus applicari, quodque alienationes ipse fieri non potuerunt aut debuerunt, cum prejudicio monasterii supradicti... ; vobis etiam precipiendo, et, quantum opus est, committendo mandamus quatenus, prefatis introitibus dictarum clavariarum ad solutionem supradicte pensionis non suppetentibus, vos de fructibus jurium et reddituum, aut aliarum rerum, sicut prefertur, alienatorum et alienatarum, usque ad complementum pensionis ipsius, suppleri faciatis, sic et taliter quod eidem monasterio de ipsa pensione, tam de introitibus dictarum clavariarum quam de fructibus hujusmodi jurium, reddituum et rerum, integre satisfiat, et sine diminutione quacumque... Datum Averse, per manus nostri Ludovici regis predicti, sub nostro majori sigillo pendenti, die XXVI° mensis januarii, secunde indictionis, anno domini M°CCCC°XXIIII°, regnorum nostrorum anno septimo. — Per Regem, in suo consilio. Perigaut.

<small>Arch. des B. du Rh. B. 10. Reg. Crucis. f° l. 161 v°.</small>

XXII.

DEUXIÈME DIPLÔME DU ROI LOUIS III,

Accordant de nouveau au prieur de Saint-Maximin le droit d'assister au conseil de la ville, et imposant aux syndics le serment de respecter les droits du couvent. — 26 janvier 1424.

LUDOVICUS TERTIUS, Dei gratia, rex Jerusalem et Sicilie, dux Andegavie, comitatuum Provincie et Forcalquerii, Cenomanie ac Pedemontis comes, officialibus curie nostre, necnon sindicis et consiliariis ville nostre Sancti Maximini, presentibus et futuris, et cuilibet, vel loca tenentibus ipsorum, fidelibus nostris dilectis, gratiam et bonam voluntatem. EXHIBITE CORAM NOBIS *per religiosum et venerabilem virum fratrem Garsiam de Falcibus, priorem monasterii beate Marie Magdalenes, ville nostre Sancti Maximini, ordinis Predicatorum*, littere seriem et tenorem subsequentem continebant : — Ludovicus secundus... Sicut habuit... *(Mon. inéd. to. II. num. 174)* — Prefatus autem prior, tam suo quam predicti conventus nomine, nobis humiliter supplicavit ut, cum regie et paterne suprascripte littere nondum fuerint in totum executioni demandate, nos, juxta mentem et seriem earumdem, mandata similia prefatis officialibus, sindicis et consilio, iterare benigne dignaremur. *Nos autem paternis vestigiis inherentes, ad ipsius conventus monasterium, a nostris antecessoribus constructum et fundatum, gerentes, maxime ob reverentiam gloriosissime Magdalene, cujus reliquie in ipso monasterio requiescunt, devotionem singularem,* volumus, ac vestrum cuilibet, prout ad eum pertinuerit, presentium tenore, deliberatione nostri consilii prehabita, precipimus et mandamus quatenus, tam vos presentes quam vos alii successive futuri officiales, sindici et consiliarii profati, temporibus vestris, servata forma ipsorum privilegiorum et litterarum ipsorum predecessorum nostrorum, et nostrarum, ipsius conventus priorem, aut ejus locum tenentem, in consilio seu consiliis dicte ville, quotiens tenebitur, interesse sinatis et permittatis, nichilque sine sui seu ejus locum tenentis presentia concludatis, disponatis seu ordinetis, dictumque juramentum, ut supra predicitur, prestetis; et nullathenus eosdem priorem, seu conventum Sancti Maximini, ejusque singula membra, in genere vel in specie, per vos vel alium seu alios, directe vel indirecte, ad solvendum et contribuendum in talhiis, subsidiis, necnon revis, gabellis et impositionibus, impositis seu imponendis de cetero, ut premittitur, compellatis. Quin ymo, vos ipsi sindici et consiliarii, id quod ab eis, per vos aut a vobis deputatos, de predictis revis et impositionibus, a tempore introytus moderni prioris usque nunc, exegeritis, restituatis integraliter et perfecte; non presumentes de cetero ipsos priorem et conventum Sancti Maximini, ejusque singula membra, in premissis fatigare vel perturbare, aut fatigari vel perturbari permittere ab aliis, directe vel indirecte; ymo eosdem uti et gaudere ipsis privilegiis, libertatibus, franquesiis et immunitatibus permittatis, pacifice et quiete, quantum penam nostro vobis infligendam arbitrio cupitis non subire. Presentibus, post oportunam inspectionem et examinationem ipsarum, remanentibus presentanti. Datum in civitate Averse, per manus nostri Ludovici regis predicti, die XXVI^a mensis januarii, secunde indictionis, anno domini M°CCCC°XXIIII°, regnorum vero nostrorum anno septimo. — Per Regem, in suo consilio. Perigaut.

Arch. des B. du Rh. B. 10. Reg. Crucis. fol. 166.

XXIII.

LETTRES DE CHARLES DU MAINE, GOUVERNEUR DE PROVENCE,

Approuvant les accords conclus entre le couvent de Saint-Maximin et le conseil de la ville, pour l'entretien et l'achèvement de l'église. — 25 janvier 1425.

KAROLUS, quondam regis Jherusalem et Sicilie filius, principisque illustrissimi et (domini) mei metuendissimi domini Ludovici tercii, Dei gracia, regnorum regis predictorum, ducatus Apulie, ducis Andegavie, comitatuum Provincie et Forcalquerii, Cenomanie ac Pedemontis comitis germanus, necnon et in dictis Provincie et Forcalquerii comitatibus generalis locumtenens, dilecto priori, presenti et futuro, ac venerabili conventui Predicatorum, necnon honorabilibus viris sindicis et consilio ville Sancti Maximini, salutem et sincerum affectum. SUPPLICATIONEM NOBIS noviter in regii nobiscum assistentis consilii, in Provincie suggestu, audiencia, porrectam pro parte vestrum recepimus, per omnia subscriptum tenorem continentem : — Illustri principi domino Karolo, fratri domini nostri regis Jherusalem et Sicilie, et in comitatibus Provincie et Forcalquerii ejusdem vicegerenti, humiliter et devote supplicatur pro parte venerabilis conventus Predicatorum ecclesie beate Marie Magdalene, patrone dicte excellencie, ac eciam pro parte honorabilis consilii dicte ville Sancti Maximini, quod *cum ecclesia dicti conventus minetur ruinam, et in futurum speretur dirui, nisi de salubri remedio provideatur, cum quasi per totam ecclesiam aqua pluvialis cadat, quod dolenter refertur ;* verum, cum pauci inveniantur qui vellint succurrere dicte ecclesie, et destructioni ejusdem, nisi de beneplacito vestre Excellentie ; caproperter, supplicatur, pro parte qua supra, quatinus, ob Dei reverenciam, et gloriose Marie Magdalene, fratres dicti conventus possint et valeant eligere duos valentes fratres dicti conventus, et consilium dicte ville alios duos valentes et probos viros seculares, anno quolibet, qui providendo dicte ecclesie de salubri remedio, sint operarii ejusdem, secundum tenorem et formam certorum capitulorum, in pede presentis supplicationis annexatorum ; et super premissis concedere litteras opportunas. — Super qua quidem supplicatione et contentis in ea, habita ipsius regii nobiscum assistentis consilii deliberatione digesta, volumus et vobis, harum serie, regia qua in hac parte fungimur auctoritate, quatinus ad electionem fratrum et virorum proborum, et ad effectum presupplicatos, intendere et procedere possitis libere, et valeatis, usque ad plenissimum robur capitulorum presentibus nostris litteris, sub nostro contrasigillo alligatorum, indultum speciale concedimus. Datum in Tarascone, per magnificum virum dominum......., militem, atque juris utriusque professorem..., die XXV° mensis januarii, anno domini M°CCCC°XXIIII°.

Jhesus. Secuntur capitula facta et inita inter honorabile consilium ville Sancti Maximini, et fratres conventuales Fratrum Predicatorum ecclesie beate Marie Magdalene, dicte ville, de beneplacito tamen et consensu domini nostri Regis, seu ejus domini Vicegerentis, pro reficienda, reparanda, et de novo construenda, ac perficienda, Deo auxiliante, ecclesia dicte ville.— Et primo, volunt et consensiunt, videlicet homines dicti consilii et fratres dicti conventus, ut semper sit una unio et una voluntas, ac unum propositum, et de bene in melius ad invicem se gerant, videlicet dicti fratres et homines ejusdem ville, et ut appareat factum unius ad alium pertinere, et e contra ; et considerata bona affectione quam homines dicte ville habent erga ordinem beati Dominici, patroni predictorum ville et conventus, ac beate Marie Magdalene, quorum contemplacione conventus predictus fuit ibidem per re.mc. dominum regem Karolum secundum constructus, et de novo edificatus ; et pariter, ob contemplacionem eorundem, certa privilegia ville prefate fuerunt eidem per retroprincipes concessa ; et conventus seu ecclesia predicta conservetur omnino ordini beati Dominici, et ibidem Predicatores, adimplendo voluntatem et ordinacionem dicti domini Karoli secundi, permaneant, et stare debeant, prout actenus consueverunt a tempore fundacionis ejusdem ; et juxta posse, prefati dictum conventum et ecclesiam eidem ordini conservabunt et manutenebunt. — Item, volunt et consensiunt predicti consilium et fratres conventus, *attento quod ecclesia dicte gloriose Marie Magdalene est imperfecta, et quod factum est speratur dirui, nisi de salubri remedio provideatur;* eapropter, providendo de remedio opportuno, quod, anno quolibet, per consilium dicte ville eligantur et deputentur duo valentes viri, bone vite et condicionis, ac legales, ejusdem ville, qui sint operarii dicte ecclesie, una cum duobus fratribus dicti conventus a fratribus predictis eligendis, ad libitum eorum voluntatis, qui sint conventuales dicti conventus ; quorum unus ipsorum fratrum sit prior vel sacrista, alternatim tamen, sic quod prior uno anno, cum uno alio fratre, et alio anno sacrista cum uno alio fratre ; et quod predicti possint et valeant eligere locumtenentes, qui exercere valeant, dictis operariis absentibus, et pro opere non laborantibus. — Item, volunt et consensiunt predicti ut supra quod unus homo secularis bone vite et condicionis, eligendus per consilium dicte ville, peccunias et quascumque res que pro opera predicta, acquisite de legatis incertis per sanctissimum papam nostrum datis, usque ad mille florenos de camera, que recepte non fuerunt per dictum conventum de dictis legatis, et que in futurum acquirentur vel dabuntur per quascumque personas , recipiat, et illas distribuat et vendat pro dicta opera ad ordinacionem dictorum operariorum; et de receptis et expositis bonam et debitam racionem reddat coram dominis de consilio predicto , tempore quo raciones dicte ville redduntur et audiuntur, necnon et duobus aliis fratribus pariter operariis dicti conventus, eligendis per dictos fratres; casu quo interesse vellint in racionibus predicte opere audiendis.— Item , volunt et consensiunt predicti ut supra quod dicti operarii, omnes simul, aut duo ex ipsis, unus ex fratribus, alius ex secularibus , distribuant omnes et quascumque peccunias, sive res predictas, *tam in dicta opera ecclesie , claustri dicti conventus , cori dicte ecclesie, textus dormitorii, quam in aliis quibuscunque, ad orna-*

mentum, comodum et decorem dicte ecclesie pertinentibus et expectantibus, sic et taliter quod fratres dicti conventus non se habeant intromittere, sed solum et dumtaxat operarii predicti, in premissis, ut est supra expressum. — Item, volunt et consensiunt predicti ut supra quod ipsi quatuor operarii aut tres ipsorum (eligant unum ex ipsis) quatuor, aut alium, qui racionem receptorum et recipiendorum, ac expositorum et exponendorum, fideliter scribat. — Item, volunt et consensiunt predicti ut supra quod dicti operarii eligendi, habeant jurare, in introitu eorum, antequam officium dicte opere excerceant, bene et legaliter eorum officium excercere, et in premissis dictas pecunias et res exponere, et nil sibi ipsis apparare, presente domino bajulo, vel ejus locum tenente, dicte ville, et consiliariis ejusdem, ac fratribus dicti conventus. — Item, predicti fratres ut supra, bonam voluntatem ostendentes, ad premissa adimplenda volunt et consensiunt quod redditus quos percipiunt in castro de Rocabruna, anno quolibet, exceptis infrascriptis, ab inde in antea et perpetuis temporibus, quamdiu opera durabit, et ordo premissus servabitur, percipiantur per dictos operarios, aut eligendum per eosdem, distribuendos in dicta opera. Qui premissi operarii, aut unus ipsorum per ipsos operarios eligendus, nomine dicti conventus, possint et valeant arrendare, vel ad manus ipsorum retinere, secundum quod eis visum fuerit, ad majus tamen comodum dicte opere, et alias disponere, prout eisdem videbitur faciendum; et de receptis, nomine conventus, quitanciam facere. Juridictione, mero et mixto imperio, quam et quod habet dictus conventus in dicto castro et ejus territorio, directo dominio, trezenis, et novis acapitis in futurum faciendis, penes ipsum conventum retentis, et comodum ex ipsis trezenis et novis acapitis provenientibus, absque contradictione aliqua. — Item, volunt et consensiunt dicti fratres ut supra quod medietas proventuum qui evenient dicte ecclesie, ratione palliorum, et ratione mense fratrum, de funeralibus, percipiatur per dictos operarios, seu alterum ipsorum, aut tesaurarium ejusdem opere, in dicta opera distribuenda, ut supra est ordinatum et expressum. —

Item, volunt et consensiunt predicti ut supra, quia predictus conventus sustentatur de bonis eidem datis, et que da(bu)ntur in futurum dicto conventui, que propter operam predictam dubitatur in futurum privari; quod sit in potestate dictorum operariorum secularium ut possint et valeant distribuere, seu per conventum expendere, de pecuniis dicte opere, si videant indigere dictum conventum. — In predictis omnibus et singulis, conjunctim et divisim, volunt et consensiunt dicti fratres, et consilium ejusdem ville, citra prejudicium privilegiorum et libertatum eorumdem, de quo sollempniter protestantur.

Arch. du couv. de S. Max. Arm. 1. Sac 17, n° 15. Orig.

XXIV.

VENTE DE TERRE A SAINT-MAXIMIN,

Ratifiée par le B. André Abellon, alors prieur dudit couvent pour la seconde fois. — 16 août 1426.

In nomine domini nostri Jhesu Christi. Amen. Anno incarnationis ejusdem M.CCCC.XXVI, die XVI. mensis augusti. Noverint universi et singuli, presentes pariterque futuri, quod honestus juvenis Guilhelmus Codoli, filius providi viri Bertrandi Codoli, de Sancto Maximino, cum auctoritate tamen, licencia et consensu dicti Bertrandi, patris sui, ibidem presentis, volentis et concencientis..., vendidit... provido viro Gaufrido Sancti Juercii, dicte ville Sancti Maximini, presenti, et pro se et suis ementi..., videlicet quandam terram trium panalatarum, vel circa..., sitam in territorio dicte ville, loco dicto ad planterium de Maruna. Salvo tamen et retento majori et directo dominio et senhoria honorabilis conventus beate Marie Magdalene et Fratrum Predicatorum dicte ville Sancti Maximini, sub cujus majori directo dominio et senhoria dicta terra dicitur teneri, ad servitium unius denarii coronatorum annuatim solvendi in festo nathalis Domini. Pretio videlicet et nomine pretii florenorum auri tresdecim cum dimidio, valoris pro quolibet solidorum sexdecim nunc currentis monete... Ad hoc presens *venerabilis et religiosus vir frater Andreas Abelloni, magister in sacra pagina*, PRIOR *dicti conventus ecclesie beate Marie Magdalene*, necnon frater Johannes Botini, procurator assertus, et procuratorio nomine dicti conventus, ambo simul certifficati per eorum presenciam de venditione dicte terre, et pretio ejusdem..., ipsam dictam terram, cum omnibus juribus et pertinentis suis, eidem Gaufrido, emptori, presenti et sic fieri requirenti, laudavit, approbavit, ratifficavit et confirmavit, per pollicem manus dextre, ut est moris, et investivit, ad predictum servitium unius denarii coronatorum, annis singulis solvendi in festo nathalis Domini... Actum in Santo Maximino, videlicet in patuo claustri, *ante operatorium ubi cor(us) construebatur dicti conventus*, presentibus *domino Johanne Presie, curato dicte ecclesie*, magistro Johanne Flamonqui, ligifabro, habitatore de Tholono, et Johanne Broquerii, dicte ville Sancti Maximini, testibus ad promissa vocatis et requisitis. Et me Johanne Silvi de Sancto Maximino, notario publico...

Arch. du couv. de S. Max. Charte non classée. Orig.

XXV.

PREMIER DIPLÔME DU ROI RENÉ,

Renouvelant les ordonnances de ses prédécesseurs en faveur du couvent de Saint-Maximin, et en prescrivant l'exacte observation.— 9 mars 1438.

RENATUS, Dei gratia Jherusalem et Sicilie rex, Andegavie, Barri et Lothoringie dux, comitatuum Provincie et Forcalquerii, Cenomanie ac Pedemontis comes, universis et singulis presentes litteras inspecturis, tam presentibus quam futuris. LICET GENE-

RALITER extendatur ad caritatis officium, in augmentandis ecclesie (bonis), terrenorum munifica munus principum, quantum tamen in nobis est et alta nobis permissione permittitur, in ejus obsequium cui retribuendi vicissitudo non sufficit, nedum actiones benificas libenter impendimus, verum collatas eis ab aliis gratias, pre caritatis instinctu, specialibus promptisque suffragiis confirmamus, cum proinde divine gratie mereantur principaliter premia, et consequenter humane laudis vendicemus in nobis preconia latiora. *Sane magestatis nostre presentiam noviter adhiens religiosus vir frater Adhemarius Fidelis, ordinis Predicatorum, sacre theologie professor, ac prior regalis nostri conventus beate Marie Magdalenes, ordinis Predicatorum ville nostre Sancti Maximini, orator noster devotus*, culmini nostro sua reverenti expositione proposuit in effectu quod recolende memorie serenissimi principes domini Karolus secundus, Robertus ejus filius, reges, et serenissima principissa domina Johanna, regina Jherusalem et Sicilie, dictorumque comitatuum Provincie et Forcalquerii comites et comitissa, predecessores nostri, singularem gerentes fervide devotionis affectum ad fundationem et augmentum ecclesie prefate, nonnulla privilegia, gratias, libertates, indulta, donationes et concessiones eidem ecclesie munifica largitione liberaliter erogarunt. Et inter alia, prefati regis Karoli pia devotione, pro vita et substentatione fratrum dicti conventus, ducentas quinquaginta libras coronatorum provisionis annue, percipiendas anno quolibet in et super redditibus et proventibus clavariarum nostrarum Brinonie et Sancti Maximini; et ex altera parte, uncias tres auri per prefatum regem Robertum, in suo quod condidit ultimo testamento legatas, super ipsismet juribus, redditibus et proventibus clavariarum predictarum; prout in litteris et testamento super hoc confectis, postmodum per jamdictam reginam Johannam, et successive per serenissimos principes felicis recordationis, dominos reges Ludovicum secundum, genitorem, et Ludovicum tertium, fratrem nostros reverendissimos, ratifficatis et approbatis, dignoscitur latius contineri. Propter quod humilius supplicavit ut nos votis antecessorum nostrorum pie conformantes super premissis, confirmationis nostre presidium impendere de benignitate regia, dignaremur. Nos autem, visis prefatis litteris, et signanter dominorum genitoris et fratris nostrorum predictorum, sub autentica forma confectis, per priorem prefatum in nostro consilio originaliter exhibitis, datis, videlicet paternis litteris, in villa nostra Tharasconis, die prima mensis octobris M.CCCC. secundo, fraternis vero in civitate nostra Averse, die XV mensis januarii M.CCCC.XXIIII.; progenitorum nostrorum vestigiis inherentes, ac non solum cupientes divini numinis cultum non minui, sed potius ampliari et augmentari, principue in religiosis ac venerabilibus locis que de regia nostrorum predecessorum fundatione existunt, et specialiter *in eodem monasterio, in quo requiescunt gloriosissime Marie Magdalenes reliquie, ad quam devotionem gerimus singularem;* presentium tenore, de certa nostra scientia, et cum nobis assistentis consilii deliberatione, *predictas litteras paternas et fraternas, nec non privilegia, concessiones, gratias, et litteras clare memorie Karoli secundi, Roberti et Johanne, regum et regine dicti regni, nostrorum predecessorum, provisionis annue ducentarum quinquaginta librarum coronatorum, ac unciarum auri trium*, percipiendarum et habendarum in et super juribus, redditibus, proventibus clavariarum villarum seu castrorum Brinonie et Sancti Maximini; ceteras etiam gratias, inmunitates et privilegia, per eosdem nostros predecessores eidem monasterio concessas et concessa, de quibus prefatum monasterium, retroactis temporibus, extitit in possessione vel quasi, *laudamus, ratifficamus, approbamus*, ac nostre regie confirmationis auctoritate, presidio et munimine, juxta formam, tenorem et continentiam litterarum et privilegiorum hujusmodi, et alias prout et quemadmodum per litteras regias et reginales, paternas et fraternas, supra designatas, confirmate fuerunt et confirmata, confirmamus; volentes et decernentes has nostras ratifficationem, approbationem et confirmationem, eidem monasterio esse perpetuo valituras, incomutabiles et reales. Et insuper, quia nonnunquam thesaurarii nostri, clavarii, ceterique, per quorum manus prefati prior et conventus sunt hujusmodi provisionem et legatum recepturi, illorum solutionem, in toto vel in parte, differunt, et per subterfugia recusant aut denegant exhibere, volentes ipsos priorem et conventum a talibus indebitis vexationibus preservare, ut sublatis secularibus occupationibus, valeant liberius divinis vacare servitiis; earumdem tenore presentium, nobilibus et egregiis viris, fidelibus nostris dilectis, Magistris Rationalibus magne nostre regie curie ac rationalibus camere nostre rationum, Aquis residentibus, ceterisque officialibus nostris in dictis comitatibus Provincie et Forcalquerii constitutis, ad quos spectat, presentibus et futuris, committendo mandamus quatenus de prefatis pentione et legato, per eos ad quos spectat et spectabit in futurum, faciant eisdem priori et conventui integre responderi, et integram solutionem exhiberi, juxta formam et tenorem privilegiorum et gratiarum nostrorum predecessorum predictorum; prefatum etiam monasterium, dictosque priorem et conventum, in possessione gratiarum et privilegiorum hujusmodi, in qua repererint illos esse de presenti, temporibus perpetuis conservent, tueantur et deffendant; ipsosque ad restitutionem injuste ablatorum, seu illorum quibus ipsos repererint indebite spoliatos, reintegrent et restituant, ac ab omni inquietatione et perturbatione indebitis, auctoritate nostra preservent, faciantque ab aliis nostris officialibus minoribus preservari et deffendi; audentes in contrarium animadversione condigna compescendo... Datum in civitate nostra Massilie, per magnificum militem, juris utriusque professorem, Jordanum Britii, dominum de Vellautio, magne nostre curie magistrum rationalem, consiliarium et fidelem nostrum dilectum, majoremque et secundarum appellationum judicem comitatuum predictorum Provincie et Forcalquerii, die nona mensis martii, prime indictionis, anno domini M.CCCC.XXXVII^{mo}, regnorum vero nostrorum anno quarto.

Arch. des B. du Rh. B. 11. Reg. LIIII, fol. 221 v°.

XXVI.

DEUXIÈME DIPLÔME DU ROI RENÉ,

Pour sauvegarder les droits du couvent de Saint-Maximin sur les revenus du domaine royal de Brignoles, et sur la seigneurie de Roquebrune. — 16 mars 1438.

Renatus, Dei gratia, Jherusalem et Sicilie rex, Andegavie, Barri et Lothoringie dux, comitatuum Provincie et Forcalquerii, Cenomanie ac Pedemontis comes, Magistris rationalibus magne nostre curie comitatuum Provincie et Forcalquerii predictorum Aquis residentis, fidelibus nostris dilectis, gratiam et bonam voluntatem. Devota, pro parte oratorum nostrorum prioris et conventus beate Marie Magdalene, ville nostre Sancti Maximini, facta culmini nostro petitio continebat, quod quanquam dictis fratribus, pro eorum vite substentatione, facta fuerit a retro principibus antecessoribus nostris, dicti monasterii fundatoribus, memorie gloriose, annua provisio librarum coronatorum ducentarum quinquaginta, percipiendarum super juribus clavariarum villarum nostrarum Brinonie et Sancti Maximini, et propterea jura consusve, seu servitia regie ferraginis dicte ville Brinonie, sub dictis juribus comprehensa, recipi deberent rationabiliter a fratribus exponentibus supradictis, nichilominus tamen sunt illorum perceptione frustrati, cum assignata dicantur monasterio Sancte Paule, civitatis nostre Massilie, in prejudicium eorumdem. Et ulterius, licet dicti prior et conventus habeant in loco de Rocabruna merum imperium, etiam in brevibus aliorum condominorum dicti loci, et propterea ibidem deputent officiales necessarios residentiam facientes, ut decet, teneantque furcas, peyronum, et alia justitie insignia erecta, prout est in talibus opportunum; hiis tamen non obstantibus, in hujusmodi imperio fratres ipsi ab officialibus nostris indebite multotiens fatigantur, et in eorum usurpationem jurisdictionis, nostrum in

Provincia residens consilium mulieres certas de veneficio condempnatas, alio erecto patibulo, nuper suspendi mandavit, in eorum dispendium et jacturam. Propter quod devotius supplicarunt, ut tam super petitione dictorum censuum et servitiorum regie ferraginis Brinonie eis indebite occupata, quam prepedito eis dicto mero imperio, et novi patibuli adhuc apparentis erectione facta, providere, de benignitate regia, dignaremur. Nos autem, nolentes dictos fratres in premissis, contra rationis debitum, molestari, volumus et vobis, tenore presentium, cum nostri deliberatione consilii, expresse precipimus et mandamus, etiam, si opus fuerit, committendo quatenus, si vocato procuratore dicti monasterii Sancte Paule, et aliis evocandis, vobis constiterit census et servitia supradicta fuisse in lesionem et prejudicium dictorum fratrum supplicantium, eidem monasterio Sancte Paule assignata, fratribus eisdem de illis faciatis de cetero integraliter responderi, facta dicto monasterio Sancte Paule assignatione in aliquo non obstante; sic et taliter quod tam dictorum censuum et servitiorum, quam aliorum jurium pro dictis ducentis quinquaginta coronatorum libris assignatorum, perceptione, summam integraliter assequantur; residuum, si quod supersit, dicto monasterio Sancte Paule assignando, et responderi faciendo. Et in casum oppositionis cujuslibet in adversum forsitan faciende, eisdem supplicantibus ministretis et faciatis brevis et expedite justitie complementum; procedendo summarie, simpliciter et de plano, sola facti veritate perspecta. Et nichilominus, de et super mero imperio preasserto vos summarie informantes, si vobis apparuerit de eodem, fratres ipsos manuteneatis et deffendatis in illo, juris presidiis et favoribus opportunis. Et si furcarum novarum erectio, et alia dicti nostri consilii mandato facta, cedant in eorum occupationem jurisdictionis prefate, furcas ipsas dirrui et demoliri facientes, declaretis acta hujusmodi non attulisse offerreque supplicantibus ipsis, in eorum jurisdictionem, prejudicium aliquale; quod et nos, illo casu, similiter declaramus. Presentibus debite executis remanentibus presentanti. Datum in civitate nostra Massilie, per magnificum militem, juris utriusque professorem, Jordanum Britii, dominum de Vollautio, magne nostre curie magistrum rationalem, consiliarium et fidelem nostrum dilectum, majoremque et secundarum appellationum judicem comitatuum predictorum Provincie et Forcalquerii, die XVI. mensis martii, anno domini M.IIII°XXXVII., regnorum vero nostrorum anno IIII^{to}.

Ibid. B. 11. Reg. Lilii, fol. 223.

XXVII.

TROISIÈME DIPLÔME DU ROI RENÉ,

Réservant la perception des 250 livres assignées au couvent de Saint-Maximin sur les droits royaux de Brignoles. — 16 mars 1438.

RENATUS, Dei gratia Jherusalem et Sicilie rex..., Magistris rationalibus magne nostre curie dictorum comitatuum Provincie et Forcalquerii, Aquis residentibus, necnon officialibus reginalis materne atque nostre curie ville Brinonie, et curie nostre Sancti Maximini..., gratiam et bonam voluntatem. PRO PARTE ORATORUM nostrorum devotorum prioris et fratrum Predicatorum conventus beate Marie Magdalenes, dicte ville Sancti Maximini, fuit nobis noviter expositum cum querela quod, licet fratribus ipsis et conventui, per divos retroprincipes predecessores nostros, dicti monasterii fundatores, ipsi monasterio pro sustentatione vite fratrum debentium ibidem residere, et ne cogantur hinc inde incedere mendicando, statuta fuerit provisio annua ducentarum quinquaginta librarum coronatorum, percipiendarum super juribus clavariarum dictarum villarum Brinonie et Sancti Maximini, nichilominus prior et fratres ipsi, ex provisione hujusmodi, non assequuntur annuatim ultra summam centum florenorum monete nostre Provincie, multiplici ratione : tum quia jura macelli dicte ville Brinonie, que in juribus clavarie ipsius comprehenduntur, eis ex regia fraterna concessione quondam domini regis Ludovici tertii, gloriose memorie, fratris nostri reverendi, postmodum subsecuta, competentia, non permittuntur recipere, ut deberent; necnon propter pestes crebre, proch dolor! vigentes hac in patria, quibus causantibus, jura ipsa quamplurimum minorantur; tum etiam propter nonnullas pretensas immunitates quas homines plurium locorum nostrorum demanalium, pretendentes habere jura pretacta, in quallibet villarum ipsarum solvere renuunt; et ultra hec, propter collusionem quandam per Brinonienses noviter adjunctam, de vendendo et emendo eorum bladum, et alia, in territorio de Artacella territorio Brinoniensi contiguo, in fraudem juris cossearum eisdem priori et conventui propterea assignati, a cujus solutione I ladum et alia hujusmodi sic collusive vendentes immunes se esse dicunt pariter et exempti; que omnia cedunt in dictorum exponentium dampnum et prejudicium multum grande, supplicantium propterea sibi de opportuno remedio benigniter subveniri. Nos autem plenarie certificati de assignatione dictarum librarum ducentarum quinquaginta preposita, ac etiam concessione jurium macelli predictorum, in quorum omnium perceptione illos nolumus contra debitum quomodolibet molestari, fidelitati vestre, tenore presentium, expresse *precipimus et mandamus quatenus dictos priores et fratres integra perceptione, tam jurium dicti macelli Brinonie, quam aliorum quorumlibet eis assignatorum, que ipsos assequi volumus, omni perturbatione semota, frui et gaudere permittentes, de eisdem juribus faciatis, juxta assignationem eis factam, per omnia responderi, et satisfieri a personis illa debentibus quibuscumque*, sic et taliter quod fratribus ipsis de cetero non subsit materia ulterioris querele. Et ne, pretextu immunitatum pretensarum, dicti fratres et conventus dispendium aliquod indebite patiantur, presentibus duximus declarandum, immunitates quascumque quibuslibet universitatibus et personis concessas, qualitercumque et ex quacumque causa, post concessam provisionem predictam, dictis fratribus et conventui in aliquo prejudicium non afferre, talesque universitates et personas dictis immunitatibus in dictorum fratrum prejudicium gaudere aliqualiter non debere, sed ad jura predicta solvendum compelli, ipsis immunitatibus non obstantibus quoquo modo. Volentes propterea et vobis expresse mandantes, ad obviandum dictorum Brinoniensium collusioni profate, ut voce preconia publice divulgari faciatis, et expresse prohiberi quod nulla persona, cujuscumque conditionis existat, audeat seu presumat bladum et alia venalia vendere et emere in dicto loco de Artacella, in prejudicium et fraudem jurium cossearum et lesdarum ville Brinonic antedicte; sub pena centum marcharum argenti fini, pro quolibet sic vendente et emente, et vice qualibet, ac amissione rerum talium sic emptarum. Presentibus, exentis debito, remanentibus presentanti. Datum in civitate nostra Massilie..., die XVI. mensis martii, prime indictionis, anno domini M.IIII^eXXXVII, regnorum vero nostrorum anno quarto.

Ibid. P. 11. Reg. LIIII fol 223 v°.

XXVIII.

QUATRIÈME DIPLOME DU ROI RENÉ,

Autorisant la tenue des chapitres généraux de l'ordre à Saint-Maximin, mais non celle des chapitres provinciaux.—
8 octobre 1439.

RENATUS, Dei gratia Jerusalem et Sicilie rex, Andegavie, Barri et Lothoringie dux, Pontis marchio, Provincie et Forcalquerii, Cenomanie ac Pedemontis comes, venerabilibus et religiosis viris prioribus loci Sancti Maximini, de patria nostra Provincie, presenti et futuris, necnon conventui ejusdem loci, ordinis Predicatorum, devotis nostris dilectis, gratiam et bonam voluntatem. TENEMUR, EX DOMINICE compassionis instinctu, ea que ad Dei honorem et laudem sunt ordinata non solum confirmare, sed etiam de novo ordinare; quia, dum illa confirmationis et novo nostre ordinationis munimine validamus, devotionem nostrorum fidelium ferventius in domino adaugemus, nobisque per consequens preconium vendicamus. Sane noviter, pro parte vestra, fuit Majestati nostro expositum reverenter quod olim clare memorie serenissimus princeps dominus rex Robertus, dum viveret, providit et voluit quod proviso tempore per Magistrum et fratres dicti vestri ordinis Predicatorum, cum conscientia tamen et licentia sua regali, posset generale Capitulum in eodem loco Sancti Maximini celebrari, provinciale tamen in illo fieri licentia, sine suo speciali mandato, penitus interdicta; prout in quibusdam litteris prefati quondam regis Roberti exinde factis, et vobis concessis, plenius continetur et declaratur. Propter quod extitit culmini nostro, pro parte vestra, humiliter supplicatum ut dictas litteras regias confirmare, et de novo ea que continentur in illis concedere benignius dignaremur. Nos vero pia loca et personas religiosas specialibus favoribus prosequentes, nec minus considerantes quod in consilio et congregatione justorum magna Dei opera exercentur; necnon *ad dictum locum Sancti Maximini, ob reverentiam beate Magdalene, et aliorum sanctorum quorum corpora ibidem in domino requiescunt, specialem devotionem gerentes,* ac vestris votis honestis et justis, quantum comode possumus, satisfacere cupientes, quanquam predicte littere regie per se valide sint et firme, ad majoris tamen cautele sufragium, jamdictas litteras ipsius quondam regis Roberti, cum omnibus que continentur in illis, tenore presentium, de certa nostra scientia, et proprio motu, confirmamus et ratificamus, acceptamus et approbamus, nostreque potestatis et auctoritatis presidio communimus. Et nichilominus, ad majorem cautelam, *de novo providemus et volumus quod interdum, proviso tempore per Magistrum et fratres predicti vestri ordinis Predicatorum, cum conscientia tamen et licentia nostra regali, ob communem devotionem beate Marie Magdalene, et aliorum sanctorum predictorum, generale Capitulum in eodem loco celebrari libere valeat atque possit, provinciale tamen in illo fieri licentia, sine nostro speciali mandato, ut predicitur interdicta.* Quapropter, universis et singulis officialibus et subditis nostris, majoribus et minoribus, quocumque titulo et denominatione notentur, officioque fungantur, in ipsa patria nostra Provincie et terris adjacentibus constitutis, presentibus et futuris, damus, earumdem tenore presentium, et de dicta scientia certa nostra, districtius in mandatis, quatenus, contra continentiam presentium nostrarum litterarum, aliquid facere vel attentare non audeant, neque presumant, sicut nostram gratiam caram habent, et indignationem, aut penam aliam graviorem, cupiunt non subire. Presentes autem litteras magno nostro pendenti sigillo munitas eidem vestro loco duximus concedendas, in testimonium premissorum; quas, post oportunam inspectionem earum, penes dictum locum, pro cautela, volumus remanere, efficaciter in antea valituras; ipsasque, pro earum validiori robore, dedimus et subscripsimus propria nostra manu. Datum in castro nostro Capuano Neapolis, per manus nostri predicti regis Renati, anno domini M.CCCC.XXXIX., die VIII, mensis octobris, tertie indictionis, regnorum nostrorum anno quinto.

Ibid. B. 11. Reg. *LIIii*, fol. 349 v°.

XXIX.

OUVERTURE DE LA CHASSE DE SAINTE MARIE MADELEINE,

Faite en présence et par ordre du roi René, pour en vérifier le contenu.— 29 juin 1449.

Apertio capsie, et repertio atque inspectio ossium beate Marie Magdalene. — In nomine domini nostri Jhesu Christi. Amen. Anno a nativitate ejusdem Domini M.CCCC.XL.IX., indictione XII. cum eodem anno, more romane curie sumpta, et die XXIX. mensis junii, regnante feliciter serenissimo et illustrissimo principe et domino nostro domino Renato, Dei gratia rege Jherusalem et Sicilie, ducatuum Andegavie, Barri et Lothoringie duce, comitatuumque Provincie et Forcalquerii, ac Pedemontis comite. DIGNUM QUIDEM EST venerari eos quos dominus noster Jhesus Christus benedictus, dum in hoc mundo regnaret humaniter, dignatus est sua presentia honorare, et tam in vita quam post mortem ipsorum, sua clementia, illorum contemplatione, quamplura et infinita miracula facere, pro tanto... Universis et singulis, tam presentibus quam futuris, seriem hujus veri et publici instrumenti visuris, lecturis, et etiam audituris, pateat et sit notum quod prefatus serenissimus et illustrissimus dominus dominus noster rex Renatus, Dei gratia regnorum rex, ducatuum dux, et comitatuum comes predictorum, immitari et sequi volens vestigia aliorum serenissimorum et illustrissimorum principum domus christianissime Francie, ex qua sumpsit originem, que sepissime ecclesiam Dei prostratam et fluctuantem, sua potentia, divina favente gratia, sustinuit, et plura scismata ab eadem ecclesia extirpavit; ad laudem, honorem et gloriam Dei omnipotentis, et sanctorum ejus; *commotus precipue devocione singulari quam habet erga beatam Mariam Magdalenam, pro qua dominus noster Jhesus Christus, caput ecclesie, et per merita sue passionis redemptor humani generis, multa fecit prodigia, et ejus amore, lacrimando, miraculose a mortuis resurrexit beatum Lazarum, fratrem suum, quatriduanum et jam fetidum; cupiens toto suo posse prefatam beatam Mariam Magdalenam, que, causantibus suis miraculis et meritis, hanc suam patriam Provincie et Forcalquerii ad fidem Christi convertit, et multis donis spiritualibus illustravit, exaltare, et certifficari que reliquie, sive res, sunt in capsia existente supra magnum altare ecclesie prefate Marie Magdalene hujus ville Sancti Maximini, conventus fratrum Predicatorum, ordinis beati Dominici, cum secundum vulgi oppinionem, dicantur seu presumantur esse predicte beate Marie Magdalene*, et ad noticiam veram omnium et quorumcumque ad dictam ecclesiam confluencium, et scire volencium, pervenire valeant. Et propterea, existens ante dictum magnum altare, presentibus ibidem illustri, magnificis, nobilibus et egregiis viris dominis infrascriptis, testibus ad hec vocatis et requisitis, et me notario subscripto, pluribusque fratribus dicti conventus, atque pluribus et diversis aliis nobilibus et plebeis, in multitudine copiosa ibidem congregatis, jussit et ordinavit, atque fecit dictam capsiam descendi a loco in quo erat, et poni supra altare predictum, et ibidem repositam operiri. Qua aperta, et diligenter inspecta, infra illam fuerunt reperta, ac publice visa, inspecta et palpata, plura et diversa ossa corporea, et quedam patentes littere dominorum archiepiscopi, episcoporum et abbatum, in illis nominatorum, sigillis regio et eorum impendenti, juxta quod in illis legitur et apparet, sigillate, non viciate, non cancellate, nec in aliqua ipsarum parte suspecte, sed prorsus omni vitio et suspicione carentes; secundum quarum tenorem, constat et apparet dicta ossa esse corporis beate Marie Magdalene. Que quidem littere, de mandato dicte sacre regie majestatis, ad exaltationem prefate Marie Magdalene, que lotrix fuit pedum Christi, et triginta annis in antro solitario penitentiam peregit, et illam peragendo cibaria per angelos sibi, divina favente gratia, ministrari obtinuit, et de gratia speciali veniam peccatorum suorum consequta fuit, ibidem fuerunt lecte et publicate, alta et intelligibili voce, per me secretarium regium et notarium publicum infrascriptum, et reperte esse continencie et tenoris subsequentis, videlicet: Sequitur tenor dictarum litterarum. — Nos Grimerius, permissione divina Aquensis archiepiscopus... (V. *Faillon*. tom. *II*. n° *83*) (1). — Et post datam dictarum litterarum, in fine illarum, supra loca in quibus sunt alligata sigilla pendencia, fuerunt reperta nomina infra proxime descripta, denotancia, sicuti ex illis apparebat et apparet, quorum sunt sigilla ipsa, et hoc, supra quodlibet sigillum unum ex dictis nominibus, ut sequitur infra; videlicet: Regis, Aquensis, Aptensis, Sistaricensis, Carpentoratensis, Forojuliensis, Venciensis, Claminicensis, Sancti Egidii, Aque belle, Silvecanensis, Francarum Vallium, Vallis magne, Thoroneti, Sinaque, Silve

---

(1) Le nom de l'archevêque d'Aix que M. Faillon a lu *Grimericus*, est *Grimerius*, et celui de l'abbé de Silvacane, qu'il a écrit *Bertrandus*, doit être remplacé par *Bernardus*.

regalis, Regalis Vallis Quibus quidem litteris supra insertis, et ossis infra dictam capsiam repertis diligenter et publice inspectis, et litteris ipsis lectis et publicatis, ut prefertur, prefata sacra regia majestas, de sui certa sciencia, ad eternam rey memoriam futuramque cautelam, et certis aliis ex causis et rationibus animum suum moventibus, jussit, et ordinavit pariter, et fecit dictam capsiam, cum ossis predictis infra illam repertis, claudi, et supra dictum altare, in loco in quo prius erat, esseque et teneri consuevit, reduci et reponi; et dictas litteras supra insertas, infra illam repertas, poni in quodam armario clodato, existente et constructo infra dictam ecclesiam, a parte dextra dicti magni altaris, sive versus partem in qua dicitur evangelium; in quo armario sunt et tenentur, tenerique consueverunt, plures et diverse reliquie Sanctorum; prout et sic illico premissa omnia facta et exequtioni debite demandata fuerunt, juxta ordinationem et mandatum dicte sacre regie majestatis, et in illius exequtionem. De quibus omnibus... Acta fuerunt hec omnia in villa predicta Sancti Maximini, infra dictam ecclesiam beate Marie Magdalene, ante dictum magnum altare, et supra, et ante dictum armarium, et alias ubi supra, presentibus ibidem..... illustri, magnificis, nobilibus, venerabilibus et egregiis viris et dominis, dominis Frederico de Lothoringia, genero dicte sacre regie majestatis Jherusalem et Sicilie, Astorgio de Petra, milite, domino dicti loci de Petra et de Trictis, Ludovico de Bornano, domino de Codrayo, milite, cambellanis, Philipo de Lenoncourt, Bertrando de la Haye, domino de Malalieure, Surleone Spinole, scutiferis et consiliariis regiis, Guerino de Charvo, Guilhoto de Angluria, Roberto du Fay, Arnulpho Botarici, bajulo curie regie dicte ville Sancti Maximini, Gaspardo de Laurencio, de Aversa, scutiferis regiis, magistro Anthonio de Laurencio, de Aversa, doctore in medicina, phisico regio, domino Petro de Medonta, elemosinario regio, Johanne Bernardi, Johanne de Morancia, varletis camere regie, fratre Guillelmo Cliqueti, ordinis Sancti Augustini, presbitero regio, Masse du Houssay, alias los Roges, armorum ordinis da Croissant Sancti Mauricii, et marchie Andegavensis, Guillelmo Tourneville, Johanne de Charneriis, Olivario Oloreti, et Johanne Borserii, diocesis Andegavensis, secretariis prefate sacre regie majestatis, necnon discretis viris magistris Johanne Silvi, Johanne Arbaudi, notariis, Bermundo Claperii, et Gaufrido Pugeti, dicte ville Sancti Maximini, testibus ad premissa vocatis et requisitis, et pluribus fratribus dicti conventus... Et me Johanne Delphini, dicto vulgariter Relhoni, de Draguiniano, diocesis Forojuliensis, cive Aquensi, prefate sacre regie majestatis Jherusalem et Sicilie secretario et notario publico...

Arch. des B. du Rh. B. 1461. fol. 39. Reg. du not. Dalfini.

XXX.

CINQUIÈME DIPLÔME DU ROI RENÉ,

Affranchissant les moulins du couvent de Saint-Maximin des droits qu'avait sur eux le seigneur d'Auriac.—22 avril 1460.

Renatus, Dei gratia Jherusalem et Sicilie rex, ducatuum Andegavie et Barri dux, comitatuumque Provincie et Forcalquerii, ac Pedemontis comes, universis et singulis, tam presentibus quam futuris, Notum facimus quod nos, pia devotione affecti ad omne decus onerumque relevamen conventus nostri beate Marie Magdalene, ville nostre Sancti Maximini, attendentesque insuper onera incumbentia eidem conventui, ad causam molendinorum ejusdem conventus, sitorum in territorio de Auriaco, que commissa per dominum de Auriaco prethendebantur, et, casu quod non forent, tamen, sicut domino dicti castri de Auriaco, annis singulis, de uno denario, et que preterea, de septennio in septennium, ad trezenandum, seu pro valore eorumdem molendinorum trezenum solvendum eidem domino de Auriaco tenentur; quorum quidem servitii et juris trezeni, ut accepimus, multa debentur arreragia, ad quorum solutionem idem conventus providere non valet presentialiter; unde futurum est ut ipsa molendina, propter canonis et juris trezeni prestationem retardatam, una dierum incident in commissum, non sine grandi damno ejusdem conventus. Sepius igitur in animo nostro revoluto unde, qualiter et quomodo, huic dicti conventus indempnitati et relevamini, et futuro periculo providere possemus, ut inibi Deo famulantes accuratius deservire valeant in divinis, occurrit menti nostre admodum opportunum multumque conveniens atque gratum (remedium); videlicet, ut cum idem dominus dicti castri de Auriaco, pretextu castri de Sancto Stephano, teneatur nostre curie in quatuor libris coronatorum, *ex causa cavalcatarum*, annis singulis solvendis, de quibus, simul et earum arreragiis, arbitramur eumdem dominum de Sancto Stephano posse debite compensari, si tamen, nostra contemplatione, dictum commissum, et servitium, et jus trezenandi superius expressum, cum illorum predictis arrayragiis, amortizare, et imperpetuum remittere, et affranquire voluerit conventui memorato, retento tantum et dumtaxat sibi domino de Sancto Stephano de Auriaco, et suis successoribus, jure prelationis dicta molendina pre ceteris retinendi, totiens quotiens illa alienari contingerit, in solidum vel in parte. *Cum itaque nobilis et egregius vir, consiliarius et scutifer, nosterque fidelis dilectus, Honoratus de Berra, modernus dominus dicti castri de Auriaco et de Sancto Stephano, devictus nostris exortationibus, alias non facturus, omne jus commissi, siquod sit, et canonem sive servitium annuale, jusque trezenandi de septennio in septennium, et illorum quecunque arrayragia usque diem in presentem, super dictis molendinis sibi debita, remiserit, et affranqaiserit, ac amortizaverit, cesseritque totaliter et perpetuo conventui memorato, salvis et retentis premissis...; ecce quod nos remissionem, et affranquisamentum, ac amortizationem predictas, cum retentionibus memoratis, gratas gerentes, easque nostre superioritatis regalis auctoritate, de certa nostra scientia, velud nostris contemplatione et prosequtione factas, approbantes et omologantes..; cupientes dictum dominum de Auriaco modo quo supra compensare, ne videamur offerre Deo sacrificium de alieno gratis ; igitur, per nos nostrosque heredes et successores quoscumque, in recompensationem annualis servitii, jurisque de septennio in septennium trezenandi, et illorum arreragiorum quorumcumque, super dictis molendinis prefato domino de Auriaco debitorum, ipsi eidem domino de Auriaco, suisque heredibus et successoribus quibuscumque, dictas quatuor libras coronatorum annuales, ratione dictarum cavalcatarum, curie nostre debitas, et prestari solitas, ratione dicti castri de Sancto Stephano, ac illarum quecumque arrayragia, damus, donamus, cedimusque, ac perpetuo remittimus, et castrum memoratum a dicto servitio perpetuo liberamus... Mandantes... Quia ita fieri volumus et jubemus. In quorum fidem, dictique domini de Auriaco et suorum futuram cauthelam, presentes fieri, et sigillo nostro jussimus debite communiri. Datum in civitate nostra Aquensi, sub nostre proprie manus subscriptione, die XXII. mensis aprilis, anno domini millesimo CCCC.LX^{mo}.—RENÉ.—Per Regem, ore proprio...

Arch. des B. du Rh. B. 14. Reg. Leonis, fol. 272.

XXXI.

SIXIÈME DIPLÔME DU ROI RENÉ,

Décrétant que le recouvrement des legs et des sommes dues au couvent de Saint-Maximin se ferait, sans forme de procès, comme pour les dettes fiscales. — 9 août 1460.

RENATUS, Dei gratia Jherusalem et Sicilie rex, ducatuum Andegavie et Barri dux, comitatuumque Provincie et Forcalquerii, ac Pedemontis comes, reverendo in Christo patri magnificisque et egregiis viris Magno Presidenti ac magistris rationalibus magne nostre curie, Aquis residentibus, presentibus et futuris, consiliariis et fidelibus nostris dilectis, gratiam et bonam voluntatem. PRO PARTE CONVENTUS NOSTRI Fratrum Predicatorum ville nostre Sancti Maximini, oratorum nostrorum, fuit Majestati nostre humillime supplicatum ut, cum idem conventus oneribus sibi incumbentibus, tum propter substentationem fratrum tam inibi Deo obsequentium quam aliorum studio vacantium, necnon reparationes dietim necessarias tam in dicto conventu quam in antro beate Marie Magdalene, et signanter quia mendicitate caruerunt et carent, non valent suis occurrentibus necessitatibus aliter providere, nisi legata pia, aliaque jura et credita ipsius conventus manu brevi et sine lite consequantur, que tamen diffugiis debitorum solent differri in dies, non sive involucro processuum, et grandi dispendio conventus memorati, dignaremur super hoc ita providere ut, sequestratis processibus et dilationibus, valeat idem conventus premissorum omnium, advenientibus solutionum terminis, satisfactionem consequi realiter et cum effectu, etiam more fiscalium debitorum, considerata causa pia de qua agitur. Nos vero, predecessorum nostrorum recolende memorie retrodivorum principum, fundatorum jamdicti conventus, vestigia insequentes, ob Dei omnipotentis reverentiam principaliter et honorem, *devotione quoque etiam quam gerimus beate Marie Magdalene, cujus solemnitas per dictos supplicantes incessanter devotissime celebratur;* ex hiis et aliis mentem nostram pie moventibus, in hac parte dictis supplicationibus annuentes, volumus et vobis, tenore presentium, cum nostri consilii delibeberatione, expresse committimus et mandamus quatenus, visis presentibus, et alias quotiens pro parte dicti conventus fueritis requisiti, intimetis, aut intimari faciatis, singulis jam dicti conventus ex quacumque causa debitoribus, tam presentibus quam futuris, ut quicquid, a die intimationis hujusmodi sibi fiende in futurum, debebunt ex quacumque causa dicto conventui, illud, advenientibus solutionum terminis, jam dicto conventui, seu ejus procuratori vel yconomo, solvere et realiter expedire procurent peremphthorie et precize, cum dies interpellet pro homine; in quo siquidem termino, *si debitores ipsi sic premoniti deffecerint, tunc eosdem debitores ad solvendum realiter et expediendum eidem conventui, seu suo priori vel yconomo, quicquid constiterit de-*

beri, cogatis et compellatis per quecumque remedia opportuna, etiam more fisculium debitorum, appellatione et oppositione rejectis, una cum expensis legitimis. Processuri in premissis ac incidentiis exequtive, et quantum fieri poterit, ex non scripto, sine forma et figura judicii, sola facti veritate inspecta. Quibuscumque privilegiis universitatibus presentis patrie concessis, quibus cavetur ut cives, incole et habitatores, debeant coram eorum ordinario conveniri; super quibus, pro hac vice, attenta causa pia de qua agitur, de potestate dominica, nostraque certa scientia, dispensamus, et que hic haberi volumus pro expressis, minime obstituris. Quoniam ita fieri volumus et jubemus. . In quorum fidem, presentes fieri, et sigillo nostro jussimus debite communiri. Datum in civitate nostra Aquensi, sub nostre proprie manus subscriptione, die nona mensis augusti, anno domini millesimo quadringentesimo sexagesimo.-RENÉ.

Ibid. B. 14. Reg. Leonis. fol. 280.

XXXII.

SEPTIÈME DIPLÔME DU ROI RENÉ,

Pour accélérer les réparations nécessaires aux bâtiments de la Sainte-Baume, qui menaçaient ruine.— 9 août 1460.

RENATUS, Dei gratia Jherusalem et Sicilie rex.., reverendo in Christo patri magnificisque et egregiis viris Magno Presidenti et magistris rationalibus magne nostre curie..., consiliariis et fidelibus nostris dilectis, presentibus et futuris, gratiam et bonam voluntatem. CUM EXTERNA DIE, *visitantes sacrum antrum beate Marie Magdalene, subjecto oculis nostris dormitorio fratrum inibi Deo famulantium, eo quia diversimode ruynam minabatur, causam retardate reparationis illius exquirentes, accepimus pro eo ipsam reparationem retardari, quia arrayragia censuum, servitiorum, anniversariorum, legatorum, et aliorum jurium et creditorum dicti conventus, consequi non valent, propter diffugia, ac quandoque malitiam et potentiam debitorum.* Ne igitur, propter retardationem satisfactionis dictorum arrayragiorum, dictum dormitorium ruat funditus, deffectu reparationum, vel alias dictus conventus patiatur quomodolibet detrimentum; cupientes huic conventui a nostris recolende memorie predecessoribus fundato et dotato, quantum poterimus, auxiliari; volumus et vobis, de quorum fide, scientiaque et sufficientia ab experto confidimus, tenore presentium, de certa nostra scientia, et cum nostri consilii deliberatione matura, expresse committimus et mandamus quatenus, acersitis coram vobis debitoribus dicti conventus, causam solutionis dictorum legatorum et quorumcumque arrayragiorum amicabiliter, quantum poteritis, inter partes componatis. Quod si ita componere non poteritis, eo casu, ipsos debitores ad solvendum et expediendum quicquid deberi propterea apparuerit prefato conventui; seu ejus priori vel yconomo, cogatis viriliter, et compellatis per distractionem suorum bonorum, primo mobilium, et in eorum deffectu immobilium, ac alia remedia opportuna, una cum expensis legitimis; oppositione et appellatione rejectis; proviso tamen quod bona mobilia post quinque dies, immobilia vero propterea capienda spatio decem dierum inquantentur; aliis curiarum terminis ordinariis penitus sequestratis. Procedendo in premissis ac incidentibus, dependentibus, emergentibus et connexis, terminis abbreviatis quantum fieri poterit, ex non scripto, et alias summarie, simpliciter et de plano, sine strepitu, forma et figura judicii, oblatione libelli, litis contestatione, ac aliis litium anfractibus procul pulsis, sola facti veritate inspecta. Quibuscumque oppositionibus et exceptionibus, ac supplicationibus frivolis et inanibus, in adversum fiendis, ac privilegiis universitatibus presentis patrie concessis, quibus cavetur ut cives, incole et habitatores, debeant coram eorum Ordinario conveniri..., minime obstituris... In quorum fidem, presentes fieri et sigillo nostro jussimus debite communiri. Datum in civitate nostra Aquensi, sub nostre proprie manus subscriptione, die nona mensis augusti, anno domini millesimo CCCC.LX.–RENÉ.

Ibid. B. 14. Reg. Leonis, fol. 280 v°.

XXXIII.

HUITIÈME DIPLÔME DU ROI RENÉ,

Conférant à Elzéar Garnier les titres de conseiller royal et de confesseur. — 19 juin 1470.

RENATUS, etc., universis et singulis presentes nostras litteras inspecturis, tam presentibus quam futuris, salutem. INTER CETERA quibus regale fastigium sublimatur, et principum solia decorantur, illud potissimum fore dignoscitur, cum per circumspectorum virorum consortium cuncta per ipsos principes agenda equo libramine dirimunt, et matura deliberatione disponunt. Necnon et sunt illi caripendendi dilectionis affectu qui, tam principibus quam ceteris Christi fidelibus, semitam summi boni, indefessa conscientia, salubriter perostendunt. Hec enim ac *virtus, scientia, honestas, probitas atque mores religiosi viri fratris Elziarii Garnerii, ordinis Predicatorum, prioris monasterii nostri regalis beate Marie de Nazaret Aquensis, fidelis et devoti nostri dilecti,* uti ejus bene gesta et mores comprobati nobis clarant, et mentem nostram inducunt; nosque cernamus eum erga magestatem nostram fide et devotione, ac aliis eminentibus virtutibus pollere, decrevimus propterea ipsum per nos fore justis favoribus ampliandum. De scientia igitur certa nostra, *eundem fratrem Elziarium (in consiliarium) et confessorem nostrum, tenore presentium, suscepimus (et) duximus pariter retinendum, ac constituimus et ordinamus, aliorumque consiliariorum et confessorum nostrorum cetui et numero aggregantes.* Volentes quod idem frater Elziarius, tanquam consiliarius et confessor noster, illis de cetero honoribus, favoribus, privilegiis et prerogativis, libertatibus, et exemptionibus, ac gratiis potiatur et gaudeat quibus alii consilliarii et confessores nostri potiuntur et gaudent. Mandantes idcirco magno Senescallo nostro, ac Gubernatori sive Locumtenenti patrie nostre Provincie, gentibusque consilii, et quibuscunque aliis officialibus, subditis nostris, patrie nostre Provincie, ac regnorum et aliorum dominiorum nostrorum officialibus ad quos spectat, presentibus et futuris, quatinus ipsum fratrem Elziarium, tanquam consiliarium nostrum et confessorem, favorabiliter manuteneant, admittant, reputent, foveant, teneant, habeant et pertractent, ope, opere, consiliis, et favoribus debitis et oportunis; contrarium nullo (modo) attemptaturi, quantum nostram gratiam caripendunt. In cujus rey testimonium, fieri fecimus has nostras presentes litteras, subscriptione proprie nostre manus et nostro pendenti sigillo munitas et roboratas, post earum debitam inspectionem, singulis vicibus, presentanti remansuras. Datum in nostro regali Aquensi palatio, die XIX. mensis junii, anno domini M.CCCC.LXX.— RENÉ.

Arch. des B. du Rh. Reg. D. 273. fol. 137 v°.

XXXIV.

NEUVIÈME DIPLÔME DU ROI RENÉ,

Accordant au couvent de Saint-Maximin vingt-cinq émines de sel, à prendre, chaque année, au grenier à sel de Toulon.— 22 janvier 1474.

RENATUS, Dei gratia, Jherusalem, Arragonum, utriusque Sicilie, Valentie, Majoricarum, Sardinie et Corsice rex, ducatuum Andegavie et Barri dux, comitatuumque Barchinonie, Provincie et Forcalquerii ac Pedemontis comes, granateriis gabelle salis nostre civitatis Tholoni, et cuilibet ipsorum, presenti videlicet et futuris, fidelibus nostris dilectis, gratiam et bonam voluntatem. SI PREMIA CONFERUNTUR HOMINIBUS, et retributiones merentibus impenduntur, divine clementie, a qua cuncta que habet recipit humana conditio, largitiones sunt exhibende prestantius, et promptis affectibus munificentius impendende. Profusam igitur erga nos syperne dexteram largitatis ex multis beneficiis agnoscentes, conventum Fratrum Predicatorum ville nostre Sancti Maximini, ob reverentiam beate Marie Magdalene, cujus corpus sacratissimum requiescit ibidem, ac in remissionem nostrorum peccaminum, pro vita et substentatione fratrum ejusdem, ac etiam fratrum loci de Balma, membri dicti conventus, de viginti quinque eminis salis recipiendis, annis singulis per imperpetuum, in granerio dicte gabelle, de certa nostra scientia, meraque liberalitate ac gratia speciali, duximus providendum, providemusque, ac dictas viginti quinque eminas salis, ut supra, in eodem granerio, quolibet anno, quando prior et fratres dicti conventus voluerint, recipiendas donavimus, et donamus specialiter per presentes, perpetuo, firmiter ac inviolabiliter valituras. Quocirca, cupientes quod dictus conventus gratia nostra hujusmodi (cum) effectu gaudeat et fruatur, volumus et fidelitati cujuslibet vestrum, tenore earumdem presentium, cum deliberatione nostri nobis assistentis consilii super hiis prehabita, expresse precipiendo mandamus quathinus, a modo in anthea, detis et exsolvatis realiter et cum effectu ipsi priori dicti conventus, presenti et futuro, aut ejus nuntio sive procuratori, quolibet anno, dum et quando voluerit, de sale predicti granerii, viginti quinque eminas, sine quacumque difficultate. Recepturi ab eodem de hiis que sic exsolveritis, singulis vicibus, quittanciarum debitas appodixas; quas vobis sufficere volumus ad cauthelam, et in vestris compotis et rationibus per magnum presidentem, magistros rationales, et rationales camere compotorum archivi nostri Aquensis, acceptari et allocari, et de universali summa salis dicti granerii extenuari, deduci et deffalcari, nullis aliis cauthelis quam presentibus semel tantum originaliter exhibendis, earumve vidimus, copia seu transumpto in forma probante, cui ex nunc volumus, decernimus et declaramus eamdem fidem adhiberi que adhiberetur originalibus litteris, cum dictis quittanciis, ulterius requirendis... In quorum omnium et singulorum fidem et testimonium, ac ejusdem conventus certitudinem et cauthelam, has nostras litteras fieri, et nostro regali sigillo impendenti jussimus communiri. Datum et actum apud villam nostram Sancti Maxi-

mini, sub manus nostre proprie subscriptione, die XXII. mensis
januarii, anno incarnationis domini M.CCCC.LXXIII.— RENÉ.

Arch. des B du Rh. B. 16. Reg. Parvus, fol. 229 v°.

XXXV.

PROCÈS-VERBAL.

De l'élection d'Elzéar Garnier au prieuré de Saint-Maximin.—
1er mai 1475.

Illustrissimo principi domino Renato, Dei gratia Jherusalem, utriusque Sicilie, Valentie, Majoricarum, Sardinie et Corsice rex *(sic)*, ducatuum Andegavie et Barri dux, comitatuumque Barchinonie, Provincie et Forcalquerii, ac Pedemontis comes, frater Guilhermus Cayssi, sacre pagine humilis professor, vicarius conventus regalis Fratrum Predicatorum ville Sancti Maximini, ceterique patres et fratres ad electionem et postulationem ipsius conventus pertinentes, se ipsos cum recomandatione humilima filiali, et promptitudine sedula in omnibus possethenus famulandi. *Cum ex decessu reverendi patris magistri Jacobi de Ponteves, prioris quondam predicti conventus, non pauca domus jactura incideret; cumque, ex diuturna pastoris absentia, oville Domini precipitium non mediocriter formidare debeat et ruinam;* hinc est, serenissime princeps et domine, quod, servatis omnibus et singulis que in hujusmodi, secundum statuta nostri sacri ordinis, consueta sunt electionibus observari, *die prima mensis presentis madii nunc instantis anni,* omnes et singuli fratres prefati habitus et religionis, *habita prius deliberatione matura, reverendum magistrum Elziarium Garnerii, virum utique probum, religiosum, scientia et virtutibus predotatum, qui alias in dicto ordine presedisse, et in eodem officio, gloriose dignoscitur,* ad Dei electionem *(sic)* et gloriam, ordinisque decus, *in priorem dicti conventus Sancti Maximini elegerunt fratres infrascripti,* in modum qui sequitur. Ego frater Guilhermus Cayssi, sacre pagine professor, vicarius et primus scrutator, eligo in priorem presentia conventus Sancti Maximini magistrum Elziarium Garnerii. Item, magister Johannes Bolleti, secundus scrutator, eligit eumdem. Frater Johannes Dulli, tertius scrutator, eligit eumdem. Magister Petrus Garnerii eligit eumdem. Fratres Laurentius Gervesii (et) Johannes Teys, in Sancta Balma commorantes, licet absentes, eligunt eumdem. Frater Stephanus Luqueti, bacallarius, eligit eumdem. Frater Jacobus Agni eligit eumdem. Frater Petrus Brutini eligit eumdem. Frater Johannes Odonelli eligit eumdem. Frater Glaudius Regnaudi eligit eumdem. Demum, eodem contextu, consideratis scientia, probitate, morum honestate, multisque aliis perfectionum atque virtutum predicatis reverendi patris magistri Anthonii Canolle, filii conventualis et originarii (loci istius), in quo sumpsisse habitum perhibetur, prioris conventus Carpentoratensis, quibus tam in temporalibus quam spiritualibus dignoscitur prefulgere, fratres infrascripti eumdem in priorem presentis conventus Sancti Maximini postularunt, modo qui sequitur. Ego frater Johannes Texerii postulo in priorem presentis conventus Sancti Maximini magistrum Anthonium Canolle, priorem (domus) Carpentoratensis. Frater Ignardus Davidis postulat eumdem. Frater Girardus Petri postulat eumdem. Frater Glaudius Falloti postulat eumdem. Frater Petrus Clementis postulat eumdem. Frater Petrus Broquerii postulat eumdem. Frater Johannes Vivonis postulat eumdem. Frater Johannes Arnaudi postulat eumdem. Frater Honoratus Hugoleni postulat eumdem. Frater Anthonius Roque postulat eumdem. Frater Elziarius Tholaire postulat eumdem. Frater Honoratus Garnerii postulat eumdem. Frater Petrus Isnardi postulat eumdem. Cum igitur, serenissime princeps et domine, nulla prioris dicti conventus electio, seu postulatio, absque benigno vestro sacre regie majestatis consensu, secundum indulta apostolica sancte memorie domino Karolo secundo, regi, predecessori vestro, fundatori dicti conventus, per clare memorie dominum Boniffacium, summum pontifficem, concessa, confirmari debeat neque possit; eidem Serenitati humilime supplicatur quathinus dictam electionem, seu postulationem, benignitate solita admittentes, de altero supradictorum reverendo patri provinciali nostro auctoritatem mandare dignemini quathinus alterum ipsorum, prout vobis placuerit, omnis dilationis semoto dispendio, habeat confirmare. Precipientes nobis omnibus vestris humilibus et devotis oratoribus cuncta eidem vestre Serenitati beneplacita atque grata; quam, cum incrementis felicibus, conservare dignetur Altissimus per tempora longiora. Si quid autem in hoc actu, seu quovis alio, minus sufficienter contra vestre regie majestatis voluntatem, quod absit, deviatum quovis modo fuerit, ex parte omnium supplicatur humiliter eis indulgeri. Et nichilominus fratres omnes suprascripti, tam electores quam postullatores reverendorum magistrorum predictorum, vota sua, voces ac voluntates, tenore presentium, pro viribus, vestro regie majestati deliberationem committere penitus intendunt, simpliciter et de plano. Datum in conventu prefato regio Sancti Maximini, die quarta mensis maii, sub anno domini millesimo CCCC.LXXV^{to}.— Vestre sacre regie majestatis oratores devoti, ac servitores, humilis vicarius et fratres conventus Sancti Maximini, ordinis predicti.

Arch. des B. du Rh. B. 17. Reg. Gallus. fol. 111.

XXXVI.

APPROBATION DONNÉE PAR LE ROI RENÉ,

A l'élection d'Elzéar Garnier, prieur de Saint-Maximin.—
13 mai 1475.

In nomine domini nostri Jhesu Christi. Amen. Anno incarnationis ejusdem domini M.CCCC.LXXV, et die XIII mensis maii, sabbati intitulata... Noverint universi et singuli, presentes pariterque futuri, quod, convocato venerabili capitulo ecclesie et conventus regalis beate Marie Magdalene, ville Sancti Maximini, Aquensis diocesis, ordinis Predicatorum, mandato quippe et jussu reverendi magistri Guillelmi Cayssii..., vicarii ejusdem conventus..., in quo fuerunt presentes..., videlicet, dictus dominus Vicarius, magister Johannes Bolleti, in sacra pagina magister, frater Stephanus Luqueti, frater Johannes Texerii, frater Anthonius Grassi, frater Petrus Bogardi, frater Glaudius Falloti, frater Petrus Vincentii, frater Dominicus Verronelli, frater Balthesar Regis, frater Anthonius Roque, frater Elziarius Talloni, frater Petrus Arnulphi, frater Bertrandus de Balma, frater Andreas Driveti, frater Franciscus Stephani, et frater Bartholomeus de Sancto Maurisio. Quibus quidem prenominatis fratribus, ut premittitur, capitulariter convocatis et congregatis, intonuit et exaravit ipse reverendus Vicarius, nupperrime ante hujusmodi convocationem, ex parte sacre regie Jherusalem et Sicilie magestatis quasdam litteras clausas recepisse, presentatas per manus reverendi patris magistri Anthonji Naude, in sacra theologia professoris, prioris provincialis hujus provincie dicti ordinis Predicatorum, et magnificorum et egregiorum virorum dominorum Vivandi Boniffacii, judicis majoris, et Johannis Matharoni, utriusque juris doctorum, regiorum consiliariorum, et magistrorum rationalium, tenoris et continentie existentes subsequentis. — *A venerables nos tres chers et bien amez orateurs, les Religieux et convent de nostre eglise de Sainct Maximin.* — Ab infra vero, sub sigillo parvo regie majestatis sigillatas, tenoris subscripti. — *De par le Roy. Venerables, tres chers et bien amez. Nous envoions presentement par dela le general de vostre ordre, et les Juge mage et messire Jehan Matharon, nos conseillers et maistres rationaulx de nostre archif, presens porteurs, ausquelz avons chargié vous dire et declarer aucunes choses et ystoire, ainsi qu'ils vous diront. Venerables, tres chers et bien ames, nostre seigneur vous ait en sa saincte garde. Escript en nostre palais d'Aix, le XI*^{me}* *jour de may.* — René. — Merlin. — Post quarum quidem litterarum preinsertarum lectionem, organo ejusdem magnifici domini judicis majoris prenominati, fratribus capitulariter convocatis factam, et per eosdem fratres, ut dixerunt, tenore percepto, tandem prefati domini judex major et magistri rationales, commissarii, procedentes ad declarationem exponendorum regie majestatis ex parte, eisdem fratribus..., dixit, intonuit, et orethenus insinuavit prelibatus magnificus dominus judex major predictam sacram regiam majestatem, post presentationem eidem litteratorie factam, pro parte dictorum fratrum, cujusdam electionis prioris dicti conventus facte in personam reverendi magistri Elziarii Garnerii, dicti ordinis Predicatorum, et postullationis facte in persona reverendi magistri Anthonii Canole, ejusdem ordinis, in sacra pagina professorum, ex tenore indulti apostolici eidem sacre regie majestati et suis retro divis bone memorie principibus et predecessoribus suis concessi, super priore dicti sui regalis conventus ponendo et eligendo, videndo, auctorisando et approbande; *causantibus meritis, scientia et virtutibus dicti magistri Elziarii Garnerii, dicte sacre regie majestati relatis, ipsum eumdem magistrum Elziarium Garnerii velle preferri, constituique et esse priorem dicti conventus ecclesie beate Marie Magdalene; et ipsius suprafacte electioni per eosdem fratres inherendo et adherendo, electionem ipsam gratam habuisse et habere, et in eadem electione assensum et consensum suos regios prebuisse et prebere;* propterea eosdem dominos Vicarium et fratres capitulariter convocatos..., de mente et voluntate ejusdem regie majestatis ita processisse et procedere, ac esse, et certos et certifficatos reddens et reddentes. Qui quidem dominus Vicarius, assistentibus sibi dictis fratribus..., fuit solemniter protestatus, cum reverentia et instantia debitis, quod quia, ex appostolico indulto, conventus ipse regalis Sancti Maximini est taliter exemptus ab omni jurisdictione Magistri ordinis et sui provincialis superioris in provincia hujusmodi, aliquibus actibus per eumdem reverendum patrem et magistrum provincialem fiendis preter et contra tenorem dicti apostolici indulti ac privilegia dicti conventus, ex nunc, nomine et pro parte ipsius conventus, non consentit, nec consentire vult ac intendit... Et ipsi domini prior provincialis et regii commissarii protestationem ipsam, viso dicto apostolico indulto, nomine, auctoritate et pro parte Regis, admiserunt; quin ymo..., dictus, inquam, reverendus magister et pater prior provincialis, ejus animum declarando, dixit quod non intendit ullo modo procedere contra mentem ipsorum privilegiorum, et indultorum apostolicorum eidem conventui concessorum... Igitur, electionem in eumdem magistrum Elziarium Garnerii, priorem dicti conventus Sancti Maximini, factam per dictos fratres, et illius subsequtam approbationem et admissionem per dictam sacram regiam majestatem factam, quatenus opus est, omnibus et melioribus modo, via, jure et forma quibus melius facere potest, et eidem permittitur ex ipso indulto apostolico, regiam voluntatem insequendo, ejus auctoritate ratifficavit, approbavit et confirmavit, dictum magistrum Elziarium Garnerii priorem dicti conventus Sancti Maximini et ecclesie beate Marie Magdalene dicendo, pronuntiando et decernendo; in hiis suam et dicti prioratus provincialis auctoritatem interponens pariter et decretum. Declarans propterea idem reverendus magister prior provincialis se in dicto conventu amplius non processurum, nisi commissione, auctoritate, voluntate et mandato ipsius sacro regie majestatis. Et attenta absentia predicti magistri Elziarii Garnerii, prioris ipsius conventus Sancti Maximini, ego Vivaudus Bonifacii, judex major, dico et attestor premissa omnia fore vera. Ego magister Anthonius Naude, prior provincialis, dico et attestor omnia supradicta stare in veritate. Ita est, magister Anthonius Naude, prior provincialis. Ego Johannes Matharoni, magister rationalis, dico et attestor premissa fore omnia vera. Ego magister Guilhelmus Cayssi, vicarius conventus Sancti Maximini, prescriptis assentior tanquam veris. Ita est, Cayssi. Prescriptas autem insinuationem, vocum et votorum unionem fratrum capitulantium, ac confirmationem patris provincialis...

Arch. des B. du Rh. B. 17. Reg. *Gallus*, fol. 110.

XXXVII.

LETTRES DE LÉONARD DE MANSUETIS,

Général des Dominicains, en faveur d'Elzéar Garnier, prieur de Saint-Maximin. 1475-1480.

Magistro Alziario, socio, confirmatur camera posita in conventu Sancti Maximini, que olim fuit magistri de Ponteves, cum libris et omnibus bonis suis, et dantur sibi ad usum toto tempore vite sue. Et conventus Sancti Maximini et locus de Balma eximuntur ab omni inferiore. Et confirmantur omnia gesta per ipsum magistrum Alziarium in reformatione conventus Aquensis, et in promotionibus ibi factis. *Datum Rome I. decembris (1475).*

Fratribus Sancti Maximini notificatur qualiter ea que gessit magister Elziarius, instituendo suppriorem fratrem Petrum Bonregardi, et instituendo Vicarium conventuum reformatorum magistrum Bartholomeum Raynaudi, et similiter omnes ordinationes quas fecit in dicto conventu, et omnia que gessit in tota provincia, sunt confirmata, et de novo omnia predicta fiunt. Et datur dicto mag. Bartholomeo plenaria potestas super conventu Sancti Maximini, et super conventu de Balma, et super aliis conventibus reformatis, et super conventu Tholoni, et super monasterio sororum de Nazareth, tam in capitibus quam in membris. Et mandatur omnibus, sub pena gravioris culpe, quod obediant, alias possint compelli, etiam auxilio brachii secularis. Et dictus vicariatus duret quamdiu magr Alziarius fuerit absens a conventu Sancti Maximini. *Datum Rome, XXVI. decembris (1475).*

Magr. Elziarius habuit litteras quod ipse, qui est prior Sancti Maximini, et loci de Balma, et monasterii de Nazareth, et omnes sui officiales, sunt exempti ab omni inferiori, et sub immediata cura Rmi. Magistri, etiamsi littere iste non sint notificate, et confirmantur littere alias super hoc facte. Nullis obstantibus. *Datum Rome, XXVI. decembris (1475).*

Suppriori et fratribus conventus Sancti Maximini scribitur qualiter assignationes facte per mag. Elziarium, et maxime de fratre Durando Chaudoyni in conventu Nemausensi, et de fratre Johanne Gavoti in conventu Vapincensi, confirmantur, et precipitur dictis fratribus... quod per tres dies recedant a conventu Sancti Maximini, et vadant ad conventus suos; alias incarcerentur... *Datum Rome, XXVI. decembris (1475).*

Magr. Alziarius Garnerii habet licentiam predicandi ubique,

eligendi et mutandi socium et socios, quorum habent plenariam curam, cum quibus etiam possit stare extra ordinem. Et potest comedere in camera, et habere distributiones a conventu ubi erit, et retinere elemosinas, ipse et socii, et distribuere sicut voluerit. Et potest ire ad urbem, et ad alia loca, ad placitum, et similiter mittere socios, absque alia speciali licentia. Et potest gerere curam nepotum suorum pupillorum. Et in omni conventu eximitur ab ebdomadaria, a notatione missarum, et a communibus officiis. Et stando extra ordinem, potest officiare ecclesias; et insuper acceptare officia ecclesiastica. Et hec omnia dantur sociis suis qui secum erunt. Nullus inferior impediat... Et confirmantur sibi omnes littere et gratie alias concesse. Et hec omnia sunt in forma plena. *Datum Rome, die XVI. martii (1476).*

Mag^r. Alziarius Garnerii, *socius dilectus R^{mi} Magistri*, habuit confirmationem Vicariatus provincie Tholosane, et provincie Provincie; et mandatur omnibus quod cum recipiant cum sociis suis benigne, ut socius Magistri R^{mi}. *Datum Rome, XIX. martii 1476.*

Mag^r. Alziarius mittitur ad conventum Sancti Maximini, ubi est prior, cum plenitudine potestatis. Et declarantur excommunicati qui asserunt se exemptos a juridictione Ordinis. *Datum Rome, XIX. martii (1476).*

In conventu Sancti Maximini confirmatur quedam fundatio et donatio facta per Serenissimum Regem pro studio, cum redditibus trium millium florenorum. *Datum Urbini, die XXIV. aprilis (1477).* Dicta fundatio iterum confirmata fuit, quia prime littere periisse dicuntur. *Datum Rome, die X. januarii 1478 a nativitate.*

Mag^r. Elziarius, socius, qui a Papa est habilitatus ad beneficia, habuit licentiam a Magistro R^{mo}. acceptandi beneficia hujusmodi, cum suffragiis et gratiis Ordinis. Et potest nichilominus uti bonis et cameris suis. *Datum Rome, X. januarii 1478 a nat.*

Mag^r. Elziarius declaratur quod fuit Vicarius Magistri R^{mi}. Et ipse habet litteram absolutionis a prioratu Nazareth. Et frater Prior Fabri, prior conventus Arelatensis, fit vicarius conventuum reformatorum. *Datum Rome, I. junii (1478)..*

Mag^(ro). Jacobo Raphaelis, conventus Draguiniani, precipitur, sub pena excommunicationis, quod solvat Petro Garnerii, confessori reginali, florenos octo, sicut judicavit mag^r. Elziarius. Et si senserit se gravatum, mag^r. Elziarius judicet et faciat justitiam. *Datum Rome, III. junii 1478.*

Mag^r. Alziarius potest assignare tres ad legendum sententias in sua provincia, pro forma et gradu. *Datum ut supra (III. junii 1478).*

Mag^r. Alziarius Garnerii, conventus Tholoni, et prior Sancti Maximini, quia habet ibi recipere capitulum provinciale, et quia multa negocia agitantur in curia Regis, et quia provincialis senio et crassitudine pregravatur, fuit factus Vicarius super tota provincia, ad preparandum capitulum, et comparendum in curia Regis, et alibi, pro Ordine... *Datum Rome, prima aprilis (1480).*

Mag^r. Alziarius prefatus fuit factus vicarius monasterii Sancte Marie de Nazareth, civitatis Aquensis, cum plenaria potestate. *Datum Rome, prima aprilis (1480).*

Arch. gen. Ord. Pred. Reg. I. Leon. de Vansuells.
fol. 170 v°-173 v°. Reg. II, fol. 202.

XXXVIII.

DIPLÔME DE LOUIS XI,

Donnant à Elzéar Garnier le titre de Conseiller du roi. — 21 février 1482.

Loys, par la grace de Dieu roy de France, a tous ceulx qui ces presentes verront, salut. SAVOIR FAISONS *que pour la bonne et grant confiance que nous avons de la personne de nostre amé et feal Elzias Garnier, docteur en teologie, prieur de l'eglise monseigneur Sainct Maximin, et de ses sens, suffisance, litterature, vertus, experience, bonne diligence ; icelluy, pour ces causes et autres consideracions a ce nous mouvans, avons retenu et retenons* par ces presentes en l'estat et office de nostre conseiller, pour nous y servir doresenavant ordinairement, aux honneurs, prerogatives, preeminences, droiz, proufiz et emolumens acoustumés et qui y appartiennent. Et affin qu'il ait mieulx de quoy honnorablement entretenir son estat et office en nostre service, et surporter les fraiz, misez et despenses qu'il luy conviendra pour ce faire et soubstenir, nous luy avons donné et ordonné, donnons et ordonnons, de grace speciel, par ces presentes, la somme de v^c livres tournois, a icelle avoir et prendre doresenavant, chascun an, par maniere de pension, des deniers de noz finances, et par les descharges de nostre receveur general, en ensuivant l'ordre d'icellez. Si donnons en mandement a nostre amé et feal chancelier, ou autre commis a la garde de nostre seel, ordonné en l'absence du grant, que prins et receu dudit Elzias Garnier, prieur de Sainct Maximin, le serment en tel cas acoustumé, iceluy convoque et appelle, ou face convoquer et appeller en noz conseil et affairez, ainsi que noz aultres conseilliers de semblable retenus, toutes et quantes foiz que mestier sera; et d'icelle, ensemble des honneurs, prerogatives, preeminances, droiz, proufiz et emolumens dessusdits, le fasse, souffre et laisse joyr et user plainement et paisiblement. Mandons en oultre a noz amés et feaulx les generaulx conseilliers par nous ordonnés sur le fait et gouvernement de toutes nos finances, que par nostre dit receveur general, present et avenir, ils facent ledit Elzias Garnier appoincter et paier doresenavant, chascun an, de ladite somme de v^c livres de pension, des deniers de nos dites finances, et par les descharges de nostredit receveur general, aux termes et en la maniere acoustumés, sans y faire aucune interruption ou discontinuation; car tel est nostre plaisir. En temoing de ce, nous avons fait mettre nostre seel a cesdites presentes. Donné a Thouars, le XXIe jour de fevrier, l'an de grace mil III^c quatre vings et ung, et de nostre regne le XXIe. — Par le Roy, le bailli de Rouen et autres, presens. — Gouffroy.

Arch. des B. du Rh. B. 19. Reg. Corona, fol. 178 v°.

XXXIX.

DIPLÔME DE CHARLES VIII,

Nommant le prieur Pierre Bonneti conseiller au grand conseil royal de Provence. — 29 juin 1491.

CHARLES, par la grace de Dieu roy de France, conte de Prouvence, de Forcalquier et terres adjacentes, a tous ceulx qui ces presentes verront, Salut. SAVOIR FAISONS *que, par consideration des bons et agreables services que nostre amé et feal maistre Pierre Bonnet, docteur en theologie, prieur du convent royal de Saint Maximin et de la Baulme, audit pais de Prouvence, nous a faiz en pleusieurs manieres, et fait chascun jour, voulans pour ce l'eslever en estat honnorable consernant la dignité de sa personne, et que joysse de l'office de conseillier en nostre grant conseil royal de Prouvence residant à Aix,* ainsi que ses predecessours, qui par cy devant ont esté prieurs dudit prieuré, en ont joy et usé ; confians des grans vertus, sapience, experience, loyauté et bonne diligence que sont en sa personne, icellui, par ces causes, et en l'entretenant en semblable estat que cesdits predecessours, avons retenu et retenons par ces presentes nostre conseillier en nostre dit conseil de Prouvence residant a Aix, pour doresenavant nous y servir, y assister avec nous autres conseillers, et joyr et user des honneurs, prerogatives, praeminances, franchises, libertés, gaiges ou pensions, droiz, prouffiz et emolumans qui y appartiennent, tout ainsi que ses predecessours, prieurs de (Saint-Maximin et de) la Baulme, en ont par cy devant joy et usé d'ancienneté. Si donnons en mandement, par cesdites presentes, a noz amez et feaulx les grant senechal de Prouvence, grant president et gens de nostre dit conseil, resident audit lieu d'Aix, que, prins et receu dudit maistre Pierre Bonnet le serment en tel cas acoustumé, icellui reçoivent, mettent et instituent en possession et saisine de nostredit conseillier audit conseil, et d'icellui, ensemble des honneurs, prerogatives, preeminances, franchises, libertés, gaiges ou pension, droiz, proufflz et emolumens dessusdits, le facent, seuffrent et laissent joyr et user plainement et paisiblement, et a lui obeir et entendre de tous ceulx et ainsi qu'il appartiendra, es choses touchans et regardans ledit office et estat. Mandons en oultre a nostre amé et feal conseillier maistre Guilhaume Briconnet, general ayant la charge et administration de toutez nos finances, tant ordinaires que extraordinaires, en nostredit pais de Prouvence, que par nostredit tresorier d'icellui pays, ou aultre qu'il appartiendra, il face payer a icellui Bonnet lesdits gaiges audit office appartenans, doresenavant par chascun an, aux termes et en la maniere acoustumez ; et par rapportant ces dites presentes ou vidimus d'icelles, fait soubs seel royal ou prouvensal, pour une foiz, et quittance sur ce souffisant seulement, nous voulons lesdits gaiges et pension, ou ce que payé et baillé lui aura esté a ceste cause, estre allouez es comptes et rebattus de la recepte dudit tresorier, ou d'autre qui payez les aura, par nous amez et feaulx les maistres rationnaulx, rationnaulx et archivayres de nostre chambre et archif d'Aix, ausquelx nous mandons ainsi le faire sans difficulté. En tesmoing de ce, nous avons fet mettre nostre seel a cesdites presentes. Donné aux Montilz, le xxix° jour de jung, l'an de grace mil cccc.lxxx et unze, et de nostre regne le viii°. — Par le Roy, conte de Prouvence, les sires de Myolans, de Grimault, senechal de Beaucayre, et aultres, presens. — Bohier.

Arch. des B. du Rh. B. 21. Reg. Pellicanus, fol. 271 v°.

XL.

RÉGLEMENTS DE PIERRE BONNETI,

Pour la réforme du couvent de St-Maximin. — 22 novembre 1497.

He sunt ordinationes facte et institute per me fratrem Petrum

Boneti, sacre theologie professorem, et in presenti conventu regali Sancti Maximini priorem, quas volo et ordino ab omnibus fratribus presentis conventus, cujuscunque gradus vel conditionis extiterint, inviolabiliter observari. — In primis, quia spiritualia, et ea maxime que ad divinum cultum ordinantur, aliis sunt preferenda, ordino et statuo ut divinum officium, diurnum pariter et nocturnum, bene et devote dicatur, more ordinis, breviter et subcincte, cum pausa in medio versus, juxta formam in constitutionibus annotatam, et cum perpetuo sillentio. Nullusque sit a prefato officio exhemptus, nisi prior, aut ejus locum tenens, cum talibus dispensaverit, infirmis exceptis. Approbando ordinationes factas in diversis capitulis generalibus et provincialibus contra fratres non surgentes ad Matutinas, et penam in ipsis ordinationibus expressam. Ordinando quod fratres deinceps veniant et intrent chorum in principio officii ; et si quis non fuerit in primo *Gloria patri* majoris officii, faciat veniam suam in choro, more ordinis, retro pulpitrum, aut excuset se priori, si presens fuerit, et, in ejus absentia, suo locumtenenti. Addiciens quod nullus presumat exire chorum, nisi fuerit vocatus per Sacristam, causa dicendi missam, vel ad aliquod officium faciendum ; nisi de licentia presidentis ibidem existentis. — Preterea, quia secundum nostrarum constitutionum tenorem, uniformitatem in habitu tenere debemus, statuo et ordino ut omnes fratres presentis conventus *uniformitatem in birretis servent*, nec alterius coloris defferant quam nigri, eosque in choro copertos teneant, more religiosorum ; tunicasque clausas ante et retro portent et habeant. Si quis autem contraveniat, et huic ordinationi non pareat, gravi punitione punietur. Nollens tamen reverendos magistros et graduatos huic ordinationi comprehendi. — Item, honestati domus cupiens providere, statuo et ordino, ac inviolabiliter observari volo *quod a cetero nullus*, cujuscunque gradus aut conditionis existat, *audeat seu presumat deambulare per ecclesiam, tempore divini officii*, aut tempore quo in dicta ecclesia predicabitur ; cum ex hoc seculares plurimum scandalixentur.— Item, quia sepenumero, propter butinum, multe sollent oriri questiones, interdum de missis privatis et interdum de divisione ejusdem butini, illis obviare cupiens, *statuo et ordino quod butinum, secundum ordinata per diversa capitula, semper continuetur ;* mandans quod omnes misse private et votive ponantur in butino, et illud dividatur inter fratres, singulis mensibus, prout consuetum est. Quo vero ad magnas missas que dicentur per fratres, illas declaro pertinere communitati, voloque quod procurator peccunias proveniendas ex eisdem recipiat. Addiciens quod reverendi magistri et graduati a cetero notabuntur a tercia missa inferius, prout consuetum erat in presenti conventu fieri, et fit in omnibus conventibus ordinis, servando cursum missarum. Etiam notabuntur prefati rev. magistri et graduati ad officia, in festis duplicibus et totis duplicibus, quemadmodum consuetum fuit antiquitus, et in singulis conventibus ordinis ita servatur. — Item, cum multe insollencie comittantur in dormitorio, tam de die quam de nocte, eo maxime *quia fratres discurrunt per cameras, contubernia faciendo, interdum usque mediam noctem vigillando, clamores multociens emittendo, et interdum ludendo ludis prohibitis,* multasque alias dissolutiones faciendo ; que sunt contra formam nostrarum constitutionum, et maxime contra capitulum de sillencio, ubi habetur quod fratres sillencium teneant in choro, reffectorio, capitulo, claustro et dormitorio. *Cujus pretextu, vix surgunt in matutinis, nec dant operam studio.* Hujusmodi abus(ib)us obviare cupiens, volo et ordino ut deinceps nullus cameram alterius intrare presumat, nisi causa visitandi infirmos, aut cum magistris lectoribus causa conferendi de eorum lectione. Precipiens eisdem fratribus ut circa sequellam lectionum sint dilligentes, et in omnibus lectionibus intersint ; cum comminatione quod quicunque, post hujusmodi ordinationem et trinam monitionem, contumax fuerit, expellentur a conventu et alibi assignabuntur, et de aliis religiosis, loco ipsorum, providebitur. *Nolo tamen quod rev. magistri et graduati sub hujusmodi ordinatione comprehendantur,* eosdem exhortando quod unusquisque, pro suo servicio, suo socio contentetur, alios religiosos et juvenes studentes non occupando. — Item, *cum in cameriis dormitorio fiant plures excessus in comedendo et bibendo, et invitando in prandio et sena seculares, interdumque usque mediam noctem, tam parentes quam alios amicos,* in magnam jacturam bonorum communium ; statuo et ordino ut a cetero et deinceps nullus, cujuscunque gradus vel conditionis existat, audeat seu presumat in cameris seu in dormitorio comedere, sed omnes in mensa et reffectorio communi unanimiter, infirmis duintaxat exceptis. Ordinando quod procurator, a festo nativitatis Domini proxime futuro in anthea, debeat qualibet die exponere, pro pitancia conventus, unum florenum, in diebus vero solennibus duplicando, prout alias extitit ordinatum. Injungendo ne quis presumat aliquos seculares, cujuscunque status sint, invitare in eorum cameris, causa bibendi aut comedendi, sine licencia prioris aut sui locumtenentis ; insequendo ordinationem factam in capitulo generali Ferrarie celebrato, in quo expresse talia fuerunt ordinata. Precipiendo omnibus fratribus presentis conventus, in virtute sancte obedientie, necnon sub pena excommunicationis, trina canonica monitione premissa, ut predictam ordinationem de non introducendo seculares, et in cameris comedendo, inviolabiliter observent. — Item, cum per multa capitula, tam generalia quam provincialia, fuerit ordinatum ut *fratres nostri ordinis a carnibus in die mercuri abstineant, tam infra* conventum quam extra, *cum non sit honestum quod viri religiosi comedant carnes, ubi nobiles, burgenses et mercatores, et alii multi abstinent.* Ideo, dictam ordinationem insequendo, statuo et ordino, atque precipio in virtute Spiritus Sancti et sancte obediensie, ut a cetero nullus frater hujus conventus, cujuscunque gradus vel condicionis existat, sit ausus comedere carnes, dicta die mercuri, infra conventum neque in villa. Addiciens quod jejunia ecclesie et jejunia ordinis, maxime jejunium veneris, observentur ; nisi fuerint infirmi et debiles, vel alias per priorem aut ejus locumtenentem cum eis fuerit dispensatum. Nollo tamen quod meus locumtenens super hujusmodi sit facilis ad dispensandum, nisi subsit necessitas. — Item, cum multi excessus comittantur, tam de die quam de nocte, per fratres, *discurrendo per villam sine licencia, capa et socio, et jam deventum est quod pocius fratres seculares dicuntur quam religiosi;* eo maxime quod in plateis publicis, viis, et super tabulis mercatorum, estant cum secularibus, aliquando per horam, et interdum ultra, respicientes ludos, et lusores ad cartas et alios ludos ludentes ; quod multum differt a vera vocatione et honestate religionis. Et cum status cujuslibet religiosi sit in claustro esse, ideo precipio et mando omnibus fratribus, cujuscunque gradus et condicionis existant, quod a cetero nullus audeat seu presumat exire conventum, neque limites conventus, sine licencia expresse petita ipsi priori aut ejus locumtenenti, et eadem obtenta, capa, et socie sibi depputato. Et hoc, sub pena expulsionis a presentu conventu, postquam bis aut ter, post hujusmodi ordinationem, moniti fuerint. — Item, quia clausura est de honestate cujuslibet monasterii, cum plura scandala et dampna possent fieri ex apertura portarum, statuo et ordino quod clausura portarum observetur, juxta ordinata per Generales et Provinciales nostri ordinis in diversis capitulis, tam generalibus quam provincialibus ; ita quod porterius ponatur ad claudendum et custodiendum portas, et ad apperiendum tempore opportuno. Mandans meo locumtenenti quod circa portam et clausuram dormitorii evigilet ; ita quod *hora octava in yeme, et hora nona in state, de nocte, prius pulsato pro sillencio, portas dormitorii claudat.* Addiciendo quod porta dormitorii que est versus organa et ecclesiam, finita magna missa, inmediate claudatur cum clave, et non aperiatur nisi de cero, tempore quo sacrista habet ecclesiam claudere. — Item, statuo et ordino quod *procurator faciat provisionem de lignis in dormitorio;* et vicarius ordinet unum juvenem qui, *dictis matutinis, aponat ibidem ignem, ut fratres possint calefieri. Etiam de die, flat ibi ignis.* Precipiendo omnibus fratribus ne a cetero aliquis sit ausus coquinam intrare, nisi habuerit officium commune ; et hoc sub pena. — Item, cum Sacrista habeat officium satis onerosum, et bono modo non valeat dictum officium solus excercere sine coadjutore ; volens dicto officio providere, volo et ordino quod frater Matheus Loge sit subsacrista ; precipiendo eidem, in meritum obediencie, ut comissa sibi et injuncta per Sacristam adinplent, sitque sollicitus, in singulis missis privatis, in recipiendo oblationes, tam peccunie quam panis et vini. Et si aliqui fratres, cujuscunque gradus vel conditionis existant, recipiant aut recipere vellint dictas oblationes, michi aut meo locumtenenti revellare habeat. Ordinando eciam quod in granerio sint due claves, quarum unam habeat frater Dominicus Vernelli, granaterius, et aliam habeat frater Adrianus Bruni; injungendo eisdem, in meritum obediencie, ut dictum officium cum bona diligencia exerceant. Nolo tamen quod propter dicta officia excusent se ab officio divino. — Item, cum de infirmis curandum sit, et erga illos diligencia habenda, statuo et ordino quod a cetero, quando procurator voluerit accipere peccunias buistiarum ecclesie, quod quarta pars illarum peccuniarum tradatur et expediatur infirmario, pro emendo pictanciam et alia necessaria ipsis infirmis; qui quidem infirmarius habeat curam ipsorum infirmorum. Statuendo et ordinando quod locus qui alias fuit depputatus pro infirmis, videlicet, domus domini Johannis Morenoni, cum domo fratris Isnardi Davidis quondam, sint applicate ad dictum officium, et ad presens illas applico, cum locus ille sit magis utilis pro infirmis. *Nam honestiori modo visitabuntur ibi per parentes et amicos, viros et mulieres dicte ville, quam in dormitorio.* Etiam, cum interdum currant infirmitates contagiose, et ne infirmitas contagiosa plurimos perdat, ut in nostra regula habetur, melius sunt extra dormitorium quam infra. Ordinans ibidem fieri reparationes necessarias, quam cicius fieri poterit. Et quia multa utensilia alias fuerant ordinata pro servicio infirmorum, que quasi totaliter fuerunt distracta et capta, ideo mando et precipio omnibus fratribus, cujuscunque gradus vel condicionis existant, sub pena excommunicationis, trina canonica monitione premissa, quam fero in hiis scriptis, sedens pro tribunali, et quam ipso facto incurrant oppositum facientes, ut si qui sint qui habeant aliqua utencilia ipsi infirmarie alias applicata, aut aliqua inventaria, aut sciverint aliquos de dictis bonis et utencilibus aliquid habere, habentes restituant et scientes revellent, infra tres dies a noticia presencium, fratri Bertrando de Balma, vicario meo, ut tandem ipsis infirmis comode provideantur. Quod si non fecerint, quod Deus advertat, ipso facto, ut superius dixi, sint excommunicati, quos ex nunc pro tunc, et e contra, excommunicatos declaro, elapsis tribus diebus; michi soli absolutionem reservando. Et pro hujusmodi officio excercendo, constituo fratrem Dominicum Vernelli, qui eciam fuit ultimus infirmarius. — Item, pro bono communitatis, statuo et ordino quod a cetero peccunie quorumcunque reddituum per procuratorem et quoscunque alios recipiende, ponantur in depposito, solutis prius debitis; et quod exinde non extrahantur, nisi de licencia et consensu prioris aut ejus locumtenentis. Et tales peccunie expedientur procuratori, ad solvendum quibus opportebit. Ordinando eciam quod libri exitus peccuniarum deppositi videantur et palpentur; et quod peccunie que fuerint perdite, aut alias male administrate, per deppositarios qui pro tempore erant restituantur. Que summa est florenorum tricentum, vel circa. — Item, quia equum est et congruum ut qui circa divinum officium laborant, mercedem suscipiant aliquam pro eorum subsidio, et ut fervencius et devocius Deo et ecclesie servire studeant, declaro per presentes omnibus rev. magistris, patribus et fratribus presentis conventus quod, in die nativitatis Domini proxime futuro, intrabunt vestiaria, et exsolventur de sex in sex mensibus. Et pro hujusmodi solutionibus fiendis, recipientur de peccuniis communitatis usque ad summam florenorum ducentorum, aut ducentorum quinquaginta. Et fiet, ante festum predictum nativitatis Domini, quedam lista sive descriptio, in qua *taxabuntur vestiaria, secundum gradus et personas*, habere debentibus dicta vestiaria. Notifficando quod, dum primo conventus ad pinguiorem fortunam, Christo auxiliante, parvenerit, de anno in annum poterunt augmentari predicta vestiaria. — Fuerunt lecte et publicate predescripte ordinationes in conventu regali Sancti Maximini, et in capitulo ejusdem, presentibus omnibus reverendis magistris, graduatis, patribus et fratribus prefati conventus. Quas volo et statuo, ac pariter ordino ego prefatus prior inviolabiliter observari. Injungendo locumtenenti meo, qui nunc est aut pro tempore futuro fuerit, quod de tribus in tribus mensibus semel tantum, in capitulo vel in mensa, legi faciat easdem prefatas ordinationes, ne, pretextu ignorancie, ad ea servanda se quis excusare possit. Datum in prefato nostro conventu, sub sigillo nostri prefati officii prioratus, die XXII^{da} mensis novembris, anno domini millesimo CCCC.XCVII.

Arch. des B. du Rh. Reg. B. 1487. fol. 205-208. Orig.,
avec le sceau du couvent.

SigIllum. COnVEnTVS. SanCtI. MaXIMinI. ORDinIS. FRATRVm. PreDICATORum.

XLI.

PREMIER DIPLÔME DE LOUIS XII,

Ordonnant à ses officiers de prêter main forte au Général, Vincent Bandelli, pour réformer les réligieux de Saint-Maximin. — 26 novembre 1503.

Loys, par la grace de Dieu roy de France, conte de Provence, Forcalquier et terres adjacentes, a noz amez et feaulx conseillers les gens de nostre court de parlement en Provence, et a tous noz autres justiciers et officiers dudict pays, Salut et dilection. SÇAVOIR VOUS FAISONS que nous, considerans que le convent des Freres Prescheurs de Sainct Maximin de la Baulme, ouquel repose le corps de madame saincte Marie Magdalene, est de fondation royal, desirans par ce qu'il soit reformé, et que oudict convent, et aussi en l'estude fondée en icelluy par noz predecesseurs contes de Provence, la vraye reigle dudict ordre soit gardée et observée selon les constitucions, comme de present elle est en plusieurs autres convens de nostre royaume journellement refformez, afin d'obvier et oster plusieurs abbuz et dissolucions faiz oudict convent. Pour ces causes, et *comme avons esté advertiz que nostre amé et feal frere Vincent Bandel, docteur en theologie et general dudict ordre, est en la province dudict pays de Provence, pour le faict des dictes refformacions, et pour autres consideracions a ce nous mouvans; Voulons et vous mandons que audict Bandel, en faisant ladicte refformacion, et aussi absolucion et depposicion du prieur* et autres officiers, selon ladicte roigle et constitucions d'icelluy ordre, audicion de comptes, constraincte pour rendre compte et reliqua de l'administracion dudict convent, *vous donnez tout ayde, confort et faveur, ensemble toutes procisions et main forte que besoing et requis sera;* en maniere que ladicte refformacion soit faicte, et sorte plain et entier effect, et aussi soit entretenue dores en avant selon ladicte roigle. En prenant en nostre sauvegarde especial, tous les religieulx refformez dudict convent, leurs maisons et biens, serviteurs, familliers, et entremetteurs de leurs besongnes et affaires quelconques. Car ainsi nous plaist il estre fait. Non obstant opposicions ou appellacions quelconques, lettres et mandemens a ce contraires. Mandons et comandons a tous nos dicts justiciers, officiers et subgeetz que a l'execucion de ces presentes ilz obheissent et entendent diligemment, prestent, donnent conseil, confort, aide, et prisons, si mestier est, et requis en sont. Donné a Lyon, le XXVI° jour de novembre, l'an de grace mil cinq cens et trois, et de nostre regne le sixiesme. — Par le Roy, conte de Prouvence, maistre Charles de Pontoz, maistre des requestes ordinaires de l'ostel, et autres, presens. — Jarriel.

Arch. du couv. de S. Max. Arm. 1, Sac 4, Orig.

XLII.

ORDONNANCES DU GÉNÉRAL DES DOMINICAINS,

Pour la réforme du couvent de Saint-Maximin. — 1503-1505.

Frater Bertrandus Cortesii, et fr. Burgundus Claperii, et fr. Beltrandus de Baulma, et fr. Anthonius Grassi, et fr. Gabriel Bruni, et fr. Jacobus Sira, et fr. Anthonius Henrigheti, et fr.

Dominicus Vernelli, et fr. Hillarius Ruffi, et fr. Raimundus Ferrandi, et omnes alii fratres extranei, actu existentes in conventu Sancti Maximini, assignantur extra eumdem conventum; et omnes alii fratres dicti conventus nativi, actu in ipso assignati, in eodem confirmantur. *Die 9 decembris (1503), in Monte Pesulano.*

Reverendus MAGISTER HYVO, *confessor christianissime regine,* et magister Honoratus de Briga, et magister Petrus Mollis, et frater Andreas Reinaldi, et fr. Johannes Dodi, et fr. Anthonius Sibillie, et fr. Laurentius Chiaci, et fr. Henricus Caspar, et fr. Jacobus Miconis, et fr. Jacobus de Orangiis, et fr. Marcus Lombardi, et fr. Dominicus Baudici, assignantur in conventu Sancti Maximini, et precipitur eis omnibus..., ut, cum fuerint requisiti, infra spatium trium dierum ab harum exhibitione, recto tramite, versus dictum conventum iter arripiant. Et nullus inferior Reverendissimo potest eos ab hoc impedire. *Die eadem, ibidem.*

Magister Stephanus Doloni instituitur vicarius conventus S. Max., cum auctoritate omnimoda, usque ad adventum Reverendissimi in prefato conventu. *Die eadem, ibid.*

Magister Petrus Boneti absolvitur a prioratu conventus Sancti Maximini, et assignatur extra ipsum conventum. *Die 11 ejusdem, ibid.*

Mag. Bertrandus Jacobi, conventus Montispesulani, assignatur in Sancto Maximino, et precipitur ei ut, infra tres dies ab harum noticia, recedat a conventu Montispesulani et ejus terminis. *Die 12 dec. ibid.*

Quatuor fratres ex Sancto Maximino assignantur in Montepesulano. *Die 1ª januarii (1504), in Sancto Maximino.*

Magister Stephanus Doloni assignatur in conventu Sancti Maximini in lectorem, et restituitur filiationi, cum omnibus gratiis. *Die eadem, ibid.*

Sacriste Sancti Maximini datur licentia visitare suos, et stare in domibus eorum. *Die eadem, ibid.*

Camora magistri Petri Boneti in conventu Grassensi sic disponitur, ut aula anterior sit pro comestione, granarium pro conventu, una camera pro hospitibus, alia pro quodam sene, ita tamen quod omnia utensilia reddantur sibi. *Die 10 januarii, Aquis.*

Remoti supra a conventu Sancti Maximini iterum removentur, et assignati reassignantur. *Die 20 jan., Lugduni.*

Intimatur vocalibus conventus S. Maximini quod, *si elegerint* MAGISTRUM IVONEM, *confessorem christianissime regine, erit gratum regie majestati.* Et facta electione, si sciverint Reverendissimum esse extra regnum Francie, mittant electionem rev. provinciali, qui eam confirmabit. Et ad cautelam, absolvuntur ab omnibus censuris et penis. *Die 22 jan., ibid.*

Magister Johannes de Genas, prior conventus Lugdunensis, instituitur commissarius Reverendissimi in conventu S. Max., et in electione futuri prioris habere debet vocem, tamquam vicarius Reverendissimi in dicto conventu, cum auctoritate plenissima, etiam super locum Sancte Balme. Et precipitur omnibus fratribus eorumdem locorum... ut ei in omnibus obediant, et sub pena absolutionis ab officiis suis, officialibus, aliis fratribus sub pena gravioris culpe, ut huic dispositioni quolibet modo non se opponant. Et si qua essent asportata extra conventum, potest reducere, et prohibere ne qua asportentur, invocato auxilio brachii secularis, quatenus opus fuerit. Et revocantur quecumque littere et gratie, in genere vel specie, cuicumque concesse per Reverendissimum vel ejus predecessores, quoad illas clausulas que presentibus contrariantur. *Die 23 jan., ibid.*

Mag. Honoratus de Briga instituitur vicarius conventus S. Max., cum auctoritate quam habent suppriores in ordine, mortuo vel amoto priore; in absentia tamen prefati magistri Johannis de Genas, commissarii, ut prefertur, nisi in quantum eidem visum fuerit. Et precipitur omnibus fratribus ibidem assignatis ut ei obediant. *Die 23 jan., ibid.*

Ordinatur in conventu Sancti Maximini ut servetur numerus lectorum, lectionum, studentium, ordinatus a fundatoribus, et quod provideatur eis... In festis non celebribus, media pars studentium, alternatim, dispensata est a toto officio chori, excepto matutino B. Virginis, missa et completorio. Et studentes qui assignantur ex aliis conventibus veniant induti. Et quod Lectores et alii qui habent stipendia a conventu, predicent in quadragesima, et aliis diebus, pro utilitate conventus. *Die 28 dec. (1404) in S. Maximino.*

Magister Ivo Nanetensis instituitur sindicus conventus S. Max., cum omni auctoritate. *Eadem die, ibid.*

Conventus Sancti Maximini et locus de Sancta Balma eximuntur a jurisdictione provincialis provincie Provincie, et annectuntur congregationi provincie Francie. *Die 21 febr. (1505), Mediolani.*

Prior Arelatensis, scilicet frater Silvanus, in theologia magister, et frater Jacobus Desiderii constituuntur commissarii Reverendissimi Magistri ordinis, cum plena auctoritate visitandi conventum S. Maximini, super furto commisso in dicto conventu. *Die eadem, ibid.*

Magistro Ivoni, confessori regine, priori Sancti Maximini, datur omnis auctoritas, per se vel per alium, in prefatum conventum. Mag. Stephano Doloni datur licentia eundi ad curiam regiam et placitandi. *Die 21 dec. (1505), Rome.*

Arch. gen. Ord. Præd. Reg. 1 Vincentii Bandelli. ff. 213 v°.— 246 v°. Reg. II. fol. 159 v°.

XLIII.

APPEL DE PIERRE BONNETI,

Contre l'acte du Général qui l'avait déposé de sa charge. — 5 février 1504.

Cujus quidem appellationis cedule de verbo ad verbum tenor sequitur, prout ecce. — Licet, secundum instituta constitutionesque sacri ordinis Predicatorum, libera sit data facultas Generali dicti ordinis priores conventuum ordinis predicti deponere et absolvere, et alias disponere super dictis prioratibus, prout dicto Generali videbitur expedire, tamen, quia prior et conventus ordinis Predicatorum ville Sancti Maximini sunt, sancte sedis apostolice gratia, a dicti Generalis juridictione exempti, officiumque priorum dicti conventus, tam ex fundatione dicti conventus auctoritate apostolica roborata, quam ex indultis summorum pontificum, sit perpetuum, non sitque super dicto prioratus officio providendum, nisi priore vita functo, vel per eum majoris dignitatis officio assumpto; sitque etiam rev. patri fratri Petro Boneti, dicti ordinis, sacre theologie professori, moderno priori dicti prioratus, per sanctam sedem apostolicam de dicto prioratus officio, ad vitam ejus, provisum; aliaque varia privilegia dictis priori et conventui, tam per summos pontifices quam per dominos reges, comites Provincie et Forcalquerii, concessa, que inviolabiliter sunt observanda, et perpetuis viribus subsistunt et subsistere debent, nisi specialiter per summum pontificem illis esset derogatum, et eorum de verbo ad verbum esset in derogatoriis litteris tenor insertus. Sunt et predicta privilegia, per dominos reges comites Provincie dictis priori et conventui concessa, irrevocabilia, et de jure per christianissimum dominum nostrum regem revocari non possunt nec debent. Veruntamen reverendus pater frater Vincentius Bandelli, licet esset de predictis privilegiis certificatus, in grande damnum, prejudicium et interesse dicti prioris et conventus predicti, vello levato, causa legitima non subsistente, nulla cognitione cause precedente, parte non vocata et indefensa, contra jus divinum, naturale, canonicum et civile, procedere voluit et de facto processit ad depositionem absolutionemque dicti Boneti, prioris moderni dicti conventus, eumdem priorem sic suo perpetuo officio, et beneficio gratia sedis apostolice eidem specialiter concesso, indebite, inciviliter et injuste privando et absolvendo, contra omnem juris dispositionem, et, quod deterius est, parte non vocata, quam partis vocationem princeps tollere non potest. Propterea, procurator dicti prioris, sentiens dictum dominum Petrum Boneti, priorem dicti conventus Sancti Maximini, oppressum et gravatum, coram vobis rev. patre domino officiali Aquensi, tanquam coram auctentica persona, non valens dicti reverendi Generalis gravantis, propter ejus absentiam, quia non est in hac patria Provincie, presentiam habere, provocat et appellat, in his scriptis, ad sanctissimum dominum nostrum Papam, sanctam sedem apostolicam, christianissimum dominum nostrum Francorum regem, et ad ejus supremam parlamenti Provincie curiam, et ad eum et eos, ad quem vel quos, tam de jure, stillo vel consuetudine, appellationem hujusmodi devolvere potest. Petens instanter testimoniales apostolos sibi concedi.

Arch. du couv de S. Maximin.

XLIV.

LETTRES DE VINCENT BANDELLI,

Confirmant l'élection de Yves Mahyeuc au prieuré de Saint-Maximin. — 12 février (?) 1501.

In Dei Filio sibi dilecto reverendo sacre pagine doctori fratri Ivoni de Britannia, ordinis Predicatorum, frater Vincentius Bandellus de Castronovo, ejusdem facultatis professor, ac totius prefati ordinis generalis Magister et servus, Salutem et spiritum obedientie salutaris. Cum christianissimus rex noster, ob devotionem plurimam ad divam Mariam Magdalenam et ad ordinem nostrum, disposuisset ut conventus suus regalis, in quo sacre quiescunt reliquie ipsius sancte Penitentis, reformaretur, placuit sue Majestati ut de capite sano et reformato provideretur, quod in alia membra vite regularis sensum et morum influeret. Quapropter, cum commisisset michi ut antiquum priorem magistrum Petrum Boneti a prioratu memorati conventus absolverem, et hec cum fecissem, sua Celsitudo declaravit quod gratum haberet, idque optabat, ut fratres prefati conventus elligerent vos in priorem suum; quoniam Rex ipse optime novit personam vestram qua nec sit *(lire* quanto sit) sanctimonie, zeli, prudentie, doctrine ac fidelitatis erga suam Majestatem; licentiamque michi tribuit talem electionem confirmare, sicut requirit privilegium regium circa institutionem prioris illius domus. Cum igitur rite et canonice, juxta votum regium, fueritis electus in priorem prefati conventus Sancti Maximini, et cum plene noverim ad hoc officium vestram idoneitatem, presertim ad introducendam ibi vite regularis formam, et manutenendam reformationis normam; auctoritate officii mei et accedente consensu regis nostri christianissimi, *te magistrum Ivonem memoratum confirmavi, institui et dedi priorem conventus sancte Marie Magdalene in Sancto Maximino, et per presentes confirmo, instituo, do, in nomine Patris, et Filii, et Spiritus Sancti, Amen.* Cum plena auctoritate monendi, corrigendi, precipiendi, ligandi, solvendi, penitentiandi, incarcerandi, remittendi, dispensandi, officiales instituendi ac destituendi, quotiens opus fuerit; fratres discolos de conventu ejiciendi, alios ydoneos, loco eorum, recipiendi et assignandi; providendi de studentibus et lectoribus, secundum formam fundationis collegii; fratres pro sacris ordinibus et pro audientia confessionum, de patrum consilio, presentandi; et faciendi omnia alia que possunt facere priores in ordine nostro, presertim in memorato conventu, rite instituti, precipue instituendi vestros commissarios, et illuc mittendi cum auctoritate quam dare volueritis. Specialiter autem auctoritatem vobis tribuo super loco Sancte Balme, et super fratres, ut vicarium possitis instituere et destituere, quotiens judicabitis, et fratres illuc mittere et inde removere, et omnem aliam jurisdictionem ibi et super eos fratres exercendi, sicut in conventu ubi estis institutus prior, confero. Ut autem hoc grave onus merito obedientie reddatur levius, precipio vobis, in virtute Spiritus Sancti et sancte obedientie, quathenus, infra spatium unius diei naturalis, prefatum prioratus officium acceptetis, et secundum gratiam a Domino vobis collatam exequamini. Mandans nichilhominus omnibus fratribus memorati conventus Sancti Maximini et loci Sancte Balme, ut vobis tanquam suo legitimo priori et pastori in omnibus obediant, et debitam reverentiam exibeant. Non obstantibus quibuscumque in contrarium facientibus. In quorum fidem, presentes fieri feci, et sigilli officii mei impressione muniri. Datum Narbone, die XII^a augusti millesimo quingentesimo quarto, A. N. anno tertio. *(Pour la date, voir ci-dessus, page* 219.*)*

Arch. des B. du Rh. B. 24. Reg. *Draconis*, fol. 206.

XLV.

SECOND DIPLÔME DE LOUIS XII,

Mettant sous sa sauve-garde spéciale les religieux réformés de Saint-Maximin. — 19 avril 1504.

Loys, par la grace de Dieu roy de France, conte de Prouvence, Forcalquier et terres adjacentes, a noz amez et feaulx conseillers, les gens de nostre court de parlement en Prouvence, et a tous noz autres justiciers oudit pays, ou a leurs lieux tenans, et a chascun d'eulx, comme a luy appartiendra, Salut et dilection. COMME NOUS, CONSIDERANS que le convent des Frères Prescheurs de Saint-Maximin... *(comme au n° XLI)*... en plusieurs autres convens de nostre royaume puis nagueres refformez, affin de obvier et oster les abuz et dissolutions qui y ont estez faiz et commys par cy devant; par quoy ayons escript a nostre cher et bien amé Vincent Bandel, docteur en theologie, et Général dudit ordre, visiter et refformer ledit convent, tant en chef que en membres; ce que a nostre requeste il ait fait, et pour ce desmis et deposé le prieur dudit convent qui lors estoit, et institué son vicayre general en icelluy nostre cher et bien amé Jehan de Genas, docteur en theologie, et prieur du convent de Lion, pour faire entretenir et garder ladite refformation, et aussi l'election qui se doit fayre du prieur futur dudit convent; lesquelles refformation, institution de vicayre general, et choses dessus dites, aient esté depuis approuvées et confirmées par nostre tres cher et amé cousin le cardinal d'Amboyse, legat en France, noz royaume, païs, terres et seigneuries, en derrogeant a tous privileges et libertez a ce contraires. Toutes voyes, nous avons esté advertiz, que aucuns religieux, ennemys de ladite reffurmation, se sont efforcez et efforcent journellement icelle empescher, soubz couleur d'aucuns privileges qu'ilz disent avoir audit convent, donnez a iceluy par aucuns de nos dits predecesseurs, mesmement par le feu roy René, que Dieu absoille, par lesquelz est dit que le prieur dudit convent ne peut estre deposé, s'il n'est assumpt et pourveu a plus grant dignité, et aussi que nul ne peut estre esleu prieur en icelui, s'il n'est natif de nostre conté de Prouvence; lesquelles choses sont totallement contre la reigle et vie reguliere dudit ordre et reffurmation, soubz laquelle ledit convent est fondé. Savoir vous faisons que nous, desirans ladite reffurmation et vraye reigle dudit ordre estre entretenuz, gardez et observez audit convent; pour ces causes et autres a ce nous mouvans, vous mandons, et a chascun de vous sur ce requis, en commettant, si mestier est, que audit Bandel, general dessus dit, ses depputez et commys en ceste partie, vous faittes obeyr, tenyr la main, donner tout ayde, confort et faveur que besoing sera, de tous ceulx et ainsi qu'il appartiendra, a ce que ladite reffurmation soit parfaite et sorte son plein et entier effect, et soit dores en avant gardée, entretenue et observée oudit convent selon ladite reigle, et en oultre, tous et chascun les religieux reffurmez dudit convent, lesquelz, ensemble leurs maisons, biens, serviteurs et entremetteurs de leurs affayres, nous avons prins et mys, prenons et mettons en nostre protection et sauve garde especial par ces presentes, vous deffendez et gardez, de par nous, de toute force, violence et molestation. Et pour ce, faittes nostre present sauve garde signiffier et publier es lieux et aux personnes qu'il appartiendra, et dont vous serez requiz, en faisant ou faisant faire expresse inhibition et deffense, de par nous, sur certaines et grans peines a nous a appliquer, a toutes les personnes qu'il appartiendra, que ausdits religioulx, leurs dits biens, serviteurs et entremetteurs de leurs besoignes, ne meffacent ne mesdient, ou facent meffere ne mesdire, en aucune maniere; et des infracteurs d'icelle nostre sauve garde faittes telle pugnition, correction et repparation que ou cas appartiendra, et que verrez estre a faire par raison ; affin que ce soit exemple a tous autres. Car ainsi nous plaist il estre fait. Non obstant lesdits privileiges, exemptions et libertez, donnez et octroyez, comme dit est, par ledit feu roy René; ausquelz, pour ceste foiz, quand a ladite refformation, pour faire garder et observer, nous, de nostre propre mouvement, plaine puissance et auctorité royal, avons desrogué et desrogons, sans prejudice d'icelles en autres choses, par ces presentes... Donné a Bloys, le XIX° jour d'avril, l'an de grace mil cinq cens et quatre, et de nostre regne le septiesme.

Arch. des B. du Rh. B. 24. Reg. Draconis, fol. 202.

XLVI.

LETTRES DE VINCENT BANDELLI,

Unissant le couvent de Saint-Maximin à la congrégation réformée de France. — 21 février 1505.

In Dei filio sibi dilecto reverendo sacre theologie professori Raimundo Gosini, ordinis Predicatorum, congregationis Francie conventuum reformatorum Vicario Generali, frater Vincentius Bandellus de Castro novo, ejusdem facultatis professor, ac prefati totius ordinis humilis generalis Magister et servus, Salutem et spiritum obedientie salutaris. Cum ex officii mei debito, ob reverentiam sacrarum reliquiarum dive Penitentis, exoptante hoc et votis omnibus exposcente christianissimo Rege, conventum regalem Sancti Maximini ad vite regularis tramitem reducere curaverim, tradens sancta instituta, et in priorem preficiens religiosissimum confessorem christianissime regine, magistrum

Ivonem de Britannia; cupiens ut predita reformatio perfecta sit et perpetua, ac stabilis, in diesque augeatur, oportunum judicavi vestre sancte congregationi prefatum conventum annectere. Quapropter, tenore presentium, conventum memoratum Sancti Maximini et locum de Sancta Balma eximo a jurisdictione provincialis provincie Provincie, et cujuscumque alterius prelati ordinis, et annecto ac incorporo in perpetuum vestre congregationi Francie, et trado mere ac libere vestre potestati ac dispositioni; ut super predicta loca eam auctoritatem habeatis quam super alios conventus vestre congregationis habetis. Presertim, ut conventum ipsum, per vos vel per alium, visitare valeatis, removere fratres et alios mittere, officiales mutare et alios subrogare, excepto priore, et salvis aliis privilegiis regiis. Possitis etiam fratres ibidem existentes pro tempore, monere, corrigere, preceptis astringere, ligare, solvere, judicare, incarcerare, penitentiare et dispensare. Et ut optatum ac celerem nostra ista dispositio consequatur effectum, precipio vobis in virtute Spiritus Sancti et sancte obedientie, ut, infra unum mensem ab harum exhibitione, predicta loca acceptetis, et per vos vel per alium cui commiseritis, predicta loca, scilicet, conventum Sancti Maximini et Sanctam Balmam, realiter accipiatis, cum auctoritate removendi fratres quos judicaveritis removendos, et alios subrogandi, officiales mutandi, insolentes et rebelles ejiciendi, vel incarcerandi, vel quocunque alio modo compescendi, advocando etiam, quando opus fuerit, auxilium brachii secularis. Precipiens nichilominus, in virtute Spiritus Sancti et sancte obedientie, et sub pena excommunicationis late sententie, unica pro trina canonica monitione premissa, quam sedens pro tribunali profero in hiis scriptis, omnibus fratribus ordinis nostri, cujuscunque dignitatis, gradus et conditionis existant, quatenus nullus, per se vel per alium, directe vel indirecte, verbo vel facto, vel quocunque alio modo, audeat hanc reformationem impugnare, perturbare vel impedire. Non obstantibus quibuscunque in contrarium facientibus. In quorum fidem, presentes fieri feci, et sigilli officii mei impressione muniri. Datum Mediolani, die XXIe februarii M°D.V, secundum computationem nostram, A. N. anno quarto.

Arch. de S. Max. Arm. 1, sac 6. Orig.

XLVII.

TROISIÈME DIPLÔME DE LOUIS XII,

Pour faire mettre à exécution les mesures prises pour la réforme du couvent de Saint-Maximin. — 14 mars 1506.

Loys, par la grace de Dieu, roy de France, conte de Provence, Forcalquier et terres adjacentes, a noz amez et feaulx conseilliers, les grant seneschal de Provence, ou a son lieutenant, gens de nostre court de parlement, et maistres racionaulx et archivaires de nostre chambre et archifz d'Aix audit pais, salut et dilection. L'UMBLE SUPPLICACION de noz amez et feaulx freres Estienne Doloni, docteur en theologie et soubz prieur du couvent de Saint Maximin, estant de fondacion royal, de l'ordre des Freres Prescheurs, Melchion Rainault, secretain dudit couvent, et Loys Bernard, religieulx dudit couvent et procureur de la Saincte Balme, et autres religieulx refformez dudit couvent, avons receue, contenant que maistre Vincent Bandel, docteur en theologie et Maistre general de tout ledit ordre, a nostre requeste, a visité et encommancé a refformer ledit couvent Saint Maximin, tant au chef que menbres. Et pour ce que, en visitant et encommençant ladite refformacion, il a trouvé expediant, selon droit et justice, par sa visitacion, devoir estre depposé de son office prioral frere Pierre Bonet, docteur en theologie, lors prieur dudit couvent, ledit General, en procedant jurisdicquement, l'a depposé de ladite prieuré et assigné hors dudit couvent, et pareillement mis dehors certains autres freres religieulx dudit couvent, selon la forme de ladite religion, qui n'ont voulu garder ledit ordre et reigle d'observance; et a mis audit couvent des autres religieulx refformez des autres convens refformez dudit pais ; et institué leur vicaire maistre Jehan de Gennes, dudit ordre, docteur en theologie, pour faire tenir ladite refformation, et election de prieur refformé, pour ledit convent devoir regir et gouverner soubz la vie reguliere. Ce que a esté fait par ledit vicaire et freres refformez, et le tout tant par ledit General que par ses vicaires approuvé, et confermé par nostre tres cher et feal cousin le cardinal d'Amboise, legat en France et en Provence ; et aussi ladite confirmacion dudit Legat, et l'election et confirmacion dudit prieur, ensemble tout ce qui a esté fait par ledit General et ses vicaires en faveur de ladite refformacion, a esté approuvé par nostre saint pere le Pape, comme jurisdicquement avoir esté procedé a ladite refformacion. *Or est il que deux ans a, ou environ, un nommé Andreas de Petruciis desroba l'or, l'argent, les pierres precieuses de quoy estoit aorné le chef de la saincte Marie Magdeleine, dont il fut tout seul actaint et pugny, et les religieulx refformez declarez et trouvez par sentence diffinitive innocens, par les juges appostolicques et nostre court de parlement dudit Provence, sans fraulde ne coulpe.* Neantmoins, lesdits religieulx par ledit General expulsez se sont intruz dedans ledit convent, sans auctorité de leurs superieurs, et ou mespris des commandemens et censures de nostre saint pere le Pape et du saint siege appostolicque, et de leur ordre, et en contempnant nos commandemens ; dont se sont commises plusieurs irregularitez (et abbuz), au contempnement de l'auctorité de saincte mere eglise et de justice. Pour lesquelles oster, et deuement par justice y pourveoir, *nostre dit cousin le Legat, a la requeste desdits suppliants, a (commis) et depputéz noz amez et feaulx maistres Yves Mayeuc, prieur dudit convent de Saint Maximin et confesseur ordinaire de nostre tres chere et tres amée compaigne la Royne, Jehan Clerée, nostre confesseur ordinaire et penitancier de nostre saint pere le Pape, et Anthoine du Four, inquisiteur de la foy et nostre confesseur ordinaire, abbé de Stelles, et le vicaire de la Congregacion de France dudit ordre, docteurs en theologie, pour visiter ledit convent et le refformer, et unir a la congrega-*

cion de France, et ouyr les comptes de maistre Pierre Bonet, de son administracion dudit prieuré, et aussi de tous les autres qui ont eue l'aministration dudit convent; et degecter ceulx qui ont esté mis hors par ledit General ou ses v'caires, qui n'ont voulu observer ne garder ledit ordre et reigle, et remettre les vrays religieulx refformez pour le service de Dieu et pour l'estude; et parfaire ladite commission entierement en toutes ses parties et specialitez; pour eslever nouvelle congregacion desdits convens refformez audit pais de Provence, en cas de reffus dudit vicaire de France, de ne vouloir secourir et pourveoir audit convent de Saint Maximin, ne consentir a la union d'icellui. Sur lesquelles choses dessus nommées, lesdits supplians doubtans que lesdits freres par ledit General gectez, et audit convent intruz, et autres a eulx adherans, ne veullent obeir auxdits commissaires, mais veullent empescher ladite reformacion et commission, s'ilz n'avoient sur ce lettres de provision convenables; humblement requerant icelles. Pour quoy nous, ces choses considerées, desirans de tout nostre povoir ladite refformacion estre parfaicte, comme fondateur et patron d'icellui convent, et ladite commission entierement devoir estre mise a execucion, vous mandons et commettons par ces presentes, et a chascun de vous sur ce requis, que vous donnez, prestez et baillez ausdits supplians, et a chascun d'eulx, leurs commis et depputez a faire ladite refformacion et union a ladite congregacion de France, ou elevacion d'une autre congregacion audit pais des couvens refformez, et mettre leur commission a execucion, de tout en tout, selon sa forme et teneur, conseil, confort et ayde, prison et main forte, se mestier est et requis en estes; en faisant vuyder lesdits religieulx dudit convent qui ne vouldront obeir ne entretenir ladite reigle dudit ordre et refformacion; et mesmement ceulx qui par ledit General en ont esté gectez, pour non vouloir garder ladite refformacion. Et aussi commandez de par nous audit Bonet, nagueres prieur dudit convent, et autres qui ont eue l'aministracion, qu'ilz ayent a rendre compte et reliqua devant les dessusdits prieur et commissaires, ou leurs depputez, de ladite aministracion. Et a ce faire et souffrir, et obeir auxdits commissaires ou leurs commis, contraingnez ou faictes contraindre tous ceulx qu'il apartiendra et qui seront a contraindre, par toutes voyes deues et raisonables; c'est assavoir, les religieulx degectez, par prinse de corps, pour les mener a leurs superieurs de ladite religion refformez, et les gens d'eglise, par prinse de leurs temporelz en nostre main, et les laiz, de leurs biens, et autres voyes deues et requises... Car ainsi nous plaist il estre fait. Mandons et commandons... Donné a Bloys, le XII° jour de mars, l'an de grace mil cinq cens et cinq, et de nostre regne le huictiesme. — Par le Roy, conte de Provence, Robertet.

Arch. de S. Max. Arm. 1. sac 6. Orig.

XLVIII.

QUATRIÈME DIPLÔME DE LOUIS XII,

Pour maintenir l'union du couvent de Saint-Maximin à la Congrégation de France. — 27 novembre 1507.

Loys, par la grace de Dieu roy de France, conte de Prouvence, Forcalquier et terres adjacentes, a noz amez et feaulx conseilliers les gens tenons noz cours de parlement de Prouvence, residans a Aix, et de Comptes, salut et dilection. RECEUE AVONS L'UMBLE SUPPLICACION de nos chiers et bien amez les scindic et freres refformez de la congregacion de France, de l'ordre des Freres Prescheurs, contenant que, pour l'augmentacion du divin service, et pour faire cesser plusieurs abuz qui se commettent en plusieurs convens de nostre royaume, pays et seigneuries, nostre tres cher et tres amé cousin le cardinal d'Amboise, Legat, a pieça donné commission de visiter, corriger et reformer, et unir aux convens refformez de la congregacion de France dudict ordre, *a noz chers et bien amez orateurs Jehan Clerée, de bonne memoire, en son vivant, Anthoine du Four, et Yves Mayeur, docteurs en theologie* et confesseurs de nous et de nostre tres chere et tres amée compaigne la Royne, et de nostre maison, les convens de Sainct Maximin, la Baulme, et autres contenus en ladicte commission. Et pour ce que, *pour certains empeschemens, tant de pestes que autres legitimes, n'y ayent peu vacquer*, ne mettre en execucion leur dicte commission, depuis, aient esté commis noz chers et bien amez *les arcevesques d'Arles, d'Avignon, et evesque de Rodès*, et le vicaire general de ladicte congregacion de France; lesquelz, *pour certains autres empeschemens, n'ont peu mettre a execucion leur dicte commission*. Pour laquelle cause, fut commis nostre tres cher et tres amé cousin *l'evesque d'Alby et ledict Vicaire general*; lesquelz pareillement, pour certaines causes et affaires, *n'ont peu executer leur dicte commission, ne refformacion*. Pour quoy, les scindic et freres refformez, craignant que la reformacion, en laquelle ilz desirent vivre en la reguliere vie et ordonnances des saincts peres, et fructueusement servir a Dieu, n'aye lieu, et les lettres données pour ce fere ne soient mises a execucion, ont obtenu de nostre tres cher et tres amé cousin le cardinal d'Amboise, Legat, autres lettres par lesquelles *est mandé a noz chers et bien amez les evesques de Rodès, de Marseille et de Rennes, et au Vicaire general de ladicte congregacion, qu'ils aient a proceder a ladicte reformacion*, selon la forme et teneur de leur commission. Neantmoings, *Anthoine Gilbert*, religieux dudict ordre, *soy disant provincial de ladicte province*, et les scindicz d'icelles, craignans vivre selon la bonne forme de religion, et voulans perseverer en leur ancienne mauvaise maniere de vivre, sans forme de religion, *se sont efforcez et efforcent journellement empescher la refformacion dudict convent royal de Sainct Maximin* commandée par nostre dessusdict cousin Legat, faire cesser, rompre et abolir ladicte reformacion; qui est chose contrevenant a toute raison et equité. Et, a ceste cause, nous ont lesdicts supplians tres instemment supplié et requis sur ce leur pourveoir de nostre remede et provision convenable. Pour quoy nous, ces choses considerées, qui desirons singulierement que les bonnes et louables reformacions des convens et religions aient lieu, sortent effect, et entierement soient parachevées et entretenues, au bien, prouffit et utilité des dictes religions, et mesmement des convens des Freres Preschours de Sainct Maximin et de la Baulme, ou repose le corps de la benoiste Marie Magdalene, a laquelle nous avons singuliere devocion, et nostre tres chiere et tres amée compaigne la Royne; vous mandons, commandons, et expressement enjoignons que vous faictes ou faictes faire expresse inhibicion ou deffense, de par nous, sur certaines et grans peines a nous a applicquer, a tous qu'il appartiendra, qu'ilz ne soient si osez ne hardiz d'empescher ladicte reformacion, ne donner aucun empeschement aux commis et depputez a icelle, et mesmement aux dessus dicts evesques de Rodès, et de Marseille et Rennes, et audict Vicaire general de ladicte congregacion... Et a ce contraingnés ledict Anthoine Gilbert, religieux, soy disant provincial de ladicte province, les scindicz d'icelle, et tous autres qu'il appartiendra, et qui pour ce seront a contraindre... Tenez la main ausdictz commissaires, qu'ilz puissent proceder a ladicte reformacion, en façon et maniere qu'elle sorte son plain et entier effect. Car ainsi nous plaist il estre faict... Donné à Bloys, le XXVII° jour de novembre, l'an de grace mil cinq cens et sept, et de nostre regne le dixiesme. — Par le Roy, conte de Provence, a la relacion du consoil. Deslandes.

Arch. de S. Max. Arm. 1, sac 6. Orig.

XLIX.

CINQUIÈME DIPLÔME DE LOUIS XII,

Approuvant l'élection de Jean Damiani. — 1er juin 1508.

Loys, par la grace de Dieu roy de France, conte de Prouvence, Forcalquier et terres adjacentes, a tous coulx qui ces presentes lettres verront, salut. COMME A CAUSE DE NOSTRE CONTÉ DE

Prouvence, soyons fondateur du convent reformé de la glorieuse Marie Magdalene, de l'ordre des Freres Prescheurs, de nostre ville de Sainct Maximin, oudict conté de Prouvence, neuement subject sans moyen au Sainct Siege apostolique, par laquelle fondation et privileges, nul ne peult estre esleu prieur dudit convent, quand vaccation y eschet, s'il n'est natif dudit pais, et a nous seur et feable, ne, apres ladicte election faicte, confermé oudit prieuré sans nostre conssentement, et que premier n'ayons eu ladicte election pour agreable; et *soit ainsi que puis nagueres ledit prieuré ait esté vaccant par la promotion faicte de la personne de nostre amé et feal conseiller, l'evesque de Rennes, audit evesché, lequel auparavant tenoit ledit prieuré;* au moyen de quoy, *et pour les grandes et louables vertuz, prudence, science et vie religieuse de nostre bien amé maistre Jehan Damyen, docteur en theologie, de l'ordre saint Dominique, natif de nostre pais de Prouvence, icelluy Damyen ait esté esleu, d'un paisible accord, prieur dudit convent*, comme souffisant et ydoyne; pour quoy luy soit de present neccessayre, en ensuyvant ladite fondation, obtenir confirmation d'icelle election, de celuy auquel en appartient la confirmation, ce qu'il ne sauroit faire que premier n'ayons eu ladite election pour agreable, et icelle accepter, et sur ce en de nous lettres a ceste fin. Savoir faisons que nous, les choses dessusdites considerées, et que tant par noz amez et feaulx conseillers les gens de nostre court de parlement de Prouvence, que par les deleguez des Estatz de nostre dit pays de Prouvence, gouverneur d'Avignon, que autres bons personnages, avons esté deuement informez de ladite election, et qu'elle a esté justement et canoniquement faicte, selon la teneur de ladite fondation; aussi de la bonne vie religieuse oudit ordre dudit Damyen; icelluy, ensemble *ladite election ainsi faicte de sa personne oudit prieuré avons eu pour agreable*, et icelle acceptée, et acceptons par ces dites presentes; priant a icelluy ou ceulx a qui il appartient, que ladicte election ainsi faicte, que dit est, ilz veuillent confermer et approuver, selon et en ensuyvant la teneur de ladite fondation; et luy en faire et bailler les provisions en tel cas requises et neccessaires. Car ainsi nous plaist il, et voulons estre faict, et audit maistre Jehan Damyen l'avons octroyé et octroyons, de grace especial, par ces presentes. En tesmoing de ce, nous avons faict mettre nostre seel a ces dites presentes. Donné a Columbiers, le premier jour de juing, l'an de grace mil V^e et huit, et de nostre regne le unziesme. — Par le Roi, conte de Prouvence. Robertet.

Arch. des B. du Rh. B. 24. Reg. Draconis, fol. 207.

L.

CONFIRMATION DE JEAN DAMIANI,

Par le provincial de la province de Provence. — 17 juin 1508.

In Dei Filio sibi carissimo reverendo patri, sacre theologie professori, fratri Johanni Damiani, ordinis Predicatorum, frater Mundonus Baudrici, ejusdem ordinis et facultatis professor, in conventu Avinionensi dicti ordinis humilis prior, et ad infrascripta peragenda per reverendum patrem provincialem Provincie ordinis Predicatorum commissarius per patentes litteras specialiter deputatus, Salutem, et mundo corde spiritualibus inherere preceptis. Hac die, quedam ad me littere regie, cum litteris supreme curie insignis parlamenti Provincie, simulque litteris regalis conventus Sancti Maximini sepedicti ordinis Predicatorum, pervenerunt, per quas nobis innotuit qualiter *sancte et canonice, uniformiter et concorditer, nemine discrepante, patres et fratres dicti regalis et reformati conventus Sancti Maximini, qui per assumptionem ad pontificalem (cathedram) Redonensis ecclesie reverendi in Christo patris et domini domini Yvonis, prioris prefati regalis conventus, jam magno tempore caruerant, vos in priorem ipsius conventus Sancti Maximini canonice, ut premissum est, elligerunt;* que quidem prioris electio, tanquam rite facta, per serenissimum et christianissimum Francorum regem, prefati conventus regalis fundatorem, acceptata extitit, necnon prefata acceptatio regalis per supremam curiam insignis parlamenti Provincie annexata. Quare ipsi patres et fratres prenominati conventus Sancti Maximini, per suas litteras, me cum maxima instantia rogaverunt ut electionem de vobis factam, juxta michi commissam auctoritatem, et ipsius regalis conventus indulta, dignarer, prout expedit, confirmare. Sed ut clarius auctoritas ad hoc michi commissa cunctis appareat, presentibus et mee commissionis volui ad longum inserere litteras, quarum tenor de verbo ad verbum sequitur, et est talis. — In Dei Filio sibi carissimo magistro Mundono Baudrici, ordinis Predicatorum, priori conventus Avinionensis, frater Anthonius Gilberti, ejusdem ordinis, sacre pagine professor, et provincie Provincie provincialis, Salutem in domino Jesu, et spiritualem consolationem. Cupiens patres conventus regalis Sancti Maximini, nunc priore carentes, consolatos reddere, cum sim de provincia exiturus, vobis, de cujus discretione et zelo ad ordinem, fiduciam gero in Domino pleniorem, tenore presentium, concedo auctoritatem et potestatem electionem seu postulationem quamcumque de priore in dicto conventu factam, seu fiendam, pro ipsa vice tantum, confirmandi, compellendique quemcumque confirmaveritis ad susceptionem officii prioratus, dummodo electio ipsa rite et canonice celebrata fuerit; in contrarium facientibus non obstantibus quibuscumque. In quorum omnium fidem, has fieri sigilloque officii mei communiri demandavi. Bene valete, et Deum pro me orate. Datum Vapinci, decima septima maii, millesimo quingentesimo octavo. Reg^{tn} De Fonte. — Cupiens igitur regie majestatis piis satisfacere votis, fratrumque rogantium desideriis et profectibus complacere, vos, de cujus scientia, religiositate, morum gravitate, regiminis solertia, ac pastorali experientia, fiduciam gero in Domino pleniorem, discretorum magistrorum et patrum prius habito consilio, auctoritate premissa, conformiter ad indulta apostolica premisso conventui regali concessa, in priorem ipsius regalis conventus Sancti Maximini confirmavi, quemadmodum per presentes ipsam de vobis factam electionem approbo et confirmo, in nomine Patris, et Filii, et Spiritus Sancti. Amen. Dando vobis auctoritatem et potestatem...... In quorum omnium et singulorum premissorum fidem, presentes fieri feci, et sigilli officii mei impressione muniri. Bene valete, et Deum pro me orate. Datum in nostro conventu Avinionensi, die decima septima mensis junii, anno millesimo quingentesimo octavo. — Frater Mundonus Baudrici, prior et commissarius prefatus.

Arch. des B. du Rh. B. 24. Reg. Draconis. fol. 208.

LI.

NOUVELLE CHASSE DE SAINTE MADELEINE

Construite à Tours par l'orfèvre Hance Mangot, aux frais de la reine Anne. — 5 novembre 1511.

Tenor, sive copia ponderationis reliquiarii, sive de la chasse capitis gloriose Marie Magdalenes. La chasse d'or du glorieux chief de la saincte Magdalenne fait et rendu ce jour d'uy a la Royne, nostre souveraine damme, par Hance Mangot, son orfevre, et poisé par Loys Danzans, orfevre du Roy, en la presence de venerable et discrete personne frere Jehan Damyan, prieur du convent des Freres Precheurs de Sainct Maximin, maistre Crespin Normant, secretaire ordinaire de ladite damme, Jehan Simon, clerc d'office d'icelle damme, et receveur pour le roy des aides et tailles de Bourbonnois, frere Guillaume Enrichy, religieux dudit convent, Jehan Bonnet, sindic dudit Sainct Maximin, et de moy Jehan Bernard, contre rolleur des finances de ladite damme, cy dessoubz signé. Et s'est trouvé poisant, avecques dixhuyt chatons faiz par ledit Mangot pour enchasser dixhuyt tant saphirs, aymeraudes, que balaiz, en ce non comprins ij^{m}v^{c}iiij^{xx}iiij^d argent doré, dont s'est fait une partie du derriere dudit chief, compté cy apres.................. xvii^{m}iiij^{c}viie Or.

Sur quoy, fut pieça baillé audit Hance, par le prieur dudit convent et sindicz dudit Sainct Maximin qui lors estoient, ung autre chief d'or tout rompu, qui avant la fonte pesoit xiii^{m}vi^{o}ii^g, et après la fonte ne c'est trouvé que................. xiiii^{m}v^{o}i^g.

Plus luy fut baillé en esmaulx de plicque, qui avant la fonte pesoient iii^{o}vii^g, et après la fonte ne s'est trouvé que ii^{o}i^d; qui est en tout de receu par ledit Mangot............. xiiii^{m}vii^{o}iiii^d.

Ainsi a ledit Mangot plus rendu que receu ii^{m}v^{o}vi^{g}i^d; laquelle somme la Royne a fourni audit Mangot.

Le siege et soubassement dudit chief, comprins six lions et six mannequins qui le portent, avecques quatre angels qui soustienent ledit chief, et plusieurs escussons, cordelliers et sous dudit chief, le tout ensemble poise..... lxiii^{m}i^{o}vii^g argent doré.

Le dernier dudit chief, qui est aussi d'argent doré, et qui a esté poisé a part, poise........................ ii^{m}v^{o}iiii^d

Ce qui est en tout...... lxv^{m}vii^{o}r^d argent.

Et ledit Hance n'a receu que........ lxii^{m}i^{o}vi^g.

A luy deu........ iii^{m}iii^{o}ii^{g}i^d, que la Royne a fourni.

Ce jour d'uy cinquiesme jour de novembre mil cinq cens unze, ladite chasse a esté, par moy contre rolleur cy dessus nommé, baillé et livré, par le commandement et ordonnance de ladite damme, et en la presence des dessus nommez, audit frere Jehan Damyan, prieur, et Jehan Bonnet, sindic, cy dessus nommez, pour porter et presenter de par elle audit convent, et y mettre ledit glorieux chief. Fait le jour et an que dessus. — Bernard.

Arch. des B. du Rh. B. 1450, f 57, et B. 25, f. 171.

LII.

SIXIÈME DIPLÔME DE LOUIS XII,

Donnant à Jean Damiani le titre de conseiller du roi. — 15 décembre 1511.

Ludovicus, dei gratia Francorum rex, comes Provincie, universis presentes litteras inspecturis, Salutem. REGALIS MAGNIFICENTIA illos recto justoque judicio extollit honoribus et favore prosequitur quos novit moribus, scientiis et doctrina apprime eruditos, et virtutum meritis decore exornatos; ut dum talibus honoribus se sentierint refectos, talibus vocasse letentur, et alii ad eorum vestigia imitanda ferventius aspirent, alliciantur et advolent. Hinc est quod nos, *accepta a doctissimis probisque hominibus fide de probitate, scientia, discretione, plurimisque virtutum premiis, quibus dilectus noster frater Johannes Damyan, sacre theologie professor, apud Deum et homines non immerito commendatur; Eumdem in consiliarium nostrum retinuimus, et retinemus per presentes*, et in aliorum consiliariorum nostrorum consortio, tenore presentium, aggregamus. Volentes ut ipse deinceps honoribus, privilegiis, franquisiis, libertatibus, prerogativis, aliisque juribus quibuscumque, quibus ceteri consiliarii nostri uti et gaudere consueverunt, utatur et gaudeat. Quapropter dilecto et fideli Cancellario nostro, et dilectis fidelibus nostris Gentibus curiam nostram parlamenti Provincie tenentibus, harum presentium serie damus in mandatis quatinus, recepto ab ipso fratre Johanne Damiano juramento solito, eum in consiliarium nostrum admittant, ac in consiliis nostris interesse, quoties opportunum fuerit, honoribusque, privilegiis, juribus, prerogativis, libertatibus et emolumentis quibuscumque predictis, uti et gaudere faciant, sinant et permittant, omni impedimento cessante. In cujus rei testimonium, sigillum nostrum presentibus his duximus apponendum. Datum Blesiis, die XV. mensis decembris, anno domini M.D.XI, et regni nostri XIV.— Per Regem, comitem Provincie, Robertet.

Arch. de Saint-Maximin, Arm. 1, sac 4. Orig.

LIII.

INVENTAIRE DES PIERRES PRÉCIEUSES

De la nouvelle châsse de sainte Madeleine. — 30 octobre 1513.

Inventarium custodie thesauri sanctissimi capitis beate Marie Magdalene.— Anno incarnationis Domini M.D.XIII, et die XXX et penultima mensis octobris, apud villam Sancti Maximini, videlicet in ecclesia beate Marie Magdalene, et in cappella ejusdem beate Marie Magdalene, ante altare sancti Blasii, personaliter constituti et actu existentes magnificus et egregius vir Johannes Arbaudi, jurium doctor, alter ex magnifficis dominis Magistris rationalibus curie regie camere compotorum et regiorum archivorum presentis patrie Provincie, rev. pater magister Johannes Damiani, sacre theologie professor, prior ven. et regalis conventus fratrum predicatorum ecclesie predicte, nobilesque viri Johannes Boneti, curie regie ejusdem ville vice bajulus et vice capitaneus, Bertrandus Pugeti, dominus de Sancto Marco, Anthonius Boneti, filius Guilhelmi, sindici moderni universitatis dicte ville, necnon honorabiles viri magistri Simon Logerii, aurifaber, habitator civitatis Aquensis, Anze Mangolt, equidem aurifaber civitatis Turonis, sive de Tours, et Anthonius Monnerii, pariter aurifaber, habitator premisse ville Sancti Maximini, ad effectus inventarizandi, et inventarium ac descriptionem faciendi de lapidibus pretiosis, perlis, et aliis monilibus ac ornamentis custodie sanctissimi capitis beate Marie Magdalene predicte, per dictum magistrum Anze Mangolt, aurifabrum, noviter constructe, et in dicta custodia et corona illius positis et enchassatis. Ad quorum inventarizationem et descriptionem fuit ibidem processum, sub dictamine seu verius designatione predicti magistri Simonis Logerii, aurifabri, in hunc et per hunc qui sequitur modum infrascriptum.— Et primo, in collo dicte custodie, una flor emalhada de blanc, la hont hy a una tabla de saffir oriental, estacat ambe una cadena de argent daurada. A la bordura de l'estomac, sinc balaes orientals. Item, quatre esmeraudes orientals grossos. Item, plus quatre saffirs orientals, ambe vint et quatre perlos orientals, semenadas per dedins. Item, plus al dessos la dicha bordura, ung gros saffirs oriental, en caboysson, pesant una unza et tres deniers, pes de Paris, encassat dedins ung chaton deaus una flor emalhada de blanc. Item, plus a la bordura de l'espalla drecha, syeys saffirs orientals, ambe sinc balaes orientals, et vint et quatre perlos orientals, semenados per dedins. A la bordura de l'espalla senestra, syeys saffirs orientals, ambe sinc balaes orientals, et vint et quatre perlos orientals, semenados per la dicha bordura. Al crus davant, entre los dos angels, doze grossos perlos orientals, en maniera de quatre trieules, ambe dos saffirs, ambe ung gros balaes orientals. Al crus de l'espalla drecha, entre las alas dels dos angels, dos balaes et ung saffir orientals, ambe doze perlos aurientals, en maniera de quatre trieules. Al crus de l'espalla gaucha, tres balaes, ambe doze perlos orientals, en faysson de quatre trieules. Al crus darrier, doze perlos orientals, en maniera de quatre trieules. La corono. Et en la garlando de la dicha corono, quatre balaes orientals, quatre saffirs orientals, ambe huech esmeraudos grossos et seze perlos orientals. Lo floronc de davant la dicha corona, una tabla de saffirs, ambe tres petitos esmeraudos et tres robins orientals, tres perlos al bot dels florones, orientals. L'autre et segon floronc tirant a man drecha, ung gros balaes, quatre esmeraudos petitos, ambe dos robis et tres perlos dels florones, orientals. Lo ters floronc, ung saffir en tabla, ambe tres robins, tres esmeraudos petitos, et tres perlos orientals. Lo quart floronc, una tabla de saffirs, ambe quatre petitos esmeraudos, dos robis, et tres perlos grossos orientals. Al sinquiesme, ung saffir, ambe dos robis, ung balaes, et tres petitos esmeraudos, et tres perlos orientals. A la syessesme floronc, ung balaes, ambe tres esmeraudos, dos robis, ung petit balaes dossos orientals. Al septesme, una tabla de balaes, tres petitos esmeraudos, dos robis, et ung balaes petit, et tres perlos orientals. Al huitesme, ung caboysson de balaes, quatre petitos esmeraudos, dos robis, et tres perlos orientals. Al tour de la dicha corona, en los dichs florones, hueoh trieules petis, en que a syeys robis, et dos granas orientals. — Que omnia supra designata fuerunt prout supra descripta, ubi supra, et presentibus supranominatis....

Arch. des B. du Rh. B. 25. Reg. Cygni, fol. 172.

LIV.

PRIX-FAIT ET CONVENTION

Pour le nouveau portail de la Sainte-Baume. — 31 octobre 1517.

Prefachium porte introitus Sancte Balme gloriose Marie Magdalenes. Anno incarnationis domini 1517 et die ultima mensis octobris, magister Johannes Guiramandi, lapidum sissor, habitator civitatis Aquensis, gratis etc., promisit domino Johanni Arbaudi, magistro rationali etc..., facere, construere et edificare, sua impensa, et cum conditionibus et calificationibus subscriptis, portam introitus Sancte Balme gloriose Marie Magdalenes, ad instar, et eo modo et forma quibus idem magister Johannes Guiramandi construere et edifficare promisit portam introitus hujus camere computorum, et de similibus lapidibus de Callisana; de quo prefachio constat supra, fol. CXL; cum pactis sequentibus. Primo, tenebitur idem magister Johannes Guiramandi facere dictam portam, latitudinis, de vuyt, septem palmorum, ad minus. Item, tenebitur idem Guiramandi, sua impensa, sibi providere de lapidibus necessariis de Callissana, quantum sufficiet pro constructione illius, et illos devehi et conduci facere de ipso loco de Callissana usque presentem civitatem Aquensem; et reverendus dominus prior ejusdem conventus de presenti civitate Aquensi usque dictam Sanctam Balmam, expensis regiis, sive ipsius conventus. Item, tenebitur idem magister Guiramandi ipsam portam construere, sive introitum, juxta figuram, sive protrach, depictam in papiro, signatam in medio illius signo mei dicti et subscripti secretarii, excepto quod in superficie ejusdem introitus, et inter medium circulum et ipsam superficiem, in loco in quo depingitur ymago regia, depingetur et fiet ymago dicto dive Magdalenes, digniori modo quo fieri poterit, ad modum medalhe, cum circulo foliorum, de quo in eadem figura. In superficie vero anguli ejusdem introitus, a parte dextra, construet figuram lapideam, genibus flexis et junctis manibus stantem, representans personam christianissimi domini nostri Francorum regis et Provincie comitis, in regali habitu. In superficie vero anguli ejusdem introitus, a parte sinistra, construere tenebitur aliam ymaginem lapideam, genibus flexis et junctis manibus existentem, representans personam illustrissime domine Ludovice, duxisse Angolesme, matris ejusdem christianissimi domini nostri Regis et Comitis, in habitu convenienti ejusdem persone et dignitati. Que ymagines recto vultu respicient ymaginem dive Magdalenes, in medio ejusdem introitus existentis; in sedibus convenientibus. Tenebitur equidem idem magister Guiramandi construere portas ejusdem introitus, sua impensa, ex ligno nucis operatas, juxta convenientiam loci, et illas clausas reddere; excepto quod sere ejusdem porte convenientes fieri faciet ipse R. D. prior, sive conventus, impensa regia, solum et dumtaxat. Que omnia facere et adimplere, atque perficere promisit idem magister Guiramandi, hinc ad unum annum ab hodie in antea computandum. Et hoc, precio quadringentorum florenorum, monete Provincie, solvendorum de peccunia propterea ordinata; videlicet, quinquaginta scuta auri cugni solis hinc et per totum mensem januarii proximum; et residuum, completo ipso opere... Actum Aquis, in platea archivi, et ante fores illius. Testes, nobilis Guilhelmus Garini, de Brinonia, Petrus Boysoni, de Aquis, Guyonus Salvatoris, de Aquis. Et ego Petrus Alberti, secretarius, rationalisque et archivarius regius etc.

Arch. des B. du Rh. B. 1450, fol. 148.

LV.

BULLE DE LÉON X,

Déclarant Jean Damiani prieur à vie. — 8 janvier 1521.

Leo, episcopus, servus servorum Dei, dilecto filio Johanni Damiano, priori prioratus Sancti Maximini et Sancte Balme, Massiliensis diocesis, salutem et apostolicam benedictionem. Justis petentium desideriis dignum est nos facilem prebere assensum, et vota que a rationis tramite non discordant, effectu prosequente, complere. Eapropter, dilecte in Christo fili, tuis justis postulationibus grato concurrentes assensu, prioratum Sancti Maximini et Sancte Balme, ordinis sancti Dominici, Massiliensis (diocesis), cum omnibus juribus et pertinentiis suis, quem tu perprius adeptum fuisse (nosceris), siculi eum (justo) possides et quiete, *tibi, quoad vixeris, auctoritate apostolica, confirmamus.* Nulli ergo omnino hominum liceat hanc paginam nostre confirmationis et communitionis infringere, vel ei ausu temerario contraire. Si quis autem hoc attemptare presumpserit, indignationem omnipotentis Dei ac beatorum Petri et Pauli, apostolorum ejus, se noverit incursurum. Datum Rome, apud sanctum Petrum, anno incarnationis dominice M.D.XX, sexto idus januarii, pontifficatus nostri anno octavo.

Arch. des B. du Rh. B. 27. Reg. Turturis, fol. 84.

LVI.

PREMIER DIPLÔME DE FRANÇOIS Ier,

En faveur de Jean Damiani. — 20 octobre 1530.

François, par la grace de Dieu roy de France, conte de Prou-

vence, Forcalquier et terres adjacentes, a nostre amé et feal
Grand Seneschal, ou son lieutenant, gens tenant nostre court de
Parlament seant a Aix, et gens de noz comptes audit pays, Salut
et dillection. LE PRIEUR DE SAINCT MAXEMIN, ordre de sainct
Dominique, en nostredit pays et conté de Prouvence, et nostre
procureur joinct, nous ont faict dire et remonstrer que noz predecesseurs Roys et Comptes d'icelluy pays, ont faict ledit prieuré,
par cy devant, de l'ordre de sainct Dominique, en nostre ville de
Sainct Maximin, assize ou dit pays de Prouvence, en l'honneur
de la glorieuse Marie Magdaleine, auquel ils ont donné plusieurs
revenu et patrimoyne, pour la substentation des freres religieux
qui sont ordinayrement seans pour le service de l'eglise, que
semblablement pour les maistres docteurs lisans audit convent,
et pour supporter les aultres charges d'icelle eglise et Religion.
Au moyen de quoy, les Papes et Sainctz Peres ont donné aux
susdits Roys, Contes, et a leurs successeurs, l'auctorité prehe-
minente, non seullement sur lesdits biens, patrimoyne et revenu,
ains speciellement sur l'esglise, reliquaire et joyaulx, avec
cohertion, institution et destitution, tant d'iceulx religieulx que
semblablement du prieur estably superieur en icelluy convent sur
les autres; en les exemptens de toutes juridictions, soyt du
General ou Provincial de leur ordre, semblablement de toute
contribution de pension et impotz faicte par eulx... Or, est-il que
*despuis quelque temps en ça, aulcuns religieulx d'icelluy convent
ont conceu a l'encontre d'icelluy prieur quelque ire, hayne et
malvouloir, ou vrayement ayant intelligence avecques les General
ou Provincial d'icelle religion, lesquels se vouldroient efforcer
mettre icelluy convent soubz leur obeyssance,* contre la forme,
tant d'icelle fondation que des privilleiges appostolicques, et
icelluy rendre contribuable a pension annuelle ou aultres impotz,
contre leur exemption, franchise et liberté, *se seroient efforcez,
tant en vertu de certaines lettres de nostre chansellerie surreptis-
sement obtenues, que semblablement d'aultre provision octroyée
par le legat d'Avignon, tirer en proces et cause ledit prieur par
devant icelluy provincial, et aultres juges incompetens,* et des-

quelz il est expressement exempt par iceulx privileges, et en pareilles matieres prophanes, et dont a nous et a noz officiers et commis appartient la totale cognoissance. Humblement requerant faire noz lettres et provisions. Par quoy nous, ces chouses considerées, vous mandons..., commandons et expressement enjoignons, et commettons, en tant que mestier est ou seroyt....., que si, appelez ceulx qui pour ce seront a appeller,... il vous appert de ce que dict est, et mesmement... que ledit General et Provincial n'ayent aucune juridiction, entremise, pouvoir, ne cognoissance audit prieuré, ains icelluy prieuré, et religieux d'icelluy, soyent totellement inmunes et exemptz d'icelluy General et Prouvincial, comme dict est, que non obstant, ledit Prouvincial et commissaire dessus dit s'efforsent entreprendre cognoissance, et faire appeller devant eulx ledit suppliant...., vous, audit cas, faictes inhibition et deffenses audit legat d'Avignon, Prouvincial et commissaire dessus dits..., que desdites matieres prophanes, et dont a nous et nosdits officiers et commis appartient la cognoissance, ilz ne ayent a entreprendre ne retenir aulcune court, juridiction ne cognoissance, et tout ce que faict, attenté ou innové seroyt, ou seroyt esté innové au contrayre, les faictes reparer et remettre incontinent, et sans delay, au premier estat et du... Car ainsi nous plect il estre faict... Donné a Amboyse, le vingtiesme jour de octobre, l'an de grace mil cinq cens et trente, et de nostre regne le XVme.

Arch. des B. du Rh. B. 29. Reg. Sagittarius. fol. 86.

LVII.

DEUXIÈME DIPLÔME DE FRANÇOIS Ier,

En faveur de Jean Damiani. — 16 juin 1538.

Françoys, par la grace de Dieu roy de France, conte de Prouvence, Forcalquier et terres adjacentes, a noz amez et feaulx conseilliers les gens tenans nostre court de parlement de par nous establye en nos dits pays et conté de Prouvence, residans a Aix, Seneschal de Prouvence, et a tous nous aultres justiciers et officiers, ou a leurs lieutenans, Salut et dillection. COMME, EN PASSENT *avec nostre tres chiere et tres amée compaigne la Royne, noz tres chers et tres amés enfans, et aultres princes et seigneurs de nostre sang et lignaige, et gens de nostre court, ou voyaige ou nous summes de present, pour le faict de la paix, nous ayons prins nostre lougis ou prieuré royal du lieu de Sainct Maxemin,* de l'ordre de sainct Dominique, fondé, dotté et augmenté par noz predecesseurs roys et contes de Prouvence, en l'onneur de Dieu, de la glorieuse saincte dame Marie Magdaleine, le corps de laquelle y repose, et a la priere de laquelle Dieu nostre createur a demonstré tant de miracles, secours et aydes a ceulx qui se recommandent envers elle, que la memoire en est par l'universelle Chrestienté, et pour ce que ledit prieuré, qui est de grande fame et estime, par la fondation d'icelluy est a nostre totalle fondation et disposition, quand vaccation y escheyt, et aultres causes a ce nous mouvans; nous nous sommes enquis, tant de l'entretenement des divins services, reparation des eglise, maysons et ediffices, vie religieuse du prieur et religieux, que autres choses requises et neccessaires, dont avons bien voulu estre informez... En quoy faysant, *c'est presenté par devant nous, en deue reverance, frere Jehan Damyen*, religieulx dudict ordre sainct Dominicque, docteur en theologie, *prieur dudict prieuré de Sainct Maxemin et de la Baulme, trente ans a et plus, lequel nous a monstré a l'œil les reparations par luy faictes oudit prieuré, tant en l'eglise que ediffices;* aussi l'augmentation tant en divins services que du domaine, rentes et revenuz; dont, avec les dixmes, sont nourriz et alimentés jusques au nombre de cinquante religieulx, continuans ordinairement, jour et nuict, les divins services en ladicte eglise et prieuré; ausquelz ledict Damyen a subvenu de tout son cueur, desir et affection, soy contentant de ce que par la fondation dudict prieuré, et dez le temps du feu roy René de Sicille, nostre predecesseur, que Dieu absoulve, et consequemment par nous et

noz predecesseurs, a esté ordonné aux prieurs dudict prieuré....
Et neantmoins, *se sont insultés a l'encontre de luy jusques au
nombre de dix ou douze religieulx dudict prieuré, lesquelz luy ont
faict plusieurs rebellions et deshobeyssances, presenté requestes
scandaleuses a l'encontre de luy,* tant a nostre personne que en
nostre conseil, court de parlement, et gens par nous ordonnez
pour le faict de la refformation en noz pais et conté de Prouvence,
lesquelz commissaires et gens de nostre court de parlement,
ouyes les parties, ont donné, apres longues procedeures, l'arrest
dont le dicton est cy attaché soubz le contreseel de nostre chambre; et sur telles et semblables requestes presentées par les susdictz religieulx, se sont ensuyviz plusieurs aultres arrestz et ordonnances pour lesquelz a convenu audict prieur laysser son cloistre, eglise et administration, a la discontinuation dez divins services, et diminution des reparations et augmentations qu'il eust peu faire es dictes eglise et ediffices, n'eust esté lesdicts empechemans a luy faictz par lesdicts religieulx, en lieu de l'obeyssance dont ilz estoient et sont tenuz envers luy, fraiz, mises et despens qu'il luy a convenuz supporter; nous requerant a ce avoir egard, et a *l'ancien aage et vieillesse en laquelle il est de present constitué,* et sur ce pourveoir de nostre grace. Sçavoir faysons... que, *apres ce que nous avons veu et visité les belles et sumptueuses reparations de l'eglise et ediffices dudict prieuré, faictes du temps dudict Damyen, prieur dessus dict decorations de aornemens et vestiaire de ladicte eglise, dont nous sommes tres contens;* considerens que les religieulx dudict prieuré, apres Dieu et nous, sont tenuz obeyr a leur dict prieur; voulans obvyer en icelluy a tous descors, differens, discentions et debatz, et apres ce que avons sur ce ouy aulcuns des religieux dudict prieuré; pour ces causes et aultres a ce nous mouvans, avons dict, declairé et ordonné, et par ces presentes disons, declairons et ordonnons, *voullons et nous plaist, de nostre certaine science, plaine puyssance et auctorité royal, que ledict Damyen, prieur dessus dict, continue son administration, possession et joyssance dudict prieuré,* aux droictz, honneurs, auctorités, privileigez, franchises, gaiges, alimens et entretene-

mens ordonnés aux prieurs dudict prieuré par la fondation d'icelluy, et que lesdicts religieulx luy obeyssent, comme ilz sont tenuz de faire, non obstant lesdictz proces et procedures..... Car ainsi nous plaist il estre faict. Donné a Villeneufve, le XVIme jour de jung, l'an de grace mil cinq cens trente huict, et de nostre regne le vingt quatriesme.

Arch. des B. du Rh. B. 33, Reg. Arletis, fol. 290 v°.

LVIII.

EXTRAITS DES COMPTES

Du P. Perrin Flote, procureur du couvent. — 1543-1544.

L'an 1543, die 4 aprilis, sui estat elegit et ordenat per lou conseilh del convent, sub reverendo *patre vicario, magistro Bernardo Berardi*, procurayre del convent, unanimiter..., et incepi, scribere. Et primo, mi sera memoria que *lou dic payre vicari venit heri* de vespre, lou qual es estat elegit precepto dominorum commissariorum, unanimiter et concorditer, in vicarium presentis conventus, et confirmatus per rev. mag. nostrum patrem provincialem, fratrem Anthonium Heraudi, tunc commissarium regium et apostolicum, una cum dominis commissariis regiis, domino Duranti, domino a Sparrono, et domino vice procuratore regio, domino Petro Reynaudi, pro reformatione dicti conventus. — (22 juillet). Sera memoria que fraire Marquet es vengut d'Aix ambe Glaudo; a portat et retornat polixa de fl. 40, *que an agut lous Observantins, per la vido del prior.* — (16 octobre). *Per la vido del prior, de tres meses, a 20 fl. per mes, de 28 de julhet jusques a 28 de aquest mes de octobre, que monto fl. 60, en 16 escus.* — Feria 3ª, 6 novembris. Hac die son vengus uno partido dels religioses reformas, pro reformatione conventus; et momento de so que an pres a la cambro del prior, pro servicio eorum. — Feria 5ª, 8 nov. Item, 18 liuras que son estados ordenados *per lou prior, per son caufar et aultros necessitas*, per modum provisionis, que son fl. 30. — Sabbato, que fuit 10 nov. Ordenance facho de receptione in conventu patrum reformatorum, post vesperas; et les offices a eulx donnés de exerciter; et quod rev. m° Marquet inveniat pecunias pro illis qui recedere debent, pro indumentis eorum, quomodocunque pourra faire. — Feria 2ª, que fuit 12 nov., in recessu fratrum presentis conventus apud conventus refformatos, juxta precepta dominorum comissariorum, per fayre lurs obediensas, ai comprat uno man de papier per lou paire vicari, gr. 1. — Feria 5ª, 15 nov. Item, hac die la mayre recessit (*en marye: mater infirmorum recessit*). — Sabbato (22 dec.) Mestre Aycard on Raynaud a prestat al convent vint ducas d'Ongrio, que valon fl. 4 la possa, per pagar las esportulos de *l'arrest donat contre fraire Jehan Damian, dijous passat.* — 1544 (2 janvier). Lou jour desus et avant escript, sera memoria que *aven fach election, sive nomination de prieur, a modo de compromission, compromettant tous au Roy nostre fondateur;* et tous les religieulx, tant de la Saincte Baulme que autres vocaux, sont estés appellés. Le jeudi, apres la grande messe, voulant fere acte de ladicte nomination, l'i a eu discorde. — Feria 3ª, que fuit 8 januarii. Sera memoria que monsʳ lou conselhier monsʳ Duranti es vengut, et aven fach uno nomination de prieur, eo presente et adsistente, mandat expresso, per dominos parlamenti, per comissari ad hoc. Et a fach legir *l'arrest donat XX*ᵈ *mensis decembris contro fr. Jehan Damyen;* et preceput boutar en execution lou curat, infra octo dies, et la dicha nomination, la quale es estado incontinenti publicado a la claustro, presentz testimonis monsʳ lou viguier Richerii, monsʳ de Sanct Marc, Olivier Pec, et Loy Dol. Et son grafier a pres l'acte et escricho la dicho nomination. Et *nota de la protestation que a fach m° Olicari,* la quale li a annes lou dich seigneur comissari. — Feria 6ª, que fuit 18 januarii. Aven ressauput lettros del R. P. Provincial, que li portesson d'argent, pro suis expensis,... et *per fayre condurre m° Jehan Damian a Marseilhe, come dimars passat fon condempnat, ad perpetuos carceres, in pane et aqua.* Statim, aven boutat en execution tout aquo, in consilio et capitulo. Unde, aven mandat fr. Anthoni Orenga a Aix, portar VIII. escus solis, per la dicho conduicte del prieur. — Sera memoria que, secunda febroarii, sont estraichs de la chambre du prieur passé les livres ayci nommés, pour repouser en la librairie du dortoyr, par ordenance du conseil. Et primo, toute la somme de sainct Anthonin, ensemble les chroniques, en grant volume. Item, omnia opera Bercorii. Item, les concordances de la Bible. — Nota quod eodem anno, et die octava febroarii, est venu monsr Anthoine Rolandi, conselier en parlement, icy au convent, disant estre commissere,... lequel commissere chassa beaucop de religieux dudit convent ors de ceans, de quoy et quelle expulsion je, frere Perrin Flote, estoye procureur dudit convent, et me chasserent aussi, infra tres horas exire conventum, cum ignominia. Lesquelz comissere et aultres ses companhons, et aussi me Bernard Berardi, viquere dudit convent, pro congregatione, et plusieurs aultres religieux de ladicte congregation vindrent a la chambre dudit Flote, luy prenant ces clefz, en sorte que ont ouvert le coufre, et ont pris beaucop de escriptures dudit convent, comptes, memorials, obliges, podixes, en grant quantité et nombre... Item, le double de l'arrest donné par messrs de parlement a la reformation dudit convent et destitution de me Johan Damyen, jadis prieur. Item, *la sentence dudict Damyen*, donnée par le Rme provincial de l'ordre et de la presente province, *inter quatuor muros, in pane et aqua, in concentu Massilie*. Item, la Vie de la Magdaleyne, a personaiges, pour juer a neuf personaiges, et plusieurs aultres beaux cas dedans le livre d'icelle (*en marge : recuperavi*)... — Die 22 jullii, post regressum meum ex Arelate, fui institutus in procuratorem presentis conventus, et incepi scribere in hoc presenti libro memorialium. — (28 juillet) Sera memoyre de certain drap pris a la botiqua de mestre Benet de Richinis, *pour le lacay du R. P. prieur,....* et de toyle blanche et crude, pour fere de chausses, tant audict R. prieur que *son valet françoys*... Sera memoria que fr. Davidi a comprat ungs sabatons a *Reynier, lacay de monsr le prieur...*

Arch. du couv. de Saint-Max. Orig.

LIX.

LETTRES-PATENTES DE FRANÇOIS Ier,

Nommant Jean Catti prieur de Saint-Maximin. — 28 mars 1544.

Françoys, par la grace de Dieu, roy de France, comte de Provence, Forcalquier et terres adjacentes, a tous ceulx qui ces presentes lettres verront, Salut. COMME NOUS AYONS ESTÉ ADVERTIS et assertenés de la destitution et privation du prieur du convent de la Magdallenne, de l'ordre des freres Prescheurs, en la ville de Sainct Maxemin, et de la Saincte Baulme, que solloit tenir et exercer frere Jehan Damiani, relligieux dudit ordre, lequel de nostre expres consentement, et tant par le provincial dudit ordre que par arrest de nostre cour de parlement de Provence, seroyt esté treuvé inhabille a tenir ledit office, et d'icelluy chassé et desmis; et par les privileges et fondations apostoliques, et de noz predecesseurs Roys, comtes dudit Provence, soyt dit expressement que nul relligieux dudit ordre puisse estre admis ou confirmé par le provincial ou general supperieur dudit ordre, audit office de prieur dudit convent, sans nostre voulloir et expres consentement; Sçavoir faisons que, *pour la bonne vie, relligion, et regulliere observance, prudance et sçavoir, qu'avons entendu et cogneu a nostre bien aymé frere Jehan Cati*, docteur en saincte theologie, religieux dudit ordre; pour ces causes, et autres bonnes considerations a ce nous mouvans, de nostre certaine science et propre mouvement, *avons nommé et nommons par ces presentes, pour tenir et exercer ledit office de prieur dudit convent de Sainct Maxemin et de la Saincte Baulme, vacant a present par la destitution dudit frere Jehan Damiani, ledit frere Jehan Cati*, pour estre par lesdits supperieurs, ou l'un d'iceulx, confirmé audit office, et icelluy tenir et exercer, tant en spirituel que temporel, aux honneurs, droicts, proffits, gaiges, esmollumens, exemptions, preheminances, et auctorité de commander et dispancer audit convent, et religieux et officiers, et autres, ainsi qu'il appartiendra et verra estre a fere, sellon la regle et constitutions dudit ordre, privileges, exemptions et fondations dudit convent. Mandons en oultre et commandons a noz amez et feaulx conseilliers, les gens tenens nostre cour de parlement de Provence, maistres rationnaux et des comptes,... que ledit frere Jehan Catti, en tant que nous appartient il, ainsy, comme dit est, par nous nommé et accepté, et par lesdits superieurs, ou l'un d'iceulx, confirmé audit office, maintiennent et soubstiennent, de par nous, en possession, saisine et jouissance, et deube administration dudit convent... Non obstant que ledit Catti ne soyt originere de nostre dit pays de Provence, ainsy qu'il est requis par la fondation dudit convent; a laquelle, quand a ce, nous avons derrogé et derrogeons, par ces presentes, pour ceste fois tant seullement... Donné a Passi, le vingt huictiesme jour de mars, l'an de grace mil cinq cens quarante trois, advant Pasques, et de nostre regne le trentiesme.

Arch. de S. Max. Arm. 1, sae 4 et 6.

LX.

EXTRAITS DE PLAIDOIRIES,

Dans un procès au parlement de Provence. — 3 février 1554.

FRESQUIÈRE, *partie adverse*. — Le prieur a prins en partie les consulz, avecques quatre et luy mesmes, et parle pour Aycardon Raynauld et Cayret. Et despuys que le prieur est venu au prieuré, craignant que l'on n'informast contre luy des abbuz, malversations, desordres et contreventions des arrestz et refformation dudict convent, faicte par mandement du Roy, auroit appellé de m° Pierre Vitallis, ministre rational en la chambre des comptes, et prins en partie les consulz, et aultres particuliers nommez audict appel et exploictz, et accuse lesdicts consulz et particuliers d'avoir instigué le procureur du roy a fere ladicte information, ce qu'est faulx. *Et est ledict Olivier coustumier fere telles accusations calumnieuses.* Et pour le monstrer, il dict que *ledict Olivier a accusé de sodomye frere Jehan Damian, par subornation de faulx tesmoingz, dont y a prinse de corps, par arrest de la court, contre ledict Olivier, qui n'est encores purgé dudict crime...* Neantmoins, contre lesdicts arrestz, se sont retirez au Roy, et ont obtenu que ladicte reformation seroit faicte par le prieur. Et fut cella obtenu par m⁰ Catti, et a esté sans controvenir a la reformation et arrestz. Et m⁰ Cati n'a jamais voulu decliner de la court. *Mays Olivier, au contraire*, s'est retiré a la court, et jamais n'a tenu pied, et a tousjours vagué a grandz despens, et prochassé d'estre exempt de la court et de la chambre, pour ce qu'il n'a aulcun superieur espirituel, *ne veult estre responsable au provincial et general de leur ordre, a l'archevesque d'Aix diocesain, ne vouldroit avoir aulcun juge espirituel ne temporel sur soy, pour disposer des biens du roy et dudict convent a son appetit, et n'estre corrigé de ses forfaictz et faultes; et se veult fere Pape et Roy.* Et moet en faict qu'il a remonstré au procureur general les maulvaises versations, et qu'il luy a respondu que les consulz baillent requeste. Toutesfois n'ont jamais voulu fere partie, combien que *des quatre vingtz deux articles, le prieur n'en a jamais gardé uny...*

P. SEGUIRAN, *pour le prieur:* Proteste contre Fresquiere, de ce qu'il a dict qu'il estoit subornateur de tesmoingz, et demande acte. Et c'est Fresquiere qui, estant a la court, tormentant la noblesse, auroit voulu tormenter ce prieur, et religieulx dudict convent. Et ayant le prieur entreprins de corriger deux religieulx parens dudict procureur de la chambre, et, comme il croit, dudict Fresquiere, et aultres procureurs de la ville surnommez, font telles poursuytes contre les edictz du Roy, lesquelz seront gardez; et aura reparation de l'injure. *Lequel veult maintenir Damianis, pour ce qu'il en a receu de luy deux cens vingt cinq escuz,* aux despens dudict convent, pour renoncer a quelque proces criminel de leze magesté, contre ledict Fresquiere, *pour ledict Damianis.*

Fresquiere dict que ce que a dict Seguiran, quand a l'administration des tesmoingz, n'est vray... Et s'il a jamais impetré lesdictes lettres, il veult estre mys en quatre quartiers; mettant en faict que tout ce que ledict Seguiran a advancé, ce sont faulx faictz, controuvez, prohibez de advancer... Bien, dict que *ledict Olivier, estant a la court, a troys chevaulx et deux valetz laicz,* contre la forme de ladicte reformation et ordre de sainct Dominicque, *sine socio religioso...*

Arch. de S. Max. Arm. 1, sac 4.

LXI.

ÉLECTION DE CLAUDE ESTIVENTIS,

Postérieurement à sa nomination par le Roi. — 7 novembre 1560.

L'an mil cinq cens soixante a la nativité nostre Seigneur, et le septiesme jour du mois de novembre, en la ville de Sainct Maximin, et dans les claustres du convent royal en icelle, par devant moy, notaire royal en ladicte ville soubzsigné, et tesmoings cy apres nommés, c'est presenté et comparu reverend pere frere Claude Estivent, de l'ordre de sainct Dominicque, qui nous a dict avoir esté pourveu par le Roy, nostre sire, du prieuré du convent royal en icelle, ainsi que des lettres patentes nous a faict apparoir, données a Fontainebleau le vingt huictiesme juillet an present..., nous requerant vouloir faire lecture de ladicte provision a frere Anthoine de Portu, vicaire dudict convent, illec present, pour en avoir responce d'icelluy et acte. Suivant laquelle requisition, en presence des tesmoings cy apres nommés, aurions faict lecture audict de Portu, vicaire, qui auroit dict faire appeller le chappitre, pour luy faire entendre le contenu des dictes lettres de provision, et luy faire responce *cappitulariter.* Et en execution de ce, auroit ledict m⁰ de Portu faict appeller m⁰ Jehan Pecque, docteur, frere Anthoine Cavallerii, presenté, fr. Feraud Cabasson, fr. Anthoine Inguimbert, fr. Jehan Duranti, fr. Melchion de

Somma, fr. Guilleaume Vulhermis, Baptiste de Laudo, Anthoine Massilhon, Jacques Faulquete, Johan Niel, Pierre Maiolly, François Inguimbert, Bernard Soye, Octave Dalmas, Balthezar Pecque, Olivier Olier, Guilhen Brignolle, Anthoine Bonet, Grabrier Carbonier, Guitheaume Coussinel, et Claude Pascalet, religieulx conventuaulx, et vocaulx dudict convent, et la majeur et sixiesme partie es conventuaulx d'icelluy, de trois parties representent les deux, tous ensemble cappitullerement assemblez a son de cloche, comme est accoustumé faire, par mandement dudict de Portu, vicaire. Lesquelz ont faict responce audict reverend pere frero Claude Estivent, present, que, ensuivant son conseil, apres avoir eu faict lecture des lettres royaulx en forme de provision obtenues par vous Claude Estivent, religieulx de l'ordre de sainct Dominicque, dattées du vingt huictiesme juillet de ceste année presente, aux fins d'estre pourveu du prieuré de la presente ville et convent de Sainct Maximin, ayant cure d'ames. *Et parce que par vostre provision et lettres nous appert n'avez aucun tiltre concernant la charge des ames, et que icelle provision n'est suffisante pour justement exercer la charge et office des ames;* adjoint que les fondations dudict convent sont viollées par vostre provision, et singulierement la fondation du college du feu roy René de bonne et saincte memoyre, roy de Secille et conte de Prouvence, laquelle fondation a esté approuvée et amologuée du sainct siege apostolique; auxquelles fondations ledict chappitre et convent ne prethend aucunement prejudicier, ains, pour la conservation d'icelles, *a protesté et proteste ne vous recevoir en prieur de ce present convent, que preallablement n'ayez obtenu souffisant droict et tiltre canonicque,* et d'icelluy faire apparoir sellon la teneur et forme de noz fondation et privilleges : autrement, protestent de toute nullité. Et cependent, ledict chappitre et convent n'empechent point, pour obeyr au roy, que n'ayez l'administration du temporel, ensuivant vostre provision du roy, et reglement de la souveraine court de Prouvence, establye et ordonnée en ce present convent; et ce, pour trois années en suivant vostre provision, a laquelle ne voullons contrevenir, ains obeyr, sellon sa bonne vollunté. Et de la presente responce ledict convent demande acte, pour s'en servir en temps et lieu. Et ledict maistre Claude Estivent, par replicque, a dict qu'il n'a entendu, ny entend, prejudicier aux privilleiges et libertez dudict convent; ainsa declaré iceulx volloyr garder et observer, en tant que a luy sera possible. Et dict que ladicte provision n'est aucunement contre les privilleiges dudict convent. *Et sur ce, a requis lesdicts religieulx que, suivant leur fondation, qu'ilz aient a acepter ladicte presentation du Roy, et l'eslire, en tant que a eulx sera possible, pour icelle acceptation et election envoyer au prorincial de la province de Prouvence, pour avoir sa provision canonique et confirmation. Ce que a esté accordé par lesdicts religieulx, l'aceptant, et en quant que de besoing, l'eslisant prieur,* luy conferant presentement et devant nous l'auctorité et puissance dudict convent, par tradition des clefz de la porte dudict convent et chambre prieuralle, le mettant en possession realle, actuelle et corporelle d'icelluy. Et tout incontinant, par devant nous, tous ceulx qui avoient la charge dudict convent se sont desmis de leur office, requerant ledict m° Claude Estivent volloir prendre la charge dudict convent *in spiritualibus et temporalibus*, jusques a ce qu'il aye la confirmation dudict provincial; lequel, a ces fins, requierent icelle volloir bailler et confirmer. Et ledict m° Claude Estivent, acceptant ladicte charge, a dict icelle volloir accepter comme vicaire *in spiritualibus*, et ne la voloyr exercer comme prieur, jusques a ce qu'il aura eu ladicte confirmation. Sauf, toutes fois, qu'il n'entend prejudicier toujours a la provision et administration dudict prieuré, ainsi que par lesdictes lettres est porté; requerant de tout ce que dessus acte, pour s'en servir en temps et lieu. Lequel acte luy a esté faict par moy notaire soubzsigné, aux lieux que dessus, es presences de noble Puget, escuyer, seigneur de Sainct Marc, cappitaine Jacques Durand, m° Jehan Rabier, juge dudict Sainct Maximin, tesmoins a ce requis et appellez. Et de moy Loys Faulquete, notaire royal en ladicte ville et greffier dudict convent, soubzsigné.

Arch. des B. du Rh. B. 56. Reg. *Vulpes et lepus*, fol. 178.

LXII.

ARRÊT DU PARLEMENT DE PROVENCE,

Contre Guillaume Loge, prieur de S. Maximin. — 10 janvier 1567.

Veu par la Court les charges et informations faictes a la requeste du procureur general du Roy contre frere Guilleaume Loge, prieur, Antoine Boneti, Barthesard Pecq, Bernard Saye, Pierre Mayol, Honoré Amicy, religieulx du convent de Sainct Maxemin, et Estienne Remyon, serviteur dudict Loge, sur les abuz, malversations, faultes, crimes et delictz par eulx respectivement commis; examen et responses d'iceulx; proces verbal de m° Françoys de Perussiis, president en ladicte court, et commissaire par icelle depuié sur la visitation dudict convent; ordonnance par luy faicte le 15° jour du moys de novembre 1566; arrest du 8° mars 1543; autre arrest du 20° decembre ensuyvant; *nomination faicte, par le chapitre dudict convent des personnes dudict Loge, freres Antoine Cavalier et Antoine de Portu, pour estre par le Roy pourveu de l'ung d'iceulx au prieuré dudict convent, du 14° septembre 1564;* lettres de provision et collation faicte par ledict seigneur au profit dudict Loge, du 1er jour d'octobre audict an; conclusion dudict procureur general, et autres pieces. Tout considéré, dict a esté que la court a ordonné et ordonne, que, sur le contenu desdictes charges et informations, *le proces sera faict et parfaict ausdicts prieur et religieux par le provincial de leur ordre*, ou autre que sera commis ou deputé par le Legat d'Avignon, assistant avec luy ung des conseilliers de ladicte court. *Et demeureront arrestes en l'estat qu'ils sont de presant, ledict prieur norri et entretenu au convent des Freres Prechaurs de la presente ville d'Aix;* sauf a estre faicte taxe raisonnable pour leur entretenement, sur les deniers dudict convent de Sainct Maxemin. Condemne ledict prieur a remettre es mains du receveur dudict convent la somme de sept cens cinquante livres tournois, mentionnées en ses dictes responses, pour estre employées aux usaiges ausquelz a esté par le Roy destiné. Et cependant, par provision, et jusques a ce que autrement en ayt esté ordonné, sera l'administration dudict convent faicte par ledict frere Antoine Cavaleri, auquel ladicte court a enjoinct remettre ledict convent en l'estat ancien, ordre et pollice qu'il doibt estre; y faire les reparations requises et necessaires; le tout, suivant les statutz, reglemens et arrestz de ladicte court; et advertir icelle de ce qu'il aura faict. Enjoinct aux officiers de ladicte ville de Sainct Maxemin de bailler aide et main forte, en ce qu'il sera requis pour l'entretenement desdicts reiglemens, et observation de ce que dessus, sur peine de mille livres, et autre arbitraire. Faict a Aix en parlement, et publié a la barre, le dixiesme janvier mil cinq cens soixante sept.

Arch. du couv. de S. Max. Arm. 1, sac. 4.

LXIII.

ARRÊT DU CONSEIL PRIVÉ DU ROI,

Ordonnant une nouvelle élection de prieur. — 11 avril 1572.

Entre frere Jacques Barjon, demandeur, et requerant l'enterinement de certaines lettres du quatriesme fevrier 1569, et en ce faisant, que les lettres de don du prieuré de Sainct Maximin par luy obtenues soient leues, publiées et enregistrées en la court de parlement de Prouvence, l'econome de Sainct Maximin joinct avecques luy, d'une part; et le procureur general du roy en ladicte court, et le scindic des trois estatz du pais de Prouvence, deffendeurs, d'autre. Et entre ledict Barjon, demandeur, et requerant l'enterinement d'une requeste du vingtiesme fevrier cinq cens soixante unze, tendant affin que la totalle administration dudict prieuré luy soit permise, et qu'il ait main levée des fruictz saisiz a la requeste du procureur du roy et la chambre des comptes, et que deffenses soient faictes ausdictes gens des comptes de prendre aucune cognoissance pour la coertion et administration dudict prieuré, d'une part; et ledict procureur du roy et le procureur des estatz de Prouvence, deffendeurs, d'autre. Et entre *frere Anthoine de Portu*, demandeur, et *requerant l'enterinement d'une requeste tendant affin que l'ellection faicte de sa personne au prieuré de Sainct Maximin soit acceptée*, d'une part; et ledict Barjon, deffendeur, d'autre. Veu par le Roy en son conseil l'arrest de ladicte court contenant le renvoy des differentz d'entre lesdictes parties, faict au Roy en son conseil; plaidoyé faict en ladicte court, ladicte requeste du 8ᵉ fevrier, provision dudict Barjon, du quinziesme janvier cinq cens soixante neuf; — *Brevet contenant le don dudict prieuré, par l'incapacité de frere (Guillaume) des Loges, du 29ᵉ avril cinq cens soixante sept*, confirmation faicte par le provincial, prinse de possession, opposition dudict de Portu; — *Ellection de la personne dudict de Portu, du 1ᵉʳ aoust 567, confirmation du comte de Tende, chevallier de l'ordre du Roy, gouverneur et lieutenant general depputé en Prouvence;* — Arrest de la court de parlement de Prouvence, du 10ᵐᵉ janvier 567, par lequel est ordonné que le proces sera faict audict des Loges; — *Sentence donnée contre ledict des Loges, par laquelle il luy est deffendu d'aprocher ledict convent par l'espace de cinq ans, de laquelle ledict des Loges auroit appellé;* — Ellection dudict des Loges du 14ᵉ septembre 564, provision dudict des Loges du (1ᵉʳ) octobre 564, par laquelle le Roy entend que, de troys ans en trois ans, se face nouvelle ellection; — Provision du frere (Claude) Stivero, du 18ᵉ juillet 560, pour jouir dudict prieuré par l'espace de trois ans; — Chartres de la fondation d'ung colleige audict prieuré Sainct Maximin, du roy René, comte de Prouvence; — Plaidoiez et escriptures desdictes parties, et tout ce que par icelles a esté mis et produict par devers le commissaire a ce depputé; — Ouy son rapport, le Roy en son conseil, *sans avoir esgard a la provision obtenue par ledict Barjon, et ellection faicte de la personne dudict de Portu*, a ordonné et *ordonne que les religieux dudict prieuré de Sainct Maximin,* en la presence du vicaire de l'ordre, proce-

deront a nouvelle ellection de prieur, suivant les statutz de ladicte fondation ; et en ce faisant, esliront trois personnes dudict ordre, et envoyeront ladicte ellection par devers le Roy, pour estre accepté celluy des trois qu'il plaira a Sa Magesté, pour en jouir par celluy qui seroit accepté, troys ans seullement..... Faict au conseil privé du Roy, tenu a Bloys, le unziesme jour d'avril mil cinq cens soixante douze.

Arch. *des B. du Rh.* B. 63, Reg. *Lucerna*, fol. 20 v°.

LXIV.

PROCÈS-VERBAL DE L'ÉLECTION

Des Pères Barjon, Porcelly et Cavaléri. — 23 juillet 1572.

L'an mil cinq cens soixante douze et le vingt troisiesme juillet, saichent tous presens et advenir, que, assemblez les docteurs, beaux peres du conseil, et religieux du convent royal de la saincte Marie Magdaleine, en la ville de Sainct Maxemin en Prouvence, a son de cloche, comme est de coustume faire, dans le chappitre dudict convent, et ce par mandement du rev. pere frere Anthoine Cavallerii, docteur en saincte theologie et vicaire dudit convent, en la presence de tous les relligieux cy apres nommez, a faict lecture d'ung arrest donné a Bloys, au conseil privé du Roy, le unziesme jour d'avril, an present, par lequel est ordonné que les relligieux dudict convent procederont a nouvelle election de trois religieux de leur ordre, et, la ellection faicte, sera envoyée a Sa Magesté, pour y estre pourveu comme bon luy semblera. A quoy obeissant ledict maistre Cavallerii, vicaire, incontinent se seroit desmis de son office de vicaire, suivant les constitutions et ordonnances de leur ordre, icelle remis entre les mains dudict chappitre, pour y estre pourveu suivant les reglementz et ordonnances; suivant lesquelles, frere Jehan Duranti, comme plus ancien en la relligion et convent, auroit appellé avec luy frere

Dominique Raynaudi et frere Anthoine Cavallerii, docteur, pour pourveoir de vicaire audict convent. Estant assemblez, auroient esleu et créé pour vicaire frere Anthoine Cavallerii, docteur; lequel la charge de vicaire acceptant, aiant auparavant appellé ceulx qui estoient pour une journée absens dudict convent, et arrivez en icelluy a l'assignation a eulx donnée, auroit demandé auxdicts beaux peres et freres cappitullairement assemblez a quelle (heure) estoit leur voulloir et advis proceder a ladicte ellection. Aiant tous d'ung accord treuvé l'heure presente, qu'est neuf devant mydi, heure commode, ont requis voulloir proceder en icelle. Et aiant deliberé de l'heure, auroit demandé par quel moyen prethendent proceder en icelle, ou par discruptine, par compromis, ou par commune inspiration. Tous d'ung accord ont respondu voulloir proceder en icelle par inspiration du Sainct Esperit. Et aiant au preallable faict les protestations en tel cas requises, incontinent, aiant au preallable, non seullement faict chanter la messe du Sainct Esperit, ains particullierement invocqué la grace d'icelluy, ont procedé a ladicte ellection, suivant la fondation dudict convent, comme s'ensuit. — Je frere Anthoine Cavallerii, docteur en saincte theologie, et vicaire dudict convent, eslis pour estre presentez a Sa Magesté, pour l'ung d'eulx estre choisi et estre pourveu de l'office de prieur audict convent, frere Jacques Berjon, docteur en saincte theologie a l'université de Paris, religieux des freres prescheurs de Lyon, province refformée, jadis pourveu par Sa Magesté dudict prieuré, frere Rostaing Porcelly et frere Pierre Cachardi, aussi docteurs, et du convent des fraires prescheurs de Marseille audict Prouvence, tous trois originaires du pays de sadicte Magesté. — Je frere Pierres Mayolly, aussi docteur en saincte theologie, eslis les dessus nommez, maistres Jacques Berjon, Porcelly et Cachardi, pour estre personnes calliffiées et portées par la fondation dudict convent. — Je frere Jehan Duranty, *ad idem.* — Je frere Dominique Raynaud, *ad idem.* — Je frere Guilleaumes Vullermier, *ad idem.* — Je frere Jehan Nyellis, *ad idem.* — Je frere Honnoré Nyellis, fraire Barthellemy Audiffredy, maistre Faucran Vallernis, et maistre Reymond Cavallesii. — Je frere Anthoine Masselhony, maistres Berjon, Porcelly et Cavallerii. — Je frere Reymond Bruni, maistres Berjon, et Porcelly et Cavallerii. — Je frere Jacques Fauquete, maistre Audiffredy, Cavallesii et Vallernis. — Je frere Françoys Inguimbert, maistre Audiffredi, Saulvatoris, Cavalesii. — Je frere Guilleaumes Audricii, Berjon, Cachardi et Porcelly. — Je frere Anthoine Veyrier, maistre Berjon, Cavallerii, Cachardy. — Je frere Bernard Suye, maistre Berjon, Porcelly et Cavallerii. — Je frere Jacques Gagnat, maistres Berjon, Porcelly et Cavallerii. — Je frere Hugues Laugier, maistre Berjon, Cachardy et Porcelly. — Je frere Honnorat Amic, maistre Berjon, Cavallerii et Porcelly. — Je frere François Martin, maistres Berjon, Cavallerii et Porcelly. — Je frere Honnorat Rostaing, maistre Berjon, Cavallerii et Porcelly. — Je frere Anthoine Chappelle, maistre Berjon, Porcelly et Cavallerii. — Je frere Loys Martin, maistre Berjon, Cavallerii et Porcelly. — *Et aiant nombré les voix, avons treuvé maistre Berjon, et m° Porcelly, et m° Cavallerii, avoir la plus grand part des voix. Et les trois dessus nommez presentons a Sa Magesté, comme cappables et souffisans pour exercer ledict office de prieur, gens de bonne vye et conversation, et saine doctrine. Et principalement ledict fraire Jacques Berjon, docteur en l'université de Paris, et du convent refformé, et du païs de Sa Magesté, aiant esté receu par ledict convent pour trois foys, et deux foys par arrest de la court de parlement dudict Prouvence. Et ce, pour estre ledict Berjon homme de bonne vye, sayne doctrine, pour bien regir et gouverner icelluy prieuré sellon Dieu, nos sainctes constitutions, en la vye regulliere. Priant et requerant sadicte Magesté l'avoir pour agreable, et l'en faire jouir sellon les fondations et chartres dudict convent, tant papalles que royalles. De laquelle ellection, ainsi que dessus fuict, lesdicts beaux paires et freres en ont requis acte leur estre faict et concedé par moy notaire soubzsigné; que leur a esté faict et accordé, en presence de Loys de Sainct Marc, procureur du Roy, m° Anthoine Emergier, premier consul... Et de moy Loys Faulquete, notaire royal en ladicte ville de Sainct Maxemin...*

Arch. des B. du Rh. B. 63, Reg. *Lucerna*, fol. 21 v°.

LXV.

LETTRES-PATENTES DE ROSTANG PORCELLY,

Pour le prieuré de Saint-Maximin. — 4 septembre 1572.

Charles, par la grace de Dieu roy de France, comte de Prouvence, Forcalquier et terres adjacentes, a noz chers et bien amez les relligieux et convent de Sainct Maximin, de l'ordre sainct Dominique, ou diocese d'Aix, Sallut et dillection. Comme a cause de vostre fondation et dotation, nous loyse et appartienne, comme conte dudict Prouvence, pourveoir et conferer ledict prieuré, a vostre nomination et presentation, lorsque vaccation y eschel; et soit ainsi que, par arrest donné en nostre conseil privé, a Bloys, le unziesme jour d'avril mil cinq cens soixante et douze, nous ayons ordonné qu'il seroit par vous proceddé a nouvelle ellection de prieur ou dict prieuré, pour les causes portées par ledict arrest, cy attaché soubz le contrescel de nostre chancellerie; a quoy vous avez satisfaict, comme appert par acte aussi cy attaché. Sçavoir vous faisons que nous, *ayans agreable la nomination et presentation par vous a nous faicte de nostre cher et bien amé frere Rostaing Porcelly, docteur en theollogie, l'ung des trois relligieux de vostre ordre par vous esleuz et choisis a cest effect, et estans bien informez des bonnes meurs, vertuz et regullarité de vye, profession es sainctes lettres, et autres louables qualitez qui sont en la personne dudict Porcelly, a icelluy,* pour ces causes et autres a ce nous mouvans, *avons donné et conferé, donnons et conferons par ces presentes, ledict prieuré de Sainct Maximin*, pour en jouir et user par ledict Porcelly comme bon pere, pasteur et administrateur d'ung tel benefice, ensemble des honneurs, auctoritez, preeminences, facultez, droietz, revenuz et esmolumens qui y appartiennent et en deppendent; durant trois ans seullement a compter du jour et datte qu'il en sera mis en possession, en vertu de ces dictes presentes. A la charge que, lesdicts trois ans expirez... Car tel est nostre plaisir. Donné a Paris, le quatriesme jour de septembre, l'an de grace mil cinq cens soixante et douze, et de nostre regne le douziesme.

Arch. des B. du Rh. B. 63. Reg. Lucerna, fol. 23 v°.

LXVI.

LETTRES-PATENTES DE JACQUES BARJON,

Pour le prieuré de Saint-Maximin. — 13 mai 1573.

CHARLES, par la grace de Dieu roy de France, comte de Prouvence, Forcalquier et terres adjacentes, a tous ceulx qui ces presentes lettres verront, Salut. VACCANT LE PRIEURÉ *de saincte Marie Magdaleine, en la ville de Sainct Maxemin et de la Saincte Baulme,* audict Prouvence, de l'ordre sainct Dominicque, autrement dict des Freres Prescheurs, *par privation jugée par sentence du provincial dudict ordre,* confirmée par arrest de nostre court de parlement d'Aix, *contre frere Guillaume Loye, prieur d'icelluy prieuré,* nous, usans de noz droictz, en aurions, dès le quatriesme janvier mil cinq cens soixante neuf, pourveu nostre bien amé frere Jacques Berjon, religieux dudict ordre et docteur en la faculté de theollogie a Paris, qui y auroit esté, sans aucun contredict, bien et deuement receu et institué. Peu apres laquelle provision et institution, l'ung des religieulx dudict prieuré, nommé de Portu, qui long temps auparavant l'avoit affecté et l'affectoit, s'y seroit opposé, et suscité nostre procureur general en nostre dicte court de parlement et le scindic des troys estatz de nostre païs dudict Prouvence, a y former pareille opposition, soubz pretexte seullement que ledict Berjon n'estoit originaire dudict païs. Sur quoy, lesdictes parties respectivement ouyes en icelle nostre dicte court de parlement, auroient esté renvoyées devers nous et nostre conseil privé, pour en ordonner. Ou pareillement ouyes, mesme ledict de Portu, sur ce qu'il requeroit la pretendue eslection faicte de sa personne audict prieuré estre par nous acceptée; ensemble nostre procureur general en nostre chambre des comptes audict Prouvence, qui y seroit intervenu; et veu toutes et chacunes leurs pieces et productions, d'une part et d'autre; par arrest de nous en nostre dict conseil privé du unziesme avril mil cinq cens soixante douze, auroit esté entre autres choses ordonné que, sans avoir esgard a ladicte provision de nous obtenue par ledict Berjon, et ellection faicte de la personne dudict de Portu, les relligieulx dudict prieuré procederoient, suivant les statutz de la fondation d'icelluy, a nouvelle ellection de prieur, en la presence du vicaire dudict ordre; et, en ce faisant, esliroient trois personnes d'icelluy ordre, et envoyeroient ladicte ellection devers nous, pour en accepter tel des troys qu'il nous plairoit; et en jouir par celluy qui seroit ainsi accepté, trois ans durant seullement. Suivant lequel arrest et la forme prescripte par icelluy, lesdicts religieulx et convent, present ledict vicaire, auroient proceddé a ladicte ellection de trois personnes, assavoir, dudict Berjon, freres Rostaing Porcelly et Anthoine Cavallerii, tous trois originaires de nostre royaulme; et iceulx a nous presentez pour en accepter celluy d'eulx qu'il nous plairoit, et specialement par dessus les deux autres, et avec le plus de voix, ledict Berjon; en nous suppliant tres humblement, pour les bonnes et louables qualitez qui sont en luy, et autres causes et considerations contenues par l'acte de ladicte ellection, et presentation cy attachée, l'avoir pour agreable, et le faire jouir dudict prieuré. Lequel acte d'ellection et presentation nous aurions des lors faict mettre es mains de nostre amé et feal conseiller en nostre dict conseil privé, messire Jehan de Morvillier, pour le veoir, ensemble ledict arrest, et nous en fere rapport a nostre dict conseil, affin d'en ordonner ainsi que de raison. Avant lequel rapport et nostre ordonnance, ou acceptation de l'une desdictes trois personnes, *ledict Porcelly a, depuis peu de temps en ça, ainsy qu'avons esté depuys peu de temps adcertiz, trouvé moien, par surprise, a nostre desceu, et contre nostre voulloir et intention, d'obtenir, sur autre acte de ladicte ellection que celluy a nous envoyé par* lesdictz religieulx, *noz lettres de confirmation d'icelle ellection, et acceptation de sa personne* audict prieuré, auquel, par telle voye, il s'est faict recevoir et instituer, et en jouist maintenant directement, contre nostre dict voulloir. Sçavoir faisons que, veu ce que dessus en nostre dict conseil,... et ouy sur ce le rapport de nostre dict conseiller a ce par nous depputé, bien recordz et memoratifz des causes et occasions qui nous meurent, des ledict temps, d'accorder lesdictes lettres de don dudict prieuré audict Berjon, avons, suivant icelles, et ladite ollection ainsy faicte que dict est, par lesdictz religieux de la personne dudict Berjon, que nous avons acceptée et acceptons de nouveau par ces presentes, *de nouveau et en tant que besoing est ou seroit,* (avons) *donné et conferé, donnons et conferons, par ces dictes presentes, audict Berjon ledict prieuré de Sainct Maxemin et de la Saincte Baulme,* pour par luy, et des appartenances et deppendances d'icelluy, en jouir et user, pendant ledict temps de trois ans, aux honneurs, auctoritez, preeminences, revenuz et tous autres droictz qui y appartiennent..., et comme en ont jouy ses predecesseurs, prieurs ainsi la charge, gouvernement et administration dudict prieuré, selon lesdictz statutz de la fondation d'icelluy. Non obstant... Car tel est nostre plaisir. En tesmoing de ce, nous avons faict mettre nostre seel a cesdictes presentes. Données à Fontainebleau, le XIII° jour de may, l'an de grace mil cinq cens soixante treize, et de nostre regne le treiziesme.

Arch. des B. du Rh. B. 65, Reg. *Aquarius,* fol. 20.

LXVII.

ARRÊT DU CONSEIL PRIVÉ,

Qui adjuge le prieuré de Saint-Maximin à Jacques Barjon. — 6 janvier 1575.

Entre frere Jacques Berjon, religieulx profex de l'ordre

sainct Dominique, docteur et regent en la faculté de theollogie a Paris, et prieur de Sainct Maxemin, en Prouvence, demandeur, suivant les lettres par luy obtenues le 4me mars 1574, et encores inthimé en cas d'appel, d'une part; et frere Rostaing Porcelly, aussi religieulx dudict ordre, docteur regent en ladicte faculté, deffendeur et opposant a l'execution de l'arrest donné au privé conseil, et au prouffict dudict demandeur, le 13me may 1573, et encores appellant de l'execution desdictes lettres dudict 4 mars an susdict 1574, en ce que ce dict demandeur auroit esté mis en possession et jouissance dudict prieuré, d'autre. Le Roy, en son conseil, du consentement des parties..., a mis et met ladicte appellation au neant, et ordonne que ce dont est appelé sortira son plain et entier effect. Et en ce faisant, *a ledict seigneur maintenu et gardé, maintient et garde icelluy Berjon en la possession et jouissance d'icelluy prieuré de Sainct Maxemin,* . tant possessoirement que petitoirement. Nonobstant l'opposition formée par icelluy Porcelly, dont il est debouté; et luy sont faictes deffenses de troubler, inquieter, ny molester ledict Berjon, directement ou indirectement, en la possession et jouissance d'icelluy prieuré. Et, en ce faisant, *se sont les parties respectivement desparties de tous proces et procedures* qu'ilz peuvent avoir eu ensemble, pour raison d'icelluy prieuré; *specialement icelluy Porcelly, de toutes actions, tant possessoires que petitoires, que autres,* lesquelles il a remis et quitté audict Berjon. Le tout sans despens, dommaiges et interestz, attendu la qualité des parties. Faict a Avignon, le Roy y estant, le sixiesme jour de janvier mil cinq cens soixante quinze.

Ibid. fol 22.

LXVIII.

ARRÊT DU PARLEMENT DE PROVENCE,

Dans le procès engagé entre Berjon et ses religieux. —
6 février 1578.

Entre fraire Anthoine Odoul, relligieux et prethendu econome du convent des Preschours de Sainct Maixemin, querellant en prethendus exces, et demandeur en trois requestes du 12me, 13me novembre, 13me decembre 1577, et appellant de tauxe d'allimentz, d'une part; et fraire Jacques Bergon, docteur en theologie, prieur dudict convent, querellé et deffendeur, et inthimé ausdictes quallités; et respectivement *demandeur en estargissement de l'arrest ou il est dettenu*, d'aultre. La court ordonne que, tant sur l'appel intergeté de la tauxe des allimentz faicte au proffict dudict Berjon, par le commissaire duquel a esté appellé, que sur le principal, les parties viendront plaider apres *Quasimodo*, pour, elles ouyes, leur fere droict, ainsi qu'il appartiendra,... auquel jour adcistera en jugement icelluy Berjon, suyvant le precedent arrest. Et cependant, sans prejudice du droict des parties, a octroyé executoire audict Berjon pour la somme a luy tauxée par l'ordonnance dudict commissaire. Et neantmoingz, attandu la declaration presentement faicte par ledict Berjon, qu'il se veult ayder du proces verbal remis riere le greffe, mentionné au plaider des parties; et declaration dudict Odoul, qu'il le veult croiser de faulx; ordonne que icelluy Odoul croisera icelluy proces verbal par devers le greffe, dans trois jours, bailhera moyens de faulx dans huict jours apres, pour iceulx communicquer audict procureur general du Roy, et rapporté, y estre ordonné ce qu'il appartiendra. Et se fera neantmoingz ledict Odoul avouer plus amplement par le convent de Sainct Maixemin. Et cependant, *congedie ledict Berjon pour aller prescher et anoncer la parolle de Dieu dans ceste province*. Et ordonne que ledict Odoul fournira le jugement et procedures par luy advancées, faictes par la chambre des comptes, sur la reddition des comptes faicte par ledict Borjon; lesquelles semblablement communicquera audict procureur general, pour prandre telles conclusions qu'il advisera, et y estre prouveu comme de raison. Faict a Aix en parlement, le sixiesme jour de febvrier, l'an mil cinq cens soixante dix huit.

Arch. du couv. de S Max. Arm. 1, sac. 4.

LXIX.

LETTRES-PATENTES DE GABRIEL DE GAYE,

Pour le prieuré de Saint-Maximin. — 13 juin 1578.

HENRY, par la grace de Dieu, roy de France et de Polongne, conte de Provence, Forcalquier et terres adjacentes, a tous ceulx qui ces presentes lettres verront, salut. Noz chers et bien amez l'ecognome et religieux du convent royal de la Magdalene, de l'ordre sainct Dominicque, en la ville de Sainct Maximin et la Saincte Baulme, en nostre dit pays, nous ont faict remonstrer que, par les institution, fondation et privileges apostolicques dudit convent, et de noz predecesseurs roys, contes dudit Provence, entre aultres choses, est expressement porté que lesditz religieux s'assembleront cappitulairement, de trois en trois ans, en la presence du vicaire de l'ordre, affin de procedder a la nomination des trois religieux dudit ordre, natifs et originaires dudit pays; et sera ladicte erection par nous confirmée, comme conte dudit Provence, patron et fondateur dudit convent. Ce qu'a esté cy devant et par long temps observé, jusques a ce que *frere Jacques Barjon*, non natif ny originaire dudit pays, *voulant entrer en ceste place, auroit trouvé moyen en l'an M.V^cLXIX, au mois de janvier, obtenir sans aucune nomination precedente des religieux*, ou limitation de temps, de nostre tres honnoré seigneur et frere le roi Charles, que Dieu absolve, *une provision dudit prieuré*, vaccant par frere Guillaume de Loges, esleu auparavant prieur, avec derogation aulx statutz et reiglemens introduictz et observez. *A quoy se seroit opposé frere Anthoine de Portu, esleu prieur,* les exposans, et semblablement nostre procureur general en nostre court de parlement, et le procureur des trois estatz de nostre dit pays, *et empesché que ledit Barjon ne fut receu et mis en possession audit prieuré.* Et sur ce differend, attendu que la confirmation nous appartient, les parties auroient esté renvoyées par devers nous, pour leur estre pourveu comme de raison. Lesquelles amplement ouyes et leurs productions veues en nostre conseil privé, arrest s'en seroit ensuivy le xie avril M.V^{c}LXXII, par lequel auroit esté ordonné que, sans avoir esgard a la provision dudit Barjon, que les religieux dudit convent, en la presence du vicaire dudit ordre, procederoient a nouvelle election du prieur, suyvant les statutz de ladite fondation, et ce faisant, esliroient trois personnes dudit ordre, dont l'ung seroit confirmé, pour en jouyr trois ans seullement. Suivant ce, auroient lesdits religieux procedé a la nomination de trois personnes, natifz et originaires dudit pays, et entre aultres, *frere Rostaing Porcelly, lequel auroit depuis esté confirmé par nostre dit feu seigneur et frere, le IIIIme septembre audit an M. V^c.LXXII.* A l'execution desquelles *ledit Barjon, voulant tousjours jouyr dudit prieuré, se seroit opposé,* et obtenue certaine aultre provision, et entrez en proces en nostre dicte court, par arrest de laquelle, du XIXme octobre M.V^{c}LXXIIIe, parties ouyes, les auroit appoinctés a escrire et produire, *et cependant ledit Porcelli jouyroit dudit prieuré.* En hayne duquel arrest, *ledit Barjon, non content de ce, et ne se fiant a la justice de sa cause, auroit obtenu par surprinse de nostre dit feu seigneur et frere aultres lettres du XIIIIme mars M. V^c.LXXIIII,* par lesquells ladite instance d'opposition auroit esté evocquée a nostre conseil privé, et interdicte la cognoissance a nostre dite court et tous aultres ; et cependant *que ledit Barjon seroit mis en possession dudit prieuré,* non obstant ledit arrest de nostre dite court. En vertu de laquelle commission, *il a tousjours jouy dudit prieuré, jusques trois ans passez ;* et cependant, a esté provenu d'une infinité de abuz et malversations. Desquelz ayant esté informé, *nostre dite court auroit decerné adjournement personnel contre ledit Barjon et contre ses complices, prinse de corps, ou le proces est encores pendant, a faulte de s'estre purgez; et subdelleguè par provision le sieur evesque de Nismes, religieux dudit ordre, pour tenir en reigle et fere le service divin audit convent.* Et semblablement, nostre court des aydes et finances audit pays auroit ordonné que ledit Barjon rendroit compte de son administration, suivant la fondation, arrestz et reiglemens dudit convent, sur ce donnez. A quoy n'ayant obey, auroit ordonné au sequestre depputé au temporel de ne luy fornir vestiere ny distributions, sur les poynes y contenues. Et estant lesdites trois années finies, comme dit est, lesdits religieux, suyvant la teneur desdits fondations, privileges et arrest de nostre dit conseil privé, auroient procedé a fere nouvelle nomination et ellection de trois religieux dudit ordre, natifs et originaires dudit pays, cappables et de la qualité requize, pour l'ung d'eulx estre par nous confirmé. Et combien ledit Barjon ne peult estre continué prieur, lesdits trois ans expirez, pour les considerations et raisons susdites, *pour tousjours occupper indeuement ledit prieuré, a quel pris que ce soit,* continuer ses malversations, et abuser du bien dudit convent, *auroit trouvé moyen de venir en court, au despens d'icelluy convent, soubz pretexte de quelzques affaires, et, sur une requeste, sans ouyr ny appeller les exposans, faict ordonner en nostre dit conseil privé, le IXme aoust dernier, qu'il demeureroit encores prieur pour trois ans,* et, suivant ce, se seroit voulu fere recevoir et mettre en possession. A quoy se seroient opposez lesdits religieux et œconome, pour estre ledit arrest nul de soy, obtenu par surprinse, parties non ouyes, et directement contraire au precedent arrest de nostre dit conseil privé, donné parties ouyes, privileges, statutz et fondations dudit convent, et grandement prejudiciable ausdits religieux; *pour autant que ledit Barjon leur faict acquerir une fort mauvaise reputation, ne servant que de scandale au peuple.* Quoy ne pouvans les exposans supporter, nous auroient bien humblement faict supplier leur voulloir sur ce pourveoir. Sçavoir faisons que nous, desirans fere gardor et entretenir a noz subjectz les bonnes et anciennes coustumes que nos predecesseurs roys, contes dudit Provence, ont donnez et instituez, affin de les fere vivre en bonne paix et unyon, suivant le contenu d'icelles; de l'advis de nostre conseil, auquel avons faict veoir les pieces cy attachées soubs le contrescel de nostre chancellerie, et de noz certaine science, plaine puissance et auctorité royal et provencial; ayans pour agreable la nomination et presentation que lesdits religieux nous ont faicte de nostre cher et bien amé frere Gabriel de Gaye, bacchillier en la saincte theologie, faculté de Paris, l'un des trois religieux dudit ordre par eulx esleuz et nommez, et pour la bonne et parfaicte confiance qu'avons en luy, et des bonnes mœurs, vertus et regularité de vye, profession des sainctes lettres, scincerité de foy, et aultres louables qualitez qui sont en sa personne, a icelluy, pour ces causes et aultres a ce nous mouvans, avons, en confirmant ladite ellection et nomination, donné et conferé, donnons et conferons par ces presentes signées de nostre main, le prieuré dudit convent Sainct Maximin et Saincte Baulme, pour en jouir et user par ledit de Gaye, comme bon pasteur et administrateur, et icelluy tenir et exercer, tant en spirituel que temporel, aux honnours, auctoritez, prerogatives, preeminences, droictz, revenu, facultez, gages, emolumens, exemptions et auctorité de commander, dispenser et disposer dudit convent, religieux, officiers, parroissiens, et aultres qu'il apertiendra et verra estre a fere, de visiter, refformer, punir et corriger selon la reigle et constitution dudit ordre, privileges et fondation dudit convent, tant pappales que royales, durant trois ans seullement, a compter du jour et datte qu'il sera mis en possession. A la charge que, lesditz trois ans expirez... Donnons en mandement... Car tel est nostre plaisir. Donné a Paris, le XIIIme jour de juing, l'an de grace mil cinq cens soixante dix huit, et de nostre regne le cinquiesme.— HENRY.

Arch. du couv. de S. Maximin. Orig.

LXX.

PROCÈS-VERBAL DE L'ÉLECTION

d'Honoré Martini au prieuré de Saint-Maximin.—
21 novembre 1578.

L'an mil cinq cens septante huict et le vingtiesme jour du moys de novembre, sçaichent tous presens et advenir que, assemblé le venerable chappitre du convent royal de la presente ville de Sainct Maxemin, au lieu soubz escript, a son de cloche, comme est accoustumé faire, par mandement et licence de reverend pere m° Anthoine Cavallerii, vicaire conventuel dudict convent, auquel chappitre sont esté presens ceulx qui s'ensuyvent. Et premierement ledict monsr le vicaire, m° Honoré Rebolly, m° Honoré Martini, docteurs, frere Jehan Duranti, frere Jehan Nyellis, frere Honoré Nyellis, frere Anthoine Masselhoni, frere Françoys Inguimbert, frere Guilles Audricii, frere Bernard Syeye, frere Balthesar Pecqui, frere Honoré Amicii, frere Anthoine Odoul, frere Mathieu Maure, frere Pierre Berenguier, frere André Gasc, frere Jacques Bruni, frere Michel Nyellis, frere Jehan Raymond Charloys et frere Jehan Aurivellier, relligieulx conventuelz dudict convent; auquel chappitre a esté expausé par ledict vicaire *que le prieuré dudict convent seroit vaccant, puys quelques jours faict, par la mort et trespas de M° Gabriel de Gaye, jadis prieur d'icelluy;* attendu laquelle vaccation, seroit besoing faire autre et nouvelle ellection d'autre prieur, suivant les ordonnances, fondations et privilleges dudict convent, et arrestz donnez tant par le conseil privé de Sa Majesté que court de parlement de ce pays; requerant ledict chappitre y vouloir conclure, saichant que, estant ledict prieuré vaccant, son viccaire et officiers en sont du mesmes, suivant lesdictes constitutions et ordonnances. Pour raison de quoy, incontinent se seroit desmis de son dict office de vicaire, et icelluy remis entre les mains dudict chappitre. A cause de quoy, frere Jehan Duranti, comme plus antien, auroit appellé avec luy ledict M° Cavallerii et frere Jehan Nyellis, plus antiens selon leurs profections, qui s'estans retirez a part, auroient esleu et créé pour vicaire conventuel ledict M° Anthoine Cavallerii, docteur. Qui aiant accepté ladicte charge, et faict appeller au preallable ceulx qui estoient une journée absens dudict convent, et demandé a chacun, particullierement assemblez comme dessus, auquel jour et heure ilz pretendoient proceder a ladicte ellection, et *en quelle forme et maniere, si par scruptine, compromis, comme inspiration, ou par billets, sellon le concille de Trente, appreuvé par les sainctes constitutions. Lesquelz, tous d'ung accord, personne en rien discrepant, ont declairé que sera bon proceder a ladicte ellection demain matin, vingt ungiesme du present moys, a neuf heures, dict au preallable la messe du Sainct Esperit; et que sera meilleur proceder a ladicte ellection selon la forme et teneur dudict concille de Trente.* De laquelle provision de vicaire, et de tout ce que dessus, ledict chappitre et beaux peres en ont requis acte, que leur a esté accordé et faict par moy notaire royal soubzsigné. Et advenant le lendemain vingt ungiesme dudict moys et an, a neuf heures du matin, assemblez les dessus nommez au lieu susdict, a son de cloche, comme est accoustumé faire, dicte la grand messe du Sainct Sprit, a laquelle tous les vocaulx dudict convent se sont treuvez, ledict M° Anthoine Cavallerii, docteur et vicaire, apres les avoir longuement admonestez et exhortez de fere ellection et nomination de trois relligieux dudict ordre, origineres du present pays de Prouvence, ydoines et suffisans pour exercer la charge de prieur dudict convent, et, avant passer oultre, absoult de toute sentence d'excommunication, sy poinct en avoient, tant majeur que minour, et faict invoquer de rechef la grace du Sainct Sperit, suivant la teneur desdictes constitutions et ordonnances dudict ordre, pour eviter toute fraude et deception a ladicte ellection et nomination, s'est transporté hors dudict chappitre, en compagnie des freres Jehan et Honoré Nyellis, scruptateurs, et, assis sur un banc, et au devant d'eulx une table couverte d'ung tapis, tout ainsi qu'est accoustumé fere. Et appellez lesdicts religieux, l'ung après l'autre, selon l'ordre de leurs professions, *ont nommé pour prieur audict convent M° Anthoine Cavallerii, M° Honoré Rebolly et M° Honoré Martini, docteurs en saincte theologie, religieux dudict convent*. Laquelle ellection et nomination ainsi que dessus faicte desdicts troys nommez ont volu estre redigez par escript par moy notaire royal soubzsigné, pour leur en estre faict acte, et porté a sa dicte Majesté, pour accorder et conferer ledict prieuré a l'ung des troys que bon luy semblera, pour l'espace de troys ans seulement... Loys Faulquete, notaire royal en ladicte ville de Sainct Maxemin...

Arch. des B du Rh. B. 67. Reg. Cometa. fol. 281.

LXXI.

LETTRE D'HENRI III,

Demandant la sécularisation du couvent de Saint-Maximin. — 27 octobre 1582.

(Au dos). A mon oncle le cardinal d'Est, protecteur de mes affaires en court de Rome.— Mon oncle, Sur ce que les religieux, prieur et convent de S¹ Maximin, de l'ordre des freres Preschours, soubz la regle de sainct Augustin, diocese d'Aix en Provence, m'ont faict entendre que, *suivant certaine deliberation par eulx faicte et tenue en leur chappitre et assemblée generalle le deuxieme juing dernier passé*, sur l'administration, regime et gouvernement, tant du spirituel, biens et revenu de leur convent et eglise, ils desireroient, soubz le bon plaisir toutes foys du S¹ Siege appostolicque et nostre S¹ Pere le Pappe, duquel ilz sont immediatement subjectz, *d'estre reduictz a secularité, tant en chef que en membres, et faire administrer les spirituel et temporel de leur dicte eglise comme prebres seculiers*. J'escriptz presentement

a nostre dict St Pere, en suppliant sa Saincteté d'accorder et concéder ausdictz religieux ladicte secularisation. Vous priant a ceste cause, mon oncle, tenir la main, et tant faire envers sa dicte Saincteté que ladicte secularisation leur soit concedée ; leur octroyant et faisant, a ceste fin, expedier les lettres et bulles qui seront a cest effect necessaires, tant en chef que en membres, suivant les memoires et supplications qui en seront presentées a sa dicte Saincteté. Et vous me ferez plaisir bien agreable. Priant Dieu, mon oncle, vous avoir en sa saincte et digne garde. Escript a Paris, le xxviie jour d'octobre 1582.— HENRY.

Collection d'autographes de M. le marquis de Clapiers. Orig.

LXXII.

ARRÊT DU PARLEMENT DE PROVENCE,

Refusant d'admettre Antoine Niellis comme prieur perpétuel.— 29 février 1592.

Entre frere Anthoine Niel, docteur en saincte theologie, religieux du convent royal de Sainct Maximin, demandeur, et requerant l'enterinement et verification de *ses lettres de provision de l'estat et office de prieur perpetuel audict convent*, d'une part, et l'econome et procureur des religieux d'icelluy convent, principaulx deffendeurs, et opposans a ladicte verification, les consulz et communaulté de ladicte ville, appellés en cause, et requerans icelles provisions estre reduittes a trois ans, et freres Reymond Charlois, Mathieu Maure, Honoré Rostang, Jacques Brun, Anthoine Guichard, Monnet Forton, Charles Ollivier, Anthoine Hugues, Ange Fresquiere, Dalmas Artufel, André Niel, François Vilhermier, religieux dudict convent, demandeurs en requestes, per l'une, afin qu'il soit pourveu d'ung chef gradué pendant ladite poursuitte, et par l'autre, que le demandeur soit installé et mis en possession dudict prieuré pour ledict temps et space de trois ans... Veu la deliberation faitte par le conseil ou chapittre d'icelluy convent, le 16e septembre 1589, pour *l'election et nomination d'un prieur remise a la vollonté du Roy*, pour trois ans,... et opposition sur ce formée par freres Honoré Roboli, Michel Niel et Jean Aurivelier; lesdictes *provisions données au camp devant Chartres le 25 febvrier 1591*, signées Henry;.. election et nomination de trois religieux,... du 19 mars 1586; provision sur ce octroyée en faveur du demandeur le 20 avril, confirmée par le provincial le dernier dudict mois;... arrests de verification d'icelle par ladite court... le 9 juillet, et par la chambre des comptes le 13e aoust suivant; arrest d'adjournement personnel laxé par ladite court contre icelluy demandeur, freres Bernard Sieye, Melchion Pec et Joseph d'Olioules, religieux d'icelluy convent, a la poursuite de frere Honoré Martin, jadis prieur, le 10e septembre 85, exploité le 18e; desadveu et renonciation du proces d'icelles injures le 23 juillet 86;... arrest donné par ladite chambre le 8 octobre dernier, que le demandeur rendroit compte des trois années de son administration; attestation... que lesdicts comptes avoient esté rendus par le demandeur, et derrobés *pendant le temps qu'il estoit debtenu prisonnier par les ennemis et rebelles du Roi*; requeste presentée par iceulx demandeur et Charlois contre ledict econome, du 20 juin 90, *pour le ramboursement de 150 escus de ranson de leur emprisonnement, faict audict convant de la Saincte Baulme*... Dict a esté que la cour... a ordonné et ordonne que les religieux d'icelluy convent, ayans voix et oppinion deliberative, qui sont dans le present pays et ressort de Provence, et ne demeurent a present es villes et lieux debtenues et occupées par les rebelles et ennemis du Roy, *seront deubmant convoqués et assamblés capitulerement, en la maniere acoustumée, la quinsaine des festes de Pasques prochaines; lesquels... procederont a l'eslection et nomination specialle et certaine de trois religieux dudict ordre* qui soient origineres du pais, maistres et docteurs en theologie, de la qualité requise, zelés et affectionnés au service du Roy, et non residans es villes et lieux debtenus par les rebelles; pour exercer l'estat et office de prieur audict convant, ses membres et dependances, l'espace de trois années; sans faveur et support d'auleuug, ny pratique des voix et oppinions des adcistans, qui seront libres, et par eulx profferées particulierement l'ung apres l'autre; pour la conclusion et resolution d'icelles, au plus grand nombre, qui se trouveront les esleus et nommés. Laquelle nomination faitte, enjoint audict econome d'icelle presenter, dans trois mois lors prochains, par devant le Roy, conte dudict Provence et patron d'icelluy convant, pour estre accepté par Sa Majesté celluy des trois només qu'il luy plaira... Cependant, par provision,... ledict Niel, demandeur, exercera ladicte charge et office de prieur, tant pour l'espirituel que temporel, audict convant de Saint Maxemin, et celluy de la Sainte Baulme, lorsque sera remis soubs l'obeissance de saditte Magesté... Et, pour obvier aux desordres advenus audict convant par le deffault et longue vaccation du prieuré, enjoint ausdits religieux, sur la peyne de saisie de leur temporal, *de proceder a l'advenir a l'eslection et nomination de trois maistres, docteurs en theologie, de leur ordre et susditte qualitté, pour ledict estat et office de prieur, en la maniere susditte, trois mois devant que le terme des trois années de ceux qui seront aceptés par saditte Magesté, soit espiré et flny; et audict econome, de faire presenter ladite nomination, et poursuivre l'acceptation en toutte dilligence, a celle fin que le nouveau prieur et successeur puisse entrer en l'exercisse d'icelluy estat et office, du mesme temps que la charge de son predecesseur sera finie et paracherée...* Publié à la barre du parlement de Provence, seant a Sisteron, le dernier febvrier mil cinq cens nonante deux.

Arch. du couv de S. Max. Arm. 1, sac 4.

LXXIII.

ARRÊT DU PARLEMENT DE PROVENCE,

Pour l'installation du prieur Michel Niellis. — 16 novembre 1596.

Veu par la cour la requeste a elle presentée par frere Michel Niellis, docteur en saincte theologie, religieux du convent royal de la ville de Saint Maximin, de l'ordre de saint Dominique, tandant affin d'avoir verifficalion et intherinement de certaines lettres patantes du Roy du don et collation a luy faicte par Sa Magesté de l'estat et charge de prieur dudit convent de Saint Maximin et sainte Marie Magdelene, et de la Sainte Baulme, sur la nomination et ellection faicte par les religieux dudit convent, pour le temps et space de trois ans, *lesdites lettres patantes données a (Che)nonceaulx, le cinquiesme jour de septembre l'an de grace mil V^eIIII^{xx}XVI*, signées, par le Roy, conte de Prouvence, de Neufville. — *Acte de l'election et nomination de trois religieux y nommés, faict par ledit convent le quatriesme de juin audit an.* — Requeste du procureur du roy, a ce que, en veriffiant lesdites lettres, soit procedé en la ville de Saint Maximin que Sainte Baulme, et pour cet effect, que les articles du reglement faict et publié en l'année mil V^e quarante troys soient gardés et observés; et que cependant, sans prejudice des privileges et exemptions dudit convent, que lesdits religieux, pour la correction et discipline, et obediance, soient soubzmis au superieur general de l'ordre de saint Dominique, et enjoint au provincial de faire la visite dudit convent de six en six moys, ou autrement quand besoing sera; du 24e octobre mil V^e nonante six... Tout consideré, dict a esté que la Cour a verifié et intheriné lesdites lettres patentes de provision, pour jouyr par l'impetrant du fruict et faict d'icelles, selon leur forme et teneur; et seront enregistrées dans le registre de la cour. Et a ces fins, ledit prieur sera installé et mis en possession dudit prieuré par le commissaire a ce depputté; a la charge qu'il fera exactement garder et observer par lesdits religieux, et autres qu'il appartiendra, la refformation et reglement fait en l'an 1543.. Publié a la barre du parlement de Provence, seant a Aix, le seixiesme novembre mil V^e quatre vingtz seize.

Arch. de S. Max. Arm. 1, sac 0.

LXXIV.

LETTRES-PATENTES D'HENRI IV,

Donnant le prieuré au P. Sébastien Michaëlis.— 15 septembre 1606.

HENRY, par la grace de Dieu roy de France et de Navarre, comte de Provence, Forcalquier et terres adjacentes, a noz chers et bien amez les religieux du monastere et convent de Sainct Maxemin, ordre de sainct Dominique, au diocese d'Aix, salut. COMME PAR L'INSTITUTION et dotation de vostre dit convent, qui est de fondation de noz predecesseurs comtes de Provence, (il nous appartienne de pourvoir) de trois en trois ans, a la charge de prieur d'icelluy, et de faire a ceste fin eslection de l'un des trois religieux de vostre ordre, docteurs en theologie, que vous avez acoustumé nous nommer; sçavoir faisons que, nous estans faict representer l'eslection faicte le septiesme du mois d'aoust dernier, en presences des sieurs de Bras, president, et de Foresta, conseiller en nostre cour de parlement de Provence; et *ayans esté deuement informez que freres Lucas Allemandi, Jacques de Sainct Vallier, Anthoine Sabatier et François Agarrat, religieux de vostre dit convent, qui ont esté esleuz, ne peuvent vaquer a la fonction de ladicte charge de prieur, pour plusieurs deffaulx et empechementz qui nous ont esté representez;* mettans en consideration que, vostre dit convent estant de fondation royale, nous pouvons pourvoir d'office a ladicte charge de prieur, ainsy que bon nous samblera, comme plusieurs fois ont faict noz predecesseurs, qui ont envoyé des prieurs audict convent, sans y avoir esté nommez ny osleuz ; et d'ailleurs *estans bien avertis des bonnes mœurs, vertus, regularité de vie, profession en sainctes lettres et autres louables qualitez qui sont en la personne de frere Sebastien Michaelis, docteur en la saincte faculté de theologie, et religieux du convent des freres Precheurs de Marseille.* A icelluy, pour ces causes et autres et bonnes considerations a ce nous mouvans, avons donné et conferé, donnons et conferons, par ces presentes signées de nostre main, la charge de prieur dudict monastere et couvent de Sainct Maxemin, pour en jouir et user par ledict Michaelis, comme bon pere, pasteur et administrateur d'icelle charge, ensemble des honneurs, auctoritez, preeminances, facultez, droictz, revenuz et emolumentz y apartenans et dependans; durant trois ans seulement a compter du jour qu'il en sera mis en possession, en vertu de ces presentes. A la charge que lesdicts trois ans expirez, il rendra bon compte et reliqua de l'administration qu'il aura faicte durant ledict temps dudict prieuré et des fruictz et revenuz d'icelluy. Et iceux trois ans passés, vous estans capitulairement assamblez, il nous sera par vous faict nomination de trois bons personnages, religieux dudict ordre, pour y estre par nous pourveu, durant semblable temps de trois ans, par l'election de celluy d'entre eulx qu'il nous plaira. Si donnons en mandement... Donné à Fontainebleau, le quinziesme jour de septembre, l'an de grace mil six cens six, et de nostre regne le dix huitiesme. — HENRY.

Arch. des B. du Rh. B. 83, Reg. Caritas, fol. 160.

LXXV.

PREMIÈRE PROROGATION

Du priorat du P. Sébastien Michaëlis. — 28 mai 1610.

Louis, par la grace de Dieu roy de France et de Navarre, comte de Provence, Forcalquier et terres adjacentes, a noz chers et bien aymez les religieux du monastere et convent de Sainct Maximin, ordre de saint Dominique, au dioceze d'Aix, salut. Les ROYS NOS PREDECESSEURS ont tousjours voulu prendre le soin de remplir la charge de prieur dudict monastere, comme estant de fondation royale, de personnes de bonne vie et doctrine, qui poussent par leur exemple et capacité faire reluire la pieté audict monastere. Et considerant le feu roy, nostre tres honoré seigneur et pere, les bonnes qualitez qui se retrouvoient en la personne de frere Sebastien Michaelis, professeur en theologie et religieux dudict ordre St Dominique, auroit par ses lettres patentes du XVIme septembre mil six cens six iceluy pourveu de ladicte charge de prieur, pour la tenir et en jouir durant le temps de trois ans, selon et ainsy qu'il est plus au long porté par lesdictes letres. Et despuis, par autres ses letres du XXII apvril mil six cens huict, auroit voulu et ordonné que l'observation reguliere des constitutions dudict ordre fut restablie audict monastere et gardée a perpetuité en iceluy; lequel demeureroit uni et incorporé a la congregation des conventz reformez estans en nostre province de Languedoc, soubz un mesme vicaire general, sans qu'a l'advenir il peust estre pourveu audict prieuré autrement que des religieux de ladicte reformation. Ensamble, voulu que ledict Michaelis continuast la reformation par luy commencée audict monastere jusques a ce que l'observance ancienne y fust entierement restablie; a quoy il a vacqué avec tant de soin qu'il y a esperance que bientost son travail reussira a la gloire de Dieu et edification de son eglise. Mais d'autant que *les trois années pour lesquelles ledict Michaelis a esté pourveu de ladicte charge de prieur sont expirez, et que, s'il ne pouvait continuer, ce bon œuvre sy bien advancé pourroit recepvoir quelque interruption ou changement, afin d'y obvier, sachant aussy ne pouvoir donner ceste charge a personne qui s'en acquitast plus dignement que ledict Michaelis, l'integrité et bonne vie duquel le doibt faire cherir et desirer de tous les bons religieux dudict monastere.* A ces causes et autres a ce nous mouvans, avons ledict frere Sebastien Michaelis continué, et continuons par ces presentes signées de nostre main, en ladicte charge de prieur dudict convent et monastere S‍t Maximin, et icelle, en tant que besoin est et seroit, avons de nouveau donnée et confirmée, pour en jouir et user par luy,... durant le temps de trois années prochaines et consequutives, a commencer du jour de l'expiration des trois precedentes qu'il en a esté pourveu. A la charge que lesdicts trois ans expirez... Donné à Paris, le vingt huictiesme jour de may, l'an de grace mil six cens dix, et de nostre regne le premier.— Signé, Louis.— Par le roy, comte de Provence, la royne regente, sa mere, presente, Philipeaux.

Arch. de S. Max. Arm. 1. sac 5.

LXXVI.

SECONDE PROROGATION

Du priorat du P. Sébastien Michaelis.— 27 avril 1613.

Louis, par la grace de Dieu roy de France et de Navarre, comte de Provence, Forcalquier et terres adjacentes, a noz chers et bien amez les relligieux refformez de la congregation Occitaine, de l'ordre S‍t Dominique, estans au monastaire S‍t Maxemin, diocèze d'Aix, salut. PAR NOZ LETTRES PATTANTES du XXVIII‍e may mil VI‍c dix, dont la coppie est cy attachée soubz le contre scel de nostre chancelier, nous aurions continué, pour le temps de trois ans, frere Sebastian Michaellis en la charge de prieur dudict convent et monastaire, dont il avoit esté auparavant pourveu, pour pareil temps, par lettres patantes du feu roy dernier decedé, nostre tres honnoré seigneur et pere que Dieu absolve, du XVI‍e septembre mil VI‍c six, laquelle continuation auroit esté par nous faicte en faveur de la refformation encommancée et establie audict convent par ledict Michaellis, suivant la vollonté de nostre dict feu seigneur et pere, contenue par autres ses lettres patantes du XXII‍e avril mil VI‍c huict. Et d'autant que ladicte refformation ne se trouve encor parfaicte, et que pour donner moyen audict Michaelis de la continuer jusques a ce que la vraye observance des regles et constitutions dudict ordre y soit entierement et actuellement restablie, il est besoing de le continuer encores pour trois autres années en ladicte charge, inclinans a la supplication qui nous a esté sur ce faicte de vostre part, et voullans de la nostre apporter tout le contentement qu'il nous sera possible a ce bon œuvre. A ces causes et autres a ce nous mouvans, de l'advis de la royne regente sa tres honorée dame et mere, nous avons ledict frere Sebastian Michaelis continué, et continuons par ces presentes signées de nostre main, en ladicte charge de prieur dudict convent et monastaire de St Maxemin, et icelle, en tant que besoing seroit, ou est, luy avons donnée de nouveau et conferée, pour en jouir par lui... durant le temps de trois années prochaines et consecutives, a commencer du jour de l'expiration desdictes trois precedantes, portées par lesdictes dernieres provisions. A la charge que lesdicts trois ans expirés... Donné a Paris, le vingt septiesme jour d'avril, l'an de grace mil six cens treze, et de nostre regne le troiziesme.— Signé, Louis.— Par le roi, comte de Provence, la royne regente, sa mere, presente, Phelipeaux.

Arch. des B. du Rh. B. 86. Reg. Maria, fol. 55.

LXXVII.

LETTRES-PATENTES

Du P. Pierre Dambruc.— 2 juillet 1616.

Louis, par la grace de Dieu roy de France et de Navarre, comte de Prouvence, Forcalquier et terres adjacentes, a noz chers et bien amez les relligieux refformez de St Maxemin et de Ste Marie Magdaleine de la Ste Baulme, de l'ordre St Dominique, au dioceze d'Aix, salut. LE PERE SEBASTIAN MICHAELIS, prieur dudict concent de S¹ Maxemin, ayant par plusieurs fois esté continué en la charge de prieur dudict concent, en laquelle il avoit grandement travaillé a la refformation et bonne conduitte d'icelluy, et autres dudict ordre qui sont en ce royaume, en quoy il a faict un tres grand fruict et progrez a l'avancement du service de la gloire de Dieu ; *et ayant desiré estre rellevé du soing, peyne et administration de ladicte charge, n'y pouvant plus doresnavant vaquer a cause des incommoditez de sa vieillesse*; vous nous auriez, suivant voz bonnes et anciennes coutumes, nommé et presenté trois religieux refformez dudict ordre, pour estre l'ung d'iceux esleu par nous prieur dudict monastaire de S¹ Maxemin, pour le temps de trois ans. Sur quoy *nous aurions faict election de la personne de pere Pierre Dambruc, relligieux dudict ordre et prieur a present du convent reformé des freres prescheurs estably aux faux bourgs S¹ Honnoré de ceste nostre ville de Paris*, a cause des bonnes et louables quallitez que nous sommez advertis qui sont en luy, et estant asseurez qu'il s'aquittera bien et dignement de ladicte charge. Pour ces causes et autres considerations a ce nous mouvans, de nostre grace specialle, plaine puissance et auctorité royal, avons audict pere Pierre Dambruc donné et conferé, donnons et conferons par ces presentes signées de nostre main, la charge et conduicte dudict prieuré de S¹ Maxemin, pour y continuer la vye regulliere et refformation establie en icelluy par ledict pere Michaellis, et jouir au surplus dudict prieuré comme bon pere, pasteur et administrateur, ensemble des honneurs, auctoritez, preeminances, facultez, droictz, revenus et esmolumans qui y appartiennent et qui en dependent. Et ce, durant le temps de trois ans, à compter du jour et datte qu'il en sera mis en possession, en vertu de ces dictes presentes. A la charge que ledict temps expiré... Donné a Paris, le second jour de juillet, l'an de grace mil six cens seze, et de nostre regne le septiesme. — Signé, Louis. — Par le roy, comte de Provence, Phelipeaux.

Arch. des B. du Rh. B. 87. Reg. Libertas, fol. 58.

LXXVIII.

LETTRES-PATENTES

Du P. Gabriel Ranquet. — 13 juin 1626.

Louis, par la grace de Dieu roy de France et de Navarre, comte de Provence, Forcalquier et terres adjacentes, à nos chers et bien aimez les religieux reformez du convent royal de la Ste Marie Magdalene, de nostre ville de St Maximin, ordre des freres prescheurs, au dioceze d'Aix en Provence, salut. A CAUSE DE VOSTRE FONDATION ROYALE, et comme comte de Provence, il nous apartient de pourvoir et conferer le prieuré du convent de St Maximin, a vostre nomination et presentation, lorsque vacation y eschet. Et, veu vostre election a nous presentée, en datte du XIIe may dernier, sçavoir vous faisons qu'ayans aggreable la *nomination et presentation par vous a nous faicte de nostre cher et bien aimé le reverend pere frere Gabriel Ranquet*, l'un des trois religieux françois de vostre ordre reformé, par vous esleus et choisis a cet effect, et estans bien informez des bonnes mœurs, vertus, doctrine et autres louables qualitez qui sont et paroissent en la personne du reverend pere Gabriel Ranquet, *a icelluy*, pour ces causes et autres a ce nous mouvans, *avons donné et conferé*, donnons et conferons par ces presentes signées de nostre propre main, *ledict prieuré de nostre convent royal Ste Magdalene a St Maximin, et de la Ste Baulme*, comme membre en dependant; pour d'icelluy jouir et user par ledict pere Gabriel Ranquet, comme bon pere, pasteur et administrateur d'un tel benefice,... durant trois ans seullement, a compter du jour et datte qu'il en prendra la possession... *Et ou, pour le trienné prochain, ledict pere Gabriel Ranquet*, par nous maintenant choisy et esleu, *se trouveroit occupé par ses superieurs ordinaires en quelque charge de prieur, soubsprieur ou autrement, en quelque autre convent de son ordre, dans nostre royaulme, nous* *voulons et entendons que ses dits superieurs l'en dispensent et l'en laissent libre, pour lesdicts trois ans*, en faveur de nostre dicte maison et convent royal reformé de la Ste Magdalene, soit ou pour l'importance d'icelluy, auquel nous voulons l'estroicte observance reguliere estre tousjours gardée et continuée, ou pour le desir que nous avons de le voyr gouverné par ledict pere Gabriel Ranquet, de la prudence, sagesse, pieté et doctrine duquel nous sommes asseurez... Donné a Blois, le xiiie jour de juin, l'an de grace mil six cens vingt six, et de nostre regne le dix septiesme.— Signé, Louis.— Par le roy, comte de Provence, Le Beauclerc.

Arch. du couv. de S. Max. Arm. 1, sac 5.

LXXIX.

LETTRES-PATENTES

Du P. Pierre Delicques.— 21 novembre 1639.

Louis, par la grace de Dieu roy de France et de Navarre, comte de Provence, Forcalquier et terres adjacentes, a noz chers et bien amez les religieux reformez du convent royal Ste Marie Magdelenne de nostre ville St Maxemin en Provence, salut. Nous appartennans, par la fondation et dotation de vostre convent, de choisir tel qu'il nous plaist de trois religieux reformez de vostre congregation de St Louis, par vous nommez, pour luy donner la charge de prieur de vostre dit convent, *et estant arrivé que vous n'avez peu demeurer d'accord du choix d'une personne propre a ladite charge*, en plusieurs assemblées que vous avez tenues pour cet effect; *aucuns d'entre vous pretendans que ladite eslection ne pouvoit estre faicte que d'un religieux originaire de ladite province de Provence*, et les autres au contraire, qu'elle se debvoit faire entre tous les religieux des autres convens de ladite congregation de St Louis qui pourroient estre capables de ladite charge de prieur; vous nous auriez remis voz voix et suffrages, pour cette fois, et nous auriez suppliés de declarer nostre volonté sur ledit differend meu entre vous. En consequence de quoy, nous aurions, par arrest de nostre conseil du xxv° febvrier dernier, commis noz amez et feaux conseillers en nostre conseil d'estat, les sieurs Duvernet, premier president en nostre court de parlement de Provence, et de Champigni, maistre des requestes ordinaire de nostre hostel, et intendant de la justice en nostre dit pays de Provence, pour, tous deux ensemble, ou l'un d'eulx en l'absence de l'autre, informer et se faire representer les tiltres et privileges de vostre dict convent sur laditte nomination, entendre les raisons de part et d'autre, et nous envoyer leurs advis pour vous estre faict droict; leur donnant cependant pouvoyr d'ordonner, par provision, ce qu'ils jugeroyent a propos pour le bien dudit monastere et de l'observance reguliere en icelluy. Ce qu'ayant esté faict par lesdicts commissaires, nous aurions, par autre arrest de nostre conseil, du huictiesme juillet dernier, apres avoir veu leur advis, ordonné qu'il seroit par nous pourveu a laditte charge de prieur, de tel desdits religieux de laditte congregation de S¹ Louis que nous jugerions convenable pour le bien et advantage de laditte maison, sans distinction du lieu de sa naissance, ou de la province. A ces causes, *estant bien et deuement informés de la bonne vie, moeurs, probité, doctrine, pieté et autres louables qualitez de la personne de nostre cher et bien amé le P. Pierre Delicques, religieux reformé de vostre congrégation de S¹ Louis, natif du Puy en Velay, a icelluy avons donné et conferé, donnons et conferons, par ces presentes signées de nostre main, laditte charge de prieur dudit convent de S¹ Maximin et de la Sainte Baume,* ensemble la direction et administration du college d'icelluy, comme membre en deppendant, pour en jouyr et user par ledit pere Pierre Delicques, comme bon pasteur et administrateur est tenu de faire ; ensemble des honneurs, authoritez, prerogatives, preeminences, facultez, droicts, revenus et esmolumens qui y appartiennent ; durant trois ans seulement, a compter du jour qu'il en prendra possession. A la charge que lesdits trois ans expirez... Donné a

S¹ Germain en Laye, le xxɪᵉ jour de novembre, l'an de grace 1639, et de nostre regne le trentieme.— Signé Louis.— Par le roy, comte de Provence, Sublet.

Arch. des B. du Rh. B. 99, Reg. *Jurisprudentia*, fol. 32.

LXXX.

LETTRES-PATENTES

Du P. François Richeome.— 20 avril 1672.

Louis, par la grace de Dieu roy de France et de Navarre, comte de Provence, Forcalquier et terres adjacentes, a nos chers et bien amez les religieux reformez du convant royal de S¹ᵉ Marie Magdelaine de nostre ville de S¹ Maximin, salut. Les cabales qui s'estoyent cy devant formées *parmy vous pour l'election d'un prieur*, et la grande dissipation qui se faisoit dans vostre convent des revenus temporels d'iceluy, ayant donné lieu aux plaintes qui nous en ont esté portées en divers temps, nous aurions enfin resoleu, le xxɪ decembre dernier, *d'envoyer nos ordres a nostre amé et feal conseillier en nos conseils le s⁻ evesque de Marseille, de se transporter dans ledit convent,* non seulement pour faire cesser ces divisions et pourvoir a l'administration du temporel, mais principalement pour examiner les moyens qu'il jugeroit les plus convenables pour empescher a l'advenir la continuation de ces desordres, et restablir pour tousjours la discipline reguliere dans ledit convent. Et d'autant que tous les soins qu'il a pris de reunir vos espritz pour concourir a un si pieux et si louable dessain, n'ont pas eu le bon effect que nous debvions nous en promettre, et que vos santimentz et vos opinions estans tousjours demeurées partagées, vous n'avez peu convenir de l'election du prieur dudit convent, *l'advis dudit s⁻ evesque a esté que nous en fassions le choix de nostre propre mouvemant, gettant les yeux sur une personne qui n'ayt eu aucune part dans toutes les divisions passées*, et ayt d'ailleurs toutes les qualitez neccessaires pour s'acquitter dignement de cet employ. A quoy nous nous portons d'autant plus vollontiers que vous nous avez unaniment remis tous vos suffrages, a ceste meme fin. Pour ces causes, *ayant esgard aux tesmoignages qui nous ont esté randus des bonnes vie, mœurs, probité, doctrine, pieté et autres louables qualitez du P*. *Richeome, religieux de la province de S*^{t} *Louis*, luy avons donné et conferé, donnons et conferons par ces presentes signées de nostre main, *la charge de prieur de vostre dit convent royal de S*^{t} *Maximin*, de la Ste Baume, et ses dependances, pour en avoir la conduitte et administration, et d'iceluy jouir et user comme bon pere, pasteur et administrateur d'une telle charge; aux honneurs, auctoritez, prerogatives, preeminances, facultez, privileges et exemptions accordées audit convent, et aux droictz, revenus et esmolumentz qui y appartiennent. Et ce, durant le terme et delay de trois années seulement, a compter du jour et datte que ledit P. Richeome entrera en possession dudit prieuré. A la charge de rendre par luy bon et fidel compte de l'administration qu'il aura eu des fruicts et revenus dudit prieuré, a la fin desdittes trois années. Apres l'expiration desquelles, voulons que vous puissiez vous assembler capitulairement, suivant vos regles et constitutions, comme il en a été usé par le passé, pour nous nommer trois religieux refformez capables de ramplir ladite charge de prieur, dans le nombre desquels nous choisirons celuy qui nous sera le plus agreable, pour estre par nous pourveu dudit prieuré, ainsi qu'il nous apartient de droict, en vertu de la bulle de fondation et dotation de vostre dit convent. Si donnons en mandement... Donné en nostre chasteau de Versailles, le xxe jour d'avril, l'an de grace M.VIe soixante douze, et de nostre regne le XXIXe. — Signé Louis. — Par le roy, comte de Provance, Arnauld.

Arch. des B. du Rh. B. 107, Reg. Auruosi captio, fol. 324.

LXXXI.

LETTRES-PATENTES

Du P. Pierre Paul. — 12 novembre 1691.

Louis, par la grace de Dieu, roy de France et de Navarre, comte de Provence, Forcalquier et terres adjacentes, a nos chers et bien amés les religieux reformés du couvent royal de sainte Magdelaine, de l'ordre des FF. Prêcheurs, de nostre ville de S¹ Maximin, en Provence, uny a la province toulouzaine du mesme ordre, salut. Nous avons eu bien agreable la nomination et presentation que vous nous avés fait, le 24 du mois dernier, des PP. Paul, Fave et Giraud, tous trois religieux reformés et ayans les qualités requises et necessaires pour exercer dignement la charge de prieur de vostre dit couvent, pour estre par nous pourveu de ladite charge celuy d'entre eux qui nous sera le plus agreable... Et bien que nous tenions lesdits trois religieux par vous nommés capables de ladite charge, neantmoins *ayant trouvé le premier en vostre nomination le père Paul, nous promettant de son zele et de sa pieté qu'il faira garder et observer l'exacte observance reguliere en vostre couvent, comme a fait jusqu'a present*; pour ces causes, nous avons audit P. Paul donné *et conferé*, et par ces presentes signées de nostre main, donnons et conferons *la charge de prieur de vostre dit couvent royal de S¹ Maximin de la S¹ᵉ Baume*; pour en avoir la conduite, direction et administration..., durant le temps seulement de trois ans, a compter du jour et datte des presentes... Donné à Versailles, le douzieme jour de novembre, l'an de grace mil six cens quatre vingts onze, et de nostre regne le quarante neufiesme.

— Signé Louis. — Par le roy, comte de Provence, Colbert.

Arch. des B. du Rh. B. 115, Reg. Bellum, fol. 197.

LXXXII.

LETTRES-PATENTES

Du P. Pierre-Jean Reverdin. — 19 mai 1750.

Louis, par la grace de Dieu, roy de France et de Navarre... a nos chers et bien amés les religieux de l'ordre des freres Precheurs de St Maximin en Provence, salut. Nous AVONS EU POUR AGREABLE la nomination et presentation que vous nous avés faite, le trois de ce mois, des pères Pierre Jean Reverdin, Jean Baptiste Riol et André Jacob, tous trois religieux reformés, et revetus de la capacité et qualité requises et necessaires pour remplir la place de prieur de votre convent... Et, quoy que nous jugions lesdits trois religieux dignes de ladite charge de prieur, cependant nous avons eu agreable de choisir le P. Pierre Jean Reverdin, nous promettant de son zele et de sa capacité, qu'il faira exactement garder l'observance et la discipline reguliere dans ledit convent, ainsy qu'elles l'ont été jusqu'a present. Pour ces causes, nous avons audit P. Pierre Jean Reverdin donné et conferé, donnons et conferons par ces presentes, signées de notre main, *ladite charge de prieur du convent de St Maximin de la Ste Baume*, pour en avoir la conduite, direction et administration, tant au spirituel qu'au temporel, en jouir et user, comme bon pere, pasteur et administrateur d'une telle charge, aux honneurs, autorités... Et ce, durant le temps de trois années seulement, a compter des jour et datte des presentes... Donné à Versailles, le dix neuvieme jour du mois de may, l'an de grace mil sept cent cinquante, et de notre regne le trente cinquieme.— Signé, Louis.— Par le roy, comte de Provence, Phelypeaux.

Arch. des B. du Rh B. 128, Reg. Fontenoy. fol. 251.

LXXXIII.

LETTRES-PATENTES

Du P. Ignace Roque. — 12 mars 1789.

Louis, par la grace de Dieu, roy de France et de Navarre, comte de Provence, Forcalquier et terres adjacentes, a nos chers et bien amés les religieux de l'ordre des Freres Prechours de St Maximin, en Provence, salut. Nous avons agréé la presentation que vous nous avez faite des péres Ignace Roque, Louis Barbaroux et Louis Gaspard Martre, tous trois religieux reformés, et capables de remplir la place de prieur de votre couvent, pour etre par nous pourvu de laditte place de prieur celui d'entre les trois religieux qui nous seroit le plus agreable, ainsi qu'il nous appartient par la bulle de fondation et dotation dudit couvent, donnée par le pape Boniface huit, a la requisition de nos predecesseurs roys comtes de Provence. Et, quoique nous jugions lesdits trois religieux dignes de laditte place de prieur, cependant nous avons eu agreable de choisir le P. Ignace Roque, nous promettant de son zèle et de sa pieté qu'il faira garder exactement l'observance et la discipline reguliere dans ledit couvent, ainsi qu'elles l'ont eté jusques a present. A ces causes, *nous avons audit P. Ignace Roque donné et conferé, donnons et conferons par ces presentes, signées de notre main, laditte place de prieur du couvent de St Maximin de la Sainte Beaume ;* pour en avoir la conduite, direction et administration, tant au spirituel qu'au temporel, en jouir et user, comme bon pasteur et administrateur, aux honneurs, authorités, prerogatives, preeminences, facultés, privileges et exemptions, accordés audit couvent, et aux droits, revenus et emoluments qui y appartiennent et en dependent; et ce, *durant le temps de trois années seulement, a compter des jour et datte des presentes.* A la charge qu'apres l'expiration desdittes trois années, il rendra bon et fidele compte de l'administration qu'il aura eue des fruits dudit couvent; et qu'au même temps, vous vous assemblerez capitulairement, pour, suivant vos regles, et conformement a vos lettres-patentes, proceder a une nouvelle election de trois autres religieux reformés, a l'un desquels, et a celui qui nous sera le plus agreable, nous accorderons pareillement nos provisions, pour l'espace de trois autres années. Si donnons en mandement a nos amés et feaux conseillers, les gens tenant nos cours de parlement et de nos comptes, aydes et finances de Provence, que ledit P. Ignace Roque ils mettent et instituent, de par nous, en possession dudit prieuré du St Maximin de la Sainte Beaume, et d'icelui, ensemble de tout le contenu en ces dittes presentes, le fassent jouir et user, pendant le tems et aux conditions ci dessus marquées; tenant la main a ce que la reforme, etroite observance et vie reguliere, soient toujours egalement gardées dans ledit couvent, ainsi qu'elles le sont dans la province toulouzaine; contraignant a ce faire ceux qui pour ce seront à contraindre, par toutes voyes justes et raisonnables. Non obstant oppositions ou appellations quelconques, pour lesquelles, sans préjudice d'icelles, nous ne voulons etre differé. Et, a cet effet, commandons au premier notre huissier, ou sergent sur ce requis, d'assigner les contredisants ou opposants en notre conseil. Et non obstant toutes ordonnances, privileges, statuts, concessions et autres choses a ce contraires; auxquelles, pour ce regard seulement, et sans tirer a consequence, nous avons derogé par ces presentes. Car tel est notre plaisir. Donné à Versailles, le douzieme jour du mois de mars, l'an de grace mil sept cent quatre vingt neuf, et de notre regne le quinzieme.— Signé, Louis.— Et plus bas est écrit : Par le roy, comte de Provence, Laurens de Villedeuil.

Arch. des B du Rh. B. 140, Reg. Mayol Saint-Simon, fol. 361.

LXXXIV.

LETTRES DE NATURALISATION

Pour le P. Vincent Pons, dominicain portugais.—
Septembre 1609.

HENRY, par la grace de Dieu, roy de France et de Navarre, comte de Provence, Forcalquier et terres adjacentes, à tous presens et advenir, salut. SÇAVOIR FAISONS que nous avons reçue l'humble supplication de *nostre cher et bien amé le reverend pere frere Vincens Pons, docteur en saincte theologie, de l'ordre des freres preacheurs, a present premier regent et recteur en saincte theologie au college royal de Sainct Maxemin, natif de la ville de Lisbona, en Portugal,* contenant qu'il y a quelque temps qu'il s'est habitué en cestuy nostre royaulme, ou il desire finir le reste de ses jours, et avoir nos lettres de naturalité, qu'il nous a humblement supplié et requis luy vouloir octroyer. A ces causes, desirant luy subvenir en cest endroict, avons audict suppliant permis, octroyé et accordé, permettons, accordons et octroyons, voulons et nous plait, de grace specialle, plaine puissance et auctorité royalle, par ces presentes, qu'il puisse resider, soy habituer en nostre royaume, pais, terres et seigneuries de nostre obeissance, et y acquerir tous et chascuns les biens, tant meubles que immeubles, que bon luy semblera, iceux... tenir, posseder, et en ordonner et disposer, tant par testament, ordonnance de derniere volonté, donnation faicte entre vifz...; et que ses heritiers, ou autres ausquelz il en aura disposé, luy puissent, pourveu qu'ilz soient regnicoles, succeder,... tout ainsi qu'ilz feroient, ou faire pourroient, s'ilz estoient originairement natifz de nostre dit royaume et pays; et comme tel soit tenu, censé et reputé en tous actes... Donné à Paris, au mois de septembre, l'an de grace mil six cens neuf, et de nostre regne le vingt uniesme.— Signées, HENRY.

Arch. des B. du Rh. B. 84, Reg. Spes, fol 137.

LXXXV.

LETTRES D'EXEMPTION

Pour Jean Baudici, architecte de l'église de Saint-Maximin. — 12 août 1305.

Anno domini M°CCC° sexto, die XXVIII aprilis, fuit infrascripta littera curie presentata. — Ricardus de Gambalesa, miles, regius magister hostiarius, ac comitatuum Provincie et Forchalquerii Senescallus, vicario, judici et clavario Aquensibus, presentibus videlicet et futuris, Salutem et amorem sincerum. Cum princeps inclitus dominus noster Jerusalem et Sicilie rex illustris, MAGISTRO JOHANNI BAUDICI, OPERIS SANCTI MAXIMINI MAGISTRO, servitiorum ipsius intuitu, ab omni honere servitutis, et omnis exactionis prestatione, per suas patentes literas, concesserit libertatem; nos, attendentes *dictum magistrum Johannem in serviciis curie atentum continue, et diligentem in omnibus, et precipue* IN OPERE PALATII AQUENSIS CONFECTI DE NOVO; Volumus et vobis, (tam) presentibus quam futuris, districto precipiendo mandamus quatenus dictum magistrum Johannem et ejus bona, ad contribuendum in fogagiis, questis, adempris, ceterisque honeribus, juxta formam literarum regiarum indultarum sibi propterea, nullatenus compellatis, nec compelli permitatis a quoquam; quin ymo, in sua immunitate et libertate, sicut rationabiliter, conservetis eundem. Presentes autem literas, post congruam inspectionem earum, restitui volumus presentanti. Datum die XII. augusti, III° indictionis (1305).

Arch. des B. du Rh. B. 142, fol. 153 v°.

www.ingramcontent.com/pod-product-compliance
Lightning Source LLC
Chambersburg PA
CBHW071157230426
43668CB00009B/986